鄭珉 정
민

□과 교수. 무
□□□여 살아 있는
□□□동안 정보를 발굴하는 작업을 계속해왔다.
『한시 미학 산책』『한밤중에 잠깨어』『초월의
상상』『비슷한 것은 가짜다』『다산선생 지식경
영법』『미쳐야 미친다』『삶을 바꾼 만남』『다산
의 재발견』『새로 쓰는 조선의 차문화』『18세기
조선 지식인의 발견』등의 책을 펴냈다. 2012
년 8월부터 1년간 하버드 옌칭연구소의 초빙
을 받아 머물면서 그곳의 자료를 바탕으로 이
책을 썼다.

18세기 한중 지식인의 문예공화국

우리시대의
명강의
0 0 6

Harvard-Yenching Library Studies, No.12

18세기 한중 지식인의 문예공화국

하버드 옌칭도서관에서 만난 후지쓰카 컬렉션

정민 지음

문학동네

잔뜩 빌려온 책을 복사하는데, 김교수가 지나가다 웃으며 "아예 도
서관을 옮겨가시지요" 한다. 나도 그러고 싶다. 2012년 7월 18일, 오
전 10시 20분 대한항공 편으로 인천공항을 떠나 보스턴에 왔다. 나는
1년간 하버드 대학교 옌칭연구소의 방문학자로 초청받았다. 떠나기
전 만나는 이들마다 공부만 하지 말고 많이 구경하고, 보스턴 생활을
즐기다 오라고들 얘기했다. 공부만 할 것이다. 하버드의 그 풍부하고
풍성한 자료의 숲속에서 산보하고 사냥하고 삼림욕을 하리라.

그뒤로 날마다 도서관과 연구실과 집을 꼭짓점 찍듯 왕복하는 생
활을 했다. 날마다 일기를 썼다. 읽은 책에 대해 적고, 스쳐간 생각들
을 잡아두었다. 책을 읽고 메모하고 정리했다. 자료의 덩어리는 점점
방대해지고, 복사 후 한 장 한 장 풀칠해 제본한 책의 높이가 어느덧
내 키를 훌쩍 넘어섰다. 볼 책은 그 높이에 비례해서 자꾸 늘어났다.
옌칭도서관의 선본실(善本室)을 안방 드나들듯 했다. 한 번도 대출자
의 손을 타지 않은 듯한 고서를 펼칠 때, 책이 내게 "고마워요" 하는
소리를 들었다. 책이 책을 불렀다. 한 줄기를 잡아당기면 고구마가 줄
줄이 달려올라왔다. 어느 줄기를 당겨도 그랬다. 책을 읽다가 그 책에

인용된 책을 불러내면, 그 책이 다음 책을 다시 깨웠다. 참 희한하고 신통한 경험이었다.

이 책의 제목은 '18세기 한중 지식인의 문예공화국'이다. 문예공화국(Republic of Letters)이란 말은 17세기 후반 이후 주로 18세기 유럽에서 쓰였던 용어다. 라틴어를 공통 문어로 나라와 언어의 차이를 넘어 인문학자들이 편지와 책으로 소통하던 아름다운 지적 커뮤니티를 일컫는 상상 속의 공화국이다. 이들은 말이 통하지 않아도 글로 연결되었다. 만나지 못했지만 글이 오갔다. 그러면서 그 안에 끈끈한 동시대적 연대가 싹텄다. 이것이 각 지역 살롱의 지식인 그룹으로 확산되면서 계몽주의의 새로운 지적 풍토와 전망을 정착시켰다.

몇 해 전 일본 긴조가쿠인(金城學院) 대학의 다카하시 히로미(高橋博巳) 교수가 자신이 펴낸 『동아시아의 문예공화국』이란 작은 책자를 보내왔다. 그는 나와 세계18세기학회 활동을 오래 함께 한 학자다. 그 또한 18세기 한중일 지식인의 교류를 눈여겨보았다. 그리고 한문이란 공통 문언을 매개로 아름다운 소통이 확산되던 장면을 조선통신사와 일본 지식인 그룹의 교유, 그리고 이것이 조선의 북학파로 이어지던 경로를 통해 살폈다. 이 책에서 그가 쓴 문예공화국이란 말이 묘한 매력으로 다가왔었다.

따지고 보면 18세기 유럽의 정황은 같은 시기 동아시아의 환경과 비슷했다. 한문을 공통 문어로 직접 만나서는 필담으로, 헤어져서는 편지로 소통했다. 조선 지식인이 그 중심에 있었다. 이들은 적극적 태도로 중국과 일본의 지식인들과 교류의 물꼬를 텄고, 서신 왕래와 학문 교류로 그 만남을 소중하게 가꿔나갔다. 이들은 연행사 또는 통신사의 일원으로 중국과 일본으로 건너가서 단 한 차례 혹은 고작 몇 번 그들과 만났을 뿐이다. 그런데 그 만남이 그것으로 끝나지 않고 동료와 후배 그룹으로 확산되어 오랜 세월 교류의 네트워크로 작동했다.

생각해보면 참 근사한 일이 아닐 수 없다. 하지만 만남이 만남을 낳고, 책이 책을 부르던 이 아름다운 조우와 상봉의 기억들은 잊히고 묻혔다. 다카하시 교수가 제안한 동아시아 문예공화국의 개념을 이제 내가 받아 좀더 구체적인 방향으로 진전시켜보고 싶다. 이 책은 그러니까 내가 지난 1년간 하버드 옌칭에서 만난 옛 책들과의 회면을 통해, 희미해진 문예공화국의 자취들을 들춰내 복원코자 하는 시도인 셈이다.

1년 넘게 이어진 섭렵 속에서 나는 특별히 뜻깊은 한 사람의 이름과 만났다. 후지쓰카 지카시! 한자 이름은 등총린(藤塚鄰). 서울대학교의 전신인 경성제국대학 교수이자, 추사 김정희 전문 연구자. 현재 국보로 지정된 추사 〈세한도歲寒圖〉의 전 소유주. 초기 청조 고증학단에 대해 연구하다가 그들과 교유했던 조선의 학자들에게 마음이 이끌려, 청나라의 학술 문예가 어떻게 조선으로 전해졌는지를 필생의 연구 주제로 바꾸었던 사람.

옌칭도서관 선본실에서 우연히 그의 전용 원고지에 필사된 한 권의 책자와 만났다. 흥미를 느껴 그의 안테나에 걸림직한 책 제목들을 하나하나 집어냈다. 그러자 놀랍게도 과거 그의 서가에 고이 모셔져 있던 책들이 줄줄이 호명되어 나왔다. 이후 다른 것은 눈에 들어오지 않았다. 이 자료들의 꽁무니를 쫓아다니기 바빴다. 열 손가락을 꼽던 일들은 모두 우선순위에서 밀려났다. 그런 일은 나중에 한국에 가서 해도 된다. 여기서는 여기서만 할 수 있는 일을 하는 것이 맞다. 이 책은 그러니까 하버드 대학교 옌칭도서관에서 후지쓰카 지카시의 구장(舊藏) 도서를 찾아 그 맥락을 살펴본 과정에 대한 기록이다.

20세기 초의 일본 학자가 중국 청대의 학술을 연구하다가, 조선의 지식인에게 푹 빠졌다. 그가 중국과 조선에서 필생의 의욕을 쏟아 수집했던 자료는 일본으로 건너갔다. 그것이 곡절 끝에 다시 미국 대학의 도서관으로 흘러들어온 지 60여 년의 세월이 흘렀다. 서가에서 잠자던 책들이 서서히 깨어나, 기지개를 켜다 말고 "여기가 어디지?" 하는 소리를 몰래 들었다. 이들 책 속에 담긴 정보들은 후지쓰카의 손을 거쳐 일부 소개되어 세상에 알려졌다. 그가 모으기만 하고 미처 손대지 못했거나 음미되지 않은 자료가 훨씬 더 많다. 알려진 자료도 그의 소개 이후 후속 연구 없이 그대로 방치되었다. 이제 그 잠을 깨워 세상의 환한 빛 속으로 걸려 내보내고 싶다. 먼지를 털어서 볕을 쬐고 거풍(擧風)하여 뽀송뽀송한 민낯을 되찾아주고 싶다.

이 책에 실린 글은 문학동네 네이버 카페에 2013년 3월 6일부터 같은 해 12월 26일까지 매주 한 차례씩 연재되었다. 연재는 자청해서 감옥에 갇히는 행위다. 당시를 돌이켜보면 뻗어가는 관심은 한이 없고, 생각은 꼬리에 꼬리를 물고 일어났다. 이러다간 미로에 갇혀 길을 잃고 영영 못 돌아올 것만 같았다. 스스로에게 집중을 강제하는 특단의 조처를 취할 필요를 느꼈다.

연재를 시작한 이후 매주 50~60매의 원고를 40회에 걸쳐 썼다. 절반은 하버드 옌칭에서 썼고, 나머지 절반은 귀국해서 썼다. 특히 귀국 후 강의와 잡무에 시달리면서도 거르지 않고 글을 쓴 것은 스스로 생각해도 기적에 가깝다. 다른 일은 다 미루고 여기에만 집중했다. 도저히 여건이 안 될 때는 파주출판도시의 지지향호텔에 숨어들어 주로 212호실에서 밤을 새워가며 썼다. 객실의 창밖으로 내다보이는 황혼과 새벽녘 늪지의 풍광은 오래 잊지 못하겠다. 특히 늪지 중앙 수초 사이에 외다리를 묻고 도 닦는 고승처럼 오래오래 서 있던 해오라기의 고고함과 고달픔을 기억한다.

새기고 싶은 이름들이 많다. 옌칭도서관 선본실의 애나의 이름을 먼저 떠올린다. 그녀가 내게 선본실 서고를 열어 희귀본 고서를 마음껏 살펴보게 해준 후의가 이 작업에 절대적인 도움이 되었다. 중국부의 마샤오허 선생과 한국부의 강미경 선생, 제임스 정 도서관장 등 많은 도움을 아끼지 않았던 하버드 옌칭도서관 관계자분들께 특별한 감사를 드린다. 애초에 이 작업이 가능하도록 나를 초청해주고 각종 지원을 아끼지 않은 하버드 대학교 옌칭연구소에도 각별한 감사를 전한다. 엘리자베스 페리 연구소장과 리뤄홍 부소장, 김선주 한국학연구소장께 감사드린다. 제임스 정 관장은 이 책을 옌칭도서관 학술총서에 넣겠다는 제안을 먼저 해주었고, 옌칭연구소는 출판 비용의 일부를 지원해주었다. 고맙고 감사하다.

국내의 소중한 자료를 기꺼이 제공하여 이 글에 생기를 불어넣어준 과천 추사박물관의 허홍범 선생, 천안박물관의 지원구 선생, 한림대학교박물관의 이숙임 선생께도 감사를 드린다. 이 밖에도 일일이 밝히지 못한 여러 분에게 자료 제공의 도움을 받았다. 수많은 앞선 연구자들의 작업에서도 큰 힘과 용기를 얻었다. 세상에 평지돌출은 없다. 차곡차곡 단계들이 쌓여 하나의 전모(全貌)가 만들어진다.

연재 기간 내내 댓글로 끊임없이 성원해준 독자들께 고마움을 전한다. 글을 쓴 후 오류를 지적받거나 미처 몰랐던 정보를 제공받아 글을 고친 경우가 몇 번 있었다. 소통하는 글쓰기의 위력을 새삼 실감했다. 지칠 때마다 매번 편지글로 격려하고 고무해준 여러 동학들의 격려도 깊이 간직하겠다.

글의 편집과 교정을 담당한 오경철 선생께 고마운 인사를 뺄 수 없다. 늘 닥쳐서 원고를 넘겨도 꼼꼼하게 교정보고 오류를 체크해서 바로잡아주었다. 덕분에 대충 써도 알아서 고쳐주겠지 하는 습관이 든 것은 내게 안 좋다. 이 같은 편집자와 동반할 수 있었던 것을 운좋게 생각한다. 문학동네 강명효 실장은 연재 진행 과정 도중 제반사를 꼼꼼히 챙겨 늘 든든한 배경이 되어주었다. 감사의 뜻을 전한다.

18세기 한중 지식인의 문예공화국에 대한 내 탐색은 앞으로도 한동안 이어져야만 할 것 같다. 18세기에 더 오래 머물지, 19세기의 망망대해로 나아갈지를 두고도 장고가 이어진다. 성원에 다시 한번 감사드린다. 모든 인연들이 다 고맙다. 해는 아직 중천에 떠 있고 가야할 길은 여전히 멀다. 아!

2014년 늦은 봄날
정민 드림

차례

후지쓰카 컬렉션과의 첫 만남
—망한려 전용 원고지에 필사된 『철교전집』

'추사 글씨 귀향전'에서 만난 후지쓰카

2006년 9월, 과천시민회관 전시실에서 후지쓰카 기증 추사 자료전이 '추사 글씨 귀향전'이란 이름으로 열렸다. 수업이 없던 오후, 혼자 그곳에 갔다. 텅 빈 전시실에는 사람이 거의 없었다. 접근 금지를 알리는 초록색 테이프를 작품 1미터 앞 바닥에 붙여둔 호젓한 전시장이 관람자에게는 더없이 좋았다. 유리장에 답답하게 갇혀 있지 않아 친필의 감동을 생생히 맛볼 수 있었기 때문이다.

후지쓰카의 자료는 1940년 4월, 그가 경성제국대학 교수직을 정년 퇴임한 후 일본으로 돌아갈 때, 기차 화물칸 몇 량을 가득 채우고 남았으리만큼 방대했다. 1921년부터 1923년까지 베이징에서 2년간 체

• 2006년 9월 '추사 글씨 귀향전'이 열린 과천시민회관 전시실. 추사 옆에 나란히 놓인 사진이 후지쓰카 지카시다.

류하며 유리창(琉璃廠) 서점가를 샅샅이 뒤져 수집한 청대 원간본(原刊本) 서적만 1만 권이 넘었다. 그전부터 모은 자료를 합치면 3만 권이 더 된다. 이후 조선에 머물면서 박제가와 추사를 비롯한 조선 문인들의 문집 자료와 묵적(墨迹), 이들이 청조 지식인과 주고받은 친필 자료만도 1000점을 넘게 모았다. 그중에 훗날 국보로 지정된 〈세한도歲寒圖〉가 포함되어 있었다.

그의 이 방대한 자료는 1945년 3월 10일, 전쟁 말기에 이루어진 미군의 도쿄 폭격으로 잿더미로 변했다. 그의 집 방공호에 보관해둔 일부 자료만 살아남았다. 그 방공호는 그의 귀국 후 손재형(孫在馨)이 〈세한도〉를 돌려달라고 무작정 찾아갔다가, 이 귀한 자료를 잘 보관해달라며 그 집에 마련해주고 온 것으로 알려져 있다. 이 이야기는 워낙 유명해서 나중에 따로 살피겠다. 이때 폭격에서 살아남은 자료의 상당수가 지난 2006년 후지쓰카 지카시의 아들 후지쓰카 아키나오(藤塚明直. 1912~2006)에 의해 과천시에 일괄 기증되었다.

검색 엔진에서 찾은 엄성이란 이름

하버드에 도착한 뒤 옌칭도서관의 선본실을 처음 들어간 것은 두 달 가까이 지난 9월 중순의 일이었다. 터전을 옮겨 자리를 잡는 일은 이 나이에도 쉽지가 않다. 말까지 잘 통하지 않으니 일마다 손을 빌려야 했다. 겨우 자리를 잡은 뒤로는 개가식으로 열린 서가를 뒤지기도 바빴다. 목록을 보고 볼만한 책의 리스트를 만들고, 서가 사이를 왕래하며 그 책들을 찾았다. 선본실은 열람 시간이 제한되어 있었다. 고서는 미리 인터넷으로 신청해야 하며, 이런저런 까다로운 규칙이 많다고 들어 지레 겁을 먹었다.

어느 날 연구실에 앉아서 홍대용이 1765년 북경에 갔을 때 만난 중국 선비들과 나눈 대화록인 『건정동필담乾淨衕筆談』을 읽고 있었다. 출국 직전 천안박물관에서 보았던, 후손가에서 나왔다는 홍대용의 필담 자료와 겹쳐졌다. 문득 이곳에 혹시 그때 홍대용이 북경에서 만났던 엄성(嚴誠. 1732~1767), 육비(陸飛. 1719~?), 반정균(潘庭筠. 1742~?)에 관한 자료가 있지는 않을까 하는 생각이 들었다. 나는 그때 막 하버드 옌칭도서관의 고서 검색 시스템 이용법을 익힌 직후였다.

이곳의 검색 엔진인 홀리스 클래식(Hollis Classic)에 접속해 '엄성'이

• 하버드 대학교 옌칭도서관 소장 『철교전집』과
『절강향시주권』.

란 이름을 먼저 입력했다. 엄성은 중국에서도 거의 알려진 것이 없는
인물이어서 당연히 자료도 없을 것으로 예상했다. 웬걸, 대번에 2종
의 책이 뜬다. 첫번째가 『철교전집鐵橋全集』 2책이다. Harvard-
Yenching Rare Book에 있는 것으로 나왔다. 서지 설명에 당시의 중
국인 사서가 "이 책은 근대 사람이 펜으로 직접 베낀 것(此書爲近人用鋼
筆手鈔者)"이라고 설명을 붙여놓았다. 또 한 권은 『절강향시주권浙江鄉
試硃卷』이란 처음 듣는 낯선 이름의 책이었다. 역시 선본실에 있었다.
설명에는 1765년에서 1795년 사이에 제작되었고, 줄 쳐진 종이에 매
페이지 12행 22자로 필사된 책이라고 했다. 끝에 "건륭 을유(1765)년
향시에 합격한 거인(擧人) 육비와 엄성, 반정균 등의 답안지를 적은 것
(錄乾隆乙酉中式擧人陸飛嚴誠潘庭筠卷)"이라는 설명이 달려 있었다.

느낌이 심상치 않았다. 세 사람을 염두에 두고 엄성을 먼저 입력했는데, 없을 줄 알았던 그의 문집이 나왔다. 뿐만 아니라 세 사람의 시험 답안지가 나란히 적힌 책이 덜컥 나왔다. 세 사람의 답안지만 따로 묶은 책은 절대로 존재할 리가 없다. 이상했다.

망한려 전용 원고지

책을 읽다 말고 옆 동료의 도움을 받아 바로 선본실에 열람을 신청했다. 점심은 먹는 둥 마는 둥 하고 도서관의 선본실로 달려갔다. 신청 여부를 인터넷으로 한참 확인하더니 문을 열어준다. 도서관 3층에 있는 이곳은 밖에서만 열 수 있고, 안에서는 열 수가 없다. 즉, 밖에서 열어주기 전에는 나오지 못한다. 오전 오후 2시간 30분씩만 연다. 잠시 후 서고로 들어갔던 사서가 포갑에 쌓인 책 두 권을 들고 왔다.

『철교전집』은 보기보다 꽤 묵직했다. 포갑을 열자 서지 설명 그대로 원고지에 펜으로 베껴 쓴 책이 나왔다. 원고지에 베껴 쓴 뒤 옛 책처럼 실로 묶었다. 누가 썼지? 원고지 옆에 인쇄된 다섯 글자가 또렷하다.

'망한려용전(望漢廬用箋)!'

순간 당황했다. 망한려라는 당호를 쓰는 사람의 전용 원고지. 망한려가 누군가? 후지쓰카다. 서울에 살 당시 후지쓰카의 집은 동대문 근처 충신동에 있었다. 그 아들 후지쓰카 아키나오가 망한려의 주변 풍광과 이름의 유래에 대한 설명을 남긴 글이 있다.

조선은 햇빛이 생생해서 나무 한 그루, 풀 한 포기까지 선명하고, 하늘에서 드리우는 깊은 감청색은 사람을 황홀하게 한다. 서재의 창을 열면 한층 더 높이 선 준령이 눈을 비추고, 그 엷은 복사꽃 빛깔의 아름다운 화강암은 감청색의 하늘에 빛나 오벨리스크처럼 몹시 맑다. 아버지는 북한산의 거치봉(鋸齒

• '망한려용전'이라고 표시된 후지쓰카의 전용 원고지.

峯)에서 이 준령으로 둘러싸인 자신의 서재를 '망한려(望漢廬)'라고 이름 붙이고, 아울러 양한경사(兩漢經師)를 사모하는 마음을 부쳤다. 박제가를 연구한 이후 지난 10년 동안 자료를 많이 수집해서 청나라 명류의 친필 편지가 700여 통, 청나라와 조선의 학연을 거슬러올라갈 수 있는 시문집 자료가 수천 권에 달했다.[1]

망한려란 이름은 1차적으로는 '북한산이 바라다뵈는 집'이란 뜻이고, 그 안에서 하는 일은 '한(漢) 문화에 대한 선망(羨望)'이니 이 두 가지 의미를 중의적으로 살린 이름이었다. 이 망한려란 이름을 선본실에서 빌린 첫 책에서 내가 해후했다. 나는 속으로 쾌재를 불렀다.

'드디어 걸렸다!'

미국에 오기 전 후지쓰카의 장서 일부가 하버드 옌칭에 있다는 말을 풍문으로 들었다. 옌칭도서관 자료 중 후지쓰카의 메모가 포함된 책이 국내에서 영인본으로 출판되거나 논문으로 다뤄지면서 일부 눈

밝은 연구자들 사이에 그런 말이 오갔다. 이곳에 오면 이것부터 찬찬
히 뒤져보리라 다짐을 했었다. 2012년 7월, 오자마자 도서관에 처음
들렀을 때 내 첫 질문은 후지쓰카 컬렉션이란 것이 과연 있는가였다.
한중일 세 나라 사서들에게 다 물어봐도 모두 처음 듣는 이름이란 대
답이 돌아왔다. 한자로 적어주고, 일본어로 읽어줘도 고개를 갸웃했
다. 그런 컬렉션이 있다는 말은 들어본 적이 없다고 했다. 대답이 한
결같은 데 나는 실망했다. 그런데 이날 막상 빌려본 첫 책이 후지쓰카
의 전용 원고지에 필사된 것이었다.

이날 선본실에는 내 맞은편에 일본인으로 보이는 70이 퍽 넘은 듯
한 할머니 한 분이 두루마리와 복사한 인쇄물을 대조해가며 열심히
자료를 보고 있었다. 문득 건너다보니, 식사 후 식곤증이 몰려오는 모
양인지 잠깐씩 깜빡깜빡 존다. 그러다가 문득 깨어 또 책 읽는 소리를
내며 확대경을 들이대다가 잠시 후 다시 까빡 조는 모습이 천진스럽
다. 나는 책의 일부를 촬영하고 관련 내용을 메모했다. 만년필을 꺼내
수첩에 몇 줄 적는데 그이가 갑자기 깨어나서는 내게 이 방에서는 연
필만 써야 한다며 주의를 준다. 희귀본에 자칫 잉크라도 튀면 어쩌느
냐는 이야기였다.

『철교전집』에 실린 조선인의 초상화

『철교전집』, 이 책은 서울대학교 도서관에 소장되어 있고, 단국대
학교 연민문고에도 들어 있다. 또 일제강점기에 조선사편수회에서 후

손가에 보관되어 있던 것을 베껴 쓴 사본은 현재 국사편찬위원회에 소장되어 있고, 이 가운데『일하제금집日下題襟集』부분은 베이징 대학교 도서관 선본실에『일하제금합집日下題襟合集』이란 제목으로 따로 전한다. 이 책은 홍대용 쪽의 자료가 건네지기 전의 초고여서 국내본보다는 내용이 부실하다. 여러 이본 중 단국대학교 연민문고본이 중국에서 보내온 원본으로 보인다. 다만 원본은 5책 중 제3책과 제5책이 결락된 상태다. 몇 해 전 나는 서울대학교 도서관본을 이미 복사 제본해서 검토했었다. 그러니까 내용 때문이 아니라 후지쓰카가 필사한 책이 여기에 있다는 사실에 놀란 셈이다. 이 책은 중국에서도 출판된 적이 없는 초고본이다. 중국에서는 초고『일하제금합집』만 빼고는 사라지고 없다.

책의 서지에 보니, 하단에 "Harvard Yenching Library-National Taiwan University Library preservation microfilm project; 00175"라고 적혀 있다. 예전 타이완 대학교 도서관에서 옌칭도서관에 소장된 고서 중 중국에 없는 귀중본만을 추려 마이크로필름 작업을 했었던 모양이다. 이 책『철교전집』은 원고지에 베껴 쓴 것이었음에도 불구하고 마이크로필름 작업을 해두었다. 중국에는 한 권도 남아 있지 않기 때문이었다. 다만 그 원본이 현재 한국에 남아 있다는 사실까지는 그들도 몰랐던 듯하다.

후지쓰카는 경성제국대학 교수로 재직할 당시에 이 책을 필사했을 것이다. 필사한 원고지는 특이하게도 21자 12행으로 인쇄했다. 원본 문집의 글자 수를 그대로 따라 특별 제작한 것이었다. 여기에 베껴 쓰면 원본과 똑같은 면 구성이 나온다. 특별히 7언시를 베껴 쓸 때 읽기

• 단국대학교 연민문고본 『철교전집』. 단국대학교 석주선기념박물관 소장.

가 편하다. 제자들에게 역할을 분담해서 베껴 쓰게 한 듯, 네 가지 정
도의 다른 필체로 정사되었다. 중간중간 붉은 글씨로 오자를 바로잡
았다.

책에는 앞선 누군가가 꼼꼼하게 메모하고 찌를 찔러가며 읽은 자
취가 어지러이 남아 있다. 누구일까 궁금했다. 분류번호는 T 5475
6405. 옌칭도서관에 들어온 날짜는 1956년 11월 26일이었다. 4권 2
책. 제1권에는 엄성의 시선(詩選)과 시존(詩存)을 수록했고, 제2권은
시첩(試帖)과 문집, 제3권은 화록(畫錄)과 외집(外集), 제4권은 『일하제
금집』을 실었다. 앞에 엄성의 평생지기인 주문조(朱文藻)가 쓴 서(敍)
가 실려 있다. 한 책이 끝날 때마다 청색지를 속표지로 대어 구분했
다. 제3권 끝에 『엄철교외집』이 있고 여기에 「시집제사詩集題辭」와 그
의 행장 등이 다 실려 있다. 형 엄과(嚴果)가 쓴 엄성의 묘지명과 소전
(小傳)도 포함되어 있다.

제4권 『일하제금집』이란 묶음 속에, 엄성 자신이 북경에서 만났던

• 왼쪽은 「철교전집」 속의 홍대용 초상화. 오른쪽은 이것을 보고 베껴 그린 후지쓰카본의 그림.

조선 연행사 일행의 초상화를 그린 것이 여섯 점 들어 있다. 일하(日下)는 북경의 다른 호칭이다. 북경에서 흉금을 나눈 시문을 모았다는 뜻이다. 원래 문집 중 초상화가 있던 부분에 아주 얇은 안피선(雁皮宣) 화선지를 대고 붓으로 베낀 후, 원고지 위에 하나하나 붙였다. 정성이 대단했다. 절풍건(折風巾)을 쓰고 도포 차림으로 두 손을 앞으로 맞잡고 무릎을 꿇고 있는 신실한 모습이다.

엄성과 홍대용의 우정은 국경을 뛰어넘는 진한 감동의 서사로 진작부터 유명했다. 그 이야기를 전해 들은 박제가가 감동해서 그길로 홍대용을 찾아가 인사를 청하고 그 글을 보여달라고 했던 일이 널리 알려져 있다. 이덕무는 이들 간에 오간 편지를 정리해서 『천애지기서

天涯知己書』란 제목의 책으로 묶었다.

　미국으로 출국하기 며칠 전 홍대용의 고향에 있는 천안박물관에서 홍대용 집안에 전해오던 자료가 입수되었다는 소식을 들었다. 나는 출국을 코앞에 둔 상태여서 경황이 없었지만 굳이 그곳에 다녀왔다. 거기에서 『철교화鐵橋話』란 표제가 붙은 홍대용과 엄성 간의 필담을 적은 책을 보았다. 철교는 엄성의 호다. 글씨는 영락없는 이덕무의 친필이었다. 그런데 이곳에 와서 처음 펼친 희귀본이 바로 엄성의 문집이었다. 더욱이 후지쓰카의 전용 원고지에 필사된 것이었다. 묘한 인연에 가벼운 전율이 일었다. 열람이 끝나고 담당 사서를 불러 망한려 컬렉션에 대해 다시 문의했다. 그녀 역시 모른다는 대답이었다. 내가 오늘 빌린 책의 가치를 설명하고, 분명히 이 도서관에 더 많은 관련 자료가 있을 것이라고 말했다. 맞은편에 앉았던 일본 할머니의 눈이 덩달아 반짝이더니 일어서서 책에 대한 내 설명을 경청한다. 일본인의 컬렉션이라고 해서 귀가 번쩍 뜨였던 모양이다. 연구실로 올라와서 관련 자료를 더 살펴, 후지쓰카와 연관이 있어 보이는 책 두 권을 추가로 열람 신청했다. 미국에 온 후 말이 안 통해 당황스럽고 우울하던 시간들이 이 일로 말끔하게 사라졌다.

『절강향시주권』에 얽힌 사연

세 사람의 답안지 모음

첫날 선본실에서 『철교전집』과 함께 신청해서 열람한 책이 『절강
향시주권』이었다. 절강 지역에서 실시된 향시(鄕試)의 답안지에 주묵
(硃墨), 즉 빨간색 먹으로 채점하고 평가를 단 답안지란 뜻이다. 절강
향시의 합격자 수가 몇백 명이 넘을 텐데, 이 책에는 홍대용과 교유를
나누었던 육비, 엄성, 반정균 세 사람의 답안지만 달랑 실려 있다. 일
반적인 책이 아니고 누군가 세 사람을 동시에 아는 사람이 의도적으
로 따로 베껴 모았다는 뜻이다. 그게 누굴까? 무엇 때문에 베꼈을까?

책은 줄 쳐진 중국 종이에 붓으로 깨끗하게 정사한 18세기 당시의
필사본이었다. 열람번호는 T 5783 3320이고, 1954년 3월 1일에 입고

• 「절강향시주권」, 후지쓰카의 친필 표지 제자.

되었다는 스탬프가 표지에 찍혀 있다. 크기는 28×19.7센티미터. 표제 글씨는 후지쓰카의 친필이다. 그는 성격이 유난스러웠던 듯, 조선판의 책도 자기 식으로 새로 제본하곤 했다. 5침으로 된 조선 책들이 4침으로 바뀌는 경우가 많았다. 책을 맨 틈을 열어보니 이 책은 원래 구멍을 두 개만 뚫어 종이 못을 박아 묶은 형태였다. 그것을 표지도 자기 스타일로 바꾸고 포갑도 새로 만들어, 표제에 자신이 직접 글씨를 썼다.

책은 세 사람의 향시 답안지 3편과 시 1수를 차례로 적었다. 각 항목 앞에는 '절강향시주권'이라 쓰고 '을유과(乙酉科)', 즉 1765년에 치러진 향시의 답안지임을 밝혔다. 세 사람이 제출한 답안은 당연히 제목이 같다. 육비는 '시오방(詩五房)', 엄성은 '춘추방(春秋房)', 반정균은 '역오방

(易五房)'에 소속되어 있다. 통상적인 시험 과목 외에 저마다 『시경』과 『춘추』『주역』 등 전공한 강경(講經)이 달랐음을 짐작게 한다.

각 사람의 인적 사항은 다음과 같다.

陸飛: 中式第一名. 陸飛杭州仁和縣學附學生, 商籍, 習詩經.

嚴誠: 中式第六十九名. 嚴誠杭州府學增廣生, 民籍, 習春秋.

潘庭筠: 中式第二十一名. 潘庭筠杭州府錢塘縣學增廣生, 民籍, 習易經.

이로 보아 육비는 상업에 종사했고, 항주 인화현 출신이었다. 엄성은 항주부에 소속된 증광생이었고, 반정균은 전당현 소속의 증광생이었음이 확인된다. 성적은 육비가 1등, 반정균이 21등, 엄성은 69등으로 차이난다.

또 책의 첫 줄 하단에 같은 필체의 작은 글씨로 부기한 내용이 있다. 그 내용은 이렇다.

사신 순의군(順義君)이 이들 거인(擧人)과 친해, 이 주권을 가지고 왔다. 세 사람은 모두 회시(會試)에는 합격하지 못했다고 한다(使臣順義君與此擧人相親, 持此硃卷而來, 三人皆不中會試云).

순의군은 홍대용이 연행에 참여해 세 사람과 만났던 1765년 당시 정사(正使)였던 이훤(李烜)이다. 정사는 요즘으로 치면 일종의 특사에 해당한다. 왕실의 종친이나 부마(駙馬)들이 이 역할을 많이 수행했다.

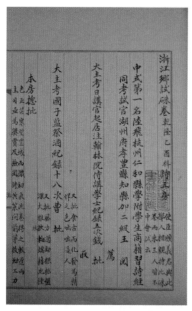

• 『절강향시주권』 첫 면. 붉은 먹으로 수정한 후지 쓰카의 글씨가 중간중간에 남아 있다.

종친인 이훤도 앞뒤로 세 번이나 정사로 연경(燕京)을 다녀왔던 인물이다. 엄성의 『철교전집』에 엄성이 그린 순의군의 초상화가 남아 있다. 엄성은 사신의 숙소를 방문해서 순의군과 직접 회면하고 대화를 나누었다. 그때 본 인상을 눈썰미 있게 기억해두었다가 그림으로 남겼다. 세 사람의 답안지를 모아 한 권의 책자로 묶은 이는 순의군이다. 처음에는 각자에게 주권을 받아, 후에 이것을 한데 합쳤다. 중국의 과거 시험 답안지의 형식과 채점 방식이 흥미로운데다, 세 사람과의 특별한 인연을 기념하고 싶어서였을 것이다.

도서관에서 이 책은 당연히 중국 고서로 분류되어 있다. 하지만 이 책이 조선에서 필사되고 제본된 것인 줄은 누구도 몰랐다. 무엇보다

순의군이 누군지 몰랐고, 세 사람과 조선 연행사절의 깊은 인연을 알지 못했기 때문이다. 후지쓰카의 소장서인 줄도 당연히 몰랐다. 드러난 특별한 표시가 없다. 우연히 검색 엔진에 엄성을 입력했고, 그 아래 설명 속에 육비와 반정균의 이름이 함께 뜨는 바람에 꺼내보게 된 책이다.

첫 만남의 광경

홍대용의 『건정동필담』과 엄성의 『일하제금집』은 같은 만남에 대해 따로 기록한 책자다. 여기에는 조선 연행사 일행이 중국 지식인들과 연경의 유리창 거리에서 조우하는 광경이 나온다. 유리창은 북경성 남쪽 정양문(正陽門)과 선무문(宣武門) 사이에 있던 유명한 서점 거리요, 쇼핑 거리였다. 지금도 서울의 인사동처럼 각종 고서적과 골동품, 미술품을 판매하는 상점들이 즐비하다. 조선 연행사 일행이 북경에 머물 때면 날마다 이 거리를 왕복하며 책을 사고, 서울에서 부탁받은 각종 물건들을 구입해 갔다. 그런데 첫 만남의 장면에 대한 설명과 일자는 두 기록이 서로 다르다. 만난 정황에 대한 설명도 차이가 난다. 『건정동필담』에는 2월 1일에 처음 만난 것으로 나오지만, 『일하제금집』에는 1월 26일로 명시되어 있다. 첫 만남 당시에는 홍대용이 없었다. 설명으로 보더라도 당시 당사자였던 엄성이 적은 『일하제금집』의 기록이 맞다. 두 기록을 살펴 재구성해본다.

1766년 1월 26일, 비장(禅將) 이기성(李基成)이 안경을 사러 이곳에

• 오늘날의 건정동 입구(위)와 건정동의 어느 집
대문(아래). 건정(乾淨)과 같은 음인 감정(甘井)으
로 표기되어 있다. 호동(胡同)은 골목 또는 마을
이름을 나타낸다. 2010년 베이징 답사 당시 찍
은 사진이다. 저런 낡은 문을 열고 들어가면 엄
성 등이 기다리고 있을 것만 같았다.

나갔다. 질 좋은 안경은 연경에서나 구입할 수 있는 사치품이었다. 하지만 그가 본 것은 싸구려 가짜뿐이고 쓸 만한 물건을 찾지 못했다. 어느 서점에서였다. 용모가 단정하고 문인의 기품을 띤 두 중국 선비가 『창려전집昌黎全集』을 들춰보고 있었다. 이기성은 그중 한 선비가 쓴 안경을 유심히 들여다보다가 한번 볼 수 있느냐고 청하더니 계속 만지작거리면서 손에서 놓지를 못했다. 마침내 점원에게 종이를 달라더니 이렇게 썼다.

"내가 아는 분이 안경을 찾는데, 시장에서는 진품을 찾기가 어렵소. 그대가 쓴 것이 병든 눈에 꼭 맞을 것 같으니 내게 팔지 않으시려오? 그대는 혹 여벌이 있을 수 있고, 새로 구하더라도 그닥 어렵지 않을 것 아니오. 값은 후하게 치르겠소."

이 대목은 『일하제금집』에 따른 것인데, 『건정동필담』에는 길 가다가 우연히 만나 필담 아닌 대화를 나눈 것으로 되어 있다.

그러자 그 사람이 불쑥 제가 쓰고 있던 안경을 벗어 건네주었다.

"안경을 찾는 사람이 아마 나와 같은 문제가 있는 모양이구려. 이깟 안경 하나 아낄 일이 뭐 있겠소. 어찌 팔라고 한단 말인가?"

그러더니 보던 책을 받아들고는 날렵하게 앞섶을 날리며 가버린다. 공연히 남의 멀쩡한 안경만 뺏은 꼴이 된 이기성이 안절부절못해 쫓아가 안경을 돌려주며 말한다.

"좀 전의 말은 해본 소리였소. 애초에 구한 사람도 없었소. 쓸데없는 물건이니 받을 수가 없소."

그러자 두 사람이 불쾌한 기색으로 말한다.

"이건 하찮은 물건이고, 동병상련의 뜻으로 주는 건데, 어찌 째째하게 이러시오."

그들은 정양문 밖 건정동(乾淨衕)에 머물던 절강성에서 온 과거 수험생으로 엄성과 반정균이었다. 이 멋쟁이 두 사내의 이야기는 단연 그날 조선 사신 일행의 화제가 되었다.

며칠 뒤인 2월 1일 아침에 이기성이 보낸 사람이 숙소로 엄성 등을 먼저 찾아와서 말을 전했다.

"여러 날 그대를 찾았지만 찾지 못해 마음이 안달났었는데, 오늘에야 만났구려. 오후에 다시 올 테니 어디 가지 말고 꼭 여기 계시구려."

그날 오후 이기성이 답례품을 들고 그들의 하숙으로 찾아가자, 이들은 그저 받지 않고 다시 예물로 답하였다. 이기성이 그들에게 좀더 자세한 인적 사항을 청했다. 그들은 자신들이 절강 향시에 제출했던 주권, 즉 채점 결과가 담긴 답안지를 몇 벌 건네주었다. 거인(擧人)들이 자신의 답안지를 여러 벌 인쇄해서 자신의 소개 용도로 활용하는 관행이 있었음을 알겠다.

이기성의 야단스런 칭찬을 전해 들은 홍대용이 이틀 후인 2월 3일에 김재행(金在行)과 함께 이기성을 앞세워 건정동으로 두 사람을 찾아갔다. 그들은 천승점(天陞店)이란 간판이 붙은 객점에 머물고 있었다. 당시 엄성이 35세, 반정균은 25세였다. 처음 만나자마자 홍대용은 주권을 보고 문장을 사모해 찾아왔노라고 인사를 건넸다. 홍대용은 36세, 김재행은 49세였다.

이후 이들은 의기가 서로 맞아 여러 차례 상대의 거처를 교대로 방문하며 필담을 주고받았다. 2월 17일의 필담에는 홍대용이 향시 주권에 적힌 내용을 놓고 중국의 과거제도에 대해 대화를 주고받는 대목이 나온다.

이후 2월 23일에는 전날 상경한 육비와 첫 회동이 이루어졌다. 육비는 절강 향시에서 장원급제를 해서 육해원(陸解元)이라는 별칭으로 일컬어진 인물로 당시 나이가 48세였다. 나이뿐 아니라 시문과 서화의 기량이 둘에 비해 월등했다. 이들은 3월 8일에 실시되는 회시(會試)에 응시하기 위해 상경한 터였다. 이후 합격자 발표는 4월 5, 6일에 이뤄졌다. 이들이 주고받은 상세한 문답과, 이들이 서로에게 어떻게 급격하게 이끌려갔는지는 『건정동필담』에 이미 자세하여 여기서는 다 적지 않는다. 『건정동필담』의 전체 내용은 한국고전번역원 DB로 들어가 검색창에 '건정동필담'이라고 입력하면 전체 번역문을 볼 수 있다. 조선 사신 일행은 이들이 시험을 치기 직전인 3월 초에 북경을 떠났다. 이들은 덤덤하니 만나, 웃으며 지내다가, 울면서 헤어졌다.

홍대용은 「건정록후어乾淨錄後語」에서 육비는 키가 작달막하고 생김새는 풍성하고 우람했다고 적었다. 그는 우스갯말을 잘하고 주량도 대단했다. 시문과 서화에 모두 능했다. 성품은 소탈하고 절도가 있어 귀인의 기상이 있었다. 자잘한 예절에 구애되지 않아 순수한 유학자는 아닌 기사(奇士)라고 평했다. 엄성은 마른 체구에 골격이 있는 강단 있는 인물이었다. 재주가 높고 식견이 민첩했다. 처음에는 태도가 자못 삐딱했다. 홍대용이 왕양명(王陽明)과 육상산(陸象山)을 비판하고 불교를 배척하자 그 점이 못마땅했던 것이다. 세상을 조롱하고 사람을 무시하는 언사도 자주 끼어들었다. 그러다가 홍대용이 진심의 사람임을 안 뒤 속없이 가까워졌다. 반정균은 가장 어린 만큼 반짝반짝 빛나는 선비였다. 산뜻하고 자태도 아름다웠다. 활발한 성격에 해학도 있었다. 글재주가 뛰어난데다 명랑한 성격으로 이들의 대화에서 분위기 메이커 역할을 톡톡히 했다. 홍대용은 그를 두고 '사랑스럽다'고 말했다. 모두 말 그대로 재주 많고 감성이 풍부한 전형적인 강남재자(江南才子)들이었다.

그림으로 남은 우정

다시 옌칭도서관의 『절강향시주권』으로 돌아가보자. 이 책은 육비, 엄성, 반정균 세 사람이 1765년 절강 향시에 제출했던 답안지 모음이다. 두 사람의 것은 첫날 먼저 비장 이기성을 통해 전해졌고, 육비의 것은 그가 뒤늦게 도착한 이후에 전해졌을 것이다. 세 사람의 향시 주권은 이후 하나로 묶여 필사되었다. 그것이 바로 옌칭도서관의 이 책이다. 셋의 답안을 묶은 책이 국내에 따로 전하는지는 확인되지 않는다. 첫 줄 끝에 당시 정사였던 순의군 이훤이 가져왔다고 했고, 이들이 결국 그해 3월 8일에 시행된 회시에서 모두 낙방했다는 결과까지 적고 있는 것으로 보아, 필사는 조선에 돌아와 이들의 낙방 소식이 그 다음 연행사를 통해 확인된 이후에 이루어졌던 것임을 알 수 있다.

엄성이란 이름을 검색해서 찾게 된 『절강향시주권』이란 소책자는 이들의 긴 연분의 짙은 인연을 일깨우는 소중한 증거물의 하나다. 더욱이 책의 표제 글씨는 후지쓰카의 친필이다. 후지쓰카는 한중 지식 교류와 관련이 있는 자료는 무엇이든 수중에 넣었다. 편지 쪼가리 하

• 엄성이 그린 조선 연행사 일행의 모습. 왼쪽 위부터 시계 방향으로 정사 이훤, 부사 김선행, 서장관 홍억, 비장 이기성, 자제군관 김재행. 「철교전집」에 수록.

나, 메모 한 장도 모두 욕심 사납게 모았다. 차차 설명하겠지만 그의 자료 수집력은 정말 막강하고 대단했다.

육비, 엄성, 반정균 세 사람의 이야기는 연행 내내 일행의 화제 중심에 있었다. 귀국 이후에도 이들과 주고받은 편지와 필담이 홍대용에 의해 『건정동필담』으로 묶여 정리됨으로써 이 이야기는 조선의 지식인이라면 모르는 사람이 없으리만치 널리 알려졌다. 엄성은 과거에 낙제하여 낙향한 이후 필담 도중의 약속대로 다시는 연경 걸음을 하지 않았다. 그리고 불과 2년 후에 풍토병에 걸려 절강에서 짧은 생을 마쳤다. 육비의 후일담은 우리 쪽 기록에는 특별히 전하는 것이 없다. 가장 젊었던 반정균은 몇 해 뒤 마침내 과거에 급제해서 관리가 되었다. 그는 훗날 북경을 찾은 홍대용의 후배 박제가와 만나 지속적인 교분을 이어갔다.

엄성이 갑작스레 세상을 뜨자 그의 부고가 곡절 끝에 조선에 당도했다. 홍대용과 김재행은 통곡하며 그의 죽음을 애도했다. 홍대용은 중국에 편지를 보내 엄성의 문집과 초상화를 보내줄 것을 요청했다. 엄성의 문집과 초상화는 그로부터 무려 10년이 지난 뒤에야 홍대용의 수중에 들어갈 수 있었다. 이 긴 사연은 또 그대로 눈물겨운 이야기여서 뒤에서 자세히 이야기하겠다. 엄성은 격정적인 만큼 다정한 사람이었다. 그는 그림에 뛰어난 재주가 있었다. 북경에서 이들과 헤어지기 전 자신이 만난 조선 연행사 일행의 모습을 그림으로 그려두었다.

홍대용의 『건정동필담』은 이렇게 끝난다.

화첩 두 개를 모두 부쳐왔다. 하나는 반정균의 서화였다. 그중 두 폭은 육비의 솜씨였다. 다른 첩 하나는 모두 엄성의 작품이었다. 육비는 억지로 평소처럼 말하며 웃었다. 엄성과 반정균은 글씨를 다 쓰고 나서는 의자에 앉아서 서로 마주보며 서글퍼하는데, 자기가 보는데도 저도 몰래 눈물이 나더라고 하인이 말했다. 오는 길에 하인이 이런 말을 전했다. 지난번 건정동에 갔을 때 그의 하인들이 첩 하나를 꺼내 보여주는데, 첩 가운데 우리의 모습을 그렸더라는 것이다. 다들 꼭 닮아서 한번 보고 누가 누군지 금방 알 수 있었다고 했다. 어째서 그렸느냐고 묻자, 하인들이 "두 어르신께서 이를 만들어서 돌아간 뒤에 그리움을 부칠 거리로 삼으려 한다더군요"라고 대답했다 한다.

지난 2012년 가을 서울 간송미술관에서 열린 특별전은 그 주제가 한중 문인 교류의 내용이 담긴 서화였다. 인편에 부탁해서 바로 도록 한 권을 국제우편으로 우송받았다. 책을 펼치니 육비와 엄성과 반정균의 그림이 거짓말처럼 나란히 실려 있었다. 그것도 두 점씩이나. 나는 몹시 기뻐서 자리에서 벌떡 일어나 연구실을 몇 번 왔다갔다했다. 한참 『철교전집』과 『절강향시주권』을 펼쳐놓고 『건정동필담』을 읽고 있을 때여서 감회가 더 각별했다. 더욱이 육비가 그렸다는 폭포 그림은 필담 속에도 그 내용이 자세히 적힌 바로 그 그림이었다. 홍대용은 그림을 받고 본국으로 가지고 돌아가 벽옥같이 받들겠다고 약속했었다. 정이 오간 한 장의 그림이 몇백 년의 세월을 뛰어넘어 소중하게 갈무리되어 하나의 서사를 만들어가는 과정이 참 뭉클했다. 함께 실린 반정균과 엄성의 그림 또한 홍대용이 떠나올 때 받았던 두 개의 화첩 속에 들어 있던 것들이다.

『묵림금화』에서 만난 뜻밖의 후일담

책은 책을 부른다. 날마다 옌칭도서관을 들락거리면서 서가에서 우연히 눈에 띄는 책을 한 권씩 뽑아들고 나오는 데 재미를 붙이곤 했다. 실로 묶은 선장본(線裝本) 고서들도 흔히 서가에 꽂혀 자유롭게 빌려갈 수 있는 것이 많았다. 하루는 아무리 둘러봐도 손이 가는 책이 보이지 않았다. 고서 쪽을 어정거리다가 포갑 속에 든 『묵림금화墨林今話』란 책을 꺼내왔다. 1871년에 간행된 장보령(蔣寶齡)이 엮은 것이다. 당대 화단의 뭇 별과 그들이 빚어낸 화단의 흥미로운 뒷얘기를 항목별로 나눠 적은 책이었다. 정편 18권, 속편 2권 분량의 방대한 저작이었다. 청대 예단에서 알 만한 이름들이 자주 보이기에 들고 나왔다.

제18권의 「고려일재高麗逸才」란 짤막한 항목에는 "고려의 신자하(申紫霞)는 시에 능하고 대나무 그림을 잘 그렸다. 왕자매(王子梅)의 「환주곡還珠曲」에 제한 것이 있는데 몹시 아름답다"고 적은 내용도 보였다. 전권을 펼쳐놓고 이리저리 뒤적이는데 제5권에 「철교화재자구운림간鐵橋畫在子久雲林間」과 「육고사陸高士」란 항목이 나란히 실려 있는 것이 눈에 확 들어왔다.

인화(仁和) 사람 엄과(嚴果)는 자가 민중(敏中), 호는 고연(古緣)이다. 건륭 경인년(1770)의 거인(擧人)이다. 아우 엄성은 자가 입암(立庵)이고 호는 철교다. 을유년(1765)의 거인이다. 나란히 독실한 학문으로 성대한 이름이 있었다. 시문에 뛰어났고 아울러 그림 솜씨도 훌륭했다. 엄과는 그림에서 단원(檀園)을 스승으로 삼았으나 법도는 달랐다. 가슴속에 절로 구학(丘壑)을 갖추었고, 만년에는 조예가 더욱 깊어졌다. 벗들이 그림을 청하면 비록 병을 앓고 있어도 억지로라도 그려주어, 남의 청을 거절하지 않았다. 엄성의 그림은 황자구(黃子久)와 예운림(倪雲林)

의 사이에 있다. 특히 글씨에 정밀하고 전서와 해서를 잘 썼다. 한나라와 진(晉)나라의 글씨를 법으로 삼았으므로 얻은 자가 중하게 여겼다. (중략) 애석하게 일찍 죽었다. 저작이 몹시 풍부한데, 들으니 간행되지 않은 것이 많다고 한다.

뜻밖에 엄성 형제와 관련된 금싸라기 같은 기록을 우연히 찾아낸 셈이었다. 이곳에서 본 『철교전집』은 윗글에서 말한 "간행되지 않은 것" 가운데 가장 중요한 것이다. 절강 향시에서 당당히 장원으로 급제했던 육비의 알려지지 않은 후일담도 바로 그다음 항목에 나란히 실려 있었다.

　인화 사람 소음(筱飮) 육비는 자가 기잠(起潛)이다. 건륭 을유년에 절강 향시에서 장원으로 뽑혔다. 인물, 산수, 화훼를 그려 모두 무리 중에서 우뚝했다. 대나무 그림도 잘 그려, 오소포(吳小匏)가 시를 지어준 것이 있다. 성품은 높고 시원스러웠다. 장지화(張志和)의 사람됨을 사모하여 호수 위에 배를 만들어놓고 '자탁항(自度航)'이라고 불렀다. 처자와 차 화덕을 모두 배 안에 실어두고 서령(西泠)의 안개 낀 물 사이를 노닐며 1년 내내 성시(城市)에는 들어오지 않았다. 시서화로 홀로 즐기니 나무꾼들과 어부들이 너나없이 육고사(陸高士)라고 불렀다. 그의 그림은 매도인(梅道人)과 아주 비슷했는데 법으로 지킨 것이었다. 온일재(溫一齋)가 말했다. "육비의 큰 폭 그림은 용묵(用墨)이 풍부하고 두터워 또한 석전옹(石田翁)과 몹시 흡사하다." 만년에는 그림을 팔아 생계를 꾸렸다. 인장에는 '매화매산(賣畫買山)', 즉 '그림을 팔아 산을 샀다'고 새

• 『묵림금화』의 엄성과 육비 항목.

겄다. 『오문시화梧門詩話』에서는 "육비의 시는 검토(檢討) 벼슬을 지낸 죽타(竹垞) 주이존(朱彝尊)과 아주 비슷하다"고 했다.

한때 육해원, 즉 장원급제한 육비란 애칭으로 불렸던 그 또한 결국 회시의 관문을 뚫지 못한 채 낙향해서, 자연 속에 묻혀 한세월을 보냈다. 끝에 나오는 "만년에는 그림을 팔아 생계를 꾸렸다"고 한 구절이 안타깝다. 그림을 팔아 산을 샀다고 새긴 도장을 작품에 찍는 행위는 일종의 자조다. 이 기록을 발견하고 이 기묘한 우연에 감탄했다. 나는 신이 나서 바로 법식선(法式善)의 『오문시화梧門詩話』까지 원간본으로 빌려 해당 대목을 확인하고 복사해두었다.

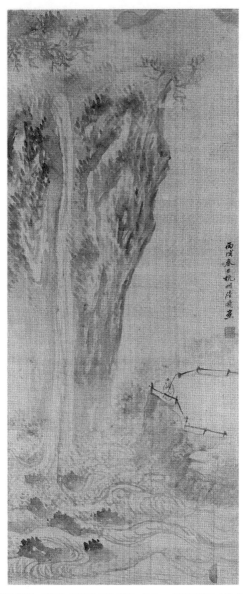

• 육비, 〈고사관폭高士觀瀑〉, 1766년, 비단에 수묵, 96.7×40.3cm, 간송미술관 소장. 병술(丙戌) 춘일(春日)은 홍대용 등과 만남을 가졌던 1766년 봄을 말한다.

간송미술관 전시에 나온 육비의 그림은 96.7×40.3센티미터의 비교적 대폭인 그림이었다. 1766년 봄에 그렸다고 적혀 있다.『건정동필담』에서 말한 폭포를 그렸다는 바로 그 그림이다. 절벽에서 그대로 떨어져내리는 폭포가 굼실굼실 소용돌이를 만든다. 그 건너편 난간에 한 고사가 죽장을 짚은 채 그 물결을 바라본다. 중국 쪽에도 실물이 거의 남아 있지 않은 그의 그림 한 폭이 이렇게 오랜 세월을 건너 우리 땅에 오롯이 보관되어 있었던 것이다.

가을바람에 통곡하노라
─엄성과 홍대용의 뒷이야기

오늘을 영원히 잊지 말자

이번 글은 홍대용과 엄성의 헤어진 이후 이야기를 정리해본다. 1766년 2월 한 달 사이에 홍대용과 엄성 두 사람은 북경에서 일곱 차례 만났다. 조선의 홍대용과 김재행, 중국의 엄성, 육비, 반정균 등은 의형제를 맺는 동심(同心)의 사람이 되어 헤어졌다. 헤어질 당시 홍대용은 "한번 헤어지면 다시 보지 못할 것이다. 죽어 지하에서 만나더라도 부끄러운 일이 없도록 하자(一別千古矣, 泉下相逢, 誓無愧色)"고 말했다. 엄성은 "바다가 마르고 바위가 문드러져도, 오늘을 잊지는 말자(海枯石爛, 勿忘今日)"고 썼다.

엄성은 솔직하고 진실한 사람이었다. 때로 과격하고 직정적(直情的)

이어서 속내를 숨기지 않았다. 헤어지기 직전 엄성에게 보낸 편지에서 홍대용은 이렇게 충고했다.

가만히 살펴보니 아우님의 그릇은 받아들이기는 잘하나 혹 머금어 인내하는 점에서는 부족한 듯하오. 선(善)을 좋아함은 그침이 없지만 악을 미워함이 간혹 너무 심하더이다. 남의 나쁜 점을 보고는 그저 내버려둘 수가 없는 듯하오. 하지만 모름지기 안으로 나를 되돌아보아 그런 점이 있으면 고치고, 없다면 더욱 힘쓰는 것이 좋겠소.

이런 말은 상대에 대한 깊은 이해 없이 쉽게 할 수 있는 충고가 아니다. 두 사람은 서로에게 유독 깊이 이끌렸다. 엄성이 홍대용에게 같은 날 보낸 편지에도 이런 대목이 있다.

저는 사귀는 벗이 또한 적지 않습니다. 하지만 능히 학문을 밝게 강론하고 절실하게 연구하여 서로를 도와 성취하게 해줄 사람을 찾았지만 적막하게 만나볼 수가 없었습니다. 이제 다행히 과거 시험을 보기 위해 연경에 왔다가 그대를 만나 친교를 맺게 되었습니다. 실로 그대의 학문이 유익한 벗이 될 만할 뿐 아니라 훌륭한 스승이 될 수 있을 듯하여 아끼고 중히 여겨 마음으로 기뻐하고 성심으로 복종했던 것입니다. 과거 시험이 기쁜 것이 아니라, 이를 계기로 그대와 사귀게 된 것이 참으로 기쁩니다. 그대는 매번 제가 너무 지나치게 칭찬하는 것을 싫어했지만, 제가 아무에게나 그렇게 하는 사람은 아닙니다. 저는 다만 그대가 제게 큰 보탬이 됨을 알 뿐입니다. 저는 행동이 경솔한데 그

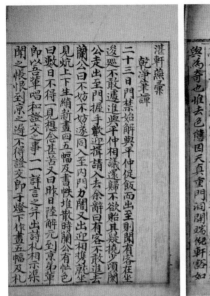

• 『건정동필담』(왼쪽)과 『항전척독』(오른쪽) 본문. 각각 국민대학교 성곡도서관, 홍대용종손가 소장.

대는 방정하고 엄숙합니다. 이는 실로 법도로 본받을 만합니다. 저는 말이 조급하고 망령되나 그대는 신중하고 무겁습니다. 이는 참으로 스승으로 삼을 만합니다.

짧은 만남을 통해 두 사람이 서로에게 마음을 허락하고 견인되어 이끌려가는 모습은 홍대용이 정리해 남긴 『건정동필담』과 『항전척독杭傳尺牘』, 그리고 『철교전집』 속에 속속들이 자세하다. 여기서는 군말을 더 보태지 않는다.

엄성은 뒤미처 시행된 과거에서 낙방했다. 그만이 아니라 세 사람이 모두 떨어졌다. 엄성은 이번에 낙방하면 다시는 과거를 보기 위해 연경에 오지 않겠다고 한 홍대용과의 약속을 지켜 고향으로 내려갔다. 홍대용은 엄성과 작별한 지 5개월이 지난 1766년 7월에 엄성에게 안부 편지를 보냈다. 엄성은 이를 그해 11월 24일에 받았다. 엄성은 엄성대로 8월 1일에 편지를 부쳐, 홍대용은 이를 다음해 1월 2일에 받았다. 두 사람의 편지는 한 박자씩 엇갈렸다. 편지를 써서 그 답장을 받기 전에 그전에 쓴 상대방의 편지가 도착했다. 그사이를 못 기다려 또 편지를 쓰면 그다음에 도착한 답장은 그전 편지에 대한 것이었다.

이들은 처음 안면을 익힌 뒤 질펀한 술자리로 흉금을 텄고, 열띤 학문적 토론을 벌이기도 했다. 홍대용은 엄성에게 과거를 통해 관리로 나가려는 꿈을 버리고, 도학의 길을 걸어 학문에 힘쓸 것을 간절하게 당부했다. 엄성은 귀한 말씀을 받들어 영원토록 보배로운 가르침으로 삼겠노라고 화답했다. 엄성은 홍대용과의 몇 차례 만남 이후 사람이 완전히 달라졌다.

엄성의 돌연한 죽음

1767년 봄, 절강에 머물던 엄성은 부친의 명에 따라 형 엄과와 함께 집에서 1700리나 떨어진 복건성 민중(閩中) 땅의 관사(館師)가 되어 먼 남쪽 지방으로 떠났다. 하지만 3월 이후 풍토병에 걸려 고생하다가 6월에는 학질로 발전했고, 9월 들어서는 병이 아주 위중해졌다. 하는 수 없어 견여(肩輿)에 실려 그는 20여 일 만에 가까스로 고향집으로 돌아왔다. 하지만 다시 20일이 지난 11월 5일에 세상을 뜨고 말왔다. 세상에서 누린 해가 고작 36년이었다.

엄성이 민중 땅에서 중병을 앓고 있을 당시, 홍대용이 1766년 9월 10일에 그에게 쓴 3600여 자에 달하는 장문의 편지가 도착했다. 편지는 근 1년 만인 윤7월에야 절강을 거쳐 그 먼 민중 땅까지 배달되었다. 엄성은 9월, 병세가 무거운 상태에서 2600자에 달하는 긴 답장을 정성껏 써서 보냈다. 김재행에게도 긴 편지와 그리운 마음을 담은 시를 지어 보냈다. 이때 홍대용에게 보낸 편지와 시는 이미 죽음을 예감한 듯 말이 참으로 구슬펐다. 엄성이 이때 홍대용에게 부친 시 두 수는 사연이 이러했다.

연경에서 반가운 소식 전하니	京國傳芳信
아득히 먼 해동에서 온 것이라네.	遙遙大海東
사문(斯文)이 우리에게 달려 있나니	斯文吾輩在
이역(異域)이나 이 마음은 한가지일세.	異域此心同
정은 이미 형제와 다름이 없고	情已如兄弟
참된 사귐 변함없이 훌륭하였지.	交眞善終始
그리워도 서로를 보지 못하니	相思不相見
가을바람 맞으며 통곡한다오.	慟哭向秋風
얼굴 볼 날 없음을 슬퍼하다가	見面悲無日
마음 논한 글월 보고 기뻐한다네.	論心喜有書
이 편지 만리 밖서 온 것이어서	來從萬里外
예까지 일 년 넘게 걸리었구나.	到及一年餘

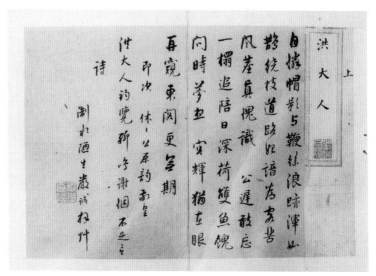

• 엄성이 홍대용의 숙부인 서장관 홍억(洪檍)에게 준 송별시의 친필. 정갈한 필체에서 그의 성품이 드러난다. 원본은 후지쓰카가 소장했던 것으로 현재는 유리 건판 사진만 남아 있다. 과천시 추사박물관 소장.

격려함엔 좋은 벗이 필요하거늘 　　　　激勵須良友

쇠잔하여 홀로 지냄 안타까워라. 　　　　衰遲感獨居

이름 없이 마흔 나이 코앞에 두니 　　　　無聞將四十

어이 차마 촌음인들 헛되이 쓰리. 　　　　忍使寸陰虛

사문이 우리 손에 달려 있다는 첫 수 제3구의 말은 두 사람이 학문에 힘써 유학의 바른 정신을 붙들자고 다짐했던 연경에서의 약속을 환기한 표현이다. 곁에 홍대용이 있었다면 자신을 끝없이 격려해서 발전할 수 있게 해주었을 텐데, 그렇지 못해 이토록 쇠잔하게 지내는 것을 아쉬워했다. 그러고는 헤어질 때의 약속대로 촌음을 아껴 바른 학문에 힘쓸 것을 다짐했다.

엄성의 부고는 그해 12월 30일에 쓴 육비의 편지를 통해 홍대용과 김재행에게 전해졌다. 김재행에게 보낸 편지에서 육비는 이렇게 썼다.

철교(鐵橋)는 올봄에 갑자기 민중으로 가게 되었는데, 10월 사이에 병을 안고 돌아와 한 달이 못 되어 죽었소. 참으로 애통하기 그지없소. 그가 가는 것을 내가 쓴소리를 해가며 극구 말렸는데, 철교는 아버지의 명이 급한데다 벗에게 이끌리는 바 되어 필경 내 말을 듣지 않았지요. 울며 탄식합니다. 어찌 사생이 실로 이렇듯 운수가 있어 전광석화처럼 갑작스레 다해버린단 말입니까? 사람으로 하여금 온갖 생각이 다 시들하게 합니다. 생각건대 해동의 옛 벗들도 다들 그를 위해 길게 호곡하겠지요.

부고를 접한 김재행은 만리봉(萬里峯)에 올라가 절강 쪽을 바라보며 통곡하고, 제문과 편지를 써서 애도했다. 홍대용은 큰 충격을 받아 말문을 잊었다. 그는 당시 부친의 상중이었음에도 불구하고 1768년 8월, 짧은 제문과 긴 편지를 써서 깊은 애도의 뜻을 표했다. 홍대용은 편지에서 엄성이 남긴 문집과 그의 초상화를 보내줄 것을 간곡하게 요청했다.

10년 만에 도착한 주문조의 편지

홍대용이 이때 보낸 치제문과 편지는 15개월 뒤인 1769년 11월,

엄성의 2주기를 맞아 담제(禪祭)를 올리는 당일에 절강성 엄성의 집에 도착했다. 참으로 기이한 우연이었다. 형 엄과는 엄성의 벗들과 함께 모여 제사를 지내면서, 초헌(初獻), 즉 첫 잔을 홍대용의 제문을 소리 내서 읽으며 올렸다. 아헌(亞獻), 곧 둘째 잔에는 김재행의 제문이 낭독되었다. 당시 대상(大祥)에 참예하러 왔던 사람들이 이 광경을 보고 그 기막힌 인연 앞에 술렁술렁했다. 이들의 지극한 정성이 신에게 전해진 것이 아닐 수 없다며 다들 경탄해마지않았다. 이 사연은 『철교전집』에 실려 있는 1770년 12월에 보낸 엄과의 답장과, 훗날 홍대용이 세상을 뜬 후, 그의 벗 연암 박지원이 중국 벗들에게 부고를 전하면서 보낸 「홍덕보묘지명洪德保墓誌銘」에 자세하다.

엄과는 홍대용의 요청을 받고 그에게 보내주기 위해 엄성의 친한 벗이었던 주문조(朱文藻)가 정리한 필사본 『철교전집』을 한 벌 더 베끼게 했다. 아우의 초상화도 새로 그려 작은 책자로 만들었다. 엄과와 주문조가 홍대용에게 보내는 긴 편지를 각각 썼다. 하지만 이 두 책과 편지는 인편을 얻지 못해 오래도록 조선으로 건너오지 못했다. 홍대용이 그토록 기다리던 엄성의 문집과 초상화, 그리고 엄과 등의 편지를 전달받은 것은 무려 10년 뒤인 1778년의 일이었다.

주문조는 엄성의 단짝 친구였다. 그는 생면부지의 홍대용에게 엄성이 남긴 문집과 함께 긴 편지를 보냈다. 엄성의 아들 엄앙(嚴昻)도 홍대용을 백부(伯父)로 부르며 편지를 썼다. 주문조의 편지 중에 엄성이 세상을 뜨기 직전의 광경을 묘사한 대목이 있다. 이 편지의 원본은 후지쓰카의 망한려에 수장되어 있었다. 후지쓰카는 이를 사진으로 찍어두었다. 사진만 남고 원본은 이제 와서 어디에 보관되어 있는지 소재를 알 수 없다.

　정해년(1767) 봄에 엄과와 엄성이 함께 민중 땅에 갔다가, 여름이 되
면서 엄성이 풍토병에 옮아 가을이 되더니 학질로 발전하여 100여 일
만에 병이 중해졌습니다. 윤추월(閏秋月)에 그대가 병술년(1766) 9월에
보낸 3600여 언의 편지를 받았고, 철교는 답서로 또한 2600여 언의 편
지를 썼지요. 인하여 제가 생각하기를 두 사람의 바른 학술과 탁월한
식견, 그리고 확고한 의론은 옛사람도 쉽지 않을 것으로 여겼습니다.
철교가 편지를 쓴 것은 9월이었는데, 당시에는 병이 이미 위독했습니
다. 그대가 보시기에 그의 글에 세상에 오래 있지 못할 사람 같아 보이
지 않았던가요? 어찌 뜻했으리오. 힘겹게 앓다가 돌아와 20일 만에 세
상을 뜨니 빠르기가 이와 같았습니다. 오호 통재라! 병이 위중하던 저
녁, 제가 침상 곁에 앉아 있는데, 이불 속에서 그대의 편지를 꺼내더니
나더러 읽어달라고 했습니다. 읽기를 마치자 눈물을 떨구었습니다. 또
이불 속에서 그대가 선물한 먹을 찾아 그 고향(古香)을 아껴 취해 향기
를 맡고는 이불 속에 간직해두었습니다. 이때 이미 손은 떨리고 기운
은 치받고 눈은 감기고 입은 옆으로 벌어져서 거의 지탱할 수조차 없
었습니다.

　엄성은 세상을 뜨기 직전까지 홍대용의 편지를 읽고, 그가 작별할
때 선물로 준 묵향을 맡으며 그를 그렸다. 홍대용이 선물한 먹은 형
엄과가 엄성의 관 속에 함께 넣어 묻었다. 당시 그는 이미 눈이 뒤집
히고 입이 옆으로 벌어진 인사불성의 상태였다. 근 10년 만에 이 편

故今日未與足下見而輒以書通者寔出于至
性不徒援足下之與彼飲九峯書以為例也丁
亥之春九峯鑱橋同客閩中入夏鑱橋染瘴
秋發為瘧百餘日而劂閣秋之月得足下丙戌
九月所發書凡三千六百餘言而鑱橋答書亦二
千六百餘言因意兩人者學術之正識見之卓
議論之碓求之古人不易也鑱橋作書方九月時
有已病劇足下觀其文字有似不久人世者邪
而豈意力疾而歸兩司而歿其速如此嗚呼痛
哉疾革之夕文藻坐牀側被中出足下書
讀之讀竟淚下又于被中索得足下所惠墨憂
其古香取而臭之仍藏其被中而其時已手戰
氣逆且閉口科不能支矣嗚呼其彌留之情深
如此今日者思其精靈武天為星辰或在地為
河岳武憑依于君側武記生于東方旦不可
知而要之兩人纏綿之意可以傳之無窮矣鑱
橋生平所作詩文全得八卷趙日小
清凉室遺藁其與足下及諸公贈答詩文尺牘

淺識薄自問人品即足下所謂觀索者流非
聖賢種子所望足下之有以規勉之也足下
求道旣深則知人必審文藻之為人足下雖
未會面自可覽書而得其槊如非可交之人
竟置之不理可也若能不在章置之列則將來
發書乞惠一函以永新好彼歆欽秋庫二公並文藻
所深交兩家音耗亦可互藉以通問也足下
盛年德業日富無所慮然細味從前書意
及觀鑱橋所畫小像亦似胃有絕巒物體惠
屏弱者守身之道不可不慎為道自愛之言良
有味也區一之忱如是而已春風東來臨書遙
潮不宣乾隆戊子春正月二十五日愚弟文藻
頓首頓首上
湛軒先生足下
今秋相公泊養盧先生均所敬慕然未敢妄通音問惟
乞道及耳　奉寄詩二首另紙附呈

• 주문조의 친필 편지 사진(부분). 엄성의 임종 광경을 묘사한 글의 원문은 위쪽 사진에 들어 있다. 역시 후지쓰카가 소장했던 것으로, 현재 사진만 남아 있다. 과천시 추사박물관 소장.

지를 받고 벗의 임종시 모습을 듣게 된 홍대용의 마음은 어떠했을까? 편지를 전달해준 삼하(三河) 사람 손유의(孫有義)에게 보낸 「답손용주서答孫蓉洲書」에서 그는 이렇게 썼다.

다행히 그대의 정성 덕분에 절강(浙江)에서 보낸 철교의 유상(遺像)과 유고를 잘 받았습니다. 이것으로 여러 해 쌓인 회포를 달래게 되매, 기쁘고 다행함을 어이 말로 다하겠습니까? 서호(西湖)의 세 사람의 재주와 학술은 모두 조예가 뛰어나니, 그때 이래의 만남은 또한 기이한 인연입니다. 저 같은 사람은 다만 풍속조차 다른 이역의 사람일 뿐입니다. 그 우매함을 불쌍히 보아 그릇 이끌어 칭찬해준 것일 뿐, 어찌 감히 스스로 뽐내어 맞겨룰 만하다고 젠체하겠습니까? 철교가 생사의 와중에 보여준 은혜와 사랑 같은 것은 천륜의 형제와 다름이 없습니다. 『일하제금집』을 살펴보니 죽음에 임하여 그리운 마음을 남긴 것이 이처럼 말할 수 없이 구슬펐습니다. 그대가 보더라도 마땅히 또한 이로 인해 마음이 슬퍼질 것입니다. 이처럼 알아주고 아껴줌을 입은 저 같은 사람이야 장차 무엇으로 그 심정을 표현하리까?

이 글은 홍대용이 엮은 『항전척독』에 실려 있다. 그토록 간절하고 안타까운 그리움이 이제껏 긴 메아리를 남긴다.

엄성의 초상화

『철교전집』과 함께 건네진 『철교유조책鐵橋遺照冊』은 실물이 남아 과천시 추사박물관에 소장되어 있다. 엄성의 초상화는 22.3×28.5센티미터 크기의 책자에 펼침면으로 그려져 있다. 표지는 나무판으로 만들었다. 제목에 전서와 예서를 섞어 '철교외사소상(鐵橋外史小像)'이라고 썼다. 1770년 9월 21일 밤에 나감(蘿龕)이 취영롱관(翠玲瓏館) 등불 아래서 모사했다고 적혀 있다.

소조(小照), 즉 작은 초상화 속의 엄성은 콧수염과 턱수염을 길렀다. 두 소매를 왼쪽으로 비스듬히 모두어 잡고 흰옷을 입은 채 서 있다. 얼마 남지 않은 삶을 예견해서였을까? 그림 속의 눈빛은 깊고도 처연한 슬픔의 기운을 띠었다. 그 뒷면에 형 엄과가 쓴 발문이 적혀 있다.

둘째 아우는 이름이 성(誠)이고, 자는 역암(力闇)이며, 철교(鐵橋)라고도 한다. 성은 엄씨이니, 항군(杭郡) 사람이다. 한 차례 과거에서 효렴(孝廉)으로 뽑혔다. 세상을 뜰 때 나이가 36세다. 그림 그리기를 좋아하고, 백묘(白描) 인물화에 능했다. 일찍이 거울을 보면서 직접 자신의 초상화를 그리려 했는데, 뜻대로 이루지 못했다. 병이 위중할 때, 집안사람이 화가를 불러다가 의관을 갖추고 앉은 모습을 그리게 했다. 아우가 이렇게 말했다. "내가 평소에 살집이 좋았으니, 이처럼 파리하게 야윈 모습으로 그리지 말라." 화가가 손길을 따라 한 장의 먹그림을 그리자, 아우가 보고는 고개를 끄덕였다. 그림이 완성되었지만 전혀 비슷하지 않았다. 이 책은 벗인 나감(蘿龕) 해군(奚君)이 다시 모사한 것이

• 1770년 해강이 그린 엄성의 초상화. 과천시
  추사박물관 소장.

• 엄과의 발문 원본. 과천시 추사박물관 소장.

다. 바로 당시 화가가 남겨둔 것에 바탕을 두었다. 벗들 중에 철교를 기억하는 사람들이 이를 보고는 철교가 눈앞에 있는 것 같다고 여기지 않는 이가 없었다. 나감은 이름이 강(鋼)이고, 자는 철생(鐵生)이니 전당 사람이다. 사람이 기개가 있고 재예(才藝)가 풍부했다.

건륭 경인년(1770) 12월 8일, 형 엄과가 발문을 쓴다.

처음 화가는 병들어 수척한 엄성의 모습을 사실대로 그렸다. 엄성은 마른 모습이 평상시의 자신과 다르다 해서 고개를 내저었다. 그러자 화가는 살집이 있는 후덕한 모습으로 스케치를 바꿨다. 하지만 최종적으로 그가 완성한 그림은 엄성의 생시 모습과는 딴판이었다. 그래서 홍대용에게 주기 위해 초상화를 새로 모사할 때는 엄성의 친구 해강(奚鋼)이 화가가 그렸던 처음 실물 그림에 기초해서 그렸다. 그랬더니 보는 사람마다 철교의 생시 모습 그대로라고 칭찬했다는 것이다. 엄과의 발문 뒤편에는 고향의 벗과 후배인 심붕(沈鵬)과 하기(何琪), 위지수(魏之琇)와 호도(胡燾) 등이 엄성의 초상화에 부친 제시(題詩)가 수록되어 있다.

후지쓰카가 베껴 쓴 엄성의 『철교전집』과 그가 소장하고 있던 『절강향시주권』 두 책은 홍대용과 엄성 등 절강 선비들의 깊은 우정의 교유를 보여주는 뜻깊은 자료들이다. 이들 사이에 오간 편지와 글씨 및 그림은 오늘날 거의 하나도 빠짐없이 원본 또는 사본으로 남아 있다. 북경에서 잠깐 스쳐 만났던 이들의 인연은 이런저런 사연을 통해 이후 긴 시간 동안 한중 지식인의 교류사에서 참으로 잊을 수 없는 아름다운 명장면을 만들어냈다. 또 이 만남은 이후 수많은 한중 지식인들이 서로 얽히고설키는 관계망을 만들어나가는 출발점이 되었다.

제
4
화

조선에만 남은 실물
─항주 세 선비 관련 기록과 서화 작품

격렬한 감정의 쏠림

　엄성 초상화의 슬픈 눈빛이 오래 여운으로 남는다. 한번 더 이들에
관한 기록과 그림, 그리고 여타 문헌에 전하는 후일담을 추적해보겠
다. 예전 『건정동필담』을 처음 읽고 난 소감은 '호들갑이 심하다'였
다. 이들은 툭하면 울었다. 만나고 헤어질 때마다 눈물을 흘리며 목이
메곤 했다. 아무리 격정적인 강남재자들이라지만 지나치다는 느낌이
들었다.

　1766년 2월 3일, 홍대용은 김재행과 함께 처음 엄성과 반정균을 방
문했다. 첫 대면에서부터 이들은 마음이 서로 통했다. 이튿날인 2월 4일
에는 두 사람이 조선관으로 답방을 했다. 숙소에서 심상한 대화를 나

누는 중에 엄성과 반정균이 문득문득 울컥해서 슬픈 표정을 지었다. 사람 무거운 홍대용은 당황했다. 엄성은 "저희는 지극한 성품을 지닌 사람으로 여태껏 진정한 지기를 만나보지 못했습니다. 오늘 이 모임을 헤어지려 하니 저도 모르게 콧날이 시고 상심이 됩니다"라고 대답했다. 다시 만날 기약만 있다면 이토록 슬프지는 않을 것이라고도 했다. 홍대용이 "끝내 한번 헤어져야 한다면 애초에 만나지 않았음만 못하다(終當一別, 不如初不相逢)"는 말로 화답하자, 반정균은 뒤의 여섯 글자에 동그라미를 치면서 아예 흐느끼기 시작했다.

난처해진 것은 곁에서 그 모습을 지켜보던 조선 사람들이었다. 마음이 여린 모양이라느니, 강개한 선비라 그렇다느니 하는 말들이 오갔다. 홍대용이 반정균에게 여자처럼 우는 것은 너무 지나친 것이 아니냐며 다시 달랬다. 함께 있던 엄성은 머쓱해하면서도 "저도 실은 콧날이 시큰한 것을 막을 수가 없습니다. 울고 싶은데 눈물을 참고 있는 것일 뿐이지요. 실로 평생에 이런 경우는 저도 처음입니다"라고 대답했다.

요컨대 이들은 벌써 두번째 만남에서 격렬한 감정의 쏠림을 서로간에 느꼈던 것이다. 음악에 조예가 깊었던 홍대용이 분위기를 돌리려고 그들을 위해 거문고 한 곡을 연주했다. 슬픈 가락의 우조(羽調)가 아닌 평조(平調)의 가락을 탔다. 연주를 듣던 반정균은 이제 울음이 아니라 오열을 삼키며 어깨를 들썩였다. 홍대용이 더이상 연주를 할 수가 없을 정도였다.

홍대용은 거문고를 밀쳐두고 다시 반정균의 손을 잡고 달래야만 했다. 반정균은 흐르는 눈물을 닦지도 않은 채 이렇게 대답했다. "저희 두 사람이 연경에 온 지 10여 일이 되었지만, 아직 한 사람의 기인(奇人)과도 손을 맞잡고 지기라 일컫지 못했습니다. 남쪽 땅에 있을 적에도 서로 간담을 쏟아낼 자가 없었지요. 뜻하지 않게 두 분 형을 만나 천만다행으로 여겼는데, 한번 헤어지면 다시 만날 기약이 없는지라 저로 하여금 감읍하게 만드는군요."

먼 강남땅에서 연경에 첫발을 디딘 후 낯선 환경에 마음 둘 곳 없던 심회가 홍대용의 연주를 타고 울음으로 터져나왔던 듯하다. 홍대용은 다시 분위기를 바꿔보려고 이들에게 자신의 거처에 대한 기문(記文)을 지어줄 것을 부탁하는 한편, 다음에 만날 약속을 정해 겨우 이들을 진정시켰다. 하지만 그들이 낯선 외국인에게 단 두번째 만남에서 마음을 온통 열어 보인 일에 홍대용 등은 큰 감동을 받았다. 이후 이들은 작별할 때까지 다섯 번을 더 만났고, 그보다 훨씬 더 많은 편지를 거의 매일 주고받았다.

어찌 보면 이들은 북경 넓은 천지에 코앞에 닥친 과거를 보려고 전국에서 몰려든 수만 명 응시생 중 하나일 뿐이었다. 결과적으로 뒤늦게 도착한 육비를 포함한 이들 세 사람은 그해 과거에서 모두 낙방의 고배를 마셨다. 육비는 향시에서 장원을 해서 명성이 자자했지만, 엄성은 그나마 지방 향시에서조차 69등밖에 못했다. 그의 메이저리그 입성은 애초에 기대하기 어려웠는지도 모른다. 셋 중 반정균만 그로부터 12년 뒤인 1778년에야 진사시에 겨우 급제했다. 길 가다 우연히 스친 과거 응시생들과의 만남에 불과한데, 서로들 감정이 한껏 고양되어 과잉된 느낌이었다.

새로 찾은 기록과 엄성의 그림

하지만 앞서 『묵림금화』에 일개 수험생에 지나지 않았던 엄성과 육
비의 기사가 버젓이 오른 것을 보자 생각이 달라졌다. 뜻밖에 그들은
근사한 인물들이었다. 엄성은 홍대용과 만나고 불과 한 해 뒤 36세의
젊은 나이로 이룬 것 없이 세상을 떴다. 그런데도 넓디넓은 중국 천지
에 그를 기억하는 기록이 여럿 남아 있었다. 이기성이 안경을 사려다
가 길에서 우연히 만났던 그들은 결코 범상한 사람들은 아니었다.

그렇다면 혹시 그들에 대한 기록이 다른 책에도 더 남아 있지 않을
까? 찾아보기로 했다. 옌칭도서관의 개가식 서가를 순례하던 중 청대
의 인물 전기 자료를 한자리에 다 모아 영인본으로 펴낸, 근 100책에
달하는 『청대전기총간淸代傳記叢刊』과 만났다. 이 총간은 1985년 타이
완의 밍원서국(明文書國)에서 저우쥔푸(周駿富)의 주편으로 펴냈다. 결
과부터 말해 세 사람과 관련된 정보는 『묵림금화』 외에도 여러 군데
더 실려 있었다.

특히 1791년 풍금백(馮金伯)이 펴낸 『묵향거화지墨香居畫識』란 책에
는 엄성과 육비, 반정균 등 세 사람의 기록이 옹글게 다 들어 있었다.
홀리스 클래식으로 찾아보니 옌칭도서관에는 1791년의 17권으로 된
초간본을 비롯해, 10권짜리 중간본, 기타 영인본까지 모두 5종이 소
장되어 있었다. 17권 4책으로 된 초간본을 대출했다. 이들 기록 속에
서 세 사람은 모두 화가로 기억되고 있었다. 세 사람이 들었다면 서운
해했을 법하다. 이 밖에 유춘림(劉春霖)의 『청화가시사淸畫家詩史』와 조
전서(曹銓署)의 『국조서화가필록國朝書畫家筆錄』, 성숙청(盛叔淸)의 『청

• 엄성과 육비, 반정균 등 세 사람의 이야기가 실려 있는 「묵향거화지」.

대화사증편淸代畵史增編』 등에 이들의 이름이 올라 있었다. 사람별로
차례로 인용한다. 자료 제시를 겸해 원문까지 나란히 싣겠다.

먼저『묵향거화지』의 기록이다.

　　엄성은 자가 입암(立菴), 호는 철교(鐵橋), 절강 인화 사람이다. 을유
년(1765)의 거인(擧人)이다. 시는 당나라 때 위응물(韋應物)과 유종원(柳
宗元)을 배웠고, 예서는 채옹(蔡邕)과 한택목(韓擇木)을 본받았다. 산수
화는 오로지 일봉노인(一峯老人)의 화풍을 익혀, 해맑고도 굳세어서 겨
우 흉내나 내는 자가 아니었다. 애석하게 일찍 죽었다.

　　嚴誠字立菴, 號鐵橋. 浙江仁和人. 乙酉擧人. 詩學韋柳. 古隷仿蔡邕韓擇木. 畫
山水, 專摩一峯老人, 澄瑩蒼渾, 非僅獵皮毛者. 惜蚤卒. (『묵향거화지』 권4, 장3)

董潮字東亭號耀仙武進人㮊孝廉後即移家海鹽
真子㐰亭詩文行誼互相砥礪共山水亦不讓盛㐰

徐堅

徐堅字先號友竹吳縣人性喜妍竀經史不屑習
科舉業蚤歲即有詩名居瀕大湖七十二峯烟雲㵝
㵝時在目前遂工山水子嘗於橫塘釀酒家見其數
輪筆墨蒼古絕無柔媚氣兼善篆刻

嚴誠

嚴誠字立菴號鐵橋浙江仁和人乙酉舉人詩學草
柳古隸仿蔡邕韓擇木畫山水專摹一峯老人澄堂
蒼渾非徒獵皮毛者惜蚤卒

曹元植

曹元植號西堂青浦人山水仿李思訓渲染工細人
物花烏亦各擅場

陳樽

陳樽字俎行號酌翁浙江海鹽人丙戌進士官廣西
博白令工畫山木極有韻致

• 『묵향거화지』 권4, 장3에 수록된 엄성에 대한 기록.

"애석하게 일찍 죽었다"는 말에 슬픔이 묻어난다. 그는 시학과 서예, 그림 모두에서 상당한 두각을 드러냈다. 그림도 그저 붓질 흉내나 내는 수준에 그치지 않았다. 『청화가시사』에는 조금 다르게 적었다.

엄성은 자가 입암이고 역암이라고도 했다. 호는 철교다. 인화 사람이다. 효렴 을과에 급제한 고연(古緣) 엄과의 아우다. 건륭 을유년의 거인(擧人)이다. 산수화는 황대치(黃大癡)를 본받아, 털이 굳센 자호(紫毫)에 마른 먹으로 그렸다. 그림 그리는 일에 종사하지 않았으나, 특별히 인물을 모사하는 데 뛰어났다. 대충대충 쓱쓱 윤곽을 잡아도 신태(神態)가 꼭 빼닮곤 했다. 전서와 예서도 아울러 잘 썼다.

嚴誠字立菴, 一字力闇, 號鐵橋, 仁和人. 古緣孝廉乙果弟. 乾隆乙酉擧人. 山水

法大癡, 以紫毫枯墨, 作之, 不事渲染, 尤工貌人物, 草草勾勒, 神態必肖. 兼善篆
隷. (『청화가시사』 정하丁下 장16)

　그는 한마디로 다재다능한 예술인이었다. 대충 쓱쓱 윤곽만 잡아
도 그 사람과 꼭 같았다고 하는 말은 『철교전집』에 실린 엄성의 스케
치가 증명한다. 그 그림은 이미 본인의 모사를 여러 차례 전사하는 과
정에서 신채(神采)가 많이 사라진 상태인데도 그 정도였다.

　일봉노인과 황대치의 화격(畫格)을 갖추었다는 엄성의 그림은 중국
에는 정작 남은 것이 없고, 홍대용에게 선물했던 두 점만 우리나라에
남아 있다. 2012년 10월 간송미술관에서 열린 '명청시대회화' 특별전
에 최초로 공개되었다. 『간송문화』 83호에 실려 있다.

　먼저 볼 그림은 제목이 〈추수조인秋水釣人〉이다. 담묵으로 편하게
쓱쓱 그렸다. 황량한 가을 물가다. 버들잎도 다 졌다. 사공이 상앗대
를 저어 물가에 배를 댄다. 화제는 "지는 잎은 가을 수면 위로 퍼지
고, 낚시꾼의 머리 위로 꽃이 지누나(葉鋪秋水面, 花落釣人頭)"라고 썼다.
당나라 때 여류 시인 어현기(魚玄機)가 지은 5언율시 「부득강변류賦得
江邊柳」의 3, 4구를 취했다. '철교사의(鐵橋寫意)'라고 쓰고 '철교'라고
새긴 백문인(白文印)을 찍었다. 사의라 한 것은 자기의 마음이 꼭 이렇
다는 뜻이다. 그림을 그린 때는 봄인데, 다시 만나지 못할 작별을 염
두에 두니 적막하고 쓸쓸하다는 말이다.

　전시도록에는 엄성의 그림이 한 폭 더 실려 있다. 제목은 〈운산책
장雲山策杖〉이다. 구름에 잠긴 산속 길로 지팡이 짚은 사람이 올라간
다. 화면 왼편 상단에 '임미해악의(臨米海嶽意)'라고 썼다. 미해악은 송

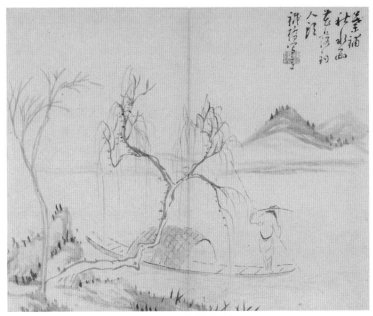

• 엄성, 〈추수조인〉, 종이에 수묵, 21.6×27.2cm, 간송미술관 소장.

대의 유명한 서화가 미불(米芾)을 말한다. 미불의 화의(畫意)를 본떠 그
렸다는 뜻이다. 옆으로 붓을 뉘여 점을 찍는 미불 특유의 미점(米點)으
로 산의 음영을 표현했다. 산골짜기 사이로 긴 계단이 나 있고, 그 길
로 지팡이를 짚고 오르는 고사 한 사람이 보인다. 그는 어디로 가는
가? 화면 중앙 산자락 바로 위에 지붕이 솟은 것으로 보아, 산속에 숨
은 절을 찾아가는 길이다. 예전 송나라 때 휘종 황제가 어원의 화가들
에게 준 화제에 "어지런 산 옛 절을 감추었구나(亂山藏古寺)"란 것이
있었다는데, 그것을 연상시킨다.

아래에 철교라고 서명한 후 이번엔 길쭉한 주문인(朱文印)을 찍었

• 엄성, 〈운산책장〉, 종이에 수묵, 23.4×29.9cm, 간송미술관 소장.

다. 두 작품은 홍대용이 그려달라고 부탁한 화첩 속에 나란히 들어 있던 것인 듯하다. 하나의 화첩 속에 실린 그림이라 낙관을 바꾸고, 필의와 화의에도 변화를 주었다. 녹록지 않은 화격이다. 급하게 그린 그림임을 감안할 때 앞선 여러 기록을 수긍하지 않을 도리가 없다.

이 밖에 엄성의 사람됨에 대해서는 우리나라의 이덕무와 박제가, 그리고 유득공도 모두 『청비록淸脾錄』과 『호저집縞紵集』 『병세집並世集』 등에서 각각 따로 언급을 남겼다. 이들 저술에 대해서는 나중에 따로 언급할 기회가 있을 것이다. 여기서 다 적지 않겠다.

육비, 남은 글씨와 그림조차 없다

풍금백은 『묵향거화지』 권5에서 육비의 항목을 따로 두었다. 육비
는 사실 아까운 인재였다. 절강 성시(省試)에서 당당 장원으로 뽑혀 명
망이 자자했다. 하지만 끝내 과거 운은 없었다.

> 육비는 자가 소음(筱飮)이니, 절강 인화 사람이다. 을유년 과거에 성
> 시에서 장원했다. 문필이 우뚝해서 바람이 몰아치고 샘물이 솟아나는
> 듯했다. 내키는 대로 산수화나 이런저런 화훼를 그려도 무리에서 빼어
> 났다. 행서와 해서도 아울러 능했다. 애석하게도 단 한 번의 장원으로
> 일생을 마쳤다. 후손은 몹시 쇠락해서, 내가 무림(武林) 땅에 갔을 때
> 찾아가 남은 글과 그림이나 글씨를 구하려 했지만 마침내 얻을 수가
> 없었다.
>
> 陸飛字筱飮, 浙江仁和人. 乙酉擧, 省試第一. 文筆踔厲, 如風發泉湧. 隨意寫山
> 水雜卉, 亦超軼不羣. 兼工行楷. 惜以一解, 終其身. 其後人甚衰颯, 予至武林, 欲
> 訪求其遺文賸墨, 猝不可得. (『묵향거화지』 권5, 장5)

육비에 대한 기술은 앞에서 읽은 『묵림금화』의 언급이 가장 자세하
다. 배 위에 주거 시설을 갖춰놓고 가족과 함께 강물 위를 떠다니며
그림을 팔아 생계를 꾸려나갔다고 했다. 글 속에서 풍금백은 육비가
은거했던 무림 땅에 들렀을 때 그가 남긴 글과 그림을 구해보려고 두
루 애를 써보았지만 하나도 얻을 수가 없었다고 탄식했다. 그는 후손
도 영락하고, 세상에서 이미 완전히 잊힌 사람이 되었던 것이다.

하지만 그의 그림 한 폭과 글씨 몇 점이 오롯하게 이 땅에 남았다. 그가 홍대용에게 그려주었던 대폭의 호쾌한 폭포 그림은 앞에서 이미 소개했다. 육비는 자신의 문집『소음재고篠飮齋稿』5책을 홍대용과 김재행에게 예물로 보낸 일이 있다. 홍대용의『건정동필담』에 나온다. 유득공은 자신이 엮은『중주십일가시선中州十一家詩選』에다 육비의 시를 무려 51수나 수록했다. 그의 이름 아래 단 주석에 "『소음재고』 1권은 138수인데, 이서구(李書九)가 홍담헌(洪湛軒)을 통해 옮겨 적어 간직해두었다. 이제 이중 51수를 취했다"고 적고 있다. 홍대용 집안의 원본과 이서구가 베껴 쓴 부본 등 적어도 2질이 조선에 남아 있었던 셈이다. 이 책이 아니더라도 그가 남긴 시 가운데 3분의 1이 넘는 시가 유득공의 선집 속에 살아남았다. 유득공은 나중에 앞의 책을 확장해『병세집』을 엮을 때도 26수나 되는 육비의 시를 첫머리에 실었다. 풍금백이 그의 고향까지 찾아가 구했어도 구할 수가 없었던 육비의 그림과 시는 그와 단지 두 차례 짧은 만남을 가졌을 뿐인 홍대용의 손길을 통해 이렇듯 조선에서 오롯이 살아남았다.

『청화가시사』에도 육비에 대한 언급이 있다.

자는 기잠, 호는 소음이니 인화 사람이다. 건륭 을유년에 발해(發解)에서 장원했다. 성품이 고광(高曠)하여, 장지화(張志和)의 사람됨을 사모했다. 배를 만들어 호수 위를 마음대로 노닐며 그 배 이름을 '자탁항(自度航)'이라고 했다. 처자와 하인, 차 부뚜막이 다 그 속에 있었다. 산수와 화훼는 모두 서천지(徐天池)를 본받았다. 아울러 인물화도 그렸다. 서법이 표일(飄逸)했다.『소음재고』가 있다.

字起潛, 號筱飮. 仁和人. 乾隆乙酉解元. 性高曠, 慕張志和之爲人, 造舟遨遊湖

上, 曰自度航. 妻奴茶竈, 悉在其中. 山水花卉, 均法徐天池. 兼寫人物. 書法飄逸,

有筱飮齋稿. (『청화가시사』정하, 장18)

『묵림금화』의 내용과 대동소이하다. 인물화에도 재능이 있었고, 글
씨도 훌륭했다. 산수화와 화훼 그림은 중국의 반 고흐로 불리는 서위
(徐渭)의 풍격이 있다고 평가한 점이 이색적이다. 그의 문집『소음재
고』는 현재 어디서도 발견되지 않았다. 틀림없이 홍대용의 후손가나
그 언저리에 남아 있을 것이다. 어느 날 불쑥 출현할 날을 기다린다.
　무원(武原) 사람 성숙청이 엮은『청대화사증편』에 역시 육비의 기록
이 있다.

　자가 기잠, 호는 소음, 인화 사람이다. 건륭 을유년 과거에서 성시에
장원했다. 산수와 잡훼와 인물화 모두 무리 중에 빼어났다. 또 대나무
그림을 잘 그렸다. 산수화는 먹을 묽고 두텁게 써서 원나라 때 화가 오
중규(吳仲圭)와 몹시 비슷하다. 또 행서와 해서를 잘 썼고, 시에 능했다.
字起潛, 號筱飮. 仁和人. 乾隆乙酉擧, 省試第一. 山水雜卉人物, 俱超逸不群.
又善畫竹. 山水用墨濕厚, 極似仲圭. 又工行楷能詩. (『청대화사증편』권34, 장1)

대동소이하나 기록마다 새로운 사실들이 더 추가된다. 기록 계통
이 달랐다는 얘기다. 대나무 그림을 잘 그렸다는 것과, 산수화의 용묵
이 습후(濕厚)하다고 한 사실에 주목한다. 앞서 본 육비의 폭포 그림에
서 보여준 용묵법이 바로 습후다. 육비가 부채 다섯 자루에 그려 삼사

(三使)와 홍대용, 김재행에게 한 자루씩 작별 선물로 주었던 그림에도 대나무가 등장하는 것을 보면, 공연히 한 말이 아니다. 육비가 김재행에게 보낸 친필 편지는 현재 고려대학교 귀중본 도서『중조학사서한 中朝學士書翰』이란 필첩 속에 남아 있다.

반정균, 불교에 귀의하다

반정균에 대한 언급은 앞 두 사람에 비해 드물다. 풍금백의『묵향거화지』권9가 유일하다.

반정균은 자가 난공(蘭公), 호는 덕원(德園)이니, 전당현 사람이다. 거인(擧人)으로 내각중서(內閣中書)에 임명되었고, 무술년(1778)에 진사가 되어 사림(詞林)에 들었다. 섬서성 감찰어사로 자리를 옮겼다가, 얼마 안 가 어버이를 봉양하겠다면서 돌아와 우리 고을 혜남서원(惠南書院)을 맡았다. 그 운치가 봄날처럼 화창하고 가을날같이 개결했다. 특히 불교에 귀의하여 탁류를 깨끗이 씻어내는 것을 기뻐했다. 재계하고서 불경을 외우며 시원스레 물외에서 놀았다. 자기 말로 그림 그리는 일에 대해 전부터 깊이 연구해서 깨달음이 있다고 했다. 나중에는 일체를 버리고, 다만 붓 가는 대로 수묵으로 화훼를 그려 남의 요청에 응할 뿐이었다. 아들 시민(時敏)은 자가 손백(遜伯)이요, 호가 소연(小煙)인데, 신선과 부처 그림을 잘 그렸다.

潘庭筠字蘭公, 號德園, 錢塘縣人. 以擧人授內閣中書. 成戊戌進士, 入詞林. 轉

• 『묵향거화지』 권9, 장4에 수록된 반정균에 대한 기록.

陝西道監察御史, 旋告終養, 歸主吾邑惠南書院. 其韻春和, 其致秋潔. 尤喜歸依淨

域, 洗浣濁流, 持齋誦經, 蕭然物外. 自言於繪事, 向極研究解悟. 後棄捐一切, 惟

隨筆寫水墨花卉, 以應請索而已. 令嗣時敏, 字遜伯, 號小煙, 善畫仙佛. (『묵향거화

지』 권9, 장4)

이것이 반정균의 후일을 기록한 하나 남은 중국 쪽 기록이다. 그는
벼슬길에 잠시 몸을 담았다가, 오래지 않아 혜남서원으로 내려가 은
거했다. 1766년 홍대용과 처음 만날 당시 반정균은 25세로 가장 어렸
다. 그러니 1791년에 이 책이 간행될 때도 그의 나이는 고작 50에 지
나지 않았다. 이후 그는 불교에 온전히 귀의했다. 홍대용과 만날
당시부터 그는 불교에 독실한 신자였다. 재계하고 송경(誦經)하면
서 이따금 사람들의 요청에 따라 그림이나 그려주며 맑게 살다가
갔다.

• 반정균이 홍대용의 부친 묘소에 써준 글씨의 탁본과 부채에 그린 매화. 각각 홍대용종손가, 수원박물관 소장.

반정균과 조선 문사와의 인연은 엄성이나 육비처럼 홍대용과의 일과성 만남으로 끝나지 않았다. 그는 벼슬길에서 몸을 빼기 전, 유득공의 숙부인 유금(柳琴)과 편지를 주고받았고, 박제가와 이덕무 등과도 각별한 관계를 유지했다. 그의 친필 글씨 또한 여러 점이 국내에 남아 있다. 그의 그림도 몇 점 전한다.

2012년 가을, 천안박물관에서 개최한 '담헌 홍대용 특별전'에는 육비가 홍대용의 부친 홍력(洪櫟)의 묘에 써준 탁본 대련과 부채에 그린 매화 그림 한 폭이 새롭게 공개되었다. 그의 글씨는 시원시원하여 구김이 없다. 그림은 20대에 그린 것이어서 붓질이 얼마간 활달하지 못한 느낌이 있다. 간송미술관 전시에도 그의 그림 두 점이 더 출품되었다. 깔끔하지만 역시 분방한 맛은 적다. 이 밖에 후지쓰카가 소장했던

• 반정균, 〈고사독서高士讀書〉, 종이에 수묵, 23.5×29.7cm, 간송미술관 소장.

반정균의 글씨 몇 장이 사진으로만 남아 있다. 반정균과 이덕무, 박제
가 등에 얽힌 이야기보따리는 짧게 풀 수 있는 것이 아니다. 뒤에 따
로 다루기로 하고 이 글에서는 아껴두겠다.

　반정균이 김재행에게 보낸 편지 글에는 '천애지기(天涯知己), 천고
기연(千古奇緣)'이란 글자가 보인다. 이들 항주 선비 세 사람과 조선 선
비 두 사람이 서로 먼 길을 떠나와 북경의 뒷골목에서 조우했다. 짧은
만남은 긴 인연으로 이어졌다. 그리고 그들의 삶을 송두리째 뒤흔들
었다. 이들의 자취가 중국에서 까맣게 잊힌 뒤에도 조선은 그들을 오
래오래 기억했다.

쏟아지는 자료들
―엄성과 홍대용의 뒷이야기

키워드는 망한려!

선본실에서 처음 신청한 책 두 권이 모두 후지쓰카의 것으로 판명되자 나는 갑자기 신이 났다. 먼저 후지쓰카의 이름으로 검색해서, 옌칭도서관에 있는 그의 저서들을 다 꺼내 연구실로 가져왔다. 대표 저서인 일문으로 된 『청조문화淸朝文化 동전東傳의 연구』를 비롯해서 『논어총설論語總說』『문화교류文化交流의 일고찰』 등이 있었다. 특히 세번째 것에는 표지에 후지쓰카 본인의 자필 기증 사인까지 있었다. 눈앞에 꽂아두고 그 기운을 받아야겠다고 생각했다. 『청조문화 동전의 연구』의 한국어 번역본인 『추사 김정희 연구』와 나란히 꽂았다. 974쪽에 달하는 이 책은 한국에서 가져왔다. 과천문화원에서 여러 차례에 걸쳐 펴낸 『후지츠카의 추사연구자료』 『김정희와 한중묵연』 등의 도록도 한자리에 모았다. 이렇게 본격적인 출정의 준비를 갖추었다.

『하버드 대학 옌칭도서관 한국고서목록』 5책을 뒤지기 시작했다. 후지쓰카의 관심 범위에 놓일 만한 인물과 책을 검색 대상에 올렸다. 키워드는 '망한려(望漢廬)'였다. 아니나 다를까. 서지 설명 중에 망한려란 말이 등장하는 책이 몇 권 포함되어 있었다. 당시의 해제자는 망한려가 누구의 당호인지 알지 못

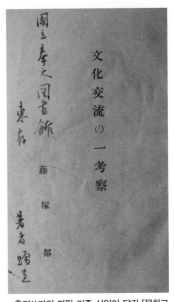

• 후지쓰카의 자필 기증 사인이 담긴 『문화교류의 일고찰』 표지.

했다. 먼저 찾은 책은 『진신적독搢紳赤牘』과 『연항시독燕杭詩牘』! 두 책 모두 후지쓰카가 자신의 전용 원고지에 베낀 것이다. 홀리스 클래식으로 검색하자 검색창의 서지 설명에 망한려라는 세 글자가 선명하다. 더구나 이 책은 인터넷 링크까지 되어 있다. 클릭하니 전체 원문이 눈앞에 쫙 펼쳐진다. 주먹이 불끈 쥐어졌다. 오자 수정 방식마저 앞서 본 『절강향시주권』의 것과 꼭 같다. 마음이 바빠졌다.

이튿날인 9월 16일은 일요일이어서 책의 실물을 볼 수가 없었다. 우선 해제를 읽은 후 인터넷 화면으로 자료를 검토했다. 『진신적독』은 당시 진신(搢紳), 즉 명망 있는 학자 문인들이 서로 주고받은 편지를 사람별로 모은 서간집이었다. 『연항시독』은 연경과 항주에서 보내

• '망한려방왕용보초간술학본제전'이라고 인쇄된 원고지.

온 시와 편지를 작가별로 한자리에 모았다. 두 책에 모두 홍대용의 편지와 엄성, 육비 등이 보낸 글이 나왔다. 두 책은 같은 종이에 적혀 있었다. 연구실에서 『연항시독』 전체 원문을 출력했다. 원고지는 앞서 『철교전집』과 달리, 오사란(烏絲欄)의 판식에 한지로 찍어낸 것이었다. 옆에 '망한려방왕용보초간술학본제전(望漢廬仿汪容甫初刊述學本製箋)'이란 글이 인쇄되어 있었다. 그 의미는 망한려가 왕용보(汪容甫)의 초간본 『술학述學』이란 책의 원고지를 본떠서 만들었다는 뜻이다.

다시 검색해서 선본실에 있는 『사칙록使勅錄』과 유득공의 『고운당필기古芸堂筆記』를 열람 신청해두었다. 규정상 하루 전에 미리 신청을 해두어야 볼 수가 있었다. 대번에 후지쓰카의 책이 여섯 권으로 늘어났다. 월요일 아침 댓바람에 선본실로 가서 두 책을 꺼냈다. 틀림없는 후지쓰카의 손때가 묻은 책들이었다. 『사칙록』에는 포갑에 후지쓰카의 친필 제첨(題簽)이 붙어 있고, 첫 면에 '등총장서(藤塚藏書)'라고 새겨진 그의 장서인까지 또렷했다. 나중에 확인한 일이지만 후지쓰카의 장서인이 찍혀 있기는 이 책 외에 한 권이 더 있을 뿐이었다. 그는 자신의 장서에 개인의 장서인 찍는 것을 즐기지 않았다. 어떤 때는 다른 사람의 소장인이 찍혀 있어, 그의 것이 아닌 줄 알았다가 책 속의 메

• 『사칙록』. 후지쓰카의 친필 표제 글씨.

모를 보고 뒤늦게 그의 것임을 알게 된 경우도 여러 번이었다.

　『사칙록』은 필사본 1책으로, 책 크기가 28.3×18.1센티미터, 도서 번호는 TK 2493 258이다. 1953년 1월 8일이 입고 일자로 찍혀 있다. 청색 표지에 4침 제본으로 표지에는 표제가 붙어 있지 않다. 포갑 하단과 책 표지 안쪽에 '일본출판무역주식회사'의 스티커가 붙어 있다. 이 책은 인조 15년(1637)부터 철종 13년(1862)까지 매년 조선에서 중국에 보낸 연행사의 정사, 부사, 서장관의 명단과 일시를 적은 중요한 기록이다. 이 책만 곁에 두면 조선에서 중국에 언제 사신을 보냈으며 당시의 책임자가 누구였는지를 일목요연하게 알 수가 있다. 후지쓰카의 입장에서는 꼭 필요한 책이었을 것이다. 본문 글씨는 가늘고 단정한 해서로 썼는데 누구의 글씨인지 알 수 없고 예전 글씨다. 눈길을 끈 것은 앞쪽에는 아무 표시도 없다가 건륭(乾隆) 원년(1736)부터 연행사 명단의 이름 아래 붉은 밑줄이 그어지기 시작하고, 해당 연도 위쪽에 일본의 당해 연호와 연대를 붉은 글씨로 써놓은 점이다. 후지쓰카가 직접 썼다. 그의 학술적 관심은 건륭, 가경(嘉慶) 연간에 있었다.

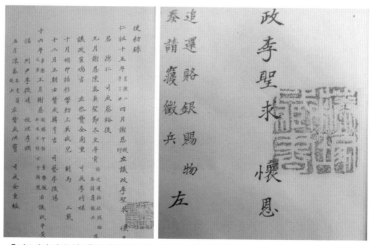

• 후지쓰카의 장서인 '등총장서'가 찍혀 있는 『사칙록』 첫 면(왼쪽)과 장서인 부분(오른쪽).

함께 빌린 유득공의 『고운당필기』 역시 '망한려방왕용보초간술학본제전'이라고 찍힌 전용 원고지에 필사한 것이었다. 앞서 인터넷 화면으로 본 『진신적독』 『연항시독』의 것과 같았다. 숙제가 하나 더 생겼다.

하루에 찾은 8종의 책

안 되겠다 싶어 도서관의 책임 사서인 마선생을 불러달라고 요청했다. 잠시 후 사람 좋아 보이는 마샤오허(馬小鶴) 선생이 일본 사서 구니코 여사와 함께 선본실로 올라왔다. 내가 두 사람에게 설명했다. 후지쓰카 컬렉션이 이곳에 많은 것 같다. 한국에 전부터 그런 풍문이 있었다. 지난 며칠 사이에 벌써 열 책가량이나 찾았다. 그런데 도서관에서는 아무도 모르니, 어떻게 해야 내가 이 자료에 더 효율적으로 접근할 수 있겠는가? 혹시 1950년대에 책이 들어올 당시의 기록 같은 것은 없는가? 후지쓰카는 한중 문화 교류사에서 대단한 업적을 남긴 학자다. 그의 컬렉션은 실로 엄청났다. 굉장히 많은 숫자의 컬렉션을 찾아낼 수 있을 것 같다. 영어로는 의사 전달이 편치 않아 그와는 늘 중국어로 대화했다.

두 사람 모두 후지쓰카 컬렉션에 대한 내 설명을 듣더니 놀라며 흥미를 표시했다. 마선생이 밖으로 나가 옌칭도서관의 초대 관장이었던 추카이밍(裘開明) 선생의 두툼한 연보 책자를 내게 건네준다. 이 책 속에 네가 찾는 정보가 있을지 모르겠으니 우선 먼저 찾아보는 것이 어떠냐고 했다. 연구실로 『추카이밍 연보』를 들고 와서 뒤져보았다. 대충 넘겨가며 보는데도 좀 전 스티커에서 보았던 일본출판무역주식회사 관련 기사가 나오고, 일본 쪽 서적 구매 거래에 관한 내용도 자주 눈에 띈다. 『추카이밍 연보』는 중국 학자가 중국어로 쓴 1012쪽에 달하는 책이다. 그 소스를 보니 '추카이밍 아카이브'를 참고했다고 적혀 있다. 그렇다면 당시의 도서 구입 내역을 포함한 오리지널 자료들이 이곳 도서관에 고스란히 보관되어 있다는 얘기다. 이건 또 언제 다 보나. 머리가 아주 복잡해졌다.

저녁에 내일 선본실에서 살펴볼 책을 인터넷으로 8종이나 신청했다. 후지쓰카의 것으로 짐작되는 자료들이었다. 내일부터는 도서목록을 만들어 표를 작성해가며 정리하리라고 다짐했다. 밤에도 후지쓰카 컬렉션에 대한 꿈만 꾸었다.

9월 19일 오후에 선본실에 가서 신청한 8권을 꺼냈다. 내가 지목한 8종이 모두 후지쓰카의 소장본이었다. 신청한 책을 100퍼센트 적중시켰다. 담당 사서 왕선생이 내 말을 듣더니 날 향해 엄지손가락을 치켜든다. 날마다 이렇게 찾기 시작하자 열흘이 채 못 되어 찾은 책이 금세 20종을 훌쩍 넘겼다. 카트 하나에다 찾은 책을 차곡차곡 쌓아두었다. 한번 갈 때마다 카트에 쌓인 책의 수가 늘어갔다. 한자리에 모아놓고 보니, 후지쓰카 장서의 고유한 특징이 한눈에 들어왔다. 기록하랴 찾으랴 몸과 마음이 다 바빴다. 다음날은 갔더니 왕선생이 전날 내가 물었던 '추카이밍 아카이브'의 박스별 내용물 목차를 출력해준다. 마선생은 제임스 청 도서관장에게 아카이브 박스 열람 허가를 받아주었다. 아카이브에 수십 개의 박스가 있는데, 1950년대 초반의 내용은 그중 앞쪽 몇 개 박스에 집중되어 있어, 이것만 봐도 당시의 정황을 알 수 있겠다 싶었다.

도서관을 나오면서 도서관장실에 들러 고맙다는 인사를 했다. 내 소개를 하자 이야기를 들었노라며 마선생을 전화로 불러 올라오라고 한다. 책장에서 『추카이밍 연보』새 책을 한 권 꺼내 내게 선물로 준다. 이것으로 내용을 파악한 뒤, 아카이브 박스를 살피면 도움이 될 거라고 말했다. 한꺼번에 너무 많은 일이 벌어져서 나는 정신을 차릴 수가 없었다. 도서관측의 전폭적인 지원이 인상적이었다.

그뒤로 나는 날마다 선본실에 가서 살았다. 더이상 멈칫대고 서성거릴 여유가 없었다. 날마다 경이의 연속이었다. 앞서 말한 일본 할머니와는 매일 만나 아주 친해졌다. 알고 보니 그녀는 유명한 미술사가였다. 후미코 크랜스턴(Fumiko E. Cranston)! 아마존에 들어가 이름을 검색하자 여러 권의 책이 나왔다. 나는 그중 두 권을 주문했다. 체류 당시 영국에서 오신 미술사학자 박영숙 선생님을 뵙고 그녀에 대해 여쭈었더니, 대답이 걸작이다. "일본 미술사 쪽에서 후미코를 모르면 간첩이지."

그녀는 아침부터 나와 작업을 하고, 점심식사 후에 다시 올라와 2시에 문을 닫을 때까지 작업을 계속했다. 나이 80이 가까운 그녀의 집중력은 외경스러울 정도였다. 그녀는 내가 후지쓰카의 목록을 하나 추가할 때마다, "Great, wonderful!"을 연발하며, 자기 일처럼 기뻐했다. 후지쓰카가 지하에서 너에게 정말 고마워할 것 같다고 했다. 그런 훌륭한 학자를 자신이 진작 몰랐던 것이 부끄럽다고도 했다. 일본 음으로 적힌 영문 표기를 한자로 물으면 다음날 찾아와서 알려주었다. 나는 든든한 원군을 얻은 셈이었다. 중간중간 그녀가 날마다 검토하고 있는 일본과 티베트 불교의 오리지널 두루마리 그림을 함께 감상하는 안복도 누렸다.

내가 그녀에게 더 놀란 것은 4시에 이곳을 나가서 다시 파인 아트 도서관으로 간다는 얘기를 듣고서였다. 파인 아트 도서관은 지하 한 층 전체가 미술 관련 도록으로만 가득찬 꿈같은 도서관이다. 나는 그때까지 그곳에 가보지도 못한 상태였다. 솔직히 말하면 가보지 못한 것이 아니라, 걷잡을 수 없는 사태를 만날까봐 굳이 미루고 있는 중이었다. 지금 여기 자료를 갈무리하기도 정신이 없는데, 거기까지 갔다가 도저히 감당할 수 없는 상태에 빠지는 것이 겁이 났다. 우리는 날마다 선본실에서 만났다. 그녀는 선본실의 왕언니요, 무서운 시어머니였다. 젊은 학생들이 고서를 조금이라도 함부로 다루면 그녀에게 따끔하게 혼이 났다. 책장도 그냥 손가락으로 집어서 넘기지 말고 종이를 끼워서 넘기라고 가르쳤다. 그러니까 그동안 나는 나이가 좀 들었다고 봐준 것이었다.

왕용보의 『술학』 원고지에 옮겨 쓴 5종의 책

일이 점점 커지니, 자꾸 벌이기만 할 것이 아니라 하나씩 갈무리해두어야겠다는 생각이 들었다. 우선 서지사항 정리부터 착수했다. 카메라와 자와 노트북를 들고 선본실로 들어갔다. 필요한 사진을 찍고, 자로 크기를 재고, 주요 내용을 컴퓨터에 저장했다. 하루에 한두 종 하기도 어려웠다.

그중 자꾸 눈에 띈 것이 앞서 본 왕용보의 『술학』이란 책의 판식을 본떠 만든 종이에 필사한 책이었다. 왕용보는 누구며, 『술학』은 어떤 책인가? 후지쓰카는 왜 하필 한 면이 9줄로 된 이 판식을 본떠 종이에 인쇄했을까?

하루는 이 종이에 필사된 책들을 찾아 한자리에 모았다. 모두 5종이었다. 처음에는 검색 정보에 '망한려(望漢廬)'가 '망한로(望漢盧)'로 잘못 입력되는 바람에 검색이 되지 않았다. 오류를 발견한 날은 늘 도서관 지하의 한국도서부로 가서 담당 사서인 강미경 선생에게 신고를 했다. 연구실에 돌아가 확인하면 오류는 즉각 바로잡혀 있었다.

1. 『진신적독搢紳赤牘』 TK 5568,6 3843(2) 1953. 4. 22.

2. 『연항시독燕杭詩牘』 TK 5568.6 3843(1) 1953. 4. 22.

3. 『해린척독초海鄰尺牘鈔』 TK 5778 4494 1953. 1. 8

4. 『고운당필기古芸堂筆記』 TK 9196 4224 1951. 5. 11

5. 『오운고략烏雲橐略』 T 5500 4436 1954. 3. 1

책 제목부터 어쩌면 이다지 후지쓰카스러운가. 1, 2, 3은 모두 조선과 청조의 지식인들이 주고받은 편지를 모아 편집한 책자였다. 4는 유득공의 저작, 5는 TK가 아닌 분류 번호로 보아 중국 책이어서, 빌릴 때 특별히 기대가 컸다. '오운(烏雲)'은 청나라 옹방강(翁方綱)이 그토록 아껴마지않았던 소동파의 진적(眞蹟) 『천제오운첩天際烏雲帖』과 모종의 관련이 있을 것이 틀림없었다. 몇 해 전 나는 이 주제를 가지고 타이완에서 열린 국제학술회의에서 논문까지 발표했던 터였다.

우선 다섯 책에 모두 똑같이 찍혀 있는 '망한려방왕용보초간술학본제전'의 의미부터 따져볼 생각을 했다. 왕용보를 검색하자, 용보는 그의 자이고 본명이 왕중(汪中, 1745~1794)으로 뜬다. 본명을 검색창에 입력하니 대번에 56종의 서목이 죽 올라온다. 그중 『술학』은 11종의 서로 다른 판본이 소장되어 있다. 대단히 널리 읽힌 책이란 증거다. 후지쓰카는 그 많은 책 중에서 왜 하필 이 책의 판식을 그대로 취해 찍었을까?

2008년 11월, 과천문화원에서 펴낸 『후지츠카의 추사연구자료』라는 자료집에 「후지츠카는 누구인가」라는 대담이 실려 있다. 후지쓰카의 제자와 아들 후지쓰카 아키나오 등 여섯 사람이 했던 대담인데, 1985년 일본 동방학회에서 펴낸 『동방학東方學』 69집에 수록된 것을

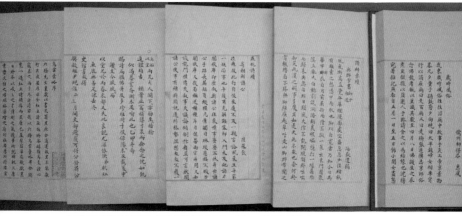

• 왕용보의 판식에 필사된 5종의 책을 한자리에 모아놓고 사진을 찍었다.

김채식 선생이 번역해서 수록했다. 그중에 당시 사회를 보았던 우노
세이이치(宇野精一) 선생이 후지쓰카가 베이징에 머물 때 좋은 책을 발
견하면 원본 그대로 베껴 쓰곤 했다는 일화를 전하는 대목에 이런 말
이 나온다.

그런 복사 이야기는, 저는 선생님께 직접 들은 적이 있습니다. 쇼와
21년(1946) 1월 19일인데요. 저희 집에 오시게 되었어요. 일요일입니다.
여러 가지 이야기를 듣는 중에, 당신이 쇼와 8년(1933)에 베이징에 놀
러 갔을 때, 룬밍(倫明)이라는 유명한 학자의 집에서, 요제항(姚際恒)의
『춘추통론春秋通論』을 보여주기를 바란다고 하셨대요. 그래서 룬밍 씨
가 어떻게 내가 그러한 것을 가지고 있다는 것을 알았냐고 하면서, 이
상하게 생각하면서도 보여주셨대요. 사실은 가토 조겐(加藤常賢) 선생
이 룬밍 씨의 장서목록을 만들어서 후지쓰카 선생님께 보여드렸기 때

문에, 그래서 당신은 알고 있었다는, 이건 선생님 당신의 설명이십니다. 그래서 그것을 보셨다고 합니다. 그 외에 왕중(汪中)의 『술학述學』 초각본(初刻本)을 가지고 있는 것을 선생님께서 그때 보셨대요. 선생님은 왕중의 판식(版式)을 본떠서 망한려의 이름을 넣은 줄 친 종이를 인쇄하여, 거기에 요제항의 『춘추통론』을 베끼게 하고 그것을 잘 갈무리해두셨다고 합니다.[1]

후지쓰카는 1933년 베이징 학자 룬밍의 집에서 본 왕중의 초각본 『술학』의 판식을 그대로 본떠 전용 원고지를 만들었고, 여기에다가 구할 수 없는 희귀본을 전사(轉寫)해두곤 했다는 것이다. 바로 그 종이에 베껴 쓴 책이 옌칭도서관에 5종이나 있었다. 그가 이 종이에 베껴 썼다는 것은 원본이 유일본이라는 뜻이다. 그는 최고가 아니면 결코 손대지 않았다. 원본을 절대로 구할 수 없다는 판단이 서야 자신의 전용 원고지에 그것을 베껴 적었다.

왕용보란 인물

후지쓰카가 베이징 룬밍의 집에서 보았다는 『술학』 초각본은 봉면아지(封面兒紙)란 특별한 종이에 인쇄해 왕용보 생존 당시 판각된 것이어서 대단히 희귀했다. 옌칭도서관에 소장된 영인본을 포함한 11종의 『술학』을 다 찾아보았지만 초각본은 없었다. 후각본이거나 이것을 영인한 것들이었다. 그래도 도서관을 더 뒤지자 9행의 똑같은 판식에

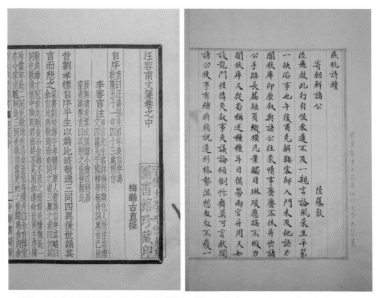

汪容甫文箋卷之中

自序直曰汪喜孫年若年表自序

李審言注式言兆先生名編撰州與化人所汪容甫

圖書館珍藏印

梅縣古直撰

昔劉孝標自序平生以迹敬通三同四異後世誦其

言而悲之余此此傳通三同四異後世誦其

燕杭詩牘

寄朝鮮諸公

陸飛啟飛啟此行自恨來遲不及一親言論風采生平第

一塊塙事也午後甫克解鞍客卿入門未及他語力

關秋庫即歷敘與諸公住來情事憂不休弄出諸

公手蹟長篇短頁紛横几案觸目琳瑯應接不暇刀

間秋庫又從蜀稱迅種種耳目俱勞両官升用又如

該龍門佳傳夾敘事夾議論傾倒忤弊某可言狀間

諸公伐事有緒將須説道形格勢阻想叙友不獲一

• 옌칭도서관에서 찾은 『왕용보문전』의 판식(왼쪽). 9행으로 후지쓰카의 것과 똑같다. 후지쓰카의 『연항 시독』첫 면(오른쪽).

찍은『왕용보문전汪容甫文箋』이 나왔다.

왕용보는 후지쓰카의 말에 따르면 건륭 가경 연간의 학계에서 독보적 석학이었다. 후지쓰카는 왕용보의 아들 맹자(孟慈) 왕희손(汪喜孫, 1786~1847)과 추사 김정희 사이에 이루어진 긴 학술적 왕래를 망한려에 소장하고 있던 엄청난 원본 간찰 자료에 입각해서 상세히 밝힌 바있다. 옌칭도서관에『왕희손행술汪喜孫行述』이란 책이 있어 혹시나 하고 빌렸더니, 어김없이 후지쓰카가 소장했던 책이었다. 그에 대해서는 나중에 따로 살필 기회를 갖겠다.

이제는 왕용보가 궁금해졌다. 다시 그에 대한 전기 자료를 찾기 시작했다.『왕용보문전』의 부록에 왕인지(王引之)가 쓴 「왕선생행장汪先

生行狀」이 있고, 여러 단계의 검색을 거쳐 어렵사리 손성연(孫星衍, 1753~1818)의 『오송원문고五松園文稿』에 실린 「왕중전汪中傳」도 찾아냈다. 이 글은 두꺼운 포갑 안에 든 『대남각총서岱南閣叢書』 제59책에 수록되어 있었다. 「왕중전」의 서두는 이렇게 시작한다.

왕중은 자가 용보다. 강남 강도(江都) 사람이다. 어려서 고아가 되어 가난했다. 형편이 글공부하러 선생에게 나아갈 수가 없었다. 책을 팔면서 남의 집이나 학사(學舍)에 가곤 했다. 왕중은 조금씩 글자를 알게 되고, 문리를 깨쳤다. 워낙 특출하게 똑똑했다. 한번은 학동을 대신해서 글을 지어주어 선생님을 속였다. 서당의 선생이 크게 놀라 기이하게 여겼다. 오랜 뒤에는 책방과 책 상인과 교유하며 잘 지냈다. 경사(經史)와 백가(百家)를 다 읽었고, 고적(古籍)을 널리 살펴, 능히 시비와 진위를 판별해냈다. 학교에 들어가 부생(附生)이 되었다. 학사(學使)가 오면 늘 왕중의 높은 명성을 먼저 들었다. 그래서 시험을 보게 해서 기를 꺾어 욕을 보이려 했다. 하지만 그 글을 받아 보면 모두 몹시 탄복하면서 상등으로 뽑곤 했다.

가난해서 공부를 할 수 없었던 그는 생계를 위해 책을 팔러 다니다가 저절로 문리가 났다. 말하자면 그는 서적 외판원이었다. 숙제를 못해 울상 짓는 아이를 위해 대신 해준 숙제로 서당 훈장의 눈을 동그랗게 만들었다. 그는 굉장한 천재였다. 나중에는 서점 주인들과 가까이 지내면서, 서점에 쌓인 책들을 다 읽어치웠다. 그의 안목 아래 성에 차는 학자가 없었다. 뒤에 연경으로 올라온 뒤에는 당대 쟁쟁한 학자들의 이름을 죽 써붙여놓고 고하의 등급을 매겼다. 곁에서 나무라면 그는 "나는 보통의 형편없는 사람은 절대 욕하지 않는다. 내 욕을 먹기도 대단히 어렵다"고 대답하곤 했다. 스스로에 대한 자부가 이러했다. 『술학』은 경학상의 여러 쟁점을 해박한 식견으로 분석한 책이다. 그의 주장은 규범에 얽매이지 않았고, 근거가 분명해 당당하고 우렁찼으므로, 다들 그의 학문에 외경의 눈길을 보냈다. 또 왕인지의 「왕선생행장」에서는 저자에서 책을 팔면서 눈이 한번 거치기만 하면 보는 책마다 다 외워버려, 그가 나이 20세에 제학이 주관하는 과거에서 1등으로 뽑혔다고 했다.

엔칭도서관에는 내가 상상하는 책들이 대부분 소장되어 있었다. 무엇을 하나 찾으면 그것을 매개로 관련 자료들이 줄줄이 쏟아지곤 했다. 같은 책도 판본별로 모두 구비되어 있어서, 가급 후대의 영인본보다는 원간본을 굳이 꺼내서 살펴보는 것이 즐거웠다. 같은 제목의 책이 이렇게 다양한 종류로 구비되어 있는 가운데 입맛대로 빌려 볼수 있었던 것은 참 신통하고 감동스러운 경험이었다. 나는 날마다 후지쓰카를 곁눈질하면서 엔칭도서관의 엄청난 자료의 바닷속으로 긴 항해를 떠나곤 했다. 독서망양(讀書亡羊), 책을 읽다 양을 잃은 소년의 탄식이 절로 나왔다.

쓰기보다 읽기를 사랑한 사람
—후지쓰카론

하버드 옌칭 강연

후지쓰카에 대한 소개가 너무 늦었다. 2013년 2월 27일㈜ 12시에 옌칭도서관 세미나실에서 나는 지난 6개월간 찾은 하버드 옌칭도서관의 후지쓰카 컬렉션에 대해 발표했다. 이날 문학동네 카페에 내 연재 예고가 처음 올라갔다. 발표 당일 연재 시작을 선언한 것은 내게 일종의 출정식 같은 느낌을 주었다.

발표회장에는 엘리자베스 페리 옌칭연구소장과 제임스 청 옌칭도서관장, 김선주 한국학연구소장, 그리고 한중일 학자들과 도서관 사서들이 참석했다. 그동안의 강연에서 도서관 사서들이 이렇게 많이 참석한 것은 처음 있는 일이었다. 내 발표가 '하버드 옌칭도서관에서 찾은 후지쓰카 컬렉션'에 대한 것이어서 그이들의 호기심을 끌었다. 여기에 한국학과 일본학, 중국학 연구자들이 오는 바람에 좁은 방이 꽉 찼다. 내 발표는 중국에 대해 연구하다 조선에 빠진 일본인 학자가

쓰기보다 읽기를 사랑한 사람 ◎ 091

• 옌칭도서관에서 열린 후지쓰카 컬렉션 발표 당시의 모습.

소장하고 연구했던 책들이 이곳까지 오게 된 경위와 그 자료 가치를 한국 학자가 미국에서 설명하는 다국적 주제였다.

PPT와 함께 준비해 간 영문 원고를 읽으면서 후지쓰카 컬렉션의 도서관 소장 경위와 형태 서지, 자료 가치 등에 대해 설명했다. 슬라이드 수가 70개가 넘어 시간 부족을 염려했다. 처음에는 긴장했지만 중반 이후 청중이 몰입하는 걸 느끼면서 한결 여유로워졌다. 나중에는 일부러 천천히 또박또박 말했다. 질의응답 시간에는 통역의 도움을 받아 한국말로 대답했다. 내 뜻을 정확하게 전달할 필요가 있었다. 발표는 호평 속에 끝났다. 놀랍다는 말과 애썼다는 말을 많이 들었다. 이튿날 선본실에 올라갔더니 담당 사서 왕선생이 "다쒜저라이러(大學者來了)!" 하며 활짝 웃는다. 그날도 나는 후지쓰카 소장서를 한 권 더 찾아냈다.

후지쓰카 지카시는 대부분의 청중들이 거의 처음 듣는 낯선 이름이었다. 도대체 그가 누구길래 호들갑인가 하는 표정이었다. 나는 후지쓰카가 1923년 베이징에서 루쉰(魯迅)가 함께 찍은 두 장의 사진을 일부러 발표 슬라이드 앞쪽에 배치했다. 사진이 스크린에 뜨자 좌중에서 "아!" 하는 짧은 탄성이 터져나왔다. 특히 중국과 미국 학자들의 반

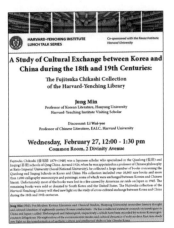

• 후지쓰카 컬렉션 발표회 포스터.

응이 그랬다. 두 장의 사진만으로도 당시 후지쓰카가 어떤 급의 인물이었는지는 설명이 충분했다. 사진은 베이징을 찾은 일본 학자들이 중앙음점(中央飮店)이란 식당에서 루쉰을 포함한 몇몇 중국 학자들과 회동한 장면이었다. 후지쓰카는 그 자리의 일본측 좌장이었던 듯 루쉰의 바로 옆자리에 앉았다. 두번째 사진에서도 후지쓰카는 루쉰과 닥터 존스턴으로 보이는 서양인과 앞줄에 나란히 앉아 있었다. 두 장의 사진은 당시 학계에서 그의 무게감을 상징적으로 보여준다. 나이로도 후지쓰카는 루쉰보다 두 살 위였다.

과천시에는 후지쓰카 지카시의 아들 후지쓰카 아키나오가 기증한 아버지의 소장 자료가 대단히 많다. 고서만도 284종, 2771책에 달한다. 이곳에 와서 지금까지 내가 찾은 고작 50종 남짓한 자료는 견줄 것이 못 된다. 그는 2006년 사망 직전에 자신이 평생 간직해온 아버지의 소장 자료를 일괄해서 과천시에 기증했다. 과천은 후지쓰카가

• 1923년 1월 7일 일본인 학자 6명이 루쉰을 만나 찍은 기념사진(위). 오른쪽에서 세번째가 후지쓰카이 며, 네번째가 루쉰이다. 1923년 4월 15일 중앙음점에서 루쉰을 만나 찍은 기념사진(아래). 앞줄 맨 오른 쪽이 후지쓰카, 세번째가 루쉰이다. 과천시 추사박물관 소장.

평생 앙모해마지않았던 추사 김정희의 고향이다. 아키나오는 그 방대한 자료를 일체의 금전적 대가 없이 기증했을 뿐 아니라, 오히려 정리와 번역에 써달라고 200만 엔을 기부해 말할 수 없이 큰 감동을 주었다.

그간 과천시에서는 후지쓰카 관련 자료로 전시와 출판 사업을 지속적으로 진행해왔다. 자료집과 도록도 여러 권 출판했다. 이들 책 속에 후지쓰카에 대해 알 수 있는 글들이 적지 않다. 앞으로 2, 3회에 걸쳐 이를 종합해 하나의 풍경으로 정리해보겠다.

교실의 후지쓰카, 『논어』 수업의 광경

후지쓰카를 소개한 글에서 몇 개의 장면이 유독 인상적이었다. 그중 하나가 일본 나고야 대학의 전신인 명문 제8고등학교(第八高等學校) 교수 시절 『논어』 수업의 모습이다. 당시의 학제는 소학교 6년, 중학교 5년, 고등학교 3년, 대학 예과 3년, 대학 학부 3년으로 구성되어 있었다. 일본 본토의 고등학교는 제1~8고등학교뿐이어서 전국의 수재들이 운집했다. 고등학교 졸업 후에는 예과를 거치지 않고 바로 대학에 들어갈 수 있었다. 말하자면 고등학교가 대학 예과에 해당하는 교육기관이었다. 후지쓰카는 제8고의 제자들에 대해, 그들은 때리면 소리가 나는 무리였다고 늘 말하곤 했다.

당시의 제자였던 사카모토 다로(坂本太郎)의 회고다.

교과서는 『논어집주論語集註』였는데 글자마다 풀이해주는 강의를 받은 기억은 없어요. 그때 들었던 에피소드들은 지금도 기억납니다. 재미있는 여러 이야기로 한문 세계에 끌어들이려 했던 배려였지요. 예를 들면, "공자는 어쨌든 제자를 잘 보살펴주었네. 염백우(冉伯牛)란 사람은 나병이었어!"라고 목소리를 조금 낮추어 말씀하셨고, "공자는 그 병에 걸린 염백우에게 문병을 갔지. 창으로 손을 내밀어 손을 잡고 이렇게 덕이 높은 사람이 이런 병에 걸리다니 정말로 하늘도 무정하다고 탄식하였다네"라는 그런 이야기를 하셨습니다. 조금 의외라는 느낌이 들었습니다.[1]

연극배우처럼 손짓 발짓을 섞고 억양까지 넣어 읽는 모습에 눈물까지 흘린 제자도 있었다고 한다. 후지쓰카는 제8고 교수 시절 아침마다 인력거를 타고 출근했다. 그는 아침형 인간이었다. 저녁식사 후에 바로 잠자리에 들어 새벽 3~4시에는 일어났다. 아침까지 공부하면 출근 시간이 임박하도록 손에서 책을 놓지 못했다. 조금만 더, 한 장만 더 하다가 늦을까봐 허둥지둥 인력거를 불러 타고 출근하곤 했다.

역시 제8고 시절의 제자 요시다 겐코(吉田賢抗)는 스승을 이렇게 회고했다.

실제 강의를 들은 것은 3학년 때였다고 생각됩니다. 텍스트는 왕셴첸(王先謙)의 『장자집해莊子集解』였던 것으로 기억돼요. 상해에서 출간한 석인본(石印本)을 사용했습니다. 고등학교에서 그런 것을 사용한다는 것은 참 놀라운 일입니다. 선생님은 몹시 감동하면 당신 혼자서 감격하고 정말로 즐거워하셨습니다. 『논어』 중에 '공자께서 즐거워하셨다'라는 장이 있습니다. 저는 정말로 후지쓰카 선생님의 강의를 들으면 그 말이 떠올랐습니다. 8고 시절의 인상입니다만, 하루는 지금 이야기 중에서 강의를 하시고, "자, 이것으로 수업이 끝났네. 집에 돌아가서 오늘은 어떤 책을 읽을까 하고 책장을 바라보는 것이야말로 진짜 즐거움이지!"라고 말씀하셨어요. 그 모습이 지금도 인상에 남아 있습니다. 그래서 저도 "정말 그렇구나, 그런 거구나"라고 생각했어요. 이제 와서 말한다면 그 시절에 소위 『논어』 중에 학문을 즐기는 안회(顔回) 같은 느낌을 우리는 갖지 않을 수 없었습니다. 또 리듬을 타고 『장자』를 읽으셨지요. 『장자』는 문장이 뛰어나니까 그 인상이 저에게는 강하게 남아 있습니다.[2]

어서 빨리 자신의 서재로 돌아가 책을 읽고 싶은 욕망을 참고 견디는 후지쓰카의 모습이 눈에 선하게 각인되는 글이다. 그는 책과 공부밖에 모르던 사람이었다. 집안이 가난했던 제자가 생활 문제로 학문의 길로 나아가는 것을 망설이자, 그는 제자를 불러다놓고 "자네, 학문을 해! 시시한 정치라든가 그런 것에 타협하는 게 아니야"라고 말했던 사람이다.

2006년 과천시가 펴낸 『추사글씨 귀향전』 도록의 첫 면에는 후지쓰카가 서재에서 공부하는 사진이 나온다. 책상 위에는 책이 어지러이 펼쳐져 있고, 후지쓰카는 고서에 눈길을 주고 있다. 책상 위에 놓인 아주 예쁜 필가(筆架)에 붓 하나가 가로걸렸다. 갖고 싶은 욕심이 나는 물건이다. 스탠드 옆에는 붉은 먹물이 담겼을 도자기 그릇이 있

• 망한려 서재에서 공부하는 후지쓰카. 고서에 무수히 꽂힌 찌가 인상적이다. 과천시 추사박물관 소장.

고, 그 옆의 흰 그릇은 붓을 씻는 필세(筆洗)로 보인다. 사진의 양옆 책
장은 한적들로 가득하다. 책마다 무수히 꽂힌 찌가 그가 어떤 학자였
는지 잘 말해준다. 저 서재 안에 있던 후지쓰카의 손때 묻은 책 중 상
당수가 이곳 하버드 옌칭도서관에 들어와 있다.

아들 아키나오의 아버지에 대한 회고도 인상적이었다. 그는 아버
지의 책 『청조문화 동전의 연구』의 한국어 완역본 간행 서문에 "망한
려 서재의 큰 테이블 위에는 완당의 권축(卷軸)을 가득 펼친 아버지가
완당의 묵흔(墨痕)에 취한 모습이 지금도 눈에 선합니다"라고 썼다.
또 후기 끝에는 "한편 마지막으로 한 분, 이 연구에 직접 참가하신 분
은 아니시지만 이 책의 완성을 꼭 전해드리고 싶은 분이 계시다. 그분
은 선친을 위해 아내로서 충분한 여가의 시간을 마련해드렸고 연구를

위해 쓰인 모든 비용 지출에도 협력해주신 돌아가신 나의 어머님이시다. 한겨울 새벽에 언제나 선친보다 먼저 일어나셔서 난로에 불을 지피고 계시던 모습은 지금도 절대로 잊을 수 없다"라고 돌아가신 어머니를 회고했다. 내가 이 대목에서 울컥해서 눈물이 핑 돈 것을 보면 그는 이 글을 쓰면서 틀림없이 울었을 것이다.

빨간 펜 선생의 메모벽

엔칭도서관에서 찾은 후지쓰카 소장서에는 거의 예외 없이 본문 위에 붉은 먹으로 교정을 본 그의 글씨가 적혀 있거나 중간중간에 그의 친필 메모들이 꽂혀 있었다. 그의 빨간 펜 교정은 제자들에게도 아주 유명했다. 미즈카미 시즈오(水上靜夫)의 회고 한 단락.

제가 한번은 『독서증의讀書證疑』 외에 계문찬(桂文燦)이라는 남방 학자가 쓴 연판(鉛版)으로 찍은 『경학박채록經學博采錄』을 입수했어요. 그랬더니 선생님은 매우 기뻐하시면서 "나는 고궁박물원에서 복제한 것을 가지고 있어"라고 말씀하시고 교정해주셨어요. 그래서 지금도 선생님께서 붉은 글자로 교정해주신 것을 소중하게 가지고 있습니다. 함께 책의 유래 등도 적어주셨습니다.[3]

그는 붉은 먹을 찍은 붓을 든 채 책을 읽었던 듯하다. 제자가 구해온 책을 자신의 원본과 대조해서 교정해주는 일을 그는 특히 기뻐했

• 원고지 여백에 본문 내용과 관련된 정보를 적어놓은 모습(왼쪽)과 붉은 먹으로 오자를 바로잡고 누락된 글자를 채워넣은 흔적(오른쪽).

다. 책 어디에도 후지쓰카의 것이라는 표지가 없는데, 책 속에 끼여 있는 메모지나 책에 직접 표시해둔, 그의 독특한 교정 습관이 밴 표시 때문에 그의 책인 줄 알게 된 것도 적지 않다.

특히 전용 원고지에 베껴 쓴 책에는 수정 흔적이 많았다. 제자들에게 역할을 분담해 옮겨 쓰게 한 후, 오자가 나오면 붉은 먹으로 해당 글자 위에 점을 콕 찍고 그 옆에 바로잡은 글자를 써놓곤 했다. 중간에 누락이 있을 때는 쐐기 모양의 삽입 부호 사이에 빠진 글자를 채워 넣었다. 상단이나 옆의 여백에는 본문 내용과 관련 있는 다른 정보가 많이 적혀 있곤 했다. 자신의 집에 원본이 보관된 편지는 원본이 자기 집에 소장되어 있다고 자랑하듯 적어놓았다. 원찰의 봉투와 거기에

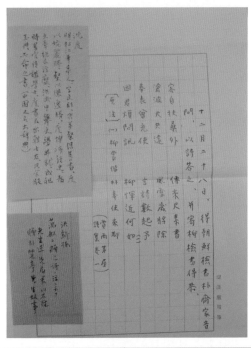

• 책 속에 끼워두거나 책에 직접 쓴 후지쓰카의 메모들. 끝에 출전이 적혀 있다.

적힌 내용을 추가로 옮겨 적은 것도 많았다.

또 책을 읽다가 다른 책에서 참고한 내용은 즉시 메모지에 붓으로 베껴 적어 꽂아두었다. 메모에는 참고한 책의 출전을 정확하게 밝히는 것도 잊지 않았다. 나는 그 메모지를 통해 해당 서적을 빌려 생각지 않은 다른 정보까지 얻어내곤 했다. 그것은 마치 그가 아직도 책 속에 지휘관처럼 앉아 이리 가라 저리 가라 하며 나를 진두지휘하는 느낌이었다. 이는 한편으로 그가 메모로 남긴 모든 책들을 대부분 보유하고 있는 옌칭도서관의 위용 덕분에 가능한 일이었다.

그의 소장서를 보면서 느낀 것은 그가 확실히 쓰기보다는 읽기를 사랑한 학자였다는 사실이다. 아니 정확하게 말하면 그는 읽기만도 너무 바빠서 자신이 읽은 모든 것에 대해 미처 글로 쓸 겨를이 없었다. 한 권 한 권, 한 페이지 한 페이지 대조하고 메모해가며 그는 철저하게 읽고 꼼꼼하게 표시했다. 과천시의 후지쓰카 장서 기증 당시 서목(書目) 정리 작업을 맡았던 하혜정 선생은 정리를 마치면서 이런 소감을 남겼다.

후지쓰카에 대한 불신을 갖고 시작한 정리 작업이 길어질수록 그의 진지함에 점점 빠져든 모양이다. 깨알 같은 잔글씨로 한 자 한 자 확인해내려간 그의 성실함에 처음에는 놀라다가 점점 질리고, 결국 무릎을 꿇게 되었음을 고백해야겠다. 후지쓰카가 책의 행간과 여백, 그것도 모자라 작은 종이에 빼곡하게 적어 끼워놓은 기록들을 보면, 진지한 공부가 무엇인지 진정한 학자가 어떤 것인지 다시금 생각하게 된다. 지루한 학문의 뿌리를 오래 다지기보다는 화려한 학문의 꽃을 빨리 피우는 것이 능력인 것처럼 여겨지는 이 시대에 후지쓰카의 미련할 만큼 진지한 학문 세계를 들여다본 것은 큰 행운이다.[4]

그이의 말에 나는 깊은 공명을 느꼈다. 책 속에 남은 후지쓰카의 메모는 모두 한 방향을 정확하게 가리키고 있었다. 한중 지식인의 문화 학술 교류의 현장이었다. 그의 그 많은 메모를 살펴보니 실제 그가 자신의 연구에서 직접 활용한 것보다는 정리만 해놓고 미처 글로 쓰지 못한 내용이 훨씬 더 많았다. 같은 주제를 가지고 쓴 최근 우리 쪽의 논문을 읽어보면 그의 메모 수준에 크게 미치지 못하는 경우가 대부분이었다. 그가 80년 전에 이미 줄긋고 메모하고 정리해둔 내용을 최근의 논문들이 오히려 따라잡지 못하고 있었다. 그의 책은 보면 볼수록 읽는 사람을 왜소하게 만들었다. 마치 부처님 손바닥 안에 든 손오공이 된 듯한 느낌이었다.

툭하면 샛길로 빠지다

또 한 가지, 워낙 방대한 자료를 만지다보니, 책을 읽다가 흥미로운 내용과 만나면 대뜸 샛길로 빠져 한참 딴 데로 돌아다니는 일이 많았다. 어찌 보면 즐거운 실종이요, 자발적 미로 헤매기였다. 중간중간 정신을 바짝 차리지 않으면 어디까지 가 있을지 모를 경우가 허다했다.

목록이 이미 정리되어 있는 한국본 고서 외에 중국본 후지쓰카 장서의 검색은 주로 그의 책에 인용된 중국 서목을 홀리스 클래식에서

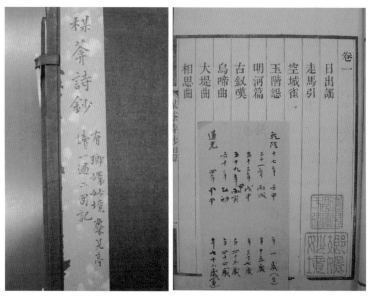

• 『매암시초』의 표지 제첨(왼쪽)과 '인견정독일과' '낭현묘경'이라는 인장이 찍힌 면(오른쪽).

하나하나 검색해 대출하는 방식으로 진행했다. 장님 코끼리 더듬듯 찾아나갔다. 실물을 안 보고는 확인이 불가능했으므로 나는 인내심을 가지고 후지쓰카가 보았음직한 책을 빌려내기 시작했다. 그렇게 찾은 책 가운데 한 권이 철보(鐵保, 1752~1824)의 『매암시초楳葊詩鈔』 2책이 다. 그는 조선 문인들과 접촉이 많았던 인물이다. 도서번호가 T 5493 8529이고, 1951년 10월 4일로 입고 날짜가 찍혀 있었다. 책을 건네받 는데 표지 제첨이 첫눈에 후지쓰카의 친필이었다. 제첨 아래 "낭현묘 경(瑯嬛妙境)과 인견정독일과(寅見亭讀一過)라는 두 개의 인장이 있다" 고 후지쓰카가 직접 써놓았다.

책을 펼치자 과연 목차 첫 면 하단에 '인견정독일과'와 '낭현묘경'

의 두 주문인(朱文印)이 아래위로 찍혀 있었다. 책 속에는 과연 「조선 사신과 헤어지며 주다贈別朝鮮使臣」 「조선 사신이 내가 어렸을 때 쓴 허한당虛閒堂 시를 말하므로 느낌이 있어 짓다朝鮮使臣述予童時虛閒堂詩感賦」 「조선 사신의 시책詩冊에 제하여 정유거사 박제가에게 아울러 부치다題朝鮮貢使詩冊並寄貞蕤居士」와 같은 조선 사신과의 교유 사실을 보여주는 작품이 여러 수 수록되어 있었다.

이 책을 소장했던 인견정(麐見亭)은 누구일까? 책 속에는 후지쓰카가 자신의 200자 원고지 '망한려용전' 두 장에 걸쳐 붓으로 빼곡히 쓴 메모가 들어 있었다. 내용은 옹방강(翁方綱)의 『복초재시집復初齋詩集』 권51에 실린 철보와 관련된 시를 옮겨 적은 것이었다. 그 끝에 '인견정독일과'와 '낭현묘경' 두 인장이 청나라의 유명한 정치가이자 장서가였던 인경(麟慶)의 장서인임을 밝힌 메모가 있었다. 후지쓰카에 따르면 인경은 자가 진상(振祥), 호는 견정(見亭), 성은 완안씨(完顔氏)이고 만주 양황기(鑲黃旗) 출신이었다. 그는 이 정보가 하시카와(橋川) 씨가 지은 『만주문학흥폐고滿洲文學興廢攷』에 자세하게 나온다고 부기했다.

그냥 멈출 수가 없었다. 그길로 일반 서가에 내려가 하시카와의 『만주문학흥폐고』를 찾았다. 1932년 2월에 간행된 이 책이 2층 일본 서가에 얌전하게 꽂혀 있었다. 선장본(線裝本)이었다. 더욱이 표지에 '시산선생(柴山先生) 혜존'이라 쓴 후 '제(弟) 하시카와 도키오(橋川時雄) 지증어북평(持贈於北平)'이라고 쓴 저자의 친필 사인까지 있는 책이었다. 베이징에 갔을 때 중국 사람에게 기증했던 책인 듯했다. 하시카와는 후지쓰카와도 교분이 있었다. 그 책의 장37에 과연 인경의 인적 사항에 대한 상세한 기록이 실려 있었다.

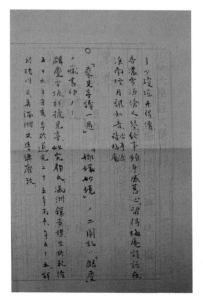

• '인견정독일과'와 '낭현묘경' 두 인장이 청나라의 유명한 정치가이자 장서가였던 인경의 장서인임을 밝힌 후지쓰카의 메모.

얼마 뒤 그의 이름이 잊혀갈 무렵, 우연히 다른 글을 쓰기 위해 서울서 들고 간 『송천필담松泉筆談』을 뒤적이던 중이었다. 내용 중에 『언행휘찬言行彙纂』에서 인용한 멋진 글이 들어 있었다. 주석을 보니 역자는 『언행휘찬』의 실물을 못 본 듯했다. 어떤 책일까 궁금해졌다. 옌칭에는 있겠지 싶어 검색하니 당연히 있었다. 책 전질을 꺼내와 포갑을 열고 첫 권을 폈다. 얼마 전에 본 '낭현묘경' 장서인이 이 책에도 똑같이 찍혀 있지 않은가? 나는 화들짝 놀랐다. 정말이지 우연찮게 인경의 똑같은 장서인이 찍힌 책을 한 질 더 찾은 것이다. 그렇다면 그의 장서 또한 상당수가 이 도서관에 들어와 있다는 말이 아닌가?

『언행휘찬』은 둘째 치고, 인경이란 인물이 급격하게 궁금해졌다. 이 책 저 책 찾고, 중국 쪽 인터넷을 검색했다. 그는 뜻밖에 대단한 인

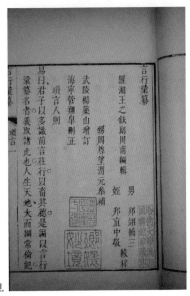

• 『언행휘찬』 첫 면에 찍힌 인경의 장서인.

물이었다. 본명은 완안인경(完顏麟慶, 1791~1846), 청대의 관리로 만주
족이었다. 강남 하도(河道) 총독을 10년간 역임한 거물급 정치가였고,
무려 8만 5000권의 장서를 보유했던 굉장한 장서가였다. 그의 이름
을 입력하자 이곳에만 19종의 그의 저서가 소장되어 있었다. 그중에
놀랍게도 필사본 『낭현묘경장서목록娜嬛妙境藏書目錄』 3책이 포함되어
있었다. 나는 하던 일을 잠시 밀쳐두고, 그의 목록을 다시 꺼내달라고 요
청했다. 그의 저서와 소장서뿐 아니라 장서목록까지 있다니 참 놀라웠다.

그는 1842년 반무원(半畝園)을 세우고, 거기에 낭현묘경이란 이름
의 장서루를 건립했다. 그러고는 "만권의 장서가 자제에게 합당하니,
온 집안이 하루종일 누대에 머문다네(萬卷藏書宜子弟, 一家終日在樓臺)"란
시구절에서 따온 각각의 글자를 장서루의 위치 표시로 삼아 도서를

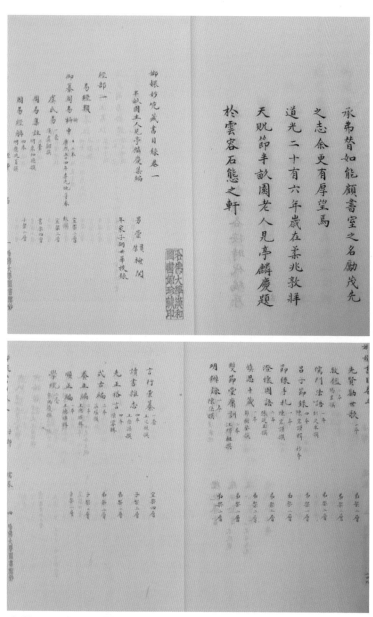

• 「낭현묘경장서목록」 첫 면(위)과 「언행휘찬」의 서가 위치가 표시된 장서목록 해당 면(아래).

분류해두었다고 한다. 그는 자신의 방대한 장서를 자부하여 『낭현묘
경장서목록』 4권 4책을 만들어두었다. 그의 장서는 1935년을 전후해
서 이리저리 흩어진 것으로 알려져 있다. 이곳 도서관에 있는 그의 장
서목록은 1930년대에 하버드 옌칭도서관의 의뢰로 원본을 재필사한
것이었다. 그토록 주인의 사랑을 받던 책들이 차례로 고서점으로 쏟
아져나와 각지로 흩어지는 광경을 생각하니 눈물겨웠다.

　도서목록에는 책마다 이름 아래 그 책이 원래 주인의 서재에 꽂혀
있던 위치까지 적혀 있었다. 『언행휘찬』을 찾아보았다. 이 책은 낭현
묘경 서재의 의가(宜架) 4층에 꽂혀 있던 책이었다. 8만 5000권의 장
서가 빼곡히 꽂힌 장서루 가운데 '의(宜)' 자로 명명된 서가 제4층에
높직하게 꽂혀 있었을 당시의 정경이 맥맥히 떠올랐다. 그뒤 여러 날
그를 추적하느라고 공부가 곁길로 새고 말았다. 그의 장서목록에 이
름이 올라 있는 책들을 하나씩 꺼내보면 앞서 본 장서인이 똑같이 찍
혀 있는 책이 얼마나 더 쏟아져나올지도 궁금했다. 하지만 참아야지
하고 참았다.

　이곳에서는 한 권의 책이 다른 책을 불러내고, 그것이 줄줄이 이어
져서 금세 하나의 장대한 서사를 만들어내곤 했다. 이 모든 과정이 논
스톱으로 이뤄지는 꿈의 도서관 속에서 나는 유영하고 있었다.

제
7
화

조선에는 학문이 없다
─후지쓰카의 자료 수집

학문 연원과 청대 서적 구입

후지쓰카는 대학 졸업 직후인 1909년 나고야의 제8고등학교 강사로 부임했다. 이때부터 그는 강희(康熙), 옹정(擁正), 건륭(乾隆), 가경(嘉慶) 연간 청대 학자의 원각본(原刻本)을 수집하기 시작했다. 그의 집안에는 시오가마(鹽釜) 신사(神祠)의 궁사(宮士)였던 7대조 후지쓰카 도모아키(藤塚知明, 1737~1799) 이래로 수집한 약 1만 권에 달하는 명산장문고(名山藏文庫)가 있었다. 도모아키는 하야시 시헤이(林子平, 1738~1793)와 친교를 나누며 뜻을 해외에도 기울였던 인물이다. 하지만 이 장서는 조부 대의 방탕한 생활로 대부분 흩어졌다. 양자로 이 집안의 대를 잇게 된 후지쓰카는 흩어진 선대의 문고를 재건하려는 염원을 품었

• 〈연행도 유리창〉, 1790년경, 34.9×44.8cm, 숭실대학교 한국기독교박물관 소장.

다. 그래서 시오가마에 있던 땅을 팔아 도서 구입을 시작했다.[1]

일본은 18세기 이전부터 중국 서적을 선박을 통해 수입해왔다. 후지쓰카 당시에도 일본에서는 베이징 유리창 서점들과 그 목록을 통해 우편으로 책을 주문하고 결제하는 시스템이 가동되고 있었다. 유리창은 북경성의 남문인 정양문(正陽門)에서 남서쪽 문인 선무문(宣武門) 사이에 있던 고서점 거리로, 서울의 인사동과 같은 곳이었다. 18세기 이래로 북경에 간 조선 사행들이 날마다 이 거리를 서성이며 책을 구입하고 안경과 골동품 등 각종 물품을 사곤 했다. 거리 이름인 유리창은 이곳에 유리기와를 굽던 공장이 있었기 때문에 붙여졌다.

당시 후지쓰카의 주거래 서점은 유리창의 통학재(通學齋)였다. 보너스를 받기가 무섭게 그는 급여의 일부를 더해 통학재로 송금해야 했다. 통학재의 젊은 주인은 쑨뎬치(孫殿起, 1894~1958)였다. 그는 단순히 책만 파는 장사꾼이 아니었다. 자신의 손을 거쳐 간 고서의 목록을 차곡차곡 기록으로 남겨 20권에 달하는 『판서우기販書偶記』라는 책자를 펴내, 당시 유리창 서점가에서 거래된 고판본 도서의 규모와 종류에 대해 확실한 기록을 남겼다. 뿐만 아니라 유리창 서점가와 관련된 각종 기록을 채집 정리한 『유리창소지琉璃廠小志』라는 책도 펴냈다. 그는 단순한 책장수가 아닌 판본학자요, 문헌학자였다. 그는 예리한 안목으로 후지쓰카가 주문한 책과 원함직한 책을 골라내 우편으로 속속 부쳤다. 좋은 책은 금액을 묻지 않고 무조건 사들였으므로, 후지쓰카는 쑨뎬치의 최우수 고객 중 한 사람이었다.

후지쓰카는 어떤 계기로 청대 고증학자들의 원각본 서적을 수집하기 시작했을까? 1907년 후지쓰카가 도쿄 대학 재학 당시 학은을 입었던 호시노 호조(星野恒城, 1839~1917)의 영향이 컸다. 그는 시오노야 도인(鹽谷宕陰, 1808~1867)의 고족제자(高足弟子)로, 야스이 솟켄(安井息軒, 1799~1876)과 함께 마쓰자키 고도(松崎慊堂, 1771~1844)의 학통을 이은 학자였다. 마쓰자키 고도는 『고도니치레키慊堂日曆』라는 자신의 저술에서 청대 고증학의 가장 큰 성과 중 하나로 평가되는 완원(阮元)의 『황청경해皇淸經解』에 대해 최초로 언급했던 인물이다.

후지쓰카는 마쓰자키 고도의 학맥을 이은 호시노 호조를 통해 『황청경해』의 자료 가치와 활용법을 배우고 익혔다. 이 과정에서 그는 청조 고증학과 경서에 대한 문헌학적 연구의 중요성과 필요성을 실감했다. 아들 아키나오의 술회에 따르면, 그는 틈이 나면 나가사키 도서관에 보관되어 있던 청대 서적 수입 원장의 사본을 펼쳐보곤 했다고 한

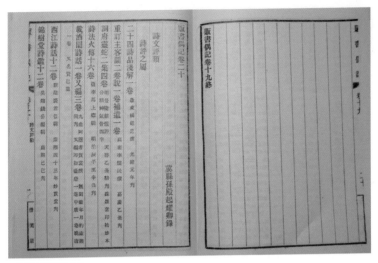

• 쑨멘치의 『판서우기』.

다. 에도시대 말기의 마지막 30년 동안 중국의 강소, 절강 지방에서 중국 배를 통해 전래되어온 문헌 목록을 그는 오랫동안 깊이 들여다보았다. 후지쓰카는 이런 서적 전래 경로에 대한 지식의 습득 과정에서 자료가 자료를 말하게 하고, 문헌이 문헌을 말하게 하는 고증학의 학문 방법을 체득할 수 있었다.

『황청경해』를 펴낸 완원은 누구인가? 그는 조선의 완당 김정희가 1809년 아버지 김노경(金魯敬)을 수행해 북경에 갔을 때 직접 만나 가르침을 받았던 인물이다. 완원은 자신이 번각한 일본판 『칠경맹자고문보유七經孟子考文補遺』를 완당에게 보여주었고, 자신이 지은 『연경실문집擘經室文集』 등을 선물로 주기까지 했다. 훗날 조선에서 『황청경해』의 완각 소식을 들은 완당은 완원의 아들 완상생(阮常生)에게 직접 편지를 보내 책을 보내줄 것을 간청했다. 마침내 산더미처럼 묶인

조선에는 학문이 없다 ◉ 113

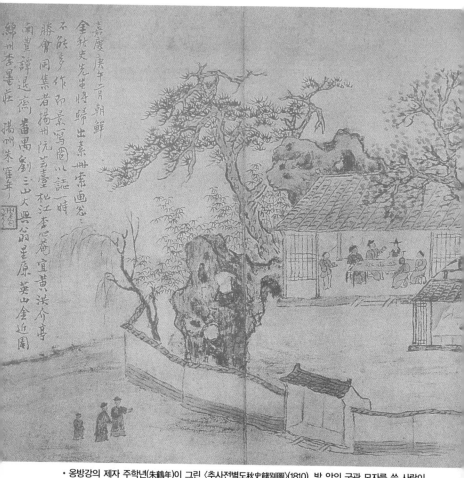

• 옹방강의 제자 주학년(朱鶴年)이 그린 〈추사전별도秋史餞別圖〉(1810). 방 안의 군관 모자를 쓴 사람이 추사이고, 좌우에 옹방강의 아들 옹성원과 이심암, 홍개정, 담퇴재, 유삼산, 김근원, 이묵장 등 당대 쟁쟁한 학자들이 둘러앉아 있다. 문밖에서 안으로 들어오는 사람이 완원이다. 원본은 전하지 않고 사진만 남아 있다. 소장처 불명.

『황청경해』 1400권이 바리바리 수레에 실려 1832년 조선으로 들어왔다. 여타 『고금도서집성古今圖書集成』과 같은 대규모 전서의 경우 조선이 일본보다 전래가 한결 늦었던 데 반해, 이 『황청경해』만큼은 일본보다 조선에 14년이나 앞서 들어오게 된 연유가 여기에 있다. 이것이 결국 또 후지쓰카로 하여금 완당 연구에 평생을 헌신하게 하는 계기가 되었으니, 학문의 인연이란 참으로 길고도 질긴 것이다.

• 완원의 초상화.

베이징 유학과 경성제국대학 교수 부임

일본에 있는 동안 후지쓰카는 실물도 못 본 채 베이징에서 부쳐오는 서적을 감질나게 구입하고 있었다. 그가 물 만난 고기처럼 유리창 거리를 직접 활보하며 욕심껏 청대 원각본 서적을 직접 두 눈으로 보고 손으로 만져가며 구입할 수 있게 된 계기가 마침내 마련되었다. 1921년부터 1923년까지 국가의 명을 받아 베이징 주재 해외 연구자로 파견되었던 것이다. 그는 이 기간 동안 아예 유리창 고서점가에 붙어살다시피 했다. 그동안 쌓인 노하우와 안목을 십분 발휘해 청대 원각본 서적을 보이는 대로 구입했다. 앞서 본 루쉰과의 교유도 이 시기의 일이다. 그는 2년간의 베이징 체류를 통해 수만 권에 달하는 청대 원각본 서적을 장서로 보유할 수 있게 되었다. 이때의 일을 후지쓰카는 이렇게 회고했다.

　북경에 도착한 것은 10월 하순이었다. 햇수로 3년간 전력을 기울였던 것은 방서(訪書), 특히 구서(購書)였다. 북경에서 책방 거리로 유명한 곳은 외성(外城)의 유리창이 제일이고, 그다음이 내성(內城)의 융복사(隆福寺) 거리이다. 유리창에는 서점이 60여 칸이나 있어서 마치 임랑산(琳琅山)과 같다. 옛 조선의 사신들이 유일하게 환락장(歡樂場)으로서 발길을 옮긴 곳이다. 나는 온통 이 유리창에 빠져서 몇백 번이나 다녀갔는지 모를 정도다. 이 방서와 구서가 버릇이 되어 드디어 유리창 서점의 문헌을 여기저기 구하러 다니게 되어, 건륭제 때 이문조(李文藻)가 쓴 「유리창서사기琉璃廠書肆記」를 시작으로 수많은 자료를 모았다.[2]

　이 글은 1935년에 한문강습회에서 한 강연 내용의 일부다. 또다른 글에서는 "유리창의 책방 거리를 수백 번도 더 돌아다녔고 사들인 책만도 수만 권에 달했다. 그러면서 유리창에 있는 책방에 큰 흥미를 느꼈고 그와 관련된 문헌을 섭렵하게 됐다. 어쩌다가 유리창이라는 세 글자를 마주치게 되면 마치 목마른 사람이 물을 만난 듯 그 내용을 기록했다"고 적고 있다.

　이를 보면 유리창 통학재 주인 쑨뎬치가 훗날 유리창 거리의 역사를 각종 문헌을 섭렵해 정리한 『유리창소지』를 펴낸 데는 후지쓰카의 영향이 컸던 것을 알 수 있다. 청대 경학 연구에 미친 일본 학자가 날마다 그토록 목마르게 관련 자료를 찾아 뒤지는 것을 보고, 쑨뎬치 또한 자료 정리의 중요성에 새삼 눈을 뜨게 되었음직하다.

나는 지난 몇 년간 우리 연행록 기록 속에 남은 유리창 관련 기록들을 모두 망라해서 자료집으로 묶는 연구 작업을 진행해왔다. 유리창을 주제로 한 국제학술회의도 한 차례 개최했다. 이러한 연구 성과를 수합해서 2013년 2월, 『북경 유리창—18·19세기 동아시아 문화거점』이란 제목의 단행본을 민속원에서 간행했다. 당시만 해도 후지쓰카나 쑨뎬치는 자신들이 상상도 하지 못할 만큼 생생하고 풍부한 유리창 관련 자료가 조선에 남아 있을 줄은 미처 생각지 못했다. 이것이 또 내가 후지쓰카와 한중 지성의 학문적 교류에 대해 관심을 갖게 된 중요한 맥락의 하나다.

　한편, 1926년에 경성제국대학이 설립되었다. 그는 창설 멤버로 중국철학 전공교수에 부임했다. 당시 일본의 동료들은 조선의 500년 문화란 것이 송명(宋明)의 찌꺼기 같은 학문을 빼고 나면 남는 게 없다며 애초에 거기서 기대할 것이 없으리라고 단정했다. 그러니 거기에 무슨 기대를 걸 게 아니라 하던 공부나 열심히 하라는 뜻이었다. 그는 미리 무슨 느낌을 가졌던지, 당시의 회고에서 "그럴까, 과연 그럴까?" 하는 되뇜을 남겼다.

　이런 되뇜에는 이유가 없지 않았다. 5년 전 후지쓰카는 베이징 가는 길에 서울에 이틀간 머문 적이 있다. 그 짧은 체류중에도 그는 당시 학무국 편집과에 근무하던 중학교 동기생인 오구라 신페이(小倉進平)의 안내로 도서관과 고서점을 순례했다. 오구라 신페이는 나중에 후지쓰카와 함께 경성제국대학 교수로 부임해, 당시 조선 사람 누구도 이해하지 못했던 신라 향가 14수를 풀이해 세상을 놀라게 하고, 그해 일왕이 주는 학술상까지 탔던 유명한 학자다. 그는 친구인 후지

쓰카를 데리고 경학원(經學院)과 규장각 도서관, 총독부와 고서점 한
남서림(翰南書林) 등을 순례했다. 고작 이틀 서울에 머무는 동안 거의
대부분의 시간을 고서 탐방에 할애한 것을 보면, 그도 참 어지간한 사
람이었다. 조선 고서와의 이 짧은 일별은 후지쓰카에게 특별한 여운
을 남겼던 듯하다. 잘 알 수는 없어도 무엇인가 틀림없이 있다는 본능
적 예감을 불러일으켰다.

　후지쓰카는 이후 2년간의 베이징 체재를 마치고 1923년에 조선을
거쳐 귀국했다. 그해 12월 도쿄에서 열린 문부성 개최 한문과 교수회
의에 참석차 후지쓰카가 상경하자 대학원 시절의 은사인 핫토리 우노
키치(服部宇之吉) 교수가 후지쓰카를 따로 불렀다. 핫토리는 후지쓰카
에게 이렇게 말했다. "1926년에 신설될 경성제국대학 총장을 맡게 되
었는데, 중국철학 강좌 담임교수로 군이 와주는 것은 어떤가?" 이어
핫토리는 경성제국대학에 대한 계획과 포부를 길게 얘기했다. 후지쓰
카는 감격의 눈물을 흘렸고, 며칠 뒤 다시 찾아가 명을 받들겠다고 대
답했다. 후지쓰카는 그로부터 3년 뒤인 1926년 4월 20일에 일본을 떠
나 21일 부산에 상륙해서, 22일 경성제국대학에 부임했다. 스승 핫토
리에 대해서는 다음 화에서 더 자세히 살펴보겠다.

조선은 청조학의 우주정거장

　서울에 자리를 잡자마자 후지쓰카는 본격적으로 조선 자료의 탐색
과 수집에 착수했다. 조선 학술계에 대한 후지쓰카의 관심은 베이징

체류 당시 진전(陳鱣, 1753~1817)의 『간장문초簡莊文鈔』에서 박제가를 위해 써준 「정유고략서貞蕤藁略序」를 본 일이 직접적인 계기가 되었다. 후지쓰카와 박제가의 만남은 뒤에 따로 별도의 글로 소개하지 않으면 안 된다.

당시 정황을 아들 아키나오는 이렇게 기술하고 있다.

아버지는 이즈음부터 조선이 청조학으로 가는 '우주정거장'적인 공간적 위치를 지니며, 더욱이 조선에서 한묵(翰墨), 서폭(書幅), 선본(善本)의 라이브러리를 발굴하여 또한 그것을 재생하고 재조직시켰으면 하는 계획을 갖게 되었습니다. 청조 건륭제 치하의 『사고전서』 편찬, 강희 옹정조의 『고금도서집성』 편찬이 그것입니다. 아버지는 경성제대에 취임하자마자 「사고전서 편찬과 그 환경」이라는 글을 발표하며 『문교의 조선』(1926)에 게재하였습니다. 조선의 왕궁문서고인 개유와(皆有窩)에는 『고금도서집성』과 『통지당경해通志堂經解』가 수장되어 있는데, 전자는 조선 정조 1년(1777) 입연(入燕)중이던 부사 서호수(徐浩修, 1736~1799)가 왕명을 받들어 사가지고 온 것으로 도쿠가와 막부 납고(納庫, 1763)보다 14년 늦었고, 후자는 정조 2년(1778) 연행중이던 서장관 심염조(沈念祖, 1734~1783)가 가지고 온 것으로 이것도 납입된 것이 일본보다 15년 늦습니다. (중략) 서울에서는 규장각 도서관, 한남서림이라는 곳이 방서(訪書)의 장소였습니다만, 실제 훌륭한 가치가 있는 것들이 고려 평야의 평원에서 깊이 잠들어 있다는 것을 눈치채지 못하고 있었습니다. 좋은 질의 석유는 태고의 부식된 유기물질층에서 머무른다지만 청조명언(淸朝名彦), 조선명유의 수찰(手札), 척독(尺牘), 서책, 한

• 정조가 세손 때 설립한 왕실도서관 개유와 전경. 일제시대에 찍은 사진으로 현재는 터만 남아 있다. 개
유와는 모두 있는 집, 즉 없는 책이 없는 집이란 뜻이다. 사진 소장처 불명.

묵, 희귀한 건륭제의 어필 등 이러한 귀중한 문화재 다수는 예전 진신
명가(縉紳名家)였지만 지금은 이름도 없는 자손의 초라한 집에 잠들어
있고, 자손들도 선대의 가치를 알지 못합니다. 아버지가 정력적으로
비서수방(祕書搜訪)의 행동을 개시한 것은 말할 것도 없습니다.[3]

비서수방의 행동을 개시했다. 좋은 질의 석유는 태고의 부식된 유
기물질층에 머문다. 정말 가치 있는 것들은 고려 평야의 평원에 깊이
잠들어 있었다. 위 인용문 중에서 이 세 문장에 방점을 찍는다. 그가
조선을 청조학의 본질로 들어가는 우주정거장과 같은 위치로 규정한
이유였다. 태고의 부식된 유기물질층에 간직된 양질의 석유 같은 자

료가 당시 조선의 퇴락한 명가의 후손가에 고스란히 남아 있었다. 더욱이 그들은 그 자료의 가치를 몰랐다.

다시 아키나오의 술회를 들어본다.

이 지역의 외지 체재는 잊을 수 없는 추억이 아주 많다. 때로는 향교에서 유생의 경사 송독의 소리가 들리고, 문묘 석전(釋奠)의 날에는 고악기 경종(磬鍾)의 음률, 팔일(八佾)의 무용을 눈으로 시청할 수 있다. 화강암과 운모로 반짝이는 경질의 건조한 조선의 지면에는 일본에는 없는 '생활에서 살아 있는 고전'이 가을 냇가의 물 밑에서 빛나는 작은 돌처럼 간직되어 있어, 마침 달이라도 뜨는 하늘에서 지구 이전의 지구사가 간직되어 있는 것과 같은 곳이었다. 사방이 산이 깊고 계곡 물 흐르는 그윽하고 조용한 아름다운 풍경에서는 구조가 극히 고아한 서원이 옆에 서 있어서 방문하는 사람을 황홀하게 하는 것이다.[4]

후지쓰카는 1940년 만 61세로 경성제국대학에서 정년퇴임할 때까지 조선에 15년간 머물렀다. 그 사이에 그는 서적 수천 권과 서간, 서화, 탁본류 자료 1000여 점을 수집했다. 그는 결코 아무것에나 손대지 않았다. 철저하게 자신의 연구와 관련 있는 자료만 모았다. 그 속에는 추사의 〈세한도〉를 비롯한 국보급의 자료들이 즐비했다. 그는 이 많은 자료들을 손에 넣으면서 청조 문화가 조선으로 전해진 이른바 동전(東傳)의 경로를 손금 보듯 분명하게 살필 수 있었다.

후지쓰카 본인도 『청조문화 동전의 연구』 서문에서 이렇게 적었다.

앞서 조선의 학계를 가리켜 송명학(宋明學)의 말류 이외에 아무런 학문도 남아 있지 않다고 하면서 청조문화의 동전과 같은 사실을 전혀 인정하려 하지 않았던 논자들의 주장이 마치 외눈박이 눈으로 세상을 보는 것과 같이 부실한 것이라는 사실을 알게 됐다. 또 동시에 그와 같은 중대한 문제에 대한 연구가 시급한 일임을 통감하게 됐다.[5]

그가 설정한 학문의 최종 목적지는 『청조문화 동점사東漸史』의 집필이었다. 그는 "기존에 아무도 거들떠보지 않았던 조선 학계의 뛰어난 일면을 지속적으로 그리고 의도적으로 높이 현창(顯彰)하고자 한다"고 천명했다. 조선 학계의 성과를 무시하는 일본 학계의 태도를 "외눈박이 눈으로 세상을 보는 것과 같이 부실한 것"이라고 단언한 대목도 인상 깊다.

생쥐를 노리는 고양이의 집요함

다른 이야기는 차차 하기로 하고, 여기서는 그가 조선의 자료를 어떻게 수집해서 연구해나갔는지를 잠깐 살펴보겠다. 아키나오는 '마치 생쥐를 노리는 고양이와 같은 집요함'으로 선친의 자료 수집과 연구 태도를 설명했다. 실물 하나하나에 바탕을 둔 검토, 머리보다 손을 믿는 공부, 책으로 하여금 책을 말하게 하는 방식이 후지쓰카의 학문 방법이었다. 그의 탐구는 거의 사회과학적 방법에 더 가까웠다.

후지쓰카는 고물상에 자료 수집을 부탁하거나, 몸소 지방의 명문가를 방문해 기증받거나 정당한 사례를 하고 구입하는 방식으로 자료를 하나하나 모아나갔다. 결코 속임수나 부당한 방법으로 물건을 취하지 않았다. 당시 답사 도중 도산서원과 추사고택 등에서 찍은 사진이 남아 있다. 어디에 무슨 자료가 있다는 말을 들으면 그 물건을 손에 넣기 전에는 결코 멈추지 않았다. 당시 그는 경성제국대학 교수 신분이었기에 고관들과도 왕래가 잦았고, 이들도 여러모로 자료 구득에 편의를 제공해주었다. 육당 최남선 같은 이는 독립 반일 운동으로 수감되었다가 출옥한 직후 후지쓰카의 충신동 자택으로 찾아와 조선 독립에 대한 화제는 까맣게 잊고 조선조 학단에 대한 담론으로 이야기꽃을 피우곤 했다. 말하자면 당시 후지쓰카는 조선의 잊힌 학문을 본격적으로 발굴 연구해 그 숨은 가치를 드러내준 보기 드문 일본인 학자 중 한 사람이었다.

그가 조선의 자료를 수집하는 데는 당대 내로라하는 수장가들의 도움도 컸다. 그의 『망한려인상望漢廬印賞』이란 인보집에는 자신의 인장뿐 아니라 그와 가깝게 지낸 사람들의 인장도 여럿 실려 있다. 그 가운데 '영운해려송은무호소전동시심정지인(穎雲海旅松隱無號素筌同時審定之印)'이란 인장이 있다. 영운(穎雲) 김용진(金容鎭, 1878~1968), 해려(海旅) 임상종(林尙鍾, ?~1940), 송은(松隱) 이병직(李秉直, 1896~1973), 무호(無號) 이한복(李漢福, 1897~1940), 소전(素筌) 손재형(孫在馨, 1903~1981) 등 당대 서화골동 감식에서 둘째가라면 서럽다 할 기라성 같은 인물들이 동시에 작품의 진위를 감정하여 보증한다는 의미를 담은 인장이다. 후지쓰카는 이들 당대 최고의 감식가들을 자신이 필요한 자료를 구입하는 데 도움을 주는 정보원으로 거느리고 있었던 셈이다.

• 도산서원 방문 당시. 정중앙에 선 사람이 후지쓰카다. 과천시 추사박물관 소장.

　무호 이한복 같은 경우는 원작을 도저히 구할 수 없는 작품의 경우, 후지쓰카를 위해 모작을 만들어 제공하기도 했다. 과천 추사박물관에는 그가 후지쓰카에게 보낸 장문의 편지 두 통이 남아 있다. 또 훗날 국무총리를 지낸 장택상(張澤相, 1893~1969)은 당대의 수장가로 이름이 높았다. 특히 그는 완당의 필적을 다수 소장하고 있었다. 다음 편지는 후지쓰카가 봉은사에 있는 판전(板殿) 현판의 탁본을 그가 수장한 것을 알고 보여줄 것을 요청하자 장택상이 보낸 답장이다. 편지의 내용은 이러하다.

　이 편액은 광주군 봉은사에 있습니다. 완당 선생께서 세상을 뜨시기 직전에 쓴 마지막 글씨올시다. 선생의 필력이 얼마나 웅건했는지 족히

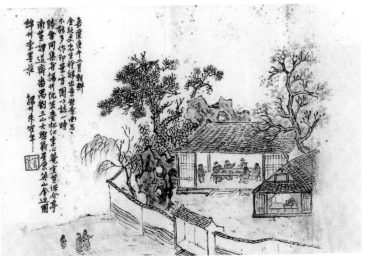

• 『망한려인상』에 실린 후지쓰카의 인장(왼쪽 위)과 '영운해려송은무호소전동시심정지인' 인장(오른쪽 위). 앞서 소개한 〈추사전별도〉를 무호 이한복이 베껴 그린 그림(아래). 후지쓰카가 소장했던 것이다. 과천시 추사박물관 소장.

• 장택상이 후지쓰카에게 보낸 편지. 과천시 추사 박물관 소장.

볼 수가 있지요. 그 깊이를 헤아리 길이 없으니, 결단코 보통 사람이 감히 엿볼 수 있는 바가 아닙니다. 이에 후지쓰카 선생께서 즐겨 감상하시기를 청합니다. 이만 줄입니다. 고맙습니다. 소생 장택상 돈수.

장택상은 탁본 원본을 주지 않고 판전 탁본 사진을 촬영해서 후지쓰카에게 보냈다. 지금도 삼성동 봉은사에 걸려 있는 이 현판 글씨는 완당이 세상을 뜨기 3일 전에 썼다는 마지막 글씨다. 칡뿌리로 만든 큰 붓에 먹을 듬뿍 적셔 써내려간 필치에서 완당이 마침내 도달한 예술의 한 진경과 만날 수 있다.

위 다섯 사람 중 한 사람인 소전 손재형은 후지쓰카가 만 61세가 되어 경성제대를 정년퇴임한 후 그 많은 자료를 기차 몇 량에 가득 싣고 일본으로 돌아가자, 일본까지 거금을 싸들고 찾아가 석 달 넘게 설득한 끝에 국보인 〈세한도〉를 되찾아온 인물이다. 후지쓰카는 손재형의 정성에 감복해서 한푼도 받지 않고 〈세한도〉를 건네주었다. 〈세한도〉의 반환과 이 그림을 둘러싼 후일담에 대해서는 뒤에 다시 자세한

• 장택상이 편지와 함께 보낸 '판전' 탁본 글씨 사진. 과천시 추사박물관 소장.

전후 사정을 쓰겠다.

이렇게 후지쓰카가 필생의 정열을 쏟아 어렵사리 수집한 청대 원간본 서적 수만 권과 조선의 전적 수천 권 및 청대 문인의 필적 자료 1000여 점은 후지쓰카의 정년퇴임과 함께 일본으로 건너갔다. 그리고 그가 대동문화학원의 총장이 되면서 대학의 큰 자료실에 비치되었다. 하지만 이들 자료의 대부분은 1945년 3월 10일, 미군의 도쿄 폭격 때 모두 잿더미로 변하고 말았다. 집에 보관되어 있던 일부 자료만 천행으로 살아남았다.

모든 우연은 필연이다
—핫토리 우노키치와 경성제국대학

『김완당인보』에서 만난 핫토리 우노키치

하루는 옌칭도서관 선본실에서 『김완당인보金阮堂印譜』를 빌렸다. 크기와 모양이 다른 7책의 인보가 하나의 포갑 안에 들어 있었다. 이 중 두 책에 후지쓰카와 몹시 가까웠던 무호 이한복의 친필 제첨이 붙어 있었다. 앞서 본 인장 속의 한 사람이다. 여러모로 심증이 갔지만 이 책이 후지쓰카의 소장서였음을 입증할 명백한 증거는 없었다.

책을 펼치니 인장을 찍은 면의 반대 면에 인주가 묻지 않게 하려고 네모지게 잘라 끼워둔, 붓으로 쓴 편지 조각이 있었다. 이 종잇조각을 살펴보다가 나는 회심의 미소를 지었다. 그중 한 장에 '후지쓰카 지카시(藤塚鄰) 구배(九拜)'라는 서명이 있었다. 이 작은 삽입지 한 장이 『김

• 「김완당인보」 7책(왼쪽)과 무호 이한복의 친필 제첨이 붙어 있는 2책(오른쪽).

• 후지쓰카의 서명(왼쪽 위)과 핫토리의 이름(오른쪽 위) 그리고 학위논문 통과와 관련된 내용이 담긴 후지쓰카의 메모(아래).

완당인보』7책이 후지쓰카의 소장서였다는 사실을 훌륭히 입증했다. 다른 한 장에는 '복부(服部)'란 글씨가 있었다. 편지의 수신자가 분명했다. 다른 조각의 첫 장 끝줄에 '학위논문 통과' 운운한 내용이 있는 것으로 보아, 후지쓰카가 1936년 박사학위 논문을 제출했을 당시에 쓴 감사 편지로 보였다.

함께 있던 후미코 선생께 이 이름을 어찌 읽느냐고 물었다. 대번에 '핫토리'라는 대답이 돌아온다. 핫토리! 어디서 많이 듣던 이름이었다. 후미코 선생은 고개를 갸웃하더니 자신은 별로 들어본 적이 없는 이름이라고 했다. 짚이는 곳이 있었다. 그날부터 나는 핫토리에 대한 추적에 들어갔다. 앞의 글에서 잠깐 언급했지만, 후지쓰카 관련 책자에서 그의 이름은 자주 거명되고 있었다.

핫토리 우노키치(服部宇之吉, 1867~1939)! 홀리스 클래식을 검색했다. 그의 회갑 기념 특집호와, 고희 기념 논문집이 도서관에 다 들어와 있었다. 1936년에 간행된 고희 기념 논문집을 먼저 빌려냈다. 표지를 넘기자 관료의 정복에 훈장을 단 그의 사진이 실려 있었다. 이 책에는 당연히 후지쓰카가 쓴 논문도 포함되어 있었다.

이 한 장의 사진은 관변 어용학자로서의 그의 정체성을 뚜렷하게 보여준다. 그는 일왕을 직접 가르친 스승이었고, 당시 일본의 중국학계를 좌지우지했던 중추적 인물이었다. 그의 교통정리에 따라 일본의 중국학계가 분주히 움직였다. 핫토리가 후지쓰카에게 조선으로 가라고 하면 그는 조선으로 갔고, 하시카와에게 중국으로 가서 만주문학을 연구하라고 하면 그는 만주로 가서 앞서 본『만주문학흥폐고』같은 책을 써냈다. 핫토리는 당시 일본 중국학계의 보이지 않는 큰손이

• 훈장을 단 정복 차림의 핫토리와 그의 붓글씨. "본디 자리에 충실하여 행할 뿐 그 밖의 것은 원하지 않는다"는 의미다. 후지쓰카의 호인 소헌(素軒)이 이 구절의 첫 글자에서 따온 것으로 보인다.

요, 막강한 배후였다.

　뿐만 아니라 그는 경성제국대학 초대 총장, 말하자면 오늘날 서울대학교의 설립 당시 총장이었다. 경성제국대학 교수진의 인선도 모두 그가 직접 챙겼다. 뿐만 아니라 그는 선진유학(先秦儒學)에 있어 당대 최고 권위의 학자였다. 그는 19세기 말에 이미 한학 연구를 위해 베이징에 전후 9년간 머물며 유학했다. 교수법을 연구하려고 독일 유학까지 다녀왔다. 베이징 유학 당시 이미 그는 도쿄제국대학 조교수 신분이었고, 나중에는 교육부문 자문역이란 공식 역할도 맡게 되었다. 핫토리는 당대 열국의 학자들과 호흡하면서 드물게 세계적인 시야를 가졌던 거물급 동양학자였다. 그런 그의 이름이 후지쓰카가 김완당의 인보 속에 끼워둔 파지 속에 적혀 있었다.

후지쓰카는 핫토리와 오래 묵은 인연이 있었다. 후지쓰카는 1909년 대학 졸업 직후 한문회(漢文會)의 간사를 맡게 되었다. 이때 베이징에서 돌아온 지 얼마 되지 않은 핫토리를 찾아가 강연을 요청했고, 강연회가 대성공을 거두면서 두 사람의 인연이 시작되었다. 후지쓰카는 1909년 4월부터 핫토리의 중국철학 강의를 들었고, 대학원 학생으로 핫토리에게 『묵자墨子』 철학을 배웠다. 그의 강의는 명쾌하고도 심오했다. 후지쓰카는 최고의 경의를 담아 핫토리를 평생 존경했다.

핫토리는 1909년 신흥 제8고등학교 강사로 후지쓰카를 추천했다. 다시 9년 뒤인 1918년 4월에 핫토리는 후지쓰카를 히로시마 고등사범학교 덕육과(德育科)의 한문 담임교수로 추천했다. 제8고등학교 교장을 비롯한 동료 교수들의 극력 잔류 요청에도 불구하고, 그는 핫토리의 분부를 어기지 못해 그대로 따랐다. 이후 후지쓰카가 1921년 10월 문부성 재외 연구원의 자격으로 베이징에 2년간 유학하게 되었던 것도 핫토리의 주선이었다. 1923년 베이징에서 귀국한 그를 핫토리가 따로 불러 경성제국대학 교수직을 제안했던 일은 앞서 이미 이야기했다. 후지쓰카 생애의 중요한 변곡점에는 항상 핫토리가 있었다.

고서 속의 은행잎

『김완당인보』 속에 우연찮게 끼어든 한 장의 편지 조각이 뜻밖의 방향으로 내 생각을 이끌고 갔다. 우연은 늘 또다른 우연을 불러와 필연으로 만들어버린다. 지난 7월 하버드에 처음 오자마자 옌칭도서관의 서가 사이를 소요하다가 일본의 장서인(藏書印) 관련 책을 보았다. 도서출판 이순에서 펴낸 쓰루가야 신이치의『책을 읽고 양을 잃다』는 내가 아끼는 향기로운 책이다. 그 책 중에 일본의 장서인에 대해 소개한 글을 읽은 기억이 생생했던 터라, 책 속에 인용된『속장서인보續藏書印譜』와『일본의 장서인』을 비롯해 도서관에 있는 장서인과 장서표 관련 책을 모조리 빌려내서 복사하고 스캔을 받던 중이었다.

책 속에 소개된 장서인 실물이 보고 싶었다. 막부시대 말기의 의사이며 시인인 고노 뎃토(河野鐵兜)의 낙관은 중앙에 '월가비급(越家秘笈)'이라 새기고, 양옆에 작은 글씨로 '불방투독(不防偸讀)'이라고 새겨놓았다. 즉 월씨 집안의 소중한 책이지만 훔쳐 읽어도 무방하다는 의미다. 또 반 노부토모(伴信友)의 장서인에는 "나 죽은 뒤 나를 대신해 소중히 보관해줄 사람을 기다린다. 반 노부토모 기(身後俟代兒珍藏印伴信友記)"라고 새겼다. 오쓰키 반케이(大槻磐溪)의 장서인은 "그 사람을 얻어 전할 뿐 자손일 필요는 없다(得其人傳, 不必子孫)"라고 적혀 있고, 스즈키 하쿠도(鈴木白藤)는 "온갖 비용 아껴가며 날마다 달마다 모았다(節縮百費日月積之)"라고 새겨놓았다. 이런 운치 있는 장서인을 글을 통해 머릿속에서만 그려보다가 실물로 직접 보게 되니 몹시 즐거웠다.

이 밖에도 쓰루가야의 책에는 독서광들의 여러 흥미로운 일화가 많이 소개되어 있었다. 그중 나가이 가후(永井荷風, 1879~1959)의 수필집에 나오는 다음 인용문이 있다.

고서를 사거나 건조시키고 있으면 책장 사이에 은행나뭇잎이나 나

• 왼쪽 위부터 시계 방향으로 고노 뎃토의 '불방투독', 후대에 자신의 책을 진장해줄 사람을 기다린다는 반 노부토모의 인장, 합당한 사람이면 굳이 자손이 아니라도 된다는 오쓰키 반케이의 인장, 온갖 비용을 아껴가며 오랜 세월에 걸쳐 구입했다는 인문이 적힌 스즈키 하쿠도의 장서인.

팔꽃잎이 끼워진 채로 마른 것을 볼 수 있다. 장서를 사랑한 나머지 누가 언제쯤 한 일일까? 주인은 세상을 떠나고 책은 주인을 바꾸어가며 모르는 사람의 수중에 들어가고, 또 모르는 세상의 모르는 사람의 손으로 건너간다. 책벌레를 막는 은행나뭇잎, 나팔꽃잎은 말라서 책벌레와 함께 종이보다도 가볍게 창문 밖의 바람에 날려서 사라질 것이다.

• 일본 고서의 책갈피에 끼워진 은행잎과 책갈피에서 꺼낸 은행잎.

하루는 일본 고서를 빌려 읽는데 책장 안쪽에 거무스레한 그림자가 얼비쳤다. 자세히 보니 100년쯤 된 듯한 은행잎이었다. 이것 말고도 몇 군데에 띄엄띄엄 은행잎이 끼워져 있었다. 이게 바로 책에서 말한 그 은행잎이구나 싶어 꺼내보았다. 100년 전의 어느 가을, 일본에 살던 옛사람이 주워와 책갈피에 꽂아둔 은행잎을 100년 뒤의 내가 미국의 도서관에서 찾아내 그 냄새를 맡는다고 생각하니, 둘 사이에 무슨 묘한 인연이 닿은 듯 기분이 야릇했다.

쓰루가야 신이치의 책에는 이 밖에도 흥미로운 내용을 담은 고서가 여럿 소개되어 있었다. 심심할 때 보려고 이들 책도 빌려냈다. 에도시대 중기의 유학자 하라 넨사이(原念齋, 1774~1820)가 쓴 『선철총담 先哲叢談』은 1558년에서 1736년까지의 유학자나 문인의 여러 일화를

• 핫토리가 기증한 『선철총담』.

한문으로 기록한 책이다. 이토 진사이(伊藤仁齋, 1627~1705) 부자의 재
미난 이야기가 실려 있다기에 홀리스 클래식으로 검색해보았다. 역시
여러 종의 같은 책이 있었다.

그중 링크가 되어 있는 책을 무심코 클릭했다. 서지 설명에 "Gift
from Prof. Hattori Unokichi in 1916"이라는 내용이 적혀 있었다. 세
상에나! 이 책은 핫토리 우노키치가 하버드 옌칭도서관에 기증한 책
이었다. 정말이지 너무 놀라 정신을 차릴 수 없을 정도였다. 무슨 이
런 우연이 반복되는가? 처음에는 인보에 낀 종잇조각에 그의 이름이
등장하더니, 어쩌다 우연히 찾게 된 책이 또 그가 이곳 하버드 옌칭도
서관에 기증한 책이었다.

고희 기념 논문집에 실린 그의 연보를 다시 확인했다. 과연 그는
1915년에서 1916년까지 1년 동안 이곳 하버드에 교수로 초빙되어 온
적이 있었다. 핫토리는 이 기간 동안 일본 관련 강의를 하는 한편, 하
버드는 핫토리에게 '동아시아에서 유교 윤리의 활성화'를 주제로 한

일련의 포럼을 개설해주었다. 그는 하버드를 떠날 때 자신이 지니고 왔던 책들을 기증한 것이었다. 위의 서지 설명을 검색어로 넣자, 당시 그가 기증한 책 17종의 서목이 일제히 떴다.

Harvard College Library
June 12, 19●●
Gift of
Prof. U. Hattori,
Tokyo.

TJ1442/9800 (1)

新月九子丙年三十

• 「선철총담」 속표지에 기증 사실을 기록한 스탬프.

이런 일도 있었다. 이곳에 함께 머물고 있는 한국 방문학자들과는 각자 진행중인 공부를 주제로 심심찮게 깊이 있는 대화를 나누곤 했다. 연세대 영문과의 김준환 교수는 1년의 연구년을 맞아 이곳에 와서 1930년대 김기림, 최재서와 영미 문학자들의 관련 내용을 추적하는 중이었다. 그의 이야기를 듣는 것은 아주 즐거웠다. 알고 보니 그이는 나와 생년월일이 같고, 태어난 시간까지 거의 비슷했다. 우리는 같은 사주였다. 그이와는 각자 전혀 다른 자기 이야기를 하는데도 늘 같은 대화를 나누는 착각이 들었다. 사주가 같아서인지 기질도 비슷하고 학문적 관심의 방향도 다르게 유사했다. 내가 18세기 조선 지식인 얘기를 하면 그는 20세기 초 영미 문인과 학자 얘기로 화답했다. 우리는 자주 서로의 얘기에 한껏 고무되어 긴 대화를 이어가곤 했다.

하루는 내가 그때 한참 찾고 있던 핫토리 얘기를 했다. 그가 경성제국대학 개교 3년 전인 1923년에 벌써 후지쓰카에게 경성제국대학 교수직을 제의했더라는 이야기를 들려주며, 일본 사람들 준비성이 지독하다못해 무섭다고 얘기했다. 다음날 김교수가 허둥지둥 내 방으로 달려왔다. "선생님, 이것 좀 보세요. 이것 참 놀라운데요?" 그이가 건네는 책을 보니, 김윤식 교수가 쓴 『최재서의 국민문학과 사토 기요시 교수—경성제대 문과의 문화자본』이었다. 책 속에 경성제국대학 영문과 교수였던 사토 기요시가 경성제국대학으로 스카우트되던 당시의 일을 회고한 글이 실려 있었다. 내용이 이러했다.

대정 12년(1923) 9월에 대지진이 있었습니다. 그때 제가 봉직하고 있던 오차노미즈 여자고등사범학교도 모두 타버렸는데, 그후 곧 판잣집을 지어 수업이 시작되었고 나는 매일 오쿠보(大久保)에서 오차노미즈까지 통근하였습니다. 그 이듬해 정월이었지요. 어떤 날, 핫토리 우노키치(服部宇之吉: 경성제대 창설위원회 위원장)라는 이름으로 된 친히 열어보라는 표시가 붙은 편지를 받았습니다. 그 속엔 내 일신상의 문제로 상담하고 싶다는 뜻이 들어 있더군요. 저는 그때까지 핫토리 우노키치라는 분이 누군지 전혀 몰랐던 탓에 어리둥절했습니다. 편지 봉투에 적힌 주소를 보니 바로 호산원(戶山ヶ原) 쪽이어서 찾아가 물으니까, 이번 경성제대가 창립되는데 군을 외국문학강좌 담임에 추천했으니까 내일부터라도 서양유학 준비를 하라고 하더군요. 실로 어처구니없는 분부였습니다. 그러나 여러 가지 사정도 있고 친지 친구들과도 의논하여 그해 8월까지 기다려달라고 했습니다. (중략) 저는 대정 13년(1924) 8월 고베에서 배를 타고 유럽 유학의 길에 올랐다가 1926년 4월 1일 자로 본 대학교수에 임명되고, 그해 5월 19일에 처음으로 경성의 땅을 밟았습니다.

내가 말했다. "생면부지의 사람에게 2년 안에 학위를 받아오라는 사람이나, 그런다고 교수직을 버리고 영국까지 가서 학위를 받아오는 사람이나 다 똑같습니다. 오싹한데요!" 말하면서 실제로 조금 소름이 돋았다. 우리는 무슨 숨겨진 비밀을 공유한 사람이라도 된 듯한 기분이 들었다.

사토 기요시는 김교수의 연구 주제인 경성제국대학 출신 영문학자 최재서의 스승이었다. 또 그 최재서는 연희대 영문과를 졸업하신 내 선친의 스승이기도 했다. 김교수의 얘기를 들어보니 당시 일본의 영문학계는 굉장했다. 1920년대 영미 지역의 주요 단행본과 최신간 잡지에 실린 논문들에 대해 한 달 간격으로 리뷰가 이뤄지고, 그것이 학계에 공유되고 있었다. 당시 경성제국대학의 영문학만 해도 일본을 거쳐 간접 수입된 것이 아니라 영미 지역의 오리지널 자료들이 시간 차 없이 민낯의 상태로 곧바로 직수입된 것이었다. 그리고 그들은 당대의 학자들과 어깨를 나란히 한다는 자부심으로 공부에 몰입했다. 20세기 중반의 영문학자 최재서와 19세기 조선의 추사가 이렇게 한 자리에서 만날 수도 있구나 하는 생각에 나는 잠시 벅찬 감회에 젖지 않을 수 없었다.

코즈모폴리턴의 지나학 탐구

이곳 옌칭에 와서 놀란 것 중 하나는 20세기 초 일본 학자들이 이룩한 깊고 넓은 학문적 성과였다. 후지쓰카도 그랬지만, 그 밖에 다른 일본 학자들의 저서들은 질과 양 모두에서 나를 압도했다. 조선통신사 유적만 해도 나는 지난 여러 해 동안 몇 차례 답사를 진행했고, 관련 문헌도 꼼꼼히 본다고 챙겨 보았다. 하지만 일본 학자 마쓰다 고(松田甲)가 1930년에 조선총독부에서 펴낸 『일선사화日鮮史話』 5책을 보고는 그만 기가 꽉 질리고 말았다. 80년 전에 쓰인 그의 논문들은 오늘날의 연구자가 도달한 지점보다 훨씬 더 깊고 넓게 시선이 가닿아 있었다. 요즘 일본에서 간행된 통신사 관련 책조차 문제의식의 깊이와 넓이에서 그를 따라가지 못하는 느낌이 들 정도였다.

그들의 문제 접근 방식은 늘 구체적이고 실제적이었다. 그들은 담론보다 팩트를 주로 다루었다. 팩트를 꼼꼼히 찾고 정리해서 보여줄 뿐, 무얼 말하거나 가르치려 들지 않았다. 하고 싶은 이야기는 팩트가 직접 말하게 했다. 오늘날 연구자들은 흔히 팩트는 뒷전이고 담론부터 꺼내든다. 기존에 정리된 팩트를 자신의 힘으로 더 찾거나 새로 들여다보는 일 없이 담론에 편승해 슬쩍 건너가는 일을 논문 쓰는 작업으로 착각하는 경우를 흔히 본다.

팩트에 바탕을 둔 학문은 오래가고, 생산적이다. 담론에 바탕을 둔 학문은 다 그런 것은 아니지만 사상누각이 많다. 담론의 학문은 근사해 보인다. 팩트를 찾고 정리하는 일은 대단히 소모적인 일로 느껴진다. 하지만 팩트의 학문에는 어느 순간 비월(飛越)이 일어난다. 공부는 이 점을 구체적으로 인식하고 자각하는 데서 시작된다. 공부는 밑 빠진 독에 물 붓는 일이다. 남의 것을 훔쳐 눈속임으로 넘어갈 수 없다. 순간적 비월은 누적된 시간의 결과일 뿐 그 자체가 목적이 아니다. 한 땀 한 땀 차곡차곡 누적된 공부라야 어느 단계에서 비약과 초월의 순간과 만난다. 슬쩍슬쩍 말만 바꿔 하는 공부는 한순간에 무너진다.

이곳 옌칭의 방문학자들은 체류 기간중 정해진 순서에 한 차례씩 자신의 발표를 해야 했다. 이들의 발표를 들으면서도 자주 비슷한 느낌을 가졌다. 그들은 흔히 주어진 한 시간 중 근 30분 이상을 아깝게도 자신이 얼마나 폭넓은 이론을 섭렵했는지 설명하는 데 다 썼다. 막상 구체적 내용으로 들어가서는 시간이 부족해 쩔쩔매다가 자기 말은 맺지도 못한 채 서둘러 마무리짓곤 했다. 발표자의 나이가 젊을수록 이런 현상이 뚜렷했다. 공부는 마침내 제 말 하자고 하는 일이다. 남의 말만 많이 알아서는 소용이 없다. 제 말을 하려면 누적되고 축적된 공부가 있어야 한다. 바탕이 튼실해야 한다.

20세기 초 일본 학자들의 저작을 살펴보다가, 어떻게 이들이 이처럼 이른 시기부터 투철한 학문적 훈련을 갖추고 있었을까 하는 점이 의아했다. 이 얘기를 다 하자면 말이 한없이 길어질 듯하니 이 정도로 줄이겠다. 어쨌든 일본 학자들은 보다 더 실천적인 문제, 구체적인 주제를 화두로 들고 탐구했다. 핫토리 우노키치만 해도, 『한비자』나 『묵자』 같은 동양 고전을 관념적 고전이 아니라 살아 숨쉬는 문화인류학의 텍스트로 읽어냈다. 그의 강좌는 중국의 고례(古禮)와 민족생활, 종법(宗法)과 사전(祀典)의 의의, 중국 고대 풍속 등을 주제로 진행되었다. 그는 웨스터마크(Westermarck)의 『인간혼인사人間婚姻史』 같은 저작에 담긴 이론을 적용해서 당시의 수강생들에게 청천벽력의 충격을 안겨주었다.

이에 깊이 이끌린 젊은 학자들이 일제히 합류하면서 그 시너지 효과는 실로 대단했다. 앞서 후지쓰카가 제8고등학교에서 『논어』와 『장자』를 가르칠 때, 축자적 해석에 얽매이지 않는 교수법으로 학생들에게 깊은 인상을 남겼다고 한 것도 모두 이런 학풍과 무관하지 않다. 그때까지 『논어』는 공자님의 말씀으로만 존재했지, 여기서 실생활과 맞닿은 의미를 이끌어내는 독법은 허용되지 않았다. 공자는 관념 속의 성인일 뿐 우리와 같은 인간일 수는 없었던 것이다.

핫토리는 후지쓰카에게 자신이 하버드에 직접 가서 보니 대규모의 한적 구입을 개시해 도서관을 큰 규모로 늘려가고 있더라고 알려주었다. 이러한 해외의 소식을 접한 후지쓰카는 더욱더 중국 서적 구입에 힘을 쏟았다. 당시 하버드 대학이 구입을 개시해 확대해둔 엄청난 서고를 90년 뒤의 한국 학자가 뒤지고 다니면서 그 맥락을 캐고 있는 셈이었다. 이 모든 것이 보이지 않는 인연의 사슬로 이어져 있다는 생각에 작은 전율이 일었다.

동방문화사업과 핫토리 우노키치

핫토리와의 우연은 여기서 끝나지 않았다. 일본 도쿄 대학에서 박사과정 유학중에 이곳 객원 연구원으로 오게 된 노주은씨가 어느 날 공부 얘기 자리에서 내 후지쓰카와 핫토리 얘기를 듣고 다음날 논문 한 편을 건네주었다. 자신이 지금 청강중인 일본학 강좌와 관련해 읽던 논문 중에 후지쓰카에 관한 내용이 있더라는 것이다.

며칠 뒤 그녀 역시 조금 흥분한 상태로 나를 찾아왔다. "선생님! 핫토리는 정말 굉장한 사람이었나봐요. 당시 일본이 주도한 동방문화사업(東方文化事業)이란 것이 있는데, 그가 이 프로젝트를 주도한 인물이었던 것 같아요." 그러면서 내미는 책은 제목이 『동방문화사업의 역사』였다. 동방문화사업은 처음엔 대지문화사업(對支文化事業)으로 불렸다. 지나(支那), 즉 중국에 대한 문화사업 계획을 말하는데, 이것은 뒤에 대동아공영권의 바탕이 되는 작업으로 확장되었다.

얼마 후 노주은씨는 영어로 된 논문 하나를 더 찾아서 내게 건네주었다. 'Guiding Hand: Hattori Unokichi in Beijing'이란 제목으로 된 폴라 해럴(Paula Harrell)이란 미국 학자의 논문이었다. 읽어보니 핫토리의 학문 이력과 맥락을 더 소상하게 알 수 있었다. 그가 핫토리를 코즈모폴리턴이었다고 적은 대목이 인상에 남았다.

예전 경성제국대학의 지나연구회에서 『만주열하의 사적관견』이란 보고서를 펴낸 일이 있었다. 그 보고서의 서문을 연암 박지원이 만주벌에 처음 들어서며 '한바탕 크게 울 만한 곳'이라고 외쳤던, 유명한 「호곡장론好哭場論」으로 마무리지은 것을 보고 깜짝 놀랐었다. 당시 아무도 『열하일기』에 주목하지 않고 있을 때, 그들이 벌써 이 책을 모두 독파하고, 보고서의 서문에 「호곡장론」을 인용함으로써 열하에 대한 보고서의 첫 장을 장식한 점이 인상적이었다.

이 같은 작업의 근간이 된 동방문화사업을 전체적으로 구상하고 조직하고 진행했던 타워가 바로 핫토리 우노키치였다. 일본인들은 남을 집어삼킬 때도 학문적으로 먼저 모든 준비와 파악을 마친 후, 조직이 뒤따라 들어왔다. 그 음흉하고 치밀한 속내를 칭찬하고 싶은 생각은 조금도 없다. 하지만 그 시절에 그런 공부가 가능했다는 점, 그리고 모든 분야에 걸쳐 그런 작업이 동시다발적으로 이뤄질 수 있게 한

• 옌칭도서관에 소장된 핫토리의 여러 저서와 동
방문화사업 관련 책자들.

그들의 학문적 토대만큼은 참 부럽다는 생각을 갖지 않을 수 없었다.

공부의 경우에도 누적된 수많은 인연의 사슬이 이어져 있음을 나
는 이 일을 통해 실감했다. 후지쓰카는 선대 이래의 인연과 스승과의
학연으로 청대 고증학에 관심을 가졌다. 그러다 베이징 가는 길에 잠
깐 스쳐 지난 조선의 왕실도서관과 고서점에서 잊지 못할 인연의 끈
을 집어들었다. 이것이 북경에서 박제가를 만나는 계기를 만들고, 다
시 추사와의 길고 긴 인연으로 이어졌다. 후지쓰카 뒤에는 핫토리를
비롯한 또 한 자락의 복잡하게 얽히고설킨 인연들이 자리잡고 있다.
후지쓰카가 평생을 애태워 수집한 책들은 미군의 폭격으로 잿더미로
변했고, 간신히 살아남은 자료 중 가장 귀한 것 일부가 파괴 당사자였
던 미국 하버드 대학의 옌칭도서관으로 들어오는 과정도 파란만장 그

자체다. 이것이 또 나와 만나 새로운 의미를 만들어낼 수 있다면 이를 어찌 단지 우연이라고만 말할 수 있겠는가?

시절 인연
—추사의 소장인이 찍힌 책과의 해후

선본실에 처음 들어가던 날

　기존 목록 중에서 후지쓰카가 관심을 가졌을 법한 책을 한차례 걸
러내고 나니, 목록만으로 그의 장서를 찾기는 종로에서 김서방 찾기
와 비슷해졌다. 1000만 권이 넘는다는 책 중에서 목록만 보고 무슨
수로 후지쓰카의 책을 찾을 수 있겠는가?

　2012년 9월 26일은 수요일이었다. 점심을 중국 식당차에서 대충
사먹고 바로 선본실로 올라갔다. 담당 사서 왕선생—나는 늘 그녀를
애나라고 불렀다—에게 서고 안으로 한번 들어가게 해달라고 불쑥
부탁했다. 내가 목록을 보고 인터넷으로 신청하면 그녀가 확인하고
서고에 들어가 찾아다주는 방식은 두 사람 모두에게 피곤했다. 나는

나대로 그녀에게 미안하고 눈치가 보여서 마음껏 신청하기가 어려웠다. 바로 전날은 갔더니 그간 찾은 후지쓰카 컬렉션을 따로 담아둔 카트에 책이 하나도 보이지 않았다. 내가 당황해서 여기 있던 책이 어디 갔느냐고 묻자, 규정상 그렇게 오래 따로 둘 수가 없어 모두 원위치에 가져다놓았노라는 실망스런 대답이 돌아왔다. 정리를 하고 목록을 만들어야 하니, 귀찮더라도 당분간은 한자리에 모아둘 수 있게 해달라고 부탁했다.

어제 일이 마음 쓰였는지 그녀가 흔쾌하게 서고 문을 열어주었다. '이곳은 일반 열람자가 절대로 들어올 수 없는 곳이다. 하지만 네 작업의 중요성을 보아 특별히 허락한다.' 철문이 덜컥 열렸다. 철망 쳐진 창문 너머 어둠 속으로 바라만 보던 희귀본의 심해 속으로 마침내 들어섰다. 애나가 이쪽이 한국 고서, 저쪽은 중국, 가운데는 일본, 저쪽 끝은 한국 족보, 다른 쪽은 만주어 사본, 반대편 구석은 그림 등등 하면서 대강의 위치를 알려주고 나갔다. 이 방도 밖에서 열어주기 전에는 못 나간다. 서고 저편의 불을 켜는데 감개가 무량했다.

나는 두 시간 가까이 시간을 잊고 서고의 곳곳을 배회했다. 먼저 한국 고서를 빠르게 일별했다. 책이 워낙 빼곡히 꽂혀 있어서 한눈에 잘 들어오지 않았다. 우선은 어떤 책들이 어떤 방식으로 배열되어 있는지 파악하는 게 먼저였다. 훑어보는 중에도 후지쓰카 장서의 특징들을 떠올리며 느낌이 오는 책은 즉시 뽑아서 살폈다. 언제 이 책을 다 본단 말인가. 나는 잠깐 아득해졌다.

마음이 바쁜 중에도 두어 책의 후지쓰카 장서가 새롭게 더 눈에 띄었다. 그중에 홍길주(洪吉周, 1786~1841)의 『수여방필睡餘放筆』이 포함되어 있었다. 이 책은 여러 해 전 연세대학교 도서관의 유일본 자료를 정말 고생고생 끝에 입수해 제자들과 주말마다 4년간 읽어 『19세기 조선 지식인의 생각 창고』란 책으로 출판했던 인연이 있었다. 이곳에서 후지쓰카의 손때 묻은 이 책과 마주치리라고는 생각지 못했다.

중간중간 찾아낸 책들을 한자리에 모으기 시작했다. 이것들을 가지고 나가 하나하나 펼쳐볼 생각을 하니 신이 났다. 어제 애나가 원래 위치에 되돌려둔 책까지 눈에 띄는 대로 찾았다. 문 닫을 시간이 된 줄도 모르고 있다가, 내일 다시 오라는 얘기를 듣고서야 모아둔 책을 카트에 가득 실어놓고 서고를 나왔다. 새로 찾은 책 몇 종을 보여주자, 그새 또 그렇게 찾았느냐며 놀란다. 나는 으쓱해서 '거봐라!' 하는 표정을 지었다. 앞으로 저 서고 안에서 어떤 책이 얼마나 더 쏟아져나올지 알 수 없었다. 도서관 밖으로 나오니 책 먼지를 많이 마셔서 그랬는지 한동안 속이 메슥거렸다.

추사의 소장인이 또렷이 찍힌 책

연구실로 돌아와서도 좀 전의 여운과 흥분이 좀체 가라앉지 않았다. 머리를 식힐 겸 후지쓰카의 책 『청조문화 동전의 연구』를 뒤적였다. 1975년에 간행된 일본 국서간행회본 524쪽의 부록에 '망한려 수장 완당 구장서 목록(望漢廬收藏阮堂舊藏書目錄)'이란 것이 들어 있었다. 예전 추사가 소장했던 도서 중 후지쓰카 자신이 직접 손에 넣은 책의 목록이었다. 모두 14종의 책이 소개되었는데, 각 책마다 책을 소장하

右パネル（右から左へ）：

「東卿秋史同審定印」「金敬淵印」「覃齋」の二顆は、葉志詵の手刻に係る。

葉志詵より、阮堂へ贈りたるものなり。「平安館」「葉氏戲書副本」「臣志詵印」「翁方綱」の圖記あり。

刪定荀子・管子　四冊

清の方苞の著。「正喜讀本」「秋史」「貫事求是齋」「東海循吏」の圖記あり。大石南山氏「秋史」「貫事求是齋」より贈らる。

逸見汪元室遺稿　十四冊

清の張惠言の著。其の目左の如し。

同易虞氏義九卷　三冊
周易虞氏消息二卷
虞氏易禮二卷虞氏易候一卷　一冊

左パネル（右から左へ）：

藏せしが、加藤氏遂に割愛して、余に贈られ、始めて延津の合を見るに至る。同氏の高誼、永へに忘るゝ能はざるな

秋桃雜記
清の劉履恂の著。「金正喜印」「阮堂」の圖記あり。帖貝房之滙より贈らる。阮堂又劉台拱の劉氏遺書を藏せしも、今其の所在を知らず。

金石存十五卷　四冊
清の吳玉振鬻、閟妙香室校本。「金正喜印」「阮堂」の圖記あり。金九經氏より贈らる。

尙友記四卷　二冊

525

- 『청조문화 동전의 연구』에서 후지쓰카가 추사 구장서를 소장하게 된 경위와 책에 찍힌 장서인에 대해 설명한 부분(일부).

게 된 경위와 책에 찍힌 장서인에 대한 설명이 자랑찼다.

버릇처럼 홀리스 클래식 검색창에 첫번째 책인 『진전잔자秦篆殘字』를 무심코 입력했다. 옹방강(翁方綱)의 제자 섭지선(葉志詵)이 추사에게 선물한 책으로 섭지선의 각종 인장과 '동경추사동심정인(東卿秋史同審定印)'이란 인장이 찍혀 있다는 설명을 확인한 직후였다. 같은 제목의 책이 검색된다. 디지털화 작업을 마쳐 인터넷 링크까지 되어 있었다. 클릭하자 화면이 떴다. 파란색 표지가 나오고 백지가 세 페이지가량 그냥 넘어갔다. 다섯번째 면을 클릭하는 순간 나도 모르게 크게 탄성을 질렀다. 화면이 올라오면서 '척암(惕闇)'이란 김정희의 별호인(別號印)과 함께 좀 전 설명에서 본 '동경추사동심정인'이 또렷이 나타나는 것 아닌가. 섭동경이 추사에게 선물했고, 후지쓰카가 지금은 자기 손에 있노라고 자랑했던 바로 그 책이었다. 내 눈이지만 잘 믿기지 않았다.

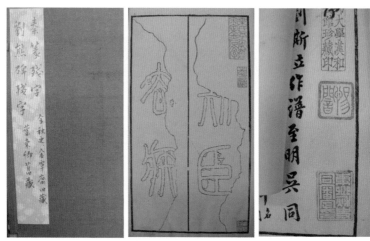

• 『진전잔자』 표지(왼쪽)와 기증에 앞서 책에 찍은 섭지선의 여러 인장(가운데, 오른쪽).

깜짝 놀라서 두번째 책 『유웅비잔자劉熊碑殘字』를 다시 입력했다. 역시 화면 위로 섭지선의 당호인 '평안관(平安館)'과 '섭씨장서부본(葉氏藏書副本)' '신지선인(臣志詵印)'이 페이지를 넘길 때마다 차례로 줄줄이 올라온다. 마지막 면에는 옹방강의 인장까지 또렷했다. 잠시 쉬려던 것이 더 큰 일을 만들고 말았다. 전체 목록 14종 중 최소한 2종의 책이 이곳 옌칭도서관에 소장되어 있다는 사실을 확인했다. 나머지 책들도 거의 빠짐없이 목록에 올라 있었는데, 이들은 인터넷 링크가 되어 있지 않아 실물을 보기 전에는 판단할 수가 없었다.

이게 도대체 웬일인가? 거듭되는 우연과 놀라움의 연속에 문득 후지쓰카가 나를 자꾸만 자신에게로 이끌고 있다는 생각마저 들었다. 1809년 24세의 조선 청년 김추사가 북경에 가서 당대 최고의 학자들과 교유했다. 이후 그들은 날인한 자신의 저작을 다투어 조선으로 보냈다. 추사와 중국 학자들의 교류를 그로부터 100년쯤 뒤에 한 일본인 학자가 연구하여 세상에 밝혔다. 후지쓰카의 귀국 후 사망과 함께 이 이야기는 그렇게 또 잊혔다. 그 아들은 일본의 패전 이후 극심한 경제적 궁핍으로 먹고살 길이 없게 되자, 눈물을 머금고 아버지의 소장서 중 가장 값나가는 것들을 골라 팔았다. 그 책의 상당수가 이곳으로 들어왔다. 그로부터 60년이 지나서 내가 미국의 도서관에서 다시 그 책과 만났다. 한중일미가 다 얽힌 대하드라마가 따로 없었다. 결국 14종의 책을 목록에

• 『유웅비잔자』에 찍힌 섭지선의 인장. 위쪽의 '평안관(平安館)'은 섭지선의 당호로 수많은 조선 사행들과의 만남이 이뤄진 현장이었다. 아래쪽은 '섭씨장서부본(葉氏藏書副本)'이다.

서 확인하고 인터넷으로 대출을 신청하는 등의 일로 그날의 나머지 시간을 다 썼다. 집에 돌아와서는 녹초가 되어 바로 쓰러져 잤다.

이튿날인 9월 27일 오후에 다시 선본실 서고로 들어갔다. 뭐든 처음 시작이 어렵지 두번째부터는 일상이 된다. 어제 검색해두고 인터넷 화면으로만 보았던 추사 구장본 두 책과 망한려용전에 옮겨 적은 중국 문집 『오운고략烏雲稾略』을 더 찾았다. 점심에 열린 연구소 행사 때문에 시간이 부족했으므로 급한 대로 살펴보기만 하고 카트 두 대에 찾은 책을 잔뜩 실어놓은 채 일단 철수했다. 앞으로 시간을 두고 찬찬히 오래 들여다볼 작정이었다. 이날까지 나는 30종에 가까운 책

을 찾았다. 이것만으로도 후지쓰카 컬렉션의 주요 자료 일부가 옌칭
도서관에 흘러들어온 정황은 충분히 입증되었다. 이곳에 올 때 후지
쓰카 컬렉션을 찾아야겠다는 막연한 생각을 품긴 했지만, 내가 이토
록 깊이 그에게 발목을 붙들리게 될 줄은 미처 몰랐다. 공부에도 시절
인연이 있다면 그 인연을 따르는 것이 맞다.

헨리 데이비드 소로의 월든 호수

이튿날 9월 28일에는 모처럼 머리를 식힐 겸 아내와 함께 헨리 데
이비드 소로(Henry David Thoreau, 1817~1862)의 『월든Walden』으로 유명해
진 월든 호수를 다녀왔다. 오래전부터 별렀지만 짬을 낼 수가 없었다.
늘 집에만 있는 집식구에게 미안하기도 했고, 개인적으로는 본격적인
작업을 앞둔 숨고르기의 성격도 있었다.

부슬부슬 내리는 가을비 속에 호수에 도착했다. 와보니 집에서 고
작 30분 거리였다. 호수는 맑고도 잔잔했다. 안온한 느낌이었다. 천
천히 호수 둘레를 걸어 소로의 오두막이 있던 터까지 갔다. 표지석이
놓인 빈터 옆에 돌무더기가 잔뜩 쌓여 있었다. 가까이 가서 보니 돌멩
이마다 소로에게 바치는 헌사가 적혀 있었다. 미리 작정하고 준비해
온 것들이었다. 조각을 해서 새긴 것까지 있었다. 이 돌 저 돌 들추며
읽느라 시간이 걸렸다. 표지 팻말 뒤편에 누군가 낙서해둔 'simply
simplify'란 구절에도 눈길을 주었다. 단순한 삶이란 참 쉽지가 않다.

법정 스님이 그토록 닮고 싶어했다는 소로의 『월든』 현장이라 감회

• 단풍 시절의 월든 호수(위)와 오두막 터의 돌무덤(아래). 돌무더기의 돌멩이마다 방문객이 남기고 간 다양한 글이 적혀 있다.

가 남달랐다. 소로는 29세 때인 1845년 7월 4일부터 1847년 9월 6일까지 2년 2개월 남짓 이곳 오두막에 홀로 머물렀다. 그는 이곳에서 철저히 자급자족의 삶을 꾸려나갔다. 연도를 꼽아보니 그가 이곳에서 고립된 생활을 했던 바로 그 기간에 우리의 추사 김정희는 제주도 유배지에서 유폐의 삶을 살며 〈세한도〉를 그리고 있었다. 두 사람의 삶

• 『월든』의 기록에 따라 호수 초입에 재현해둔 소로의 오두막과 소로의 동상.

• 소로의 묘비. 비석에 얹힌 동전이나 바닥에 놓인 솔방울 크기에 견줘보면 실제 크기가 실감난다. 방문 객들이 두고 간 감사 카드도 인상적이다.

• 호손과 올컷의 묘비.

을 이렇게 포개놓고 보니 퍽 가깝게 느껴졌다.

　가을인데도 물이 아직 따뜻한지 수영하는 사람들이 더러 보였다. 책에 나온 설명대로 재현한 소로의 오두막은 발을 뻗으면 발바닥이 벽에 닿을 지경이었다. 오두막 앞쪽에 소로의 입상이 있었다. 그는 허우적허우적 어디론가 걷고 있었다. 김종삼의 「스와니 강이랑 요단 강이랑」의 마지막 구절이 문득 생각났다.

　내친김에 약 3.2킬로미터 떨어진 콩코드에 있는 그의 묘소까지 찾기로 했다. 그의 묘소는 콩코드 읍내에서 1.6킬로미터도 떨어지지 않은 가까운 곳에 있었다. 문을 연 지 100년도 더 된 읍내의 고색창연한 카페에서 간단히 점심을 먹고, 잠깐 들른 근처 상점의 주인에게 묘소의 위치를 상세히 물었다. Sleepy Hollow Cemetery! 1만 기가 넘는 묘비가 즐비한 큰 묘역 중에 다섯번째 작가 묘역의 게이트로 들어섰다. 상점의 우아한 여주인이 친절하게 그려준 종이를 들고 갔기 때문에 큰 고생 하지 않고 찾을 수 있었다. 비석이 정말 소로다웠다. 너비가 딱 한 뼘 크기에 높이는 그보다 낮았다. 비석에는 'HENRY'란 글자만 새겨져 있었다. 전체 묘역에서 가장 유명한 그의 비석이 가장 초라해서 가장 위대했다. 그 옆의 화려한 조각과 갖은 치장으로 호사를 부린 큰 비석들이 이 작은 빗돌 앞에 얼굴을 들 수 없었다.

건너편에는 「큰 바위 얼굴」과 『주홍글씨』의 너대니얼 호손의 가족묘가 좁은 길을 사이에 두고 있고, 그 대각선에 『작은 아씨들』을 쓴 루이자 메이 올컷의 비석이 소박하게 놓여 있었다. 작은 비석 둘레로 참배자들이 하나씩 놓고 간 솔방울과 펜, 그리고 편지 들이 보였다. 조금 더 들어가니 이들의 대부 격인 랠프 월도 에머슨의 묘비도 있었다. 한나절의 나들이가 소복했다.

집에 돌아와 피곤한 잠을 몇십 분 자고, 라면 하나를 끓여 먹은 후 날이 캄캄해진 뒤에 다시 학교로 올라왔다. 빌려 쌓아둔 책을 급한 대로 복사하고, 인터넷으로 신청한 책 세 권을 다운로드하여 갈무리해두었다. 밀린 글을 쓰고 일기를 적은 후 책상을 정리하고 나니 밤 12시가 다 되어 있었다.

다음날인 9월 29일은 토요일인데다 추석이었다. 종일 추적추적 가을비가 내렸다. 연구실에서 그저께 하다 만 후지쓰카의 추사 구장서 목록 검색을 천천히 다시 했다. 『금석존金石存』 15권 4책과, 『추사잡기秋槎雜記』 1책 등 2종을 추가로 더 찾아냈다. 둘 다 인터넷 검색으로 확인되는 책이었다. 컴퓨터 화면에 추사 김정희의 인장이 떠오를 때마다 짜릿했다. 이 두 책은 먼저 찾은 『진전잔자』 『유웅비잔자』와 달

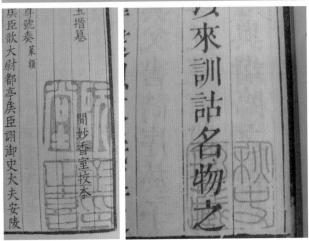

• 『금석존』 표지(위)와 『금석존』과 『추사잡기』에 찍힌 추사의 소장인(아래). '추사진장(秋史珍藏)', 추사가
보배로이 간직했던 책이다.

리 선본실이 아닌 일반 보존서고에 소장되어 있어서 관외 대출까지 가능했다. 나는 일단 대출 신청을 해놓고 책이 내 손에 들어올 월요일 오후를 기다렸다.

한자리에 모으다

막상 카트 두 개에 얹힌 책이 서고 안에 있었지만, 월요일인 10월 1일 부터는 다른 일이 나를 기다리고 있었다. 후지쓰카의 책이 옌칭도서 관에 들어오게 된 경위를 알아보려고 신청했던 추카이밍(裘開明) 아카 이브 열람 신청이 마침내 받아들여져, 월요일에 그 첫 박스가 도착했 기 때문이다. 아카이브 박스 안에는 1950년대 옌칭도서관의 책 구입 관련 서류와 목록, 당시에 한중일의 서점들과 오간 서신 등이 빼곡히 들어 있었다. 이 아카이브 열람기는 별도의 글로 따로 한번 쓰겠다.

이날 늦게 도저히 궁금증을 참을 수 없어서 지난 목요일에 찾아두 기만 하고 보지 못한 『진전잔자』와 『유웅비잔자』의 원본을 꺼내 보았 다. 실인(實印)이 찍힌 실물을 보니 참 감격스러웠다. 후미코 선생에게 그 내용을 설명해드리자 원더풀, 그레이트를 연호했다. 나도 몰래 손 으로 책을 자꾸 쓰다듬었다. 나올 때 확인하니 아래층에는 보존 서고 에 있던 『금석존』과 『추사잡기』가 도착해 있었다. 『금석존』은 도서관 안에서만 볼 수 있었고, 『추사잡기』는 관외 대출이 되는 책이었다. 추 사의 소장인이 또렷이 찍힌 귀한 책이 이곳에서 이런 대접을 받고 있 을 줄은 차마 몰랐다. 서고 안에 쌓아둔 다른 책을 당장 보지 못하는

것이 답답했지만, 여기서 한 단계 더 나아가려면 아카이브 박스 확인
이 선행되어야 했으므로 조금 참았다.

사흘간 아카이브 첫번째 박스를 살피고, 목요일인 10월 4일에는
아카이브 두번째 박스를 보러 갔다. 박스가 아직 도착하지 않았다. 핑
계 김에 두 개의 카트에 담아둔 후지쓰카 컬렉션을 선본실로 옮겨와
서 분류 작업을 본격적으로 시작했다. 아래층 데스크에서 주초에 대
출한 『금석존』과 『추사잡기』도 일부러 들고 올라왔다.

먼저 후지쓰카가 소장했던 추사 구장서 네 권을 한자리에 모았다.
네 책을 나란히 놓고 사진을 찍는데 무쌍한 감회가 밀려온다. 저들도
후지쓰카의 서재를 떠난 이후 60여 년 만에 다시 만난 셈이다. 책을
겹쳐놓으니 그간 잘 있었느냐고 반가워 서로 어깨를 토닥이는 듯했
다. 이제 네 책이 다시 원래의 자리로 돌아가면 언제 다시 한자리에서
만날 것인가 생각하니 처연한 느낌마저 들었다.

지난 2월 옌칭 발표 때 추사의 소장인이 찍힌 네 책을 보여주자 좌
중에서 탄성이 일었다. 이중 2책이 일반 대출서로 분류되어 관외 대
출까지 된다는 사실을 얘기하자 이번에는 탄식이 일었다. 발표가 끝
난 후 청 관장은 이 책들의 목록과 번호뿐 아니라 다른 책들 중에 선
본실에 보관할 가치가 있는 책은 알려주면 바로 옮겨놓겠다고 약속했
다. 나는 아직 이 책을 내 집 책상 위에 고이 모셔두고 있다. 한번씩
책을 펼쳐 손바닥으로 책장을 어루만질 때마다 드는 묘한 교감이 좋
다. 이 책들은 선본실로 옮기는 것이 맞다.

그동안 모아둔 책 중 표지 제첨이 같은 것끼리 모아보았다. 붉은빛
바탕에 점무늬가 있는 종이에 후지쓰카가 직접 표제를 쓴 책이 10종

• 「진전잔자」, 「유웅비잔자」, 「추사잡기」, 「금석존」 등 추사 구장서 4종이 다시 한자리에 모인 모습(위)과 이들 책에 찍힌 추사와 청대 문인의 각종 장서인(아래).

남짓 되고, 노란 종이에 표제를 단 책이 또 그 정도 된다. 책상 위에 욕심 사납게 쌓아놓고 사진을 찍었다. 위에서 찍고 옆에서도 찍었다. 아주 장관이었다. 한자리에 모아놓고 보니 그 특징이 확연해서 의심

• 표지 모양에 따라 함께 찍은 사진(위, 가운데)과 책등 사진(아래).
다른 고서와 달리 후지쓰카만의 특이한 취향이 있다. 2012년 10
월 초의 사진으로, 그후 나는 20여 종의 책을 더 찾았다.

의 여지가 없었다.

책발에 책 제목을 적어둔 것도 거의 같았다. 책발의 글씨, 전문 용어로 서근제(書根題)는 처음엔 고무도장에 새겨 찍은 것인 줄 알았다. 자세히 들여다보니 놀랍게도 붓으로 쓴 것이었다. 후지쓰카 컬렉션이 아닌 책에도 이 글씨가 간혹 보이는 것으로 보아, 아마 당시 일본의 고서적을 다루던 서점이나 제본소에 이 글씨만 전문적으로 쓰는 사람이 있었던 듯했다.

나머지 더 확인이 필요한 긴가민가 싶은 책들은 따로 다른 카트에 모아두었다. 이것들도 차근차근 살펴서 분류를 확정지어야 한다. 한 카트에 모아둔 확정적인 책들만 28종이다. 여기에 바깥에서 가져간 2종을 더하고, 미처 찾지 못해 아직 카트에 담지 못한 『철교전집』등을 포함시키면 그때까지 찾은 책이 35종가량 되지 싶었다.

이날은 7시쯤 일찍 집에 돌아왔다. 저녁을 먹고 나서 책을 조금 보다가 너무 힘이 들어 잠깐 잤다. 11시 30분쯤 다시 일어나 복사해온 후지쓰카의 다른 저서 『논어총설論語叢說』을 한 장 한 장 풀칠해서 제본했다. 연구실에서 촬영한 추사 진장인(珍藏印)이 찍혀 있는 『추사잡기』도 책으로 만들었다. 청대 유이순(劉履恂)이 쓴 책의 제본을 마치고 원본을 펼쳐 읽어보았다. 서문에서 당시 고증학의 폐단을 지적한 부분은 아주 흥미로웠다. 책은 고증학적 방법에 따라 옛 경전 중에 난해한 구절들을 풀이한 내용이다. 뒤쪽 시집에 수록된 「꿈에 광려산 꼭대기에 올라夢陟匡廬巓」란 시를 읽자니 왈칵 슬픔이 몰려온다.

산꼭대기 별과 달 하도 크길래   山頂星月大

• 책을 옆으로 쌓아둔 모습(왼쪽)과 서근제(오른쪽). 얼핏 보면 활자 같은데 자세히 보면 붓으로 쓴 글씨다.

구름 위에 있다는 걸 문득 알았지.　　　　　臆知雲在下

높고 환해 먼 데 소리 불러들이고　　　　　高曠招遠音

솔바람 사방 들판 일어난다네.　　　　　　松風諛四野

오는 길에 안개 넝쿨 털어내는데　　　　　歸路拂烟蘿

맑은 빛 못 그림자에 쏟아지누나.　　　　　清光潭影瀉

아득하기 신선 되어 허공 걷는 듯　　　　　飄忽若仙步

정신으로 살피니 어둠 괜찮네.　　　　　　神眈昧宜櫼

잠을 깨어 일어나 서성이자니　　　　　　覺來起裴裵

빈 창에 등불 빛만 가물대누나.　　　　　　虛窗滉燈灺

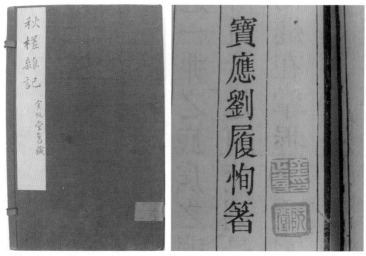

• 후지쓰카 친필의 『추사잡기』 표지(왼쪽)와 『추사잡기』 첫 면에 찍힌 김정희인과 완당인(오른쪽).

그는 뜻 같지 않은 세상이 꽤나 답답했던 모양이다. 일생을 경전 고증에 파묻혀 제대로 된 벼슬 하나 얻지 못했다. 그러던 어느 날 밤 선계인 광려산을 노니는 꿈에서 깨어난 후 이 시를 썼다. 잠시 전만 해도 허공을 너울너울 걷는 신선이었는데, 그 황홀하던 광경은 불현듯 사라지고 빈방에 등불만 가물거린다고 한 마지막 행이 긴 여운을 남긴다.

추사가 150여 년 전 들춰 읽던 손때 묻은 바로 그 책을 오늘은 내가 읽는다. 추사와 나 사이에는 무슨 교감이 있을까? 추사는 이 책을 읽으며 그때 어떤 생각을 했고, 나는 이 책을 읽으며 오늘 무슨 생각을 하는가? 나는 이 책을 쓴 청나라 때 가난한 선비 유이순을 생각하고, 그의 생각을 생각하고, 잠에서 깨어 멍한 표정으로 좀 전의 황홀한 꿈을 떠올리던 그의 내면 풍경을 생각했다. 그리고 추사가 이 책을 들추며 무슨 생각을 했을지를 생각했다.

제
10
화

작은 의문에서 뻗은 생각
─조선사편수회의 스탬프

책 속 메모와의 대화

이따금 고서의 포갑을 열면 그 안에서 근래 누군가가 쓴 메모를 보게 되는 수가 있었다. 하루는 선본실 서고에서 두툼한 포갑에 싸인 운경(惲敬, 1757~1817)의 『대운산방문고초집大雲山房文稾初集』 8책이 눈에 들어왔다. "작년에는 『만학晩學』과 『대운大雲』을 부쳐오고, 올해는 또 『우경문편藕耕文編』을 부쳐왔구나"로 시작되는 추사의 「세한도제발歲寒圖題跋」에 나오는 『대운』이 바로 이 책이다. 추사로 하여금 〈세한도〉를 그리지 않을 수 없게 만든 계기가 된 책 중 하나였다. 그렇다면 후지쓰카의 손을 타지 않았을 리 없다. 책을 뽑아보았다. 그러면 그렇지! 노란색 제첨지 위 후지쓰카의 글씨가 왈칵 반갑다. 제목 아래 '유

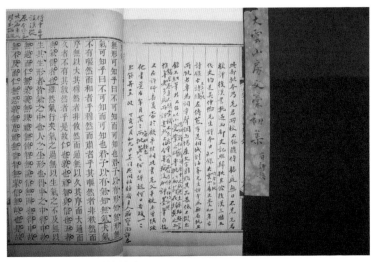

• 『대운산방문고초집』의 표지와 첫 면.

평어(有評語)'란 세 글자가 적혀 있다. 일반 문집과 달리 평어가 적혀
있는 특별한 문집이란 의미다. 후지쓰카는 이 책을 특별히 아꼈던 모
양이다. 제본을 새로 하면서 매 장마다 중간에 흰 종이를 덧대 배접한
것만 봐도 알 수 있었다.

열람실로 들어와 포갑을 열자 첫 권 앞면에 메모지가 한 장 꽂혀
있었다. 어지럽게 휘갈겨 쓴 글씨였다. 이전의 고서 담당 사서가 이
책의 서지에 대해 쓴 쪽지였다. 한참 살펴보니 내용이 이랬다.

① 이 책은 간행 시기가 상당히 늦다.
② 초집(初集) 4권만 남아 있고, 2집 4권은 빠졌다. 운경은 이것 말고
도 『대운산방언사大雲山房言事』 2권과 『대운산방문고외론大雲山房文橐

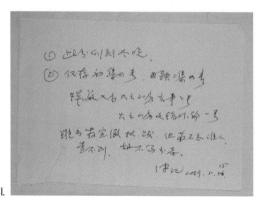

• 선진의 메모지.

外論』1권이 더 있다. 비록 장보징(蔣寶徵)의 비평과 발문이 있으나, 장
보징이 누구인지 몰라 아직 살피지 못했으므로 서지사항에는 적지 않
는다.

　　진 적음(津記) 2009. 5. 15.

　진(津)이라면 나는 그가 누구인지 알 것 같았다. 그는 몇 해 전까지
이곳 옌칭도서관 선본실의 주임이었던 선진(沈津)이 분명했다. 휘갈기
듯 써놓은 메모지를 한참 보고 있자니 묘한 감개가 일었다. 몇 해 전
나는 그가 저술한 근 600쪽에 달하는 『옹방강연보翁方綱年譜』를 베이
징 유리창 서점가에 들렀을 때 산 적이 있다.

　또 바로 한 달 전 서가를 배회하다 그가 쓴 『노두어독서수필老蠹魚
讀書隨筆』이란 재미난 책을 만나 즐겁게 읽었던 기억이 생생했다. 노
두어는 책벌레란 뜻이다. 이 책 속에는 책 출간 당시 그가 근무중이었
던 하버드 옌칭도서관에 관한 이야기가 많았고, 뜻밖에 내가 지금 진
행하고 있는 작업에 도움이 될 만한 내용도 적지 않았다. 하버드 옌칭

• 선진의 『노두어독서수필』 표지.

도서관에 소장된 조선 고서 선본(善本)에 관한 글도 있었다. 하지만 이 글만큼은 설명이 깊이가 없고 알맹이도 없어서, 역시 전문 영역이란 것이 중요하구나 싶었다. 이 책에는 또 조선 사신들이 단골로 드나들었던 북경 유리창 거리의 오류거(五柳居) 서점 주인 도정상(陶正祥)에 관한 글 한 편이 들어 있어 한동안 나를 들뜨게 했다.

선진은 추사의 스승이었던 옹방강의 생애를 평생 추적해온 사람이었다. 그의 노작 『옹방강제발수찰집록翁方綱題跋手札集錄』도 빌려 보았다. 자료 조사의 방대함에 질리는 한편으로, 그가 한국에 남은 옹방강 관련 자료를 보았더라면 수록 자료의 양을 훨씬 더 늘릴 수 있었을 텐데 하는 아쉬움이 남았다. 선진은 현재 중국 고서 방면에서 최고의 권위를 인정받는 문헌학자다. 몇 해 전 이곳을 퇴직하고 중국으로 돌아갔다. 그의 고서 관련 전문 저서만 이곳 도서관에 10여 책이 소장되어 있다. 책으로만 만나보던 그를 후지쓰카가 소장했던 『대운산방문고초집』 속의 메모를 통해 다시 만났다.

다만 애석하게도 그는 이 책이 후지쓰카의 것이었던 줄은 전혀 알지 못했다. 이후 다른 책에서도 그의 메모를 종종 만났다. 메모를 통해 본 그의 관심사는 오로지 책이 간행된 시점을 기준으로 그 책을 선본실에 둘 것인지 일반 보존서고로 내려보낼 것인지를 판단하는 데 한정되어 있는 듯했다. 같은 책을 보더라도 들여다보는 지점에 따라 결과가 판이하다는 사실을 새삼 느꼈다. 앞서 본 추사의 소장인이 찍힌 책들도 그의 기준에 의해 일반 서고로 내려갔을 것이다.

추사의 말버릇

어쨌거나 나는 새로 찾은 『대운산방문고초집』 때문에 운경이란 인물에 대해 더 조사하지 않을 수 없었다. 홀리스 클래식 검색 결과 옌칭도서관에 그의 저서가 26종이나 있는 것으로 나왔다. 선진이 메모에서 말한 운경의 다른 책도 모두 갖추어져 있었다. 그중 몇 책을 다시 빌려내고, 그의 대표적인 문장만 가려 뽑은 『운경문惲敬文』이라는 표제의 얇은 책은 전권을 따로 복사해두었다.

그러고 나니 이상적(李尙迪)을 통해 제주도 유배지에서 이 책을 받아 보았던 추사가 운경에 대해 어찌 생각했을지가 궁금해졌다. 한국고전번역원 DB에 접속해서 운경의 이름을 검색했다. 이상적의 연보 중 1843년 3월에 중국에서 돌아온 그가 북경에서 구해온 계복(桂馥)의 『만학집晚學集』 8권과 운경의 『대운산방문고』 6권 2책을 제주도로 보내주었다는 내용이 나왔다. 또 추사가 이재(彝齋) 권돈인(權敦仁)에게 보낸 편지 중 제33신에 이런 내용이 실려 있었다.

『대운고大雲槁』를 서재에 거두어두고 계시다더군요. 한번 살펴보았더니 구양수(歐陽脩)와 증공(曾鞏)을 이은 정파(正派)로 근래의 거벽이라 일컬을 만했습니다. 의론이 종횡무진하여 혹 소동파의 규모와 비슷하나 대단히 엄정해서 왕안석(王安石)에게 부끄럽지 않습니다. 제멋대로 굴거나 허튼 구석이 한 군데도 없어, 위로 곧장 방포(方苞)와 유대괴(劉大櫆)를 덮을 듯이 하였지만 갑작스레 뛰어넘을 수는 없었습니다. 다만 그 기백이 조금 커서 요내(姚鼐)의 담백하고 우아한 지점에 이르러서는 끝내 한 수가 부족합니다. 하지만 원매(袁枚)나 왕기손(王芑孫) 같은 사람은 마땅히 물러나 피해야 할 것입니다. 그의 인품은 지극히 고상하고 굳세어 말을 가려서 하니, 반드시 후대에 본보기가 될 만합니다. 비지(碑志)는 읽을 만한 점이 있고, 아첨하는 말이 없습니다. 우리나라 사람의 안목으로는 미칠 수 없는 바이지요. 우리나라 사람들처럼 주절주절 늘어놓기만 하는 젖비린내나 고린내 나는 얘기 같은 것은 하나도 남겨둔 것이 없으니 이것을 가지고 법도로 삼을 만합니다. 초집과 2집 외에 또 외집이 있다는데, 서재에 만약 다 갖추고 계시거든 잠시 뽑아서 보여주시기를 삼가 바랍니다.

이상적에게서 운경의 초집을 받아 본 후 전집이 권돈인의 집에 있다는 소리를 듣고 다른 것까지 읽어보고 싶어 책을 빌려달라며 쓴 편지다. 우리 것이라면 덮어놓고 비하하는 추사 특유의 말버릇은 글 속에서 여전하다. 어쨌거나 추사가 읽었던 책이니까 후지쓰카도 구해서 읽었고, 그 책이 다시 여기에 꽂혀 있다.

앞서 포갑에 쓴 제첨에 평어가 있다는 후지쓰카의 부기(附記)가 있었다. 안쪽 선진의 쪽지 내용 중에도 장보징이란 사람의 비평과 발문

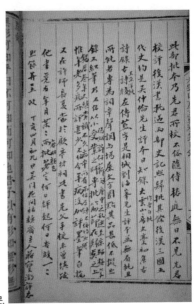

• 『대운산방문고초집』 장보징의 발문.

이 있지만 누군지 몰라 서지사항에 포함하지 않는다는 내용이 보였
다. 표지를 넘기니 과연 장보징이 쓴 친필의 발문이 적혀 있다. 그는
오문(吳門) 화간(花間) 사람으로 보독재주인(補讀齋主人)이란 별호를 썼
던 인물이다. 1887년 4월 9일에 쓴 글이었다. 그 글을 읽어보니, 이
책은 자신의 아버지가 아껴 교정보던 책이고, 그 이전에 동성(桐城)의
유해봉(劉海峯) 선생이 평한 것이 있었지만 문장 훈련에 지침이 될 만
한 구절에 권점(圈點)이나 쳐둔 것에 불과한 수준 낮은 것이어서 무시
했다는 내용 등이 적혀 있었다. 같은 책이라도 이런 평어가 친필로 남
은 것과 그렇지 않은 것의 가치는 차이가 확연하다. 후지쓰카는 이런
책만 사냥해서 손에 넣고 즐거워했다.

어쨌거나 책 안에서 나온 메모 한 장이 나를 다시 아주 먼 데까지 이끌고 갔다. 당대 청조 학계에 대한 추사의 정보력은 막강한 것이었다. 이해의 심도 또한 젊은 시절부터 청조의 고증학을 추적해오던 후지쓰카가 보기에도 감복할 만했다. 그가 추사에게 점점 이끌려들어간 것은 운경의 『대운산방문고초집』에 대한 추사의 평가 같은 글을 통해서였을 것이다.

『해객시초』 뒷면의 스탬프

같은 날 선본실에서 찾은 다른 책 『해객시초海客詩鈔』는 상하 2책의 필사본이었다. 추사의 추종 그룹이자 이상적의 제자들인 이용숙(李容肅, 1818~?), 강해수(姜海壽, 1824~?), 김병선(金秉善, 1830~?), 김석준(金奭準, 1831~1915), 변원규(卞元圭, ?~?), 최성학(崔性學, 1842~?) 등 역관 6인의 시를 가려 뽑아 최성학이 편집한 것을 필사한 책이었다. 중간중간 주점(朱點)과 주권(朱圈)이 쳐 있고, 상단과 한 사람 한 사람의 시선(詩選)이 끝나는 지점에 시평이 적혀 있었다. 또 각 권 끝에 청나라 동문환(董文渙, 1833~1877)이 1871년에 쓴 글이 별도의 종이에 씌어 덧붙어 있었다. 동문환의 발문 끝에 원본에 찍힌 '연초문존(研樵文存)'이란 인장을 붉은색으로 모방해서 그려넣었다. 앞쪽의 주점, 주권과 시평도 동문환의 것이다. 여섯 사람 중 이용숙이 1871년에 동문환을 만나 평을 부탁했고, 동문환의 친필과 인장이 찍힌 원본을 누군가 그대로 필사한 책이었다.

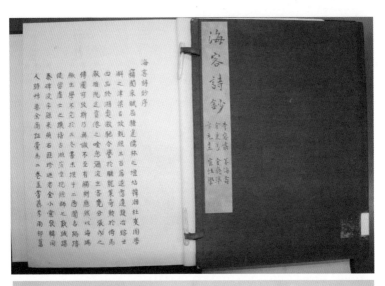

海容詩鈔序

竊聞宋賦品藻是儒林之壇坫韓栩印發困學
辭之津梁日放乾綱三百篇逆溯邊龍治隘世
四品絡湖裏故馳合譽於雕龍衆奇歇於倚馬
散唯施之賣儕之一噫忘漏浚主吾竟分廛六
得閻可妆斯匠無做不至有關則愿然以海陽
徽生學不完於三春書末撰乎二西間占陶璞
徒留塵士洑延續者金小堂泉靜錦
泰碑浚字䟽未帶石匿珍誓為二卷孟賫襄寄兩卸篇
人詩件要余兩扛賣為

月隱長廊寂已遲，夜聲裛裛淺思遲年肥慶雞
憑鑒依樣遺多夢見時
北窗無書恨後窗千中破鏡歲時圓狀未一種相
思茲羞然湖千丹帝逢
逡李首霄三永攣家癸次州
臨樽別淡隔蕭知歡息騷壇故蒨稀一路青山狀
欲慕念君盤谷序中娜
意在舉擬體燕而颭睞之疾未能
化去詩家而謂不著一字僅得風流

者賴會心人參上乘禪句徒飾晉卻
而也仙屏栳注

典權詩境冲淡詞句動人盖由腸胃無滓形神益清故
六合内奇兆異快九閤手心目者清思一罅皆落文字
綢中營張喪公軒曲江詩鴞如程緙繢素練離倉邊愜
賣濟時用余扵典權詩亦云也
時同治辛未小陽洪洞董文渙識

• 「해객시초」의 표지와 서문(위), 동문환의 평어와 인장(아래).

• 『한객시존』 표지와 동문환의 사진. 이 사진은 중국 최초의 사진사 양방(楊昉, 1830~1894)이 1872년에
  찍은 것이다.

동문환은 이상적의 『해린척소海鄰尺素』에 편지가 실려 있을 정도로
조선 문인들과 광범위하게 교유했던 인물이다. 그는 당시 방대한 분
량의 한중 교유 시문을 편집해서 책자로 엮을 구상을 하고 있던 참이
었다. 그의 자료는 후손들이 소중하게 보관해오다가 1996년에 『한객
시존韓客詩存』이란 이름으로 출간되었다. 이 책의 앞부분에도 『해객
시초』 전문이 수록되어 있다.

한편 필사본의 마지막 면에 '昭和 八年七月 ○○○所藏本ヨリ謄寫ス'라
는 스탬프가 찍혔는데, 소장자의 이름란은 비어 있었다. 쇼와 8년, 즉
1933년 7월에 일본인이 베껴 쓴 것이다. 이 문헌은 국내 소장본이 따
로 발견되지 않고, 당시 베껴 쓴 원본의 소재도 알 수가 없다. 중국의
동문환 후손가에 전해온 것과 이 사본이 남은 셈이다. 김석준은 추사

에 경도되어 그의 문집을 펴내기도 했던 추종자였다. 최성학도 『척독신편』을 비롯하여 여러 책에 이름이 올라 있고, 옌칭도서관에 이들의 책도 몇 종 들어와 있다. 문집 『운향산방집芸香山房集』이 따로 있다고 했는데 전하지 않는다.

마지막 면의 스탬프는 누가 찍은 것일까? 이 또한 후지쓰카가 누군가를 시켜 필사한 걸까?

• 『해객시초』의 스탬프.

그렇다면 어째서 비슷한 다른 필사에는 이 스탬프가 찍혀 있지 않은가? 이 의문은 이때 서울에 부탁해서 받은 자료 하나로 인해 전혀 엉뚱한 쪽에서 풀렸다. 이번 걸음에 사실 내가 가장 중점을 두어 몰입하려 했던 작업은 연암 박지원이었다. 단국대 연민문고에 들어 있는 그의 각종 문집 이본들을 복사해서 잔뜩 짊어지고 왔다. 들고 온 나머지 책도 연암과 관련된 것이 대부분이었다. 특별히 여러 이본에 나오는 개작 과정을 꼼꼼히 추적할 작정이었다.

그중 전부터 내 흥미를 끈 글이 연암의 「능양시집서菱陽詩集序」였다. 까마귀의 날갯빛을 논한 흥미로운 내용을 담은 연암의 대표작 중 하나다. 집안 조카인 박종선에게 준 이 글은 사실 연암이 다른 사람을 위해 썼던 것을 재활용한 글이었다. 애초에 이 글은 이서구의 사촌동생 이정구(李鼎九)의 시집에 써준 서문이었고, 당초의 제목은 「선서재

시집서鮮書齋詩集序」였다. 원래 글이 단국대 연민문고 소장 연암 친필 필사 초고에 남아 있었다. 연암 같은 대가가 어째서 예전에 다른 사람에게 써준 글을 재활용했을까? 처음 글을 써준 이정구가 28세의 나이로 한강에 뛰어들어 자살로 생을 마감했기 때문이다.

박제가, 이덕무, 유득공 등과 함께 펴낸 『한객건연집韓客巾衍集』의 이서구 시집을 보면 온통 사촌동생 이정구에게 준 글뿐이다. 이덕무도 이정구의 시집에 서문을 써준 적이 있다. 하지만 이것도 나중에 이덕무의 문집에서 삭제되었다. 자살한 사람의 기록은 이렇게 삭제되어야 했을까? 그 점도 궁금했다. 계명대 김윤조 교수가 오랜 세월 애를 써서 펴낸 『강산전서薑山全書』의 해제를 보니 이서구가 이정구 사후에 그의 제문과 만사(輓詞)를 따로 모은 『제만祭輓』이란 필사본이 서울대 규장각에 소장되어 있다는 내용이 있었다. 서울대 국문과 박사과정에 다니는 제자 정생화에게 메일을 보내 이 자료를 복사해 미국으로 부쳐달라고 부탁했다.

얼마 후 복사물이 도착했다. 이정구는 어려서 고아가 되었다. 그는 사촌인 이서구의 집에서 함께 자랐다. 그는 늘 슬펐다. 시에도 깊은 슬픔이 뚝뚝 묻어났다. 그의 슬픔은 전염성이 강해 주변에서 걱정들이 많았다. 그는 구슬처럼 빛나는 시로 연암 그룹의 사랑을 한몸에 받았다. 그는 슬픔 속에서 보석처럼 반짝반짝 빛났다. 그런 그에게 비극적인 일이 일어났다. 그의 어머니가 핏덩이인 아들만 남겨놓고 병으로 세상을 뜨면서, 아들이 다 크거든 주라며 유언장을 남겼다. 그 유언장을 그가 뒤늦게 보게 된 것이다. 그는 자신이 핏덩이일 때 어머니가 자신에게 남긴 유언장을 보고 실성한 사람처럼 식음을 전폐한 채

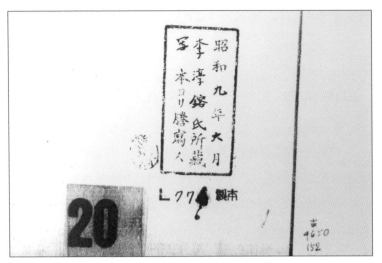

• 『제만』에 찍힌 스탬프.

어머니를 부르며 여러 날을 호곡했다. 그리고 며칠 뒤 한강에 투신하
여 싸늘한 시신으로 발견되었다.

　이『제만』이란 책에는 그의 슬픈 사연과 그를 잃은 사람들의 상실
감이 각종 제문과 만시로 적혀 있었다. 이서구도 이 책을 자신의 문집
속에 수록하지는 않았다. 다만 너무 가슴이 아파서 그를 그저 떠나보
낼 수가 없었던 것이다. 나도 한 며칠 그 글의 슬픔에 감염되어 우울
했다.

　그런데 전혀 뜻밖에 서울서 보내온 이 복사물의 마지막 장에 얼마
전『해객시초』에서 본 것과 똑같은 스탬프가 선명하게 찍혀 있었다.
이번에는 소장자란에 이순용(李淳鎔)이란 이름이 적혀 있었다. 이런
일은 그동안 한두 번 일어난 것이 아니어서 이제는 별로 놀라지도 않
았다. 그렇다면 이 책『제만』과『해객시초』는 같은 사람이 다른 소장

자에게 빌려서 베낀 책이라는 얘기다. 그게 누굴까? 그게 누굴까?

또다른 실마리

　그 해답은 전혀 엉뚱한 곳에서 다시 풀렸다. 지난번 소개한 적이 있던 왕용보의 『술학』 판식에 필사된 후지쓰카의 책 5종 중에 『연항시독燕杭詩牘』과 『진신적독搢紳赤牘』이 포함되어 있었다. 두 책 모두에 홍대용이 중국 선비들과 주고받은 시문이 실려 있었기 때문에, 그 교유의 자취를 꼼꼼히 살피려면 이 책들에 대한 검토가 선행되어야만 했다.

　출국할 때 짐 속에 천금매란 젊은 연구자가 연세대 허경진 교수와 함께 쓴 「홍대용 집안에서 편집한 연항시독」이란 논문 별쇄를 넣어 가져왔다. 짐 정리 도중 이 논문이 나왔다. 『연항시독』에 대해 어떻게 설명하고 있는지 궁금해 밑줄을 쳐가며 꼼꼼히 읽었다. 천금매는 한중 지식인의 교류가 담긴 각종 서간첩을 발굴 조사해서 일련의 논문을 발표해온 성실한 연구자다. 이 논문은 그녀가 지도교수인 허경진 교수를 통해 하버드 옌칭의 『연항시독』 사본을 건네받아 쓴 것이었다. 허경진 교수는 2003년 옌칭도서관의 한국 고서를 조사해서 해제한 『하버드 대학 옌칭 도서관의 한국고서들』이란 책을 간행한 일이 있다. 허경진 교수 또한 당시에는 망한려가 후지쓰카인 줄 미처 몰랐다. 논문을 쓴 천금매도 왕용보의 판식에 찍힌 망한려의 실체를 전혀 몰랐다. 그녀는 책 전체 내용을 꼼꼼히 분석한 후, 논문 제목처럼 이 책이 틀림없이 홍대용의 후손이 편집한 것이라고 결론지었다. 망한려가 후지쓰카인 줄만 알았더라면 생각의 방향이 바뀌었을 텐데, 읽는 내내 내가 더 안타까웠다.

그런데 논문 중에 흥미로운 내용이 있었다. 『연항시독』과 똑같은 사본이 서울대 규장각에 2종이 더 있다는 것이었다. 뿐만 아니라 이 2종의 책에 위 두 책과 똑같은 스탬프가 찍혀 있다는 것 아닌가. A본과 B본 2종이 있는데 B본에 '昭和八年四月 藤田亮策氏所藏寫本ヨリ謄寫ス'라고 찍혀 있다는 설명이었다. A본에는 같은 스탬프에 쇼와 7년 3월이란 필사 시기만 적혀 있다고 했다.

이 스탬프의 빈칸에 적힌 이름은 후지타 료사쿠(藤田亮策, 1892~1960)였다. 1933년 4월에 필사한 책으로, 옌칭도서관의 후지쓰카 장서인 『해객시초』보다 불과 석 달 앞서 필사된 것이었다. 후지타 료사쿠는 1923년 3월 조선총독부 고적조사위원 위촉을 받아 조선 땅에 첫발을 디뎠다. 그는 도쿄제국대학 국사학과를 졸업한 엘리트였다. 1925년에 조선사편수회가 발족되면서 수사관(修史官)으로 임명되었고, 이듬해인 1926년에 경성제국대학 법문학부 조교수가 되었다. 그는 고고학 방면의 전문가였다. 금령총을 비롯해 조선에서 이루어진 각종 발굴 현장에는 늘 그가 있었다. 또 1931년 조선고적연구회의 설립에도 참여했다.

검색해보니 옌칭도서관에 그의 책이 12종이나 들어와 있었다. 『조선학논고』(1963)의 부록에 그의 연보와 저작 목록이 상세했다. 내외가 함께 찍은 사진을 보니 푸근한 인상의 학자였다. 『조선고대문화朝鮮古代文化』(1934), 『조선의 역사』(1953), 『조선학논고』(1963), 『조선고고학연

• 후지타 료사쿠 내외 사진과 후지타 료사쿠의 책들.

구』(1982), 『등전양책집藤田亮策集』(1981) 등의 책이 있었다. 한꺼번에
다 빌려내서 한차례 죽 검토했다. 그는 오히려 최근 들어 더 주목을
받고 있는 학자였다.

결국 스탬프의 주인은 조선사편수회로 밝혀졌다. 그들은 당시 조
선 각지를 방문해서 명문가의 후예들이 보관하고 있던 선대의 귀중한
문적 중에 가치 있는 것들만 추려내 똑같은 필사본이나 영인본을 만
들어두는 작업에 집중하고 있었다. 요즘으로 말하면 원본을 마이크로
필름으로 복제하는 작업과 비슷한데, 당시는 그런 작업이 어려웠으므
로 아예 붓으로 필사했던 것이다. 그러고는 이렇게 복제한 책의 뒷면
에다 언제 누구에게서 빌려온 책을 필사한 것이라고 스탬프를 꽝 찍
어두었다.

후지타 료사쿠는 조선사편수회에 수사관으로 있으면서 손에 넣은

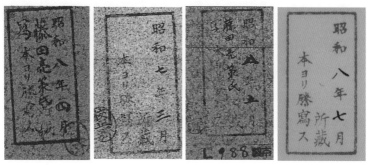

• 왼쪽부터 『연항시독』 A본, B본, 『진신적독』, 『해객시초』의 스탬프.

『연항시독』을 제공해 사본인 규장각 B본을 만들게 했다. 현재 후지타
가 지녔던 원본은 소재를 알 수가 없다. 그는 해방 후 1945년 11월 22
일에야 어렵사리 부산항에서 하카타로 가는 배를 탈 수 있었으니, 그
의 방대했을 장서가 어찌되었는지는 확인되지 않는다. 그렇다면 후지
쓰카의 친필 제첨이 붙은 『해객시초』에 찍힌 스탬프는 무엇을 뜻하는
가? 아마도 후지쓰카가 조선사편수회의 사본을 빌린 후 착오로 반납
하지 않고, 일본으로 가져갔다가 이후 자기 방식으로 새롭게 제본하
면서 자신의 제첨을 붙인 결과로 볼 수 있을 듯하다.

　세 가지 일이 우연히 잇달아 발생했다. 후지쓰카 소장서에 찍힌 스
탬프를 보고 궁금해하던 차에 서울서 복사해 부쳐온 다른 책에서 같
은 스탬프를 보았다. 그리고 맥락이 다른 논문을 읽다가 그 대답을 들
었다. 준비된 것처럼 순서까지 정연했다. 바로 서울로 연락해서 규장
각의 두 자료를 복사해 보내달라고 부탁했다. 이본 간의 내용 대조도
필요하고 무엇보다 거기에 찍힌 스탬프를 직접 확인하고 싶었다. 복
사본을 받아서 네 개의 스탬프를 나란히 놓고 보니 예상대로 동일했다.

이곳에서의 공부가 이렇게 늘 꼬리에 꼬리를 무는 것이 신기했다. 무엇보다 의문이 생겼을 때 멈추지 않고 계속 파고들어갈 수 있는 풍부한 자료가 있어 가능했다. 이 자료들이 작은 질문의 끈을 놓지 않고 붙들 수 있게 만들어주었다. 그 사이의 알 수 없는 조화는 연구자의 몫은 아니다. 붙들고 가다보면 도착하는 지점이 있다. 공부의 시작에는 호기심이 자리한다. 이건 뭘까? 무슨 뜻이지? 어째서 그럴까? 화두를 들면 호기심은 의문으로 발전한다. 그다음이 궁금해 견딜 수가 없다. 이것을 풀지 않고는 밥맛이 없다. 지금 하는 공부가 영 재미없다면 그것은 공부 탓이 아니라 내 질문이 성성하지 않아서다. 공부는 본질적으로 따분하고 지루하다. 그런데 정말 재미있다. 따분하던 공부에 긴장이 찾아오면 그제야 공부가 제 궤도에 접어든 것이다. 공부는 나를 죽이지 않고 나를 살아나게 한다. 보이지 않던 것들 사이에 네트워크를 만들어 생생하게 살아나게 만든다.

후지쓰카를 소개하려다보니 주변 이야기가 너무 장황해졌다. 이제 다시 18세기로 돌아가겠다. 미처 못다 한 홍대용의 이야기와 이를 출발점으로 새롭게 시작되는 이야기보따리를 풀어보려 한다.

기록은 사라지지 않는다
─홍대용과 양혼의 문시종 선물 소동

한림대학교박물관 특별전과 『계남척독』

먼 길을 돌아왔다. 홍대용의 남은 이야기를 마저 해야겠다. 그의
이야기는 18세기 한중 지식인의 문예공화국에 초석을 놓았다. 누구
보다 꼼꼼한 기록자였던 그는 주제별 연행기인 『담헌연기』를 정리하
고 이와 별도로 한글로 된 일기체 『을병연행록』을 따로 남겼다. 필담도
사람별로 정리했다. 항주 세 선비와의 교유 자료는 아예 『항전척독』으
로 따로 묶었다. 이른바 홍대용의 연행 3부작이다. 이런 꼼꼼한 기록 정
신이 18세기 문예공화국에서 홍대용의 위상을 확고하게 했다.

연재를 전후해서 이 밖에 홍대용이 소장했던 실물 자료가 속속 모
습을 드러냈다. 2012년 10월부터 2013년 2월까지 한림대학교는 개교

30주년을 기념해 국립춘천박물관과 공동으로 특별전 '산해관을 넘어, 현해탄을 건너─한중일 지식인의 교유'를 개최했다. 이 특별전에 출품된 자료들은 조선통신사 자료 수집과 연구에 평생을 바친 재일 한국인 사학자 이원식 선생이 10여 년 전 한림대학교박물관에 기증한 것이다.

홍대용이 귀국 후 청나라에서 부쳐온 편지 20통을 묶은 서간첩 『계남척독薊南尺牘』도 이 특별전에서 최초로 공개되었다. 계남은 계주(薊州)의 남쪽이란 뜻이니 계주와 북경에서 온 편지를 모았다는 뜻이다. 양혼(兩渾), 주응문(周應文), 등사민(鄧師閔), 손유의(孫有義), 조욱종(趙煜宗), 주덕회(朱德繪), 적윤덕(翟允德) 등의 편지가 실려 있다. 앞의 두 사람은 북경에서 만났고, 뒤의 넷은 모두 계주 사람들이다. 이들과의 사

• 『계남척독』 표지. 무호도인(無號道人)은 이한복의 호다. 한림대학교박물관 소장.

연은 『담헌연기』와 『을병연행록』 속에 자세하다.

『계남척독』의 제첨은 무호 이한복이 썼다. '만이천봉초당구장(萬二千峯草堂舊藏)'이라 한 것으로 보아 이 이름을 당호로 썼던 이한복 자신의 소장품이었다. '을축단양절(乙丑端陽節)'은 1925년 5월이다. 무호 이한복은 앞선 글에도 두어 번 등장한 적이 있다. 후지쓰카의 자료 수집을 적극 도왔던 인물로, 옌칭도서관의 『김완당인보』 표지에도 그의 제첨이 붙어 있다. 더욱이 후지쓰카가 왕용보 판식 원고지에 옮겨 필사한 『연항시독燕杭詩牘』에 수록된 편지의 원찰이 여기에 다수 포함되어 있다. 후지쓰카의 『청조문화 동전의 연구』에도 이 책에 실린 편지가 인용되어 『계남척독』 또한 후지쓰카의 구장서였음이 확인된다. 이 자료는 이원식 선생이 일본 고서점에서 구득한 물건이다.

전시 물품 중에는 『계남척독』뿐 아니라 후지쓰카가 소장했던 『장다농척독張茶農尺牘』과 『유능위야唯能爲也』첩이 포함되어 있었다. 전자는 청나라 장심(張深)이 1827년 추사의 동생 김명희에게 보낸 것이고, 후자는 1785년 건륭제의 천수연(千叟宴)에 참석했던 강세황 등이 청나라 박명(博明), 화림(和林), 덕보(德保) 등과 차운한 친필을 모은 것이다. 모두 후지쓰카가 자신의 책 속에서 소장 사실을 분명하게 언급했던 자료들이다. 무얼 해도 후지쓰카가 걸리지 않는 데가 없는 형국이었다.

이 특별전 개최 사실은 이 책을 준비하면서 홍대용 특별전 도록을 요청할 때, 천안박물관의 지원구 선생이 귀띔해주어 알았다. 한림대학교박물관으로 바로 전화를 했다. 도록을 한 부 볼 수 있게 해달라고 부탁했다. 얼마 뒤 지선생이 천안박물관 도록을 보내면서 후의로 춘천박물관 도록까지 한 부를 더 구해 보내주었다. 잇달아 한림대학교박물관에서 직접 보낸 것도 도착했다. 도록에 앞서 말한 자료들이 소개되어 있는데다, 홍대용 구장『계남척독』까지 실려 있어 몹시 기뻤다.

즉시 한림대학교박물관의 이숙임 학예연구사와 통화했다. 연재의 계획을 얘기하고,『계남척독』의 전문을 연구 자료로 활용하고 싶다며 자료 협조를 부탁했다. 도록에는 전체 20통의 편지 중 앞쪽 세 통만 실려 있었다. 그나마 크기가 작아 판독이 어려웠다. 관장님과 상의한 후 연락을 주겠다는 대답이었다. 그러면서 이번 도록에 함께 출품된 해남 대둔사 승려의 일본 표류 당시의 일을 그린 〈조선표객도朝鮮漂客圖〉에 대한 해제를 쓸 때, 내가 2년 전에 발표한 논문이 크게 참고가 되었다고 얘기해준다. 느낌이 좋았다. 이틀 후 자료 이용 허락을 받은 직후 전체 사진 파일이 내 메일로 전송되어 왔다. 나는 바로 편집을 해서 크게 출력한 뒤 한 장 한 장 풀칠해서 책자를 만들어, 후지쓰카처럼 붉은 먹으로 메모를 잔뜩 해가며 읽기 시작했다.

문시종 선물 소동

『계남척독』에 실린 첫번째 편지는 양혼의 것이었다. 그는 황제의 사촌인 유군왕(愉君王)의 작은아들로 강희제의 증손이었다. 유군왕의 아버지는 옹정제(雍正帝)의 형이었다. 제위를 아우에게 양보하고 종신토록 신하의 예를 지켰으므로, 건륭제 또한 유군왕을 형제처럼 애중

했다. 서첩에는 양혼의 편지가 세 통이나 들어 있었다. 홍대용은 『담헌연기』에 「양혼」이란 항목을 따로 마련해, 그와 만난 시말을 상세히 적어두었다. 『을병연행록』에도 전후 사정이 자세한데 두 기록은 이따금 차이 나는 데가 있다.

1766년 1월 10일은 황제의 천단(天壇) 행차가 있는 날이라 외출에 제약이 많았다. 홍대용은 마두(馬頭) 덕형을 통해 미리 연통을 넣어둔 진가(陳哥)의 상점으로 양혼을 만나러 나갔다. 그가 지녔다는 문시종(問時鐘)이란 천하의 보배도 구경할 겸 해서였다. 진가의 점포 밖에 화려한 장식의 태평거 한 대가 서 있고, 비단에 금으로 아로새긴 으리으리한 장식의 안장을 얹은 말이 다섯 마리나 나란히 서 있었다. 홍대용이 진가를 통해 양혼에게 만나줄 것을 청했다.

양혼은 31세로 얼굴은 붉고 수염이 없었다. 체격은 커서 허리만도 한 아름이 넘어 보였다. 낯빛이 검은데 눈썹이 날카롭고 이마가 각졌다. 맹렬한 중에 슬기가 든 상이었다. 홍대용은 당황해서 얼떨결에 그에게 어떤 책을 얼마나 읽었느냐고 첫 물음을 던졌다. 활쏘기와 말타기를 익히느라 책 읽을 여가가 없었다고 양혼이 대답했다. 양혼이 그대같이 독서를 많이 하고 글을 잘하는 선비가 어찌 자기 같은 사람과 교제하려느냐고 받아 말하자, 홍대용이 대답했다.

"사람의 도리는 마음에 달렸지 글에 달려 있지 않습니다. 사귐의 도는 질(質)이 중요할 뿐 꾸밈에 있지 않습니다. 세간에 독서를 많이 하고 문장을 좋아하면 흔히 겉을 속이고 잘못을 꾸며서 천진(天眞)을 잃고 맙니다. 무슨 귀하달 것이 있겠습니까?"

시원스런 홍대용의 대답에 양혼의 고깝던 마음이 확 풀렸다. 상점

• 〈김홍도 자화상〉 배경에 그려진 자명종. 당시 조선에도 상당수의 자명종이 들어와 있었음을 보여준다. 문시종은 휴대용 회중시계로 자명종의 한 종류다. 평양국가박물관 소장.

주인 진가는 59세로, 지난 30년간 매일 새벽 미사를 하루도 거르지 않은 독실한 천주교 신자였다. 홍대용은 그와도 천주교의 교리에 대해 짧게 문답했다.

그러는 사이에 양혼은 홍대용을 위해 떡과 과일 수십 가지를 차려 내오게 했다. 술도 나왔다. 양혼이 술을 권하자 홍대용은 마실 줄 모른다며 사양했다. 양혼은 짐짓 사양하는 것으로 알고 다시 강권했다. 홍대용은 나라에 주금(酒禁)도 있고, 본래 술을 잘하지도 못한다며 끝내 안 마셨다. 양혼의 얼굴에 금세 불쾌한 빛이 떠올랐다. 주인의 성의를 이렇게 무시할 수 있는가? 상대의 불편한 기색에 위축된 홍대용이 마지못해 한 잔을 받아 입술만 대고 잔을 내려놓았다. 차려 내온 안주도 조금씩 맛만 보며 깨작였다. 성질 급한 양혼은 통쾌한 술자리를 열어 기세를 부리려다가 그만 파흥이 되어 상을 물려버리고 말았

• 청대 황실에서 사용한 각종 휴대용 문시종. 모두 대단한 고가의 물건이었다.

다. 홍대용은 본래 이렇게 융통성이 없었다. 그의 친구였던 연암 박지원의 격의 없는 호쾌함은 애초에 찾아보려야 찾아볼 수가 없었다.

그 와중에 홍대용이 양혼이 허리에 찬 주머니 두 개에 호기심을 나타냈다. 양혼은 그것을 끌러 보여주었다. 일표(日表)와 문시종이 그 안에서 나왔다. 둘 다 시각을 나타내는 회중시계의 일종이었다. 문시종은 뒤편의 스위치를 누르면 종소리로 시각을 알려주는 기계였다. 일표는 소리 대신 침으로 시각을 보여주었다.

홍대용은 그의 허락을 받고 속을 열어 제작 원리를 살펴보더니, 며칠 빌려줄 것을 불쑥 청했다. 어찌 보면 당돌하다 할 부탁에 양혼은 잠시의 망설임도 없이 승낙했다. 이윽고 작별을 고하자, 기분이 다시 유쾌해진 양혼이 홍대용에게 선물을 주고 싶은데 무엇을 가장 좋아하느냐고 물었다. 홍대용은 오늘의 후대만으로도 크게 만족하니 다른 바랄 것이 없다고 대답했다. 홍대용은 본래 중국말을 몰랐는데, 연행 전부터 오는 내내 역관들을 귀찮게 해가며 열심히 중국말을 익혔던 터였다.

이튿날 홍대용은 다시 진가의 점포를 들러 문시종의 작동 원리에 대해 물었다. 진가는 이 문시종이 서양에서 온 보기(寶器)로 값만 100금이 넘는 것이라면서, 양혼이 공자의 의리에 감복해 선물로 드린다고 전했다. 사람 고지식한 홍대용은 깜짝 놀랐다.

"이렇게 지중한 보물은 며칠 빌리는 것으로 충분하오. 얻어 가지려 한 것이 아니었소. 내가 받는다면 그이가 나를 탐욕스런 사람으로 알게 아니오."

진가가 대답했다.

"그렇지 않소. 그분은 집이 부귀해서 그것이 보물이라도 있고 없고에 상관하지 않습니다. 이미 정으로 선물한 것이고, 그대가 욕심낸 것이 아닌데 무슨 문제랍니까?"

화들짝 놀란 홍대용은 이튿날인 12일에 문시종과 일표를 봉해 진가에게 전달하며 양혼에게 바로 돌려줄 것을 부탁했다. 13일에는 양혼의 후의에 보답하는 종이와 부채, 청심환 등을 편지와 함께 보냈다. 부채가 20자루, 청심환을 10알이나 넣은 것으로 보아 그로서는 선물보따리를 탈탈 털어 큰마음을 먹은 것이었다. 이것이 다시 동티를 불렀다.

홍대용의 선물을 받은 양혼이 답례품을 보내왔다. 고가의 귀한 비단과 함께 문시종을 기어코 다시 선물로 보낸 것이다. 두 사람의 실랑이에 중간에서 심부름하던 마두 덕형과 진가만 입장이 난처해졌다. 홍대용은 끝까지 양혼의 선물을 받지 않았다. 양혼의 비단 선물은 국법이 금하는 물품인데다, 문시종도 애초에 빌리기로 하고 이제와 받는다면 빌려 보는 것을 핑계로 유인한 셈이니 결단코 못 받는다고 완강하게 사양했다. 못 이기는 체하고 받을 수도 있었지만, 그는 자기

원칙에 어긋나는 일은 결코 할 수 없는 그런 사람이었다.

『계남척독』에 실린 양혼의 친필 편지

술상을 차려줘도 못 마신다 하고, 비단을 보내니 못 받겠다고 한다. 문시종에 관심을 보이길래 그럼 가지라고 선물로 주었다. 상대가이게 웬 떡이냐고 덥석 받을 줄 알았건만, 두 번씩이나 거푸 선물을돌려주자 양혼은 상대방이 자신을 무시한다고 생각한 나머지 화가 단단히 났다. 오기도 발동했다. '그러면 그가 보낸 선물도 도로 돌려보내라. 나도 못 받겠다.' 이런저런 실랑이 끝에 진가가 어렵사리 주선해서 양혼은 1월 25일, 홍대용에게 줄 선물을 문방과 관련된 것으로바꾸고, 앞서 받은 예물과 편지에 대한 답장을 보내왔다. 이날 양혼이홍대용에게 보낸 답장의 원본이 바로 『계남척독』 첫 면에 실려 있었다. 사연은 이랬다.

글월을 받자오니 바람 속에 향기가 깊습니다. 게다가 진귀한 물품이라 감사 또 감사드립니다. 지난번 진형(陳兄)이 여러 번 살펴줄 것을 부탁하므로 제[兩]가 유감으로 여기지 않겠습니다. 다만 부끄러운 뜻에마땅히 보낼 만한 것이 없군요. 그저 정물(貞物)로 작은 성의를 표시하여 의례에 따라 다시 보냅니다.

接得翰墨, 風裡深香. 又卽珍品, 登謝登謝. 時有陳兄萬托照拂, 而兩憾不矣. 際及愧意, 無得應送. 只貞物微表, 種例再電.

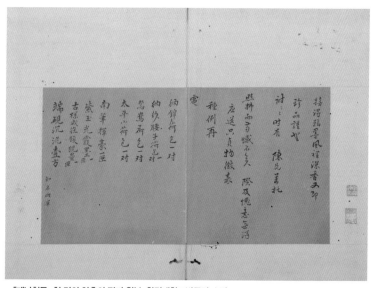

· 『계남척독』 첫 면의 양혼의 편지 원본. 한림대학교박물관 소장.

납금대하포(納錦大荷包) 1대

남필휘호(南筆揮毫) 1갑

납사요자하포(納紗腰子荷包) 1대

자옥광하묵(紫玉光霞墨) 1갑

원앙하포(鴛鴦荷包) 1대

고양성장산예묵(古攘成莊狻猊墨) 1갑

태평소하포(太平小荷包) 1대

단연침니(端硯沈泥) 1방

편지라고는 했지만 사연이랄 게 없다. 양혼은 살다 별꼴 다 보겠다

• 청대의 하포. 우리나라의 노리개와 같다. 비
  단으로 모양을 만들어 그 위에 수를 놓았다.

고 생각했던 것 같다. 분을 참는 기색이 역력하다. 붓을 한 갑, 먹은
종류별로 두 갑을 보내고, 귀한 단계연(端溪硯)도 침니(沈泥)의 명품으
로 선물했다. 네 종류의 하포(荷包)를 아울러 보냈다. 하포란 복주머니
처럼 생긴 노리개다. 몸에 차는 장신구로 종류가 퍽 많다. 비단을 줘
도 싫다, 100금이 넘는 문시종을 거저 가지래도 안 갖겠다 하므로 문
방구와 장신구로 바꿔 보냈다. 이 가운데 산예묵(狻猊墨)은 명나라 때
의 구물(舊物)로 특히 귀한 고가품이었다.

 사진에서 보듯 양혼의 편지는 글씨가 서툴고, 한문 문리도 잘 통하
지 않는다. 홍대용은 『담헌연기』에서 이 편지에 대해, "편지 속의 말
이 통하지 않는 데가 많고, 필법은 더욱 졸렬해서 자기 입으로 궁마
(弓馬)에 종사하느라 독서할 겨를이 없다고 한 것이 빈말이 아니었다"
고 적고 있을 정도다.

 이조차 홍대용이 사양하려 들자 진가는 받지 않으면 당신이 보낸

• 청대의 자명종과 세부 모습. 디테일이 놀랍다.

• 회중시계를 손에 든 황실 여인(왼쪽)과 탁자 위에 자명종이 놓여 있는 청대 회화(오른쪽).

선물도 되돌아올 것이고, 그러면 내 체면은 뭐가 되느냐고 이치로 따져 홍대용을 설득했다. 이후로도 두 사람은 선물을 받네 못 받네 하며 기싸움을 몇 번 더 반복했다.

1월 26일에 홍대용이 앞선 선물에 대한 사례 편지를 보내자, 1월 28일 양혼은 다시 마두 덕형을 자기집으로 불렀다. 덕형은 예감이 불길해서 덜덜 떨며 갔다. 양혼은 덕형에게 붓과 먹 두어 갑을 선물하려다가 그가 글자를 모른다는 말을 듣고 하포 등의 선물로 대신하고, 다시 화려한 갑에 담긴, 앞서보다 더 값비싼 서양제 문시종을 홍대용에게 선물로 보냈다. 혼나니 못 받는다고 버티는 덕형의 허리에 강제로 채워주었다.

홍대용이 자신의 문시종을 두 차례나 거절하자, 아예 마두 덕형을 따로 불러 더 비싼 문시종을 강제로 떠넘겨 보냈던 것이다. '이래도 네가 내 선물을 안 받을 테냐.' 이렇게 두 사람의 선물 교환은 점차 오기 싸움 비슷하게 되고 말았다. 덕형은 차마 문시종을 못 들고 오고 진가의 상점에 맡겨두고 말았다. 왜 자꾸 자기를 중간에서 곤욕을 당하게 하느냐고 따져 묻는 진가 앞에 홍대용은 크게 할 말이 없었다. 기껏 꾀를 낸다는 것이 일행 중 한 사람이 조선에서 들고 온 옥배(玉杯) 하나를 거금에 사서, 편지와 함께 감사의 뜻을 담아 보냈다.

『계남척독』에 실린 양혼의 두번째 편지는 2월 17일에 보낸 것인데, 홍대용이 보내준 옥배를 잘 받았다는 내용과 함께 자신이 오래 지녔던 옥비연호(玉鼻煙壺) 1매, 경선련(京扇連) 1부, 향관(香串)과 향병(香餅) 등을 답례로 보낸다는 내용이다. 이 편지는 『담헌연기』에도 실려 있다.

두 사람은 선물로 실랑이를 벌이면서 점차 상대에게 깊은 인상을

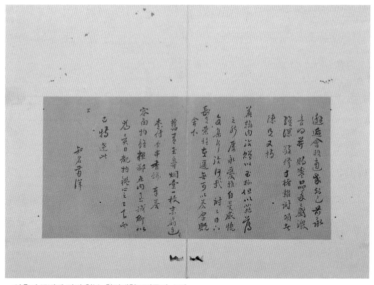

• 양혼의 두번째 편지 원본, 한림대학교박물관 소장.

지니게 되었던 듯하다. 2월 20일에 홍대용이 나눈 문답에서 진가는 이렇게 말했다. "우리 나리께서 매번 공자를 두려워할 만하다고 말씀하십니다." 홍대용이 놀라 그게 무슨 말이냐고 묻자, 웃으며 하는 대답이 이랬다. "공자께서 예의를 차리심이 남보다 대단하니 그렇지요." 홍대용도 웃었다. "저도 나리께서 사람을 아끼고 선비를 대우하심이 참으로 두려워할 만하다고 생각합니다." 두 사람은 한번 더 같이 웃었다. 아마 이 마지막 대화는 서로 진심이었을 것이다. 누구나 이익을 향해 분주할 때, 양혼은 모처럼 물욕 없는 맑은 외국 선비를 만났다. 홍대용이 자신에게 조금이라도 비굴한 태도를 지었더라면 그는 아마 선물을 줄 생각이 달아나고 말았을 것이다. 홍대용은 홍대용대로 하잘것없는 자신에게 대단한 후의를 보여준 황제의 가까운 인척

• 양혼이 홍대용에게 선물한 것과 같은 옥으로 만든 비연호(코담배통).

양혼에 대해 깊은 고마움을 품었다.

귀국 후에 받은 세번째 편지

『계남척독』에 실린 양혼의 세번째 편지는 홍대용의 다른 기록에 안 나오는 처음 보는 것이다. 귀국 후 다음 연행사 편에 홍대용은 양혼에게 선물을 보내는 한편 안부를 묻는 편지를 보냈던 듯하다. 이때 고장난 문시종을 보내며 수리도 함께 부탁했다. 이로 보아 홍대용이 양혼이 억지로 떠넘긴 문시종을 끝내 어쩌지 못하고 받아 간 사정이 짐작된다. 이 기계는 태엽 장치가 대단히 예민한데다 조작법이 서툰 탓에 금세 고장이 났던 모양이다.

처음 소개되는 편지여서 전문을 싣는다. 문맥이 소상치 않고 문장은 여전히 버성기다.

헤어진 뒤 어느새 세월이 흘러 연경에서 만나던 때를 돌이켜 생각하니 먼 그리움을 어찌 이기겠습니까. 저는 못나고 곧이곧대로요, 어리석은데도 친하게 대해주심을 입었습니다. 다만 각자 하늘 한 모서리에 떨어져 있는지라 마음이 안타까워 잊을 수가 없습니다. 근래 편지를 받자옵고 형의 복이 날로 더함을 알게 되니 기쁘기 그지없습니다. 게다가 먼 곳에서 후한 선물을 보내심이 지극히 많은데, 물리치자니 예가 아닐 듯하여 다만 감사를 전할 뿐입니다. 부쳐오신 문시종은 바로 좋은 장인을 찾아 수리한 후 놓아두고 잘 맞을 때를 기다려 다시 올려드리겠습니다. 언제가 될는지는 아직 정할 수가 없습니다. 근년 들어 저는 그만그만합니다. 그럭저럭 조용히 지내며 벗들과 어울릴 뿐입니다. 다만 소식 편에 알려드립니다. 근래 속무 때문에 이만 줄이옵고 다 갖추지 못합니다. 애오라지 인편에 거친 물건 몇 가지를 갖춰 안부를 여쭙니다. 양혼 드림.

分袂以來, 倏忽寒暑遞遷, 廻思燕雲傾盖之時, 遏勝遐慕. 愚以樸直叨蒙, 靑目以遇. 但天各一方, 中心耿耿, 何日忘之. 近接華翰, 知兄福祉日增, 不勝欣喜. 兼之遠方厚貺呈品極多, 卻之不恭, 惟有遞謝而矣. 寄來問鐘, 現覓良工整理, 摠俟安置, 妥協之日, 再以奉上. 遲速尙未可定. 比年以來, 愚無所增, 不過平平安靜. 忝係相知, 特因羽便達知. 近因俗務, 匆匆無堪回敬. 特辱來敎, 聊備粗物數色奉候. 近禧 兩渾不贅.

이때 그가 함께 보낸 선물은 선루(仙樓) 1부(副), 수의도(壽意圖) 1장,

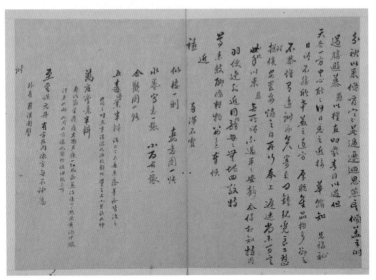

• 양혼의 세번째 편지 원본. 한림대학교박물관 소장.

수묵사의(水墨寫意) 1장, 소백고(小百古) 1장, 합환도(合歡圖) 1장 등의 그림과, 오독고약(五毒膏藥) 반료(半料), 만응고약(萬應膏藥) 반료, 지성보원단(至聖保元丹) 등의 약재, 그리고 옥으로 쪼아 만든 나한도벽(羅漢圖璧) 하나가 더 있었다. 『계남척독』의 공개로 홍대용이 미처 기록으로 남기지 않은 후일담이 되살아났다.

전에는 선인들의 기록 정신과 정리 태도가 일본만 못하다고 생각했다. 도대체 무얼 찾으려 해도 남은 것이 없었다. 있었다 해도 임진왜란 겪고, 병자호란 거치고, 6·25사변 거치는 사이에 다 불타 없어졌다고 생각했다. 근래 들어 이런 생각이 심각하게 잘못되었다는 사실을 아프게 자각한다. 지난 6~7년간 다산 관련 작업과 조선 후기 차(茶) 문화사 집필에 몰두하면서 깨달았다. 자료는 없었던 것도 아니고 없어진 것도 아니었다. 있는데 몰랐고 살피지 않았을 뿐이다. 발로 뛰며 찾자 자료들은 왜 이제야 왔느냐며 여기저기서 '저요! 여기요!' 하고 손을 들었다. 자료를 보는 눈이 없었거나, 자료를 찾을 성의가 부족했던 것뿐이다. 자료는 오히려 너무 많아서 골치였다. 편지 한 장 종이쪽 하나도 허투루 간수하지 않았던 선인들의 꼼꼼한 기록 정신과 정리벽을 이제 우리는 다 잃고 잊었다. 이제라도 되찾아야 한다.

이어서 홍대용이 북경 천주당을 찾아가서 슬로베니아 신부 유송령(劉松齡)과 독일인 신부 포우관(鮑友管)을 만났던 일에 관한 얘기를 소개하겠다.

제
12
화

스쳐 엇갈린 만남
─홍대용이 만난 슬로베니아 신부

서양 신부 두 사람의 친필

모르던 사람과 한 번의 만남으로 불이 확 붙기도 하지만, 몇 번을 만나고도 뜻 없는 동문서답의 대화만 나누다가 길에서 만난 사람과 헤어지듯 작별하는 경우도 있다. 상대에 대한 이해가 감정선에 닿아 도화선에 불이 붙어야 비로소 만남이 이루어진다. 의례적이고 형식적인 만남은 그것이 몇백 몇천 번이 되건 심도가 만들어지지 않는다.

서로 간에 교감을 이루었으면 그 시너지가 놀라웠겠다 싶은 사람들 사이의 엇갈림은 참 안타깝다. 홍대용의 연행에서도 이런 엇갈린 만남이 여러 차례 있었다. 앞서 황족 양혼과 홍대용의 자명종을 둘러싼 선물 실랑이를 보았지만 사실 둘의 만남은 애초에 서로 크게 기대할 만한 것이 없었다. 둘은 단지 호기심에서 만났고, 나중엔 오기 싸움 비슷하게 되어 별 의미 없이 끝났다. 이번 글에서 살필 홍대용과 북경 천주당 서양 신부들의 만남이 또 그랬다. 이들은 공통분모가 많았다. 홍대용은 문인 기질보다 학자 취향의 인물이었다. 감성이 풍부한 엄성 등과 교제할 때도 시만은 굳이 지으려 들지 않았다. 그는 조선에 있을 때 혼자 혼천의(渾天儀)를 만들어 천상(天象)을 관측했으리만치 과학에도 관심이 깊었다. 그런데 당대 최고의 과학자요, 수학자였던 서양 신부들과의 만남 역시 이상하게도 불발에 그치고 말았다. 『담헌연기』 속에는 그 밖의 뜻 없이 스쳐 지나간 만남에 대한 기록이 여럿 있다. 엄성과 육비, 반정균 등과의 만남은 어찌 보면 특별히 예외적인 경우였다.

앞서 소개한 한림대학교 도록에 실린 『계남척독』의 편지 세 통 중 양혼의 것 둘을 뺀 나머지 하나가 특별히 눈길을 끌었다. 이것은 편지가 아니고, 아무 사연 없이 달랑 두 사람의 이름만 적혀 있는 붉은 종이였다. 두 사람의 이름은 유송령(劉松齡)과 포우관(鮑友管). 빨간 종이에 '연가권제(年家眷弟) 유송령 돈수배(頓首拜)'라고 쓰고, 비슷한 종이에 포우관도 똑같이 한 줄을 썼다. 따로 쓴 것을 나란히 배접했다. 이 두 사람은 『담헌연기』의 「유포문답劉鮑問答」 속에 나오는 서양 신부였다. 글씨의 사연 또한 『담헌연기』에 나온다. 옆면 주응문(周應文)의 편지는 두 사람과는 전혀 무관한 것인데 도록에서는 같은 편지로 잘못 설명했다. 장황(裝潢) 당시 한 면에 나란히 편집된 것뿐이다. 당시 서양 신부가 조선 선비에게 직접 건넨 실물이 여태 남아 있을 줄은 생각지 못했다.

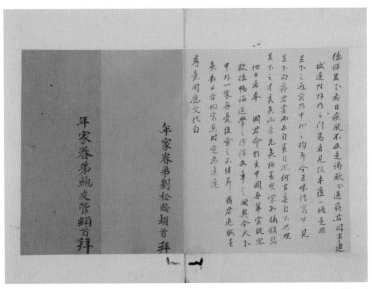

德保呈下壽日疾風不及揚敵玄遠將君曰書迫
誠遠性快乃之門馬有見托本遺一啟是非
呈下之過実乃中心的乎今之味法高中見
呈下句蔣君壽而正自炎日於何貝容日不以現
呈下才美矣而蔣兌先矣地尚榮刃捕領掃
但日者春 國君仍共中國兵華富呪家
歓揚暢論道學之沙洋久幸之聞貝今天下
中外一家無憂憾舍之不佳所 蔣君迫應玄
矣敢日方因家某時定爲達達
蔣壽周應文代白

年家眷弟劉松齡頓首拜

年家眷弟鮑友管頓首拜

• 『계남척독』에 수록된 유송령과 포우관의 이름이 적혀 있는 붉은 종이와 주응문의 편지. 한림대학교박
물관 소장.

　천주당은 조선 연행사 일행이 북경 체류시에 반드시 들르는 곳 중
하나였다. 그 이전에도 연행 온 조선인들은 이곳을 꼭 들러 신기한 서
양 물건을 구경하곤 했다. 처음 보는 서양식 건물도 시선을 압도했고,
마치 산 사람처럼 넋을 빨아들이는 듯한 서양화는 큰 충격이었다. 파
이프오르간 같은 서양 악기도 경이롭기 짝이 없었다.

　반대로 푸른 눈의 서양 신부들에게 말이 전혀 통하지 않으면서 왕
성한 호기심에 눈이 반짝이는 낯선 이방의 방문객들을 상대하는 것은
고역 그 자체였다. 초기엔 혹 조선까지 선교의 발길이 닿을 수 있지
않을까 싶은 생각에 진귀한 서양 물건도 선물하고 두터운 대접을 베
풀기도 했다. 이게 소문이 나자 그다음부터는 매년 막무가내로 찾아

와 선물을 달라고 생떼를 쓰기도 하고 선물을 받고도 답례조차 하지 않았다. 버릇없는 마두배들은 성당 안에서 담배를 피우고 가래침을 탁탁 뱉거나 물건을 함부로 만져 더럽히는 등 무례한 행동을 일삼았다. 서양 신부들은 점차 조선인의 방문을 내켜하지 않게 되었다. 방문을 요청하면 이런저런 핑계를 대며 잘 만나주지도 않았다. 어쩌다 관람을 허락해도 마음을 열어 진심으로 대하는 법이 없었다.

당대 최고의 천문학자

홍대용도 북경 도착 후 얼마 되지 않아 천주당 방문 계획부터 세웠다. 북경에는 동서남북 네 곳에 천주당이 있었다. 이중 선무문(宣武門) 안쪽에 자리한 남당(南堂)이 연행사의 숙소와 가장 가까웠고, 규모도 제일 컸다. 1월 8일, 홍대용은 마두 세팔을 시켜 연통을 넣었다. 남당의 신부에게서 지금은 공무로 몹시 바빠 경황이 없으니 20일 이후에나 다시 연락하자는 대답이 왔다. 7일에 면담 신청을 넣었는데, 20일 이후에나 상황을 보자는 말은 거절의 뜻이 분명했다. 마음이 급해진 홍대용은 예를 갖춰 편지를 썼다. 장지 두 묶음에 부채 세 자루, 먹 세 갑, 청심원(淸心元) 세 알 등의 예물도 함께 챙겨넣었다.

이 편지와 선물이 즉각 효과를 발휘했다. 신부들이 선물에 혹했다기보다, 상대가 예를 갖춰 격식을 차리고 나오는 것을 보고 만나려는 의지가 적극적이라고 받아들였던 듯하다. 이때 선물을 받고 답장 대신 보내온 것이 앞 사진의 글씨다. 별도의 종이에는 '영사(領謝)', 즉

• 베이징 선무문 터 맞은편의 천주교 남당 전경(위)과 내부 모습(아래).

고맙게 잘 수령했다는 두 글자가 적혀 있었다. 선물을 잘 받았다는 수령증이었다. 홍대용은 나중에 필담 도중 두 사람의 필체를 보았던 듯, 이 글씨를 두 사람의 친필이 아닌 중국인의 대필로 여겼다. 사진 속 두 사람의 필체가 조금 다르고 필치가 둘 다 서툰 것으로 보아 두 사람의 친필로 보이기도 한다. 종이에 쓴 '연가권제(年家眷弟)'란 말은 홍대용에 따르면 중국에서 동년가(同年家)의 후손들이 서로를 일컫던 말인데, 오해되어 교제상의 상투어가 된 표현이라고 했다. 일반적으로는 그다지 가깝지 않은 사람 사이에 예를 갖춰 하는 말이다.

예전 서양인의 외관을 흔히 심목고비(深目高鼻)로 표현했다. 두 서양 신부는 눈이 깊숙이 들어가고 콧날은 기이할 정도로 우뚝했다. 유송령은 62세, 포우관이 64세였다. 수염과 머리털은 흰데, 낯빛은 좋은 혈색 때문에 어린애 같았다. 깊은 눈의 광채가 사람을 쏘는 듯했다. 두 사람은 청나라 관원들처럼 까까머리였다. 의복과 모자도 모두 청나라 것이었다. 유송령은 3품관의 관원이라야 쓸 수 있는 양람정(亮藍頂)을 쓰고, 포우관은 6품의 관원이 착용하는 암백정(暗白頂)을 썼다. 두 사람은 모두 흠천감(欽天監)의 관리로, 중국에 온 지 벌써 26년째였다고 홍대용은 적고 있다.

홍대용의 이러한 정리를 바탕으로 두 사람의 인적 사항을 찾기로 했다. 먼저 홀리스 클래식의 검색창에 한자로 '선교사(宣敎師)'를 입력하니 70종의 책이 뜨는데 한결같이 일본 책이었다. 뭔가 이상했다. 그 도서번호를 적어서 같은 번호 대의 중국책 서고로 들어갔다. 예상대로 책장 하나가 중국 천주교 관련 책자로 가득했다. 중국에서는 선교사라 하지 않고 '전교사(傳敎士)'란 용어를 쓰는지라, 검색 엔진에서

• 『신제영대의상지』를 편찬한 남회인 주교의 초상화(왼쪽)와 머리를 깎은 서양 신부들의 모습(오른쪽). 남
회인 주교가 쓴 모자가 바로 양람정이다. 오른쪽 네 신부는 모두 1900년 의화단 사건 당시 순교하여 성
인품(聖人品)에 오른 이들이다. 중국인 복장에 대부분 머리를 깎았다.

한 권도 건지지 못했던 것이다. 먼저 2009년 광시사범대학출판사에
서 펴낸 『16∼20세기 입화천주교전교사열전入華天主敎傳敎士列傳』을
빌렸다. 『중국천주교편년사』와 『야소회사재중국耶蘇會士在中國』 『중국
천주교 사적휘편中國天主敎史籍彙編』 등등의 책을 대출받아 연구실로
잔뜩 짊어지고 왔다.

두 사람의 이름은 몇 장 넘기기도 전에 바로 검색되었다. 둘은 뜻
밖에 거물급이었다. 특히 유송령이 그랬다. 나중에 중국 논문 사이트
를 검색하자 그에 대해 쓴 단독 논문만도 여러 편이 나왔다. 기존 한국

의 연구 자료도 확인해보았다. 이름의 영문 표기와 함께 독일계 선교사로만 정리되어 있었고 그 이상의 자세한 정보는 찾기가 어려웠다.

그에 관한 여러 자료를 검색했다.[1] 유송령(1703~1774)은 본명이 아우구스틴 페르디난트 폰 할러슈타인(Auguštin Ferdinand von Hallerstein)이었다. 그는 신성로마제국 남쪽 지방 카니올라에서 태어났다. 오늘날 슬로베니아의 수도인 류블랴나가 그곳이다. 그의 아버지 할러슈타인 남작(Janez Ferdinand Hallerstein, 1669~1736)은 특권을 누리던 귀족이었다. 그는 1721년 오스트리아 교구로 건너가 예수회에 입회했다. 그의 나이 19세 때의 일이다. 그는 1723년 7월 12일에 바로 중국 전교를 지망했다. 하지만 받아들여지지 않았다. 청원은 15년 뒤인 1738년에야 수락되어 그는 그해 5월 11일 포르투갈 국적의 상선을 타고 마카오에 도착했다. 그러니까 홍대용과 만난 1766년은 그의 중국 체류가 26년이 아니라 28년째로 접어들던 해였다. 도착 이듬해 그가 황제의 명을 받아 천문학자, 수학자의 신분으로 북경으로 올라온 것을 보면, 사제가 된 후 중국'파송을 위해 천문학과 수학에 대한 깊은 공부를 계속했던 것이 틀림없다. 그는 오늘날 국립천문대에 해당하는 흠천감(欽天監)에 소속되어 책임자인 독일인 대진현(戴進賢, Ignatius Kögler, 1680~1746) 신부를 보좌하는 역할을 맡았다. 1746년 대진현이 사망하자 유송령이 그를 이어 흠천감정(欽天監正)이 되었다. 홍대용을 만날 당시 유송령은 이미 20년째 정3품의 고위직인 흠천감의 책임자를 맡고 있었다. 그는 제9대 서양인 흠천감정이었다.

그는 역대 흠천감 관리 가운데 가장 높은 수준의 천문학자 중 한 사람으로 평가받는 흠천감정 대진현을 8년간 부감정의 신분으로 보

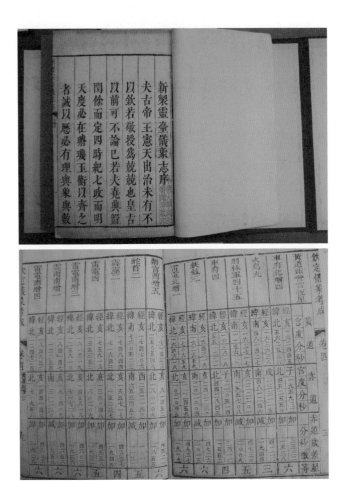

• 『신제영대의상지』 서문(위)과 『의상고성』의 별자리 관측 기록(아래).

좌하면서, 『의상고성儀象考成』과 같은 국가적 프로젝트를 마무리지었
다. 벨기에인 남회인(南懷仁, Ferdinand Verbiest, 1623~1688) 신부가 1674년
에 강희제의 칙명으로 간행한 『신제영대의상지新製靈臺儀象志』는 근
70년의 세월이 지나는 동안 별자리의 좌표가 조금씩 틀어져, 실제 관

측 결과와 차이가 발생하고 있었다. 『의상고성』은 모두 32권 10책의 방대한 분량으로, 300개 성좌 3083개 별의 황도와 적도 상의 좌표를 관측을 통해 열거하고, 매 항성의 적도상 세차(歲差)를 기록한 방대한 책자다.

1744년에 대진현의 주청으로 시작된 『의상고성』 편찬 사업은 2년 뒤인 1746년에 그가 과로로 세상을 뜨자, 그를 이어 흠천감정에 오른 유송령과 부감정 포우관 두 사람의 주도로 1752년 11월에 완성되었다. 이때 『항성경위도표恒星經緯度表』도 함께 간행했다.

포우관은 본명이 고가이슬 안톤(Gogeisl P. Anton, 1701~1771)으로 독일 사람이었다. 유송령과 같은 해인 1738년에 중국으로 왔다. 그는 3품 관이었던 유송령보다 나이는 두 살 위였지만 품계는 6품으로 훨씬 낮았다. 직급이 낮은 것은 그의 천문학적 소양이 유송령에 훨씬 미치지 못했기 때문이다. 그는 유송령보다 세 해 먼저 세상을 뜨는 바람에 흠천감정의 지위에 올라보지도 못했다. 그의 자세한 인적 사항을 더이상 찾아볼 수 없는 이유다.

『신제영대의상지』 원본의 감동과 『의상고성』

이들이 작업했다는 책이 궁금해서 홀리스 클래식으로 검색하니 옌칭도서관 선본실에 원본이 모두 소장되어 있었다. 특별히 남회인 주교가 1674년에 펴낸 『신제영대의상지』는 놀랍게도 간본이 아닌 원본 필사였다. 세 개의 포갑에 쌓인 책을 모두 꺼내 열람실로 가져왔다.

• 『신제영대의상지』의 적도의(赤道儀) 그림. 인쇄본이 아닌 매장 붓으로 직접 그린 원본이다.

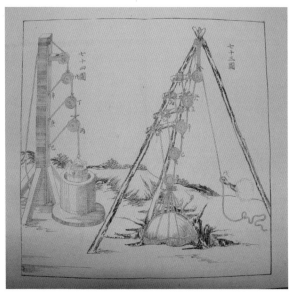

• 도르래식 기중가. 도르레를 여럿 연동시킨 작동 원리가 다산 정약용의 기중가를 연상시킨다.

앞쪽 두 포갑은 각종 기계의 사용법과 별자리 관측 내용이었고, 나머지 큰 포갑에 든 두 책은 도판이었다. 처음에는 워낙 정교한 그림이어서 당연히 인쇄본인 줄 알았다. 각종 기기와 도구의 그림이 너무도 세밀한 데에 놀랐다.

다음날 하필 돋보기를 연구실에 두고 안 가져가는 바람에 하는 수 없이 가방 속에 휴대하고 다니던 확대경으로 책을 보고서야, 이것이 모두 붓으로 직접 그린 원화라는 사실을 알았다. 먹물로 이런 선을 그리다니 경이 그 자체였다. 밑그림의 흔적조차 보이지 않았다. 개중에는 다산 정약용이 만든 기중가(起重架)와 비슷한 장치도 있었다. 도저히 풀리지 않던 숙제 하나가 슬며시 실체를 드러내는 느낌이었다. 선본실에는 이것 말고 간행본의 당시 초간본도 따로 소장되어 있었다.

『신제영대의상지』 때와 달라진 관측 내용을 바로잡기 위해 유송령 등이 직접 작업해 펴낸 『의상고성』은 간본이었다. 책을 펼치자 첫 면에 건륭 황제의 어필 서문이 나왔다. 이 책의 성격이 확연하게 드러나는 글이었다. 그다음 면을 열자 유송령과 포우관 두 사람의 이름이 첫머리에 또렷하게 나왔다. 직책까지 선명했다. 참으로 근사했다.

문득 지난 2005년 베이징 답사 당시 베이징 시내에 있는 마테오 리치 묘소를 찾았던 기억이 떠올랐다. 이곳은 베이징행정학원 부지 안에 있는 외국전교사묘지(外國傳教士墓地)였다. 63기의 묘비가 나란히 서 있었다. 나는 베이징을 갈 때마다 앞뒤로 세 번이나 이곳을 찾아갔다. 갑자기 유송령과 포우관의 묘비가 이곳에 함께 있었을 것 같은 생각이 들었다. 당시만 해도 두 사람은 내 관심 밖의 인물이었다. 묵은 사진첩을 열어봤으나 마테오 리치와 유명한 화가 낭세녕(郎世寧)의 비

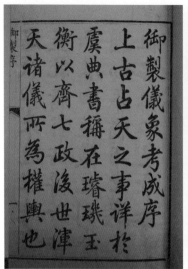

• 건륭제의 『의상고성』 서문(왼쪽)과 유송령, 포우관의 이름이 나란히 보이는 면(오른쪽).

석만 클로즈업해서 찍었고 다른 사람의 이름은 확인할 수가 없었다. 한국의 내 연구실에 그때 받은 리플릿이 있었다. 거기에 묘비의 배치도가 그려져 있던 기억이 나서 조교를 시켜 찾아보게 했지만, 그 많은 책 더미 속에서 결국 찾아내지 못했다. 궁리 끝에 다시 관련 책자를 계속 검색해 『청석존사靑石存史—이마두利瑪竇 외 외국전교사묘지의 400년 창상滄桑』이란 책을 찾아냈다. 2011년 베이징출판사에서 간행한 도판이 화려한 책이었다.

책을 보니 내 짐작이 맞았다. 유송령과 포우관의 묘비가 그곳 묘역에 세워져 있었다. 책에는 묘비의 사진과 탁본까지 선명했다. 진작 알았더라면 비석이라도 한번 더 어루만져주었을 텐데 하는 생각을 했다. 유송령은 36세에 중국 땅에 발을 디뎌, 72세로 세상을 뜰 때까지

• 외국전교사묘지 모습(위)과 유송령, 포우관의 묘비와 탁본(아래).

중국을 한 번도 떠나지 않았다. 그리고 그곳에 뼈를 묻었다. 포우관도 마찬가지다. 그의 체취가 생생하게 남은 실물 하나가 홍대용의 손을 따라 조선으로 왔다가 다시 후지쓰카의 손에 넘어갔다. 결국 곡절 끝에 어렵사리 한림대

• 2003년 슬로베니아의 유송령 기념우표.

학교박물관으로 돌아와 뒤늦게 안식의 자리를 마련했다. 고국인 슬로베니아에서 2003년 그의 기념우표를 발행할 정도로 그의 과학적 업적은 최근 들어 대단히 주목받고 있다.

나는 들여다봐도 알 수 없는 천문학의 복잡한 수치와 도면들을 뒤지고, 전교사묘지에 대한 정보를 찾느라 또 여러 날 길을 놓치고 말았다. 슬며시 귀국 후의 집필 일이 걱정되었다. 여기서는 뭐든 찾기만하면 줄줄이 딸려나오는데, 한국으로 돌아가면 어디에도 기댈 데 없이 혼자 써야 하는 것이다. 그것이 가능할까? 이 생각을 하자 마음이 아주 답답해졌다.

홍대용의 「유포문답」을 보면 두 사람에 대한 홍대용의 인상은 그다지 좋지 않았던 듯하다. 홍대용은 유송령 등이 자신들을 마지못해 형식적으로 대할 뿐 결코 마음을 열어 보일 생각이 없는 것 같다고 여러번 적었다. 그는 두 사람이 천문학과 수학에 관한 한 얼마나 대단한 학자였는지 전혀 알지 못했다. 자신이 조금 아는 초보적 천문학 지식으로 대화를 시도했지만, 번번이 전문 용어의 벽에 막혀 대화가 끊기고 말았다. 홍대용은 대답할 수 없는 막연한 질문을 했고, 그들은 어

쩔 수 없이 요령부득의 대답을 내놓았다. 이들은 중국인 통역을 중간에 놓고, 다시 조선인 통역을 거쳐 전달되는 4단계 의사소통 방식에 금세 피로와 한계를 느꼈다.

게다가 일껏 한다는 질문 중에는 아들이 있느냐? 왜 장가를 안 가느냐? 서양에도 한문 책이 있느냐? 같은 한심한 내용도 많았다. 전문적인 얘기는 전혀 못 알아듣고, 편한 질문은 어처구니가 없었다. 그러면서도 호기심은 왕성해서 이것도 보여달라 저것도 보여달라 요구가 많았다. 두 사람이 홍대용 등과의 만남을 피곤해한 것은 전혀 무리가 아니었다.

흠천감의 관리는 나름대로 정말 바빴다. 그들은 밤새 천체망원경을 통해 별자리의 운행과 도수를 관측해서 기록해야만 했다. 또 낮에는 낮대로 수시로 들이닥치는 청조의 관원이나 다른 방문객들을 응대하지 않으면 안 되었다. 방문객에게야 일생에 한 번 있는 기회여서 특별한 일이었겠지만, 매일 이 일을 치러야 하는 서양 신부의 입장에서는 체력 소모가 몹시 심했다. 한편 당시 북경의 예수회 전교사들의 종교적 상황은 몹시 열악했다. 청 황제는 과학적 필요로만 그들의 존재 가치를 인정하고, 신앙적 측면에서는 그들을 전혀 배려하지 않았을 뿐 아니라 때로 가혹하게 탄압하기까지 했다. 그들은 때로 감옥에 갇히거나 죽음을 당하기까지 했다. 예수회측의 지원도 단속적이어서 종종 고립무원의 상태에 놓이기도 했다.

당시 홍대용은 유송령과 포우관의 실체와 수준을 전혀 몰랐다. 유송령 등도 홍대용의 사람됨에 대한 이해가 아예 없었다. 이들이 서로 다른 방식으로 만나 진지하게 상대의 말에 귀를 기울일 수 있었더라면 조선 과학사에 아주 뜻깊은 장면을 만들어낼 수 있었을 것이다. 이 점은 참 아쉽다. 더구나 홍대용이 구하고자 했던 천문학 서적은 당시에는 대외비 자료로 분류되어 일반의 접근이 허용되지 않던 것들이었다. 하물며 외국인이겠는가? 몇 차례 방문 후에 저쪽에서 귀찮아하는 기색이 역력하자, 머쓱해진 홍대용 등은 제풀에 재방문을 포기하고 말았다.

천주당의 파이프오르간

두 사람의 엇갈림 속에서도 특별히 인상적인 장면이 있다. 홍대용은 워낙 음악에 조예가 깊었다. 그 먼 연행길에도 그는 거문고를 가져왔다. 도착 후에 그는 중국 음악인과 만나 중국 악기의 제도와 연주법을 익히고 싶어 안달을 했다. 악기상을 직접 찾아가 연주를 부탁하기도 하고, 나중에는 구라파의 철현금까지 사가지고 귀국했다. 그는 의욕이 참 대단했다.

그런 그가 북경 천주당에서 파이프오르간을 처음 보았다. 제도가 신기했던 그는 유송령에게 장치를 좀 열어보게 해달라고 졸랐다. 유송령은 별 호기심 많은 사람을 다 보겠다는 표정을 지었다. 대부분 건반을 한두 번 눌러보고는 신기한 표정을 짓는 것이 고작이었던 것이다. 사람을 불러 파이프오르간 내부를 열어 보이자 홍대용은 아예 사다리를 타고 올라가 안쪽을 꼼꼼히 살폈다. 홍대용은 이렇게 잠깐 관찰하고 나서 놀랍게도 파이프오르간의 구조와 작동 원리를 금세 정확하게 이해했다.

악기를 보니 나무 궤짝이 사방 한 길 남짓이다. 중간에 납통(鑞筒) 수
십 개를 죽 세웠다. 통은 크기가 다르고 길이도 같지 않았지만 모두 율
려(律呂)에 맞았다. 상자 곁에 가로로 작은 건반이 나와 있고 통의 숫자
와 같다. 서쪽으로 10여 보 떨어진 곳에 또 나무 궤짝이 있다. 둘 사이
에는 보이지 않는 구멍이 있어 바람이 서로 통했다. 서쪽 상자 위에는
가죽 주머니를 놓았다. 몇 섬[石]들이는 될 듯했다. 무거운 판자로 주
둥이를 묶었다. 판자에는 자루가 있어서 궤짝 옆의 가로지른 건반에
걸쳐진다. 한 사람이 자루를 눌러 판을 들어올리면 주머니가 부풀어올
라 그 안에 공기가 채워진다. 바닥에 바람구멍이 있는지라 따라서 열
리고 닫힌다. 자루를 놓아 판이 무겁게 주머니를 눌러도 능히 내려가
지 않는 것은 바람구멍이 이미 닫혀 공기가 샐 곳이 없기 때문이다. 공
기가 샐 곳이 없으니, 바람의 통로를 따라서 납통으로 내뿜게 된다. 통
아래는 구멍이 뚫려 있다. 장차 이곳으로 공기를 받는데 따로 물건이
있어 이를 막는다. 그렇게 되면 주머니는 부푼 그대로인데 공기는 샐
데가 없기 때문에 통에서도 소리가 안 난다. 통의 구멍이 열리고 닫히
는 기관은 곁의 건반과 관계된다. 손가락으로 가볍게 건반을 누르면
통에서 소리가 난다. 다만 통과 건반은 저마다 소속이 있어서, 제일 위
의 것을 누르면 큰 통의 구멍이 열려서 공기를 받아 그 소리가 웅혼하
니 마치 뿔피리를 부는 소리 같다. 황종(黃鍾)의 탁한 소리다. 가장 아
래 건반을 누르면 작은 통의 구멍이 열려서 공기를 받는다. 그 소리는
가볍고 여려서 마치 생황을 부는 것 같으니 응종(應鍾)의 맑은 소리가
난다. 여러 건반마다 상응해서 통의 가락이 차이 나는 것이 모두 이와
같은 방식이다. 대개 생황의 제도에서 취해와서 이를 크게 만든 것이

• 미국 케임브리지 한인 교회에 있는 해묵은 파이프오르간의 모습.

다. 공기의 기관을 빌려와 사람의 호흡을 쓰지 않으니, 또한 서양의 제도이다.

잠깐의 관찰로 그는 금세 파이프오르간의 작동 원리와 구조를 일목요연하게 파악했다. 이것만으로도 정말 대단하다.

홍대용은 유송령에게 오르간 곡을 한 곡 연주해줄 것을 부탁했다. 유송령은 연주자가 병이 나서 부탁을 들어줄 수 없다면서, 손가락으로 건반을 짚어가며 소리를 내 보여 그 방법만 간략히 보여주었다. 홍대용은 그를 따라 건반을 눌러보았다. 7음계 건반의 가락을 가늠해보니 5음계로 된 거문고의 괘와 원리 면에서 크게 다를 바가 없었다. 그는 한두 번 뚱땅거리고는 거문고의 곡조에 맞춰 건반을 눌러 대략 한 곡을 연주했다. 기분이 좋아진 그는 씩 웃으며 유송령에게 말했다. "이런 것이 바로 동방의 음악입니다." 유송령도 웃었다. "아주 잘하십니다." 다시 홍대용이 자신이 이해한 기계의 작동 원리를 설명하자, 유송령이 역관을 보며 말했다. "저렇게 분명하게 설명하는 것을 보니, 그전에 한 번 다녀갔던 분이로군요."

옆에서 넋을 놓고 구경하던 역관 홍명복이 웃으며 말했다. "중국에는 처음 오신 분이라오. 재주와 기술이 대단해서 별자리의 모습, 산수와 율력 등에 정통하지 않은 것이 없지요. 손수 혼천의를 만들었는데, 천상(天象)과 기막히게 합치됩니다. 그러니까 두 분을 뵙고 높은 이론을 듣고자 방문한 것 아닙니까?"

이 대목이 홍대용과 유송령이 가장 근접했던 지점이었다. 하지만 천문학과 수학에 대한 유송령의 조예는 홍대용이 상상한 것을 훨씬

• 포우관이 홍대용에게 보여준 『신제영대의상지』의 관상대도(위)와 오늘날의 베이징 고관상대 모습(아래).

뛰어넘는, 당대 세계 최고 수준이었다. 조선에서 대나무 가지를 오그려 만든 혼천의 제작 경험만으로는 더불어 대화가 가능한 수준이 아니었다. 수학에 상당한 흥미를 가진 대학생과 최고 수학자 사이의 차이였다고나 할까?

둘 사이의 어찌해볼 수 없는 거리에 말미암은 뻘쭘함을 홍대용은 상대가 끝내 속마음을 털어놓을 기색을 보이지 않은 것으로 오해했다. 홍대용은 자신이 혼천의 만든 일을 말하면서, 천문을 관측하는 의기(儀器)를 보여줄 것을 청했다. 이때 곁에 있던 포우관이 관상대도(觀象臺圖) 인본(印本) 한 장을 꺼내 보여주었다. 대(臺) 위에 교묘하기 짝이 없는 여러 의기가 진열되어 있는 그림이었다. 이들은 이 밖에 망원경과 몇 가지 의기를 더 청해서 보았다.

홍대용은 1766년 1월 8일에 처음 남당을 방문하고, 1월 13일과 1월 19일에 다시 찾아갔다. 2월 2일에도 만났다. 모두 네 차례 방문해서 세 번 대면했다. 하지만 세 번 모두 구경과 설명에, 의례적인 문답을 주고받았을 뿐 흉금을 털어놓는 대화는 가질 수가 없었다. 쌍방의 의지가 없었다기보다, 서로의 마음가짐과 준비가 미흡했고 수준차가 워낙 큰데다 소통의 어려움이 작용했기 때문이었다. 두 사람의 서명이든, 한때 후지쓰카의 소장품이었던 붉은 종이 한 장이 내 생각을 이렇게 먼 데까지 끌고 왔다.

비판과 비난의 사이
─홍대용과 김종후의 1등인 논쟁

회피할 수 없는 전쟁

학문의 세계에서 비판과 비난이 혼동되는 장면과 가끔 마주한다. '인간은 마음에 안 들지만 그의 말은 옳아!' 이런 페어플레이는 자주 보기가 어렵다. 때로 비판과 비난은 그 경계가 모호하다.

홍대용이 북경에서 돌아와 『건정동필담』을 책자로 만들어 가까운 벗들에게 보여주자, 박지원을 비롯해 이덕무, 박제가 등이 일제히 열광했다. 이덕무는 책을 빌려 읽다가 감정이 몰입된 나머지 눈물을 줄줄 흘리기까지 했다. 선망과 절망이 교차한 눈물이었다. 그러고는 시키지도 않았는데 자신이 먼저 나서서 홍대용이 엄성 등과 주고받은 편지에 주석을 달고 자기 생각을 덧붙여 『천애지기서天涯知己書』란 책

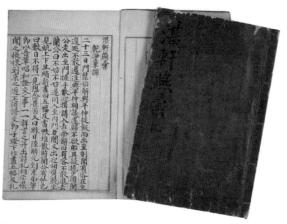

• 『담헌연휘湛軒燕彙』라는 표제의 『건정동필담』 필사본. 국민대학교 성곡도서관 소장.

으로 묶었다. 박제가는 그때까지 인사가 없었던 홍대용을 일부러 찾아가서 원본을 보여달라고 졸랐다. 홍대용이 북경에서 한족(漢族) 선비와 천애지기의 우정을 맺고 개선장군처럼 돌아온 일은 이들의 입소문을 타고 글과 함께 장안에 작은 화제를 몰고 왔다.

'무찌르자 오랑캐 몇백만이냐. 대한 남아 가는데 초개로구나.' 이 노래는 내가 초등학생 시절 여자아이들이 고무줄놀이를 하며 부르던 노래였다. 가사도 말이 어려워 그랬겠지만 '대한 넘어 가는 길 저기로구나'로 멋대로 바꿔 불렀다. 1980년대까지 불렀다. 나이들어 이 노래를 떠올릴 때마다 당시까지 엄존하던 북벌(北伐)의 이데올로기를 생각하곤 한다. 홍대용의 그때도 북벌이 엄연한 국시(國是)로 작동하던 시절이었다. 일없이 중국 구경 하겠다고 비린내 나는 더러운 오랑캐 땅에 우르르 몰려가는 것도 한심했다. 게다가 오랑캐의 과거를 보러 몇천 리 길을 올라온 빡빡머리 한족 몇 명 만나고 온 것을 두고 천애지기가 어떻네, 진정한 우정이 여기 있네 하며 호들갑을 떠는 소동이 노성한 선배들의 눈에 탐탁할 리 없었다. 철딱서니 없는 젊은것들의 치기로만 보아 넘기기에는 이를 둘러싼 열광과 반향이 예사롭지 않았다. 북벌의 조선사회에서 이들은 국가보안법의 근간을 심각하게 뒤흔드는 진보 성향의 불온한 집단이기 쉬웠다.

처음에는 쯧쯧 혀를 차다가 나중에는 그저 두고만 볼 수는 없다는 판단을 내렸다. 비판은 홍대용이 소속되어 있던 학문 그룹의 내부에서 먼저 터져나왔다. 홍대용은 집안 내형(內兄)을 통해 선배인 김종후(金鍾厚, 1721~1780)의 날선 비판을 처음 접했다. 일종의 경고성 발언이었다. 홍대용은 이러한 비판 속에 감춰진 예리한 칼날이 자칫 자신에게 치명적 결과를 가져올 수 있음을 즉시 간파했다. 이럴 경우 침묵은 능사가 아니었다. 홍대용이 먼저 자신을 향한 김종후의 비판에 대해 반박하는 편지를 보냈다. 홍대용이 예상외의 강수로 반발하자, 김종후도 잠자코 있지 않았다. 살벌한 진검승부가 시작된 것이다.

김종후는 홍대용의 스승인 김원행(金元行)과 동문 간이었다. 홍대용에게 김종후는 맞상대하기 어려운 껄끄러운 대선배이자 스승의 벗이었다. 나이로는 열 살 위였지만, 홍대용은 김종후의 제자뻘이었다. 김종후가 당대 학계에서 가졌던 학문적 상징성은 결코 허약하지 않았다. 그런 그의 경고는 무시하거나 회피할 수 있는 것이 아니었다. 엎드린다고 끝날 문제도 아니었다. 오직 정면 돌파밖에는 방법이 없었다. 홍대용은 복병처럼 나타난 김종후의 경고에 당황하고 긴장한 기색이 역력했다.

그대는 1등인인가?

두 사람은 소원한 사이가 아니었다. 서로에 대해 모를 처지도 아니었다. 북경 체류 당시 엄성이 홍대용에게 글씨를 요청한 일이 있었다. 이제 헤어지면 다시는 못 볼 테니 필적이라도 놓아두고 그리겠노라며 친필을 원했다. 이때 홍대용은 자신이 지은 「고원정부高遠亭賦」를 써주었다. 「고원정부」는 홍대용이 김종후의 요청에 따라 그의 정자를 위해 지어준 글이었다. 이 글을 써주며 홍대용은 김종후를 귀한 가문 출신임에도 벼슬길을 버리고 전야(田野)로 물러나 글을 읽는 조선의 고사(高士)라고 소개했다.

김종후 또한 홍대용의 집 애오려(愛吾廬)를 위해 「애오려기愛吾廬記」를 써주었는데, 이 글은 두 사람의 문집에 함께 실려 있다. 하지만 이 글에서도 홍대용을 향한 김종후의 삐딱한 시선이 느껴진다. '애오려'란 이름은 도연명(陶淵明)이 자신의 시에서 "나 또한 내 집을 사랑한다오(吾亦愛吾廬)"라고 노래한 구절에서 따온 말이다. 하지만 글자대로 풀면 '나를 사랑하는〔愛吾〕 집〔廬〕'이 된다. 김종후는 「애오려기」에서 '남을 사랑한다'고 하지 않고 '나를 사랑한다'고 말한 것을 꼬투리 잡아 나에 안주하지 말고 '큰 나〔大吾〕', 즉 남으로까지 확장되는 사랑의 마음을 가질 것을 주문했다.

뿐만 아니라 김종후는 홍대용이 연행 직전 출국 인사차 보낸 편지의 답장에서 그의 연행 자체를 만류하기까지 했다. 『본암집本菴集』 권3에 실린 「답홍덕보答洪德保」가 그 글이다.

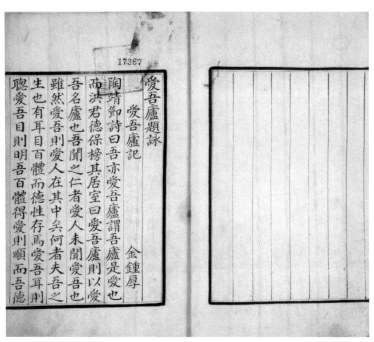

愛吾廬題詠

愛吾廬記　　　金鍾厚

陶靖節詩曰吾亦愛吾廬謂吾廬是愛也
而洪君德保榜其居室曰愛吾廬則以愛
吾名廬也吾聞之仁者愛人在其中矣何者夫吾之
雖然愛吾則愛人而德性存焉愛吾耳則
生也有耳目百體而德性存焉愛吾耳則
聰愛吾目則明吾百體得愛則順而吾德

• 『애오려제영愛吾廬題詠』에 실린 김종후가 홍대용을 위해 지은 「애오려기」. 충남대학교도서관 소장.

　그대의 이번 길은 무엇을 위한 것이오. 나랏일도 아닌데 바람 먼지를 맞으면서 만릿길의 괴로움을 무릅써가며 비린내 나는 더러운 원수의 땅을 밟으려 하니 어찌 답답한 안목을 틔워 크게 하려는 생각이 아니겠소. 안목이 답답한 것은 키우려 들면서, 마음이 답답한데도 이를 키우려고 하지 않는 것은 괜찮단 말이오? 하물며 이 마음을 키우려 하는 것이란 또 바람 먼지나 비린내의 괴로움이나 원수의 땅이 주는 욕스러움도 없는 것임에랴!

지면의 제약으로 다 옮길 수 없지만, 김종후는 이렇게 시작되는 편

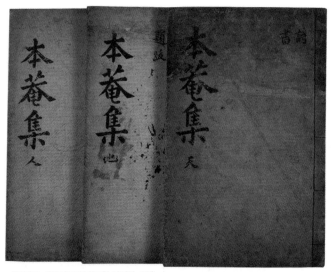

• 「본암집」. 한국학중앙연구원 장서각 소장.

지에서 청나라를 '비린내 나는 더러운 원수의 땅(腥穢之讐域)'으로 지칭했다. 국가의 명을 받은 공식 사절도 아니면서 안목을 넓히겠다고 그 더러운 원수의 땅에 가느니 차라리 너의 그 답답한 마음이나 더 수양해서 톡 틔우는 것이 훨씬 낫지 않으냐고 충고했다. 둘의 충돌은 애초부터 예견된 것이기도 했다.

　이러한 견해차는 그 시대의 문맥을 떠난 제3자의 시선으로는 온전히 이해될 수 있는 것이 아니다. 홍대용은 망한 지 100년도 더 된 명나라에 대한 의리를 내세워 엄연한 새 왕조를 비린내 나는 더러운 원수로 배격하는 경직된 춘추의리론(春秋義理論)에 숨이 턱 막혔다. 김종후는 그런 생각 자체가 요새 젊은것들의 팔딱팔딱하는 경박성에 말미암은 수양 공부의 부족 탓이라고 믿었다. 다들 외물(外物)에 마음을 뺏겨 내면의 충실을 찾기 힘들다. 진득한 품성으로 장래가 촉망되던 너마저 중국에 가보겠다고 기웃거리는 지경에 이르렀느냐는 탄식이 비판의 바탕에 깔려 있었다.

학계에서 영향력이 클 뿐 아니라, 믿고 의지했던 선배가 자신을 정면으로 비난하고 다닌다는 말을 들었을 때 홍대용의 상심이 어떠했을지는 짐작하고 남음이 있다. 홍대용이 먼저 김종후에게 붓을 들었다. 내용의 핵심은 이렇다.

항주 선비들과 사귄 것이 큰 잘못이라는 당신의 지적을 납득할 수 없다. 그들이 오랑캐의 세상에서 과거에 응시했으니 1등인이라고 할수는 없다. 하지만 그들이 머리를 깎고 호복(胡服)을 입어 오랑캐의 풍속을 따른 것을 이제 와서 비난할 수 있는가? 그들이 멸문(滅門)의 재앙을 무릅쓰고 청의 제도를 거부하는 것이 가능한가? 그들이 불행한 때에 태어난 것을 슬피 여기지 못할망정 어찌 배척하여 경멸할 수 있는가? 오늘날 한족 지식인이 청의 과거에 응시하지 않고 어찌 자기뜻을 펼 길이 있는가? 더구나 강희(康熙) 연간 이후로 천하가 태평을 누린 지가 100년이 넘었다. 어찌 그들에게 망한 지 100년도 더 된 나라에 의리를 지켜 과거조차 보지 않아야 1등인이 될 수 있다고 강요하겠는가? 그것이 그대가 말하는 인정이고 천리인가? 내가 직접 만나본 그들은 도량이 넓고 기운이 시원스러워 그들과 사귄 것이 나는 조금도 부끄럽지가 않다. 그대의 비난을 들으니 멍해져서 맥이 빠진다. 내 잘못을 구체적으로 일깨워달라.

'오냐, 기다렸다!'는 듯이 김종후의 격앙된 답장이 바로 도착했다. 그 내용은 또 이러했다. 출발 전 보낸 편지에서 비린내 나는 더러운

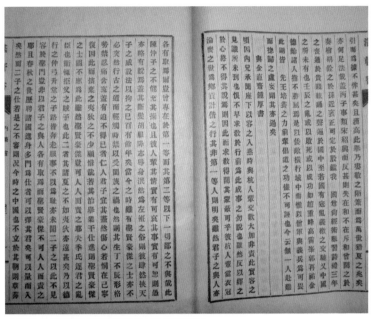

• 『담헌서』에 실린 홍대용이 김종후에게 보낸 첫번째 편지.

원수의 나라라고만 하고 그곳에서 마땅히 지녀야 할 몸가짐에 대해 미리 말하지 못했던 것을 후회한다. 듣자니 머리 깎은 거자(擧子, 수험생)와 형제처럼 사귀고 거리낌없는 대화를 나누었다는데 사실인가? 나는 너를 '제1등인'으로 여겼다. 1등인은 평상시에조차 과거에 응하지 않고 학문에만 힘쓰는 자가 아니던가? 하물며 오랑캐의 과거에 응시하는 것은 언급할 가치조차 없다. 그대는 제2등, 3등의 인간과 교유하고서 그것을 떳떳타 하는가? 명나라가 망한 후 중국은 없어졌다. 나는 그들이 명나라를 잊음을 꾸짖는 게 아니라 중국을 생각하지 않음을 꾸짖는 것이다. 특히 강희 연간 이후로 천하를 복종시켜 태평을

누리게 되었다는 그대의 요설에는 경악을 금치 못한다. 북벌의 대의
를 붙들어 명을 위해 복수하려던 우암(尤庵) 선생 앞에 부끄럽지도 않
은가? 선비는 중화와 이적(夷狄)의 구분이 무너진 세상을 통분히 여길
뿐이다. 그런데도 그대는 그들의 경제만으로 태평성대를 내세우니 부
끄럽기 짝이 없다. 그대의 스승인 미호(渼湖) 김원행에게 심판을 청해
보자. 그도 인정한다면 나도 승복하겠다. 그리고 그대의 문답 기록을
나에게만 숨기고 보여주지 않는 것은 떳떳한 행동이 아니다.

　둘의 입장은 팽팽해서 타협의 여지가 조금도 없었다. 이런 것은 세
계관의 차이에서 나온 것이라 옳고 그름의 논리로는 쉬 갈라낼 수가
없다.

하정투석, 우물 안에서 돌을 맞다

　홍대용은 김종후가 답장에서 자기 말의 꼬리를 잡고 교묘하게 함
정으로 몰아가는 논리를 편 데 대해 크게 격분했다. 두 사람의 중간에
서 있던 내형에게 보낸 편지에서는 분한 마음을 이렇게 표출했다.

　수야(秀野, 김종후의 자)가 일에 따라 일을 논하는 데 그치지 않고, 갑자
기 춘추의 의리를 들고 나오는군요. 그 말의 기세를 살펴보니 마치 장
차 재갈을 물려 협박하려는 뜻이 있는 듯합니다. 이야말로 제가 실로
유감이 없을 수 없는 점입니다. 유감이라 한 것은 한을 품어 성을 낸다
는 뜻이 아닙니다. 속학(俗學)들이 일 만들기 좋아해 시끄러운 사단(事

端)을 일으켜놓고 스스로는 이단을 배척하는 의리에 가탁하는 것에 가까움을 애석하게 여긴다는 뜻입니다.

한마디로 김종후의 말꼬리 잡기와 트집 잡기 식의 논법이 야비하다는 뜻이었다. 1등인 논쟁을 하다 말고 갑자기 춘추의리라는 예민한 사상 문제로 비약함으로써 논쟁의 초점을 호도하고 있다는 것이다. 이렇게 해서 자기 입에 재갈을 물리고, 더 계속하면 벽이단(闢異端)의 이념 논쟁으로 몰고 가겠다고 협박하는 것이 아니냐고 호소했다. 속학들이 공연히 사단을 일으킬 때나 하는 짓이라고 발끈했다.

동시에 홍대용은 김종후의 답장에 대해 '어디부터 어디까지' 식으로 축조 분석하며 조목조목 반박했다. 굉장히 긴 편지다. 의도를 숨긴 채 남의 말을 삐딱하게 보지 말고, 평상심으로 말 그대로 읽어줄 것을 요청한 내용이다. 그의 반박을 하나하나 논박하면서, 그대의 비판이 전체 글의 앞뒤 문맥을 살피지 않고 말꼬리를 잡아 죄주자는 것이 아니냐고 매섭게 따지고 들었다.

그런데 이 대목에서 알 수 없는 일이 있다. 옌칭도서관의 후지쓰카 구장본 『진신적독搢紳赤牘』과 서울대 규장각에 소장된 『진신적독』에는 홍대용이 김종후에게 보낸 답장 「또 직재에게 답장한 편지又答直齋書」의 제목이 「의답수야서擬答秀野書」로 바뀌어 있다. '의답(擬答)'이란 실제 보낸 답장이 아니라 답장으로 전제하고 쓴 일종의 '모의' 답장이란 말이다. 그러고는 이 편지 바로 뒤에 다시 한 통의 「답수야答秀野」란 편지를 실었다. 이 편지는 홍대용의 『담헌서』에는 누락되고 없다. 또 『담헌서』에 실린 김종후의 답장은 내용으로 볼 때 문집에 누락된

「답수야」에 대한 답장이었다. 다시 말해 김종후는 실제로『담헌서』에 실린 홍대용의 편지를 받지 못했다.『진신적독』에 실린 다른 편지를 받았다. 홍대용은 문집을 엮으면서 실제로 보낸 편지를 빼고「의답수야서」로 대체해 넣은 것이다. 왜 그랬을까?

내 생각은 이렇다. 홍대용은 원래「의답수야서」를 김종후에게 보낼 답장으로 썼다. 아주 작심을 하고 조목조목 따져 자근자근 비판했다. 편지 중에는 사람을 우물 아래 내려놓고 그 위에서

• 옌칭도서관 소장 후지쓰카 구장본『진신적독』의「의답수야서」. 문집의 같은 글과 제목이 다르다.

돌을 던진다는 하정투석(下井投石)에 견준 말도 있고, "남을 함정 속에 몰아넣고도 조금도 애석하게 여기지 않으니 너무도 심하다"는 표현도 나온다. 또 항주 선비들을 두둔하는 내용도 자세하다.

그런데 막상 써놓고 보니 말이 너무 격렬했다. 서슬이 퍼렜다. 홍대용은 한때 존경하던 선배인 김종후에게 차마 선을 넘을 수가 없어, 이 편지 대신 문집에는 빠지고『진신적독』에만 실려 있는「답수야」를 새로 써서 보냈다. 이 글은 분량도 길지 않고 표현을 한결 누그러뜨렸다. 아마도 내형이 홍대용이 처음 쓴 편지를 읽어보고 대경실색해서 극력 만류하여, 이에 다시 감정을 삭여 새로 써 보낸 듯하다.

같은 학문 그룹 내에서 이념 논쟁이 쓸데없이 비화되는 것은 쌍방 간에 득 될 것이 없었다. 중간의 만류와 중재가 끼어들어서 그랬는지,

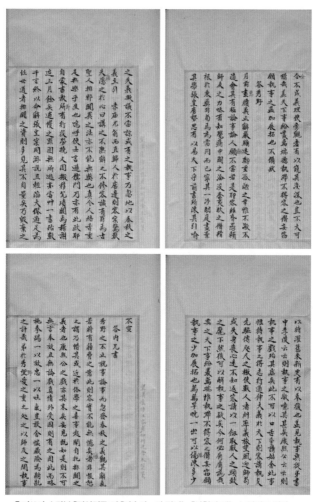

• 후지쓰카 소장본 『진신적독』의 「답수야」. 이 편지는 『담헌서』에는 누락되고 없다.

본인도 자신이 앞서 한 말이 지나쳤다고 여겼던지, 다시 보내온 김종후의 답장은 거의 사과 편지에 가까웠다. 그래도 말끝에는 아직 가시가 박혀 있었다.

홍대용이 한번 더 답장했다. 오는 말이 고와지자 가는 말투도 한결 부드러워졌다.

가르쳐도 행하지 않은 뒤에 나무라고, 나무라도 행하지 않은 뒤에 치는 것입니다. 치는 것은 어쩔 수 없는 상황에서 나온 것이니, 주먹을 휘두르고 발로 차는 의(義)는 지극히 공변되고 성심스런 인(仁)과 나란히 행하여야 어긋나지 않을 것입니다. 제가 보낸 첫 번 편지는 말을 살피지 못한 구석이 비록 많지만 사실에 입각해서 그대로 쓴 것입니다. 따져 살펴야 할 것을 가리지 않은 것은 장차 도를 갖춘 선배에게 나아가 바로잡아 공평한 마음으로 가르쳐줄 것을 믿었기 때문입니다. 그런데 집사(執事)께서 죄주기를 너무 급작스럽게 하고, 꾸짖음만으로는 부족타 여겨 장차 치려고까지 하시니, 제가 실로 말을 겸손하게 하지 못한 것을 후회합니다. 가만히 생각건대 성문(聖門)에서 사람을 이끌고 의혹을 따지는 뜻이 이렇지는 않을 것입니다. 한결같이 이같이 하여 그치지 않는다면 꽉 막힌 폐단이 장차 대문 앞에 다투는 벗이 없게 하고, 귀에 거슬리는 말이 끊어지게 만들 것입니다.

이렇게 해서 홍대용이 항주 선비들과 만나 교유한 일을 두고 벌어진 김종후와의 1등인 논쟁은 가까스로 진정 국면에 접어들었다. 만약 홍대용이 훗날 『담헌서』를 편집하면서 실제 자기에게 온 것이 아닌 다른 편지로 바꿔 실은 사실을 김종후가 알았더라면, 둘의 싸움은 다시 불붙었을 것 같다. 이 부분은 정황상 더 꼼꼼히 따져볼 구석이 많지만 이 글에서는 더 깊이 들어가지 않겠다.

자기 검열의 행간

두 사람의 논전은 막장까지 가지 않고 적절한 선에서 봉합되었지만, 둘 다 상대에게 끝내 수긍하지 않았다. 더이상 험하게 싸우고 싶지 않아 이쯤에서 끝내자고 타협한 것에 불과했다. 전 같으면 사문난적(斯文亂賊)으로 내몰 수도 있는 사안이었다. 이러한 변화는 젊은 목소리가 그만큼 커졌다는 반증이기도 했다.

이런 싸움을 통해 홍대용은 맷집을 키웠다. 그는 늘 답답하리만치 반듯했지만 알고 보면 격렬한 다혈질의 사람이었다. 젊은 시절 홍대용은 스승 김원행에게 노론과 소론이 분당되던 시점에서 송시열의 잘못된 처신을 따지고 들었다가 스승의 큰 노여움을 산 일이 있었다. 스승이 벼슬아치 집안의 혼사에 참석했을 때도 그것이 옳은 행동이냐고 정식으로 따져 물었다. 그때도 그는 스승에게 "큰 의심이 없이는 큰 깨달음도 없습니다. 의심이 있는데도 말을 얼버무리느니, 자세히 묻고 분변을 구하는 것이 낫지 않습니까? 겉으로 예예하며 구차하게 아부하기보다는, 차라리 할 말을 다해 함께 돌아가는 것이 낫다고 생각합니다"라고 대들었다.

홍대용이 북경에 가서 엄성, 육비, 반정균 등과 만나 천애지기의 우정을 맺었다. 그 뜨거운 만남의 기록은 귀국 후 바로 정리가 되어, 고여 있던 당시 지식인 사회에 큰 반향을 일으켰다. 이를 못마땅하게 여긴 김종후의 비난에 홍대용이 반발하면서 1등인 논쟁이 촉발되었다. 이것이 당시 가장 뜨거운 감자였던 춘추의리론에 입각한 북벌의 국시 문제로 넘어가자, 논쟁은 순식간에 이념 문제로 비화되었다.

명이 청에 망하면서 천하에는 중화가 없어졌다. 중화란 무엇인가? 요순우탕(堯舜禹湯)을 거쳐 문무주공(文武周公)으로 이어지는 의리를 소중한 가치로 받들어 지키는 정신이다. 중국에서 중화는 사라졌지만, 조선에는 중화가 살아 있다. 아니 조선이야말로 지금의 유일한 중화다. 이것이 바로 소중화(小中華) 의식이다. 지구상의 유일한 중화인 조선이 이적(夷狄)으로 변해버린 비린내 나는 오랑캐 청을 무찔러, 잘못된 천하의 질서를 바로잡아 세워야 한다는 것이 당시 조선의 국시인 북벌의 이데올로기였다. 이는 명으로부터 받은 은혜를 갚고 청에 당한 치욕을 씻는 복수설치(復讐雪恥)의 길이기도 했다.

1960, 70년대 여자아이들은 뜻도 모르고 고무줄놀이를 하면서 '무찌르자 오랑캐 몇백만이냐'를 노래했다. 하지만 홍대용 당시 조선의 젊은이들이 막상 가서 직접 눈으로 살펴본 중국은 결코 비린내 나는 더러운 오랑캐의 나라가 아니었다. 그들이 보기에 북벌은 가당치 않은 망상에 가까웠다. 이들은 자신들이 소모적인 이념 공세에 속아왔다는 사실을 뼈저리게 자각했다. 18세기 중엽 이후 조선 사회의 균열은 새롭게 바깥세상에 눈을 뜨면서 할 말이 많아진 젊은이들과, 이들의 각성을 거꾸로 되돌려 무효화하려는 보수층의 갈등에서 비롯된 것이다. 이런 갈등은 지금도 다를 게 없다. 하지만 이것을 막상 담론화할 때는 세밀한 전제와 차단막이 필요하다. 단장취의(斷章取義)로 앞뒤를 잘라 말꼬리를 붙들고 늘어지면, 논쟁은 사라지고 진흙탕의 살벌한 싸움만 남는다.

홍대용의 단독전(單獨戰)은 후배인 박제가 등에게 바통이 넘겨지면서, 북학(北學)의 새싹으로 자랐다. '무찌르자 오랑캐'의 북벌이 '배우는 것이 먼저다'의 북학으로 전환되는 단초를 홍대용이 열었다. 그들은 직접 중국을 다녀온 후 이제껏 배워온 춘추의리나 북벌의 허구성을 일찌감치 깨닫고 분노했다. 하지만 대놓고 공론화하기에는 사안이 너무도 예민하고 위험부담이 컸다. 홍대용은 편지의 톤을 누그러뜨림으로써 예봉을 비켜 갔다. 아직은 전면전의 때가 아니라고 판단했던 것이다. 하지만 박제가는 달랐다. 그는 정면으로 들이받았다. 조금도 망설이지 않았다.

새삼스런 말이지만 자료는 꼼꼼히 읽고 면밀히 살펴야 한다. 홍대용이 『담헌서』에서 편지를 교체한 것은 보기에 따라 미묘한 파장을 부를 수도 있는 문제였다. 하지만 홍대용은 자신의 분노와 자신의 문제의식을 문집에서만큼은 좀더 공격적으로 드러내고 싶어했던 것 같다. 문집은 후세에 기록으로 남을 것이기에 더 그랬다.

한편 이와는 별도로 홍대용이 엄성에게 보낸 마지막 편지는 3600자에 달하는 장문이었다. 홍대용의 『항전척독』과 엄성의 『철교전집』에 함께 실려 있다. 이 두 글도 꼼꼼히 대조해보니 내용 차이가 상당했다. 『철교전집』에 실린 글은 홍대용이 보낸 원본 그대로였고, 『항전척독』 것은 나중에 자기 검열을 거쳐 손질된 것이었다. 『철교전집』에 실렸던 글의 상당 부분이 문집으로 옮기는 과정에서 편집되었다. 왜 뺐을까? 무엇이 바뀌고 보태졌나? 음미될 만한 중요한 의미들은 늘 이 언저리에 숨겨져 있다. 주마간화(走馬看花) 격으로 달려가는 이 글에서 그 의미를 찬찬히 곱씹을 여유가 없어 아쉽다. 홍대용의 죽음을 둘러싼 뒷이야기를 한번 더 살피고, 18세기 문예공화국은 제2기로 넘어간다. 2기의 주인공은 박제가다.

겉만 보고 판단하는 세상
―사라진 명사를 찾아서

논쟁의 뒤끝과 「홍덕보묘지명」

김종후와의 논전은 어찌어찌 봉합되었지만 후유증은 오래갔다. 홍
대용은 1766년 9월 10일에 엄성에게 장문의 편지를 보냈다. 엄성이
살아서 받은 마지막 편지였다. 앞서도 말했지만, 『철교전집』에 실린
원래 편지는 홍대용의 『담헌서』의 것과 상당히 차이 난다. 『담헌서』
의 편지에는 삭제된 부분이 많다. 그중 한 대목은 이렇다.

우리가 형제로 일컬은 일을 이곳의 사우(士友) 중에 유림의 고사에
서 이 같은 예를 들어본 적이 없고, 오직 패설(稗說)과 잡지(襍志)에나
보이는 일이라 마침내 무거운 선비의 바른 법도는 아니라고 여겨 비난

하는 자가 있었소. 이 같은 얘기는 또한 너무 근엄한 것이지만, 실로 옛일에서 끌어와 기준으로 삼을 만한 것이 없구려. 이 같은 법이 어느 때 시작되었는지, 예전부터 유자 중에 또한 이를 행한 자가 있는지 모르겠소. 알려주면 좋겠소.

김종후와 한창 논쟁중에 쓴 편지인 듯하다. 비난하는 사람을 공박할 논리를 예전 고사에서 찾아 제시하고 싶은데 마땅한 예가 떠오르지 않으니 혹 있거든 알려달라는 부탁이다. 엄성의 답장에 이에 대한 대답이 없자, 문집에 실을 때 질문 자체를 삭제했던 것이다. 홍대용은 김종후 등에게 자신이 이런 질문을 한 사실 자체가 알려지기를 원하지 않았던 것이 틀림없다.

홍대용은 그로부터 17년 뒤인 1783년 10월 23일에 세상을 떴다. 누린 해가 53세였다. 평소 건강했는데, 갑자기 중풍이 와서 입이 뒤틀리고 혀가 굳더니 그길로 눈을 감았다. 홍대용이 급서하자, 박지원은 강남의 벗들에게 홍대용의 부고를 알려야 한다고 생각했다. 예전 주문조가 엄성의 부고를 자신에게 알려왔듯 자신도 홍대용의 죽음을 그들에게 알릴 의무감을 느꼈다. 그들은 의리로 맺은 형제가 아니던가? 그들이 최소한 홍대용의 제삿날이라도 알고 있어야 할 것이 아닌가?

박지원은 「홍덕보묘지명洪德保墓誌銘」에 부고장과 그것을 쓰게 된 연유까지 포함했다. 덕분에 묘지명은 서두부터 이상한 글이 되고 말았다. 묘지명은 홍대용이 죽은 지 사흘 뒤에 동지사를 따라 중국에 가는 사람이 있어서, 그 사람 편에 삼하(三河)에 사는 홍대용의 중국 친

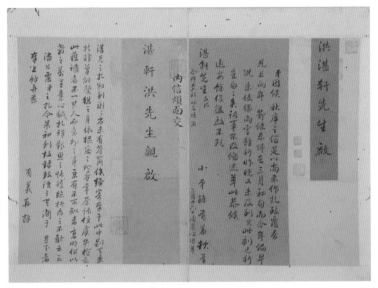

• 삼하 손유의가 홍대용에게 보내온 친필 편지. 한림대학교박물관 소장 『계남척독』에는 손유의가 홍대용에게 보낸 여러 통의 친필이 수록되어 있다.

구 손유의(孫有義)에게 부고를 전하게 한 사실을 장황하게 적는 것으로 시작된다. 3년 전인 1780년에 연암 자신이 연행할 당시 홍대용의 소개장을 들고 손유의를 찾아갔다가 만나지 못하고 허행한 일도 설명했다. 한 글자조차 아껴야 할 돌에 새길 글을 그는 서두부터 너무 낭비하고 있다.

박지원은 한술 더 떠서 부고장의 전문까지 인용했다. 홍대용의 한 줄짜리 약력과 사망 일자를 적고, "이 부고를 강남땅에 대신 전달해 천하의 지기(知己)들이 그가 죽은 날짜를 알게 하여, 망자나 산 자나 여한이 없게 해주기를 바란다"는 말로 맺었다. 여기까지가 전체 묘지명의 4분의 1을 차지한다.

이어 연암은 『항전척독』 등 항주 선비들과 주고받은 편지와 시문집 10권을 관 옆에 펼쳐놓고 통곡했다. 연암은 홍대용에 대한 세상의 몰이해를 깊이 슬퍼했다. 인격적으로 그는 매우 훌륭한 인간이었다. 음률과 역법에 대한 식견도 워낙 깊었다. 다만 저술로 남기지 않아 세상이 몰랐을 뿐이다. 연암이 「홍덕보묘지명」에서 가장 주안을 둔 단락은 다음 대목이다.

세상에서 덕보를 흠모하는 사람들은 그가 진작에 스스로 과거를 그만두어 명리에 뜻을 끊고, 한가로이 지내며 이름난 향을 사르고 금슬을 연주하는 것만 보고서, 담박하게 홀로 기뻐하며 세상 밖에서 마음을 즐긴다고들 말한다. 하지만 덕보가 사물의 이치를 종합하고 뒤엉킨 것을 끊고 뒤섞인 것을 갈라내어, 나라의 재정을 맡기거나 먼 땅에 사신으로 보내더라도 능히 통어(統御)할 수 있는 기이한 책략을 지닌 줄은 조금도 알지 못했다.

홍대용의 진면목을 아는 사람은 조선 천지에 아무도 없었다. 그저 욕심 없이 맑게 살다 간 사내쯤으로만 알았다. 그런 그가 숙부를 따라 중국에 한번 들어가자 중국 내의 명사들이 홀연 그를 대유(大儒)로 떠받들고, 헤어질 때는 울고불고했으며, 엄성은 홍대용이 선물로 준 먹을 품고 세상을 떴을 정도로 난리가 났다. 조선에서는 끝내 아무도 몰랐던 그의 진가를 중국 선비가 오히려 단번에 알아보았다. 연암은 글 끝에 붙은 평처럼, 묘지명에 통상적으로 들어가야 마땅할 효성과 우애, 자애와 공경 같은 집 안에서의 행실에 대해서는 단 한 줄도 언급하지 않았다. 요컨대 연암은 홍대용의 그런 조용한 죽음이 분하고 억울했던 것이다.

사라진 명사의 행방

한 가지 더. 박지원이 지은 「홍덕보묘지명」 끝에는 당연히 들어 있어야 마땅할 운문으로 된 명사(銘詞)가 없다. 묘지명인데 묘지(墓誌)만 있고, 묘명(墓銘)이 빠졌다. 그 이빨 빠진 자리에 '명(銘)은 원고를 분실했다(銘佚原稿)'는 네 글자를 박아두었다.

이 말을 믿으란 말인가? 『연암집』에는 이 글 말고도 몇 곳에 '명일원고'로 처리된 부분이 있다. 원고가 있었는데 잃어버렸다. 이 말은 없어진 것이 아니라 있는데 뺐다는 뜻이다. 유독 예민한 곳, 문제가 될 만한 부분의 원고가 빠져 있다. 자기 검열이 행해진 것이다. 하지만 앞쪽에 이미 할 말을 다 했기 때문에, '명일원고'는 빠진 원고에 대한 궁금증을 증폭시킴으로써 오히려 앞쪽 글의 행간을 한번 더 더듬게 만드는 장치로 작동한다. 귀신같은 글솜씨다.

최근 연암 후손가에 전해오던 연암의 다양한 친필 초고가 공개되었다. 2012년에 단국대학교 연민문고에 소장된 자료를 일괄한 『연민문고소장 연암박지원작품필사본총서』가 문예원에서 무려 20책의 거질로 영인된 것이다. 나는 이 책으로 인해 연암학은 새로 시작되어야 한다고 믿는 사람이다. 정작 없어졌다던 명사는 이 초고 묶음 중 두어 곳에 남아 있다. 어떤 것은 글자 위에 먹으로 뭉개놓았다. 아들 박종

• 『연암집』의 '명일원고(銘佚原稿)'라고 표시된 부분(하단 펼침면 왼쪽).

채가 아버지의 기억을 쓴 『과정록過庭錄』에도 실려 있다. 그런데 이것이 저마다 조금씩 다르다. 4구로 된 것도 있고 5구도 있다. 글자도 몇 자씩 차이가 난다. 이 말은 연암이 처음 지은 후에 손질을 계속했다는 뜻이다. 그래도 공연한 시비를 야기할 소지가 있자, 차라리 '명일원고' 쪽으로 선회했다.

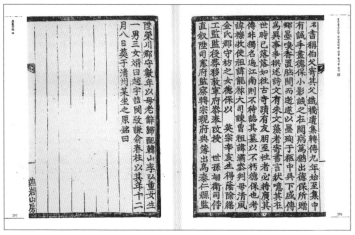

• 명사가 빠진 상태인 『연암초고』(『연민문고소장 연암박지원작품필사본 총서』 복사 면).

연암 후손가에 전해오던 친필 필사본 『연암산고燕巖散稿』3에 이 대목이 또렷하게 남아 있다.

웃고 노래하고 춤추고 소리쳐 마땅하리.	宜笑歌舞呼
서자호에서 서로 만나매	相逢西子湖
그대가 자신을 부끄러워하지 않을 줄 알겠네.	知君不羞吾
입속에 구슬을 머금잖음은	口中不含珠
보리 읊던 유자를 슬퍼함일세.	空悲詠麥儒

1구는 무슨 소린가? 홍대용의 죽음이 조금도 슬프지 않고, 기뻐서 웃고 노래하고 덩실 춤추고 소리라도 질러 마땅할 만큼 좋다는 것이다. 어째서? 이제야 비로소 그의 넋이 엄성과 육비, 반정균 등이 있는 강남땅 서자호(西子湖)로 날아가 그토록 그리던 그들과 재회할 수 있

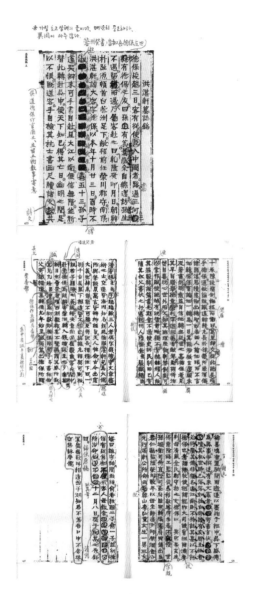

• 『연암산고』 3의 명사가 남아 있는 『연민문고소장 연암박지원작품필사본 총서』의 「홍덕보묘지명」 초고 전문. 붉은 먹으로 첨삭 표시한 부분은 문집 원고와 다른 부분을 필자가 반영해본 것이다. 끝에 박스로 표시한 부분이 문집에서 사라졌던 명사다. 앞쪽에도 빼고 보탠 내용이 적지 않다.

게 되었으니까. 3구는 「홍덕보묘지명」 본문 중에 "장차 헤어지려 할 때 서로를 보며 눈물을 흘려 말했다. '한번 헤어지면 천고에 다시는 볼 수가 없겠군요. 저승에서 서로 만나더라도 부끄러운 빛이 없기로 맹세합시다'"라는 대목을 받아서 한 말이다. '오(唔)'는 운자로 들어간 글자다. 그대가 자신을 부끄러워하지 않을 줄 안다는 말은, 홍대용이 저승에서 엄성을 만나도 조금도 부끄럽지 않게 살았음을 글쓴이가 확신한다는 뜻이다. 4, 5구의 음미는 잠시 뒤로 미룬다.

박종채의 『과정록』에는 제1구가 빠진 채 나머지 네 구만 전한다. 그런가 하면 연암 후손가에 전하던 『열하일기』에도 명사가 남아 있다. 다섯 구가 네 구로 줄고, 첫 구가 다른 구절로 대체되었다. 나머지 뒷부분에도 세 글자가 차이 난다. 다음과 같다.

넋 떠나도 모름지기 초혼(招魂) 않으리	魂去不須招
서자호에서 서로 만나볼 테니.	相逢西子湖
입안에 구슬을 머금잖음은	口裏不含珠
보리 읊던 유자를 슬퍼함일세.	怊悵詠麥儒

넋이 육신을 떠나가도 초혼하여 붙들지 않겠다. 왜냐? 이제 떠나가 서자호에서 그토록 그리던 벗들과 해후할 수 있게 되었으니까. 의미는 큰 차이가 없다. 먼저 글의 춤추고 노래한다는 첫 구는 호들갑스러웠다. 여기서는 조금 온건해졌다. 앞서는 격앙된 마음이 걸러지지 않았다. 잘 죽었다. 슬프지 않다. 오히려 춤추고 노래하고 소리 지를 만큼 기쁘다. 이렇게 말했었다. 『과정록』에서는 과격한 첫 구만 빼서 목

청을 낮췄다. 그런데 밋밋하다. 그래서 톤을 누그러뜨리면서 기세는 살리려고 위와 같이 다시 고쳤다. 하지만 부끄럽지 않을 것을 안다는 3구를 빼버리자 기맥이 사라졌다. 그래도 이 정도라면 무난해 보이는데 어째서 아예 통째로 빼버릴 작정을 했을까? 정작 민감한 문제는 앞이 아닌 끝의 두 구에 감춰져 있었다.

반함을 거부한다

홍대용은 세상을 뜨면서 반함(飯含)을 거부했다. 반함이 뭔가? 망자의 입을 벌려 그 안에 주옥(珠玉)이나 곡식 등을 물리던 상례(喪禮)의 절차다. 저승길의 양식이다. 배곯지 말고 저승으로 건너가라는 발원을 담았다. 예전에는 옥으로 만든 매미를 입안에 넣거나 옥구슬을 넣었다. 옥은 불변과 영생의 상징이다. 중국 박물관에 가면 흔히 보게 되는 옥 매미는 모두 고분 속 시신의 입속에 들어 있던 것들이다.

박종채는 『과정록』에서 "담헌은 평소 지론이 상례의 반함을 꼭 행할 것이 없다 하였고, 또 선군께 그의 상사를 점검하도록 부탁하였다. 이때 그의 아들 원(薳)에게 일러주셨는데, 원 역시 유지를 들었다"고 적었다. 으레 남들 다 하는 반함을 홍대용은 어째서 굳이 거부했을까? 사실 성호 이익도 반함을 반대했다. 그는 「반함설(飯含說)」이란 논문까지 썼다. 사람이 죽으면 얼마 안 가 경직이 온다. 경직이 와서 시신이 굳으면 입을 벌려 반함할 수가 없다. 그렇다고 죽자마자 하지는 못한다. 죽은 줄 알았는데 다시 살아나는 수도 있기 때문이다. 따라서 반함을 하려면 죽음을 확인한 후 경직이 오기 전에 망자의 입에 숟가락을 물려서 입을 약간 벌려두지 않으면 안 된다. 전문용어로 설치(楔齒)라 한다. 나중에 반함을 하고 나도 이미 굳은 시신의 입은 다물어지지 않는다. 이게 우선 시신에게 못할 짓이다. 숟가락을 입에 물고 누운 망자의 모습을 헤아려보면 금세 짐작이 간다. 또 입안에 날곡식을 넣어두면 하루가 못 되어 부패가 시작된다. 여름철에는 이것이 시신의 부패를 더 촉진시킨다. 아무 의미도 없는 일 때문에 시신이 이래저래 욕을 보게 되니, 망자를 보내는 예가 아니다. 그래서 이익은 반함과 같은 허례를 반대한다고 했다. 홍대용도 평소 이런 지론을 가지고 있었다. 죽기 전에 반함하지 말라는 뜻을 명확히 밝혀두었다.

「홍덕보묘지명」의 초고이며 명사까지 실린 연암 후손가 소장 『연암산고』 3에는 현재 글에서 빠진 대목이 한 단락 남아 있다. 앞 사진 중 명사 앞쪽에 박스로 표시한 대목이다. 그 내용은 "덕보가 평소에 망자의 입에 수저를 물리는 것이 불편하다고 여겨, 집안사람을 경계해서 반함을 못 하도록 했다. 이때 아들 원이 호곡하며 '아버지가 분부하신 것'이라며 마침내 반함하지 않았다"는 부분이다. 처음에 들어갔던 이 대목을 연암은 나중에 글을 고치면서 빼버렸다. 그러고는 명사의 끝 두 구에서 참으로 교묘하게 말을 비틀어 홍대용이 입속에 구슬을 머금지 않고 가겠다고 한 것은 이런 평소의 지론 때문이 아니라, '영맥유(詠麥儒)'를 슬퍼하는 속뜻에서 나온 것이라고 시치미를 떼고 말했다.

한편 '영맥유'는 덮어놓고 한 말이 아니라 맥락이 있는 말이다. 『장자莊子』 「외물外物」에 나온다. 내용이 이렇다. 이해를 돕기 위해 문맥

• 『장자』 「외물」의 해당 대목. 2도 인쇄한 책이다.

을 풀어서 쓴다.

대유(大儒)와 소유(小儒) 두 놈이 도굴을 한다. 대유는 위에서 망을 보고 소유는 무덤 속에 들어갔다. 대유가 소리친다.

"야! 날이 밝아오는데 뭘 하는 거야. 서두르지 않고."

소유가 대답한다.

"아직 수의도 다 못 벗겼어요. 입안에 구슬도 있는데요."

"구슬은 조심해 꺼내야 한다. 잘못해서 구슬이 깨지면 안 되지. 살쩍을 잡고 턱수염을 꽉 눌러서 빼내야 한다. 너 전에 『시경』을 읽었지? 거기 보면 '푸릇푸릇 보리가 무덤가에 돋았네. 살아 베풀지 않았으니 죽어 어이 구슬을 머금으랴(靑靑之麥, 生於陵陂. 生不布施, 死何含珠爲)'라고 했잖아? 그깟 녀석은 구슬을 물 자격도 없어. 시신은 손상해도 괜찮으니 구슬이나 깨지지 않게 조심해서 꺼내."

소유는 "알았어요" 하고는 한술 더 떠 쇠망치로 시신의 턱을 두드려 턱을 조심조심 벌리더니 입속에서 구슬을 꺼냈다.

장자는 글의 첫 문장을 '유자는 시례(詩禮)로 무덤을 파헤친다(儒以詩禮發塚)'고 썼다. 말이 유자지 실제는 도굴범이다. 갓 생긴 무덤을 파헤쳐 시신의 수의를 벗기고, 입속 구슬 따위를 훔쳐 생계를 유지하는 도둑놈들이다. 그래도 입은 살아서, 곧 죽어도 자신들의 짓이 거리낄 것 없다는 근거를 『시경』에서 끌어와 합리화한다는 것이다. 흉악한 놈들이 아닌가?

'영맥유'를 조롱함

이제 남겨둔 명사의 4, 5구를 풀이할 차례다. "입속에 구슬을 머금잖음은, 보리 읊던 유자를 슬퍼함일세(口中不含珠, 空悲詠麥儒)"라는 구절 중 '보리 읊던 유자'는 앞서 도굴중에 '푸릇푸릇 보리가' 하는 시를 외우던 대유를 가리킨다. 무슨 말인가? 이제 홍대용은 반함을 하지 않은 채 묻혔다. 그러니 너희가 나중에 홍대용의 무덤을 파헤쳐 구슬을 훔치려 해도 그의 입속에는 훔쳐갈 구슬이 하나도 없다는 말이다. 이것이 영맥유를 슬퍼하는 까닭이다. 그들은 공연히 무덤 파는 수고만 하고 가져갈 것이 없겠기에 한 말이다. 물론 비유의 언어다.

한편 이 말은 무덤 속에 구슬이 없으니 무덤 파헤칠 생각을 말라는 사전 경고의 구실도 한다. 홍대용은 그 높은 뜻과 맑은 행실로 사람들에게 욕심 없이 맑게 살다 간 사람이란 평가를 받았다. 하지만 박지원이 아는 홍대용은 그 안에 무한히 큰 경륜을 품었던 사람이다. 조선의 누구도 그의 경륜을 알아주지 않았는데, 길 가다 만난 중국 선비들만 한눈에 알아보았다. 그나마 그 일을 두고도 온갖 비방을 해대며 헐뜯었다. 이제 그는 죽어 넋이 훨훨 날아 강남으로 갈 것이다. 거지 같은 놈들의 비방을 더이상 받지 않아도 되고, 그토록 그리던 중국의 벗과 부끄러움 없이 만나게 되었다. 내가 그의 죽음을 슬퍼하지 않고 기뻐하는 이유다.

연암은 「회우록서會友錄序」에서 동서남북으로 파당을 나눠 싸우는 것도 모자라서, 여기에 사농공상(士農工商)의 신분으로 다시 갈라 차별을 두는 조선 사회를 답답하고 숨막혀했다. 홍대용은 세상에 아무런 관심도 없다는 듯이 거문고만 켜며 속내를 드러낸 적 없이 살다 갔다. 그도 그게 좋아서 그랬던 것은 아니다. 도(道)가 더이상 행해질 수 없는 세상에 절망했기 때문이다. 그가 반함을 거부한 것은 남의 묘혈이나 파헤치는 더러운 짓을 하면서도 부끄럼 없이 『시경』에서 근거를 찾아 합리화하는 저 흉악한 자들에게 마지막으로 남기는 경고라는 것이다. 나는 간다. 구슬도 없다. 그러니 건들지 마라. 이런 견결한 의지를 반함을 거부하는 것으로 대신 남기고 갔다는 뜻이다.

물론 이는 홍대용의 뜻이 아닌 박지원의 풀이일 뿐이다. 연암은 벗의 죽음 앞에서 그의 평생을 떠올렸다. 그 맑고 뜻 높던 그가 경륜 한 번 못 펼친 채 조용히 갔다. 생전에 중국 선비 사귄 일로 갖은 비방을 일삼던 자들 앞에 의기소침해서 침묵하던 그의 마음의 상처를 떠올렸다. 울컥 분이 난 연암은 끝내 참지 못하고 세상의 영맥유들을 향해 '엿 먹어라 이 나쁜 자식들아! 홍대용이 죽을 때 반함을 하지 않고 간 진짜 이유를 너희가 아니?' 하고 마지막 한마디를 내던졌던 것이다.

이 명사로 한때의 분은 풀렸겠지만, 자칫 이 말은 망자에게 큰 재앙을 입힐 수도 있는 위험한 말이었다. 죽은 것이 기뻐 춤추고 노래하고 소리 지른다는 말도 표현이 지나치다. 특히 영맥유 부분이 연암의 풀이가 아닌 홍대용의 본뜻으로 오해되면, 뒷감당은 연암 자신이 아니라 홍대용의 몫으로 고스란히 넘어갈 염려가 있었다. 그래서 슬쩍 첫 구절을 지우고, 뒤쪽의 표현을 몇 글자 바꿔 눙치고 넘어가려 했던 듯하다. 하지만 이것은 외려 맥 빠진 말이 되고 말았다. '영맥유'가 남아 있는 한 시비를 걸기로 작정하면 어떻게든 걸 수 있는 문맥이었다. 결국 연암은 새로 명사를 지어 채워넣는 온건함을 취하지 않고 '명일원고', 즉 '있었는데 잃어버렸다'는 말로 대체해서 분노를 침묵 속에 우겨넣고 말았던 것이다.

한편 연암 필사본 중 판심(版心)에 '연암산방(燕岩山房)'이란 네 글자가 찍힌 원고지에 필사된 『백척오동각집百尺梧桐閣集』 곤권(坤卷)에도 「홍덕보묘지명」이 실려 있다. 명사는 잘려나간 상태다. 그런데 그 끝에 네 사람의 평어를 실었다. 간행본 『연암집』에는 평어가 하나뿐인데, 무려 세 사람 것이 더 실려 있다. 당시 연암 주변 인물들이 이 글을 어떻게 받아들였는지 알 수 있다.

앞뒤로 800여 글자가 벗이란 말로 시작해서 이것으로 맺었다. 효성

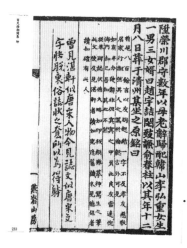

• 『백척오동각집』, 「홍덕보묘지명」의 끝에 실린 네 사람의 평어. 『연민문고소장 연암박지원작품필사본총서』 복사 면.

과 우애니, 자애와 공경이니 하는 말과 집 안에서의 행동 같은 것은 한 글자도 언급하지 않았다. 그런데도 그 사람이 윤리에 도타웠다는 사실이 말 밖에서 드러난다.

만약 아첨하는 말이 조금이라도 들어갔다면 비단 캄캄한 가운데서 이 좋은 벗을 저버린 것일 뿐 아니라, 마땅히 저 멀리 해외의 지기들에게도 부끄러웠을 것이다. 내가 틀림없이 그렇게 하지 않을 줄 알았다.

이제껏 비지(碑誌)는 덕을 묘사하는 것이 대략 판에 찍은 것처럼 비슷비슷해서, 그 살아 있는 모습을 묘사하기가 어렵다. 이 글은 담헌을 만나본 적이 있는 사람에게 읽게 한다면 마치 완연히 예전부터 알던 사람을 만난 느낌을 줄 것이다. 덕보를 미처 보지 못했던 사람에게 읽힌다면 확실히 이런 사람이 있었다는 사실을 알게 해줄 것이다.

일찍이 담헌을 만나보니 당송(唐宋) 적 인물과 비슷했다. 이제 이 글을 보니 당송의 문자와 흡사하다. 우리나라의 속된 묘지명이나 행장의 투식(套式)을 시원스레 내던졌으니, 이것이 체재를 얻은 까닭이다.

명사는 지워졌지만 분노가 남았다. 사람은 가고 평만 남았다. 다들 이 글이 통상의 투식에서 과감하게 벗어난 것에 놀라고 또 환호했다. 홍대용은 18세기 문예공화국의 초석을 놓은 인물이다. 이제껏 그의 얘기가 너무 길어졌다. 이제 문예공화국은 북학의 깃발을 높이 세우는 2기로 넘어간다.

제
15
화

알아주는 일의 행복
─유금과 이조원의 만남

행장 속에 든 『사가시집』

홍대용이 연경에서 돌아온 지 10년 뒤인 1776년 11월에 유금(柳琴, 1741~1788)이 연행길에 올랐다. 부사(副使)였던 예조판서 서호수(徐浩修, 1736~1799)의 막객(幕客) 신분으로 나선 길이었다. 그는 서호수의 두 아들을 가르친 선생이었다. 그의 보따리 속에는 이번 여행을 위해 특별히 준비한 회심의 카드가 있었다. 이름하여 『건연집巾衍集』, 이덕무, 박제가, 유득공, 이서구 네 사람의 시를 모아 엮은 이른바 『사가시집四家詩集』의 다른 이름이다.

이들은 지난 10년간 홍대용이 항주 선비와 만나 나눈 우정의 사연을 선망했다. 자신들에게 그 같은 기회는 종내 오지 않았다. 이 네 사람은 이른바 연암 그룹으로 분류되는 신진기예(新進氣銳)의 문인 집단이었다. 네 사람 중 이서구를 제외한 세 사람은 모두 서얼이었다. 이들은 날마다 서로의 집과 술집으로 몰려다니며 동인의 결속을 다졌다. 박제가를 제외한 세 사람의 집이 모두 지금의 탑골 공원 근처에 몰려 있었으므로 후대는 이들을 백탑시파(白塔詩派)로 일컫는다.

유금은 연행 도중 이전까지 쓰던 유련(柳璉)이란 이름을 과감히 버렸다. 그는 전각에 취미가 있어 이름을 파자(破字)한 연옥(連玉)을 자로 쓰고 있었다. 금(琴)으로 이름을 바꾸면서 자도 이름에 맞춰 탄소(彈素)로 고쳤다. 그는 알려진 혜금(嵇琴) 연주자였다. 기하학에도 조예가 있어 당호는 기하실(幾何室)로 썼다. 전각이나 혜금 연주 취미도 그렇고, 기하실이란 이름을 봐도 댄디 보이의 포스가 슬며시 느껴진다.

연암 그룹에서 홍대용 이후 처음으로 유금이 연행길을 나서게 되자 이들은 흥분과 기대로 함께 들뜨기 시작했다. 유금은 유득공의 숙부였다. 나이는 일곱 살 차이밖에 나지 않았다. 이덕무와는 동갑내기 벗이었다. 이들은 걸핏하면 서로의 집을 들락거리면서 흉금을 터놓고 놀던 사이였다.

출국을 코앞에 두고 환송의 술자리가 열렸을 때, 유금이 씩 웃으며 말했다.

"자네들, 이번 참에 내 보따리 속에 무엇이 들었는지 맞혀보겠나?"

무슨 말인가 싶어 다들 그에게 눈길을 모았다.

"바로 이걸세."

박제가가 말했다.

"저희의 시집이 아닙니까?"

"바로 그렇다네. 내 이번 걸음에 이 책을 가져가서 중국의 군자에게 보이고 그들의 서문과 평을 받아올 참이네."

"그게 정말입니까?"

"정말이다마다. 자네들 내가 돌아올 날만 기다리고 있게. 내 자네들 네 사람의 이름을 중원 선비의 가슴속에 콱 박아놓고 돌아올 테니."

꿈같은 소리에 다들 아련한 표정을 지었다. 왁자한 소리가 되살아난 것은 묵묵히 술 몇 잔을 더 들이켠 다음의 일이었다. 유금이 생각지 않게 준비한 퍼포먼스는 단박에 이들을 고무했다. 정말 가능할까? 그런 일이 있을 수 있을까?

11월에 유금이 그들의 시집을 들고 연경으로 떠난 후, 네 사람의 겨울은 참으로 길었다.

이덕무의 『선귤당농소』 사건

그전에 서운한 일도 있었다. 유금의 연행 훨씬 이전부터 이덕무 등은 중국 선비들과 홍대용의 계속되는 교유를 부럽게 지켜보았다. 이덕무는 자신도 어떻게든 반정균이나 육비 등과 선이 닿았으면 해서 조바심이 났다. 홍대용의 부탁으로 필담 정리를 돕고『천애지기서』를 정리하는 동안 그러한 생각은 더욱 깊어졌다. 하지만 그런 뜻을 언뜻 내비쳐도 홍대용은 중국의 벗들에게 자신을 소개할 생각은 없는 것 같았다. 이덕무는 서얼에 불과한 자신의 처지를 자주 곱씹었다.

그저 눌러두기에는 열망이 너무 컸다. 답답한 조선에서는 아무도 알아주지 않아도, 저 중원 땅의 눈 밝은 선비라면 반드시 자신의 시문을 보고 기뻐해주리라 믿었다. 그간 갈고닦은 문예를 그들에게 뽐내고 싶었다. 홍대용이 계속 모르쇠로 일관했는지, 이덕무는 연행길에 오르는 역관 이백석(李白石) 편에 자신의 『선귤당농소蟬橘堂濃笑』라는 묘한 제목의 청언소품집(淸言小品集)을 들려 보내며, 홍대용의 심부름으로 반정균을 만나러 갈 때 그 책을 함께 건네 보이고, 평을 받아다 줄 것을 부탁했다. 홍대용이 이백석에게 편지 심부름을 시킨 것을 알고는 홍대용에게도 말하지 않고 슬며시 그 인편에 자기 글도 끼워 전해줄 것을 청했던 것이다.

『선귤당농소』, 풀이하면 '선귤당의 짙은 웃음'이다. 지금 봐도 괴상한 제목이 맞다. 선귤당은 이덕무의 당호였다. 선(蟬)은 매미고, 귤(橘)은 감귤이다. 매미는 이슬만 먹고, 귤은 향기롭다. 욕심 없이 향기롭게 건너가는 삶을 추구한 그의 성정이 담긴 집 이름이다.

이덕무는 누구든 한번 만나면 매혹되지 않을 수 없는 사람이다. 나는 2000년에 그의 『선귤당농소』와 『이목구심서耳目口心書』의 아름다운 글을 가려 뽑아 『한서 이불과 논어 병풍』이란 제목의 책을 펴낸 적이 있다. 벌써 13년 전의 일이다. 다음은 『선귤당농소』에 실린 글 한 대목이다.

가을날 오건(烏巾)을 쓰고 흰 겹옷을 입고, 녹침필(綠沈筆)을 흔들면서 〈해어도海魚圖〉를 평하고 있었다. 문종이로 바른 창이 환해지더니 흰 국화의 기우스름한 그림자를 만들었다. 묽은 먹을 묻혀 기쁘게 묘사하였다. 한 쌍의 큰 나비가 향기를 쫓아와서는 꽃 가운데 앉는다. 더듬이가 마치 구리줄같이 또렷했다. 그래서 꽃 그림에 보태어 그렸다. 또 참새 한 마리가 가지를 잡고 매달리니 더욱 기이하였다. 참새가 놀라 날아갈까봐 급히 베끼고는 쟁그랑 붓을 던지며 말했다. "일을 잘 마쳤다. 나비를 얻었는데 참새를 또 얻었구나!"

가을날 흰 문종이 위로 투명한 햇살이 부서지고 있었다. 그는 붓을 든 채 바닷속 물고기 그림을 감상하던 중이었다. 눈이 부셔 창을 보니 국화꽃 그림자가 그 위에 어렸다. 너무도 선명해 들었던 붓으로 문종이 위에 국화를 그대로 베껴 그렸다. 그 순간 나비 한 쌍이 날아와 앉는 것이 아닌가. 참새 한 마리까지 거든다. 저도 한몫 끼워달라는 것이겠지. 이 짧은 순간에 그린 크로키. 금세 나비가 날아가고 참새도 날아가고 해도 옮겨져 국화꽃 그림자는 사라졌겠지만, 엷은 먹으로 문종이 위에 국화를 그린 그 순간의 포착만은 그와 함께 겨울을 나며 양명하던 가을햇살을 떠올려주었을 것이다.

또 그는 "마음에 맞는 시절에 마음에 맞는 벗과 만나 마음에 맞는 말을 하며 마음에 맞는 시문을 읽으면 이것이야말로 지극한 즐거움이라 하겠다. 그러나 어찌 이다지도 그런 기회가 오기 드물단 말인가? 일생에 무릇 몇 번일 것이다"라고 하며, 일생에 몇 번 오지 않는 회심의 순간을 꿈꾸고 기다렸다.

진정한 지기(知己)를 소망하는 다음 글은 언제 읽어도 마음이 아련해진다.

만약 한 사람의 지기를 얻게 된다면 나는 마땅히 이렇게 하겠다. 10년간 뽕나무를 심고, 1년간 누에를 쳐서 손수 오색실로 물을 들이겠다. 열흘에 한 빛깔씩 물들여 50일 만에 다섯 가지 빛깔을 이룰 것이다. 이를 따뜻한 봄볕에 쬐어 말린 뒤, 여린 아내를 시켜 100번 단련한 금침(金針)으로 내 친구의 얼굴을 수놓게 하겠다. 귀한 비단으로 장식하고 고옥(古玉)으로 축을 만들어야지. 아마득히 높은 산과 양양히 흘러가는 강물, 그 사이에다 이를 펼쳐놓고 서로 마주보며 말없이 있다가, 날이 뉘엿하면 품에 안고서 돌아오겠다.

한국고전번역원 DB 홈페이지로 접속해서 검색창에 '선귤당농소'라고만 입력하면 우리말로 번역한 전문(全文)을 읽어볼 수 있다. 이덕무의 『선귤당농소』는 아름다운 글들로 가득한 보석 같은 청언소품집이다.

역관 이백석은 인편에 홍대용의 편지를 반정균에게 전달하면서 『선귤당농소』도 함께 보냈다. 평도 부탁했다. 이덕무의 글을 펼쳐 본 반정균은 단번에 그의 글에 매료되었다. 반정균은 이덕무가 궁금해서 견딜 수가 없었다. 그는 1768년 2월에 홍대용에게 쓴 편지의 별지에서 이렇게 물었다.

예전에 얘기를 나누었던 역관 이백석 선생이 이번에 편지를 부쳐왔는데, 함께 이덕무 형암(炯菴)이 지은 『선귤당농소』 1권을 보여주는군요. 형암은 어떤 사람입니까? 그대가 일찍이 얼굴을 알고 계시는지요. 책 속에는 높고 아득하고 맑고도 묘한 말이 많았습니다. 생각건대 또

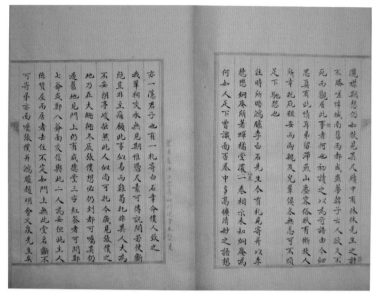

• 『연항시독』 상권에 실려 있는 반정균이 홍대용에게 쓴 편지. 왼쪽 단락 바뀐 부분부터가 이덕무에 관한 내용이다. 본문의 붉은 글씨는 후지쓰카가 수정한 것이다.

한 한 사람의 은군자(隱君子)라 하겠습니다. 편지 한 통을 백석에게 부쳤으니, 하인을 시켜 전해주시면 고맙겠습니다.

이 편지는 옌칭도서관 소장 『연항시독燕杭詩牘』 상권에 실려 전한다. 후지쓰카가 망한려용전에 베껴 쓴 바로 그 책이다. 나는 이 편지를 보고 쾌재를 불렀다. 그랬구나! 그랬었구나! 신이 나서 하권을 마저 찾아보니, 반정균이 이백석에게 보낸 답장도 나온다. 거기에도 관련 언급이 있다.

보여주신 『선귤당농소』 1권은 맑고 아득하고 높고 묘한 말이 많습

蕭閒如李青蓮蘇子瞻一輩人目中未見其匹顧詩
以篤而孟工品以貧而孟堅則又今日之梅聖俞倉石
曼卿也但不治生產至使室人交謫亦未為賢士中
行之道還室料理園田弟之所見雖近鄙然陶歜
士亦云衣食固其端可見高雅如尚公亦常以三
旬九食為賢者必當如是而後可也高明以為如何
永賜青篆重感高誼愧無展敬歎及義似外附乾休
休先生詩二章并辯香清若可捄神次一真之餘不

宣

歸恐今狀先生呈西來無由一晤思之令人悵然
也札中復以書值為言不知此書原以奉遠并後戲
張僕以柚珍鯛目四委仰呈不審曾收到否各若以
值見價是以市心視錫也力拒張僕不敢收存倘先
生過枉介則以此值轉贈舂盧以為敀人紙墨微
資此約所以仰副先生之盛意也高明以為何如見
示濃笑一卷多清嘆高如之語意烔庵先生之為人
必是東之高士欲菴之至難未識荊而聲欬風肯悅
參交府之間當以尚友古人之法友之如何擬作一

休休先生

海上德星沈天來斷作家訃從魚股得慈比鳴波深
偲札三年學我朱心逴中詩札在重讀易沾棋
獨上金臺天生離復死離重未無使節咋夢下靈枝
今章責凡劇吾嘗恨求奇黃裳送老鐵可有憶儀詩
答李白石
　　　　　　　　　　　　　　　　　全

城南一別倏忽經年追想清儀殊深佇仰頃趙文泉
先生來得先生手書不勝色喜因知清履康寧慰其
慰甚病留滯京華學殖荒落今歲餐興否親擬南

序因寄札句句硯墨豐美末能涉筆容係寅春簡寄
年如晤烔庵新先道誼澯次蕭寥無以展私祇增慚
怠而已顧此仰承為近祺臨池神鮮不宣滿及約頃首
答晩合共尚書書
　　　　　　　　　　　溝泉洲
　　　　　　　　　　　　俟俟頓首

卓犖識荊無由其略裁白露時切迅思頌挼華翰
足徵信實三復之下不覺神馳荷蒙問以各閒寔愚
敢顧無地詢遺公知老先生為逵都當名震東方
一行印見位列三台聲祝萬國雖逺若親生亦與有
榮施矣全姙誰料人品學問真所景仰無觀其詞意

• 『연항시독』 하권에 실린 반정균이 이백석에게 보낸 답장. 아래 면 오른쪽 제6행 하단부터가 이덕무 관련 내용이다.

니다. 내 생각에 형암 선생이란 분은 분명히 동방의 고사(高士)일 터라, 지극히 흠모해마지않습니다. 비록 얼굴은 몰라도 목소리와 담긴 뜻이 황홀하게 문석(文席)의 사이에 있으니, 마땅히 상우천고(尙友千古)의 법으로 벗을 삼음이 어떠할는지요. 서문 한 편을 지어보려 했지만 편지 부치는 일이 시간이 다급한데다 글솜씨가 거칠어 붓을 들지 못했습니다. 내년 봄의 편지를 기다려 부치려 합니다. 형암을 만나시거든 먼저 제 뜻을 말씀해주십시오. 나그네 생활이 쓸쓸해 마음을 담을 예물이 없는지라 그저 부끄러울 뿐입니다.

두 통의 편지에서 반정균이 생면부지의 이덕무가 이백석 편에 보내온 『선귤당농소』를 대단히 인상적으로 읽었음을 알 수 있다. 그는 이덕무의 얼굴을 모르지만, 글을 읽는 동안 그가 자기와 마주앉아 얘기하는 것 같았다며, 천고의 옛사람을 벗삼는 방법으로 그와 우정을 나누고 싶다는 뜻을 피력했다. 이덕무는 『선귤당농소』에 반정균의 서문 받기를 청했던 듯한데, 시간이 빠듯했던 사정이라 반정균은 서문을 다음 기회로 미루고 말았다.

반정균의 편지에 대한 홍대용의 답장이 당장 궁금해졌다. 『담헌서』에 실린 「항전척독」 중 「반정균에게 준 편지」 속에 과연 대답이 남아 있었다. 긴 편지 중에 지나가는 말로 한마디 끼워두었다.

형암이라는 사람을 본 적이 없고, 『농소濃笑』라는 책도 아직 못 보았습니다. 다만 이름 붙인 것이 이처럼 부박(浮薄)하고 화려하니, 내 생각에 그 말이 그대에게 경계가 되거나 보탬이 될 것 같지는 않군요.

찬물을 확 끼얹는 답장이었다. 이럴 수가 있는가? 나는 처음에 내 눈을 의심했다. 이덕무가 누군가? 그의 가장 가까운 친구 박지원의 형제 같은 벗이다. 이덕무는 자신의 『항전척독』을 보고 『천애지기서』를 자청해서 엮으며 눈물까지 철철 흘렸다. 지난해 천안박물관 전시에는 홍대용 종손가에서 이덕무가 홍대용의 부탁으로 정리한 『철교화鐵橋話』란 제목의 이덕무 친필 필사본도 나왔다. 『건정동필담』 중 엄성과의 필담만을 간추려 엮은 소책자였다. 아마 엄성이 사망한 직후 그와의 사연을 따로 정리해 그의 문집 속에 넣어주려고 이덕무에게 정리를 부탁했던 듯하다. 이덕무가 홍대용에게 보낸 편지도 있었다. 그런데 홍대용은 그런 사람은 알지도 못하고, 그런 책은 본 적도 없으며, 제목만 봐도 경박하기 짝이 없어 볼 가치가 없다고 생각한다고 잘라 말했다. 왜 그랬을까? 왜 그랬을까? 나는 홍대용의 이런 이중적 태도가 갑자기 무서워졌다.

결국 이덕무는 역관 이백석에게서 반정균의 편지 내용을 전달받는 것으로 만족해야 했다. 홍대용의 심정을 전혀 이해 못할 바는 아니다. 이덕무가 뻔히 아는 처지에 자신을 제쳐두고 역관을 통해 자신의 친구 반정균에게 몰래 글을 보내 평을 청한 사실이 불쾌했던 것이다. 맹랑하다고 느꼈던 걸까? 요것 봐라 하는 마음도 있었을 법하다. 그래도 너무했다. 사실 홍대용은 이덕무의 간절함을 알지 못했다. 뒤에 홍대용의 문집에서 이 편지를 보았을 때 이덕무는 무슨 생각을 했을까? 말이 주는 상처는 때로 칼에 찔린 것보다 아프다.

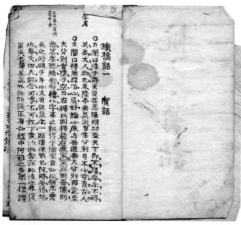

• 이덕무가 친필로 정리한 『철교화』 표지(위)와 첫 면(가운데). 홍대용에게 보낸 이덕무의 편지(아래). 홍대용종손가 소장.

석양의 방문객

　한편 북경에 도착한 유금은 날마다 『사가시집』을 품고 유리창 서점가를 배돌았다. 북경에서의 그의 행적은 기록으로 남은 것이 거의 없다. 그는 그 흔한 연행기도 따로 남기지 않았고, 문집도 난필의 초고 형태로 최근에야 발굴되었다. 그는 홍대용이 예전에 그랬던 것처럼 멋진 중국 선비를 만나, 책에 서문을 받아와야만 했다. 큰소리를 뻥뻥 쳐놓고 온 터라 빈손으로 갈 수가 없었다. 가장 먼저 반정균의 소식을 수소문했지만, 그와의 연락선은 좀체 닿지 않았다. 해가 바뀌고 시간이 흐르면서 유금은 마음이 바빴다. 그날도 유리창 서점을 주유하다가 출간된 지 얼마 안 된 새 책에 눈이 갔다. 이조원(李調元)의 『월동황화집粵東皇華集』이란 책이었다. 책을 펼쳐 읽어보니 학식도 학식이려니와 글솜씨가 대단했다. 바로 이 사람이다 싶었다.

　그는 자가 갱당(羹堂) 또는 갱당(秔塘)인데, 사천(四川) 나강(羅江) 사람이었다. 1763년에 진사시에 합격하여 당시 이부원외랑의 직책을 맡고 있었다. 여기저기 수소문한 결과 그가 당시 북경 순성문 곁에 살고 있다는 사실도 알아냈다. 유금은 직접 그의 집으로 찾아가야겠다고 생각했다. 시간을 지체할 수가 없었다. 숙소로 돌아온 유금은 부사 서호수에게 『월동황화집』을 쓴 이조원에 대해 얘기해주며 방문 계획을 말했다. 이조원을 찾아가려는 데는 『사가시집』에 서문을 받는 개인적 일 말고 공적인 다른 목적이 또 있었다.

　유금은 까맣게 몰랐지만, 당시 이조원은 정치적으로 큰 곤경에 처해 있었다. 멀리 광동(廣東)의 향시를 주관하는 책임을 맡아 월동(粵東)

지역까지 다녀온 후, 그는 이부(吏部)에 소속된 관원으로 복귀했다. 하지만 강직한 성품 때문에 상사인 영보(永保)에게 밉보여, 경박하고 부조(浮躁)하다는 죄명을 입고 직무가 정지된 상태였다. 그는 타의로 칩거중이었다.

1777년 1월 15일 석양 무렵, 이조원의 집 대문 앞에 갓을 쓰고 흰옷을 입은 중년의 사내가 나타났다. 그는 한참을 두리번거리더니 심호흡을 한번 하고서야 문을 두드렸다. 한눈에도 중국 사람의 행색이 아니었다. 이조원이 누구시냐고 묻는데도 그는 한마디도 못 알아듣고 버벅거렸다. 그는 땅에다 막대로 자신을 소개하는 글자를 썼다. 그제야 조선 사행의 일원임을 알게 된 그는 유금을 집 안으로 들였다. 붓과 종이를 내오자 그때부터 둘 사이의 대화에는 아무런 걸림돌이 없었다. 이때 일을 이조원은 이렇게 적었다.

올해 정월에는 어쩌다 심질(心疾)을 앓느라 문을 닫아걸고 조용히 지내며 오는 손님도 사절하였다. 문밖을 내다보지 않은 것이 보름이나 되었다. 게다가 게을러서 시조차 짓지 않다보니 마침내 할 일이 아무것도 없었다. 날마다 저물녘에는 누워서 덜커덕덜커덕하는 수레 소리를 들었다. 사람들 소리로 온 도시가 떠들썩했다. 모두 북경에 사는 사녀(士女)들로 걸으며 노래하고 시끄럽게 떠들며, 다투어 불 밝혀둔 다리와 별을 매단 나무를 구경하러 왔다. 더더욱 피하고픈 생각뿐이었다. 그때였다. 문을 두드리는 소리가 났다. 열어보니 한 빼어난 선비가 서 있는데 신채가 훤하고 눈썹이 장송(長松) 같았다. 눈빛은 번쩍번쩍 마치 바위 아래로 내리치는 번개 같았다. 머리엔 갓을 쓰고 도복을 입었다. 중국 사람 같지가 않아 물어보니, 눈을 끔뻑끔뻑하면서 한마디도 알아듣지 못했다. 그래서 붓으로 말을 대신하게 했다. 그제야 그가 조선에서 중국으로 우리 거룩하신 천자께 신년을 하례하러 온 부사 예조판서 서호수의 막객임을 알게 되었다. 내 시집을 구하러 왔노라 했다. 성은 유씨요, 이름은 금인데, 자는 탄소다. 별호로 기하주인이라고 하는 사람이었다. 그가 하는 말이, 지난번에 서점에서 내가 쓴 『월동황화집』을 보고 가만히 사모하였는데, 저술이 이것만은 아닐 것으로 여겨 나를 직접 찾아왔다는 것이었다. 나는 갑작스레 이 말을 듣고 놀라는 한편으로 기뻤다.

궁지에 몰려 우울하게 칩거하고 있던 이조원에게 그의 글을 사모하여 찾아온 이국의 손님은 큰 생기를 불어넣어주었던 것이 틀림없다. 정월 대보름의 거리는 답교놀이를 나온 남녀의 행렬로 떠들썩했다. 두 사람이 만나는 광경이 마치 영화의 한 장면처럼 생생하다. 이조원은 그의 『우촌시화雨邨詩話』에서도 이때 일을 부연했다.

건륭 정유년(1777) 1월 15일, 내가 연경에 있을 때 갑자기 조선 사람 유금이 내 집 문 앞에 와서 말했다. "나는 조선 사신 서호수의 심부름을 왔다. 서호수는 자가 양직(養直)이고 호는 학산(鶴山)이니 대구 사람이다. 벼슬은 예조판서다. 유리창 서점에서 그대가 출판한 『월동황화집』을 보았다. 시가 황산곡(黃山谷)과 육방옹(陸放翁)에 마음을 두지 않았으면서도 절로 황산곡, 육방옹과 합치되었다. 혼자 생각에 저작이 반드시 이 정도에 그치지 않고 이 밖에도 여러 종류가 더 있을 것으로

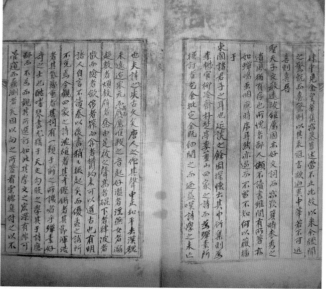

• 옌칭도서관 소장 『한객건연집』에 실린 이조원의 서문.

• 국립중앙도서관 소장 『학산수초』에 인용된 『우촌시화』. 국립중앙도서관 이혜은 선생의 후의로 사본을 확인할 수 있었다. 감사드린다.

여겼다. 그래서 몇 부를 구하고자 한다." 애써 간청해마지않았다. 그래서 사람을 시켜서 그에게 주며 떠나게 했다.

기록의 상관관계를 살펴보면 참 묘할 때가 많다. 현재 간본으로 전하는 4권본 『우촌시화』에는 이 항목이 아예 빠지고 없다. 국립중앙도서관에 소장된 유최진(柳最鎭)의 『학산수초學山手抄』란 필사본에 『우촌시화』에서 보았다며 이 대목을 전사해두었다. 오수경 교수가 『연암그룹 연구 서설』에서 소개했다. 『학산수초』에 실린 『우촌시화』는 내용이 적지 않은데, 현행본에는 전부 없는 내용이다. 이조원은 자신의

『속함해續函海』에 16권본『우촌시화』를 따로 남겼다. 유최진이 본 것은 이 16권본이다. 이조원의 두 기록을 합쳐보면, 당시의 정황이 좀 더 분명해진다.

후지쓰카 소장본『월동황화집』

『월동황화집』이 두 사람의 만남을 가져다주었다. 유금은 이조원을 처음 만난 자리에서 서호수의 심부름으로 왔다고 말했다. 단순히 시집에 서문을 받겠다고 생면부지의 청조 관리의 집을 막객이 대뜸 찾아갈 수는 없었을 것이다. 무엇 때문에 유금은 서호수를 대신해서 이조원을 찾아갔을까? 아마도 출발 당시 국왕 정조가 서호수에게 신신당부했던 일과 무관치 않을 것이다. 그것은『고금도서집성古今圖書集成』의 구입에 관한 일이었다.

정확한 제목『흠정고금도서집성欽定古今圖書集成』은 장정석(蔣廷錫) 등이 강희제의 칙명으로 편찬을 시작해서 옹정 3년(1725)에 완간을 본 한 질 1만 권, 5200책의 거질이다. 이제껏 나온 총서 중 가장 큰 규모여서 돈이 있다고 해도 쉬 구할 수 있는 책이 아니었다. 후지쓰카는 『청조문화 동전의 연구』에서 유금이 한림원의 지인에게 손을 써서 전질을 마침내 조선으로 가져올 수 있었다고 적고 있다. 기록으로 남은 것은 없지만, 유금이『고금도서집성』을 구입할 수 있었던 데는 이조원을 비롯해 그를 통해 교분을 맺은 이정원, 반정균 등의 역할이 컸을 것이다.

• 후지쓰카의 친필 제첨에 서호수의 글이 수록된 『월동황
  화집』 표지.

한편 후지쓰카의 책에는 다음과 같은 기록이 있다.

　서호수 역시 이조원을 방문해 한묵(翰墨)을 나누었으며 훗날 글씨를
보내 존경하며 받드는 경모의 뜻을 전했다. 이를 받아본 이조원은 매
우 기뻐하며 『월동황화집』 재판 때 이 서찰을 권두에 실었다.[1]

　서호수가 이조원을 방문했다는 것은 사실이 아니다. 공식 사절단
의 부사 신분으로 견책을 받아 근신중에 있는 죄인을 사적으로 찾는
것은 민감하고 위험한 일이었다. 다만 『월동황화집』 재판에 서호수가
그를 위해 써준 글이 수록되었다는 정보에는 눈이 번쩍 떠졌다. 나는
뭔가 짚이는 것이 있어 바로 홀리스 클래식에 접속해서 『월동황화집』

을 검색했다. 모두 4종의 같은 책이 뜬다. 하나하나 클릭하자 아니나 다를까 그중 한 권에 '조선국부사(朝鮮國副使) 서호수 계(啓)'가 부록으로 실린 책이 있다.

바로 대출 신청을 했다. 이튿날 오후에 데스크로 달려가서 책을 받았다. 도서관 안에서만 볼 수 있는 귀중본이었다. 포갑을 여는데 표지 글씨가 틀림없는 후지쓰카의 친필이었다. 그러면 그렇지! 내 예감이 맞았다. 그가 책에 이렇게 썼다면, 서호수의 글이 수록된 문집을 소장하고 있었다는 말과 같다. 그래서 찾아보니 그가 소장했던 책이 이 도서관에 숨어 있었다. 나는 후지쓰카 컬렉션에 이렇게 해서 하나를 더 추가했다.

번번이 후지쓰카의 책과 마주치면서 점차 분명하게 깨닫게 되는 점이 있었다. 그는 절대로 아무 책이나 집적대지 않았다. 여러 판본이 있으면 가장 중요하고 가치 있는 것에만 손을 댔다. 자신의 주제 영역을 조금이라도 벗어나면 거들떠보지도 않았다. 나도 이제는 제목만 보고도 후지쓰카가 욕심을 냈을 만한 책과 그렇지 않은 책을 분간할 수 있을 정도가 되었다. 그는 책값이나 소장 가치로 책을 구하지 않고, 자신의 연구 주제에 참고가 되느냐 아니냐로 소장 여부를 결정했다.

할 말이 아직 많다보니 글이 길어졌다. 다음은 서호수가 『월동황화집』에 써준 글과 『고금도서집성』에 얽힌 이야기를 소개하겠다.

제16화

의미는 차이에서 나온다
―『월동황화집』 서문과 『고금도서집성』

『월동황화집』에 실린 서호수의 편지

후지쓰카의 친필 제첨이 붙은 이조원의 『월동황화집』을 펼쳤다. 속표지를 넘기자 "호수는 인사드립니다"로 시작되는 당시 연행 부사 서호수의 편지가 나온다. 그것도 활자가 아니라 친필이었다. 나는 주먹을 불끈 쥐었다.

호수는 인사드립니다. 아랫사람이 거듭 댁을 찾아뵈니 음성과 모습이 가깝게 여겨집니다. 처음엔 시를 읽었고, 나중엔 의론을 들었습니다. 이는 덕스런 모습을 우러르며 맑은 가르침을 접한 것이나 한가지입니다. 게다가 훌륭한 시까지 보내주시어 칭찬하고 허락하는 말씀까지 건네주시니, 바다 밖의 천한 몸이 대방(大邦)의 군자에게 어쩌다가 이 같은 대접을 받게 되었는지요. 법으로 금하는 바에 얽매여 직접 찾아뵙고 사례하여 감사를 표시할 수가 없습니다. 또 바야흐로 몸이 상중에 있는지라 졸작을 받들어 답례하지도 못해 부끄럽고 송구스럽기가 마치 낚싯바늘에 꿰인 고기의 형국입니다. 요 며칠 날씨가 따뜻하고 화창해지니, 삼가 존체의 건안(健安)을 빕니다.

편지의 첫 단락이다. 거듭 찾아뵈었다고 한 것은 글을 쓸 당시 유금이 이조원의 집에 처음 간 것이 아니라는 뜻이다. 처음엔 시를, 다음에는 의론을 들었다. 편지에 따르면 유금이 두번째 방문했을 때 이조원은 서호수에게 자신이 지은 시를 보내 인정하는 말을 건넸다. 서호수가 유금 편에 자신의 글을 보여주고 평을 부탁했던 모양이다. 이때 서호수는 공식 외교 사절의 신분이어서 사적인 방문을 할 수 있는 형편이 아니었다. 더욱이 이조원은 조정의 견책을 받아 근신중인 처지였다. 서호수 자신도 상중이어서 이조원의 시에 화답하지 못했다. 대신 편지를 보내 사례의 뜻을 밝히고 양해를 구했다.

이어지는 글에서 서호수는 명청(明淸)에 이르러 시학(詩學)이 망하고 말았다며, 겉만 번지르르할 뿐 찬찬히 음미해보면 당송(唐宋)의 시와 껍데기만 비슷할 뿐 아로새겨 꾸민 것에 지나지 않는다고 당대 시단을 비판했다. 이어 자신이 읽은 이조원의 『월동황화집』에 대한 감상을 다음과 같이 피력했다.

집사의 시는 『월동황화집』의 여러 작품을 통해 볼 때 남을 따라 답

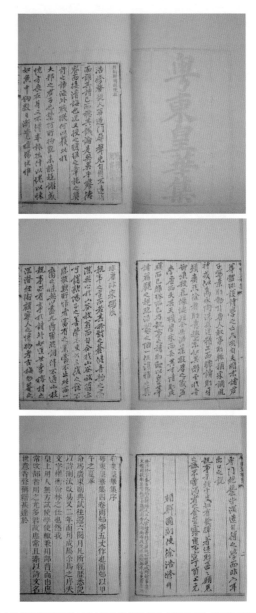

• 옌칭도서관 소장 『월동황화집』에 실린 서호수의 친필 편지. 후지쓰카가 소장했던 책이다.

습한 비루함을 훌쩍 벗어나, 한결같이 순박하고 우아한 참됨을 갖추었으니 당도 아니요, 송도 아니며 홀로 집사의 말을 이루었습니다. 그 격률과 운치의 창건(蒼健)함과 음운의 고결함은 황산곡과 육방옹에 마음을 두지 않았으면서도 절로 황산곡과 육방옹에 합치되니 또한 구양수가 태사공을 잘 배운 것이라 말할 만합니다. 세 번 반복해 읽고 경탄해 마지않습니다.

앞서 시학이 이미 망했다고 해놓고, 다 비슷한데 너만은 예외였다고 말한 셈이니 한 번 누르고 한 번 추어 억양(抑揚)의 가락을 제대로 탔다. 이어지는 단락에서는 소기(小技)에 불과한 시 말고 경사(經史)의 학문에 관한 묵직한 저작이 따로 있거든 마저 읽어볼 수 있게 되기를 간절히 바란다는 말로 편지를 맺었다.

편지와 함께 선물까지 받은 이조원은 기분이 몹시 흐뭇했다. 알아 달라고 한 적이 없는데 서점에서 자기 책을 읽고 직접 찾아온 것만도 반가웠다. 게다가 이토록 자기 시를 높이 평가해주기까지 했다. 글씨 뿐 아니라 그 문장이 풍기는 기운도 묵직했다. 얼마나 기뻤는지 『월동황화집』을 재판할 때 그는 서호수의 서문을 원본 그대로 실었다. 내놓고 자부할 만한 일이라고 생각했던 듯하다.

둘이 처음 만난 날은 언제였나?

서호수의 편지 끝에 적힌 날짜는 정유년(1777) 상원(上元), 즉 1월 15

일이다. 이날은 유금이 이조원의 집으로 처음 찾아갔다고 한 바로 그날이다. 뭔가 앞뒤가 살짝 안 맞는다. 서호수의 편지는 이미 1월 15일 전에 두 번 정도의 앞선 만남이 있었음을 전제로 쓴 내용이다. 이조원은 이날 석양 무렵 웬 흰옷 입은 낯선 사내가 처음 자기집 대문을 두드렸다고 썼다. 누구의 착각일까?

이번 작업을 진행하면서 동일한 기록이 첨삭되거나 부분 교체 또는 아예 전면 교체되는 경우가 적지 않다는 것을 실감했다. 앞서 본 홍대용이 엄성과 김종후에게 보낸 편지가 그랬다. 박지원의 「홍덕보 묘지명」의 명사(銘詞)도 비슷했다. 예민한 의미는 이 부분에 집중적으로 숨어 있었다. 더 강조해서 드러내거나 감추고 싶었던 내용이 여기에 포함되어 있었다. 행간을 알려면 이 대목을 더 깊이 들여다보아야 한다.

이때의 전후 사정을 짐작할 만한 기록이 이덕무의 『청비록淸脾錄』 중 「이우촌」 항목에 남아 있다.

우촌 이조원의 자(字)는 갱당(羹堂)이요, 갱당(秔塘)으로도 쓴다. 옹정 갑인년(1734) 12월 초5일생이다. 부친은 화남(化楠)이니, 벼슬이 북로장인동지부(北路掌印同知府)에 이르렀다. 갱당은 건륭 계미년(1763)에 진사시에 급제해, 벼슬이 이부고공사원외랑(吏部考功司員外郎) 겸 문선사사(文選司事)에 올랐다. 연경의 순성문(順城門) 밖에 세 들어 살았다. 정유년 봄에 탄소(彈素) 유금이 사은사(謝恩使)를 따라 연경에 들어갔다. 탄소는 기사(奇士)인지라 천하의 문장이 뛰어난 선비와 교류하고자 했다. 한번은 단문(端門) 밖에서 갱당의 의표와 거동이 몹시 한아(閑雅)한 것을 보고는 곧바로 그의 옷깃을 붙들어 사귐을 청했다. 마침내 바닥의 벽돌에 그 성명과 자를 쓰자, 갱당이 한번 보고 마음이 맞아, 그 이름과 자가 대단히 기이하다고 칭찬했다. 탄소가 여러 차례 그의 집을 찾아 갔는데, 정성스레 잘 대접했을 뿐 아니라 평소의 속마음도 털어놓아 장자(長者)의 풍도(風度)가 있었다.

이덕무의 기록은 이조원의 것과 달리 두 사람의 첫 만남이 단문 앞에서 이루어졌다고 썼다. 단문은 어디인가? 대궐에서 조회하고 나오는 남쪽 문이다. 이 말대로라면 아마도 황제에게 신년을 하례하는 행사에 조선 사절 일행이 중국 관원과 함께 참석했고, 그것을 마치고 일제히 나오는 길에 유금이 그의 풍채를 보고 접근해 땅에다 자신의 이름을 써 보임으로써 안면을 텄다는 얘기가 된다. 낯선 외국인에게 호기심을 느낀 이조원이 호의로 그를 대했다. 이조원이 당시 견책중이었다 해도 관리의 적에 이름을 올린 처지로 신년 하례에 불참할 수는 없었을 것이다. 그사이에 유금은 유리창 서점에서 이조원의 『월동황화집』을 보게 되었고, 그가 대화를 나눌 만한 인물이라는 판단이 서자 그의 집을 수소문해 찾아갔던 것이다. 이 추정이 아마도 사실에 가까우리라 본다.

실제로 단문 앞에서 우르르 몰려나오다가 낯선 조선인의 복장을 보고 청조의 관리가 호기심을 느껴 서로 접촉이 이뤄지는 것은 홍대용의 『담헌연기』 속 「오팽문답吳彭問答」에도 보인다. 길에서 한 차례 만나 자세한 얘기도 못 나누고 헤어지자 홍대용은 애가 달아 1주일을 수소문해 마침내 그의 집까지 찾아가 대화를 나눈 일이 있었다. 유금

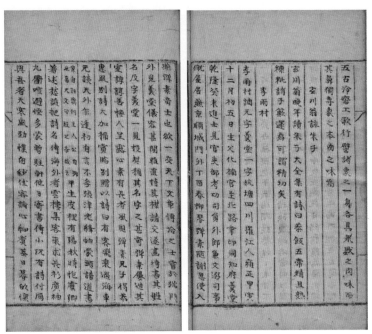

• 후지쓰카 지카시 구장, 옌칭도서관본 『청비록』의 「이우촌」조. 이덕무의 친필로 보인다.

이 이조원을 찾아간 경우도 이와 비슷한 상황이었을 것으로 본다.

이렇게 보면 『우촌시화』와 「한객건연집서」에서 1월 15일에 처음 만났다고 쓴 이조원의 글은 극적 요소를 강조하기 위해 정초에 단문 앞에서 유금이 바닥에 글씨를 쓰며 처음 만났던 일과 유금이 자기집을 찾아왔던 저녁 무렵의 풍경을 교직해서 기억을 편집한 것이 된다. 혹 서호수가 보낸 편지의 날짜로 인해 유금이 처음 찾아온 날짜를 착각했을 수 있다. 서호수의 친필 편지에 적힌 날짜가 고쳐진 것이 아니라면, 유금은 1월 15일 이전에 이미 이조원을 두 차례 정도 방문한 상태였다.

정리하면 이렇다. 정초 신년 하례 모임이 끝나고 나올 때 유금과 이조원은 처음 만났다. 유금이 먼저 그에게 다가가 인사를 청했다. 이후 그가 사는 집을 파악한 유금이 『월동황화집』을 읽은 일과 교유를 핑계해서 그의 집을 불쑥 찾아갔다. 그의 특이한 이름을 기억한 이조원은 이후 유금과 지속적인 교유를 가졌다. 서호수의 아들 서유본(徐有本)의 기록에 따르면 유금은 이조원과 앞뒤로 다섯 차례 만났다. 세 번째 만남에서 유금은 부사 서호수가 쓴 편지를 들고 이조원을 방문했고, 조선 부사의 큰 칭찬에 고무된 그는 자신의 책을 재판할 때 이 글을 첫머리에 실었다.

편지도 버전이 다르다

여기에 또 한 가지 흥미로운 사실이 더 있다. 『월동황화집』 서두에 실린 서호수의 편지는 가장 중요한 마지막 한 단락이 편집된 상태라는 점이다. 이조원은 서호수의 편지를 서문처럼 문집 앞에 실으면서, 자신을 칭찬한 대목까지만 싣고, 이어지는 서호수의 용건 대목은 깎아냈다. 어찌 아는가? 이덕무의 시화집인 『청비록』 속에 서호수가 쓴 편지의 전문이 실려 있기 때문이다.

이것도 참 묘하다. 현재 전하는 이덕무의 『청장관전서靑莊館全書』에 수록된 『청비록』에는 이 내용이 쏙 빠지고 없다. 그런데 놀랍게도 1801년 이조원이 간행한 『속함해』란 총서 속에 이덕무의 『청비록』이 수록되어 중국에서 출판되었다. 1793년 세상을 뜬 이덕무는 자신이

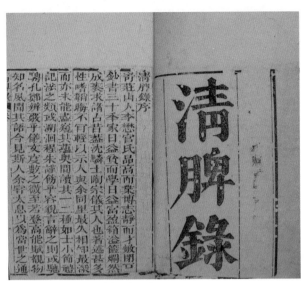

• 『속함해』본 『청비록』 표지와 이서구 서문.

꿈에도 그리던 일이 마침내 이루어질 줄 모른 채 세상을 떴다. 『속함해』가 그의 사후에 출간되었기 때문이다. 이 총서에 실린 『청비록』은 1778년 여름 이덕무가 박제가와 함께 나선 연행에서 자신의 행장 속에 꾸려가지고 가 이조원에게 전달해줄 것을 부탁했던 책이었다. 이 중 「이우촌」이란 항목에 서호수가 보낸 편지의 전문이 수록되어 있다. 어찌된 셈인지 이덕무는 나중에 고쳐 펴낸 자신의 『청비록』에서 이 항목의 내용을 전혀 다른 것으로 대체했다. 『속함해』 속 『청비록』과 『청장관전서』 속의 『청비록』은 목차와 내용이 전체적으로 상당히 다르다.

『속함해』는 현재 전하는 것이 몇 질 안 되는 희귀본이다. 2010년 광젠싱(鄺健行) 교수가 상하이고적출판사에서 펴낸 『건정동필담·청비록』의 역주본에서『속함해』에 수록된 이덕무의『청비록』과『청장관전서』에 실린『청비록』의 버전이 같지 않다는 사실을 꼼꼼한 항목 대조를 통해 밝혔고, 전문까지 수록해두었다.[1] 순천대 박현규 교수는 이보다 훨씬 앞선 1998년에 유금·서호수와 이조원의 교유를 세 편의 논문을 통해 자세하게 검토했다.[2]『속함해』는 이제까지 거의 알려진 적이 없는 책이다. 이덕무의 손자인 이규경이 쓴『오주연문장전산고五洲衍文長箋散稿』에「청비록대소본변증설淸脾錄大小本辨證說」이란 글을 보면 추사 김정희가『속함해』를 구해 이덕무의 아들에게 건네준 이야기가 나온다. 하지만 그뿐 최근까지도 이덕무의『청비록』이 중국에서 간행된 사실은 거의 알려지지 않았다.

엔칭도서관에는 이조원의『함해』를 비롯해 그의 다른 저작들이 대부분 종류별로 갖춰져 있다. 하지만『속함해』만은 없었다. 다른 경로로 중국 쪽 자료를 검색해봐도 이 자료는 없었다. 광젠싱 교수의 책에도 자신 또한 중국 내에서 실물을 못 보고 일본 내각문고(內閣文庫)에 소장된 책을 참고했다고 적어두었다. 아주 소량만 간행되어 유통되었던 것이 틀림없다. 이곳 하버드 대학교에서 18세기 한문학의 네트워크 연구로 박사논문을 준비중인 유정민씨에게 이 자료의 수소문을 부탁했다. 그녀의 연구를 위해서도 요긴한 자료였다. 이 글을 쓰기 불과 며칠 전,『속함해』가 미주 지역 전체 도서관 중 오로지 시카고 대학교 동아시아 도서관에 한 질이 소장되어 있으며, 이것이 도서관 간 대출 형식으로 하버드에 도착했다는 반가운 소식을 들었다. 하필 내 연재가 도착한 지점이 바로 여기였다.

도착 소식을 듣고 도서관으로 달려가, 표지가 낡아 바스러지기 직전의 『속함해』 3함에서 『청비록』을 찾아 「이우촌」조를 펼쳤다. 원본으로 확인한 『월동황화집』에서 잘려나간 서호수 편지의 마지막 한 단락은 다음과 같다.

삼가 생각건대 황상(皇上)께서 조서를 펴시어 빠진 책을 찾으라 하시매, 위로는 도리를 궁구하고 경전을 북돋우는 글로부터, 아래로는 예원(藝苑)의 부피가 큰 거질과 산림의 보기 드문 치우친 의론에 이르기까지 널리 찾고 채집하지 않음이 없습니다. 거의 땅을 등에 지고 바다를 머금음이라 하겠습니다. 어떤 것은 간행하고 어떤 것은 베껴 써서 『사고전서四庫全書』라고 명명하니 참으로 성대한 사업입니다. 간행된 것은 몇 종 몇 권이나 되며, 모든 작업이 또 언제나 완결될는지도 궁금합니다. 석거(石渠)에 비장(祕藏)된 것을 바깥 사람이 어떻게 보거나 들을 수 있겠습니까? 집사께서는 조정의 시학사(侍學士)들과 친숙하셔서 곁에서 모시고 이 책들을 편집하고 교정하신다 들었습니다. 범례의 대략이라도 일러주시면 고맙겠습니다. 이만 줄입니다. 정유년(1777) 상원(上元), 조선국 부사 서호수는 드립니다.

이 대목을 확인하고서야 나는 비로소 서호수가 유금을 보내 이조원과 지속적인 접촉을 시도한 속내를 짐작할 수 있을 것 같았다. 두어 차례의 만남으로 안면을 트고 신뢰를 쌓았다는 판단이 서자 서호수는 조심스럽게 이조원에게 『사고전서』의 진행 과정을 탐문했던 것이다. 현재 마무리된 책의 권수가 어느 정도인지, 언제쯤 완간될 수 있을는지, 책의 범례는 어떠한지를 알려달라고 부탁했다. 이조원의 입장에

李雨村

中國詩人自王漁洋而後繼者絕響丁酉上元幾何
子梳琴彈素隨本國副使徐浩至中國于琉璃廠
書肆得史部泰編修綿州李雨村先生調元所著
東皇華集呈副使徐公繫餙變懿隨今造室求各
自倻不遠始而誦其詩已而聽其議論是無異天
德容而接清海也况又投之瓊琚之書子地勤
游如賤隙何以讓此干大邦之

阮大雖趙洞咸悅方幾盒身又不得本籍槪以愧
以悚如魚中鈎數日浙堂賜伏雖慘琦議詩學
之亡久矣百大明末諸君子寫眩則動引荂人叙事
明慘梅宋調風神或似學永陶洪或漸精工而媒
氣象袞然徐看則意趣索御其堅而失其天機
學以去其才情則皮膜而已離球學店而乃執事之
詩則離以皇華諸篇親之超脫沿襲之陋一任浮雅
之事升唐引宋獨成執事之言而若其格致之蕃健

亦可謂歐陽子之善學大史公三復之餘不勝敬歎
所恨者當有之業當不止此而一鸞之呀無以盡九
鼎爾然詩律不過小技執事必有事於詩外如近世
本梓村之沈潛經術顧寧人之博物考古梅勿菴之
步于經干史如有餘排著述則區區襄見之誠不慊
矣門絕藝首造自得之學而非入耳出口之歌執
瀉者之金華露衛凡几伏惟
皐上愛明詔訪遺書一

先生時以萬官名居如地負海氏
未刊在林泉去京百里之刷使大鳶又啓雲樓集及
藏外人何出得增開銃事珙待學士朝親熟而侍方
編校是書丁西上元雨村
種幾卷抄又寫編種號卷之完役又嘗在通吾石渠之
刊印或抄之曰四庫全書盛筆也未知刊印幾
山林之何如博按地貿海涵氏
志在林泉去京百里之地有白鶴嶺顔有邱壑之勝
新建一亭名曰見一亭取林下何曾見一
人之意也

• 「속함해」본 「청비록」의 「이우촌」조.

서 이 같은 탐문 내용을 자신의 문집에 그대로 전재할 수 없는 것은 당연했으리라는 생각이 든다. 자칫 외국인에게 국가의 기밀을 유출했다는 견책을 받을 수도 있는 예민한 사안이었다.

연행길의 출발에 앞서, 『사고전서』의 진행 과정을 탐문하고 구입할 수 있으면 비용을 아끼지 말고 구해오라 한 것은 이제 막 보위에 오른 패기 넘치는 젊은 군주 정조의 각별한 당부였다. 이해는 정조의 즉위 바로 이듬해였다. 실제 서호수 등이 연행에서 돌아와 올린 보고에는 자신들이 북경에 체류하면서 다양한 경로를 통해 얻어낸 『사고전서』 간행에 관한 정보들이 비교적 상세하게 정리되어 있다. 이중 편집과 교정에 참여한 한림에게 사람을 여러 차례 보냈다는 얘기가 보인다. 유금을 이조원 등에게 여러 차례 보냈던 일을 두고 한 말이다.

하지만 막상 현지에서 탐문해본 결과 『사고전서』는 한창 진행중인 사업이었고, 간행된 것이 많지 않고 필사본으로 4부를 만들어 사고(四庫)에 보관한 것일 뿐이어서 구입이 불가능하다는 사실을 알았다. 이에 목표를 수정해 『고금도서집성』의 구입에 주력해 마침내 5020책, 502갑에 달하는 거질을 거금 2150냥을 지급하고 구입할 수 있었다. 이 일의 성사에 있어 유력한 조력자가 이조원과 그 주변 인물들이었다.

서호수의 편지와 선물을 받은 이조원은 자신의 문집인 『간운루집看雲樓集』과 초고 상태의 『동산전집童山全集』을 흔쾌히 답례로 보냈다. 뜻밖의 답례에 서호수는 대단히 기뻐하며, 유금 편에 다시 편지를 써서 서울에서 100리 떨어진 백학산(白鶴山) 자락에 마련한 자신의 견일정(見一亭)이란 정자에 내걸 제시(題詩)를 부탁했다. 이조원은 흔쾌히 시 두 수를 지어 보냈다. 두 사람의 교감은 이러한 과정에서 더욱 깊어졌다. 이 또한 이덕무의 『속함해』 속 『청비록』에만 실려 있는 내용이다.

『사고전서』와 『고금도서집성』

후지쓰카는 자신의 책에서 1777년 당시 서호수의 연행 성과를 이렇게 특기했다.

이 연행길에서 가장 통쾌하다고 해야 할 일은 정조가 부사인 서호수에게 명해 동활자로 찍은 『흠정고금도서집성』 1만 권, 5020책의 초간본을 거금을 주고 구입케 한 일이다. 이 책은 장정석(蔣廷錫) 등이 강희제의 칙명을 받들어 편찬해 옹정 3년(1725)에 완성한 것으로 일찍이 없었던 총서이자 좀처럼 손에 넣기 힘든 귀중본이었다. 유금은 그러한 책을 한림원에 있는 지인을 움직여 마침내 손에 넣은 것이다. 정조는 이를 몹시 기뻐하며 장정을 바꾸어 왕궁의 개유와(皆有窩)에 수장케 했다. 이는 조선 문헌사상 특필할 만한 사건으로 이 책은 현재 조선총독부의 학무과 분실에 보존돼 있다.[3]

지금 이 책은 서울대학교 규장각에 있다. 말이 그렇지 한 질이 5020책이나 되는 거질을 바리바리 싣고 사신의 수레가 돌아왔을 때, 임금은 벅찬 기쁨과 함께 두려움을 느꼈을 것이다. 보고에 따르면 이조차 당시 한창 진행중이었던 『사고전서』의 규모에 견줄 때 몇십분의

1정도밖에 안 된다지 않는가? 구입 금액인 은 2150냥의 비중은 당시 사행이 떠날 때 가져가는 전체 공금이 통상 은 4000냥이었음을 환기한다면 더 실감난다. 이 일을 성사시킨 일등공신은 유금이었다. 그는 서호수의 명을 받아 이조원과 지속적으로 접촉했고, 나아가 그와 가까운 시학사들로 접촉선을 넓혀갔다.

  여기에 또 한 가지 흥미로운 에피소드가 있다. 당시 중국에서 귀한 책을 들여오면 조정에서는 제일 먼저 표지와 제본을 우리 식으로 바꾸는 작업부터 했다. 중국 책은 표지가 얇은데다 지질이 나쁘고 묶은 실이 약해서 얼마 못 가 바로 망가지기 일쑤였다. 손만 대면 바스러지는 『속함해』의 표지만 봐도 알 수가 있다. 정조는 기뻤던 나머지, 이 책의 장정을 모두 조선식으로 바꿀 것을 명령했다. 그런데 한두 책도 아니고 5020책에다 별도의 부록만 20책이었다. 표지 개장 작업은 보통 일이 아니었다. 일제히 원래의 장정을 해체해서, 네 개 뚫린 구멍을 간격을 맞춰 다섯 개로 고쳐 뚫고, 치자 물을 들이고 판목에 눌러 무늬를 입힌 두꺼운 표지를 새로 씌워 질긴 명주실로 되묶었다. 원래 책을 담아온 포갑도 두꺼운 표지가 씌워지자 책 부피가 늘어나는 바람에 무용지물이 되었다. 이것도 조선식으로 새로 만들었다. 새로 제본하기 전에 정조는 내각의 신하에게 명하여 원본에 없던 목차까지 만들게 해서 표지 곁에 써넣게 했다.

  정조는 책의 표제 글씨를 명필로 이름 높던 조윤형(曺允亨)에게 쓰도록 명했다. 그는 '고금도서'란 네 글자를 똑같은 크기로 무려 5020번을 써야만 했다. 쓰는 데만 꼬박 한 달이 걸렸다. 이덕무가 나중에 웃으며 그에게 이런 부탁을 했다. "영감! 내가 영감께 글씨 네 글자를

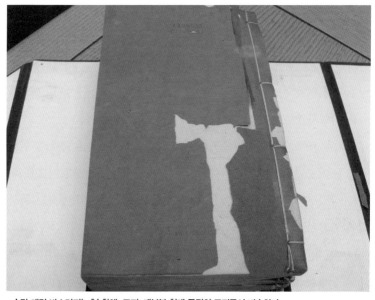

• 손만 대면 바스러지는 『속함해』 표지. 대부분 청대 문집의 표지들이 비슷하다.

청할 게 있습니다. 꼭 써주십시오." "무슨 글씨인가?" "고금도서란 네 글자올시다." "예끼, 이 사람, 그걸 뭐에 쓰려고." "아! 생각해보십시오. 이 네 글자를 왕명으로 5020번이나 썼으니, 이 글자를 영감보다 더 잘 쓸 수 있는 사람이 있겠습니까. 그러니 내 영감의 글씨로 된 네 글자를 받아두고, 그걸 보며 글씨 공부를 하렵니다." 그가 껄껄 웃으며 말했다. "이 사람, 내가 책 표지 쓰느라 욕본 것을 골리는 얘기로군. 쩝쩝." 『청장관전서』 권70, 이덕무 연보에 나온다.

어쨌거나 이 무영전(武英殿)의 동활자인 취진자(聚珍字)로 찍어낸 『고금도서집성』 1만 권 5020책은 당시 조선에서 큰 화제를 불러왔던 책이다. 옌칭도서관 선본실에도 이 책의 전질이 들어와 있었다. 선본

• 『무영전취진판서』 포갑과 어제(御製) 서문. 이 어제 서문은 이덕무가 『청비록』의 「무영전취진본」조에서 그대로 인용한 바 있다.

실 서가를 들락거리며 '무영전취진판서(武英殿聚珍版書)'라고 적힌, 포갑 하나에 열 책씩 넣어 무려 502함이나 되는 방대한 전집을 늘 무심히 지나치다가 이것이 바로 그 유명한 『흠정고금도서집성』인 줄은 이 글을 쓰면서야 비로소 알았다. 나는 그중 몇 함을 얼른 꺼내와 일부를 촬영하고, 손바닥으로 어루만지며 종이의 감촉을 오래 음미했다. 뭉 클했다. 시간만 괜찮다면 명필은 아니라도 책 전체에 표제를 5020번 이라도 써서 붙여주고 싶을 정도였다.

본다고 보는 것이 아니다
─아!『동화필화집』

다시 이어지는 인연

유금은 부사 서호수의 심부름으로 이조원을 찾아갔다. 그 과정에서 둘은 서로 의기가 투합했다. 아마 1월 15일의 만남 때였을 것이다. 대화가 무르익자 유금이 따로 들고 간 보자기를 풀었다. 시집 하나가 나왔다. 이조원이 자못 궁금하다는 표정을 지었다. 유금이 말했다.

"이 시집은 조선의 제 벗과 후배, 조카 등 네 사람의 시를 제가 엮은 것입니다. 선생의 평과 서문을 감히 청합니다. 그들에게 결코 잊을 수 없는 귀한 선물이 될 것입니다."

정성껏 필사된 시집을 한 장 한 장 넘기던 이조원의 표정이 환해졌다.

"대단히 훌륭한 시들입니다. 놀랍군요. 시집은 제목이 어찌됩니까?"

제목란은 여태 비어 있었다.

"아직 마땅한 제목을 얻지 못했습니다. 제목까지 지어주시면 어떻습니까?"

잠시 궁리하던 이조원이 입을 열었다.

"삼한(三韓)의 손님이 보자기에 싸온 것이니 '한객건연집(韓客巾衍集)'이 어떻겠는지요? 제 벗들도 몹시 흥미로워할 것 같군요. 지금 제가 한 부의 시화(詩話)를 저술중인데, 그 안에도 실어 소개하렵니다."

"멋진 이름입니다. 다른 벗들께도 평과 서문을 부탁하고 싶습니다. 혹 반정균이란 이름을 들어보셨는지요? 11년 전 조선의 홍대용이 그와 북경에서 만나 아름다운 교유를 나누었는데, 근년 들어 연락이 끊겨 안타까워합니다. 이곳에 온 후 계속 수소문해보았지만 연락이 닿지 않습니다."

이조원이 놀라며 말했다.

"반정균은 저와 아주 가까이 지내는 사람입니다."

그러면서 이조원은 자신이 앉은 뒤편 벽을 가리켜 보였다. 북경에 도착한 후 그토록 만나려 해도 연락이 닿지 않던 반정균의 글씨가 거짓말처럼 벽에 붙어 있었다.

"그가 내게 써준 시입니다."

"이럴 수가. 이런 인연이 있다니요. 그는 지금 어찌 지냅니까?"

"신묘년(1771) 회시(會試)에서 장원으로 이미 정해졌는데, 얼마 후 호(號)가 같은 사람이 그의 글을 답습했다 하여 마침내 둘 다 떨어지고 말았답니다. 세상 사람들이 이제껏 이 일을 애석해합니다. 지금 관직이 중서사인(中書舍人)입니다."

벽에 붙은 시는 원석(元夕), 즉 1월 15일에 지은 시였다.

인생에 정월 보름 몇 번 맞을까	人生幾元夕
이제껏 연경 땅에 머물러 있네.	留滯尙皇州
달빛에 천산(千山)이 가로놓였고	月是千山隔
별빛은 만호(萬戶)에 흐르는구나.	星仍萬戶流
등불 밝혀 고향 땅 꿈에 그리니	漸燈鄕國夢
세시(歲時) 맞아 박주(薄酒)로 근심만 겹다.	魯酒歲時愁
깜빡깜빡 고당(高堂)의 등불 빛만이	耿耿高堂燭
여러 해 먼 데 노님 기억하시리.	頻年憶遠遊

유금이 1월 15일에 이조원을 찾아갔을 때 반정균의 시 「원석」이 그 방 벽에 붙어 있었다면, 아마도 그날 보내왔거나 그 전날쯤 와서 지어놓고 간 시였을 것이다. 지난해의 시를 1년씩이나 방 벽에 붙여놓고 있지는 않았을 테니까.

반정균은 1766년 1월 북경에 올라와 이때까지 11년째 고향에 못 돌아간 채 머물고 있었다. 5년 뒤인 1771년 회시에서 장원급제로 결정되었다가 다른 사람이 그의 답안지를 슬쩍 베껴 쓰는 바람에 둘 다 낙방하고 말았다. 하지만 그는 역량을 인정받아 당시 거인(擧人)의 신분으로 내각중서(內閣中書)에 발탁되어 관직에 있던 터였다. 이 사연은 이덕무가 정리한 『청비록』의 「반추루」 항목에 보인다.

해가 바뀌어 정월 보름을 맞으니 고향 생각이 절로 난다. 오늘밤은 달도 없고 별빛만 희미하다. 등불을 환히 밝혀둔 채 객지에서 값싼 술을 따라 마시자니 멀리 고향에서 부모님이 등불을 밝혀놓고 먼 데로 한번 떠나 돌아올 줄 모르는 못난 아들 생각을 하고 계실 모습이 떠올라 그만 가슴이 미어진다는 내용이다.

두 사람은 그의 시를 읽다가 조금 침울해졌다. 이조원은 반정균의 이름이 유금의 입에서 튀어나온 것에 놀랐고, 유금은 그토록 애타게 찾던 그와 이조원의 방 벽에 붙은 시로 조우하게 된 데 더 놀랐다.

"참으로 기이하고 기이합니다. 반공과 제가 만나볼 수 있습니까? 그에게 전할 편지도 가지고 왔습니다. 아울러 그가 선생과 나란히 이 시집에 서문과 평을 써준다면, 조선에서 제가 돌아오기만을 목이 빠져라 기다리고 있을 벗들이 일제히 환호할 것입니다."

이조원은 흔쾌히 허락했다. 어느새 밤이 이슥해졌으므로 유금은 서둘러 그 집에서 물러나왔다.

아! 『동화필화집』

세상일은 참 알 수가 없다. 2012년 4월 2일, 관훈동 고산 김정호 선생의 서실에서 걸려온 전화를 받았다. 예전 필첩이 하나 나왔으니, 얼른 와서 구경하라는 전갈이었다. 바로 카메라를 챙겨서 달려갔다. 가서 보니 『동화필화집東華筆話集』이란 제목의 필첩이었다. 책 제목은 동국과 중화의 선비가 만나 붓으로 나눈 대화를 모은 것이라는 뜻이

• 「동화필화집」 표지. 개인 소장.

다. 연행 당시 주고받은 필담 초고와 편지들을 엮어 소책자로 꾸민 것
이었다. 중국 쪽에서 선물로 받은 탁본도 있었다. 대단히 흥미로운 자
료였고, 처음 보는 내용이어서 잘 갈무리해서 글로 발표할 작정이었
다. 그러고는 출국 준비에다 이런저런 복잡한 일들로 이후 『동화필화
집』의 존재를 까맣게 잊고 말았다.

　2013년 1월 15일에 이조원의 『동산시문집童山詩文集』과 『함해函海』
를 빌려 복사하고 스캔을 하다가, 중국 쪽 사이트를 검색해서 1991년
중국 쓰촨교육출판사에서 장웨이밍(蔣維明)이란 사람이 쓴 『이조원李
調元』이란 제목의 평전이 출간된 사실을 확인했다. 옌칭도서관에는
이 책이 없었다. 예일 대학교 것을 도서관 간 대출로 받아보았다. 시
간순으로 생애가 정리된 이 책의 제3장 4절은 제목이 '조선 시인과의
정의(情誼)'로 붙어 있었다. 나는 전체 내용을 스캔하여 출력, 제본하

고, 중요한 부분에 밑줄을 그어가며 검토했다.

그러다가 문득 지난해 김정호 선생에게 가서 촬영해온 자료가 이조원과 연관이 있었던 듯한 생각이 들었다. 외장 하드를 뒤져서 촬영 이후 까맣게 잊고 있던 『동화필화집』 파일을 열었다. 그때 튀어나온 첫마디가 이랬다. "세상에! 내가 도대체 무슨 짓을 한 거야?" 나는 좋아 펄쩍펄쩍 뛰며 연구실을 뱅뱅 돌았다. 그때 갈무리해둔 『동화필화집』은 다름아닌 유금이 연행 당시와 귀국 이후에 이조원과 반정균, 그리고 이조원의 사촌동생인 이정원(李鼎元) 등과 주고받은 필찰과 필담들을 한자리에 모아둔 것이었다. 어떻게 이것이 이제야 생각났는지 이해할 수 없을 정도였다. 장웨이밍의 책 『이조원』 전체에도 이조원의 친필은 전혀 없었다. 이제껏 다른 어떤 자료에서도 이조원의 친필은 남은 것이 없었다. 그런데 이 필첩 속에서 바로 이조원의 여러 가지 친필과 그 밖의 귀중한 자료들이 한꺼번에 우르르 쏟아져나온 것이다. 이러니 내가 흥분하지 않을 도리가 있겠는가?

새삼 깨달은 것은 무얼 본다고 다 보는 것이 아니라는 사실이었다. 등잔 밑이 어두워도 이렇게 어두울 수가 있는가? 귀한 보석을 손에 넣고도 조약돌 취급을 했으니 나 자신에게 실망스러웠다. 처음에는 이 자료를 내게 건네준 사람조차 다른 사람으로 혼동했을 만큼 나는 이 자료의 존재를 까맣게 놓치고 있었다. 그때는 내 관심이 이 주제에 대해 지금처럼 투철하지 않았기 때문에 생각의 우선순위에서 밀려났던 것이다.

서둘러 출력을 했다. 그날따라 주말인데다 프린터 잉크까지 다 떨어져 처음 두어 장만 겨우 알아볼 수 있었고, 나머지는 모두 뭉개진

상태가 되고 말았다. 월요일까지 기다려 겨우 출력을 마치고 제본을
끝낸 후 나는 집중적인 분석에 들어갔다. 후지쓰카 식으로 먼저 원고
지에 목차를 써서 붙였다. 그러고 나서 탈초(脫草)한 내용을 붉은 먹으
로 옮겨 적기 시작했다.

쏟아진 친필로 복원되는 사연들

『동화필화집』의 첫 장에 실린 편지는 이조원의 사촌동생인 묵장(墨
莊) 이정원이 유금에게 보낸 편지였다.

　가형(家兄)과는 약속을 정하셨는지요? 반공(潘公)도 후의에 깊이 감
사하고 있습니다. 23일로 약속하고 제게 들러주신다면, 반공 또한 제 집
에 계실 것입니다. 삼가 지니신 『건연집』을 기다립니다. 반공께서는 이
미 다 읽고 소서(小序)까지 지었고, 가형 또한 서문을 지었지만 아직 써놓
지를 못했습니다. 23일을 기다려 함께 볼 수 있도록 드리겠습니다.
　또 들으니 선생께서 돌아가는 기일이 그믐날로 정해졌다더군요. 마
음이 아려옴을 이기지 못하겠습니다. 이 생에 이 세상에서 다시 만날
날이 있을는지 모르겠군요. 아니면 마침내 죽어 저승에서나 만나게 되
는 것인가요. 앞서 보내주신 큰 글씨 한 폭은 옛 벗이 직접 쓴 글씨이
니, 밀실에 깊이 간직해서 자손에게 전하렵니다. 저는 본시 감히 시를
말할 계제가 못됩니다. 이제 드리는 28자는 오늘의 기이한 만남을 기
념하려는 데 지나지 않습니다. 비밀로 숨겨두시어, 대방가(大方家)의 웃

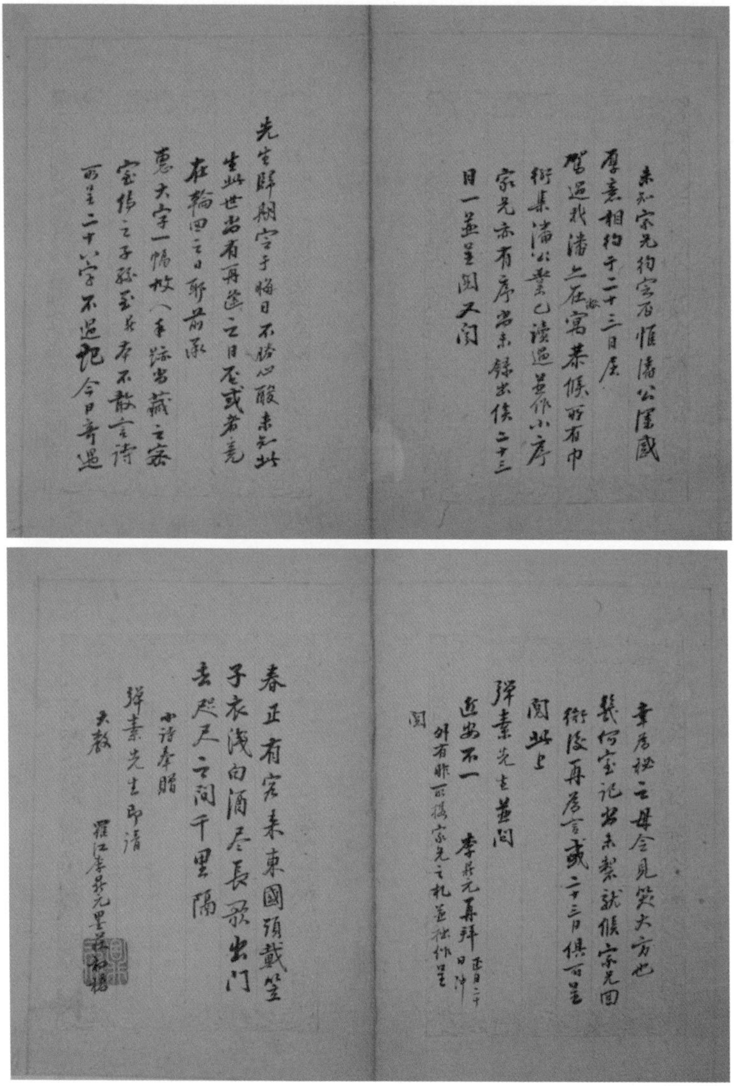

• 『동화필화집』에 수록된 이정원이 유금에게 보낸 첫번째 편지.

음이나 사지 않게 해주시면 고맙겠습니다.

기하실(幾何室) 시는 아직 짓지 못했습니다. 가형께서 관아에서 돌아오시기를 기다려 다시 말씀하십시다. 혹 23일에 함께 다 드릴 수 있을 것도 같군요. 이것을 탄소 선생께 올리며 아울러 근자의 안부를 여쭙니다. 이만 줄입니다. 이정원 재배. 1월 20일 낮.

추신: 이 밖에 어제 가져온 가형의 편지와 졸작이 있습니다. 드리오니 살펴보소서.

1월 20일에 쓴 편지다. 앞서 이조원과 만나고 닷새 뒤에 썼다. 편지로 보아 이조원을 찾아가게 된 데 이정원의 역할이 일정 정도 있었고, 만날 당시에 그도 합석했음을 알겠다. 반정균에게 보낸 편지와 선물도 그사이에 전달되었고, 23일에 자기집에 오면 반정균과 직접 만날 수 있을 것이라는 내용이다. 『한객건연집』도 반정균은 이미 읽기를 마쳐 서문까지 써둔 상태였다. 이조원의 서문이 아직 마무리되지 않은 상태지만 23일에는 건넬 수 있기를 희망한다고 적었다. 지닌 책을 가져오라고 한 것은 두 벌의 사본이 있었다는 얘기다. 두 사람에게서 따로 받은 평을 옮겨 적기 위해서였다.

그 뒷면에 과연 이정원의 시와 이조원이 급하게 휘갈겨 쓴 친필의 짧은 메모가 있었다. 메모의 내용은 이랬다.

헤어진 며칠 동안 많이 생각했습니다. 반공 또한 그대를 빨리 만나 뵙고 싶어하는군요. 『건연집』은 이미 반공에게 보내 비해(批解)를 부탁했습니다. 23일에 한번 나오셔서 만날 수 있을는지요. 바라옵고 삼가

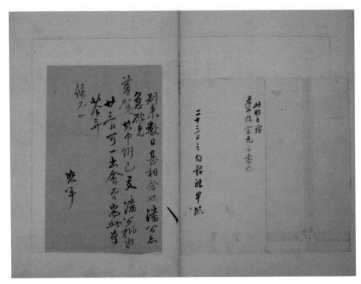

• 「동화필화집」에 실린 이조원이 유금에게 보낸 짧은 메모.

답장 드립니다. 이만 줄입니다.

　당시 사신단은 긴박한 상태였다. 12월 18일에 산해관을 통과해 12월 26일에 빠듯하게 북경에 도착했고, 30일에 홍려시(鴻臚寺)에 나아가 조참례(朝參禮)를 행했다. 1월 2일에도 황제와 황태후에게 올리는 조하례(朝賀禮)를 행하였다. 그러고는 통상적인 절차에 따라 가지고 온 방물을 납고(納庫)하고 자문(咨文)을 기다리던 중, 1월 23일에 황태후의 초상이 났다. 황제는 당일로 상복을 입고 27일간 일체의 집무를 정지했다. 조정 관료들도 모두 입궐해서 원명원(圓明園)에서 대기해야만 했다. 모든 것이 정지되었다. 연회도 금지되었다.

　일이 공교롭게 되려고 그랬는지, 황태후가 세상을 뜬 그날이 바로 유금이 반정균 등과 만나기로 약속한 날이었다. 약속은 당연히 지켜질 수 없었다. 유금은 영문도 모르고 기다리다가 허탕을 쳤다. 필첩 다음 면에 이즈음의 정황을 적은 이정원의 편지가 한 통 더 있었다.

나라의 부고를 듣게 되니 오장이 모두 찢어지는 듯합니다. 현재는 경전을 보면서 조용히 지내고 있습니다. 아직 애조(哀詔)를 받잡지 못한지라 가형께서는 지금 공관에 머물고 계십니다. 제 생각에는 성복(成服) 후에나 한번 만날 수 있을 것 같군요. 반공도 이날 한 차례 만날 약속을 정하고 마침내 만나지 못하게 되었으니, 참으로 하늘의 뜻입니다. 하지만 귀측(貴側)의 돌아가는 기일도 이 때문에 연기될 테니, 만나 얘기 나눌 기약은 여전히 있는 셈입니다. 그대의 작품은 몹시 훌륭합니다. 마땅히 받들어 보배로 삼겠습니다. 가형이 「기하실기幾何室記」를 이미 지어놓은지라 부쳐 보냅니다. 살펴 거두어주소서. 가형께서 이것 말고도 「기하주인가幾何主人歌」를 지었는데, 선생의 귀국을 전송하는 시입니다. 아울러 앞서 허락하신 초상화 한 폭과 인장 한 묶음 세 개를 받들어 보냅니다. 모두 가형께서 분부하시어 뜻을 담아 전별하는 것이니, 하나하나 점검해서 거두어주시길 바랍니다. 이만 줄입니다.
다시 닷새 뒤에 귀하의 하인을 보내 한 차례 반공과의 약속을 정할 수 있을는지요. 반공 또한 서문이 있고, 가형의 「건연집서」도 이미 완성되었습니다. 다른 날 다시 얘기하셔도 괜찮습니다. 이정원 드림.
추신: 지녀오신 『조선지朝鮮志』가 있으신지요. 한번 보기를 청합니다. 서대인(徐大人)의 관함(官銜)과 자호와 나이를 전부 알려주시기 바랍니다. 기도를 해드리렵니다.

謹

柳先生啟

封

斗聞
國計五內俱裂祝在墨徑靜
哀消家兄杖尒在必齋長想
成眠心仲丁巳春儒學此
尒籥歸期自余耽淘良脩
尊作在甚當奉為實家兄

數行宮記已作好呈
寧齋姪宗兄亦有幾何矣
先生國之詩蓋其所許畫
僚一幅圖畫一付奉送
魚卞点取每艸不達
一舍清心三信約
奉此
永姪元桕

有节乘朝鮮志苦之一覽
拱失人官銜享年庚己
金閱
永姪榜又

• 이정원의 두번째 편지.

어긋난 약속을 안타까워하며 다시 약속을 고쳐 정할 것과 서호수의 인적 사항을 알려줄 것을 요청한 내용이었다. 이조원도 잇달아 편지를 보냈다.

잘 하면 공제(公除, 국상에 기일이 지나 공식적으로 상복을 벗는 일) 이전에 또한 제 집에서 만날 수 있을 것 같군요. 다만 자신 있게 말씀드리지는 못하겠습니다. 제 생각에 10일 후인 2월 초8일에 한번 만났으면 하는데, 귀측의 수레가 그때까지 북경에 있을는지 모르겠습니다. 저는 이부(吏部)의 부서 안에서 재숙(齋宿)합니다. 내성(內城) 안에 함께 있으면서도 만나볼 수가 없으니 매번 서글픈 생각이 듭니다. 제가 오늘 집에 있게 된 것은 어쩌다 한번씩 밥을 먹으러 돌아오기 때문입니다. 대부분 매일 낮 사이에는 반드시 집에 있고, 감히 다른 곳에 가지 못합니다. 만약 10일의 약속을 잡지 못하면 내일 한 차례 일찍 귀처에서 귀하의 하인을 먼저 보내서 밖에 나와 있게 하십시오. 제가 마땅히 하인 편에 1일에 올 것을 약속하겠습니다. 그도 아니라면 오늘 또는 다른 날로 하시지요. 또 한 가지, 제 친구 중에 철(鐵)씨 성을 가진 이가 있는데 사람이 도(道)를 갖춘 명사입니다. 또한 선생을 만나보고 싶어하니 괜찮을는지요. 집 아우는 이미 자기의 스승 축공(祝公)의 초청을 받아서 서석(西席)으로 그 자제를 가르치러 떠나 집에 없습니다. 답장 편에 알려드리옵고, 아울러 편안한 저녁 되길 바랍니다. 이만 줄입니다. 이조원 삼가.

추신: 만약 내일 제가 여가가 있다면 바로 하인을 보내 약속을 정하고 재실로 갔다가 제 집에서 반나절 정도 얘기할 수 있겠습니다. 다만 내일 제가 능히 몸을 뺄 수 있을지 모르겠기에 딱히 정할 수가 없습니

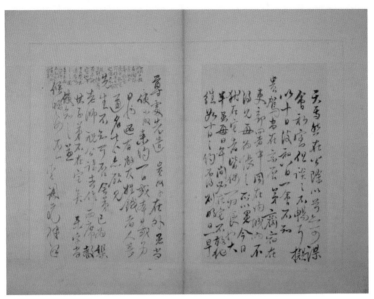

• 이조원의 두번째 편지.

다. 10일은 암만 생각해도 너무 머니 어찌합니까? 도장은 괜찮게 된 것
같기는 한데 제대로 분명하게 전달되었는지 모르겠군요.

편지로 보면 오히려 이조원 편에서 더 적극적으로 만남을 원한 듯
한 인상까지 든다. 철씨 성을 가진 친구란 아마 철보(鐵保)를 말한 것
일 터이다. 그는 뒤에 예부시랑에 올랐고, 당대에 명필로 이름을 날렸
던 만주족 출신의 명사였다. 1790년에 서호수가 다시 연행에 올랐을
때 철보와는 잦은 접촉이 있었다. 1777년의 연행 당시 철보는 서호수
는 물론 유금과도 만나지 못했던 듯하다.

기하실 주인의 노래

유금과 이조원의 만남에서 유금 못지않게 이조원의 적극적인 태도가 인상적이다. 오히려 자기 쪽에서 못 만나게 될까 조바심을 냈다. 그는 유금이 싸들고 간 『한객건연집』에 반정균과 함께 서문을 써주었을 뿐 아니라 시 작품에 평을 남기기까지 했다. 『한객건연집』에 대해서는 따로 한 차례 다루겠다.

『동화필화집』을 한 장 더 넘기자 이조원이 유금을 위해 써준 「기하주인가」란 시가 나온다. 정확한 제목은 「기하주인가. 탄소의 귀국을 전송하며 아울러 조카 영암에게 부치다幾何主人歌, 送彈素歸國, 並寄賢姪泠菴」이다. 영암은 영재(泠齋) 유득공(柳得恭)을 가리킨다. 이조원은 이에 앞서 유득공이 출국시 숙부를 전별하며 써준 시를 보고 대단히 칭찬했었다.

기하실 주인은 성씨가 유씨인데	幾何主人身姓柳
자기 말로 일생 동안 붕우가 적었다고.	自言一生少朋友
사신 따라 애써 와서 중화 땅에 이르러선	竭來隨使到中華
다만 나와 교유하며 웃으며 얘기했네.	獨與余交開笑口
삼한 땅은 큰 바다의 동쪽 멀리 있나니	天隔三韓大海東
의관은 달라도 문자만은 한가질세.	衣冠雖異文字同
새해 맞아 초백주(椒柏酒)로 함께 술에 취해서	共醉新年椒柏酒
붓으로 고담 쓰자 맑은 바람 일어난다.	高談落筆生淸風
가슴속 만권 서적 별자린 양 늘어서서	胸蟠萬卷羅星宿

彈素婦何主人並寄
幾何主人歌送　賢狂冷蕃
幾何主人身姓梆自言一生少關
友携来随使到中華貊与余

交開笑口天隅三韓大海東衣
冠雛異文字同共醉新年梅
栢酒高談茇華生清風胸
燭蕊卷羅星宿噴噴霏如
屑玉可憐詩畫意老窮涯

日己掛西山角二月春城
花亂飛天津永津黄葉肥
如此風光欲歸去薊门烟柳
空床々幾何子归何速人生
最景天一方那堪見兩情
和熟發何方畑何邇家有

小院正相憶唱和還应勝
此时
　　　劍南雲就山人李調元
稿

• 『동화필화첩』 속 친필 「기하주인가」. 이조원의 이 같은 친필은 중국에도 남은 것이 거의 없다.

• 「동산시집」에 실린 「기하주인가」.

나오는 애기마다 옥가루가 흩어지듯.	咳唾霏霏如屑玉
애석타 말 다해도 남은 뜻 그지없네	可憐語盡意無窮
지는 해 어느새 서산머리 걸린 것을.	落日已掛西山角
2월이라 봄 성엔 어지러이 꽃 날리고	二月春城花亂飛
천진의 얼음 물가 황화어(黃華魚)가 살쪘겠지.	天津冰泮黃華肥
이 같은 풍광 속에 돌아가고 싶지만	如此風光欲歸去
계문엔 안개 낀 버들만 너울댄다.	薊門烟柳空依依
기하자여!	幾何子
돌아감 어이 이리 신속하던가.	歸何速
인생 가장 괴롭기는 하늘가에 머무는 것	人生最苦天一方
낯 익혀 정 막 듦을 차마 어이 견디리.	那堪見面情初熟

308 ◉ 18세기 한중 지식인의 문예공화국

기하자여!	幾何子
돌아감 어이 이리 더디어지나.	歸何遲
집에 있는 소완(小阮)을 서로 생각하리니	家有小阮正相憶
창화하여 서로 응함 이때보다 나으리.	唱和還應勝此時

이 시는 이조원의 『동산시집』 권19 첫머리에 실려 있다. 위 친필본과 문집을 대조해보면 글자의 출입이 상당하다. 문집에 실으면서 다시 손을 본 것이다. 멀리 해동(海東)에서 온 벗과 만나, 온갖 질병을 물리친다는 초백주를 함께 마시며 나눈 애틋하고 거나한 대화를 정감 있게 묘사했다. 초백주는 우리로 치면 정월 보름날 마시는 귀밝이술이다. 끝에 나오는 소완은 이조원이 며칠 뒤 작별 선물로 이 시와 함께 낙화생(落花生), 즉 땅콩 한 근을 보내주며 쓴 다른 시 「낙화생가落花生歌」에도 또 한번 등장한다.

유금은 소완이 무슨 의미인지 몰라 훗날 귀국 후에 보낸 편지에서 질문을 했던 듯하다. 뒤쪽 필첩 끝에 이조원이 "어린 딸 완경(阮卿)이니 병신년(1776)년 10월 29일생"이라고 쓴 쪽지가 붙어 있다. 당시 겨우 백일을 갓 지난 어린 딸의 이름을 시 속에 두 번이나 넣은 것은 딸의 이름이 해동까지 전해져 여러 사람의 입에 오르내림으로써 오래 살기를 바란 아버지의 마음이었다.

이렇듯 유금은 우연한 기회에 이조원과 만나 그의 집까지 방문하고, 융숭한 대접을 받았다. 또 시와 선물에다 앞으로 살필 『한객건연집』의 서문과 시평까지 받아 귀국했다. 귀국까지의 과정과 『한객건연집』에 얽힌 얘기, 반정균과의 사연 등은 좀더 차분히 살필 것이 많다.

어제의 나는 내가 아니다
─유금의 귀국과 『한객건연집』의 청비주비

이필대설(以筆代舌), 붓으로 혀를 대신하다

　조선의 사신단은 2월 3일 북경을 떠났다. 1월 23일 황태후의 돌연한 서거로 발상(發喪) 이후 모든 정무가 정지된 상태에서 북경에 마냥 체류하는 것은 의미가 없었다. 청 정부에서도 이들 외교 사절의 이른 귀국을 종용했다. 유금은 2월 10일에 이조원을 만나기로 했지만 뜻을 이루기 전에 북경을 떠나와야 했다. 이조원의 두번째 편지를 받고 2월 1일에라도 만나고자 애를 썼다. 하지만 그마저도 뜻대로 되지 않았다. 근신 상태에 있던 이조원이 국상중에는 운신의 폭이 그만큼 좁았던 때문이다.

　『동화필화집』에 이조원의 대리인인 호종(胡琮)이 보낸 편지가 실려

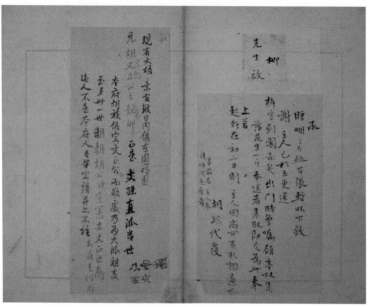

• 이조원의 집사였던 호종이 유금에게 보낸 편지(오른쪽)와 필담(왼쪽).

있어, 이 사정을 알려준다.

　보내주신 담배 세 근과 종이 100장을 잘 받았습니다. 잠시 간수해두
고 감사의 인사를 드립니다. 주인 나리는 이미 5경에 재궁(梓宮)이 도
착하는 것을 마중하러 원명원으로 떠나셨습니다. 문을 나서면서 『고정
림집顧亭林集』과 낙화생 한 근을 받들어 보낼 것을 부탁하셨습니다. 가
지러 오시면 바로 드리겠습니다. 이 일로 글을 올립니다. 만약 출발이
2월 초3일일 것 같으면 주인께서 돌아오셔서 그래도 편지를 서로 통할
수 있을 것입니다.

　호종(胡琮)이 대신 드림.

추신: 저는 지난번 주인께서 시를 올릴 적에 함께 자리에 있던 사람입니다.

결국 1월 15일의 만남이 유금과 이조원이 대면한 마지막 회동이 되고 말았다. 그사이에 편지는 여러 차례 오갔고 시문과 선물도 주고 받았지만, 직접 얼굴을 맞댈 기회는 더이상 갖지 못했다. 지난번 만날 때 유금이 안주로 나온 땅콩에 호기심을 표시하자, 이조원은 이를 잊지 않고 있다가 땅콩 한 근을 따로 챙겨서 동국의 벗들과 함께 맛보라며 챙겨주었다. 당시 금서였던 『고정림집』도 한 질을 구해 선물했다.

호종의 편지를 받고 유금은 책과 땅콩 선물을 받기 위해 직접 호종을 찾아갔던 듯하다. 호종의 편지 옆면에 두 사람이 당시 나눈 필담의 원본이 실려 있다. 당시에 필담이 어떤 방식으로 이뤄졌는지를 보여주는 대단히 진귀한 자료다. 나는 이것보다 더 실감 나는 필담 실물을 본 적이 없다. 한 장의 종이가 쌍방을 오가며 대화를 오롯하게 옮겨냈다. 이런 것은 자세히 검토하지 않을 수 없다. 독자들이 대조해볼 수 있도록 원문까지 함께 제시한다.

호종: 지금 큰 변고가 있어서 연경의 관리들은 며칠 동안 모두 원명원에 있습니다(現有大故, 京官數日內俱在圓明園).

유금: 형께서는 송나라 때 호문정공의 친족이십니까(兄宋朝胡文正公之親耶)?

호종: 그렇습니다. 문정공 자손의 직파로 몇 대입니다. 저희 고장의 호씨들은 모두 문정공의 후손입지요. 저희는 대파조(大派祖)의 지손(支

孫)으로 31세에 이르렀습니다(正是. 文
孫直派幾世. 本府胡族, 俱宗文正公. 而敝處
乃爲大派祖支至第卅一世).

유금: 명나라 때 호종헌 공도 문정
공의 후예인지요(明朝胡公諱宗憲, 亦文
正公之裔)?

호종: 그 사람은 저희 고장 사람이
아닙니다. 저희 집안 족보에는 모두
올라 있지 않습니다(此人不是本府人. 吾
等宗譜, 幷亦不註).

유금: 고장이라면 어디를 말하는
것인지요(本府是何府)?

호종: 강남 휘주부입니다(江南徽州
府).

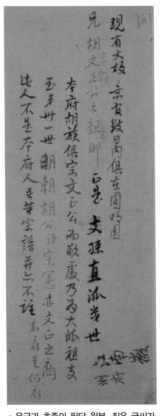

• 유금과 호종의 필담 원본. 짙은 글씨가
호종, 옅은 글씨가 유금의 것이다.

호문정공(胡文正公)은 송나라 때 대
학자인 호안국(胡安國)을 말한다. 호종
의 성씨를 보고 대뜸 그 집안의 계보를 질문해서 이어진 대화의 한 자
락이다. 첫 줄은 호종의 얘기고, 둘째 줄의 흐린 먹으로 쓴 절반이 유
금의 질문이다. 다시 짙은 먹은 호종의 답변이고, 넷째 줄 중단 이하
의 흐린 글씨가 유금의 것이다.

이 자료는 쌍방의 문답이 한 장에 오롯이 남은 아주 희귀한 필담
실물이다. 이 종이를 통해 짐작되는 필담 상황은 이렇다. 우선 두 사

• 19세기 말 오우여(吳友如)가 상해의 신문에 연재한 그림을 모아 엮은 『점석재화보點石齋畫報』에 실린 '이필대설' 도판. 조선 사신과 청국 관리의 필담 장면을 그림에 담았다. 이 경우는 거리가 가까워 같은 벼루를 쓰되 종이는 각자의 것을 따로 썼다.

람은 탁자를 사이에 두고 마주앉았다. 종이가 미리 준비되지 않았던 듯 작은 자투리 종이에 먼저 호종이 이조원이 집에 없는 이유를 써서 유금에게 건넸다. 유금 옆에도 벼루가 따로 놓였다. 이쪽은 급히 가져오는 바람에 먹이 거의 갈리지 않은 상태였다. 그래서 대충 급히 갈아 흐린 먹으로 썼다. 질문을 호종에게 건네면, 호종이 다시 자기 벼루의 먹을 묻혀 대답하고, 그러면 그 종이에 다시 유금이 대답했다. 대화가 끝나고 나면 모든 기록이 하나도 빠짐없이 오롯이 남게 된다. 한 벼루를 함께 사용하지 못한 것은 탁자를 사이에 둔 둘의 거리가 꽤 멀었다는 뜻이다.

사실 홍대용과 엄성 등의 필담도 대개는 이런 식으로 이루어졌다. 좀더 긴 호흡의 대화일 경우에는 각자 자신의 종이에 써서 서로 글을 주고받았다. 대화가 끝나면 상대편의 글은 모두 내 쪽에 쌓이고 내 글은 상대편 쪽에 쌓였다. 헤어질 때 어느 한쪽이 갈무리해서 문답으로 배열해 가져갔다. 때로 서로 갖겠다고 실랑이가 벌어지거나, 필화(筆禍)를 꺼려 자신의 필담을 도로 회수해가는 경우도 적지 않았다. 당시 북경에서의 대화는 대부분 이런 방식으로 이루어졌다. 한문은 18세기 문예공화국의 당당한 공용어였고, 필담은 대화가 끝남과 동시에 내용이 모두 녹취되는 안정적이고 일상적인 소통 방식이었다.

이조원의 초상화와 유금의 인장 3과

앞서 읽은 이정원의 두번째 편지 중에 이조원이 초상화 한 폭과 인장 한 묶음 세 개를 선물로 보낸다고 한 기록이 있다. 이정원이 부사 서호수의 생일과 인적 사항을 적어주면 그를 위해 기도해주겠다고 한 편지를 보내자, 유금이 또한 이조원의 초상화를 보내달라고 하면서 조선으로 돌아가 그의 생일날 축수(祝壽)하는 자리를 마련하겠다고 말했던 듯하다. 이때 이조원이 보낸 초상화와 훗날 조선에서 열린 이조원의 생일잔치 이야기는 따로 한번 쓰겠다.

이조원의 초상화와 함께 이조원이 자신의 벗에게 부탁해서 유금을 위해 파준 도장 한 벌이 도착했다. 유금은 해금 연주에 조예가 깊었고, 전각에도 상당한 취미가 있었다. 박지원은 유금의 인보집 뒤에 「유씨도서보서柳氏圖書譜序」란 글을 써준 적이 있다. 거기서 박지원은 유금이 도장 파는 장면을 이렇게 묘사했다.

유금은 도장을 잘 새긴다. 돌을 꽉 잡고 무릎에 얹고, 한쪽 어깨를

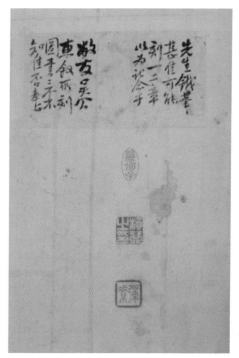

• 「동화필화집」에 실린 유금 인장 3과
의 인영.

기울여 턱을 숙인 채 눈은 깜빡깜빡, 입으로는 후후 불면서 돌 위에 쓴
먹글씨를 파먹어 들어가는데 실낱같이 끊어지지 않는다. 입을 삐죽 모
아 칼을 내밀고 눈썹을 찡그리며 힘을 쓴다. 이윽고 허리를 받치더니
하늘을 쳐다보며 숨을 내쉰다.

그런 그가 이조원의 편지에 찍힌 인장을 보고 누가 새겼느냐며 도
장 욕심을 내비치자 이조원이 흔쾌히 허락했던 듯하다. 『동화필화집』
뒤쪽에 인장 3과의 인영(印影)이 남아 있다. 여기에도 당시 두 사람 사
이에 오간 필담이 첨부되어 있다.

유금: 선생의 철필이 대단히 훌륭합니다. 도장 한두 개를 새겨서 기념으로 삼을 수 있을는지요(先生鐵筆甚佳. 可能刻一二章, 以爲記念乎)?

이조원: 제 친구 오동서(吳東敍) 공이 새긴 도장 세 개입니다. 마음에 드실는지 모르겠군요. 받들어 올립니다(敝友吳公東敍所刻圖書三个. 不知佳否. 奉上).

그러고 나서 그 아래 도장을 직접 찍은 인전지(印箋紙)가 있다. 첫번째 것은 타원형에 예서체로 '기하자(幾何子)'라고 팠다. 중간은 '유금지인(柳琴之印)'이란 백문인(白文印)이고, 그 아래는 주문인(朱文印)으로 '탄소(彈素)'란 호를 새겼다. 오동서는 누구인지 알 수가 없다.

유금은 비록 이조원과 다시 만나지 못했고, 반정균과는 한 차례도 맞대면할 수 없었지만 풍성한 성과를 안고 귀국했다. 개인적으로는 당대에 문학으로 명망 높던 이조원과 개인적인 교분을 가졌고, 그 증거로 그의 초상화와 그가 특별히 벗에게 부탁해서 새겨준 인장, 그리고 당시 조선에서는 신기한 물건이었던 땅콩까지 들고 의기양양하게 돌아왔다. 행차의 뒤쪽에는 5020책이란 엄청난 분량의 『고금도서집성』을 실은 여러 대의 수레가 뒤따르고 있었다.

아름다운 청비주비(靑批朱批)

하지만 유금을 가장 고무한 것은 이조원과 반정균의 평과 서문이 적힌 『한객건연집』이었다. 당시 이덕무나 유득공, 박제가 등의 안목과 예술적 감각은 조선 최고의 수준이었다. 글씨체도 대단히 아름다웠다. 유금이 자신들의 시집을 중국에 소개하겠다고 하자, 이들은 최고의 솜씨를 발휘해서 시집을 우아하고 아름답게 장정했다. 아마 유금은 두 벌을 가져왔을 것이다. 한 벌은 이조원에게 평비(評批)를 부탁하면서 증정했고, 나머지 한 권의 보관본에 다시 그 평비를 옮겨 적어 남겨두고 원본을 가져왔을 것으로 본다. 당시 이조원은 이 책을 자신의 시화에 싣고, 중국에서 출간하겠노라고 큰소리를 쳤다. 한 부를 남겨두지 않을 수 없었다.

현재 옌칭도서관에는 필사본 『한객건연집』 2종이 있고, 이 밖에 『동시東詩』란 표제 아래 『한객건연집』의 앞뒤로 다른 사람의 시를 선록한 선집이 하나 더 있다. 이 책도 유금이 편집한 것이다. 세 책은 시의 수록 순서가 저마다 조금씩 다르다. 나중에 활자로 간행된 『전주사가시箋注四家詩』가 따로 있다.

앞선 글에서 『한객건연집』의 책 제목을 이조원이 지어주었다고 썼다. 『한객건연집』에 남은 두 사람의 서문과 평어를 통해 그렇게 짐작했다. 이조원은 네 사람의 소시집 끝에 쓴 평어 첫 구절에 『청장관집靑莊館集』과 『가상루집歌商樓集』 『명농초고明農初稿』 『강산집薑山集』 등으로 이덕무, 유득공, 박제가, 이서구의 문집 제목을 따로 호명했다. 이 말은 유금이 처음 가져갔을 당시 네 책에 각기 다른 제목이 적혀 있었다는 뜻이다. 이 네 책을 보자기에 싸가지고 갔기 때문에 『건연집巾衍集』이란 이름으로 통칭되었고, 앞에 '한객(韓客)'을 덧붙인 것은 유금 자신이 붙일 수 있는 표현은 아니다.

이조원은 서문에서 "이런저런 얘기를 나누던 끝에 품속을 더듬어

『건연집』을 꺼냈는데, 이무관과 유영재, 박초정과 이강산 4가의 시로, 탄소가 엮은 것이었다"고 적었다. 또 반정균은 서문에서 "어제 이우촌 이부(吏部)의 서재에서 유탄소가 적어온 해동 4가의 시를 읽어보았다"고 했다. 『사가시선四家詩選』이란 이 책의 또다른 이름이 더 적절한 명칭일시 분명하다. 『한객건연집』은 이 시집이 이조원에게 전달되던 상황이 반영된 이름이고, 당시 네 책에는 모두 별도의 제목이 또렷하게 적혀 있던 상태였다. 이조원은 서문을 1월 16일에 썼고, 반정균은 하루 뒤인 1월 17일에 썼다. 유금이 책을 두고 간 지 이틀 만에 서문 쓰기를 다 마친 셈이다.

또 개별 작품마다 상단에 이조원은 푸른색으로, 반정균은 붉은색으로 각각 구분해서 비평(批評)을 달았다. 특별히 빼어난 구절에는 권점(圈點)도 따로 찍었다. 보통 비평이라고 통칭해 말하지만, 엄밀히 구분하면 비(批)는 작품 한 편 한 편이나 구절에 대한 평가를 말하고, 평(評)은 작품 전체에 대한 인상을 말한다. 두 사람은 시집의 위 여백에 각각 푸른색과 붉은색으로 비(批), 즉 개별 작품평을 남겼다. 시집의 끝에는 작가마다 따로 평을 적었다.

『한객건연집』은 여러 종류의 필사본이 남아 있다. 가장 정성스럽고 아름다운 장정은 버클리 대학교(University of California, Berkeley) 동아시아도서관의 아사미(淺見) 컬렉션에 들어 있는 『한객건연집』이다. 글씨나 장정 모든 면에서 네 사람의 솜씨가 온통 응결된 듯 대단히 아름답고 훌륭하다.

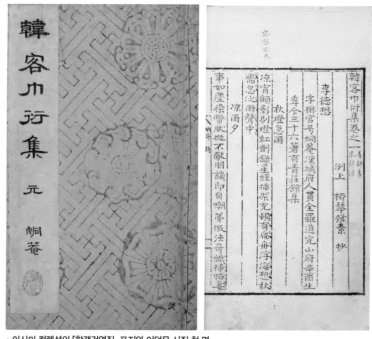

• 아사미 컬렉션의 『한객건연집』 표지와 이덕무 시집 첫 면.

일별십년(一別十年)

비평의 구체적인 방식을 살펴보겠다. 버클리본 『한객건연집』의 울 긋불긋한 비평을 살펴보다가, 유독 하단에 길게 적힌 붉은 글씨에 눈 이 절로 갔다. 이덕무가 쓴 「홍담헌대용원정洪湛軒大容園亭」이란 시였 다. 먼저 작품을 읽어본다.

높은 사람 고결한 절조를 지녀　　　　　　　　　　高人秉潔操
숲속의 집에서도 환히 빛나네.　　　　　　　　　　耿介中林廬

혼자서 서양금을 연주하나니	獨彈歐邏琴
맑은 소리 허공에 가득하도다.	淸商滿太虛
먼 데 생각 부치려 함이 아니라	匪直寄遐想
깊은 근심 없어지지 않아서라네.	幽憂自不除
그리운 이 멀리 있어 가기 어려워	所思遙難卽
절항(浙杭)서 온 편지만 만져본다네.	漫把浙杭書
따뜻한 성품 지닌 철교 엄성은	溫溫嚴夫子
본디 마음 우아하고 시원스럽지.	素心雅而疏
우뚝하게 빼어난 효렴 육비는	磊砢陸孝廉
남북으로 명예를 드날렸었네.	燕吳遍名譽
글재주 아름다운 향조 반정균	文藻潘香祖
반짝이는 소순(疏筍)의 기운 지녔지.	燦燦氣筍蔬
하늘가에서 지기를 맺었다지만	天涯結知己
생사 몰라 슬픈 탄식 자꾸 토하네.	存沒多悲噓
곁에서 탄식 소리 내가 듣고서	賤子側聽歔
그대의 허전함을 위로했었지.	慰君聊虛徐
동방에 한 선비 높기도 해라	東方一士高
다만 나는 나 자신과 벗삼으리라.	只可予友予

작품 구절 곳곳에 울긋불긋 평점이 찍혔다. 파란 글씨의 이조원은 '선의소정(選意騷情)'이란 평을 남겼다. 『문선文選』의 뜻에 『이소離騷』의 정을 담은 시란 평이다. 이조원은 또 제목 바로 아래 이런 메모를 덧붙였다. "제목 끝에 응당 탄금(彈琴)이란 두 글자를 첨가해야 한다

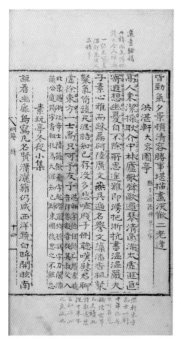

• 이조원과 반정균이 이덕무의 「홍담헌대용원정」에 대
해 비평을 남긴 면. 청색이 이조원의 것이고, 적색이
반정균의 것이다.

(題下應添彈琴二字)." 시의 내용이 홍대용의 원정(園亭) 자체를 노래한
것이 아니니, 원정에서 양금(洋琴)을 타는 홍대용의 모습을 묘사했다
는 의미의 제목으로 바꿔야 한다는 뜻이다.

붉은 글씨로 쓴 반정균의 비(批)는 "이 시는 진실로 전할 만한 작품
이다. 읽으면 사람에게 감정을 증폭시킨다(此詩固是傳作. 讀之令人增感)"
고 적었다. 그러고도 여운이 남아 한 줄 내려서 다시 "결구(結句) 하나
로 특히나 담헌 선생의 인품과 정사(情事)를 모두 묘사해냈다(一結尤寫
盡湛軒先生人品情事)"는 한마디를 덧붙였다.

시에는 죽은 엄성뿐 아니라 반정균 자신에 대한 내용도 포함되어

있었다. 반정균은 뭉클한 감정에 못내 겨워서 예외적으로 시 하단에 이 시를 읽고 난 자신의 특별한 감회를 추가해서 적었다. 그 내용은 이렇다.

담헌은 동방의 고사다. 한번 헤어져 10년이 지났다. 죽을 때까지 다시는 볼 수가 없다. 철교의 무덤에는 풀이 욱은 지 이미 오래다. 이 시를 몇 차례 읽고 나니 깊은 속으로부터 슬픔이 밀려와 나도 모르게 눈물과 콧물이 흘러내렸다(湛軒東方高士. 一別十年. 終身不可再見. 鐵橋宿草已久. 讀此詩數過, 悲從中來, 自不知淚泗之交流也).

이때는 벌써 여러 해째 홍대용과의 소식이 끊긴 상태였다. 애틋하다. 그런데 이 글을 쓸 때 반정균은 자신이 시를 평한 이덕무가 벌써 7~8년 전 『선귤당농소』를 보내왔던 바로 그 사람인 줄을 알고 있었을까? 홍대용이 그런 사람을 알지도 못하며, 이름과 책 제목만 봐도 경박해 보인다고 타박했던 그와 같은 사람인 줄 기억했을까? 만약 반정균이 이덕무의 이름을 기억했다면 홍대용에게 완전히 감정이 이입된 이덕무의 시를 보며 어떤 생각이 들었을지 또 궁금해졌다.

이 글에서 비평의 자세한 내용을 살필 겨를은 없고, 각 시집의 끝에 남긴 두 사람의 총평을 소개하면서 이 글을 맺겠다. 행을 갈아 푸른색과 붉은빛으로 쓴 두 사람의 총평이 각각 남아 있다.

먼저 이덕무다. 원래 모습대로 이조원의 것은 청색으로, 반정균의 것은 붉은색으로 표시한다.

『청장관집』은 구절의 구조가 견실 노련하고, 격조를 세우는 것이 자연스럽다. 뜻에 따라 펼쳐 배열했는데도 속되거나 농염한 태가 없다. 네 사람 중에서 노련한 솜씨로 추대한다. 서촉 우촌 이조원 평(靑莊館集造句堅老, 立格渾成. 隨意排鋪, 而無俗艶, 在四家中, 當推老手. 西蜀李調元雨村評).

형암은 글자를 저울질하고 뜻을 단련함에 평범한 것을 힘껏 쓸어내고 별도로 기이한 경계를 열었다. 송나라 말엽과 명나라 말기의 사이에서 마땅히 한자리를 차지할 만하다. 또 화제(火齊)와 목난(木難) 같은 귀한 구슬과 같아서 눈에 닿는 것마다 모두 기이한 보석이다. 평범하게 가까이 두고 완상하는 것에 비할 것이 아니다. 전당 덕원 반정균 발미(炯庵捶字鍊意, 力掃凡谿, 別開異境, 晚宋晚明之間, 應踞一席. 又如火齊木難, 觸目都是奇寶, 非尋常近玩之比. 錢塘潘庭筠德園跋尾).

이덕무는 노련하고 야무지다. 기이한 보석 같다고 했다. 다음은 유득공의 시에 대한 평이다.

『가상루집』은 재기가 분방하고 서권기(書卷氣)가 풍부해, 마치 큰 도회지의 시장에 들어서면 진기한 물품이 늘어서서 없는 게 없는 것 같다. 게다가 타고난 자질이 남보다 빼어나 단련하여 기이함을 이루었다. 때문에 보는 사람의 눈을 어지럽게 하기에 충분하다. 이는 참으로 동국의 문봉(文鳳)이다. 나강 전운 이조원 평(歌商樓集, 才氣縱橫, 富於書卷, 如入五都之市, 珍奇海錯, 無物不有. 加以天姿勝人, 鍛鍊成奇. 故足令觀者眩目. 此眞東國之文鳳也, 羅江李調元剪雲評).

• 이덕무의 『청장관집』에 대한 두 사람의 총평 부분.

영재는 재주와 정감이 풍부하다. 격률이 유독 높아, 이따금 고래가 푸른 바다에서 뛰노는 장관을 보여준다. 옛날을 회고하며 높은 데 올라 지은 시에 특별히 걸작이 많다. 『기아箕雅』 중에 반드시 대가로 추대해야 한다. 항주 난공 반정균 발미(泠齋才情富有, 格律獨高, 時露鯨魚碧海之觀. 至於裏古登臨, 尤多傑作. 在箕雅中, 定推大家. 杭州潘庭筠蘭公跋尾.)

유득공은 풍부하고 정감 넘친다. 회고시에 특별히 뛰어나다고 보았다. 세번째로 박제가의 시에 대한 평이다.

『명농초고』는 7언율시에 능하다. 섭몽득(葉夢得)과 백거이(白居易)가 그 비조다. 불우하여 쓸쓸한 기운이 지나친 듯싶지만 미치지 못함이 없다. 검남 이교 이조원 평(明農初稿, 工於七律. 夢得香山其鼻祖也. 而嶔寄歷落之氣, 則似過之, 無不及焉. 劍南李調元二橋評).

초정의 시는 손을 빼는 솜씨가 탄환 같다. 하지만 편벽되거나 껄끄러운 말이 되지 않는다. 이른바 글이 묘경에 들었다는 것이다. 지나치게 숙련됨은 없다. 품은 뜻이 우뚝해서 마치 그 사람을 보는 것만 같다. 4가와 맞겨루더라도 정하기가 쉽지 않다. 왕발(王勃) 노조린(盧照鄰)과 앞서거니 뒤서거니 할 것이다. 서호 난타 반정균 발미(楚亭詩, 脫手如彈丸. 不爲僻澁之音, 所謂文入妙來, 無過熟耳. 襟期磊落, 如見其人. 頡頏四家, 未易定. 王盧前後也. 西湖潘庭筠蘭垞跋尾).

박제가의 시에서는 거친 기질과 감정의 과잉이 다소 거슬렸던 듯하다. 정제되지 않은 매력이 있다고 평가했다. 마지막으로 이서구에 대한 평이다.

『강산집』은 여러 시체가 모두 훌륭하다. 특별히 5언고시에 뛰어나다. 도잠(陶潛)과 사영운(謝靈運)에 뿌리를 두고, 종종 저광희(儲光羲)와 맹호연(孟浩然)의 사이를 노니니, 시품이 가장 높다. "지는 해에 사람을 못 만났다네"나 "흰 바위 냇가에서 노래하노라"와 같은 이런 사람 이런 품격을 어찌 아침저녁으로 만날 수 있겠는가? 검남 반봉 이조원 평(薑山集諸體皆工. 而尤嫻五古, 原本陶謝, 而時汎觸於儲孟之間, 詩品爲最高矣. 落日不逢人, 長歌白石澗, 此人此品, 安得朝暮遇之? 劍南李調元半峯評).

• 이서구의 「강산집」에 대한 두 사람의 총평 부분.

강산의 5언시는 충담(沖淡)하고 한원(閒遠)하니 왕유(王維)와 위응물(韋應物)을 배운 사람이다. 왕어양(王漁洋)의 격조를 살펴보면 특히 가깝다. 7언율시는 송시의 체재를 배웠는데, 또한 새로운 생각이 많다. 나이가 이제 고작 20여 세라니 참으로 천재다. 전당 덕원 반정균 발미(薑山集五言, 沖淡閒遠, 王韋門庭中人, 視王漁洋格調尤近. 七律參以宋體, 亦多新穎之思. 年纔二十餘, 眞天才也. 錢塘潘庭筠德園跋尾).

이서구에 대한 평가가 가장 높았다. 천재란 단어 한마디가 모든 것을 대변한다.

이들 평은 모두 그저 치레로 한 얘기가 아닌 대단한 고평들이다.

두 사람이 쓴 자신들의 시에 대한 평가를 본 네 사람의 기분은 어땠을까? 한편 이조원과 반정균이 네 사람의 평 끝에 자신을 소개한 표현을 보면 하나도 같지 않고 조금씩 바뀌어 있다. 문장가의 가장 큰 금기 중 하나가 맥없는 되풀이다. 고수들은 리바이벌은 안 한다.

유금이 이조원과 반정균의 높은 평가가 든 『한객건연집』을 품고 귀국하면서 이들 네 사람의 삶이 바뀌었다. 이전까지 이들은 알지 못할 주눅이 들어 있었다. 패기만만했지만 아무도 인정해주지 않았다. 하지만 이전까지 누구도 받지 못했던 쟁쟁한 본토 문사의 드높은 평가와 인정을 얻고 나자 그들의 눈빛이 확 달라졌다. 더이상 어제의 그들이 아니었다. 유금의 귀국 후 장면에 대해서는 다음 글에서 소개하겠다.

제
19
화

꿈이 심은 꿈
─찬 골짝에 돌아온 봄소식

유금이 돌아오던 날

2월 3일에 북경을 떠난 사행단은 1777년 3월 23일에야 한양에 도착했다. 유금은 모든 일이 꿈만 같았다. 갈 때는 요동벌에 매서운 바람만 잉잉거렸는데, 올 때는 찬 바람 끝에 완연한 봄기운이 묻어 있었다. 이조원에게서 받은 글과 땅콩 한 근이 든 주머니를 생각하다가, 『한객건연집』에 서문과 평을 받아오기만을 목 빠지게 기다리고 있을 조선의 벗들을 떠올리며 그는 말 위에서도 혼자 빙긋 웃었다. "기다려라. 곧 간다."

생각해보면 일찍이 한 번도 없던 일이었다. 조선의 젊은 신진기예들의 시집을 들고 가서 당대 문단의 촉망을 한 몸에 받고 있던 중국 문사의 평과 서문을 직접 받아 돌아온 것이다. 젊은 시절 날마다 어울려 몰려다닐 때부터 이들은 이 땅 아닌 저 먼 데서 자신의 진가를 알아줄 사람이 있으리란 확신을 버린 적이 없었다. 그들이 읽던 책을 읽고, 그들과 생각을 함께해왔다. 홍대용이 연경에 가서 절강의 세 선비와 사귀고 의형제를 맺고 돌아온 일은 이들을 극적으로 고무했다. 꿈으로만 그리던 일이 실제 눈앞에서 벌어졌다. 이후 부지런히 계속된 그들 간의 서신 왕래를 선망 가득한 눈길로 오래 지켜보았다.

지난 삼동(三冬)의 시간은 이들에게 몹시 길었다. 이따금 만나서 북경 소식을 궁금해하면서는 막연히 불안해하기까지 했다. 그렇게 손꼽아 기다리던 유금이 돌아왔다. 그는 과연 목표를 달성했을까? 유금이 마침내 집으로 돌아왔다는 소식을 듣자 이들은 초저녁부터 백탑 근처 유금의 집으로 하나둘 모여들었다. 유금은 이들이 자신에게 무엇을 원하는지, 무슨 대답을 듣고 싶어하는지 너무도 잘 알았지만 애써 시치미를 떼고 말을 아꼈다. 자꾸 딴소리만 했다.

성질 급한 박제가가 먼저 보챘다.

"사람 애 좀 그만 녹이고 말문을 좀 열어보시지요."

유금이 빙그레 웃었다.

"이 사람아! 숨 좀 돌리세나. 아직 여독도 안 풀려서 내 몸이 내 몸이 아닐세."

"만났습니까? 시집에 서문도 받아오셨습니까? 무슨 겨울이 이리도 길답니까. 몸이 달아 죽는 줄 알았습니다."

유금은 한 뜸을 더 길게 들였다. 공연히 실없는 소리로 말머리를 다시 돌렸다. 기대가 슬쩍 실망으로 넘어갈 즈음에, 그는 책상 아래서 책 보퉁이를 꺼내 책상 위에 탁 소리를 내며 얹었다.

"자네들 목 빠지게 한 물건이 이 속에 있네."

술렁이던 좌중이 일순 침묵에 빠졌다. 다들 침을 꼴깍 삼켰다. 연배가 그중 높은 이덕무가 보퉁이를 끌렀다. 『한객건연집』! 처음 듣는 제목이었다. 첫 장을 넘기자 이조원의 서문이 나왔다. 그다음은 반정균의 글이 실려 있었다. 반정균! 그가 누군가. 홍대용의 『항전척독』과 『건정동필담』에서 수도 없이 만났던 이름. 말이라도 한번 건네보고 싶어 벌써 7~8년 전에 자신의 글까지 보냈던 사람. 이덕무는 벌써부터 눈시울이 뜨거워지고 있었다.

마음 급한 손길들이 각자 자신의 시집을 먼저 채갔다. 붉고 푸른 글씨로 매 작품마다 평어가 적혀 있었다. '흉금이 평범치 않다(胸襟不凡)' '두 시가 절창이니 어찌 당나라 시인만 못하랴(二詩絶唱, 何減唐賢)' '인품을 보는 것 같다(想見人品)' '7언절구는 모두 성당 사람의 풍격이 있다(七絶俱有盛唐人風格)' '공교로움이 이 정도라니!(工巧至此)' '그림으로 그릴 만하다(可作畵圖)' '묘한 이치와 기이한 생각!(妙理奇思)' '처사의 높은 풍모를 떠올릴 만하다(處士高風可想)'. 책장을 넘길 때마다 푸르고 붉은 단정한 글씨로 평어가 적혀 있었다.

마치 성적표를 받은 학생들 같았다. 자기 것부터 얼른 보았다. 이리 펼치고 저리 뒤적이다가 문득 정신을 차리고 다른 사람 것과 바꿔 들었다. 탄식하다가 감탄하고, 감탄하다가 탄식했다. 뭔가 다르긴 다르다고 하는 중에 소름이 돋고, 나중에는 아예 두서조차 없어져서 좌중이 그만 어수선해졌다. 평들은 어쩌면 사람마다 꼭 맞게 핵심을 짚어내고 있었다.

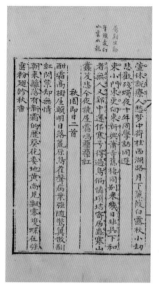

• 「한객건연집」의 시평. 반정균의 '대구를 맞춘 것이 생동한
다(屬對生動)'는 평과 이조원의 '붓끝의 변환이 구름 같고
용과 같다(筆頭變幻, 如雲如龍)'는 평이 붙어 있다.

그것은 끝이 아니고 시작이었다. 마침내 유금이 이조원의 초상화
를 꺼내 보이자 분위기는 절정에 올랐다. 그가 준 친필 시와 편지들이
연해 나왔다. 이들은 자기가 지금 꿈을 꾸는 것은 아닌가 싶어 지난겨
울 동안의 지루한 기다림을 단숨에 털어냈다. 그제야 이들은 정신들
이 돌아왔다. 질펀한 술잔이 오가면서 좌석이 왁자해졌다. 그러다가
는 문득 생각났다는 듯이 다시 책을 손에 들고 조심조심 넘겨보고 하
는 사이에 밤이 깊어갔다. 아직 찬 기운이 남은 바깥 날씨에도 그들의
마음속에는 환한 달이 두둥실 떠올랐다.

유금은 이조원이 준 땅콩을 안주로 꺼냈다. 그가 써준 「낙화생가落
花生歌」를 꺼내 보였다. 벼루에 먹이 갈리고, 종이가 펼쳐졌다. 다들
그 시에 화운했다. 이조원의 초상화에 얹어서도 시를 지었다. 시축(詩

軸)이 길게 이어졌다. 늦은 봄밤이 그렇게 깊어갔다.

마음을 좀체 가라앉힐 수 없습니다

헤어진 후 이들은 각자 집으로 돌아가 이조원과 반정균에게 보낼 긴 감사의 편지를 썼다. 4월 초에 곧 황태후의 서거를 애도하는 진위사(陳慰使)가 다시 북경으로 떠날 것이었다. 편지는 네 사람이 모두 썼지만 현재는 이덕무와 박제가의 것만 남아 있다.

이덕무는 이조원에게 보낸 편지를 이렇게 시작했다.

지난해 겨울 벗 유탄소(柳彈素)가 『한객건연집』을 가지고 연경에 들어갔습니다. 저희는 날마다 손가락을 꼽아가며 그가 돌아오기만을 기다렸지요. 어떤 모습의 명사와 만나 평과 서문을 받아올지 몰라 마음이 공중에 매달린 듯 무어라 비유할 수가 없었습니다. 탄소가 돌아와서는 천하의 명사를 만났다고 스스로 뽐내며 『건연집』을 꺼내 저희에게 읽게 하였지요. 과연 붉은 글씨가 번쩍번쩍한지라 크게 감탄하였습니다. 서문과 평어는 우아하면서도 정중하였으니 참으로 천하의 기이한 인연이요, 만고에 멋진 일입니다. 이 같은 변방의 소생이 어떻게 대군자에게서 이것을 얻었을까 하며 서로 돌아보면서 놀란 마음이 마치 하늘 밖으로 나간 것만 같아 마음을 좀체 가라앉힐 수가 없었습니다.

이것은 이덕무뿐 아니라 네 사람 공통의 솔직한 심경이었을 것이다. 이어 그는 이조원에게 네 사람에 대해 소개하고, 자신을 설명했다. 또한 부족하지만 이조원과 반정균이 알아주니, 평생의 한이 조금은 풀리는 것 같다고 가슴에 숨겨둔 말을 꺼냈다. 다시 이어지는 내용이다.

또 탄소로부터 선생의 기거와 위의(威儀)를 자세히 물었더니, 사람을 접대하고 물건을 접할 때 충직하고 신의 있으며 어질고 두터운 뜻이 넘쳐흘러 우리를 만하였다고 하더군요. 탄소는 신실한 사람이니 어찌 저를 속이겠습니까? 선생의 소조(小照: 작은 초상화)를 책상 위에 모셔두고 향을 사르며 눈을 들어 자세히 살펴보니, 얼굴이 보름달 같아 상서롭고 선량하였습니다. 정하여 신교(神交)로 삼음을 조금도 의심하지 않겠습니다. 저의 선귤(蟬橘)이란 호에 선생께서 이미 엷은 먹으로 권점을 찍으셨으니 이는 저를 허락하신 것입니다. 손수 '선귤당(蟬橘堂)'이란 세 글자를 써주시고, 「청장관집서靑莊館集序」와 「선귤당기蟬橘堂記」를 지어주신다면, 마땅히 제 집에 영광이 될 뿐 아니라 영원히 지극한 보물로 삼을 것입니다. 선생께서 먼 데 사람을 비루하게 여기지 마시고 힘써주시기 바랍니다. 탄소는 저의 가까운 벗입니다. 선생은 탄소가 높여 사모하는 분이기에 당돌하게 편지를 드리는 것이오니, 혹 무례함을 용서해주십시오. 삼가 7언절구 네 편을 우러러 올립니다. 이 시에도 화운을 해주시는 것이 어떨는지요.

선귤, 매미처럼 깨끗하고 귤처럼 향기롭게 살고자 했던 이덕무의 인품이 밴 이름이었다. 그는 이조원이 그 이름자가 든 시 옆에 권점을 찍어둔 것을 보고는 용기를 내서 그의 글씨와 문집 서문과 기문을 청했다. 또 이조원을 위해 쓴 네 수의 시를 보내 화답을 부탁했다. 이조원을 위해 써준 이덕무의 시 네 수는 나중에 이조원이 펴낸 『속함해』본 『우촌시화』 속에 그대로 전재되었다. 편지 끝에 8조목의 질문이 따로 첨부되었다.

박제가가 이조원에게 보낸 편지는 『정유각집貞蕤閣集』에 실려 있다. 그는 편지의 서두에서 유금을 통해 이조원의 인정을 받게 된 것이 필생의 큰 행운이요, 세상에 둘도 없는 기이한 인연이라고 말문을 열었다. 『한객건연집』에 평점한 말을 보니 폐부를 찌르는 합당한 말뿐이어서 곧장 넋이 연경으로 날아가 얼굴을 뵙고 향을 사른 후 큰절을 하고 돌아오고 싶은 마음이 들었다고 토로했다. 또 "아아! 선비는 자기를 알아주는 자를 위해 목숨을 바칩니다. 어찌 그것이 명예를 좋아하고 허물을 싫어해서 그러한 것이겠습니까? 또한 온 나라 사람이 비방해도 두려워하지 않고 한 사람만이 인정해도 과분하게 여기는 경우가 있습니다. 왜냐하면 한 치의 마음은 스스로가 알기에 속일 수 없는 것이기 때문입니다"라고 하여, 그 득의의 일단을 내비쳤다.

또 끝에서는 "언뜻 유금의 말을 들으니, 선생께서 장차 『건연집』을 간행할 것이라고 하셨다더군요. 만약 한두 해 안에 인쇄한 책을 얻어볼 수 있다면 눈앞의 한 잔 술보다 훨씬 낫겠습니다. 유금은 이 일이 우리나라 사람들의 이목에 방해가 될 것이라고 여깁니다. 하지만 제 생각에는 알지 못하는 사람은 비록 그 책을 읽더라도 보지 않은 것이나 진배없습니다. 다만 그 책을 전해주실 때에는 믿을 만한 사람을 시키셔야 합니다"라고 했다. 약간 허풍이 있었던 이조원이 중국에서 이

• 「우촌시화」에 실린 이덕무의 시 부분. 왼쪽 면 둘째 줄부터다.

책을 출간하겠다고 했다는 얘기에 한껏 고무된 심정이 드러난다. 다만 이 책이 중국에서 간행되었다는 소문이 조선에 나면 별로 이로울 것이 없다는 걱정도 없지는 않았던 듯하다.

두 사람이 쓴 편지의 어조를 보면 이덕무가 공손하고 한없이 자신을 낮춘 데 반해, 박제가는 거침없이 활달한 기질을 드러낸 것이 그대로 느껴진다.

마냥 흘린 감격의 눈물

반정균에게 쓴 이덕무의 편지에는 눈물이란 단어가 여러 번 나온다. 그의 편지는 홍대용의 귀국 후에 역관 이백석 편에 『선귤당농소』를 보내 그의 칭찬을 전해 듣고 감동했던 일을 환기하면서 서두를 열었다. 이덕무는 예전 반정균이 홍대용의 거문고 연주에 눈물을 흘렸던 것처럼 자신이 『건정동필담』과 『항전척독』 등을 읽고 슬픈 생각이 감돌아 눈물을 쏟았던 일을 회고했다. 이어 근 10년 만에 뜻하지 않게 유금 편에 친필의 『건연집』 평과 서문을 받고는 마치 하늘에서 떨어진 듯하여 멍하니 넋을 읽고 놀랐다며, 이야말로 만고의 기이한 일이요, 천하의 장관이 아닐 수 없다고 썼다. 또 그 품평의 정확함에 네 사람 모두 감격의 눈물을 마냥 흘렸다고 적었다.

이때 국상중에 너무 경황이 없었던 반정균은 여러 해 소식이 끊겼던 홍대용에게조차 답장을 보내지 못했다. 유금마저 그를 한 번도 직접 대면하지 못한 정황이었으니, 전후 사정을 짐작할 만하다. 하지만 이 일로 홍대용은 몹시 서운한 감정이 되었던 듯하다. 그도 그럴 것이 자신이 앞선 편지에서 깎아 말한 이덕무에 대해서는 그처럼 높은 평가를 내린 글을 써주고 의형제를 맺었던 자신에게는 안부 인사 하나 없었던 것이 마음에 썩 좋지 않았다. 이어지는 이덕무의 편지다.

전일에 담헌은 삼하현(三河縣)의 손용주(孫蓉洲) 편에 선생에게 편지를 부친 것이 한두 번이 아니었는데, 끝내 전달되지 못하자 자못 실망하였지요. 뜻하지 않게 이번에 선생의 『건연집』 평과 서문을 읽어보고는 옛 벗이 자신을 잊지 않은 것을 기뻐하면서도 돌아오는 편에 소식이 없었던 것을 한탄하였습니다. 이 어찌 선생께서 마음이 멀어져 그런 것이겠습니까. 또한 공적인 일로 경황이 없어서였을 것입니다. 선생은 어찌 생각하시는지요?

한편으로 멋쩍고 한편으로 토라진 홍대용의 표정이 편지 너머로 슬며시 보이는 것만 같다. 사실 처음 연경에서 만났을 때부터 홍대용은 엄성과는 기질이 특히 잘 맞았고, 반정균과는 잘 맞지 않는 구석이 있었다. 이덕무의 『청비록』 중 「반추루」조에 보면 반정균이 처음 홍대용과 만났을 때, 자신의 아내 상부인(湘夫人)의 『구월루시집舊月樓詩集』을 꺼내 보여주려다가, 홍대용이 시 이야기를 꺼리는데다 부인이 시 잘 짓는 것을 좋지 않게 보므로 화제를 슬쩍 딴 데로 돌리는 대목이 나온다. 게다가 반정균은 독실한 불교 신자였다. 이 점도 홍대용에게는 거슬렸다. 어쨌거나 이덕무 편지의 위 대목은 반정균을 사이에 두고 이덕무와 홍대용이 서로 경쟁하는 듯한 묘한 느낌마저 준다. 실제로 반정균은 이덕무에게 깊은 끌림을 느꼈다.

이어 이덕무는 홍대용을 대신해서 엄성의 유고집과 육비의 근황을 묻고, 시 네 수에 화운을 청했다. 또 자신의 다른 저술을 보여주어 질정을 청하지 못하는 아쉬움을 토로했다. 아울러 이조원에게 부탁했던 글씨와 글을 그에게도 똑같이 요청했다.

이때 이덕무가 반정균에게 보낸 시 4수 중 2수가 『아정유고雅亭遺稿』 권3에 실려 있다. 그중 한 수만 소개한다. 「반정균이 평비한 시집에 제하다題香祖評批詩卷」란 제목의 작품이다. 부제는 "유탄소가 연경에 들어갈 때 『건연집』을 초해 반정균에게 주니 반정균이 기뻐하며 평을 썼다. 그래서 이 시를 부친다(柳彈素入燕, 抄巾衍集, 贈潘香祖, 香祖喜 而評隲. 故寄此詩)"로 되어 있다.

> 한위(漢魏)를 전공하면 참마음만 줄어드니　　　　專門漢魏損眞心
> 나는 지금 사람이라 또한 이젤 즐긴다네.　　　　我是今人亦嗜今
> 만송과 만명에서 별도의 길 열었다는　　　　　　晚宋晚明開別逕
> 난공의 한마디 말 지음이라 할 만하다.　　　　　蘭公一語托知音

한위의 고시가 좋다 하나 지금 사람이 그 옛날을 흉내내면 진심(眞心)이 손상되기 쉽다. 겉모습이 비슷해질수록 나는 껍데기만 남는다. 나는 지금 여기에서 살고 있으니, 그때 저기가 아닌 지금 여기를 노래하고, 지금 여기를 기뻐하는 것이 당연하다. 반정균이 『한객건연집』 끝에 쓴 자기의 시에 대한 총평에서 "형암은 글자를 저울질하고 뜻을 단련함에 평범한 것을 힘껏 쓸어내고 별도로 기이한 경계를 열었다. 송나라 말엽과 명나라 말기의 사이에서 마땅히 한자리를 차지할 만하다(炯庵捶字鍊意, 力掃凡谿, 別開異境. 晚宋晚明之間, 應踞一席)"고 평한 것에 대해 참으로 자신을 알아주는 지음(知音)의 언어라고 호응한 내용이다.

박제가도 반정균에게 보내려고 붓을 들었다. 『정유각집』에 이조원에게 보낸 편지와 나란히 실렸다. 그 또한 이미 홍대용을 통해 반정균과 10년 전부터 교분을 맺어온 것과 다름없다며 자신을 소개했다. 홍대용과 주고받은 글을 읽을 당시의 심경을 박제가는 이렇게 표현했다.

그대들과 담헌이 주고받은 필담과 시문들을 얻어서 읽어보며 손에서 잠시도 놓지 않았고 잘 때도 머리맡에 둔 것이 여러 날이었습니다. 아아! 저는 정이 많은 사람입니다. 눈을 감으면 그대 모습이 눈앞에 아른거렸고 꿈속에서는 그대의 마을에서 노닐었지요. 그래서 이렇게 편지를 써서 제 마음을 전하고자 하오니, 살펴보시고 헤아려주십시오. 하늘의 인연으로 만나게 되면 얼마나 좋겠습니까? (중략) 오늘 이후에는 오직 추루 선생의 모습을 한번 뵙기만 바라오니, 만나서 마음을 털어놓을 수 있다면 10년의 독서보다 마땅히 나을 것입니다. 이 뜻을 이룰 수 있을는지 모르겠습니다.

말이 씨가 된다고, 박제가의 이 소망은 이듬해인 1778년 3월 17일에 떠난 사은겸진주사(謝恩兼陳奏使)의 행차에 이덕무와 박제가가 동반 참여하게 됨으로써 극적으로 성취되었다. 이 이야기는 뒤에 다시 소개하겠다.

이렇게 저마다 보낸 편지와 시문들이 4월 10일에 진위겸진향사(陳慰兼進香使) 인편에 실려 바로 북경으로 떠났다. 2월 초에 보낸 글의 답장이 6월에 도착하게 되는 셈이니, 거의 실시간 중계나 다름없었다. 또다시 네 사람에게는 애간장을 졸이는 긴긴 기다림이 시작되었다.

왔네 왔어!

4월 중순에 떠난 사행은 6월 초에야 연경에 도착했다. 한양에서 연

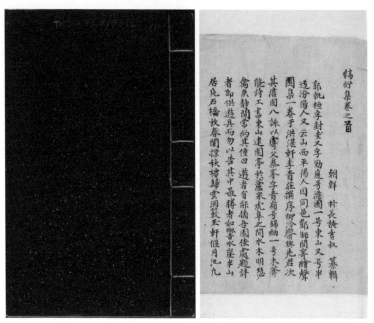

縞紵集卷之首

朝鮮 朴長馣 青叔 纂輯

郭執桓字封圭又字勤庭芳廎園一号東山又号半
透汾陽人又云山西平陽人囚同邑郭廎客繪燈
園隻一卷予洪湛軒李青莊撰序柳泠齋與先君次
其澹園八詠以壽父青孺号歸納一号木斧
能詩工畫號東山進園亭芬蘆泉虎年之間水木明瑟
翁魚靜閣零約其憶曰遊者有飛擒含園住處題詩
者即供遊具而勿以告其中最勝者如警水崖半山
居庶石橋放春闥擈秋稜歸雲澗載玉軒偃月池九

• 후지쓰카 구장 「호저집」 표지와 첫 면.

경까지는 50일이 조금 넘는 여정이었다. 부탁한 인편이 유금과 네 사람의 편지와 시를 들고 이조원을 찾아갔다. 이것이 다시 반정균 등에게 전달되어, 부탁한 글과 글씨를 받아 되돌아오는 데는 상당한 시일이 더 소요되었다. 사행단이 7월 초에 연경을 떠나 한양으로 돌아왔을 때는 어느덧 중추도 지난 시점이었다.

7월 초4일에 쓴 이조원의 편지를 받아든 박제가가 감격을 못 이겨 쓴 편지가 남아 있다. 이 편지는 이상하게도 자신의 『정유각집』에는 빠졌고, 박제가의 아들 박장암(朴長馣)이 선친과 중국 벗들의 왕래 서신과 시문을 한자리에 모아 엮은 『호저집縞紵集』에만 수록되었다. 『호저집』은 옌칭도서관에 소장된 후지쓰카 구장 필사본이다.

참 생각해보면 기막힌 일이요, 대단한 인연이 아닐 수 없다. 유금과 이조원 등이 연경에서 주고받은 편지는 『동화필화집』 속에 친필로 남고, 『한객건연집』에 남긴 이들의 서문과 평은 버클리대 필사본에 아름다운 장정으로 남았다. 이를 보고 감동해 보낸 이덕무와 박제가의 편지는 각자의 문집 속에 따로 실렸다. 이 편지를 받고 보낸 이조원, 반정균의 답장도 전혀 소재를 알 수 없다가 금번 『동화필화집』에서 발견되었다. 그 편지에 대한 박제가의 답장은 전혀 엉뚱하게 『호저집』에만 실려 있다. 하나하나 보이지 않는 손길이 있어 이들 사이의 맥락들을 실낱같이 이어주어 하나의 서사로 이어지게 한다. 이러니 선인들의 기록 정신에 찬사를 보내지 않을 수 있겠는가?

각설하고, 이조원과 반정균의 답장은 부득불 다음 화로 넘겨야겠다. 순서가 뒤바뀌었지만 박제가가 이조원의 편지를 받고 환호작약해서 쓴, 『호저집』에 실린 편지의 앞부분을 여기서 먼저 읽어보기로 한다.

제가는 드립니다. 7월 이래로 귀를 기울이고 머리를 긁으며 기다린 것은 다만 북경(日下)의 새 소식이었습니다. 용문(龍門)의 한 글자가 추생(鰍生), 즉 피라미 같은 제게 이르기만을 기다렸지요. 뜻하지 않게 역졸이 중간에 길이 막히는 바람에 달이 지나고 열흘이 지나고 보니, 이때쯤 해서 저희 몇 사람은 정이 다하고 염려조차 끊겨 다시 바라지도 않게 되어 어느덧 미칠 것만 같았습니다. 답답한 표정으로 돌아보며 서로 경계하기를 이제 이후로 다시는 이 같은 일을 벌여 한갓 인정을 어지럽히지 말자고 다짐했더랍니다. 그래서 연행 가는 사신의 행차가

此等事徒亂人情故節使之行至迫我未嘗作一緘書
矣偶到敝何室中未交一言只道來字來者桂全也如
死復生那知收措又況乎承應音申之以惠好之誼滿
室琳琅觸手生青回之至落莫者耶而為大快活失人
情之易變如此嗟呼不俟誠何人我鑒廢龍居二十七
年一朝被大君子吹噓剪湍無所不至寒谷迴春枯木
生華難有鐵腸寧無感泣不惶近士也與時無當性乃
多悲每枝秋冬之際百端交集雖家人朋友莫能相解
幼時号曰夢亭楚云者讀楚人之騷者也至於文章
尤無滯進固不敢與藝苑諸公爭長較短亦未嘗以傳

繫爲湖湖中東築高海樓向立愛蓮亭兩湖日澄浪
舫前曰觀瀾閣後曰聽泉亭前左曰雲林詣右曰水月
軒中爲檀林草堂而富之壯曰紅梅書屋自是遊者絡
釋不復問醒園矣雨村長子博物考古之學所著有函
海四十餘種稗其并蛙襟記十卷蓋其尤著者也文有
卷五十種衆官載板入川中風流自裏人心之楊用修
其子朝璲先君答雨邨書曰齊家啓人秋以來僩耳慷
晉惟日下之一新聞是儀厥義龍門一字波及共都生
不意驛率中滯次月經句於是辛巳數人者割情斷廬
不復所寧忽忽如狂顧瞻靡適相武從仝以往永切作

• 『호저집』에 실린 박제가가 이조원에게 보낸 편지. 오른쪽 면 제7행 중간부터 박제가의 편지가 시작된다.

코앞에 닥쳤어도 편지 한 통도 쓰지 않고 있었지요. 우연히 기하실(幾何室)로 갔더니 한마디 말이 오가기도 전에 다만 "왔네!"라고 하는데, 온 사람은 계동(桂소)이었습니다. 죽었다가 살아난 듯 어찌할 바를 몰랐습니다. 또 하물며 덕스런 말씀으로 은혜로이 도타운 뜻을 펴 보이심을 잔뜩 받잡고 보니, 방 가득히 옥 소리요, 손 닿는 곳마다 향기가 나는 듯합니다. 이제껏 지극히 낙막(落寞)하던 것이 바뀌어 크게 쾌활하게 되었습니다. 인정이 쉬 변하기가 이와 같더군요. 아아! 저는 진실로 어떤 사람이기에 좁은 거처에서 답답하게 산 지가 27년이건만, 하루아침에 대군자께서 입김을 내불어 추어올려주시어 이르지 않은 곳이 없이 하시니, 찬 골짝에 봄이 돌아오고 고목에 꽃이 피어난 격입니다. 비록 쇠로 된 오장을 지녔다 해도 어찌 감격하여 울지 않을 수 있겠습니까?

그 환호작약하는 광경이 마치 눈앞에 보이는 것만 같다. 편지가 워낙 길어 전문을 다 소개하지 못하는 것이 유감이다. 애간장을 졸이며 기다리다가 유금의 "왔네, 왔어!" 한마디에 펄펄 뛰며 기뻐했다. 얼마나 기뻤으면 찬 골짝에 돌아온 봄기운에 견줬을까? 다 말라 죽은 고목에 꽃이 다시 활짝 핀 것에 비겼을까?

이때 이조원과 반정균이 보내온 편지의 사연과 그해 겨울 이들 동인이 모여 벌인 이조원의 생일잔치 장면은 하회(下回)를 기대하시라고 말하겠다.

만남은 만남을 부른다
─새롭게 이어지는 인연들

천하의 통쾌한 일

이덕무, 박제가가 3월 말에 쓴 편지는 유금의 사연과 함께 6월에야 북경의 이조원에게 배달되었다. 자신의 서문과 평이 조선의 지식인들에게 이토록 열렬한 호응을 이끌어내자 이조원도 한껏 고무되었다. 당시 여러 일로 궁지에 몰려 있던 처지여서 해외 벗들의 선물과 편지가 잠시 자신의 상황을 잊게 해주었다. 이조원의 답장은 알려지지 않다가 이번 『동화필화집』에서 실물이 나왔다. 유금에게 보낸 답장이었다. 당시 유금이 보낸 편지는 남은 것이 없고, 『동화필화집』에 이조원과 반정균의 답신만 천행으로 남았다.

유금도 분명 연행 기록과 이때 지은 시문이 적지 않았을 것이다.

현재 남은 그의 문집은 연행 훨씬 이전에 쓴 시문을 모은 『기하실시
고략幾何室詩藁略』이란 표제의 초고 일부뿐이다. 유금에게도 『낭환집
蜋丸集』이란 제목의 문집이 있었다. 연암 박지원이 그를 위해 써준
「낭환집서」가 있다. 말똥구리의 말똥구슬을 스스로의 문집 표제로 삼
았다. 여룡(驪龍)에게 여의주가 귀하듯, 말똥구리에게는 말똥구슬이
귀하다. 말똥구리는 제 말똥구슬을 여의주와 바꾸자 해도 바꾸려 들
지 않는다. 모든 가치는 상대적이다. 남들은 말똥구슬을 천히 보아도
나는 남들의 여의주보다 내 말똥구슬이 더 자랑스럽다. 이런 뜻을 담
은 제목이었다. 현재 전하는 초고에 실린 연암이 써준 서문은 「길강
전서蛣蜣轉序」로 되어 있다. '길강전'의 의미는 말똥구슬이다. 이 글과
『연암집』에 실린 「낭환집서」는 글자의 출입이 상당하다.
 다음은 이조원이 유금에게 보낸 답장 전문이다.

 헤어진 이래 멍하게 정신이 나간 듯하니 그대가 떠나면서 제 넋까
지 따라가버린 모양입니다. 구슬피 마음이 허공으로 날아오르면 꿈을
꾸곤 하지요. 정신은 하루 저녁에도 아홉 번을 오르고 오장은 하루에
도 아홉 번을 돌아드니, 이는 실로 초나라 무당도 푸닥거리할 수가 없
고, 처자식도 어찌해볼 수가 없습니다. 돌이켜 생각하면 지난 춘정월
에 얘기를 나누며 허물없이 지내면서 소매를 맞대고 마음을 논하던 일
이 얼마 전인 것만 같은데 벌써 오동잎 하나가 뚝 떨어집니다. 바다 하
나를 사이에 두고 헤어진 뒤로 이처럼 오래 소식이 막히고 끊어져서
편지 한 통 없다가, 석 달 만에 편지를 받게 되니 뜻밖의 일이라 미친
듯한 기쁨을 이기지 못하겠습니다.

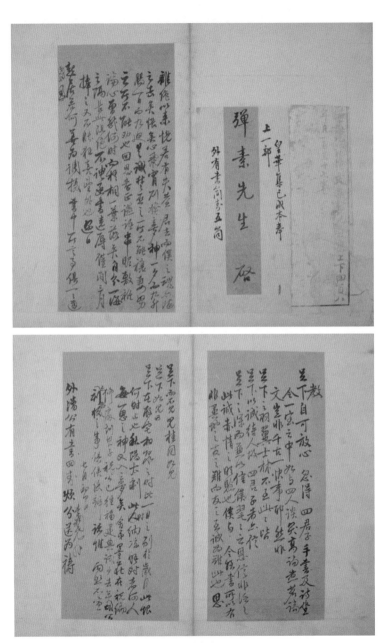

彈素先生啓

外有書簡共五筒

皇華集己戌本章
上一郵

• 「동화필화집」에 수록된 이조원이 유금에게 보낸 답장 전문.

근래의 기거는 어떠십니까. 조섭(調攝)은 잘하셨는지요. 편지 중에 말씀하신 일은 모두 하나하나 말씀대로 할 터이니 마음을 놓으십시오. 홀연 네 분 군자가 직접 쓴 편지와 시를 받게 되자 한방 안에 앉아서 네 사람과 고상한 논의로 담소하고 차를 마시며 문장을 논하는 것만 같습니다. 이 어찌 천고의 한 가지 통쾌한 일이 아니겠습니까? 하지만 그대가 사림(士林)의 우익(羽翼)이 되지 않았다면 여기에 이르지는 않았을 것입니다. 이는 모두 그대가 정성으로 사람을 대우한 때문입니다. 네 분 군자 또한 그대의 마음을 믿고서 아울러 저의 보잘것없는 은혜를 믿은 것이니 참으로 평범한 일이 아닙니다. 이는 진실로 붉은 정성의 분명한 징험이라 하겠습니다. 제가 그대의 조카에게 준 편지에서 "다른 나라 사람이라 벗삼기 어려운 것이 아니라, 지성으로 벗삼기가 어려운 것"이라 한 것이 이 때문입니다. 그대를 그리면서도 못 보는지라 계동을 보고서 마치 그대를 본 것같이 합니다. 우리집에서 서로 모였을 때 세월을 하루의 작별에 견주었었지요. 이 한은 언제나 그칠는지요.

가을볕이 몹시 따갑습니다. 이러한 때 무더위를 식히며 마주앉아 얘기할 사람이 누구이겠습니까? 매양 한차례 생각날 때마다 정신은 또 꿈나라로 듭니다. 아우 묵장은 편수관 축덕린(祝德麟)의 거처에서 지내면서 그 자식을 가르치고 있습니다. 축공은 복건성에서 시험을 주관하는 일로 이미 떠났습니다. 호공(胡公)은 출판하는 일이 준비가 제대로 갖춰지기를 기다리고 있습니다. 이렇게 적어 아룁니다. 이만 줄입니다. 7월 초4일, 이조원 드림.

추신: 이 밖에 반공(潘公)의 편지 네 통이 있으니 번거로우시겠지만

나눠 보내주시기 바랍니다.

글 속에 이조원의 진심이 묻어난다. 예상 못한 답장에 네 사람의 글까지 선물과 함께 도착하자 기쁨을 말로 할 수가 없었다. 사람마다 편지에서 부탁한 것이 한두 가지가 아니었다. 당호를 써달라, 기문을 지어달라, 서문을 부탁한다, 시를 보내니 화답해달라는 등 주문이 저마다 많았다. 이덕무는 편지 끝에 긴 질문 목록까지 덧붙여 보냈다. 이조원은 유금에게 보낸 답장에서 내가 다 처리해 보낼 테니 아무 걱정 하지 말라고 큰소리를 땅땅 쳤다. 그만큼 그도 고무되어 있었던 것이다. 편지 끝의 각판(刻板) 운운한 부분은 박제가가 편지에서 물었던 『한객건연집』의 출판 문제에 관한 언급일 것이다. 하지만 『한객건연집』의 중국 내 출간은 끝내 실현되지 못했다. 이조원이 얼마 후 고초를 겪은 후 관직에서 쫓겨나 낙향해버렸기 때문이다.

꿈만 꾸면 언제나

이조원의 편지는 뒷장에 추신이 두 장이나 길게 붙어 있다. 여기서 다 읽지는 않겠다. 주요 내용은 답례로 비단무늬를 찍은 나문전(羅紋箋) 한 묶음과 초고 일부를 보낸다는 것이다. 또 조선의 시문집과 좋은 필첩이 있으면 보내달라는 부탁도 곁들였다. 내년 사신 편에도 편지와 네 사람의 시를 받아보고 싶다고 적었다. 이조원은 지난번 선물한 『간운루집看雲樓集』 22권 외에 『주가음走街吟』 『출구소초出口小艸』

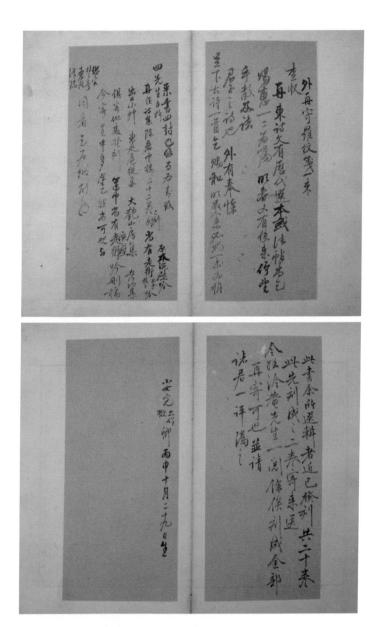

外再寄羅紋箋一束
查收
再東詩文歷公選本國法帖甚多
暢懷三五爲瑪 明春又有便東偭坐
手教及法
居之詞也 外有奉懐
呈下去諸一首乞賜和明歲東來以志為情

東書四封⬤方為壽贶
再煩名教 陷居中稿二十三美已鋤
出口小艸 東送追姜
俱寄他友撿刊
簟中為有超鄉吟刊謫
今寄呈中多筆已彼方可觀⬤
四先生詩刊⬤⬤⬤
大觌山房集 著云
尚有泰衍鈔之吟
櫟下祥寺
東亰傳瑞
傳瑞 閉眉毛方挑剔⬤

此書余所選輯者近已樣刊共二十卷
此光刊成之二卷寄東運
合胜冷養先生一測偹傑刊成全部
一再寄可也並請
諸是一詳鴻之

安完□□
微卿 丙申十月二九日生

• 「동화필화집」에 수록된 이조원이 유금에게 보낸 답장 뒤에 붙은 추신.

『동순호종집東巡扈從集』『대포산방집大匏山房集』『고공집考功集』 등도 지금 출판 작업이 진행중이니 나오는 대로 보내주겠다고 하고, 초고 상태인 『완벽음산고浣壁吟刪稿』를 베껴 보내니 무관(懋官), 초정(楚亭), 혜풍(惠風), 낙서(洛瑞) 등과 함께 보고서 비평을 부탁한다고 말했다. 함께 네 사람에게도 각각 따로 답장을 보냈다.

이조원은 유금에게는 편지만으로 미진했던지 시 한 수를 따로 더 썼다.

간밤 지나 가을이 돌아오더니	秋從昨夜來
고개 들자 기러기 날아가누나.	擧頭見飛雁
어이해 봄날의 그 물결만은	如何春水波
떠난 뒤로 언제나 보이질 않나.	人去長不見
지난해 울타리 아래 국화꽃	去年籬下菊
올 들어 꽃잎을 다시 따건만,	今復掇其英
어이해 흰옷을 입은 사람은	如何白衣人
다시는 문 앞을 안 찾아오나.	不復門前迎
그댈 향한 그리움 날 늙게 하고	思君令人老
그대 생각 나를 이리 마르게 하네.	思君令人瘦
내 늙음은 아직은 버틸 만하나	吾老尙可支
내 마름은 구해볼 방법이 없네.	吾瘦不可救
고향은 저멀리 서촉에 있어	故鄕在西蜀
이따금 꿈속에서 그려본다네.	時於夢中望
꿈만 꾸면 도리어 동쪽으로 가	及夢返在東

秋徑昨宵来擧頭見飛
鴈如何春水波人去長不
見去年籬下菊今復
撥其英如何白衣人不

復門前迎思君令人老
思君令人瘦吾老尚不可
支吾瘦不可救故鄉在
西蜀時於夢中坐及夢

逗在東常若来君傍風
搖梧桐影雨動芭蕉葉
謂是君忽来不見君步
屧只此白硯紙曾為君

所遺還以書贈君問君
知未知
奉寄
七月初五秋日作
五嶽山人李調元書
鐵阿重人

• 이조원이 유금이 선물한 조선종이에 써서 보낸 시.

언제나 그대의 곁에 있는 듯.	常若來君旁
바람에 흔들리는 오동 그림자	風搖梧桐影
비 맞아 파초 잎이 흔들리누나.	雨動芭蕉葉
그대 문득 왔는가 생각하지만	謂是君忽來
그대 신은 신발이 보이질 않네.	不見君步屨
희게 다듬질한 여기 이 종이	只此白硾紙
예전에 그대가 준 것이라네.	曾爲君所遺
다시금 시를 써서 돌려보내니	還以書贈君
그대는 이 마음을 아나 모르나.	問君知未知

위 편지를 쓴 이튿날이 마침 입추였다. 사연이 참으로 애틋하다. 고향이 그리워 꿈을 꾸면 꿈속 넋이 자꾸 엉뚱하게 동쪽으로 날아가 그대 곁을 맴돈다고 한 대목이 특히 그렇다. 이조원은 지난봄 유금이 떠날 때 선물로 주고 간, 다듬이질로 결을 누인 고급 조선종이에 일부러 이 시를 써서 네가 내게 준 그 마음으로 내가 네게 답장하는 이 마음을 알아달라며 시를 맺었다.

신교가 깊습니다

반정균의 답장도 함께 도착했다. 이것도 『동화필화집』에만 실린 자료다. 전문을 최초로 소개한다.

• 반정균이 유금에게 보낸 편지.

　정균은 고개 숙여 절하며 탄소 선생께 글을 드립니다. 올해 정월 보
름날 이부(吏部)의 이우촌(李雨村)이 저를 초대했는데 마침 유리창에 놀
러가는 바람에 가질 못했습니다. 나중에야 선생께서 이우촌의 집에 계
셨던 것을 알고 몹시 안타까웠습니다. 담헌 형의 소식을 한번 묻고 싶
어 1월 23일에 만나 얘기를 나누기로 약속했었지요. 뜻하지 않게 그때
갑작스레 국휼(國恤)을 만나게 되어 일제히 모여 나아가 이날부터 재궁
(齋宮)에서 묵으며 거의 한 달가량 지내고 보니 마침내 한 번도 대면하
지 못했습니다. 깊이 안타까운 마음을 품습니다. 편지라도 한 통 써서
담헌에게 부치려 했지만 이 또한 뜻대로 되지 않아 서글프기 짝이 없

습니다.

지난번 심부름하는 사람이 와서 담헌의 편지와 이덕무와 박제가 두 분의 편지를 받았는데, 선생의 거처에서 부쳐온 것임을 알았습니다. 감사하고 감사합니다. 저와 선생은 인연이 비록 잘 맞지 않았지만 신교(神交)만은 더욱 깊다 하겠습니다. 우촌에게 들으니 고아한 몸가짐을 여러 번 말하더군요. 기하학에도 조예가 있으시다 들었습니다. 구장(九章), 즉 수학의 빼어난 기예는 구라파 사람들이 뽐내고 자랑하는 것인데 능히 여력만으로 그들보다 뛰어나시니 저들의 비루함을 웃어봅니다. 심부름 온 사람이 돌아가므로 서둘러 몇 줄을 적어 올리느라 다 적지 못합니다. 함께 보내는 편지 세 통도 나눠서 보내주시길 바랍니다. 감사함을 말로 다 할 수가 없습니다. 동쪽으로 푸른 바다를 바라보매 마음만 그지없이 내달립니다. 이만 줄입니다. 정균은 두 번 절하고 아룁니다.

반정균도 지난번 홍대용에게 답장을 보내지 못한 일로 내내 마음이 쓰였던 것 같다. 이덕무의 편지에서도 홍대용의 섭섭함이 전달되자 이에 대한 해명을 길게 적었다. 유금이 올 정월 대보름 석양 무렵에 이조원을 찾아왔을 때, 자신도 사실은 이조원의 초대를 받았었는데 마침 유리창에 놀러 나가는 바람에 길이 어긋났고, 이 때문에 유금과 만날 수 있는 기회를 놓친 것이 두고두고 안타까웠다고 했다. 그러고 나서 1월 23일에 만날 약속을 정해 기대하고 있다가 하필 그날 황태후의 상이 나서 이후 근 한 달간 재궁에 발이 묶여 결국 편지 한 장 보내지 못하고 말았다는 사정을 구구절절이 썼다. 그러다가 홍대용과 이덕무, 박제가의 편지가 유금을 통해 자신에게 배달되었다며, 이조원에게 들은 유금의 인품과 학문을 칭찬하고, 홍대용과 이덕무, 박제가 등에게 보내는 답장을 전달해줄 것을 부탁했다. 끝에는 단정하게 자신의 인장까지 날인했다. 그러니까 1월 15일 당시 이조원의 방 벽에 붙어 있던 반정균의 시는 선약 때문에 이조원의 초대에 응하지 못하게 되면서 답장으로 보낸 것이었음을 짐작할 수 있다.

이때 반정균이 홍대용에게 보낸 답장은 어디 있을까? 이것은 당연히 옌칭도서관이 소장한, 후지쓰카가 망한려용전에 필사한 『연항시독燕杭詩牘』에 들어 있을 터였다. 새삼 책을 펼쳐 살펴보니 어김이 없다. 퍼즐이 짝짝 맞는다. 당시 두 사람은 처음 몇 해 동안 활발하게 소식을 주고받은 후, 반정균이 몇 년간 고향집에 내려간 사이 육비와의 소식이 끊기고 연경과의 연락도 끊긴 터라 홍대용이 손유의를 통해서 애타게 보낸 편지를 한 통도 받아보지 못했다. 그러다가 6~7년 만에 불쑥 유금이 나타나 홍대용과의 연락선이 회복되었던 것이다. 이 편지는 여러 해 만의 것이어서 특히 더 그랬겠지만 앞서 유금에게 보낸 짧은 글보다 몇 배나 되는 긴 글이었다.

반정균은 이 편지에서 자신의 근황을 알리는 한편, 홍대용이 부쳐온 편지에서 궁금해한 육비의 근황과 엄성의 문집 출판 관계 등의 내용들에 대해 답장해주었다. 워낙 길어 다 읽지는 못하고, 두 대목만 간추려 읽겠다. 앞에서는 연락이 끊긴 과정과 지난번 유금 편에 답장을 보낼 수 없었던 형편을 길게 해명조로 썼다. 이어지는 내용은 홍대용과 자신의 근년 공부에 관한 것이었다.

근년에는 어떤 책을 찬술하고 계십니까? 제 생각에 정주(程朱)의 학문은 이미 깊은 경지에 들어 심신(心身)과 성명(性命)에 대해 반드시 크게 얻은 바가 있을 것입니다. 저도 집에서 지내는 동안 두 사람의 책을 섭렵해보았습니다. 불경에서 대략 자성(自性)의 긴절(緊切)한 곳을 살펴본 적이 있는지라 자못 들어갈 문이 있음을 느꼈습니다. 이른바 제일의(第一義)란 것이 여기에 있겠지요. 성인의 글을 돌아보니 그 정미(精微)한 곳은 똑같은 의미였습니다. 그제야 세상의 유자들이 어지러이 다투며 따지는 것은 공고아만(貢高我慢), 즉 자신을 높여 아만에 빠지고 객기호명(客氣好名), 곧 객기를 부리며 명예를 좋아하는 것일 뿐으로 성해(性海), 즉 본성의 바다 둘레를 벗어나지 못함을 알았습니다. 또 배우는 것은 온통 대사현전(大事現前)의 겉자랑과 전고불착(全靠不著) 얼렁뚱땅뿐임을 깨달았습니다. 그대는 어찌 생각하시는지요. 또한 아우가 이해한 것을 옳다고 여기시는지요?

홍대용이 늘 유일한 학문의 길로 강조한 정주학을 자신도 꼼꼼히 읽어봤더니 불경에서 가르치는 마음공부와 큰 차이가 없었고, 세상의 유자들이 논쟁하는 것도 따져보면 불경에서 금기시하는 공고아만이나 객기호명의 과시욕과 대사현전, 전고불착의 자기자랑뿐이더라고 얘기한 내용이다. 역시 반정균의 가슴속에 지난날 홍대용이 불교를 사설(邪說)로 내치면서 정주학만을 드높였던 것에 대한 해묵은 앙금이 여전히 남아 있음을 보여주는 대목이다. 글은 이렇듯 감정을 비추는 정직한 거울이다.

반정균은 긴 편지를 이렇게 맺었다.

『건연집』에 실린 네 분 군자의 시는 제가 세 차례 읽고 시간에 쫓겨 하루 저녁에 초한 것이어서 묘를 제대로 얻지 못했습니다. 지어 보낸 서발(序跋)도 서둘러 써서 영 마땅치가 않습니다. 지난번 무관과 초정 두 분 선생이 낮추어 직접 보낸 편지를 받고 보니 뜻이 몹시 은근하고 무거워 감동할 만했습니다. 다만 추창함이 너무 지나침을 면치 못해 부끄럽기 짝이 없습니다. 이곳에 저 같은 사람은 너무 많이 널렸는데도 제공의 허락함이 이와 같으니 아마도 제가 그대의 벗이어서 이른바 그 사람을 사랑하면 그 집 지붕 위의 까마귀까지 사랑한다는 것일 뿐입니다.

반정균은 이덕무와 박제가 등이 자신을 마치 당대의 거벽인 듯 치켜세운 언사가 듣기에 조금 민망했던 모양이다. 사실 반정균과 이덕무는 동갑내기였다. 특히 이덕무의 편지를 보면 공경이 자못 지나친 감이 없지 않다. 반정균은 도무지 감당할 수 없는 언사로 자신을 높이고 본인을 낮춘 이들의 편지가 조금 당혹스러웠다. 이덕무에게 보낸 답장에서도 이 부분을 강하게 지적했던 듯하다.

백년의 바위 같은 교분을 맺읍시다

이덕무가 이조원과 반정균에게 다시 보낸 답장은 『아정유고』에 남아 있다. 반정균에게 보낸 글을 발췌해서 읽겠다.

초여름에 글을 보낸 뒤로 고개를 빼서 서쪽 구름을 바라보며 밤낮
생각만 내닫곤 했습니다. 어느새 가을에서 겨울로 접어드니 더더욱 회
포를 누르기 어려웠지요. 오랜 벗의 정겨운 편지가 하늘 밖에서 당도
하매 무릎을 꿇고 펼치는데 손이 떨렸습니다. 속으로 웅얼웅얼 서너
번을 읽고 나니 완연히 아름다운 모습을 마주한 것 같았습니다. 게다
가 근래 기거가 편안하심도 알게 되니 애타게 바라던 고심을 넉넉히
위로해주고 남음이 있습니다. 참으로 기쁩니다.

다만 우리 두 사람이, 한 사람은 삼오(三吳)의 아름다운 땅에서 태어
나고 한 사람은 삼한(三韓)의 궁벽한 고장에서 태어나 산이 막히고 바
다가 가로놓여 하늘과 땅만큼이나 거리가 아득합니다. 하늘이 도타운
정을 주고 귀신이 기이한 일을 도와, 애초에 잠깐 만난 적도 없건만 동
심(同心)의 교분을 이루니 고금에도 없고 천지에서도 찾기 힘든 처음
보는 일입니다. 실로 그저 보통으로 만나보고 싶어하는 소원이 아니어
서 더욱 아름답게 여깁니다. 또 그대의 승낙을 얻음은 제게는 영광입
니다. 돈후(敦厚)한 정의(情誼)는 따로 합당한 사람이 있는 법이니 어찌
아무에게나 말할 수 있는 것이겠습니까? 때문에 훌륭한 벗과 좋은 친
구를 성인은 오륜 중에 넣었고, 군자는 형제처럼 여겼습니다. 옛 현철
(賢哲)들도 입만 열면 지심(知心)을 일컫고 지음(知音)을 말씀하셨으니,
아! 이 '지(知)'자야말로 얼마나 중요합니까? 만일 저더러 장자(長者)가
일컬어 높여준 데 감격해서 이같이 잠시 아첨하는 말을 올린다고 여기
신다면 귀신이 거울처럼 보고 있습니다. 그렇다면 사람이 아니지요.
다만 원하기는 이제부터 잠시라도 마음에 서로를 간직해 잊지 않고,
터럭만큼의 거짓 없이 백년의 바위 같은 사귐을 길이 나누는 것입니

다. 어떻습니까?

2~3년 사이에 좋은 기회를 얻어 한 필 말을 타고 압록강을 건너 찬 바람 부는 저녁 연경의 저자에서 서로의 손을 잡고, 해 질 무렵 황금대(黃金臺)에 올라 마음을 논할 수 있다면 필생의 소원을 이것으로 이루게 될 것입니다. 어떻습니까?

이덕무는 할 말이 아주 많았다. 이어지는 글에서 홍대용의 근황을 전하고, 지난번 편지에서 부탁한 초상화를 보내주지 않아 섭섭했다는 뜻을 말했다. 유금이 가져온 이조원의 초상화를 보고, 이덕무는 반정균의 초상화를 욕심냈던 듯하다. 또 편지의 말미에는 10년 전 이덕무의 부친이 두만강변 옛 숙신씨(肅慎氏)의 땅에서 농부에게 얻은 노시(砮矢), 즉 돌화살촉을 선물로 보내면서, 공자가 기록했고 소동파가 보배로 여긴 물건이라고 소개했다. 또 '시(矢)'에는 '서(誓)'의 뜻이 담겨 있으니, 이것으로 영원히 맹세하여 교분을 잊지 말자는 의미라고 덧붙였다.

한편 대화를 더 잇고 싶은 욕심도 있었겠지만, 이덕무는 편지 끝에 평소 궁금하던 14조의 질문 목록을 추가했다. 그 첫 질문이 다소 묘하다.

예전에 담헌에게서 선생의 현합(賢閤) 상부인(湘夫人)이 지은 『구월루집舊月樓集』이 있다고 들었습니다. 규문(閨門) 안에서 창화(唱和)하는 것은 참으로 세상에 드문 즐거운 일입니다. 시품(詩品)이 동성(桐城)의 방부인(方夫人)이나 회계(會稽)의 서소화(徐昭華)에 비하여 어떠합니까?

간본(刊本)이 있겠지요? 1부를 보내주시어 영원히 보배로 보관하게 해
주십시오.

반정균 아내의 시집은 진작 반정균이 홍대용에게 보여주려다가 그
가 허난설헌의 시 창작을 두고 좋지 않게 말하는 것을 보고 제풀에 거
둔 적이 있던 책이다. 슬며시 틈새를 파고드는 듯한 묘한 느낌이다.
자꾸 그리 보려 해서 그런지 몰라도, 내색은 않았지만 이덕무는 지난
번 홍대용의 편지 일로 마음이 많이 상했던 것이 틀림없어 보인다. 나
머지는 모두 공부하다가 해결 못한 문제에 대한 질문들이었다.

이 밖에 이조원에게 보낸 이덕무의 당시 답장이 있지만 다 살필 지
면이 없다. 조선의 해묵은 물건이 중국으로 보내지고 시집들이 엮이
고 책과 서신이 건네지고 건너왔다. 한 사람의 만남이 동심원을 그리
며 널리 퍼져나갔다. 만남이 만남을 부르고, 우정이 우정을 낳았다.
이렇게 터진 물꼬가 19세기 후반까지 다양한 인적 네트워크를 통해
끊임없이 이어졌다. 다음 글에서는 이조원의 생일잔치에 대해 살펴보
겠다.

제
21
화

가장 빛났던 순간에 대한 회상
―이조원 생일 시회

이조원 초상화의 내력

이조원은 유금의 요청에 따라 자신의 소조(小照), 즉 작은 크기의 초상화를 선물했다. 중국에서는 벗의 소조를 간직해 마음을 나누는 일이 흔했다. 워낙 넓은 천지에 한번 헤어지면 다시 못 만날 일이 허다했기에 소조라도 지녀 흩어지기 쉬운 기억을 붙들어두려 한 것이다.

이조원의 초상화가 조선으로 건네진 정황에 대한 설명은 기록에 따라 차이가 있다. 이조원이 엮은 『속함해』본 『청비록』에서 이덕무는 당시 부사였던 서호수와 이조원 사이에 오간 시문을 길게 나열한 후 이렇게 적었다.

부사가 이조원의 시를 얻고는 더욱 기뻐했다. 하지만 얼굴을 볼 수 없음을 아쉬워했다. 유금이 평소에 기하학과 서화에 능했으므로 마침내 그의 거처로 가서 우촌의 진용을 그려오게 했다. 이와 함께 이조원에게 물어서 매년 12월 초5일이 생일이라는 것을 알았다. 그 뜻은 초상화를 가지고 돌아가 생일날 걸어놓고 동인들과 절하며 축수하기로 약속하여 태산 같은 그리움을 달래보려는 것이었다. (중략) 돌아와 그해 우촌의 생일날 부사는 유탄소와 그의 조카인 유득공, 박제가, 나와 함께 뜨락에 초상화를 걸고서 우촌 선생 탄신 시회(詩會)를 가졌다.

이 기록에 따르면 이조원의 소조는 부사 서호수의 명에 따라 유금이 그렸다. 또 1777년 12월 5일 이조원의 생일을 맞아 열린 시회는 서호수가 주관한 것이 된다. 『청장관전서』에 수록된 조선본 『청비록』에서는 이 내용을 뺀 대신 이조원이 유금에게 『월동황화집』과 〈송하간서소조松下看書小照〉를 선물했다고 적고 있다. 이조원의 초상화가 소나무 아래 앉아 책을 보는 모습이었음이 확인된다.

한편 서호수의 맏아들인 서유본(徐有本)이 이 그림에 대해 쓴 「운룡산인소조기雲龍山人小照記」란 글이 따로 남아 있다. 운룡산인은 이조원의 별호다. 서유본은 어린 시절 유금에게서 글을 배웠다.

원림과 수석(水石)이 아름다운 곳에 잘생긴 장부가 책 한 권을 손에 들고 밖에 앉아 있다. 촉 땅 사람 이우촌의 초상화다. 예전에 내가 탄소 유금을 따라 배울 때 기하실에서 구경한 일이 있다. 그림은 세로가 두 자 남짓, 가로는 한 자 반가량 된다. 초상의 높이는 세로 길이의 3분의

• 이조원 기념관의 이조원 석상. 기념관은 쓰촨 성 더양(德陽)에 있다. 4명의 진사와 2명의 한림을 배출한 이
조원 집안의 자취를 기념하여 뤄장(羅江) 팔경의 하나로 1988년에 조성한 대규모 예술 공간이다.

1이 채 못 된다. 눈썹이 짙고 뺨이 넓다. 수염은 많지 않은데 흰빛이다.
두 광대뼈에는 붉은 기운이 조금 감돈다. 관은 쓰지 않았다. 담청색의
좁은 소매옷을 입고 붉은 신을 신었다. 왼 팔꿈치를 구부려 벼랑 끝에
기댔고, 오른손은 두 무릎을 쓰다듬고 있다. 오른쪽 무릎은 세웠고 왼
쪽은 가볍게 폈다. 눈길은 옆을 보며 무언가 생각에 잠긴 듯하다. 바위
위에는 고송 한 그루가 하늘로 우뚝 솟아 선들선들 시원한 바람과 맑
은 소리를 보내주는 것만 같다. 바위 아래쪽에 돌로 만든 상이 하나 있
다. 상 위에는 다기(茶器)와 책 상자를 갖춰놓았다. 언덕 건너편에는 몇
구비 붉은 난간이 높고 낮게 어른거린다. 오죽(烏竹) 100여 개가 어여
쁘게 난간 위로 솟았다. 작은 시내가 졸졸졸 소리를 내며 대숲 사이로

• 기념관이 자리한 뤄장 강변에는 엄청난 규모로 네 사람의 석상이 조각되어 있다. 사진은 이조원의 부친인 이화남(李化楠)의 석상이다. 사진 좌측 상단에 붓을 잡은 손은 이조원의 것이다. 이렇듯 이조원의 위상은 유금이 북경에서 이럭저럭 만났던 중국 사인(士人)의 한 사람 정도에 머물지 않는다.

흘러간다. 오른편 조금 위쪽에 작은 해서체로 '운룡산인송하독서소조(雲龍山人松下讀書小照)'라고 써놓았다. 그 아래에 '이조원인(李調元印)'이란 네 글자를 새긴 작은 인장을 찍어두었다.

• 뤄장 이조원의 옛집 자리에 세워진 이조원 고리(故里)를 나타낸 표지석.

　이조원은 둥근 얼굴형이었던 듯하다. 글은 마치 눈앞에 그림을 펼쳐둔 것처럼 묘사가 생생하다. 세부까지 그대로 그려낼 수 있을 것 같다. 이조원이 자기 도장까지 찍은 것을 보면 앞서 이덕무의 기록처럼 유금이 그린 것은 아니다. 이 글 속에는 그림을 전해주는 상황도 묘사되어 있다.

　작별에 임해 우촌이 연연해하면서 차마 헤어지지 못하더니 이 그림을 펼쳐 보여주며 말했다. "우리 두 사람이 한 사람은 서쪽에 있고 한 사람은 동쪽에 있어 삼성(參星)과 상성(商星)처럼 떨어져 있소. 이생에서 다시 만날 기약은 다만 꿈에서일 뿐이지 싶구려. 심휴문(沈休文)의 시에 보면 '꿈속에선 가는 길을 알지 못하니, 그리는 맘 무엇으로 달래

보리오(夢中不識路, 何以慰相思)'라 하였소. 저 푸른 언덕 가장자리와 냇
물과 대숲의 곁을 우리 두 사람이 베개 위에서 신교(神交)를 나눌 곳으
로 삼읍시다."

꿈길에서나 만날 수밖에 없는 우정이라면 그 꿈길이 서로 어긋나
도중에 헤매지 않도록 꿈속 넋이 서로 찾아 만날 장소를 이 그림 속의
공간으로 정하는 것이 어떠냐고 제안한 내용이다. 이조원은 참 정이
많았던 사람이 분명하다.

생일잔치 날의 풍경

1777년 12월 5일에 멀리 조선 땅에서 이색적인 생일잔치가 열렸
다. 중국 연경에서 만나 사귄 이조원과의 우정을 기억하고, 멀리서 그
의 장수를 축원하는 자리를 가진 것이다. 『속함해』본 『청비록』에 이
날의 잔치를 상세히 묘사한 유금의 시가 실려 있다. 다른 곳에서는 볼
수 없는 유금의 작품이다.

오늘의 이 저녁은 어떠한 저녁인가	今夕是何夕
서촉 땅 옛 벗이 태어난 생일일세.	西蜀故人降生辰
옛 벗은 저 멀리 연경에 있어	故人在燕京
옛 벗의 진영 앞에 한 잔 술로 축수한다.	一杯爲祝故人眞
그 옛날 연경에서 우러러 뵙던 날은	憶昔燕京瞻仰日

예전의 애끓는 이별과 비슷했네.　　　　有似自古斷腸別

아녀자로 볼까봐 맘껏 울지 못하니　　　爲近婦人縱不泣

돌 같은 물건으로 가슴이 꽉 막혔지.　　有物如石塞胸臆

영영 이별 삼천리에 길이 서로 막혔어도　長別路隔三千里

맘속으로 12월 5일 날짜를 기억했네.　　丑月五日心中記

이날은 아침 일찍 직접 나서 청소하고　　是日夙興親掃除

닭을 잡고 고기 사고 막걸리도 장만했지.　殺鷄買豬濁醪沽

어린 아들 제 아비의 마음을 먼저 알아　　稚子先知乃翁意

뜨락의 귀퉁이서 둥실둥실 춤을 춘다.　　蹲蹲起舞庭一隅

어린 딸도 제 아비의 마음을 알았는지　　少女亦知乃翁意

금귤과 배로서 제호탕(醍醐湯)을 만드누나.　金橘香梨作醍醐

병든 아내마저도 남정네 뜻 알겠다며　　病妻亦知丈夫意

떡을 썰고 국 끓이려 몸소 부엌 들어간다.　截餠作湯親入廚

이덕무와 박제가 나귀 타고 도착하니　　李朴諸人騎驢至

저마다 술 한 병씩 들고 와서 내어놓네.　　髳頭各携酒一壺

서호수 대인께서 잔치 얘기 들으시곤　　鶴山大人聞擧觴

가자미와 전복 생선 서둘러 보내셨지.　　鰈鰒鮮魚送忙忙

서씨 집안 젊은 도령 벽향춘 술을 들고　　徐家少年碧香春

그 아우 준평은 침향을 사르누나.　　　厥弟準平然沈香

이날은 깁창 너머 달도 더디 오르니　　是日月上紗窓遲

간운루서 글 청하던 그때와 비슷하다.　　頗似雲樓求書時

옛 벗은 오늘 지금 간운루에 있으면서　　故人今日在雲樓

왼 무릎엔 아이 안고 오른손엔 술잔이리.　左膝抱兒右手巵

다만 소원 이때에 나비로 변하여서	但願故人此時化胡蝶
너울너울 날아와 이 방으로 드는 걸세.	翃翃飛來入此室
아니다 옛 벗 어이 이 방 안에 들어올까	
	已矣哉故人那得來入此室中
옛 벗이 오잖으매 마음만 근심겹다.	故人不來心沖沖
해마다 매년마다 한 잔 술을 올리면서	歲歲年年一杯酒
12월 5일이면 멀리 공을 축수하리.	此月此日遙祝公

서두에서는 이조원의 생일날 그의 진영을 진설해놓고 한 잔 술을 따라 축수하는 감회를 피력했다. 연경에서 둘이 만나 헤어질 때는 가슴에 돌 같은 것이 쌓인 듯 답답한 마음에 울음이 터져나올 것 같았지만, 아녀자처럼 운다고 흉잡힐까봐 울지도 못했던 일을 기억했다.

유금의 살림 형편은 그다지 넉넉지 않았다. 그런데 이날만은 큰마음 먹고 닭을 잡고 돼지고기도 몇 근을 끊어왔다. 새벽부터 마당을 깨끗이 비질하며 손님 맞을 채비를 했다. 막걸리도 준비했다. 어린 아들은 집 안에 평소 못 맡던 고기 냄새가 진동하자 너무 기뻤던 나머지 마당 쓰는 제 아비를 보며 제풀에 신명을 못 이겨 아예 덩실덩실 춤까지 춘다. 딸도 아버지와 손님들이 마실 음료를 마련한다며 부산을 떨고, 평소 병으로 몸져누웠던 아내도 이날만은 기운을 차려 부엌으로 나와 떡을 썰고 직접 국을 끓였다.

이윽고 약속 시간이 다가오자 이덕무와 박제가가 먼저 나귀를 타고 도착했다. 그들은 가난한 주인의 형편을 헤아려 술을 한 병씩 따로 들고 왔다. 부사 서호수도 생일잔치 얘기를 전해 듣고는 하인 편에 가

자미와 전복 등 귀한 생선을 안주로 쓰라고 보내주었다. 또 그의 두 아들 서유본과 서유구가 벽향춘이라는 귀한 중국술과 축수에 쓸 침향을 챙겨서 아버지를 대신해 잔치에 참석했다.

달이 뜨는 것을 신호로 축수의 자리를 시작하려 했건만 이날따라 달은 늑장을 부리며 떠오르지 않는다. 마침내 초닷새의 여린 달이 올라오자 예전 연경의 간운루에서 이조원과 함께하던 그때의 분위기와 비슷해졌다. 지금 이 시간 이조원은 간운루 서재에서 왼 무릎엔 늦둥이 딸을 안고, 오른손엔 술잔을 들고 있을 것이다. 그가 잠시 나비로 변해 너울너울 날아 이 자리에 올 수 있다면 얼마나 좋을까? 이 말은 꿈속 넋으로라도 왔으면 좋겠다는 얘기다. 그가 함께하지 못해 아쉽지만, 그래도 자신은 해마다 이날이면 이 자리를 마련해 그를 위해 축수하겠노라고 했다.

이날을 그저 보낸 적이 없었다

앞서 서유본이 쓴 「운룡산인소조기」에서는 당일의 자리를 이렇게 묘사해놓았다.

탄소는 돌아오자마자 비단으로 이 그림을 표구해서 향나무로 축을 달았다. 매년 11월 13일만 되면 반드시 집을 깨끗이 소제한 후 긴 대자리를 깔고 자리 오른쪽에 그림을 내걸었다. 그리고 문답한 필첩과 그가 보내온 편지와 벼루 등 여러 물건을 책상 위에 가지런히 늘어놓았다. 여러 동지들을 초대해서 서로 함께 감상하며 즐거워했다. 집이 워낙 가난해 술과 안주를 다 갖출 수 없었으므로 호사가들이 이따금씩 돕곤 했다. 이에 막걸리를 한 잔 가득 따라서 서쪽을 향해 뿌린 뒤에야 비로소 마시기 시작했다. 술을 다 마시고 나면 장가(長歌)를 한 수씩 지어 우촌을 위해 축수했다. 이날은 바로 우촌이 태어난 날이다. 이덕무와 박제가는 모두 탄소의 오랜 벗이다. 이날에는 두 사람이 자리에 함께하지 않은 적이 없었다. 박제가의 시에 "평계 김에 유연(幽燕)의 꿈 찬찬히 따져보니, 흡사 마치 향연이 가물가물 흩어지듯(憑君細繹幽燕夢, 爭似香烟冉冉消)"이라 한 것이 있는데, 사실 그대로다. 탄소는 먼 데로 노닐거나 몹시 아플 때가 아니고는 한 번도 이날을 그저 보낸 적이 없었다.

글에서 12월 5일을 11월 13일로 잘못 적은 것은 의아하다. 앞서 유금의 시와 서유본의 이 글을 교합해보면 당일 생일잔치 모임의 모양새가 낱낱이 복원된다. 그의 초상화가 벽 위에 높직이 내걸리고, 그가 보내온 각종 필첩과 편지, 벼루 등의 선물이 책상 위에 펼쳐져 참석자들이 함께 감상하면서 지난날의 추억을 곱씹는 자리였다. 서유본의 기록을 통해 볼 때 이조원의 생일잔치는 그로부터 11년 뒤인 1788년에 유금이 세상을 뜰 때까지 특별한 사정이 있었던 두세 차례를 제외하고는 매년 열렸던 듯하다. 이덕무와 박제가 두 사람이 끝까지 이 자리를 함께 지켰다고 쓴 대목도 인상 깊다.

유득공도 숙부 유금에 이어 축수의 시를 지었다.

• 『동화필화집』에 실려 있는 이조원의 비문과 기문 친필. 생일잔치 상에 놓였던 물품 중 하나다. 이 글과 글씨에 대해서는 이덕무가 따로 언급한 글이 남아 있다. 중국의 이조원 기념관에도 거의 남아 있는 것이 없는 이조원의 친필이 조선에 이렇게 한꺼번에 많이 남았다.

섣달이라 초닷새에 기하실을 찾아가니 　臘月五日幾何室

주인이 마당 쓸고 손님을 맞이한다. 　主人掃閣延賓客

고기는 남산처럼 백 길 높게 쌓였고 　肉如蠶頭之山百丈高

술은 마치 한강인 양 넘실넘실 푸르도다. 　酒如洌水之波千頃碧

술잔 들고 고기 대해 어쩔 줄을 모르니 　停酒對肉忽不御

그리운 이 민강 서쪽 잠총국에 있다네.

　　　　　　我所思兮乃在岷江之西蠶叢國

한강 물 저멀리 민강 물로 이어져도 　洌水遙連江水白

다만 홀로 이 사람은 하늘 위에 있는 듯해 　獨有伊人似天上

날개 돋아 높이 날아가지 못함 안타깝네. 　恨不高飛生羽翼

등을 굽혀 두 절 하고 한 잔 술로 축수하니 　傴僂再拜祝一觴

중당의 벽 위에는 소조가 걸렸구나. 　小照猶掛中堂壁

오늘내일 바로 만남 바라는 것 아니니 　不願今日明日便相見

다만 그저 천년만년 오래 사심 축원일세. 　但願壽考千萬億

소요하며 노니는 지상선(地上仙)이 되시어 　化作逍遙地行仙

뺨 가엔 붉은 기운 터럭 또한 푸르시길. 　頰餘丹砂毛髮綠

나 또한 이때에는 처자와 헤어져서 　我亦此時訣妻子

삼신산과 십주로 영약 찾아 떠나리라. 　三山十洲求靈藥

백일에 나부끼며 노을 타고 함께 올라 　飄然白日共霞擧

둘이 함께 청안(靑案) 위에 이름을 남깁시다. 　姓名雙留靑案牘

주궁(珠宮)과 패궐(貝闕)의 사이에서 서로 만나 　相遇珠宮貝闕間

구름 학 불러오고 백록을 타십시다. 　招呼雲鶴乘白鹿

아침엔 서촉 땅서 저녁엔 동한(東韓)에서 　朝遊西蜀暮東韓

왕래하며 보는 사이 팔극을 다하겠네.	往來轉眄窮八極
상전벽해 바뀌어 변함 두려울 것 없나니	不怕滄桑互變移
가만 앉아 저 달빛이 차고 기욺 바라본다.	坐看烏兔長騰擲
어지러운 문자 인연 툴툴툴 털어내고	陡擺紛紛文字緣
당시에 괴로이 그리던 일 웃어보리.	回笑當時苦相憶
아서라 광생(狂生)의 헛소리가 부질없다	已矣哉狂生放言徒爾爲
고개 드니 밝은 달의 낯빛만 허전쿠나.	擧頭明月空顏色

흥성한 잔치 자리를 남산 높이로 쌓인 고기와 한강 물처럼 넘치는 술 이야기로 펼쳤다. 좋은 술과 맛난 고기를 앞에 두고도 마음껏 먹고 마시지 못함은 그날의 주인공이 아득히 먼 딴 나라에 있기 때문이다. 날개라도 있으면 훨훨 날아가고파도 그럴 수 없는지라 중당의 벽에 걸어둔 그의 초상화 앞에 한 잔 술을 뿌려 축수할 뿐이다. 그러고는 유선(遊仙)의 상상을 맘껏 펼쳤다. 함께 신선이 되어 아침엔 청학의 날개에 올라타 이조원이 사는 서촉 땅 민산 언저리에서 노닐다가, 저녁 무렵엔 백록을 타고 삼한 땅에서 노닐며 서로 못 만나 안타까이 그리던 예전 일로 한번 통쾌하게 웃어보자는 청을 넣었다.

나도 그 까닭을 알 수가 없다

박제가, 이덕무 두 사람의 생일 시를 마저 읽어본다. 먼저 박제가의 시다.

민산은 천하에 이름이 높고	岷峨碧天下
민강 물은 우혈(禹穴)에서 흘러온다네.	江水出禹穴
장경성(長庚星) 오얏나무 비치어들면	長庚照李樹
빼어난 호걸이 태어난다지.	間氣挺豪傑
가슴엔 고금이 서리어 있고	胸次蟠古今
시의 연원 천지를 꿰뚫었다네.	詞源貫天地
언제나 신선의 뜻 품고 있지만	常存遐擧情
기꺼이 벼슬길에 얽매여 있네.	肯爲簪組累
만리 하늘 초승달 저리 걸리니	萬里懸弧日
인간세상 섣달하고 초닷새라네.	人間臘月五
생사 간에 마음을 맺어두고서	生死結寸心
술 한 잔에 향 한 심지 올리는구나.	酒一香一縷
여태 높은 지위엔 못 올랐어도	未登淸閟閣
훌륭한 시구로 수놓고 싶네.	欲繡宛陵句
부처님께 절 올리듯 절을 하노니	拜像如拜佛
황금으로 그대 상을 빚고 싶어라.	我欲黃金鑄

부처님께 절 올리듯 축수의 절을 올리다 말고, 차라리 이조원의 상을 황금으로 빚어서 모셔두고 싶다고까지 말했다. 자신의 초상화를 걸어놓고 조선의 문인들이 생일상을 차려 이 같은 시를 지어 축수했다는 소식을 들었을 때 이조원의 기분은 어땠을까? 조금 민망해하다가 많이 우쭐했을 것 같다.

이덕무의 시는 짧으니 빠뜨리기가 미안하다.

만리라 면주 땅은 이웃과 한가지라	綿州萬里若比鄰
신교를 정하고선 뜻이 외려 참되도다.	自定神交意轉眞
해마다 12월 초5일을 맞게 되면	歲歲餘冬初五屆
저 멀리 한 잔 술로 생신을 축하하네.	遙飛一盞賀生辰

박제가와 이덕무 등은 평생 이조원과는 단 한 차례도 회면하지 못했다. 2구에서 신교(神交)라 한 것은 그저 정신으로 나눈 우정이란 뜻이다. 만나지 못한 채 나누는 사귐이 서로의 뜻을 더욱 참되게 해준다고 말한 것이 인상적이다.

처음 이조원의 생일잔치에 관한 이야기를 들었을 때 내 솔직한 느낌은 '호들갑이 심하다'였다. 중국에 가서 인정을 받고 온 것이야 대견하지만, 그렇다고 멀쩡히 살아 있는 사람의 초상화를 걸어놓고 돌려가며 시 짓고 잔치하며 죽은 조상 섬기듯 하는 모양새는 과해 보였다. 아니나 다를까, 조카 유득공이 1788년 유금이 세상을 뜬 후 지은 「숙부기하선생묘지명叔父幾何先生墓誌銘」에 보니 이런 내용이 적혀 있었다. "공께서 연경에 가셨을 때 면주 사람 이조원과 서로 깊이 사귀었다. 돌아와 그의 생일을 맞게 되자 그의 초상을 벽에 걸고 술을 올렸다. 이 얘기를 들은 사람들이 혹 비웃었다." 당시에도 멀쩡히 산 사람을 위해 초상화를 걸고 생일잔치한 일을 두고 해괴하게 유난을 떤다는 비난이 없지 않았던 것이다. 이들의 얘기를 입에 올리며 '참 놀고들 있네!' 하며 입을 삐죽댔을 그 표정들이 눈에 선하다.

이들에게 이 생일잔치는 어떤 의미였을까? 답은 '인생에서 가장 빛났던 순간'에 대한 회상에 있다고 생각한다. 삶은 언제나 신산스럽고 궁핍의 나날은 건너가기가 가팔라 늘 숨이 찼다. 그래도 1년에 한 번 이날만은 아껴 모아둔 주머니를 털어서 고기 근이나 끊어오고 술도 사와 지글지글 굽기도 하고 찌개도 끓여서 먼 곳에 있는 벗의 생일을 축하하고 정다운 동무들을 대접했다. 출구가 보이지 않아 눅눅해진 삶을 바람 쐬고 햇볕을 쐬어주었다. 이조원의 생일잔치는 기실 이조원을 위한 것이 아니었다. 유금 자신과 그 동인들의 결속을 다지고 살아갈 힘을 재충전하는 일종의 통과의례 같은 것이었다.

이 모임의 자리에 박지원과 홍대용, 이서구 등이 참석한 흔적은 아무데도 보이지 않는다. 결국 서얼이었던 유금과 이덕무, 박제가와 유득공 등이 모여 자신들만 아는 상처를 한 번씩 다독이고 아무런 편견 없이 자신들의 문학적 성취를 객관적으로 인정해준 중국의 한 지성을 위해 감사하고 또 축수했던 것이다. 이야말로 눈물겨운 장면이 아닌가? 호들갑 운운하며 타박할 일은 아니었다.

이조원은 『속함해』에 수록한 『우촌시화』 권16에 이들의 시를 모아 실은 후 끝에다 이렇게 적었다. "나도 제군들에게 어떻게 이 같은 칭찬을 받게 되었는지 잘 모르겠다(不知余何以見賞于諸君若是也)." 얼떨떨해하면서도 으스대는 기색이 역력하다. 다음에는 마침내 연행길에 오르게 된 이덕무와 박제가의 이야기를 살펴보겠다.

동시대를 함께 살아간다는 것
─상우천고에서 천애지기로

동시대성의 의미를 음미함

유금의 연행과 이조원, 반정균이 『한객건연집』에 쓴 평비, 이를 고리로 이루어진 연경과의 지속적 서신 왕래는 이조원의 생일 시회로 이어지면서 이들을 극적으로 고무했다. 중국 당대 지식인과의 실시간 교유란 이전에는 꿈꾸기 어려운 일이었다. 조심스레 열린 사적(私的) 채널이 지속적으로 조금씩 확산, 심화되고 있었다.

1777년 9월 11일, 이조원의 생일 시회가 열리기 석 달 전에 유득공은 한 권의 작은 시집을 엮었다. 제목이 『중주십일가시선中州十一家詩選』이었다. 제목 그대로 중국 당대의 문인 중 홍대용과 숙부 유금이 가서 직접 만나 교유한 11인의 시를 묶은 앤솔러지였다.

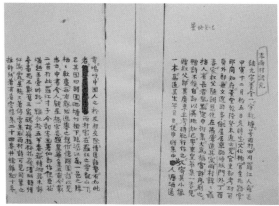

• 서울대 도서관 소장 「중주십일가시선」 중 이조원 소전 부분.

수록된 인물과 수록 작품 수는 다음과 같다.

육비(陸飛) 51수 / 엄성(嚴誠) 16수 / 반정균(潘庭筠) 4수 / 이조원(李調元) 37수 / 이정원(李鼎元) 1수 / 축덕린(祝德麟) 1수 / 박명(博明) 2수 / 주후원(周厚轅) 1수 / 곽집환(郭執桓) 10수 / 이미(李美) 2수 / 손유의(孫

有義) 2수

모두 11명 127수의 작품을 수록했다. 이중 육비와 엄성, 반정균은 홍대용이 만났던 인물이고, 나머지는 유금이 연행 도중 직접 만났거나 간접적으로 교유한 인물들이었다. 유득공은 서문에서 이 시집을 엮는 감회를 이렇게 피력했다.

우리나라와 중국은 요동벌과 발해 바다 하나를 사이에 두었다. 명색은 비록 외국의 번방이라 해도 운남(雲南)이나 귀주(貴州) 등 멀리 떨어진 여러 성(省)에 견준다면 굉장히 가깝다. 다만 강토의 제한 때문에 안팎으로 나뉘고 보니 한 시대를 나란히 살아가면서도 마치 천년 전의 옛사람과 한가지다. 비루하고 아는 것이 적은데도 스스로 만족스럽게 여기는 자는 일생토록 송강의 농어와 동정호 금귤의 맛을 알지 못하니 어찌 크게 슬프지 않겠는가. 예전 신라의 최치원(崔致遠)과 김이오(金夷吾)는 중국에 가서 고운(顧雲)과 장교(張喬)를 만났다. 또 고려 때 이제현(李齊賢)은 우집(虞集)과 조맹부(趙孟頫)를 사귀고, 이곡(李穀)은 황진(黃溍), 게혜사(揭傒斯) 등과 교유하며 능히 말고삐를 나란히 하고 문단을 내달렸으니 주고받은 시문이 이제껏 사람의 눈에 찬란하게 빛난다. 하지만 이런 경우란 천년 백년에 단지 몇 사람밖에 없다. 명나라 때만 하더라도 사걸(四傑)이니 칠자(七子)니, 경릉파(竟陵派)니 운간파(雲間派)니 하는 이들의 풍모와 명성이 천하를 뒤흔들었다. 하지만 우리나라의 제공은 귀를 쫑긋 기울이고도 아무것도 듣지 못하다 몇 대가 지나 출판된 문집이 우리에게 건너온 뒤에야 비로소 어떤 시기에 어떤 사람이

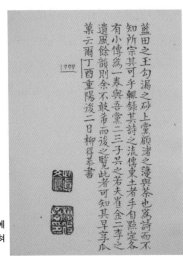

藍田之玉句漏之砂上黨顧渚之蔭與茶也爲詩而不

知所宗其可乎輒錄其詩之流傳東土者手自點定各

有小傳爲一卷與吾黨二三子共之若夫崔金二李之

遺風餘韻則余不敢希而後之覽此者可知其早享瓜

菓云爾丁酉重陽後二日柳得恭書

• 『중주십일가시선』의 유득공 서문 끝 부분. 글 끝에
'차진문봉(此眞文鳳)'과 '유득공인' 인장 2과가 찍혀
있다. 유득공의 친필로 보인다.

있었던 줄을 알게 된다. 이는 큰 도회지에 과실이 썩어나는데도 궁벽
한 향촌에서는 그저 앉아 기다리다가 때가 늦고 마는 것과 한가지다.

　내가 뜻을 같이하는 몇 사람과 함께 이런저런 얘기를 하다가 대화
가 이에 이르러서는 크게 탄식하며 답답해하여마지않았다. 진계숭(陳
繼崧)의 『협연집篋衍集』과 심덕잠(沈德潛)의 『국조시별재國朝詩別裁』를
읽고 나서는 더더욱 중국의 인문이 성대한 줄을 깨달았다. 하지만 유
독 앞서지도 뒤지지도 않고 나와 동시대를 살아가는 사람이 누구인지
는 알 수가 없었다. 병술년(1766)에 담헌 홍대용이 연경에 갔다가 엄성
과 반정균, 육비 등 세 사람을 얻었고, 올해 정유년(1777)에 숙부께서
연경에 갔다가 우촌 이조원 선생을 얻었다. 또 수레를 기울여 사귐을
논하고 인편에 소식을 부쳐온 사람이 8인이다. (중략) 우리나라로 전해
진 이들의 시를 채록해 직접 점검, 교정하고, 사람마다 소전(小傳)을 붙

여 1권으로 만들어 동지들 두세 사람과 함께 나누었다. 저 최치원과 김이오, 이제현과 이곡의 유풍(遺風)과 여운(餘韻) 같은 것은 내가 감히 바라지 못하겠지만 훗날 이 책을 살펴보는 사람들이 우리가 조금 일찍 과실 맛을 누려본 것만큼은 알 수 있을 것이다. 정유년 중양절 이틀 후 유득공은 쓴다.

과거의 역사에서 우리나라 사람이 중국에 가서 중원의 선비와 우정의 교유를 나눈 것은 신라 때의 최치원과 김이오, 고려 적의 이제현과 이곡 등을 제외하고는 특별한 예를 찾기 어렵다. 조선조에 들어와서 조선 문인과 명나라 인사의 개인적 교제는 눈을 씻고 찾아봐도 보이지 않는다. 중국에 뛰어난 명사가 있다 해도 몇 세대가 지나 그들의 문집이 간행되어 조선에 들어온 뒤에나 아! 그때 이렇게 대단한 사람이 있었구나, 하고 감탄하는 형편이었다. 중국의 문예사조 동향은 늘 몇 템포 느리게 조선에 전해졌다. 저쪽에서 이미 시들해진 뒤에 이쪽에서 뒤늦게 불이 붙곤 했다. 늘 엇박자였다.

그런데 홍대용과 유금이 이제껏 아무도 못한 일을 해냈다. 그래서 엮게 된 이 시집은 조선 선비와 교유의 인연을 지닌 당대 중국 시인들의 시만으로 이루어져 동시대성을 오롯이 간직하고 있다. 특별히 위 원문 중에 "앞서지도 뒤지지도 않고(不先不後) 나와 동시대를 살아가는 사람(與我同時者)"에 방점이 콱 찍힌 앤솔러지인 것을 유득공은 특별히 자부하고 강조했다. 이 동시대성이야말로 18세기 문예공화국의 공민권을 따질 때 가장 중요한 포인트이다.

우정의 풍경

홍대용을 필두로 연암 그룹은 특별히 우도(友道)의 문제에 집착했다. 특히 연암은 세명리(勢名利), 즉 권세와 명예와 이욕 획득의 수단과 방편으로 전락해버린 우정의 변질을 개탄했다. 그의「마장전馬駔傳」은 우정의 문제를 정면에서 심각하게 다룬 최초의 소설이다. 젊은 시절 이들의 교유는 나이를 잊고 처지를 잊고 서로의 마음을 보듬어 보석처럼 빛났다.

이덕무가 1768년 6월 29일에 동인들과 몽답정(夢踏亭)에 놀러갔을 때 시축(詩軸)에 쓴 짧은 소서(小序)가 그의 연보에 실려 있다. 다음이 전문이다.

박제가의 소매를 뒤져 흰 종이 한 폭을 얻었다. 부뚜막에서 그을음을 구하고 냇가에서 그릇 조각을 주웠다. 시를 지었는데 붓이 없었다. 내가 솜대 줄기를 뽑자 윤병현(尹秉鉉)은 운부(韻府)의 낡은 종이를 꼬았다. 유금은 돌배나무 가지를 깎고 박제가는 부들 싹을 씹는다. 연꽃 향기가 풍겨오고 매미 울음소리가 들리며 폭포의 포말이 끼쳐오는 주름진 바위에서 썼다.

예쁘고 아름다운 광경이다. 시회를 열자고 간 나들이에 지필묵연이 없었다. 한여름 흥에 겨워 술만 챙겨 덜렁거리고 간 걸음이었던 모양이다. '자네 종이 있나?' 박제가가 소매를 뒤적거리더니 말한다. '여기 한 장 있습니다.' '한데 먹이 있어야 말이지.' '부뚜막의 그을음을 긁어보세.' '벼루도 없는걸.' '가만. 저 냇가에 굴러다니는 깨진 그릇 조각에다 개면 되겠군.' '붓은 어쩐다?' '만들면 되지 뭐.' 이런 대화가 오가고 나서 그들은 즉석에서 붓 제작에 들어갔다. 이덕무가 가는 솜대 줄기를 꺾어 붓대로 어떠냐고 묻는다. 유금은 돌배나무 가지를 깎아 이게 더 낫다고 우긴다. '붓대만 있으면 뭘 하나?' 윤병현이 시 지을 때 참고하려고 소매 속에 넣고 다니던 운부를 꺼내 뒤의 해진 쪽 한 페이지를 찢더니 가늘게 꼬아 노끈을 만든다. '붓털은 어찌한다지?' 박제가가 이미 섬유질이 풍부한 물가 부들의 새순을 끊어 결 따라 우물우물 씹고 있다. 잠시 후 붓 터럭 대신으로 쓸 만한 가닥만 남은 섬유질이 준비되었다. 돌배나무 가지에 섬유질 가닥을 대고 종이 노끈으로 칭칭 감자 아쉬운 대로 붓이 만들어졌다. '이제 되었군.' 그릇 조각 벼루에 그을음 먹을 개어 부들 새순 붓에 찍어 각자 지은 시를 박제가가 내놓은 종이에 이덕무가 쓰기 시작한다. '글씨가 이게 뭔가? 잘 좀 쓰게.' 깔깔깔 웃다가 시에 대한 평을 주고받다가 가져간 술을 마시면서 무더운 여름날의 한나절을 개운하게 보냈다. 연꽃 향기, 매미 울음, 폭포의 물보라는 후각과 청각과 촉각을 공감각적으로 재구성한다. 젊은 날 이들의 우정은 이렇게 반짝반짝 빛났다. 세상에 이런 우정은 다시없을 것 같았다.

그러다가 이들은 홍대용의 『건정동회우록乾淨衕會友錄』을 접했다. 국경을 넘어 이룩되는 참된 우정의 모습을 곁에서 지켜보았다. 답답하고 부러웠다. 연암 박지원은 이 책에 써준 서문에서 우정이 다만 출세의 방편으로 전락해버린 조선의 현 세태를 비판하며 "양묵노불(楊墨老佛)이 아닌데도 의론의 유파가 넷이고, 사농공상(士農工商)이 아니건만 명분의 갈림이 넷"이라고 적었다. 노론과 소론, 남인과 북인으로 편을 갈라 다투고, 그것도 모자라 문반과 무반, 중인과 서족(庶族)으로 구분하는 편협한 조선의 풍토에 숨 막혀한 것이다. 당동벌이(黨同伐異)! 같으면 패거리 짓고, 다르면 공격한다. 네 유파와 네 갈림이 다시 16가지 경우의 수를 낳는 것을 보면, 조선은 태어나기도 전에 이미 패가 갈려 다투고 싸우는 일이 일상인 나라였다. 뜻이 맞아도 당색과 신분이 다르면 싸늘하게 외면하여 상대를 인정하지 않았다.

홍대용이 중국에서 오는 길에 만나 사귄 벗 손유의는 훗날 홍대용이 세상을 떴을 때 박지원이 부고를 보내 항주의 세 선비에게 그의 죽음을 전해달라고 부탁했던 인물이다. 그의 시도 『중주십일가시선』에 수록되었다. 손유의의 직업은 삼하현(三河縣)의 염점(鹽店), 즉 소금 가게 주인이었다. 그를 통해 다시 등사민(鄧師閔)을 소개받고, 등사민은 자신의 친구인 곽집환(郭執桓)을 연암의 친구들에게 소개했다. 일개 장사치인 소금 가게 주인과 조선의 사대부가 대등하게 교유한다는 것은 조선에서라면 있을 수 없는 일이었다. 하지만 연암과 이덕무 등은 평생 본 적도 없는 곽집환을 위해 그의 문집 『회성원집繪聲園集』에 서문과 발문을 써주고, 박제가 등은 그의 거처를 위해 연작시를 기꺼이 지어주었다. 이는 유금이 연행에 나서기 여러 해 전에 이루어진 일이었다.

연암은 「회성원집발」에서 이렇게 썼다.

옛날에 벗에 대해 말한 사람이 벗을 두고 혹 '제2의 나[第二吾]'라 하기도 하고, '주선인(周旋人)'이라고도 했다. 이런 까닭에 글자를 만든 사

高齋齋訂正友論
大西域山人利瑪竇 集
中尊盧居士朱廷策
三竺 道人陳邦俊   校
利瑪竇曰吾友非他即我之牛乃第二我也故
當視友如已焉
友之與我雖有二身二身之內其心一而已
相須相佐爲結友之由

• 마테오 리치의 초상화와 『우론友論』의 첫 면. 본문 첫 줄에서 "나와 벗은 남이 아니다. 나의 절반이고 제2의 나다. 벗 보기를 마땅히 나와 같이 해야 한다"고 했다. 이 구절이 연암 그룹을 열광케 했다.

람이 '우(羽)' 자에서 빌려와 '붕(朋)' 자를 만들고, '수(手)' 자와 '우(又)' 자를 합쳐 '우(友)' 자를 만들었으니, 새에게 두 날개가 있고 사람이 양손이 있는 것과 같음을 말한 것이다. 하지만 말하는 자는 '천고의 옛사람을 벗삼는다[尙友千古]'고 한다. 답답하구나, 이 말이여! 천고의 사람은 이미 흩날리는 티끌이나 서늘한 바람이 되었는데 장차 누가 나를 위해 제2의 나가 되며, 누가 나를 위해 주선한단 말인가?

벗은 나에게 어떤 의미인가? 벗은 제2의 나다. 나를 위해 모든 일을 주선해주는 사람이다. 새의 두 날개요, 사람의 두 손이다. 날개 없는 새는 날 수가 없고, 두 손 없는 사람은 뛸 수가 없다. 벗이 없는 이는 날지 못하는 새이고 제구실을 못하는 사람이다. 벗은 '제2의 나'라는 이 강렬한 명제는 중국 최초의 예수회 선교사인 마테오 리치가 그의 『교우론』에서 처음 한 말이다.

천고를 벗삼는다는 답답한 그 말!

옛사람들이 입에 달고 산 말은 상우천고(尙友千古)다. 천고의 옛사람을 벗으로 삼는다는 뜻이다. 현실에서는 눈을 씻고 찾아봐도 마음 나눌 벗이 없다. 다만 옛글 속의 고인만이 내 마음에 위로를 준다. 그래서 지금을 버리고 오래전에 이미 티끌로 변한 고인을 벗으로 삼는다고 한다. 연암은 이 말이 얼마나 딱하고 답답한 얘기냐고 말했다. 어째서 그런가? 옛사람은 제2의 나일 수 없고, 나를 위해 아무것도 주선해줄 수 없는 관념 속의 존재일 뿐인 까닭이다.

그렇다면 나는 '제2의 나'를 어디 가서 찾을 것인가? 이덕무는 「서해여언西海旅言」에서 다음과 같은 인상적인 글을 남겼다.

사봉(沙峯)의 꼭대기에 우뚝 서서 서쪽으로 큰 바다를 바라보았다. 바다 뒤편은 아마득하여 끝이 보이지 않는다. 용과 악어가 파도를 뿜어 하늘과 맞닿은 곳을 알 수 없다. 한 뜨락 가운데 울타리로 경계를 지어 그 너머로 서로 바라보는 것을 이웃이라 부른다. 이제 나는 두 사람과 함께 이편 언덕에 서 있고 중국 등주(登州)와 내주(萊州)의 사람은 저편 언덕에 서 있다. 서로 바라보아 말을 할 수도 있지만 바다가 넘실거려 보지도 못하고 듣지도 못한다. 이웃 사람의 얼굴을 서로 알지 못하는 격이다. 귀로 듣지 못하고 눈으로 보지 못하며 발로 이르지 못하는 곳이라 해도, 오직 마음으로 내달리면 아무리 멀어도 다다르지 못할 곳은 없다. 이편에서는 이미 저편이 있는 줄을 알고 저편 또한 이편이 있는 줄을 안다. 그럴진대 바다는 오히려 하나의 울타리일 뿐이어서 보고 또 듣는다고 말해도 괜찮을 것이다. 하지만 가령 무언가를 붙잡고 흔들흔들 구만리 상공에 올라가 이편 언덕과 저편 언덕을 한눈에 다 본다면 한집안 사람일 뿐이니 또한 어찌 울타리로 막힌 이웃이라 하겠는가?

황해도 장연 바닷가 백사장에서 중국 쪽을 바라보며 떠올린 이덕무의 생각은 조금 특별하다. 뭍에서 보면 바다가 가로놓여 서로 볼 수 없지만, 하늘에 올라가 보면 조선과 중국은 바다라는 작은 울타리조차 의미 없는 한집안 사람일 뿐이다. 귀로 못 듣고 눈으로 못 보고 발로 못 디뎌도 마음으로 만나는 데는 아무 문제가 없다. 우정의 논의가 기어코 국경을 넘어서는 현장이다. 이 글은 1768년에 썼다. 홍대용이 다시 만날 수조차 없는 중국 선비와 천애지기(天涯知己)를 맺은 일이 당시 이덕무를 이처럼 크게 고양했던 것 같다. 그도 그런 우정을 꿈꾸기 시작했다.

하지만 옛사람의 상우천고와 홍대용의 천애지기는 같지만 다르고 다르면서 같다. 먼저 상우천고가 공간을 고정해두고 시간만 잡아 늘인 수직적 사고라면, 천애지기는 시간을 앞세워 공간의 장벽을 넘는 당대성과 동시대성에 바탕한 수평적 사고다. 이때에 이르러 비로소 문자를 매개로 한 일방적이고 선형적인 사유가 쌍방향 소통을 전제로 한 교감적 사유로 바뀌었다. 나는 이를 한 논문에서 '병세의식(幷世意識)'이란 개념으로 명명한 일이 있다.[1] 병세의식은 동시대를 나란히 살아가고 있다는 의식이다. 이 동시대에 대한 인식은 국경을 초월한다. 반대로 이 병세의식을 공유하지 못한다면 바로 곁에 있어도 그는 내 벗일 수가 없다. 지금이 답답하기는 예나 지금이나 매한가지지만, 이들은 관념 속 옛사람을 상우천고하는 대신 국경 너머 저쪽의 벗들과 나누는 우정을 통해 천애지기의 병세의식을 키워나갔다.

소전 속의 정보들과 제2탄 『열상주선집』

한편 『중주십일가시선』에 실린 각 사람의 소전에는 다른 기록에서 보지 못한 정보들이 포함되어 있다. 주로 유금을 통해 얻은 정보를 추록(追錄)하는 방식을 취했다. 어디까지나 현장성이 중요하다. 예를 들어 육비에 관한 기록에서는 "숙부께서 정유년 봄에 연경에 가셨을 때 이부원외랑 나강 사람 우촌 이조원과 만나 육비가 이미 진사에 뽑혔으나 아직 벼슬을 받지 못해 집에서 지낸다는 말을 들었다"고 하여 육비의 과거 급제 사실을 알렸다. 엄성의 소전에서는 "뒤에 들으니 엄성은 민중(閩中) 땅에 가서 관사(館師)가 되었다가 학질을 앓아 집에 돌아와 죽었다. 김재행이 만리봉(萬里峯)에 올라가 길게 통곡하니 듣는 이가 비통해했다. 담헌은 필담 중의 명어(名語)를 따로 초해서 『철교어록』 1권을 엮었다"고 썼다. 『철교어록』이란 별도의 한 권이 있었음이 확인된다.

이조원 소전에서는 "내게도 시를 주어 자신을 이지지기(異地知己)라 했다. 또 소상(小像) 1본을 보내며 자신의 생년월일을 말해주고, 『한객건연집』에 실린 여러 사람이 술을 따라 멀리서 축수해달라고 했다. 중국 사람이 벗과 교제함에 있어 정이 참되고 말이 도탑기가 이와 같다"고 적었다. 이로 보면 이조원의 생일 시회는 애초에 이조원의 요청에 따른 것이었다. 그는 앞서도 늦게 얻은 딸의 이름을 시 속에 넣어 여러 사람의 입에 오르내리게 함으로써 딸이 오래 살기를 소망한 일이 있다. 그가 유득공을 두고 이지지기, 즉 다른 땅에 사는 나를 알아주는 벗이라고 호명한 것은 인상적이다.

이 밖에 짧게 스쳐 만난 사람의 시도 수록했다. 기록이 남지 않은 유금의 연행 당시 행적이 이를 통해 조금씩 드러난다. 그중 중강각사(中江榷使) 박명(博明)과의 만남이 흥미롭다. 그는 몽고인이었다. 호는 석재(晳齋) 또는 서재(西齋)로 원나라 세조의 후예다. 옹방강과 가까웠던 그는 의주 건너편 책문(柵門)에 오래 살아 조선 사신들이 연행 때마다 으레 그의 거처를 들렀다. 그는 나중에는 이 일로 몹시 피곤해했는데, 유금도 그에게 들렀던 모양이다.

숙부께서 정유년 봄에 연경에서 돌아오면서 그를 방문하셨다. 머리카락이 이미 성성하였다. 그와 필담을 해보니 국가의 전고와 군읍의 연혁에 대해 묻기만 하면 척척 대답하는데 확실한 근거가 있었다. 또 향을 사르고 차를 끓이며 골동품 감상하는 것을 좋아했다. 숙부께서 평소 성력(星曆)에 밝았으므로 서양의 방법 중 알기 어려운 것을 들어 점검해보았다. 또한 모두 명확하게 설명해주었다. 스스로 뽐내기를 2만여 권의 책을 읽었다고 했다. 역사의 기록에서 빠진 일을 많이 알고 변증하는 것을 즐겼다. (중략) 숙부의 당호가 기하실인데, 박명이 예서체로 써서 주었다. 필치가 자못 굳세다.

『동화필화집』에 이때 박명이 유금에게 써준 기하실 세 글자가 친필로 실려 있다. 필치가 굳세다고는 했지만 명필로 알려진 그의 글씨가 이때는 힘이 빠져 그랬는지 그다지 신통해 보이지 않는다.

한편 유득공은 『중주십일가시선』을 엮은 지 19년 뒤인 1796년에 『병세집並世集』을 엮는다. 그후 자신과 이덕무, 박제가 등이 연행에 참여해서 직접 만났던 인물들을 대거 보충하고, 1764년에 조선통신사행으로 일본에 갔던 원중거(元重擧)가 일본 문사들에게서 받은 시를 첨가하여 말 그대로 한중일 세 나라 동시대 문인들의 시집으로 확장해 묶었다. 교유의 폭이 넓어지면서 그들의 자신감은 하루가 다르게 커져갔다.

1777년 가을에 보내온 편지에서 이조원은 자신의 시에 대한 네 사람의 평을 요청했다. 자신이 『한객건연집』에 평비를 달아주었으니, 너희도 내 시에 똑같이 해달라는 뜻이었다. 이 말에도 그들은 감격했다. 자신들을 대등하게 대한다는 느낌을 받았기 때문이었다. 한편으로 이조원은 네 사람에게 다음 사신 편에 『한객건연집』 이후에 쓴 다

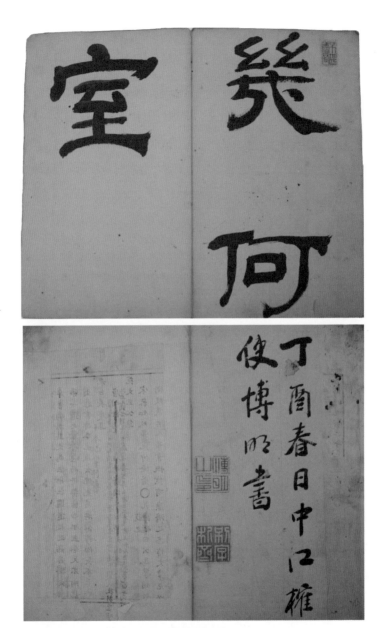

• 「동화필화집」에 실린 박명이 유금에게 써준 기하실 글씨.

른 시도 계속해서 보내달라고 청했다. 네 사람은 신이 나서 다시 『한객건연집』의 후속 시집을 준비했다. 이 시집에는 『열상주선집洌上周旋集』이란 이름을 붙였다. 열상은 한강 가란 뜻이고 주선은 앞서 연암의 글에서 보았듯 벗을 나타내는 이들만의 용어였다. 그러니까 '열상주선집'이란 한강 가에 거주하는 벗들의 시집이란 뜻이다.

이들은 『한객건연집』 이후의 작품을 중심으로 자신들의 시를 엄선했다. 현재 시집의 실물이 전하지 않아 규모와 편집에 대해서는 따로 말할 수 있는 것이 없다. 막상 준비는 했지만 이 시집은 11월 동지사 편에 북경으로 건네지지 못했다. 흡족한 선집을 엮기에 시간이 부족했다. 대신 그해 12월 5일에 열린 이조원의 생일잔치 때 지은 시를 포함해 그사이에 오간 교유에 관한 시들이 시집 속에 수록되었던 듯하다.

이때까지만 해도 이들은 네 사람 중 이덕무와 박제가 채 몇 달도 되지 않아 이듬해인 1778년 3월에 진주사(陳奏使)의 일원으로 그토록 그리던 북경 땅을 밟게 될 줄은 꿈에도 몰랐다. 두 사람의 북경행은 떠들썩한 이야깃거리를 풍성하게 만들어냈다. 이덕무와 반정균의 만남도 이때 이루어졌다. 모든 것이 짜맞춘 듯이 진행되었다.

제
23
화

꿈은 이루어진다
−이덕무와 박제가의 연행

금잔디밭의 작별

　기회는 뜻밖에 빨리 찾아왔다. 1777년 7월 초에 반정균의 답장을 받고 이덕무는 "2~3년 사이에 좋은 기회를 얻어 한 필 말을 타고 압록강을 건너 찬 바람 부는 저녁 연경의 저자에서 서로의 손을 잡고 해질 무렵 황금대(黃金臺)에 올라 마음을 논할 수 있다면 필생의 소원을 이것으로 이루게 될 것입니다"라는 편지를 썼었다. 이때만 해도 그 기회가 2~3년 사이가 아니라 이듬해 봄에 바로 찾아올 줄은 꿈에도 생각지 못했다.

　1778년 3월 17일, 이덕무와 박제가가 마침내 연경을 향해 서울을 출발했다. 채제공(蔡濟恭)이 정사였고 초재(蕉齋) 심염조(沈念祖)가 서장관이었다. 이번 사은진주사(謝恩陳奏使)는 지난해 동지사 편에 보낸 주문(奏文)에 불손한 구절이 있다는 질책을 받고 이를 해명하기 위해 떠나는 사절이었다. 이덕무는 서장관 심염조와 평소 친분이 있었다. 이덕무는 그를 찾아가 자신을 종사관으로 함께 데려가달라고 부탁했다. 박제가는 정사 채제공의 종사관 자격으로 합류했다. 이덕무는 연행에서 돌아온 후 『입연기入燕記』란 연행일기를 남겼다. 이후의 글은 그의 일기에 따라 재구성한 것이다.

연암 그룹의 핵심 두 사람이 홍대용과 유금에 이어 연행길에 오르게 되자 이들은 모두 한껏 들떴다. 떠나기 전날 밤 박지원과 이서구가 이덕무의 집을 찾았다. 조카 이광석(李光錫)도 함께였다. 밤새 도란도란 나누던 대화는 새벽닭이 울 즈음에 파했다.

벗들이 돌아가자 이덕무는 다시 한번 행장을 수습했다. 행장 속에는 네 사람의 시를 다시 묶은 『열상주선집』과 자신의 『청비록』, 중국의 벗들에게 보내는 각종 서신 및 선물이 잔뜩 들어 있었다. 그래도 실감이 나지 않았다. 잠깐 눈이라도 붙여두려고 누웠는데 정신은 밝아오는 창밖처럼 점점 더 또랑또랑해졌다.

이른 아침식사를 하는 둥 마는 둥 마치고 옷고름 끝으로 눈물을 찍는 아내와 작별했다. 말을 타고 가다가 서상수(徐常修, 1735~1793)의 집을 잠깐 들렀다. 그는 이덕무가 빚 때문에 송사를 당해 여종이 관가에 끌려가자 자신이 아끼던 명대의 선덕감리로(宣德坎離爐)를 전당 잡혀 빚을 대신 갚아주려 했던 사람이었다. 이덕무가 대사동에 살 때 워낙 옹색한 고옥이라 바깥채에 작은 서재를 짓고 싶어도 돈이 없어 엄두를 못 내자 자신의 고서를 팔아서 건축 비용의 대부분을 부담하기도

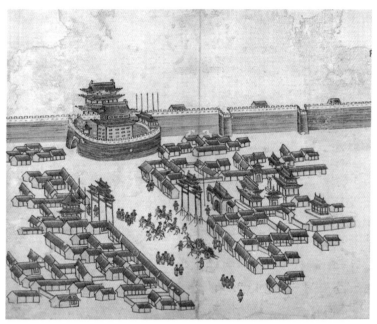

• 〈연행도 조양문朝陽門〉, 1790년경, 34.9×44.8cm, 숭실대 한국기독교박물관 소장. 조선 사행이 말을 타고 조양문으로 들어서는 모습이다.

했다. 그때 지은 집 이름이 바로 청장서옥(靑莊書屋)이다.

"오늘 떠납니다. 잘 다녀오겠습니다."

서상수가 이덕무의 손을 잡았다.

"건강하게 잘 다녀오시게. 귀한 인연일세. 그토록 그리던 중원 땅을 제 발로 밟아보게 되었네그려. 장한 중국 선비들도 많이 만나고 오시게. 돌아온 후 밤새도록 자네 얘기를 듣겠네."

도중에 다시 박제가와 만나 둘은 말고삐를 나란히 하며 무악재를 넘었다. 홍제원(弘濟院)에 이르러 동편 언덕 금잔디밭에 앉아 쉬는데 저편에서 한 무리의 말 탄 사람들이 떠들썩하게 몰려왔다. 가까이 와서 보니 박지원과 유금, 유득공을 비롯해 박제가의 형 박제도와 윤가기 등 평소 어울리며 지내던 벗들과 후배를 포함해 무려 30명에 가까운 인원이었다. 전별의 자리가 갑자기 왁자해졌다. 그 귀퉁이에 아들 광규(光葵)의 모습도 눈에 띄었다.

"그냥은 못 가시오. 내 술을 한잔 받고 가야지."

삼총사 중에 유독 연행에 끼지 못한 유득공이 술잔이 넘치도록 술을 찰찰 따랐다.

"미안하이. 이번 걸음에 내 자네 몫까지 꼼꼼히 구경하고 옴세. 자네도 곧 기회가 있을 테니 낙심치 말게나."

유금도 한마디 거들었다.

"이조원 대인과 반정균 학사께도 각별한 안부를 전해주게. 이렇게 자네들이 직접 가서 그들을 만나게 될 생각을 하니 나도 그냥 이 걸음에 따라가고 싶구먼."

유금과 동갑내기인 이덕무가 대답했다.

"이번 걸음에서 가장 기대하는 일은 이 두 분과 직접 만나 인사를 나누는 것일세. 오래 꿈꾸던 일이 이제야 이루어지려나보네. 편지도 인사도 잘 전하고 답장까지 듬뿍 받아가지고 돌아옴세."

주거니 받거니 권커니 자시거니 하다보니 어느새 오후 4시, 자리에서 일어나야 할 때를 조금 넘긴 시간이었다. 두 사람이 하는 수 없어 자리를 털고 일어났다. 다들 마음이 먹먹해져서 말끝을 맺지 못했다. 이덕무가 뿌리치듯 먼저 말에 올랐다. 박제가가 뒤이어 날렵하게 말안장에 오른다. 아들 광규가 아버지의 말 앞을 가로막고 큰절을 올린다.

"아버님! 먼 길에 옥체 강녕하소서."

울먹이는 목소리에 앞서 두 눈에서 닭똥 같은 눈물이 뚝뚝 떨어진다. 이덕무는 말 옆구리를 찼다. 눈물을 보이기 싫어 빨리 말을 몰았다. 한참 뒤에 비로소 돌아보니 언덕 위 사람들은 여전히 우뚝 서서 자신들의 뒷모습을 멀리 보고 있었다.

이정원과 반정균을 만나다

3월 17일에 한양을 떠난 그들이 북경성에 입성한 것은 5월 15일이었다. 거리로 3700여 리, 근 두 달이 걸린 긴 여정이었다. 막상 기대에 가득차 북경에 도착했지만 처음 며칠은 동서남북도 분간 안 되는데다 말도 통하지 않아 조양문(朝陽門) 어귀 남관(南館)에 콕 박혀 지냈다. 이틀 뒤인 17일, 도중 무령현(撫寧縣)에서 만났던 서소분(徐紹芬)이 아우 소신(紹新)에게 전해달라고 부탁한 편지를 전달하기 위해 역관 김재협(金在協)이 밖에 나간다는 소식을 들었다. 둘은 그의 뒤를 따라 처음으로 유리창 서점가로 나갔다. 서소신은 『사고전서』를 베껴 필사하는 등교관(謄校官)으로 차출되어 유리창 거리 북쪽의 사찰에 숙소를 정하고 있었다.

다시 이틀 지난 5월 19일에 두 사람은 작정하고 유리창 책방 순례를 시작했다. 서점마다 다니면서 우리나라에 없는 책과 희귀본을 기록했다. 당시 조선에는 서점이란 것이 아예 없었다. 오늘로 치면 도서 영업사원이라 할 서쾌(書儈)들이 집을 돌아다니며 팔았다. 이야기는

• 오늘날의 북경 유리창 거리 풍경(위)과 고서점 내부의
모습(아래). 유리창가는 각종 서점과 골동품점, 미술상
들로 가득하다.

귀에 못이 박히도록 들었지만 막상 유리창 거리에 즐비한 서점들을
직접 눈으로 보니 기가 턱 막혔다. 서점마다 쌓인 책이 몇만 권이었
다. 수십 군데의 서점을 돌다보면 눈이 먼저 어지럽다가 속까지 메슥

거렸다. 천하에 책이 이렇게 많단 말인가? 두 사람은 그만 기가 팍 질렸다. 유리창 거리는 근 30개에 달하는 서점들이 운집한 곳이자 각종 물화를 파는 상점들이 밀집한 쇼핑 거리였다. 이곳은 당대 동아시아 지식인의 문화거점 구실을 톡톡히 했다. 그 실상과 의의에 대해서는 따로 살필 기회가 있지 싶다.

이덕무는 『입연기』에 자신이 들른 서점과 그곳에서 본 희귀본 서목을 꼼꼼하게 기록해두었다. 이날 들른 서점은 숭수당(嵩秀堂)·문수당(文粹堂)·성경당(聖經堂)·명성당(名盛堂)·문성당(文盛堂)·경유당(經腴堂)·취성당(聚星堂)·대초당(帶草堂)·욱문당(郁文堂)·문무당(文茂堂)·영화당(英華堂)·문환재(文煥齋) 등 열두 곳이었다. 각 서점별로 그곳에서 본 희귀본의 목록을 적어왔다. 나중에 후지쓰카는 이덕무가 처음 보는 책이라고 적은 이 목록을 보고 당시 조선의 중국 서적 수입 현황이 참으로 한심한 수준이었다고 애석해했다. 지금 내가 봐도 그런 생각이 든다.

이조원이나 반정균과의 만남은 쉽게 이루어지지 않았다. 닷새 지난 5월 20일에 처음으로 이조원의 사촌동생인 이정원(李鼎元)과의 만남이 이루어졌다. 이정원은 일찍이 유금과도 한두 차례 만난 적이 있고 서신 왕래도 있었던 터였다. 그와의 만남은 이덕무의 기록에는 상세치 않고, 박제가의 아들 박장암(朴長馣)이 정리한 『호저집』속에 자세하다. 다음은 책 속에 인용된 박제가의 글이다.

이에 앞서 묵장(墨莊) 이정원이 춘수호동(春樹衚衕)에 있을 때 일이다. 남색 도포를 입은 한 사람을 보았다. 어떤 이가 그를 가리키며 말했다. "저이가 바로 이선생입니다." 내가 곧바로 그를 부르며 말했다. "우촌 선생의 아우 되시는 묵장이 바로 그대입니까?" 그 사람이 놀라 기뻐하며 말했다. "바로 그렇소." 마침내 악수하고는 손을 아래위로 마구 흔들었다. 대개 풍속이 그러했던 것이다.

이날의 일에 대해 이덕무는 "면주 사람 이정원과 만나 낙화생을 선물로 받았다"라고만 적었다. 하지만 박제가의 글을 통해 볼 때 두 사람이 먼저 이정원의 거처를 물어물어 찾아갔다. 안내하던 사람이 마침 그들 앞을 지나가던 이가 바로 이정원이라고 알려주었다. 이에 박제가가 소리를 질러 그를 불러 세워 통성명을 했다. 이정원은 펄쩍 뛰며 놀랐고 이덕무와 박제가는 뛸 듯이 기뻤다. 이정원은 그들을 자기가 당시 거처하고 있던 순성문(順城門) 밖 춘수호동 안쪽의 사천서회관(四川西會館)으로 안내했다. 당시에는 각 성(省)마다 자기 지방 출신 과거 수험생들의 숙소 편의를 위해 유리창 거리 근처에 지역회관을 운영하고 있었다. 일종의 값싼 하숙집이었다. 이정원은 형님인 이조원이 유금에게 낙화생, 즉 땅콩을 선물했을 당시 그가 몹시 신기해했던 기억을 떠올려 또다시 이덕무 등에게 낙화생을 듬뿍 싸주었다. 유감스럽게도 당시 이조원은 전해에 광동학정(廣東學政)의 직임을 맡아 남쪽으로 내려간 뒤여서 만날 수가 없었다.

다시 사흘 지난 5월 23일은 이덕무와 박제가에게 참으로 잊을 수 없는 날이었다. 두 사람은 이날 마침내 처음으로 반정균과 회면했다. 홍대용의 『천애지기서』를 보며 지난 10년간 마음속으로만 그리던 그였다. 사흘 전의 첫 만남에서 이정원이 주선을 넣어 두 사람은 이부

• 캉유웨이(康有爲)의 고가란 표지판이 붙은 베이징 보안사가(保安寺街) 인근의 낡은 집. 문 안으로 들어
서면 구비구비 좁은 골목길을 따라 작은 방들이 줄지어 있다. 옆에 붙은 간판에 예전 이곳이 광동남해
회관(廣東南海會館) 자리라는 내용이 있다. 당시 회관은 제법 큰 규모로 공연장 등 위락 시설을 갖춘 곳
도 있었지만 대부분 일반 사합원(四合院) 주택 안에 많은 방을 갖춘 곳이었다.

(吏部) 인근 반정균의 집으로 바로 찾아갈 수 있었다.

반정균과 이정원은 마침 그해 봄에 함께 과거에 급제해서 나란히
서길사(庶吉士)에 선발되는 영예를 안은 터였다. 서길사는 서상(庶常)
이라고도 부르는데 진사 중에서 문학과 서법이 특별히 뛰어난 자를
선발해 임용했다. 이날 반정균은 멀리 조선에서 온 초면이자 구면인
벗들을 위해 특별히 진수성찬을 차렸다. 이덕무는 온통 처음 보는 음
식뿐이어서 넋을 놓을 지경이었다. 소금에 절인 압단(鴨蛋), 밤톨 같은
부제(荸薺) 외에 청라갱(靑螺羹)과 좌어학(坐魚臛), 수모(水母)와 사어시
(鯊魚翅), 즉 상어 지느러미 요리까지 나왔다. 이름만으로는 가늠도 안
될 음식들이었다. 마음 착한 이덕무는 혼자 먹기가 미안해서 압단과

부제를 조금 싸주면 가져가서 사신에게 맛보이겠다고 말했다. 반정균
은 따로 두 요리를 푸짐하게 싸주었다.

예전 박제가는 홍대용이 소장한 반정균의 묵적 옆에 이 같은 시를
지어 적어둔 일이 있었다.

남해 바다 어느 때나 모두 마르며	南海何時竭
초 땅 언덕 평지로 이어질거나.	楚岸連平地
반수재와 서로 만나게 되면	相逢潘秀才
마땅히 전생의 일 애기 나누리.	應話前生事

이토록 간절하게 소망했던 반정균과의 만남이 바로 눈앞에서 펼쳐
지고 있었다. 이덕무도 10년 전『선귤당농소』를 보낸 이래 몽매에도
그리던 그와 눈앞에서 필담을 나누고 있다는 사실이 믿기지 않았다.
이들은 이미 편지도 몇 차례 나눈 터여서 초면임에도 구면과 다름없
는 친밀감을 서로에게 느꼈다.

당낙우, 축덕린과의 만남, 그리고 「열상주선집서」

반정균과의 만남 이후 이덕무와 박제가의 행보는 아주 바빠졌다.
두 사람의 주선으로 당대 문단의 명류들과 잇단 만남이 연쇄적으로
이루어졌다. 홍대용과 유금의 연행 때와는 확실히 달라진 점이었다.
5월 24일에는 박제가가 유리창 서쪽 거리의 선월루(先月樓) 서점 남쪽

에 자리한 사천신회관(四川新會館)으로 당낙우(唐樂宇)를 찾아갔다. 그
의 자는 요춘(堯春), 호가 원항(鴛港)이니, 이조원의 어릴 적 친구로 당
시 직책이 호부원외랑(戶部員外郞)이었다. 박제가와 이덕무는 당낙우
와 악률(樂律)을 가지고 수천 언의 문답을 나누었다. 『호저집』의 기록
을 보면 당시 나눈 「악률문답」이 박제가의 집안에 보관되어 있었던
듯한데 현재 전하지 않는다.

5월 27일에 이덕무와 박제가는 반정균의 집을 다시 방문했다. 필
담을 나누다가 이번에는 이덕무가 지난번 음식 싸준 일을 답례하려고
하인에게 편지를 써서 서장관에게 술을 보내줄 것을 청했다. 심염조
는 소주와 산채(山菜), 해어(海魚) 등속을 넉넉하게 싸서 보냈다.

5월 28일에는 이정원을 방문하려다 마침 이정원이 위염(魏染) 호통
에 있는 편수관 축덕린(祝德麟, 1742~1798)의 집에 가 있는 바람에 그의
집으로 방문하게 되었다. 축덕린은 자가 지당(芷塘), 호는 열친루(悅親
樓)였다. 절강 해령(海寧) 출신이었다. 14세에 향시에 합격해 신동으로
일컬어졌다. 자태가 가녀리고 어여뻐 마치 아가씨 같았으므로 사람들
이 축소저(祝小姐)라 불렀다. 그는 17세에 진사시에 급제해 세상을 놀
라게 했다. 박제가는 『호저집』에 남긴 기록에서 그에 대해 이렇게 적
었다. "내가 북경에 들어가 서로 만났을 때 비쩍 마른 몸이 마치 옷조
차 이길 수 없는 듯이 보였다."

그는 이조원과 한 해에 나란히 급제한데다 한때 한집에서 같이 지
낸 적도 있었다. 당시 사람들이 두 사람을 두고 "질탕한 풍류 갖춘 축
소저에다, 휘날리듯 대단한 이장군일세(跌宕風流祝小姐, 飛揚跋扈李將軍)"
라고 우스갯말을 하곤 했다. 이조원과 축덕린 두 사람은 부부처럼 늘

단짝으로 붙어다녔다. 이정원의 동생 이기원(李驥元)은 옹방강(翁方綱)의 문인이었는데 그가 찾아뵐 때마다 꼭 이조원의 안부를 물으며 "장군께선 편안하신가?"라고 묻곤 했다는 얘기도 있다.

당시 축덕린은 모친상중이었다. 이덕무와 박제가가 거듭 만나보기를 청하자 상중에 손님 맞는 것을 꺼려 한참을 머뭇거리다가 소복을 입은 채로 나왔다. 이덕무는 그가 키가 몹시 작았지만 정력이 있어 보였다고 적었다. 당시 37세로 이덕무보다 한 살 아래였다. 당시 편수관으로 있으면서 예림(藝林)에 명망이 아주 높았다.

이번 걸음에 두 사람은 이조원의 앞선 요청에 따라『한객건연집』의 제2탄인『열상주선집』을 마련해가지고 갔다. 이덕무는 이 밖에 자신의 시화집인『청비록』도 따로 지녀왔다. 두 사람은 이정원과 반정균에게『열상주선집』과『청비록』을 건네주며 지난번처럼 평과 서문을 써줄 것을 부탁했다. 유득공의『열하기행시주熱河紀行詩註』중「어사반추루」조를 보면 "무술년(1778) 여름에 이덕무와 박제가가 연경에 가서 그와 교분을 맺었다. 또『열상주선집』에 서문을 써주었고 내게도 편지를 보내왔다"고 적혀 있다. 하지만 현재『열상주선집』의 종적이 묘연해서 반정균이 써주었다는 서문은 어데서도 찾을 수가 없다. 그런데『호저집』에 축덕린이 지은「열상주선집서」가 온전하게 실려 있다. 워낙 긴 글이라 다 읽지는 못하고 발췌해 읽어본다.

정유년(1777) 4월 같은 해에 과거에 급제한 우촌 이조원 이부(吏部)가 유탄소가 편찬한『한객건연집』을 가져와 내게 보여주었다. 이형암, 박초정, 유혜풍, 이강산 등 네 사람의 시를 얻어 다 읽었는데, 그때 마침

• 옌칭도서관 소장 후지쓰카 구장 『호저집』에 수록된 축덕린의 「열상주선집서」. 붉은 점과 표점은 모두 후지쓰카의 것이다.

민(閩) 지역으로 사신 가는 일을 맡게 되는 바람에 서문을 쓸 겨를이 없었다. 이듬해에 박제가와 이덕무가 북경에 와서 우촌의 아우인 묵장 이정원 서상(庶常)을 통해 다시 『열상주선집』을 보여주었다. 내가 받아서 읽어보니 『한객건연집』과 더불어 일가(一家)의 말이었다. 네 사람은 함께 모여 시를 지어 기량이 엇비슷했다. 형암 이덕무는 넉넉하면서도 거침이 없고, 초정 박제가는 푸르고도 윤기가 흘렀다. 혜풍 유득공은 빼어나면서 곱고, 강산 이서구는 조화로우면서 시원스러웠다. (중략) 이제 형암과 초정이 압록강에 배를 띄우고 산해관으로 들어와 황제께서 거처하시는 곳의 웅장하고 화려함을 우러러보고 민물(民物)의 성대함을 살피며, 명산대천을 얻어 그 가슴속의 기이한 기운을 펼치게 되니

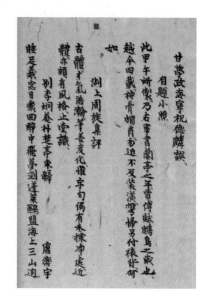

甘學政海寧祝德麟誤、
目題小照
此甲午所製乃右軍書蘭亭之年曹傅越鵬島之成也、
越今四載神骨嫣肖、分迫不及榮漢學將兄付祿計何
如
　　　渭上周旅集評
古體丈氣浩瀚筆善麥化雅字句偶有未棟冲處近
體亦頗有風格止堂識、
別李烱卷林楚亭東歸
睦足義窓日紫田醉中飛夢到蓬萊鷗盟海上三山道
　　　　　　　　　　　　　　　　唐樂宇

• 「호저집」의 자제 소조와 「열상주선집평」 부분.

바로 태사공(太史公) 사마천과 소난성(蘇欒城)이 말한 것과 꼭 같다. 돌아가서 등불 심지를 자르며 술동이를 열어 강산과 혜풍을 초대해 즐겁게 손짓하며 상자 속에 든 구입해온 기이한 책을 모두 꺼내 서로 기쁘게 감상하게 될 것이다. (중략) 내가 또 그 시를 얻어서 서문을 쓰게 되어 북두성 같은 허명이 바다 밖에 전해지게 되었다. 두 분이 자주 보기를 청하는 뜻을 묵장 이정원이 대신 전달하는데 성의가 몹시 은근했으나 내가 지금 상(喪)을 만나 엎드려 지내며 애통함을 안고 있어 상복을 입은 채로 만나려 하지 않았고, 또 상중에는 시를 짓지 않는다는 계율을 굳게 지켜 한마디도 받들어 수창하지 못했다. 이에 그 시집에 평을 달아 이처럼 서문을 쓴다. 이때는 대청(大淸) 건륭 43년(1778) 무술년 6월 8일이다.

축덕린은 이덕무의 청에 따라 자신의 소조(小照)를 선사했다. 엷은 비단에 거문고를 타고 있는 모습이었다. 또 박제가를 위해 『열상주선집』에 써준 평은 이러했다. "고체시는 재기가 넓고도 시원스럽고 붓은 변화에 능하다. 다만 자구에 가끔씩 말끔하게 단련되지 못한 곳이 있다. 근체시 또한 자못 풍격이 있다." 이로 보아 『한객건연집』처럼 『열상주선집』도 작품마다 글씨 색깔을 달리해서 평어를 달고 그 끝에 작가별로 총평을 단 모습이었음을 짐작할 수 있다. 이 글은 단지 『호저집』에만 남았다.

반정균이 차려준 이덕무의 생일상

연행 기간중에 이덕무는 모두 여섯 차례나 반정균과 만났다. 네번째 만난 6월 6일에도 이덕무는 반정균의 집을 찾았다. 이날은 아침부터 비가 내렸다. 주변이 아주 조용했으므로 두 사람은 마음놓고 문장에 대해 서로의 견해를 가지고 토론을 벌였다. 논의는 꽤 깊이 들어가 둘은 의기가 서로 맞았다. 반정균이 문득 말했다. "시문은 고아하고 순한 것을 귀하게 칩니다. 마땅히 당나라 이전의 문자를 따라야 하지요. 비록 당나라 이후의 일로 용사하더라도 가려서 쓰는 것이 옳습니다." 그러더니 그는 큰 종이를 펼쳐 이덕무를 위해 '청장관(靑莊館)'이란 당액을 단정한 필체로 써주었다. 이덕무 시집에 서문도 써서 함께 선물했다. 그 말이 몹시 청묘(淸妙)했는데 얼마간 여성스런 기미가 있었다.

6월 11일은 이덕무의 생일이었다. 반정균은 지난번 만남에서 이덕무의 생일을 물어 안 뒤, 이날 두 사람을 특별히 자기집에 다시 초대했다. 며칠 뒤면 사행은 연경을 떠날 터였다. 생일연과 이별연을 겸한 자리였다. 이정원과 함께 심심순(沈心醇)이 동석했다. 떠들썩하게 생일을 축하하며 축수의 술잔을 나누었다. 이덕무는 이때도 조선의 소주를 들고 가서 이들에게 맛을 보였다. 이들은 지난번에 나누던 문장에 관한 대화로 또 한참 이야기꽃을 피웠다. 심심순은 금석문에 조예가 깊어 이덕무 등에게 석고문(石鼓文)과 고경(古鏡)의 탁본을 선물로 주었다. 반정균이 특별히 차려준 생일상이 감격스러웠던지 이덕무는 귀국 후 반정균에게 보낸 편지에서 이 일에 대해 다시 한번 감사의 뜻을 표했다.

이틀 뒤인 13일에는 당낙우가 두 사람을 따로 초대해서 전별연을 베풀어주었다. 이정원, 이기원 형제가 동석했다. 이들이 모인 것을 뒤늦게 안 반정균도 같이 합류했다. 운종수적(雲蹤水跡)의 인물로 평가받던 채증원(蔡曾源)과도 이때 첫인사를 나눴다. 북경을 떠나기 전날인 15일 오후에도 이들은 축덕린의 집을 찾아가 작별하고, 당낙우의 집도 한번 더 들렀다. 이정원 형제도 미리 와서 이들을 기다리고 있었다. 급하게 전별주를 나누고 헤어질 때는 서로 눈물이 그렁그렁해서 잡은 손을 차마 놓지 못했다.

이덕무와 박제가, 이정원과 축덕린, 당낙우 등은 이렇게 잇달아 만나면서 교분을 다져갔다. 그 주변의 인물들과도 안면을 텄다. 당대 일급의 문인들과 이런 폭넓은 우정을 나누기는 앞뒤로도 찾기 힘든 경우였다. 성과도 컸다. 반정균과 축덕린은 『열상주선집』에 서문과 평을 써주었고, 이기원은 「청장관기」를 지어주었다. 이정원과 당낙우는 함께 못 온 이서구와 유득공을 위해 『모란정기牡丹亭記』를 선물했다. 이기원은 이덕무의 동생 무상(懋賞)에게 주라며 '문재(問齋)'란 당호를 써서 선물했다. 5월 16일 아침에 북경을 출발한 사행은 한 달 뒤인 윤 6월 14일에야 압록강을 건널 수 있었다. 돌아보면 마치 긴 꿈을 꾼 것만 같았다.

귀국 후 이덕무는 반정균과 이정원, 이기원, 그리고 당낙우를 그리며 시를 각각 한 수씩 따로 남겼다. 네 사람에게 따로 편지도 써서 예물과 함께 보냈다. 이중 당낙우에게 보낸 편지의 앞부분을 마무리로 읽어보겠다.

제가 일생토록 잊을 수 없는 것은 오촉(吳蜀)의 명사들이 위의를 갖추고 나란히 앉아서 우리 두 사람을 전별하던 일입니다. 술잔이 연신 오가며 뺨이 단사(丹砂)처럼 붉어져서는 웃고 떠들며 흥겹게 노닐다가 날이 저무는 줄도 몰랐으니 어찌 그리도 즐거웠던지요. 이제 쓸쓸히 지내며 고개를 돌려 그때 일을 돌이켜보니 모든 것이 꿈속의 일만 같군요. 하늘을 우러러 길게 탄식하다가 문득 홀로 마음을 가누지 못하였습니다. 이따금 마음이 내달리면 저도 스스로를 어찌지 못하겠습니다. 여교(呂橋) 채증원과 마청전(馬青田)도 다들 평안하겠지요. 제 인사를 전해주시면 고맙겠습니다.

반정균에게 보낸 시의 끝에서는 "죽을 때까지 서로 잊지 않기를 원한다(願言沒齒無相忘)"고 썼고, 이정원에게 보낸 편지의 서두에서는

"동락산방(東洛山房)에서의 이별은 떠나는 사람이나 머물러 있는 사람이나 매우 상심이 되어 홍안에 주름살이 생길 지경이었다"고 적었다. 이덕무의 그 심경을 나도 알 수 있을 것 같다.

제
24
화

한 우물을 파라
─오류거 서점 주인 도정상

유리창 거리의 두 사람과 서점 내부 풍경

　책하고는 전혀 어울릴 것 같지 않은 군관 복장의 조선인 두 사람이 날마다 들락거리며 책을 뒤지고 다닌다는 소문은 북경의 유리창 서점가에 금세 쫙 퍼졌다. 한 사람은 후리후리 큰 키에 비쩍 마른 체격이라 입은 옷이 헛돌 것 같았고, 한 사람은 160센티미터쯤 되는 키에 어깨가 다부지게 벌어진 재주 많아 보이는 인상이었다. 이들은 다니는 서점마다 자신들이 미리 마련해온 목록에서 책이름을 불러주며 찾아줄 것을 청했고, 점원들이 책을 찾는 동안 10여 층으로 아마득하게 쌓인 책의 숲을 향해 고개를 쳐들고 아련한 눈길을 주곤 했다. 이덕무와 박제가, 키와 체격, 성품이 전혀 다른 두 사람이 함께 걸어가는 모습은 암만 생각해도 재미있다. 평소에 제멋대로 행동하던 박제가도 이덕무와 같이 있으면 이상스레 고분고분해졌다.

당시 유리창 서점가는 단순히 책을 팔고 사는 공간만이 아니었다. 북경성 안쪽을 만주족이 온통 차지하고 한족의 주거를 성 밖으로 내몰면서, 정양문 밖에서 선무문 사이에 이르는 유리창 거리 주변에 전국에서 몰려든 한족 거자(擧子)들의 주거 지역이 형성되었다. 이들은 날마다 서점 거리를 들락거리며 서책을 구매하는 한편 이곳을 다양한 교유와 정보 교환의 장으로 활용했다. 훨씬 뒤인 1801년의 기록이긴 해도 유득공이 『연대재유록燕臺再遊錄』에 쓴 다음 내용을 보면 당시 서점의 분위기가 잘 드러난다.

최기(崔琦)는 유리창 취영당(聚瀛堂)의 주인이고, 도생(陶生)은 오류거(五柳居)의 주인이다. 최기는 전당 사람이고, 도생 역시 남쪽 사람이다. 전에 무관 이덕무가 연경에 노닐 때부터 경술년(1790) 가을까지 오류거에서 서적을 많이 구입했기에, 도생과는 예전부터 좋은 사이였고, 최기는 처음 만난 사이였다. 취영당은 특히 서적을 깨끗하게 관리했다. 또 넓은 정원에 삿자리를 만들어 햇볕에 따라 여닫았다. 의자 서너 개를 두고 상과 탁자, 붓, 벼루를 소박하게 대략 갖추었다. 월계화(月桂花) 몇 분(盆)이 활짝 피어 있었다. 초여름의 날씨라 무더웠다. 나는 매일 수레를 빌려 취영당에 가서 답답함을 풀었다. 갓을 벗고 의자에 기대앉아 마음대로 책을 뽑아 보는 것이 굉장히 즐거웠다. 때때로 오류거로 가서 도생과 이야기를 나눴다. 과거(科擧)를 보는 해라서 각 성에서 거인(擧人)들이 도성 문에 구름처럼 모여들어 유리창에서 많이 노닐었다. 그들과

• 베이징 유리창 거리의 중화서점 고서부.

말하다가 종종 마음이 맞는 자를 만나기도 했다. 간혹 무리를 지어 몰려
와서 성명과 고향을 묻고 대답하며 떠들썩하다가 흩어졌다.

취영당 서점은 다른 곳에 비해 분위기가 특별히 정갈했다. 유득공
은 북경 체류 기간중 날마다 이곳을 찾았다. 그는 탕건 바람으로 교의
에 기대앉아 마음대로 책을 뽑아 본 일을 북경 체류중 가장 즐거웠던
기억으로 꼽았다. 이해에는 과거가 있어서 각 성에서 구름처럼 몰려
든 거인들과 만나 빈번한 대화와 교유를 나눌 수 있었다. 책방 주인인
최기 또한 원래는 과거 시험을 보러 북경에 왔다가 공명을 이루기 전
에는 돌아오지 말라는 부친의 명령에 따라 이곳에 머물며 책 장사를
하게 된 인물이었다. 조선 사행들이 이곳 서점에서 중국 선비들과 만
나 수인사를 나누고 그다음엔 집으로 찾아가며, 이후에 서신 왕래를

· 20세기 초반 유리창 서점가의 서가 모습.

통해 사귐을 이어가는 것은 교유의 통상적인 단계였다.

또다른 서점 내부 풍경에 관한 기록을 보자. 읽을 글은 김경선(金景善)의 『연원직지燕轅直指』 권3에 실린 「유리창기琉璃廠記」다. 1832년 12월 22일의 기록이다.

책방에 가서 차를 청했는데 다른 가게에 비해 조금 우아했다. 잠깐 앉아 있어도 싫어하는 빛이 없길래 시험 삼아 몇 점포를 두루 살펴보았다. 대개 한 점포에 쌓아놓은 것이 몇만 권인지 알 수가 없었다. 건물은 두 겹 혹은 서너 겹이었는데 방마다 세 벽에 두루 책시렁을 매달았다. 시렁은 무릇 열두어 층이었고, 층마다 책을 갈무리해 가지런히 정돈되어 있었다. 매 질마다 모두 표지(標紙)가 있었다. 굽어보고 올려다봐도 어림짐작조차 할 수가 없었다. 목록을 구해 보니 또한 듣지도 보지도 못한 책들이 많아 절반도 채 보지 못해서 눈이 먼저 침침해졌다.

열두어 층에 달하는 책장에 빼곡하게 꽂힌 엄청나게 많은 책들이 몇 겹의 방마다 가득 들어차 몇만 권인지 알 수 없을 지경이었다. 그래도 모두 표지를 달아 정연하게 정돈해 찾기가 쉬웠다. 홍대용도 『담헌서』 외집의 「유리창」조에서 "책방은 일곱 곳이다. 세 벽을 빙 둘러 10여 층의 시렁을 매달았는데, 상아 찌가 가지런하고, 매 질마다 표지가 있다. 한 책방의 책을 헤아려보아도 이미 수만 권은 됨직하다. 얼굴을 들고 한참 있으면, 책의 제목을 두루 살피지도 못했는데 눈이 이미 어질어질해진다"고 적은 바 있다.

김정중(金正中)도 「기유록奇遊錄」 중 1791년 12월 28일의 기록에서 이렇게 적었다.

붓과 먹을 파는 가게가 동서에 벌여 있고, 서점의 깃발이 사람으로 하여금 마음을 취하게 하고 눈을 어지럽게 만들었다. 진기한 찌와 보배로운 축이 책꽂이에 꽂혀서 천장까지 이어졌고, 푸르고 누런 비단으로 만든 책갑이 책상과 상 위에 가득 쌓여 있었다. 들어가보니 어느 책이 어디에 있는지 몰라서 찾아내기 어려울 듯한데, 책면에 흰 종이쪽지를 붙여 각각 '아무 책 몇 질'이라 써놓았다.

책은 매 서점마다 거의 비슷한 방식으로 진열되어 있었다. 지금 책처럼 책등에 제목이 적힌 것이 아니었으므로 눕혀서 쌓아둔 책 표지 안쪽에 흰 종이를 붙여 마치 혀를 쑥 내민 것처럼 책 제목을 늘여놓았다. 서점이 하나도 없었던 당시 조선의 상황에서 유리창 서점가의 이토록 번화하고 방대한 서책의 규모는 사행들의 이목을 단연 압도했다. 그들은 듣도 보도 못한 산더미 같은 책더미 앞에 넋 놓고 서서 우물 안 개구리의 탄식을 삼키지 않을 수 없었다. 그러는 사이에 사고의 견고한 각질이 한 꺼풀씩 벗겨져나갔다.

이문조의 「유리창서사기」

당시 유리창 거리는 동가와 서가로 나뉘어 30개 가까운 서점들이 저마다 특색을 갖춰 성업중이었다. 유리창 거리의 현황을 가장 자세하게 설명한 글로 청나라 이문조(李文藻, 1730~1778)가 1769년에 지은 「유리창서사기琉璃廠書舍記」란 것이 있다.

건륭 기축년(1769) 5월 23일, 나는 알선(謁選)으로 북경에 와서 백순호동(百順胡同)에 머물고 있었다. 9월 25일에 광동의 은평현감에 뽑혀 10월 초3일에 인견하고, 23일에 임명장을 받아 11월 초7일에 북경을 출발했다. 이번 걸음에 북경에 5개월 남짓 살았다. 남과 그다지 왕래도 없었고, 또 성품이 연극 구경을 좋아하지 않아 찻집이나 술집 같은 데에는 발길이 한 번도 이르지 않았다. 다만 날마다 책을 빌려 베껴 쓰곤했다. 틈만 나면 걸어서 유리창에 들어가 책을 보았다. 비록 산 것은 많지 않지만 안 가본 책방은 거의 없었다. 북경을 떠난 뒤, 여관에서 긴 밤 잠 못 이룰 때면, 각 서점의 이름과 그곳에서 판매하는 책의 대략을

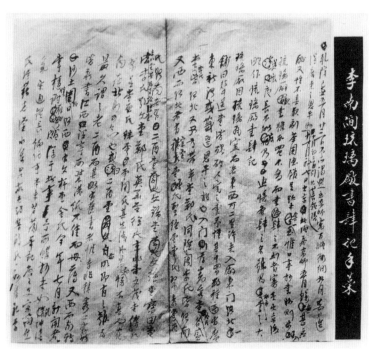

• 후지쓰카가 소장했던 이문조의 「유리창서사기」 친필 수고 사진. 과천시 추사박물관 소장.

떠올려 이를 기록하였다.

이렇게 시작되는 이 글 속에는 당시 유리창 서점의 위치와 주인의 출신 지역, 취급 품목 등이 자세하게 묘사되어 있다. 이문조가 이 글을 썼을 당시는 이덕무와 박제가가 연행을 떠나기 9년 전이었다. 워낙 긴 글이라 여기서 모두 소개할 수는 없고, 중간의 한 대목만 보이면 다음과 같다.

유리창 동쪽 거리의 문을 들어서면 당씨(唐氏)의 숭수당(嵩秀堂) 서점과 이씨(李氏)의 명성당(名盛堂) 서점이 모두 길 북쪽에 있다. 또 서쪽으로는 정씨(鄭氏)의 대초당(帶草堂)과 이씨의 동승각(同升閣) 서점이 모두 길 남쪽에 있다. 또 서쪽으로 가다가 길 북쪽에는 증씨(曾氏)의 종성당(宗聖堂)과 이씨의 성경당(聖經堂), 증씨의 취수당(聚秀堂) 서점이 있다. 길 남쪽에는 이유당(二酉堂), 문금당(文錦堂), 문회당(文繪堂), 보전당(寶田堂), 경조당(京兆堂), 영금당(榮錦堂), 경유당(經腴堂) 등이 있는데 주인은 모두 이씨다. 그리고 정씨(鄭氏)의 굉문당(宏文堂), 서씨(徐氏)의 영화당(英華堂), 부씨(傅氏)의 문무당(文茂堂), 증씨의 취성당(聚星堂), 주씨(周氏)의 서운당(端雲堂) 서점이 앞뒤로 차례대로 늘어서 있다. 기억에 간혹 착오가 있겠지만 남쪽과 북쪽만큼은 틀림이 없다. 어떤 이는 이유당이 앞 시기 명나라 때부터 있었다고 하여 노이유(老二酉)라고 한다. 하지만 대략 옛날 책이 있는 곳은 오직 경조당과 적수당(積秀堂) 두 집뿐이고, 나머지는 다 새 책을 취급한다. 하지만 그 장정과 종이의 질은 좋지 않고 책도 얇다. 다시 서쪽으로 가다가 남쪽으로 내려가서 사토원(沙土園)을 돌아나가면 북쪽 어귀 길 서편에 김씨의 문수당(文粹堂) 서점이 있다. 서점 주인 사씨(謝氏)는 소주 사람으로 책에 자못 조예가 깊다.

이문조의 「유리창서사기」는 그의 『남간문집南澗文集』에 실려 있다. 이문조는 5개월 남짓한 북경 체류 기간중에 날마다 드나든 서점의 이름과 위치를 하나하나 이렇게 적어나갔다. 이 글은 이문조가 직접 쓴 친필 초고가 따로 전한다. 원본은 후지쓰카가 소장하고 있었다. 문집

• 이문조의 「유리창서사기」에 따라 복원한 서점 지도.

에 실린 글은 얼마간 고치고 다듬어 친필 초고와는 글자의 출입이 제법 있다. 후지쓰카는 이 글을 읽고 자신이 직접 유리창 서점 지도를 그려 『청조문화 동전의 연구』에 끼워두었다. 위의 그림은 내가 이문조의 글을 다시 살펴 후지쓰카가 그린 지도를 보정해 다시 그린 1769년 당시의 유리창 서점 지도다.

앞서 이덕무가 5월 19일에 박제가와 책방 순례를 할 때 자신이 들른 서점 명단과 서목을 적어둔 것을 잠깐 소개했었다. 다시 한번 그 명칭을 들면 숭수당·문수당·성경당·명성당·문성당·경유당·취성당·대초당·욱문당·문무당·영화당·문환재 등이다. 이문조의 기록 당시와 9년의 시간차가 있어 이덕무 당시에는 위 지도상에 나오는 서점 몇 곳은 이미 문을 닫거나 주인과 상호가 바뀐 상태였음을 알 수 있다. 지도상으로 볼 때 이덕무가 들른 곳은 대부분 동쪽 거리에 위치한 서점이었다. 이들이 이날 미처 서쪽 거리까지는 가보지 못했던 것을 알 수 있다.

오류거 서점 주인 도생

이덕무의 연행일기 『입연기』에 유난히 자주 등장하는 서점은 도씨(陶氏)가 운영하는 오류거였다. 도연명은 자기집 둘레에 버드나무가 다섯 그루 있다 해서 자신을 오류선생(五柳先生)이라 하고 일찍이 「오류선생전」을 지은 일이 있다. 도씨는 자신이 도연명의 후예라는 표시로 서점 간판을 오류거로 내걸었다.

앞서 본 지도로 볼 때 도씨의 오류거 서점은 서쪽 거리의 북쪽 왼쪽에서 두번째에 자리잡고 있었다. 이문조의 「유리창서사기」에도 오류거 서점에 대한 구체적 묘사가 나온다.

서쪽으로 가면 도씨의 오류거 서점이 길 북쪽에 있다. 근래에 처음 열었는데, 오래된 책이 몹시 많다. 문수당과 함께 모두 매년 소주에서 책을 구입하여 배에 싣고 온다. 오류거에는 황천(橫川) 오씨(吳氏)의 장서가 많다. 전신미(錢辛楣) 선생은 이렇게 말했다. "이 책은 사인(舍人) 오기진(吳企晉) 집안의 물건이다. 그 여러 아우들이 가산을 아껴 책을 모았는데 마침내 능히 지키지 못하였다."

생긴 지 얼마 되지 않은 신생 서점임에도 해마다 소주에서 책을 구해 배에 싣고 와 희귀한 서적이 많았다. 특히 그는 오기진 집안의 장서를 일괄 매입함으로써 경쟁력을 갖추었던 모양이다. 이덕무도 그의 『입연기』 중 5월 25일의 일기에서 오류거 서점에 대해 이렇게 적었다.

박제가와 건량관(乾糧官)과 함께 천주관(天主館)을 보러 갔다. 주인이 없어 자세히 볼 수 없었다. 관상권(觀象圈)을 거쳐 순성문(順成門)으로 나와 유리창에 들렀다. 또 저번에 미처 보지 못한 서점 서너 곳을 찾아 갔다. 도씨의 소장(所藏)이 특별히 훌륭했다. 오류거란 현판을 내걸었다. 직접 말하기를 책을 실은 배가 강남으로부터 통주(通州)의 장가만 (張家灣)에 도착했는데, 모레 옮겨올 예정으로 4000여 권쯤 된다고 했다. 그래서 그 서목을 빌려왔다. 내가 평생 동안 구하려 하던 책뿐 아니라 천하의 기이한 책들이 몹시 많았다. 비로소 절강이 서적의 본고장 이라는 것을 알았다. 이곳에 온 뒤 먼저 절강서목(浙江書目)을 얻었다. 근래 간행된 것을 보니 대단했는데, 도씨의 책 실은 배에 있는 목록에 는 절강서목에 없는 것까지 있었다.

5월 28일에 두 사람은 다시 오류거로 가서 강남에서 실어온 책을 구경하고, 서장관의 부탁으로 그중 수십 종을 구입했다. 6월 2일에도 가서 무려 60갑에 달하는 『황청경해皇淸經解』 전질을 열람하며 감탄한 내용이 보인다.

오류거 도씨는 대단히 신의 있는 장사꾼이었다. 6월 16일 조선 사 행이 연경을 떠날 때 서장관이 오류거 서점에서 구매한 일부 책자가 미처 배달되지 않은 상태였다. 사행이 이미 출발한 것을 안 도생은 친 척 원씨(袁氏)를 시켜 책을 수레에 싣고 하루 거리인 통주까지 뒤쫓아 와서 주문한 책을 건네주고 갔다. 그 신용에 모두 감탄을 금치 못했 다. 이때 이후로 오류거 서점은 조선 사행들의 단골 서점이 되었다. 도생은 조선 사행이 만나고자 하는 사람을 수소문해주거나 서신을 전달하는 심부름도 맡아주었다. 조선인이 구하는 책이 자기 서점에 없으면 다른 곳을 뒤져서라도 싼값에 구해주었다.

이 밖에도 연암 박지원의 『열하일기』를 비롯해 각종 연행록 속에서 오류거는 비교적 빈번하게 등장하는 낯익은 이름이다. 맨 처음 이덕무와 박제가가 단골을 튼 이후, 이어지는 사행들이 이전의 신용을 바탕으로 계속 출입하면서 조선인에게는 가장 잘 알려진 서점으로 자리잡았다. 최근 들어 유리창 서점가의 역사와 이곳 서상(書商) 또는 서고(書估)로 불리는 서적상에 관한 연구가 중국에서 제법 활발해졌다. 하지만 중국 연구자들은 우리측 기록인 각종 연행록에 유리창 서점에 관한 구체적 정보가 이토록 풍부한 줄은 미처 깨닫지 못하고 있는 것 같다.

중국 책 속에서 찾은 도정상 관련 글

이후 중국 고서를 열람하다가 문득문득 오류거 서점 주인 도씨에 관한 기사와 맞닥뜨리곤 했다. 그는 알고 보니 뜻밖에도 조선 사행이 어쩌다 들른 많은 서점 주인 중 한 사람이 아니라, 당시 유리창 서점가를 대표하는 상징적인 존재였다. 박제가가 특별히 자신의 『정유각집』에 「홍양길전洪亮吉傳」으로 남기기도 했던 홍양길(1746~1809)의 『북강시화北江詩話』 권3 첫머리에 당시의 장서가를 다섯 갈래로 구분한 글이 실려 있다.

그는 장서가를 첫째, 책을 구하면 반드시 본원을 거슬러올라가 잘잘못을 따져 바로잡는 고정가(考訂家)와, 둘째, 판본을 살피고 착오를

北江詩話卷三

陽湖　洪亮吉　稚存著

藏書家有數等得一書必推求本原是正鈌失是謂考
訂家如錢少詹大昕戴吉士震諸人是也次則辨其板
片注其錯誤是謂校讐家如盧學士文弨翁閣學方綱
諸人是也次則搜采異本上則補石室金匱之遺亡下
可備通人博士之瀏覽是謂收藏家如鄞縣范氏之天
一閣錢唐吳氏之瓶花齋崑山徐氏之傳是樓諸家是
也次則第求精本獨嗜宋刻作者之旨意縱未盡窺而
刻青之年月最所深悉是謂賞鑒家如吳門黃主事丕
烈歙鮑處士廷博諸人是也又次則於舊家中落者
賤售其所藏富室啥書者要求其善價眼別眞贗心知
古今閩本蜀本一不得欺宋槧元槧見而即識是謂掠
販家如吳門之錢景開陶五柳湖州之施漢英諸書佑
是也

[南]雅堂叢書
北江詩話卷三

• 홍양길의 『북강시화』에 실린 다섯 종류 장서가에 관한 글.

풀이하는 교수가(校讐家), 셋째, 이본(異本)을 찾아 희귀한 책만 모아 공부하는 사람에게 제공하는 수장가(收藏家), 넷째, 정본(精本)만을 구하되 송나라 때 판본을 특히 좋아하며, 책 내용은 잘 몰라도 책을 간행한 연월일만큼은 정확하게 아는 상감가(賞鑑家), 그리고 마지막 다섯째로 몰락한 고가(古家)에서 흘러나온 책을 구입해 책 좋아하는 사람에게 싼 가격에 건네주고 진짜와 가짜를 잘 감별해 위서에 속지 않는 안목을 갖춘 약판가(掠販家)로 구분했다. 그런데 다섯번째 약판가의 대표적 인물로 꼽은 세 사람 중 한 명이 도오류(陶五柳)였다. 당시 그는 대단히 신망 높은 서상으로 대접받았다.

손성연(孫星衍) 또한 조선 사행과 비교적 빈번한 접촉을 가졌던 인물이다. 그의 『오송원문고五松園文稿』 권1에는 「도정상묘갈명陶正祥墓碣銘」이 실려 있다. 이 글에 따르면 오류거 도생의 이름은 정상(正祥)이었고 자는 정학(庭學), 호는 서암(瑞菴)이었다. 그는 어려서부터 총명했지만 집안이 가난해서 호구를 위해 서적 판매상이 되었다. 처음에 그는 오문(吳門) 지역에서 오류서거(五柳書居)란 간판을 달고 서점을 열었다. 이곳의 명사들과 자주 접촉하면서 책에 대한 안목이 점점 높아졌고, 귀한 책의 간본과 책의 소재처를 두루 꿰게 되었다. 그래서 희귀본을 구하려는 사람은 으레 도생의 서점을 찾아오곤 했다.

이때 북경에서 사고전서관(四庫全書館)이 열리면서 마침 안휘성에 제학(提學)으로 와 있던 주균(朱筠)이 그를 강력히 천거해 그에게 비서(祕書)를 수방(搜訪)하는 책무를 맡겼다. 그는 아들 도온휘(陶蘊輝)와 함께 북경으로 올라와 부자 합작으로 유리창 거리에 서점을 열었다. 그는 만년에 자신이 수십 년간 고가(故家)의 비본(祕本)을 취급하면서 자신의 눈과 손을 거친 고서의 판각과 권질, 문자의 이동(異同)과 우열 같은 것을 모두 적어 한 권의 책으로 꾸미지 못한 것을 후회했다. 그의 후회는 20세기 초 유리창 서점 통학재(通學齋)의 주인이었던 쑨뎬치(孫殿起)가 『판서우기販書偶記』와 『유리창소지琉璃廠小志』란 방대한 분량의 책을 저술하는 계기가 되기도 했다. 쑨뎬치의 통학재는 후지쓰카가 일본 제8고등학교 강사 시절부터 우편으로 청대 고서를 구입하던 단골 서점이었음은 앞서도 잠깐 언급한 바 있다.

묘지명에 따르면 도정상은 서적 판매에 있어 나름의 원칙과 철학을 엄격하게 지켰다. 그는 우선 이익을 많이 남기려 들지 않았다. 자

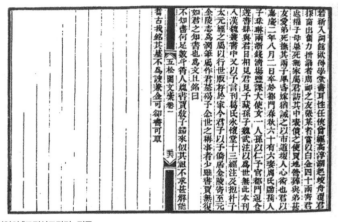

• 손성연의 「도정상묘갈명」 전문.

기가 구한 책이 100금의 값어치가 있다 해도, 자신이 10금을 주고 얻었으면 여기에 다만 몇 금만 덧붙여서 되팔았다. 이문을 과하게 취하지 않는데다 안목이 정확했고 무엇보다 진실했으므로 사방에서 호학의 인사들이 모두 이곳으로 몰려들었다. 도씨 부자는 서적상이었을

뿐 아니라 출판인이기도 했다. 『십삼경十三經』과 『포박자抱朴子』 외에
도 증보된 『한위총서漢魏叢書』 등 많은 책을 출간했다.

이 밖에 근세 예창츠(葉昌熾, 1847~1917)의 『장서기사시藏書紀事詩』와
『한산인시집韓山人詩集』 등 여타 자료에서도 오류거 서점의 도정상 부
자는 당시 북경의 대표적인 서상의 하나로 예외 없이 높이 평가되고
있음을 확인할 수 있다.

늘 느끼는 것이지만 조선의 지식인들이 우연히 북경 거리에서 만
난 사람은 오가다 흔히 마주치는 장삼이사(張三李四)가 아닌 당대 톱클
래스의 명류였고, 그들이 단골로 거래한 서점은 많은 서점들 중 하나
가 아니라 중국 서적사에서 손꼽는 양심적 신상(紳商)의 서점이었다.
알게 모르게 이들은 당대 문화의 핵심부에 접근해가고 있었던 것이
다. 이를 통해 축적된 에너지가 북학의 뜨거운 열기와 만나 새로운 시
대를 견인하는 힘이 되었다.

질풍노도
—그들이 조금 이상해졌습니다

100일 붉은 꽃이 없다

이덕무와 박제가가 한양을 떠나 북경으로 가면서 가장 기대했던 것은 이조원과의 만남이었다. 하지만 그들이 북경에 도착했을 때 이조원은 이미 전해인 1777년 8월에 광동학정(廣東學政)의 직임을 맡아 남쪽으로 내려간 뒤였다. 둘의 실망은 이만저만이 아니었다. 아쉬움은 반정균과의 만남과 이조원의 사촌동생인 이정원, 이기원, 그리고 축덕린, 당낙우 등과의 만남으로 겨우 달랠 수 있었다. 그래도 은근히 『한객건연집』의 간행을 기대하는 한편, 지난해 이조원이 부탁했던 문집의 평비에다 『열상주선집』과 『청비록』 등을 들고 왔던 그들로서는 아쉬움을 넘어 안타깝기 짝이 없어 발을 굴렀다.

이덕무는 북경을 떠나기 직전 이조원에게 전해달라며 이정원에게 편지 한 통을 남겼다.

　지난해 편지를 써서 계동(桂同) 편에 부치고, 바위 같은 사귐을 영원히 잊지 말자고 맹서하는 뜻으로 숙신(肅愼)의 노시(砮矢) 하나를 보내드렸었지요. 계동이 돌아오기를 고대하며 머리가 온통 셀 지경이었는데 선생께서 이미 황도(皇都)를 떠나셨다는 소식을 들었습니다. 무엇을 잃은 듯 섭섭하여 그림자를 돌아보며 홀로 구슬퍼하였지요. 올봄에 군복으로 바꿔 입어 유생의 곤궁한 태를 말끔히 씻고 사은사를 수행하여, 먼저 이정원과 이기원을 찾아가 손을 잡고 은근한 정을 나누며 마치 선생을 뵌 것처럼 하였습니다. 또 반정균과 축덕린, 당낙우와 심심순 등 여러 선배와 만났지요. 이들은 모두 선생의 가까운 벗들로 밝은 창가에서 함께 예술을 논하니 마치 오래 사귄 벗과 다름없었습니다. 끝없이 이어진 이야기는 온통 광동에 관한 것뿐이었지요. 하물며 초정과 함께 왔으니 참으로 천하의 빼어난 일이 아닐 수 없습니다.
　아아! 100일 동안 붉은 꽃이 없고 30일 내내 둥근 달이 없습니다. 저와 초정이 같이 중원 땅에 들어와 선생과 만나기를 바랐으나 마침내 볼 수가 없으니 어찌한단 말입니까? 조물주가 심술을 부려 세상일이 어그러짐은 예전부터 그러합니다. 그러니 무엇을 원망하겠습니까? 유금과 유득공, 이서구는 모두 잘 지내고 있습니다. 올 적에 편지를 부쳐 선생께 전해달라고 하므로 이번에 이정원에게 맡겼으니 마땅히 전달될 것입니다.
　제가 가져온 제 저서 『청비록』은 모두 고금의 시화(詩話)로서 자못 기이한 얘깃거리가 많습니다. 다만 손 가는 대로 적은 것이라 차례가 마땅치 않습니다. 이미 반정균의 산정(刪訂)을 거쳐 축덕린이 서문을 썼습니다. 그래서 이정원에게 부탁해 멀리 선생께 부치오니 선생께서도 이 책을 위해 서문을 써서 인편에 동쪽으로 부쳐주신다면 이 책이 썩지 않을 것입니다.

지난해 섣달 선생의 생일날에는 여러 벗들과 함께 술을 따르며 그리운 뜻을 부치고 구슬픈 마음을 가누지 못했습니다. 아아! 천애지기(天涯知己)가 예부터 몇이나 되겠습니까? 만릿길을 와서 만나보지 못하니 일생의 그리움이 넋을 녹이고 애를 끊어 하늘을 우러러 아득할 뿐입니다. (중략) 제가 떠날 날짜가 이번 달 16일로 결정되어 잠시 이렇게 틈을 냈습니다. 6월 10일. 선생을 그리며 지은 시 한 편이 있어 적어서 부칩니다. 부채도 하나 보냅니다.

이때 이덕무가 보낸 『청비록』은 앞서 제16화에서 언급했듯이 이로부터 23년 뒤인 1801년에 이조원이 펴낸 『속함해』에 수록되었다. 이덕무는 1793년에 세상을 떠서 그 일을 몰랐다. 또 이조원의 시화집인 『우촌시화』는 통상 4권본만 알려져 있는데, 『속함해』에는 16권으로 증보된 것이 실렸다. 『속함해』본 『우촌시화』 권16에는 앞서 본 대로 자신의 생일잔치와 관련된 유금의 시를 수록했고, 이어 사가(四家)의 시를 차례로 소개했다. 그런데 여기 실린 네 사람의 시에는 『한객건연집』에 없는 작품도 포함되어 있어, 연경에서 이정원을 통해 부친 『열상주선집』과 이들의 편지를 이조원이 다 살핀 후에 이를 추가했을 사정이 짐작된다. 『열상주선집』 또한 어딘가 남아 있을 것인데 출현의 그날을 잠시 손꼽아본다.

유득공의 심양행과 반쪽 연행

조선 사행은 6월 16일에 예정대로 북경을 출발했다. 갈 때는 기대에 잔뜩 부풀어서 힘든 줄도 몰랐다. 하지만 돌아오는 길은 장마 때문에 연도가 온통 거대한 진창으로 변해 악전고투의 연속이었다. 다음은 이덕무의 『입연기』 6월 18일 자와 19일 자의 기사다.

18일. 아침부터 비가 들이붓듯 내렸다. 비를 무릅쓰고 출발했다. 누런 흙탕물이 평지 위로 한 자 남짓 가득찼다. 진펄이 말의 배때기까지 닿는 바람에 사람과 말이 엎어져 옷이 온통 젖고 얼굴이 사람 꼴이 아니었다. 그래도 푸른 나무는 줄 친 것처럼 두 줄로 서 있었다. 멀리 반산(盤山)을 보니 짙은 안개에 잠겨 흰쌀에 먹물이 번진 듯해 그나마 볼만했다. 계주(薊州)에 도착하자 날이 이미 캄캄해졌다.

19일. 비가 개었다고는 해도 길은 더욱 험해져서 돌길 아니면 진펄이었다. 수레바퀴는 꼼짝도 않고 말발굽도 쩍 들러붙어 수백 보조차 그저 지날 수가 없었다. 어두운 밤에 20리를 갔다. 말이 주린데다 목이 말라 열 번 엎어지고 아홉 번 자빠졌다. 사방 들판에서는 개구리 울음소리가 시끄러웠다. 남쪽 하늘에 번갯불이 번쩍하는데 마치 황금빛 뱀이 꿈틀하는 것 같았다. 여행길의 어려움이 이 같은 때가 없었다. 옥전

점(玉田店)에 도착하자 밤이 이미 2경이었다. 숙소에 머물면서부터 일행 모두가 너나없이 온몸에 두진(痘疹) 같은 열독(熱毒)이 피어나 가려워서 견딜 수가 없었다.

이런 길을 종일 가서 숙소에 도착했다면 그 몰골은 거의 보령 머드 축제에서 뒹군 수준이었을 것이다. 중간에 세탁소가 있어서 빨래를 자주 할 수 있는 상황도 아니었다. 진흙탕에 찌든 옷은 세제 없는 물 빨래로 하얘질 리도 없었다. 연일 진창에 시달려 전체 인원이 온몸에 부스럼이 다 날 정도였다니 장마철에 요동벌을 지난다는 것은 상상을 초월하는 고통이 따르는 일이었다. 말도 잇달아 거품을 빼물고 쓰러져 죽는 상황이었다. 고구려 정벌에 나섰던 수나라 100만 대군이 멋모르고 겪었던 고통을 이들이 반복하고 있는 셈이었다.

한편 재미난 일도 있었다. 1778년 7월에 황제가 심양(瀋陽)으로 거둥할 예정이었다. 조정에서는 윤6월에 서둘러 문안사(問安使)를 심양으로 파견했다. 영중추부사 종실 이은(李溵)이 정사가 되고 남학문(南鶴聞)을 부사로 한 사행에 박제가의 손위 자형 임희택(任希澤, 1744~1799)과 유득공이 수행하게 되었다. 이들이 한양을 떠나 막 개성에 도착했을 때 북경에서 돌아오는 이덕무, 박제가 일행과 조우했다. 뜻밖의 만남에 이들은 서로 환호했다. 마치 바통 터치를 하듯이 이들은 잇달아 중국으로 오고 또 갔다. 유득공이 장난삼아 시 한 수를 지었다. 제목이 「연경에서 돌아오는 이덕무와 박제가를 송경에서 만나 장난으로 써주다松京遇懋官次修自燕廻戲贈」이다.

봄성의 안팎에서 길 먼지를 접하더니	春城內外接行塵
천릿길 군복 차린 이 내 몸을 웃어보네.	千里戎裝笑此身
길고 짧고 빠르고 더딤 따질 것이 없다오	長短疾徐何足問
요컨대는 압록강 동쪽 사람 아니던가.	要非鴨水以東人

첫 구에서는 지난 3월 이덕무와 박제가가 떠날 적에 홍제원에서 작별하던 일을 떠올렸다. 그때는 자신이 두 사람에 잇대어 바로 중국에 가게 될 줄은 꿈에도 생각을 못했는데, 막상 군복을 입고 이렇게 만나보니 멋쩍기 짝이 없다는 얘기다. 3구가 재미있다. 이덕무와 박제가는 멀리 북경까지 갔다 왔는데, 유득공은 겨우 심양까지만 다녀오게 되었으므로 장단(長短)이라고 말했다. 질서(疾徐)는 누가 먼저 가고 늦게 갔는지는 굳이 따지지 말자는 뜻이다. 내가 비록 반쪽짜리 연행을 가기는 해도 따지고 보면 너나 나나 다를 바 없다는 항변이다. 시의 뜻으로 보아 이덕무와 박제가가 그의 심양행을 은근히 골려댔던 모양이다. 그가 다녀온 뒤에도 이들은 모이기만 하면 유득공의 사행을 반쪽 짝퉁이라고 계속해서 놀리곤 했다.

새벽녘의 그리움

한편 연행을 다녀온 박제가는 긴 여행으로 지친 몸도 추스를 겸 가족과도 떨어진 채 통진 바닷가 농가에 한동안 틀어박혀 『북학의』의 저술 작업에 몰두했다. 돌이켜보면 불과 얼마 되지 않았는데도 마치 전생의 일인 양 아마득했다. 작업에 몰두하던 어느 날 새벽 박제가는 7수의 연작시를 지었다. 제목이 「새벽에 앉아 회포를 쓰다曉坐書懷」인데 6, 7수만 읽어본다.

장쾌한 노닒이 한 달쯤 되니	壯遊一月餘
또다시 떠날 마음 일어나누나.	又復起遐心
나그넷길 어이해 힘들잖으리	行役豈不勞
생각는 바 진실로 흠모할 만해.	所思良足欽
생각는 것 과연 어떤 것인가	所思果何如
술 마시는 즐거움 다함없으리.	飮酒樂未央
술 마심은 말할 것 족히 못 되니	飮酒不足道
풍류를 감당치 못해서일세.	風流不可當
내게 준 글자와 시구를 보니	贈我字與詩
한 달 넘게 오히려 향기가 나네.	浹月猶芬芳
무성한 경산(景山)의 저 나무들이	茸茸景山樹
하늘 한 모서리에 또렷도 해라.	宛在天一方

빈방에 같이 지낼 벗이 없으니	虛室無伴侶
먼 데 꿈 누구와 함께 말하리.	遠夢誰與語
마음속에 남았고 눈에도 있어	存心復在眼
옛 놀던 곳 또렷이 기억나누나.	宛記昔遊處
서산은 저 멀리 아득히 솟아	西山出縹緲
지는 볕 구름 속에 잠기어 든다.	落景雲中沈

손잡고 압록강 거슬러가며	携手上綠河
바람 맞아 옷깃을 활짝 열었지.	迎風雙解襟
홍교에서 술 반쯤 취하여서는	虹橋酒半酣
그림 부채 시 읊으며 얼굴 가렸네.	畫扇遮微吟
가깝다면 수레 타고 가보겠지만	車輪走咫尺
아득하여 찾아볼 길이 없구나.	脈脈不可尋
이불 걷고 한바탕 긴 한숨 쉬자	翻衾一長吁
잠깐 사이 아득한 옛날 되었네.	隔手成古今

그리움과 애틋함, 안타까움이 뒤섞인 감정이다. 통진 바닷가 농가의 밤 꿈과 혼자 맞는 새벽녘에조차 그는 북경에서의 만남과 연행 도중의 풍광 속을 서성이고 있었던 것이다.

그런데 조금 이상한 것이 있다. 홍대용의 『건정동회우록』과 『항전척독』 등을 그토록 흠모해서 읽고 또 읽었던 이덕무와 박제가가 정작 자신들이 만나본 그 많은 중국 문인들과의 필담 기록을 하나도 남기지 않은 점이다. 이덕무의 『입연기』는 1778년 3월 17일 출발일로부터 시작해 같은 해 윤6월 14일 의주 국경을 넘는 날에서 끝이 난다. 대부분 노정기와 그날그날의 주요 일과를 충실하게 기록한 내용이다. 그 사이에 반정균, 이조원, 축덕린, 당낙우 등과 만나 주고받은 필담이나 필찰 같은 것은 하나도 보이지 않는다. 박제가의 『북학의』는 아예 항목별로 분절해 논설문 형식으로 써내려간 보고서여서 자신의 개인적 체험이나 구체적인 정황을 담을 수 있는 틀이 아니었다.

두 사람이 오가는 길과 북경 체류 기간에 만났던 중국 지식인들과의 문답 자료는 분명히 어딘가 보관되어 있었을 것이다. 그중 박제가 것의 일부는 아들 박장암이 엮은 『호저집』 속에 상당 부분 남아 있지만 자세하지는 않다. 이덕무 쪽은 어땠을까? 아들 이광규가 작성한 아버지의 연보 가운데 1778년 5월 15일 기사 중에 "『입연기』가 있는데 아직 완성되지 않았다"고 한 대목을 주목한다. 『입연기』는 노정기와 사실관계를 기록한 일기이고, 이 밖에 많은 자료들을 종횡으로 엮어 보다 큰 규모의 저술을 염두에 두고 있었다는 뜻이다. 이덕무의 꼼꼼한 성격으로 보아 이 같은 기획을 하지 않았을 리가 없다. 하지만 그는 건강 문제에다 뒤미처 이듬해 규장각 검서관(檢書官)에 발탁되어 격무 속에 놓이면서 당초에 품은 뜻을 이루지 못했던 듯하다. 그가 수습해두었던 필담 초고들은 이제 와서 소재를 알 수 없어 아쉽다.

어쨌거나 두 사람은 한차례 연행을 통해 해묵은 소원을 이룰 수 있었다. 이제 더이상 홍대용과 유금을 선망할 필요가 없었다. 선배들이 일군 네트워크를 이제 자신들도 공유하게 되었다. 막연히 관념으로 생각하던 중국과 두 눈으로 직접 목도한 중국은 그 차이가 엄청났다. 박제가는 여러 해 전부터 구상해오던 북학(北學)의 바퀴를 힘차게 굴릴 때가 되었음을 본능적으로 느꼈다. 북벌(北伐)을 국시로 삼던 조선에서 무찔러야 할 오랑캐를 배워야 할 대상으로 고쳐 규정하려면 상당한 위험과 모험을 감내해야 했다. 당시에도 북벌이란 이름의 국가보안법이 엄연히 작동하고 있었기 때문이다.

어찌 스스로 부끄럽지 않겠는가

한편 이들의 자신감에 날개를 달아줄 일이 또 생겼다. 귀국한 이듬해인 1779년 6월 정조가 이덕무, 박제가, 유득공, 서이수(徐理修) 등네 사람을 외규장각 검서관에 임명한 것이다. 규장각은 정조의 주도아래 국가적 학술 사업을 기획하던 왕립학술기관이었다. 검서관은 오늘로 치면 정보검색사쯤에 해당하는 직책이다. 임금이 필요한 자료를요청하면 이들은 규장각 도서관의 수장고를 뒤져서 관련 내용을 찾아베껴 제공했다. 국가적 편찬 사업에서도 이들이 대부분의 실무를 맡았다. 이 말은 『고금도서집성』을 포함한 궁중의 엄청난 도서를 거의아무 제한 없이 마음껏 살펴볼 수 있는 특권을 갖게 되었다는 의미이기도 했다. 뿐만 아니라 임금은 수시로 이들을 불러 시를 짓게 하고는후한 상을 자주 내렸다. 총애가 각별했다.

직접 중국을 견문하고 당대 일급 인사들의 인정을 받고 왔다는 자신감이 생긴데다 임금의 지우(知遇)까지 입고 보니 이들은 종종 안하무인 격의 태도를 드러냈던 모양이다. 때로는 너무 지나쳐서 곁에서지켜보던 연암이 크게 우려했을 정도였다. 연암이 1779년을 전후해홍대용에게 보낸 편지 네 통이 『연암집』에 실려 있다. 그중 세번째 편지를 함께 읽어보겠다.

이덕무와 박제가 등이 관직에 오른 것은 기이하다 할 만합니다. 성세(盛世)에 진기한 재주를 품었으니 절로 버림받는 일이야 없겠지요. 이제부터 적은 작록이라도 받게 되었으니 굶어죽지는 않겠습니다. 어

• 창덕궁 후원의 규장각 중심 건물인 주합루 풍경.

찌 남에게 마른 매미가 나무에 달라붙고 구멍 속 지렁이가 샘물을 마시듯 하라고 요구할 수야 있겠습니까?

다만 이들이 동쪽으로 돌아온 뒤로 마음과 안목이 더욱 높아져서 온갖 것이 모두 뜻에 차지 않는 듯합니다. 표정에서도 이따금씩 예봉을 슬쩍 드러내곤 합니다. 기이한 유람의 일단은 이미 『건정록』 중에서 귀에 젖고 눈에 익어 제 발로 다닌 것과 다를 바가 없는지라, 다시금 묻고 토론할 것이 없었지요. 그것 말고도 기이한 일이 없다는 것은 아니지만 가만히 이들을 누르려고 일부러 노구교(蘆溝橋) 서쪽의 일에 대해서는 입도 떼지 않았습니다. 이 친구들이 자못 괴이하게 여기며 답답한 마음이 없지 않은 눈치인데 이 같은 뜻을 미처 깨닫지 못한 듯합니다.

유득공이 길에서 천자를 보았는데 참으로 장관이었다더군요. 누런 덮개를 씌운 수레의 왼편에는 천자의 깃발을 세웠고, 수천 대의 수레와 수만 명의 기병이 마치 벼락과 번개가 치고 귀신이 출몰하듯 화려하게 번쩍번쩍하더랍니다. 천자가 몸소 말을 멈추고 고삐를 당긴 채 손으로 우리나라 사람을 부르더니 똑바로 서서 우러러보라고 했답니다. 콧날은 우뚝 솟아 곧장 미간까지 쭉 뻗었고, 눈꼬리는 몹시 길어 옆으로 살쩍까지 뻗쳤다더군요. 수염은 숲과 같고 광대뼈는 산처럼 솟았더랍니다.

내가 대답했지요.

"그건 진시황을 그대로 빼다박았군그래."

혜풍이 말하더군요.

"어떻게 아십니까?"

"『삼재도회三才圖會』에 실린 제왕상(帝王像)을 보고 알았네."

세 사람이 모두 크게 웃더니, 제 앞에서 다시는 그 기이한 경관을 본 자랑을 하지 않았습니다.

이덕무가 반정균이 쓴 '연암산거(燕巖山居)'란 네 글자를 얻어와서 주길래 벌써 새겨서 산재(山齋)에 걸어두었습니다. 원본은 받들어 드리니 『고항첩古杭帖』에 함께 실어 오래 전하도록 하는 것이 어떻겠습니까? 앞쪽에 찍은 도장에는 '서월역상기(暑月亦霜氣)', 즉 여름인데도 서리 같은 기운이 있다는 구절을 새겼고, 이름을 새긴 도장과 끝에 적은 글에는 덕원(德園)이라고 하였더군요. 그의 자인지 호인지 잘 모르겠습니다.

세 사람이 받은 벼슬이 교묘하게도 한 무리로 모인데다 그들이 평

• 건륭제의 초상화. 위는 중년, 아래는 젊은 시절의 모습이다.

• 『삼재도회』에 실린 진시황상을 바탕으로 조선시대에 다시 그려 채색한 『역대도상』 중의 진시황상.

생 노닐며 지낸 것도 같고 품은 뜻도 같고 보니 절로 시샘을 받고 원망을 사는 것이 자못 많을 겁니다. 근래 들어서는 더욱 심하다고 하는군요. 괴상하게 여길 일도 못 됩니다. 비록 시기, 질투가 없다 해도 스스로 마땅히 삼가서 조심해야 하거늘, 하물며 처지는 낮은데 벼슬길은 영화롭고 직분은 임금과 가까운데 일은 힘드니 특히나 마땅히 교제를 끊고 술을 경계하면서 교열에만 정열을 쏟아야 할 것입니다. 경박한 자들이 날마다 그 곁에서 떠들어대서 피하고 싶어도 방법이 없다고 하더군요. 형세가 자못 그렇기도 하겠습니다. 이미 편지 한 통을 보내 이같은 뜻을 알려주었는데, 이덕무는 워낙 세심한 사람인지라 능히 스스로 막아 삼가겠지만, 박제가는 너무 날카롭게 자신을 내세우니 어찌 제 말뜻을 알겠습니까? 저는 지금 시골집에서 묻혀 지내는 터라 산 밖의 일은 듣지 못할 뿐 아니라 아예 묻지도 않아 남의 일에는 아무 관심이 없습니다. 다만 이들만큼은 평소에 아끼는 마음이 남아 있는 것이 형과 자못 같습니다. 그래서 편지를 쓰다가 저도 모르게 언급하게 된 것입니다. 혹 그사이에 서신 왕래가 있었는지요? 그들이 일기를 이미 완성해 보여주던가요?

당시 연암은 연암협으로 거처를 옮겨 은거하던 상황이었다. 연암협은 지금의 개성공단 근처에 있었다. 떠나기 직전 만났던 이덕무와 박제가, 그리고 유득공 등은 연암에게 자신들이 중국에서 듣고 본 것을 말하고 싶어 입이 근질근질했다. 하지만 어찌된 셈인지 연암은 중국 일에 대해서는 입도 떼지 않았다. 대체 왜 저러는지 의아할 정도였다. 연암이 그들의 중국 얘기에 냉담했던 것은 이들의 태도에서 오만한 빛을 보았기 때문이었다. 자리에서 누가 중국 이야기를 꺼내기라도 할라치면 박제가의 눈빛에서 '네까짓 게 뭘 알어!' 하는 기색이 대번에 떠올랐다. 늘 겸손하고 사람 무겁던 이덕무도 중국을 한번 다녀와 그들의 인정을 받고 나서는 조금 헛바람이 든 듯한 태도를 비쳤다.
조선에서 기 한번 못 펴고 살았는데 중국에 가니 그곳 선비들이 떠받들고, 다녀와서는 임금이 기특하다며 곁에 두고 아끼니 그럴 만도 했다. 연암은 이들이 자칫 더 들떠 실수를 할까봐 일부러 모른 체하고 짐짓 관심 없는 체했다. 나중에는 편지까지 써서 경계하고 타이르는 뜻까지 비쳤다. 다음 「초책에게 보냄與楚幘」이 이때 연암이 박제가에게 보낸 편지로 보인다.

그대는 신령한 지각과 민첩한 깨달음이 있다 해서 남에게 교만하고 사물을 업신여겨서는 안 되네. 저들 또한 만약 얼마간의 신령한 깨달음이 있다면 어찌 스스로 부끄럽지 않겠는가? 교만하고 업신여기는 것이 자네에게 무슨 보탬이 되겠는가? 우리는 냄새나는 가죽 부대 안에 몇 개의 글자를 넣어두어 남들보다 조금 더 많이 아는 것에 지나지 않을 뿐일세. 저 나무에서 매미가 울고 구멍 속에서 지렁이가 우는 것 또한 시 읊고 책 읽는 소리인 줄 어찌 알겠는가?

재주가 아깝고 사람을 아껴서 한 충고였다. 이덕무는 연암의 태도를 보며 금세 말귀를 알아들었지만 기질이 강한 박제가는 거침없이 제 주장을 펼쳐 좀체 뜻을 꺾으려 들지 않았다. 연암도 이들의 연행 일기를 손꼽아 고대했던 것은 분명하다. 이렇게 해서 격정의 한 세월이 질풍노도처럼 지나갔다. 그 이듬해 마침내 연암이 연행의 장도에 오르게 됨으로써 연암 그룹의 연행에 한차례 대미를 찍는다.

나를 알아줄 단 한 사람
─유리창 거리에 서서 연암이 한 생각

둘은 나의 문하생이오

이덕무 등이 요동벌의 진창 수렁에 빠져 쩔쩔매던 때로부터 딱 2년 뒤인 1780년 6월 24일, 마침내 박지원이 건륭제의 70회 생일을 축하하는 사절단의 일원으로 의주 압록강을 건넜다. 그룹의 좌장이었던 그의 연행이 가장 늦었다. 1765년 홍대용, 1776년 유금, 1778년 이덕무, 박제가, 같은 해에 유득공이 잇달아 북경을 다녀왔다. 박제가 등이 신이 나서 떠드는 중국 이야기에 애써 시큰둥하게 무관심한 체했던 그가 정사인 삼종형 박명원의 호출에 지체 없이 응한 것은 다소 뜻밖이다. 44세. 직임 없이 자제군관 행색으로 먼 길을 따라나서기엔 나이가 조금 많았다.

이 연행의 결과 우리 문학사는 『열하일기熱河日記』라는 불후의 걸작을 갖게 되었다. 500종이 넘는 연행 기록이 남아 있지만, 다른 모든 연행록은 『열하일기』를 위한 습작에 지나지 않았다. 진작 일본에서 간행되었고 베이징 유리창 서점에도 중국판 『열하일기』가 꽂혀 있었다. 타이완에서는 타이완판 『열하일기』를 보았다. 타이완 중앙연구원에서 만난 중국학자는 『열하일기』 얘기가 화제에 오르자 대뜸 엄지손가락부터 치켜세웠다. 우리나라 고전 중 단일 저작이 동아시아 각국에서 모두 출판된 예는 이 책 외에 찾기가 어렵다.

한편 내가 두고두고 의아했던 것은 후지쓰카가 자신의 『청조문화동전의 연구』에서 연암과 그의 『열하일기』에 대해 아무 언급도 남기지 않은 점이었다. 학자였던 그가 연암의 문예성 강한 일기에 매력을 느끼지 못했던 걸까? 그럴 리 없다. 아들 후지쓰카 아키나오가 쓴 후기를 보니 원래 이 책의 제7장에 「박연암과 열하일기」라는 챕터가 하나 있었으나 원고를 분실하는 바람에 부득이 제외할 수밖에 없었다고 적혀 있었다. 그의 원래 원고 상태가 궁금했지만 아들도 못 찾은 것을 이제 와서 구해볼 도리는 없겠다. 설령 원고가 살아남았다 해도 목차상 연암의 비중은 지나치게 초라하다.

연암의 북경행은 이전 홍대용과 박제가, 이덕무 등의 인맥을 더듬어나가는 길이기도 했다. 적어도 황제의 갑작스런 명에 따라 열하로 가지만 않았더라도 연암은 유리창 거리를 내처 왕래하며 박제가 등이 만났던 이들과 여러 차례 회면하여 교유의 폭을 더욱 심화하고 확대했을 것이다.

아직 북경에 도착하기 전인 『열하일기』 7월 27일 자 기사에 연암이

• 박제가의 친필 글씨. 큰 글씨는 남은 것이 없다. 개인 소장.

풍윤성(豐潤城)에서 절강 선비 임고(林皐)와 만나는 장면이 나온다. 조선 사람임을 알아본 그가 먼저 접근해 인사를 청했다. 그는 연암의 성씨가 박(朴)씨인 것을 알자 놀라 기뻐하며 대뜸 물었다.

"당신은 초정 박제가의 친족이신지요?"

전혀 뜻밖의 장소에서 박제가의 이름을 들은 연암이 놀랄밖에.

"어찌 그를 아오?"

"지난해에 박초정, 이형암과 함께 문창루(文昌樓)에 올랐습지요. 그 인연으로 같은 고을 호형항(胡逈恒)의 집에서 하룻밤을 함께 묵었답니다. 저기 보이는 집이 호형항의 집입니다. 지금 그 집 벽에 박초정의 글씨가 붙어 있습니다."

호기심이 동한 연암은 일행과 함께 호형항의 집까지 가서 그 집 벽에 붙은 박제가의 글씨를 보았다. 백로지(白露紙) 두 장을 잇대어 붙여 글자 하나가 양 손바닥으로 덮어도 남는 큰 글씨였다. 글씨를 쓸 때 입술을 움직여가며 잔뜩 호기를 부리는 박제가의 표정까지 눈에 그릴 듯 생생했다. 벽에 적힌 시는 이덕무가 전의감동에 있던 연암의 집을 찾아왔을 때 지은 것이었다. 그날 저녁 연암은 호형항의 집을 다시 찾았다.

임고가 물었다.

"그래 두 분은 모두 평안하신지요?"

"음. 잘들 지내고 있소."

임고가 다시 말했다.

"두 분은 참 맑고 툭 트인 뜻 높은 선비였습니다."

연암은 공연히 심술이 나서 삐뚜름하게 한마디 했다.

"두 사람은 모두 나의 문생이라오. 벌레나 아로새기는 잔다란 재주인데 말할 만한 것이 있던가요?"

임고가 그 말에 눈이 휘둥그레져서 말했다.

"재상의 문하에서 재상이 나고 장수의 문하에서 장수가 난다고 하더니 빈말이 아니올시다."

갑자기 상대의 태도가 달라지자 연암은 혼자 씩 웃었다. 이 삽화는 『열하일기』「관내정사關內程史」와「피서록避暑錄」에 나뉘어 실려 있다.

하지만 연암은 귀국 후에 이 대화를 『열하일기』에 적었다가 이덕무에게 아주 혼이 났다. 당시 연암은 벗들과 만나기만 하면 목청을 돋워 『열하일기』를 읽어주고는 슬그머니 반응을 떠보곤 했다. 이덕무가 한번은 시치미를 뚝 떼고 "제 생각에 이 책은 한 부의 거짓말투성이 엉터리 책이올시다"라고 말했다. 연암이 깜짝 놀라 무슨 말이냐고 묻자 이덕무의 심드렁한 대답이 이랬다.

"아! 풍윤성 사람에게 대답하면서 형암과 초정이 모두 나의 문도라 했으니, 공자의 문도가 서로 제자라고 일컫은 것과 무에 다르답니까? 이래도 엉터리 책이 아닙니까?"

연암이 그만 다급해져서 손사래를 치며 말했다.

"자네 여러 말 말게. 남이 알까 겁나네."

그래놓고 두 사람은 데굴데굴 뒹굴며 웃었다. 이덕무와 박제가는 연암의 문하생이었을까? 벗이었을까? 정답은 둘 다이다. 이들의 관계는 실로 묘한 점이 있다. 이덕무와 박제가는 아홉 살 차이였고, 연암은 이덕무보다 네 살이 위였다. 이서구는 어린 시절 이덕무를 선생으로 모시고 글을 배웠다. 처음 이들의 관계는 스승과 문생에 가까웠고, 나중에는 나이를 잊고 허물없는 벗이 되었다. 위아래 구분을 두지 않고 스스럼없이 어울렸다. 거리낌없이 놀았다. 이덕무의 위 이야기는 『아정유고雅亭遺稿』권8에 실린 「성대중에게 보낸 편지」에 실려 있다. 편지에 이덕무는 "책이 참으로 기서(奇書)요, 사람 또한 우뚝합니다"라고 적었다. 이덕무와 연암의 관계는 벗에 가까웠지 문생이라 하기는 어려웠다. 연암은 이덕무의 『이목구심서』를 여러 차례 빌려다가 자기 글감으로 종종 활용하곤 했다.

선월루 서점 남쪽 골목의 두번째 집

연암 일행은 8월 초하루에 북경에 도착했다. 이틀 뒤인 8월 3일, 연암은 처음으로 유리창 거리를 찾았다. 그가 선무문 쪽 방향에서 유리창 거리로 들어섰을 때 대뜸 오류거 서점의 간판이 눈에 들어왔다. 그집 간판을 보자 마치 오랜 친구를 만난 듯이 반갑더라고 연암은 적었다. 연암에게 북경 유리창 거리는 초행임에도 이미 눈에 익숙한 곳이었다. 떠나오기 전 이덕무가 연암에게 말했다. "원항(鴛港) 당낙우를 찾으시려면 먼저 선월루(先月樓)로 가서 거기서 남쪽으로 꺾어 작은 골목 두번째 집을 찾으시면 됩니다." 연암은 유리창 거리에 들어서자마자 서점 구경보다 박제가 등이 교유했던 당낙우의 집부터 찾아갈 생각을 했다.

조금 지나 양매서가(楊梅書街)의 육일루(六一樓)에 잠깐 들렀을 때 연암은 거기서 황포(黃圃) 유세기(兪世琦)란 인물과 만났다. 처음 보자마자 연암은 그가 틀림없이 반정균, 이조원, 축덕린, 곽집환 중 한 사람일 거라고 근거 없이 단정했다. 연암 또한 이들과 어서 만나고픈 열망이 그만큼 컸다는 뜻이다. 대신 서황(徐璜)과 진정훈(陳庭訓) 같은 선비가 자리를 함께했다.

문득 과시욕이 동한 연암은 홍대용의 중국 벗인 등사민(鄧師閔)의

• 지금도 유리창 거리의 뒷골목에는 예전 벼슬아치의 집이었음직한 고가들이 적지 않다. 당낙우의 집도 이런 집들 가운데 하나였을 것이다.

부탁으로 그의 친구 곽집환의 문집 『회성원집』에 서문을 써주었던 일을 떠올렸다. 그 책을 보면 자기가 어떤 사람인지 알 거라고 은근히 과시했다. 유세기가 즉시 사람을 문수당 서점에 보내 그 책을 구해오게 했다. 연암은 잠시 후 그가 자신의 글을 앞에 놓고 눈이 휘둥그레져서 대하는 태도를 고칠 것을 잔뜩 기대해마지않았다. 막상 돌아온 하인 녀석이 그런 책이 없더라고 하는 바람에 머쓱해졌다.

고작 화제를 돌린다고 한 말이 이번에는 학사 반정균을 아느냐는 물음이었다. 유세기가 또 잘 모른다고 하자, 연암은 종인부(宗人府) 건물을 지나 오른쪽 맞은편 집이 그의 집이라는데 종인부가 어디냐고 다시 물었다. 이때 곁에 있던 서황 등이 반정균의 집이 양매서가 거리에 있는 단씨(段氏)의 백고약포(白膏藥鋪) 맞은편 집이라고 일러주었다. 지난가을에 반정균이 이곳으로 이사 왔다고 했다. 뒷날 다시 날을 잡아 만나기로 약속하고 헤어질 때 유세기는 양매서가 가는 길과 단씨 약방의 위치를 친절하게 일러주었다.

연암은 이날 반정균의 집보다 선월루 근처 당낙우의 집을 먼저 찾았다. 수레를 좀더 달리자 선월루가 나왔다. 연암은 이덕무가 일러준 대로 마치 전에 와본 친구 집을 다시 찾는 사람처럼 조금의 망설임 없이 당낙우의 집 대문을 노크했다. 당낙우는 이미 출근하여 집에 없었다. 하인의 안내를 받아 안으로 들어서자 주씨(周氏) 성의 집사가 맞이하고, 어린아이 둘이 캉에서 내려와 공손하게 읍을 했다. 연암이 묻는다.

"나이가 몇이냐?"

"저는 열세 살이고 동생은 열한 살입니다."

"오호라. 네 이름은 장우(張友)이고, 네 이름은 장요(張瑤)렷다."

두 녀석이 일제히 눈이 휘둥그레졌다.

"맞습니다. 대인께선 저희의 이름을 어찌 아시는지요?"

"응. 너희가 책을 열심히 읽어 이름이 해외에까지 널리 알려졌느니라."

두 아이의 놀란 눈빛이 내 눈에도 보이는 것 같다.

박제가는 『호저집』에 실린 글에서 이조원의 가까운 친구였던 당낙우를 이렇게 소개했다.

당낙우는 호가 원항이니 사천 사람이다. 벼슬은 원외랑(員外郞)이다. 기하학에 밝아, 저서에 『동락총서東絡叢書』 200여 권이 있다. 무술년

• 유리창 거리 끝자락에서 문득 만난 양매죽사가(楊梅竹斜街)의 표지판. 아래쪽은 양매서가의 지금 풍경. 저 복잡한 골목 어딘가에 반정균이 살던 집이 있었을 것이다.

(1778)에 나와 사귐을 맺었다. 집은 유리창 거리의 선월루 남쪽에 있다. 나와 함께 「악률문답樂律問答」 수천 언을 나눈 것이 있다. 경술년(1790)에 어려움을 만나 후보(候補)로 서울에 있었다. 내가 바로 가서 어린 딸에 대해 물어보니 이미 과거에 급제한 동향 사람 주근(朱瑾)에게 시집 갔다고 했다. 구봉(九峯) 또한 그의 호다. 아들의 아명은 우관(友官)과 요우(瑤友)이고, 딸의 이름은 경요(瓊瑤)다. 4남 4녀를 두었다.

이름이 연암의 기록과 조금 차이 난다. 하지만 재미있다. 박제가와 이덕무가 이조원을 찾다가 만나게 된 그의 친구 당낙우의 집을 박지원이 익숙하게 찾아가 그 아들의 이름까지 대서 놀래고, 박제가는 다시 10년 뒤에 그의 집을 찾아가 자식의 근황을 확인했다. 이제 조선 지식인과 중국 지식인의 사이는 가족의 안부를 묻고 친구의 명함을 들고 그 친구를 찾아가는 끈끈한 인맥과 정이 켜켜이 쌓인 관계로 발전했다. 한 차례의 만남이 일과성으로 끝나지 않고 긴 시간을 두고 종횡으로 이어져 확산되었다.

유리창 거리의 사념과 급작스런 열하행

이튿날인 1780년 8월 4일, 지독한 무더위 속에 연암이 유리창 거리의 한 누각 난간에 기대서서 떠올린 생각은 조금 특별했다. 잠깐 읽어 본다.

내가 한 누각에 올라 난간에 기대 탄식하며 말했다. "천하에 단 한 사람의 지기를 얻는다면 족히 여한이 없으리라. 아! 사람의 정리가 스스로 살펴보아 지기를 얻을 수 없게 되면 때때로 큰 바보나 미치광이가 되고 만다. 이제 나 아닌 다른 무엇으로 나를 살펴 마침내 내가 사물과 다름이 없어야만 몸을 노닐 때 툭 터져 시원스러워 여유로움이 있게 된다. 성인께서는 이 방법을 쓴 까닭에 세상을 피해 물러나 지내도 근심이 없었고, 홀로 서서도 두렵지 않았다. 공자는 '남들이 자기를 알아주지 않더라도 성내지 않는다면 군자가 아니겠는가?'라고 하였고, 노자는 '날 알아주는 자가 드물어야 내가 귀하다'고 했다. 이들은 이처럼 남들이 나를 알게 하려 하지 않았다. 그래서 혹 그 의복을 바꾸고, 그 외모를 고치며, 그 이름을 바꾸기까지 했다. 이야말로 성인과 부처, 현인과 호걸 들이 세상에서 크게 즐거워하며 천하에 왕 노릇 하는 것과도 그 즐거움을 맞바꾸려 들지 않았던 까닭이다. 이러한 때에 천하에 혹 한 사람이라도 나를 아는 자가 있게 되면 그 자취는 어그러지고 만다. 하지만 그 속마음만큼은 천하에 단 한 사람이라도 나를 알아주는 이가 있기를 기다렸을 것이다. (중략) 이제 나는 유리창 거리 가운데 홀로 서 있다. 옷과 갓은 천하가 모르는 바이고, 수염과 눈썹은 천하 사람이 처음 보는 것이다. 반남 박씨는 천하에서 한 번도 들어보지 못한 성씨다. 이렇기에 내가 성인도 되고 부처도 되고, 어진 이와 호걸도 된 셈이다. 기자(箕子)나 접여(接輿)처럼 미친 체하더라도 장차 이 지극한 즐거움을 누구와 더불어 논하겠는가?"

특유의 너스레로 말끝을 헷갈리게 흐려놓았지만, 요컨대는 이 유리창 거리에서 예전 홍대용이 그랬던 것처럼 단 한 사람의 지기와 만날 수만 있다면 더 바랄 것이 없겠다는 희망을 피력한 대목이다. 지기와의 상봉을 위한 전제로 연암은 제 안목을 내세우는 자시(自視) 말고 비아관아(非我觀我), 즉 나를 넘어선 안목으로 나를 객관화할 것을 주문했다. 유리창 거리야말로 그것이 가능한 공간일 터이므로 이곳에서의 갸륵한 만남을 기대한다는 뜻을 이렇게 설파했다.

하지만 바로 다음날인 8월 5일에 통보받은 돌연한 열하행으로 인해 북경 체류 기간중 지기를 만나보고자 했던 상봉의 계획은 수포로 돌아가고 말았다. 대신 이전까지 아무도 못 가본 열하를 처음 가서 판첸 라마와 티베트 불교, 그리고 변방의 풍광을 직접 눈으로 본 것은 큰 행운이었다. 하지만 치러야 할 대가도 있었다.

정사 박명원이 자신을 따라 열하로 동행할 것을 종용하자 연암은 그만 난처했다. 어떻게 별러서 온 북경인데, 도착한 지 고작 나흘 만에 열하로 떠나게 된 것이다. 그사이에 반정균, 축덕린, 이정원 등과는 연통조차 닿지 않았고, 당낙우의 집은 한 차례 방문만 하고 본인과 만나지도 못한 상태였다. 잔뜩 들고 온 전달할 편지와 선물도 그대로였다. 한마디로 북경에서 처리해야 할 숙제가 많이 남아 있었다.

연암은 이때의 심경을 『열하일기』 8월 5일 자 기사에서 이렇게 적었다.

나도 몹시 함께 가고 싶기는 했다. 하지만 우선 안장을 벌써 풀었고 여독이 여태 가시질 않아 또 먼 걸음을 하는 것은 실로 견디기가 어려웠다. 둘째로는 만약 황제가 열하에서 곧장 조선으로 돌아가라고 명한다면 북경 유람이 실로 낭패가 되게 생겼다. 근년 들어 황제는 우리나라를 끔찍이 생각한 나머지 매번 파격적으로 대우해 속히 돌아가게 하는 것을 특별한 은혜로 여기는 듯하다. 그럴진대 곧장 돌아가게 될 염려가 열에 여덟아홉이었다.

몹시 가고 싶기는 했다는 첫마디는 말짱한 거짓말이다. 몸이 말을 안 듣는다는 것도 평계다. 그보다 더 나이가 많은 정사가 가야 하는 마당이다. 연암이 열하행을 진짜 망설였던 이유는 열하에 갔다가 황제가 특별한 은전이라도 베푼다는 듯이 수고했으니 조선 사신은 여기서 곧장 귀국해도 좋다고 말하는 상황이 벌어질 것을 염려해서였다. 자신은 북경 유람을 이제 막 시작하려는 참인데, 다시 북경에 발도 못들이고 그저 귀국길에 오른다는 것은 생각하고 싶지 않은 끔찍한 시나리오였던 것이다. 그럴 바에는 차라리 이곳에 잔류해서 정사 일행이 열하를 갔다 오는 동안만이라도 북경 구경을 더 하고 싶었던 것이 연암의 솔직한 심정이었다. 하지만 이 같은 희망은 정사 박명원의 다음 한마디에 속절없이 무너지고 말았다.

자네가 만릿길에 북경까지 온 것은 유람을 위해서가 아닌가. 이제 이곳 열하는 선배들이 아무도 가보지 못한 곳일세. 우리나라로 돌아가서 누가 열하에 대해 물으면 어떻게 대답할 텐가? 북경이야 사람들이 본 곳이 아닌가. 이번 걸음은 천년에 한 번 만날 기회인데 가지 않을 수 있겠는가?

이렇게 나서게 된 열하행에서 연암은 「일야구도하기—夜九渡河記」
와 「야출고북구기夜出古北口記」를 비롯한 불후의 명문들을 쏟아냈다.
열하에서 판첸 라마와의 만남, 청나라의 정세를 파악해 기록한 「심세
편審勢編」을 포함해, 윤가전(尹嘉銓), 왕민호(王民皞) 등과 나눈 아름다
운 필담 기록 또한 얻을 수 있었다.

실낱처럼 이어지는 인연의 사슬

열하에서 만난 중국 선비들에 관한 기록 모음인 「경개록傾蓋錄」에
는 절강 인화 출신의 왕신(汪新)과 만난 이야기가 나온다. 절강 인화는
홍대용의 벗인 육비의 고향이 아닌가? 연암은 이를 확인하자 그에게
대뜸 서림(西林) 오영방(吳穎芳)과 육비 및 엄성의 형 엄과(嚴果)의 근황
을 물어, 왕신을 깜짝 놀라게 했다. 왕신이 전해준 육비의 근황은 이
러했다.

육비는 기이한 선비입니다. 올해로 회갑인데 강호에서 실의에 빠져
시와 그림을 성명(性命)으로 삼고 산수를 벗으로 삼아 지냅니다. 많이
마셔 대취하면 미친 듯 노래하며 분을 내서 욕을 퍼붓곤 하지요. (중략)
육비는 저와 지극히 가까운 사이입니다. 사람들은 육해원(陸解元)이라
고 부르며 당백호(唐伯虎)나 서문장(徐文長)에 견주곤 합니다. 서호를 벗
어나지 않은 지 30년이니 부귀가 지극한 셈이지요. 제가 고향을 떠나
온 지 10년이나 되어 그저 풍문으로 차와 술에 마음을 붙이며 지낸다

는 말만 들었습니다. 득의의 인물임을 알 만합니다. 저처럼 풍진세상에 파묻혀 사는 사람에야 견주겠습니까?

그 호탕하던 육비의 만년 정황은 왠지 서글픈 여운을 남긴다. 연암이 귀국한 뒤 이 소식을 전해 들은 홍대용의 마음은 또 어떠했을까? 이렇듯 인연은 끊어질 듯 실낱같은 맥락이 다시 이어지곤 했다.

결국 8월 1일에 북경에 도착해 나흘 만인 8월 5일에 열하로 떠났던 연암은 보름 만인 8월 20일에야 겨우 북경으로 돌아왔다. 연암의 당초 기우와는 달리 사행이 북경을 떠나 귀국길에 오른 것은 그로부터 근 한 달 뒤인 9월 17일의 일이었다. 하지만 연암의 붓은 열하에서 듣고 본 일과 그곳에서 만난 중국 선비들과의 필담을 기록하느라 기운이 다 빠진 탓일까, 북경에 돌아온 이후 중국 지식인들과의 만남에 대한 기록은 아무 남은 것이 없다.

아들 박종채(朴宗采)가 남긴 『과정록過庭錄』에 이런 기록이 보인다.

아버님이 연경에 계실 때 교유한 여러 명사에 효정(曉亭) 왕성(王晟), 태사 고역생(高棫生), 한림 초팽령(初彭齡), 한림 허조당(許兆黨), 황포 유세기, 문포(文圃) 서황(徐璜), 사헌(箕軒) 능야(凌野), 진정훈(陳庭訓), 육가초(陸可樵), 이면(李晃), 승기(乘驥) 풍병건(馮秉鞬), 단가옥(段可玉) 등 10여 인이 있다. 이들과 나눈 필담과 왕복 편지는 모두 일실되어 전하지 않는다. 대개 『열하일기』는 「황도기략黃圖紀略」「알성퇴술謁聖退述」「앙엽기盎葉記」 등 서너 편을 제외하고는 단지 열하에 계실 때의 일을 기록했을 뿐이다. 연경에 돌아오신 이후에는 초고를 미처 엮지 못했다. 그래서 책 이름도 그저 '열하일기'로 총괄하고 말았으니 실은 미완성의 책일 뿐이다.

이 명단 속에도 처음 찾았던 당낙우나 반정균, 축덕린 등에 대한 언급은 보이지 않는다. 열하에서 돌아온 이후 한 달 가까운 북경 체류 기간중에도 연암과 이들의 만남은 끝내 성사되지 않았던 듯하다. 그 연유는 끝내 알 수가 없다. 반정균 등과 조선 사행의 인연이 다시 이어지는 것은 그로부터 10년 뒤인 1790년 박제가와 유득공의 2차 연행길에서였다.

인간 세상의 이 같은 즐거움
-『열하일기』의 사각지대

기막힌 생각 절묘한 기회

중국에 간 연암은 유난히 혼자 생각이 많았다. 예정에 없던 갑작스런 열하행으로 조선 사신들은 일정에 대어 가느라 죽을 고생을 했다. 천신만고 끝에 도착한 조선 사행을 배려해 건륭제는 느닷없이 티베트 불교 지도자인 판첸 라마를 배알하라는 특별한 명을 내렸다. 여론이 들끓었다. 배불(排佛)의 나라에서 국가를 대표해서 온 사절이 이국 오랑캐의 승려 앞에 무릎을 꿇고 절을 올린다는 것은 국가 위신상 있을 수 없는 일이었다. 황제는 그 있을 수 없는 일을 요구하고 있었다. 골탕을 먹이려는 뜻은 조금도 없었다. 오히려 그 반대인 것이 더 문제였다.

승덕 피서산장 안쪽의 '열하' 표지석. 더운 물이 솟아 한겨울에 호수가 모두 얼어도 이곳만은 얼지
않는다.

예부에 글을 올려 따져보자는 주장과 지금이 춘추대의를 따질 때냐는 반박, 어서 서둘러 가자는 청나라 군기대신의 종용 등이 맞물려 사행 내부는 온통 뒤숭숭했다. 이 와중에도 연암은 엉뚱한 생각이 한참 늘어지고 있었다. 『열하일기』「태학유관록太學留館錄」의 해당 대목을 잠깐 읽겠다.

이때 나는 속으로 가만히 기이해하며 말했다.

"이건 정말 좋은 기회인걸."

또 손가락 끝으로 허공에 권점(圈點)을 찍으며 말했다.

"멋진 글 제목이로군. 이 시점에 사신이 만약 다시 (배알을 거부하는) 상소문을 한 차례 올리면 의롭다는 명성이 천하에 울려 크게 나라를 빛내겠지?"

또 혼잣말을 했다.

"군대를 내게 될까? 아니지. 이건 사신의 죄인데 어찌 그 나라에 대고 성을 낼 수 있겠어. 하지만 사신이 운남(雲南)이나 귀주(貴州)로 귀양 가는 것만큼은 막을 수가 없을 게야. 의리상 나 혼자 돌아올 수는 없겠고 드디어 내가 서촉과 강남땅을 밟아보게 생겼구나. 강남은 가깝고, 교주(交州)나 광주(廣州) 같은 곳은 연경에서 만여 리나 떨어진 곳이 아닌가. 내 유람할 일이 어찌 근사하지 않겠는가."

나는 가만히 기쁨을 이길 수가 없어 곧장 문밖으로 달려나가 동쪽 행랑채 아래 서서 양식을 담당하는 마두 이동(二同)이를 불러서 말했다.

"속히 가서 돈 아끼지 말고 술을 사오너라. 이제 너와도 작별이다."

한참 심각한 판에 사신을 따라 교주, 즉 월남까지 귀양 가게 되면 뜻밖에 남쪽 지방을 두루 여행해볼 수 있게 생겼으니 이게 웬 떡이냐는 궁리다. 좌우간 그의 넉살과 유머는 알아주지 않을 도리가 없다.

실제로 연행 도중 연암은 많은 중국 인사들과 지속적인 접촉이 있었다. 이상한 것은 그와 만나 대화한 사람들의 명단 중에 반정균, 이조원, 축덕린 같은 친숙한 이름들이 하나도 보이지 않는다는 점이다. 북경에 도착한 지 이틀 만에 당낙우의 집을 찾아가던 열의가 갑작스런 열하행으로 무산되었지만, 열하를 다녀와 한 달 가까이 북경에 머무는 동안에도 이들과 회동한 흔적이 전혀 보이지 않는다. 연암이 이들을 찾지 않았을 리 없고, 찾았다면 만나지 못했을 까닭이 없다. 땅으로 꺼졌는지 하늘로 솟았는지, 아니면 이때 이들이 모두 북경을 떠나 있었는지 몰라도 1780년 북경 체류 기간에 연암이 이들과 한마디의 대화도 나눠보지 못한 것만큼은 분명하다. 연유를 알 수가 없다.

대신 연암은 북경 유리창가의 육일루에서 만난 유세기 등과 여러 차례 만나 필담을 나눴다. 또 열하에서 만나 필담을 주고받은 사람도 여럿이었다. 다만 8월 20일에 북경으로 다시 돌아와 9월 17일 북경을 떠날 때까지의 연암의 동선(動線)이 기록상 정확하게 파악되지 않는다. 당연히 포함되었어야 할 북경 체류 한 달간의 일기가 빠지고 없는 것이다.

이 좋은 밤 고운 달빛을 함께 볼 사람이 없다

연암은 늘 웃음을 몰고 다녔고, 내내 호기심에 넘쳤다. 하지만 문 득문득 고독했다. 그의 고독은 어딘가 있을 단 한 사람의 지기와 만나 야만 해소될 일이었다. 천신만고 끝에 열하에 도착한 첫날인 8월 9일 저녁, 그는 낮에 열하 태학관의 명륜당에서 만난 통봉대부(通奉大夫) 대리시경(大理寺卿) 윤가전(尹嘉銓)과 귀주(貴州) 안찰사 기풍액(奇豊額) 을 다시 방문해 필담을 나눈 뒤 돌아왔다. 사행단은 지난 닷새 동안 못 잔 잠을 자느라 모두 곯아떨어져 있었다. 잠이 원체 적었던 연암은 혼자 술을 따라 마시다가 밖으로 나와 담장 밖에서 낙타가 골골대며 우는 소리를 듣고 탁자 위에 뒤죽박죽 널브러져 잠든 제독과 통관들 의 모습을 보았다. 다시 여기에 이어지는 묘사는 『열하일기』 중에서 도 가장 아름답고 인상적인 대목 가운데 하나다.

오른쪽 행랑으로 들어가니 역관 세 사람과 비장 넷이 캉 하나 위에 서 함께 엉켜 자고 있다. 목이 엇갈리고 다리를 서로 걸쳤는데 아랫도 리는 가리지도 않았다. 우레처럼 코를 골지 않는 이가 없다. 어떤 이는 호리병을 따르는데 물이 막힌 듯한 소리를 내고, 어떤 이는 톱을 켜다 톱니가 안 나갈 때 나는 소리를 낸다. 어떤 이는 쯧쯧 하며 남을 나무 라는 듯하고, 어떤 이는 쩝쩝 원망을 삭이는 듯하다. 만릿길에 고생을 같이한데다 숙식까지 함께하고 보니 정분이 골육과 다를 바 없는지라 생사조차 함께할 법한데, 한침상에서도 꿈은 초나라와 월나라 사람의 속생각만큼이나 다르다.

• 피서산장 입구 현판(위)과 산장 안 호수의 여름 풍경(아래).

담배에 불을 붙여 밖으로 나왔다. 개 짖는 소리가 무슨 표범 소리 같다. 장군부(將軍府)를 나서자 바라 치는 소리가 마치 깊은 산속 두견이 울음소리처럼 들린다. 나는 뜨락 가운데서 서성거렸다. 빨리도 걸어보고 반듯하게도 걸어보며 내 그림자와 더불어 장난을 쳤다. 명륜당 뒤편에는 고목의 그늘이 깊다. 찬 이슬이 동글동글 맺혀 잎마다 구슬을 드리웠고, 그 구슬 하나하나마다 달빛이 어리었다. 담장 너머에서 또 3경 2점을 친다. 애석타! 좋은 밤 환한 달빛을 함께 감상할 사람이 없구나. 이때 어찌 우리 쪽 사람들만 모두 잠이 들었겠는가? 도독부의 장군들도 잠들었을 것이다. 나 또한 캉에 들어가 쓰러지듯 베개에 누우리라.

이때 사신 일행은 8월 9일부터 15일 아침까지 열하의 태학을 숙소로 이용했다. 이곳에는 황제의 생신 축하 행사에 참여하기 위해 각지에서 온 중국의 관리들이 많았다. 『열하일기』의 「경개록」은 연암이 이곳에서 만난 중국 선비들의 이름과 그들의 인적 사항을 적고 있다. 간단히 정리하면 다음과 같다.

왕민호(王民皞) 호는 곡정(鵠汀). 54세. 강소(江蘇) 사람. 거인(擧人). 「곡정필담鵠汀筆談」과 「망양록忘羊錄」이 그와 나눈 필담이다.

학성(郝成) 자는 지정(志亭), 호는 장성(長城). 안휘(安徽) 흡주(歙州) 사람. 벼슬은 산동도사(山東都司). 무인(武人). 연암과 밤낮으로 필담을 나누었다.

윤가전(尹嘉銓) 호는 형산(亭山). 정3품 통봉대부 대리시경을 지낸 후 은퇴. 70세. 직례성(直隸省) 박야(博野) 사람. 황제의 큰 총애를 받았던 인물이다. 「희본명목기戱本名目記」의 첫머리에 수록된 「구여가송九如歌頌」이 그의 작품이다. 한족들의 큰 존경을 받았다.

경순미(敬旬彌) 자는 앙루(仰漏). 몽고 사람. 39세. 강관(講官). 오만하고 덜렁대는 성격. 한 번도 연암과의 필담에는 참여하지 않았다.

추사시(鄒舍是) 거인. 산동 사람. 광망한 성격으로 미워하는 사람이 많았다.

기풍액(奇豊額) 자는 여천(麗川). 37세. 만주 사람으로 벼슬은 귀주 안찰사. 원래 조선 사람으로 중국에 산 지 4대째다. 본래 성씨는 황씨다. 북경에서도 그와 만났다.

왕신(汪新) 절강 인화 사람. 44세. 광동(廣東) 안찰사. 주량이 대단했다. 육비와 동향으로 그에 관해 연암과 대화했다.

파로회회도(破老回回圖) 자는 부재(孚齋), 호는 화정(華亭). 몽고 사람. 47세. 강관(講官). 연암과 술집에서 만나 대화했다.

호삼다(胡三多) 승덕부의 한족 어린이. 왕민호의 제자. 그에 관한 여러 재미난 이야기가 실려 있다.

조수선(曹秀先) 자는 지산(地山). 60세 남짓. 강서(江西) 신건(新建) 사람으로 벼슬은 예부상서(禮部尙書)였다.

왕삼빈(王三賓) 복건 사람. 25세. 윤가전의 청지기 또는 기풍액의 비복처럼 보이는 인물이다.

모두 11명이 등장한다. 전국에서 모여든 관리들이어서 연령대도 폭이 넓고 지역도 광범위했다. 이중 연암과 가장 가까웠던 인물은 윤가전이고, 왕민호, 기풍액 등과도 가깝게 지냈다. 도착한 날과 떠나는 날을 빼고 나면 고작 닷새인데 이 닷새 동안의 기록이 『열하일기』 전체에서 차지하는 비중은 대단히 높다. 이들과의 대화록도 매우 상세하다. 그런 그가 북경에서의 27일간에 대해서는 풍경점별로 북경의 명승을 소개한 「황도기략黃圖紀略」과 「앙엽기盎葉記」 외에는 입을 꼭 다물었다. 왜 그랬을까?

북경에서의 한 달과 육일루 연담회

연암이 애초에 북경 체류 기간중의 일을 배제하려 했던 것은 아니다. 연암의 친필 필사본이 모두 들어 있는 단국대학교 연민문고 소장본 중 『공작관집孔雀館集』이란 표제가 붙은 필사본에 『열하일기』의 「양매시화楊梅詩話」를 별권으로 옮겨 적은 것이 있다. 「양매시화」는 앞서 말한대로 양매죽사가에서 유세기 등과 만나 나눈 이야기를 시화 형태로 적은 것이다. 그런데 이 편명은 다른 필사본 『열하일기』에서 전혀 찾아볼 수가 없다. 첫 장에 "원본 중 누락된 것이니 베껴 써서 차례에 포함하라(元本中落漏, 謄入次)"라고 써 있다. 연암이 당초 북경 체류 일기도 포함하려 했던 사정이 짐작된다. 이 책에는 서문에 해당하는 글도 있다. 현전 『열하일기』에는 역시 빠지고 없다. 여기서 잠깐 인용한다.

내가 처음에 황포(黃圃) 유세기를 유리창 안에서 만났다. 그는 자가 식한(式韓)으로 과거를 준비하는 거인이다. 열하에서 황성(皇城)으로 돌

• 연암 친필 필사본 『공작관집』 표지(위)와 「양매시화」 서문(아래).

아온 뒤 바로 황포와 약속해서 양매서가에서 만나 얘기를 나누었다. 일곱 차례 만났다. 황포는 해내(海內)의 명사들을 많이 데려왔다. 거인 능야(凌野), 태사(太史) 고역생(高域生), 한림 초팽령(初彭齡), 한림 왕성(王晟), 거인 풍병건(馮秉健) 등이었다. 이들은 모두 재주가 높고 기운이 맑아 한 글자 한 마디마다 향기롭지 않음이 없었다. 하지만 필담의 초고는 대부분 이들 명류가 빼앗아가버렸다. 나중에 돌아올 때 행장을 점검해보니 겨우 열에 서넛이 남아 있었다. 하지만 그나마 취한 뒤에 어지럽게 쓴 것이거나 황혼에 쫓겨 붓을 내달린 것이어서, 비유하자면 여산(廬山)이 새벽구름에 가려 진면목을 찾기 어렵고, 소옹(小翁)이 휘장을 내린 채 패옥 소리만 살랑살랑 들리는 형국이었다. 연암협의 엄화계(罨畫溪)에서 한가한 날 며칠간 뒤적거려 살피고 나서야 겨우 차례를 지을 수 있었다. 아! 그 당시에 홀로 붉은 난간에 기대어 여러 손님들이 오는 것을 살펴보노라면 수레와 말이 앞서거니 뒤서거니 도착한다. 이를 맞이해 첫 만남의 자리가 열리자마자 흉금을 열고 우스갯소리를 주고받던 일이 마치 눈앞에 있는 것만 같다. 이야기의 가루가 부슬부슬 흩어지며 오가고, 우담발라 꽃 같은 대화가 어지러이 스쳐지나갔다. 긴긴날 주미(麈尾)를 휘두르며 얘기하던 그 손짓들이 눈에 선하다. 인간 세상에서 이 같은 즐거움을 어느 때나 잊을 수 있겠는가?

연암은 같은 책의 두번째 항목에서 모두 일곱 차례에 걸친 유세기 등과의 만남을 '육일루 연담회(燕談會)'라고 이름 붙였다. 위 글에 등장하는 여섯 사람에 관한 내용은 『열하일기』의 다른 대목 중에 언뜻언뜻 잠깐씩 등장한다. 그런데 이 잊을 수 없는 대화의 구체적 장면을

• 황포 유세기가 거처했다는 석조사 풍경(2005년). 베이징 도심 재개발로 현재는 종적조차 찾을 수 없다. 『열하일기』의 묘사에 따르면 저 허름한 집에서 30여 명의 하숙생들이 옹기종기 살고 있었다.

현전 『열하일기』에서 찾을 수가 없다. 고작 닷새 머문 열하에서의 필담이 그토록 구체적인 것에 비하면 참으로 알기 어렵다.

하지만 현전 『열하일기』의 이 글 저 글에 북경에 돌아온 이후 연암의 행적이 무심코 드러난 경우가 없지 않다. 「경개록」에서 "북경에 돌아간 후 그의 집을 찾아가 귀주로 떠나는 그와 작별했다"고 기풍액과의 재회를 언급한 것이라든지, 1일, 11일, 21일에 장이 서는 융복사(隆福寺)에 의주 상인 경찬(鏡賛)과 동행한 이야기, 한림 초팽령과 함께 갔던 명인사(明因寺) 관람, 석조사(夕照寺)의 거처로 유세기를 방문했던 일 등을 통해 일부 세부 동선이 복원된다. 융복사 시장 구경의 경우 위 세 날짜 중 가능한 날은 9월 1일과 11일 이틀 중 하나다. 육일루 연담회를 비롯해 일곱 차례에 걸친 유세기와의 만남도 일정의 일부다.

더 기막힌 자료는 정작 따로 있다. 연암과 함께 사행에 상방비장의 신분으로 참여했던 노이점(盧以漸, 1720~1788)이 쓴 또다른 연행일기 『수사록隨槎錄』이 그것이다. 그는 연암보다 열일곱 살이나 연장이었다. 그의 『수사록』에는 한양 출발에서 회정까지의 전체 일정이 날짜별로 빠짐없이 빼곡히 적혀 있다. 중간중간 연암에 대한 기술도 꽤 된다. 노이점은 연암과 함께 동악묘로 연극 구경을 나갔다가 능야 등과 작반하여 황금대(黃金臺) 구경을 함께 하기도 했다.

그는 날짜별로 모든 일정을 기록해두었으므로 연암의 일정이 이를 통해 확인되는 경우도 있다. 예를 들어 8월 22일에는 몽고인 박명(博明)을 만나 노이점과 함께 장시간 필담을 나누었다. 또 8월 25일에 연암은 오룡정(五龍亭)을 거쳐 국자감과 옹화궁, 문승상사당 등을 다녀왔다. 이렇게 하나하나 정리해나가다보면 『열하일기』에 빠지고 없는 연암의 북경 체류 기간중의 동선이 거의 대부분 확인된다. 기록의 중요성을 새삼 실감한다.

박명과의 만남과 연암의 외면

앞서 이름이 잠깐 나온 박명은 노이점과 특별히 가까워 자주 만나 필담을 나누었다. 『수사록』 속에는 박명에 관한 기사가 넘쳐난다. 그는 1776년 유금의 연행 당시 유금을 위해 기하실(幾何室)이란 세 글자를 써서 선물했던 인물이었다. 그는 이덕무와 박제가의 글 속에도 자주 등장한다. 연암은 북경에 머무는 동안 박명과 몇 차례 이상 만났고 상당히 긴 시간 동안 필담을 나누었던 듯하다.

『열하일기』 중 「황교문답黃教問答」은 열하 체류 당시의 기록이다. 이중 어느 음식점에 들렀다가 만난 파로회회도란 몽고 사람과 나눈 대화가 실려 있다. 처음에 연암은 그가 만주인일 것으로 짐작했다. 몽고인이라는 사실을 확인한 후 그의 필법이 민첩하면서도 깔끔한 것을 보고 연암은 대뜸 박명을 아느냐고 그에게 묻는다. 동생처럼 가깝게 지내는 사이라고 하자, 다시 반정균은 아느냐고 또 물었다. 그러고 나서 연암은 박명이 박학다식한데다 글씨를 잘 써서 지난 수십 년간 그의 글씨를 많이 보아왔다고 적고 있다.

『열하일기』 속에는 박명의 이름이 두 번 더 등장한다. 「산장잡기山莊雜記」에서 침팬지의 일종인 산도(山都)란 짐승에 대해 박명에게 직접 문의하는 내용과 「황도기략」에서 노이점이 박명을 통해 황금대의 위치를 찾았다고 말하는 대목에서다. 그런데 막상 연암은 그와 직접 만나 나눈 긴 필담의 사연에 대해서는 단 한마디도 언급하지 않고 싹 무시해버렸다. 그 이유는 노이점의 『수사록』에서 실마리가 잡힌다. 다음은 『수사록』 8월 22일 자의 내용이다.

8월 22일 맑음. 원외랑 박명이 또 찾아왔다. 내가 바로 나가 만나보았다. 연암이 그다음으로 왔다. (중략) 이때 날이 이미 저물었다. 장차 자리를 파하고 돌아가려 하므로 내가 말했다. "온종일 가르침을 받아듣지 못하던 얘기를 많이 들었습니다. 정말 고맙습니다. 이를 이어 여가를 보려 하나 실로 기약할 수가 없군요. 저도 모르게 구슬퍼집니다."

박명이 말했다. "틀림없이 나중에 만나 얘기를 나누도록 합시다." 내가 말했다. "삼가 다시 가르침을 받들 수 있다면 정말 기쁘겠습니다. 날이 이미 저물었고, 존체께서 지쳐 피곤하실까 염려되어 이것으로 인사하고 물러나렵니다." 문에 이르자 박명이 마침내 당을 내려와 손을 잡는데 서글퍼하는 뜻이 있었다. 이때 연암은 돌아가버린 지 이미 오래였다. 박명은 경전의 의미에 있어서는 사실 정밀하거나 상세하지는 못했다. 또 그 사람됨이 재주가 많은지라 매번 질문을 하면 첫머리의 몇 글자만 보고도 문득 대답을 하곤 했다. 연암 또한 질문한 것이 많았다. 좌우에서 수응하는 즈음에 잘못 대답한 것도 적지 않았다. 하지만 그의 박식함은 실로 속된 유자(儒者)가 미칠 수 있는 바는 아니었다.

노이점이 박명에게 경전에 대해 질문한 것과 그 대답은 본문의 중략된 부분에서 여러 장에 걸쳐 아주 장황하게 열거되고 있다. 연암의 입장에서 보면 밥 먹으니 배부르다는 식의 아주 따분한 상식 수준의 문답이 오간 것에 지나지 않았다. 그나마도 틀린 대답이 적지 않았다. 박명은 상대의 질문 몇 글자만 보고는 말꼬리를 가로채서 즉시 대답을 하는 방식으로 예봉을 피해 가곤 했다. 연암은 그의 이 같은 경박한 태도가 마뜩잖았을 것이 틀림없다. 연암이 『열하일기』에서 박명과의 만남을 아예 싹 무시하고 언급조차 하지 않았던 이유가 여기 있을 것이다.

9월 13일의 일기에서 노이점은 이날 날씨가 몹시 춥고 이상해서 관에 머물며 연암을 위해 「서관문답서西籠問答序」를 써준 일을 적었다. 또 『수사록』 끝에 그 전문을 따로 실어놓았다. 그의 눈에 비친 연

암은 어떤 인물이었을까?

　　연암 박공은 우뚝하고 헌걸찬 사람이다. 젊어서부터 문장을 하여 그 말이 진한(秦漢)의 사이를 드나들었고, 송명(宋明) 아래로는 입에 올리지도 않았다. 나라 안에서 화려한 기림이 있어 서울의 사대부가 다투어 사모하여 그를 흉내냈다. 그 글을 베껴 외우는 자도 몹시 많았다. 하루는 갑자기 기쁘지 않은 기색으로 탄식하며 말했다. "과거 시험은 글로 이름을 알리는 디딤돌이다. 내가 내 몸뚱이에 부치어 살고, 이름은 또 나에게 부쳐 산다. 내 몸뚱이는 오래지 않아 마침내 흙으로 돌아가 없어지고 말 테니, 하물며 부치어 있는 것에 부쳐 사는 것이야 말해 무엇하랴?" 그러고는 마침내 과거를 그만두고 지은 시문 몇만여 언을 다 불태워버렸다. 금주(金州)의 연암산 가운데 숨어 살면서 겨울옷과 여름옷을 능히 갈아입지 못하고 거친 음식조차 자주 떨어졌지만 집안 식구들은 근심하는 빛이 없었다. 야인의 복장을 하고서 시골 농부나 사당의 노인들 사이에서 자리를 다투며 자득하는 뜻이 충만하였다. 일찍이 이렇게 말했다. "세상 사람들은 자기를 알아주는 것을 다행으로 여기지만, 나는 나를 몰라주는 것을 다행으로 여긴다."

　　공은 이름 있는 집안의 후예다. 뛰어난 재주를 갈고닦아 조정의 높은 지위에 오르는 것이 간단한 일이었음에도 궁벽한 산속에 사립문을 닫아걸고서 남들이 음미하지 못하는 것을 음미하면서 이것으로 저것과 바꾸지 않았다. 어찌 기르는 바가 있어 그런 것이 아니겠는가? 일찍이 한 번쯤 중국을 보고자 했는데, 이번 여름 대인을 따라 연경에 들어왔다. 화표주를 찾아가고 북진묘에 오르며 동쪽으로 큰 바다에 임하였

다. 산해관을 지나 황금대를 조문하는 등 황경을 두루 유람하였다. 밀
운(密雲)을 거쳐 고북구를 나가 사막의 성을 다 둘러보았다. 두루 4000
리를 노닐며 그 웅장한 경관을 다 보고도 지친 기색이 조금도 없다. 채
찍을 휘둘러 말을 몰면서 은연중에 관이오(管夷吾)가 칼을 두드리던 뜻
이 있었다. 어찌 장하지 않은가? 매번 나갔다가 돌아와서는 문득 이렇
게 말하곤 했다. "만약 중국을 와보지 못했다면 거의 인생을 헛살 뻔했
다." 중화의 선비 중에 학문과 문장을 갖춘 자들이 한번 공과 만나보고
는 그 아래에 엎드리지 않는 이가 없었다. 공은 키가 크고 얼굴도 크다.
눈썹은 빼어나고 수염은 성글어 고인의 풍모를 갖추었다. 성품이 술을
좋아하고 잠이 적었다. 서양금을 타면서 사람을 시켜 노래를 부르게
하고는 이를 듣곤 했다. 호방하고 웅장한 담론은 좌중을 놀라게 했고,
신채(神采)가 늠름해서 용과 범을 붙잡고 범과 표범을 묶는 기상이 있
었다. (하략)

명분론에 붙들려 있던 고지식한 선비 노이점의 눈에도 연암은 굴
레를 벗어난 천리마의 기상으로 다가왔던 것이 틀림없다.

연암은 운좋게 열하까지 여행하여 남들이 하지 못한 견문을 했고,
처음의 우려와 달리 북경에 돌아와서도 한 달 가까이 체류하며 사람
들과 만나고 명소를 관람했다. 하지만 그토록 만나고 싶었던 반정균
이나 이정원, 축덕린 등과의 회동은 끝내 이뤄지지 않았다. 박명과는
만났지만 그는 연암의 성에 반도 차지 않는 인물이었다. 기록에서 연
암은 그 일을 거론조차 하지 않음으로써 그를 무시했다.

북경에서 돌아온 뒤 연암은 홍대용, 박제가 등과 달리 중국에서 사

권 사람들과 일절 편지를 주고받지 않았다. 박제가에게는 "자네들 조심하게. 다른 나라 사람과 사사로이 소식을 주고받는 것은 마침내 근신하는 방도가 아닐세"라는 충고까지 했다. 돌아올 때 그곳의 벗이 작별을 아쉬워하며 보낸 선물도 거절하고 돌려보냈다. 다만 황포 유세기가 침향(沈香) 몇 근을 주며 산중에 달 밝거든 이 향을 사르며 서로를 생각하자고 하자 그것은 받았다. 기풍액이 준 단도 한 쌍도 받았다. 그 밖의 선물은 딱 잘라 거절하고 돌려보냈다. 연암의 행동에는 일말의 군더더기도 없었다. 깔끔했다.

대지를 감도는 봄바람
―강세황의 사행과 북경 스케이트 구경

제28화

두 장의 청 황제 어제시 친필 인본

해마다 두세 차례씩 북경으로 사행이 떠나고 또 돌아왔다. 그때마다 200~300명의 인원이 함께 움직였다. 수많은 사람들이 부지런히 그 길을 오갔지만 모든 행차에 의미가 맺히지는 않았다. 1780년 연암의 열하 사행 이후 통상적인 연행사 중에 단연 이채를 발한 것은 1785년의 진하사(進賀使)였다. 이해 1월 6일, 건륭제의 즉위 50주년을 기념해 건청궁 앞뜰에서 천수연(千叟宴)이 성대하게 개최되었다. 천수연이란 천자가 자신의 이름으로 고위 대신부터 일반 백성에 이르기까지 60세에서 90세 이상의 노인들을 불러 베푸는 연회를 말한다. 이 자리에서는 여러 번왕(藩王)과 종실의 자손들이 술잔을 들고 초대된

노인들을 접대했다. 황실의 후예들에게 경로효친의 정신을 앙양코자 하는 교육적 의도도 있었다.

조선에도 진하사로 70세가 넘은 사신을 파견하라는 황제의 명이 전달되었다. 조선 조정은 이에 따라 정사로 70세의 이휘지(李徽之, 1715~1785)와 부사로 72세의 강세황(姜世晃, 1713~1791)을 보내기로 결정했다. 평소의 건강과 시문의 역량을 헤아린 선발이었다. 하지만 한겨울에 요동벌의 칼바람을 맞으며 장도에 오르는 것은 젊은 사람에게도 쉬운 일이 아니었으니, 70세가 넘은 노인에게는 참으로 버거운 걸음이었다. 정사인 이휘지가 연행에서 돌아온 그해에 바로 세상을 뜬 것만 봐도 이때의 연행이 그에게 상당히 무리였음을 알 수 있다.

하지만 당시 진하사는 여러 가지로 풍성한 화제를 낳았다. 두 사람은 1784년 10월 12일에 한양을 출발해서 12월 8일에 북경에 도착했다. 이어 1월 6일에 열린 천수연에 참석했고, 정월 대보름에 두 사람은 건륭제를 가까이서 친견하는 영광도 입었다. 이후 1월 24일까지 북경에 머물다가 2월 14일에 한양으로 돌아왔다. 건륭제는 천수연을 맞아 직접 붓을 들어 예의 멋진 달필로 행사의 감회를 시로 썼다. 황실은 이를 즉각 판각해서 인출한 후 천수연에 참석했던 사람들에게 한 장씩 하사했다. 두 사람도 어제(御製) 천수연시 인본(印本)을 각각 한 장씩 받았다. 이때 받은 두 장의 원본이 모두 뒤에 후지쓰카 지카시의 수중에 들어갔다. 참 대단한 정보력이요, 수집벽이었다.

후지쓰카는 이휘지와 강세황의 연행과 관련된 자료를 상당 부분 손에 넣었다. 이것이 특별히 자랑스러웠던지, 그는 자신의 책 『청조 문화 동전의 연구』에서 무려 37쪽에 걸쳐 이를 상세하게 소개했다.

사실 그의 소개가 워낙 꼼꼼해서 이 글에서 따로 덧붙일 것이 없을 정도다.

먼저 표암 강세황이 하사받은 어필 천수연시 목판 인본은 원래 상태 그대로 표구되어 남아 있다. 강세황은 목판 인본의 양옆에 별지를 덧대 당시의 정황을 비교적 자세하게 기록해두었다. 이 인본 또한 후지쓰카의 손에 들어갔다가 다시 여러 경로를 거쳐 현재는 국내에서 개인이 소장하고 있다. 2003~2004년 예술의전당 표암 강세황 특별전 '푸른 솔은 늙지 않는다'에 실물이 나와 도록에 수록되면서 세상에 알려졌다. 당시 잔치에 강세황이 들고 들어간, 자신의 이름이 적힌 천수연 사물녹두패(賜物綠頭牌)도 실물이 함께 전한다. 명패의 머리 부분이 초록색이어서 붙은 이름이다.

정사 이휘지의 것은 그가 북경에서 받았던 여러 명사들의 시와 서간을 장황(裝潢)하면서 이 또한 크기에 맞게 잘라 편집해 필첩의 첫머리에 실었다. 필첩에는 능숙한 전서(篆書)로 '유능위야(唯能爲也)'란 표제를 붙였다. 여기에는 어필 인본 외에 예부상서 덕보(德保), 병부원외랑 박명(博明), 한군(漢軍) 정황기인(正黃旗人)으로 뒤에 딸이 건륭제의 비(妃)로 간택되는 김간(金簡), 안회(顔回)의 후손 안응위(顔應煒)와 유인직(劉人直), 진걸(陳杰) 등의 시와 서찰이 나란히 수록되어 있다. 후지쓰카는 이휘지가 "「어제천수연시」를 서전지 형태로 재단하고 중국의 명사들과 주고받은 시와 서찰을 함께 장정해 2권의 첩으로 만들어 '유능위야'라는 제목을 써붙였다"고 적고, "『유능위야첩』은 여러 중국 명사들의 필묵이 찬란하게 빛을 발하는 서첩으로 현재 내 서재인 망한려에 소장돼 있다"고 자랑스레 적은 바 있다.

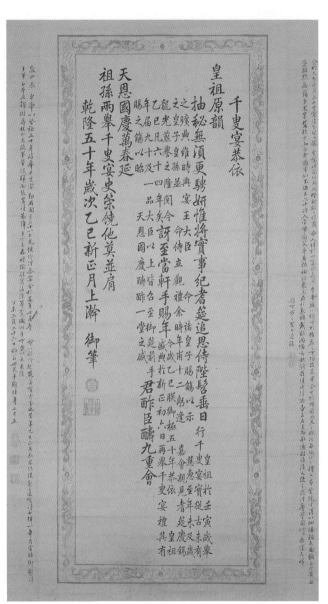

• 강세황이 천수연 참석 당시 선물로 받은 건륭제의 친필 시 인본. 양옆에 전후 경과에 대한 강세황의 친필 사연이 적혀 있다. 개인 소장.

• 강세황이 천수연에 신분 확인용으로 지니고 입장했던 사물녹두패의 앞면(왼쪽)과 뒷면(오른쪽). 위쪽 머리 부분이 녹색이라 이런 명칭이 붙었다. 개인 소장.

후지쓰카의 책에는 『유능위야첩』의 실물 사진도 몇 장 수록되어 있다. 원본의 소재는 종적이 묘연했는데, 지난 2012년 겨울 한림대학교박물관에서 개최된 특별전 '산해관을 넘어 현해탄을 건너—동아시아 지식인의 교유'에서 마침내 실물이 공개되었다. 다만 원래 2책 중 1책만 남은 것은 참으로 애석하다. 미국에 머물 당시 직접 전화로 부탁해서 하버드 옌칭으로 우송되어온 전시 도록을 보고서도 도록의 설명이 워낙 간략하고 본문 또한 한 면밖에 실려 있지 않아 처음에는 이 필첩이 후지쓰카가 소장했던 바로 그 물건인 줄을 몰랐다. 이 특별전에는 앞서도 소개한 바 있는, 홍대용이 슬로베니아 신부 유송령 등에게서 받은 글씨가 포함된 필첩 등 후지쓰카 구장 서첩이 4종이나 더 전시되어 나를 놀라게 했다. 하지만 이들 필첩에는 후지쓰카와 관련된 사실을 알려주는 어떤 표시도 없었다. 때문에 당시에는 주최측 또한 이것이 후지쓰카의 구장품이었다는 사실을 미처 알지 못했다.

귀국 후인 지난 2013년 8월 27일(화)에 나는 실물을 보기 위해 연락을 하고 춘천의 한림대학교박물관을 방문했다. 미리 신청해둔 후지쓰카 구장품 필첩 서화 5종을 차례로 열람했다. 그중 『유능위야첩』을 펼쳐 보고는 깜짝 놀랐다. 첫머리에 「어제천수연시」가 실려 있지 않

• 정사 이휘지가 받아 책 크기에 맞춰 잘라 편집한 건륭제의 천수연시 인본. 강세황의 것과 동일하다. 한림대학교박물관 소장.

은가! 그 뒤쪽에 실린 것은 덕보와 박명, 안응위, 유인직 등 이휘지가 북경 체류중에 만난 청조 관인들의 친필 증시(贈詩)로, 화려한 종이에 마음먹고 쓴 글씨였다. 매 장마다 낙관까지 선명했다. 깜짝 놀라 집에 돌아와 후지쓰카의 책을 다시 샅샅이 뒤져보고서야 이 책이 바로 후지쓰카가 자신의 책에서 망한려에 소장돼 있노라고 자랑했던 그 필첩의 원본인 것을 알았다. 후지쓰카의 기록을 통해 볼 때 나머지 한 책에는 김간과 진결 등이 이휘지에게 준 시와 서찰이 실려 있었던 것이 분명하다. 후지쓰카의 책 속에는 둘째 권에 실린 김간의 편지 사진이 수록되어 있다.

강세황의 눈에 비친 건륭제

정사는 이휘지였으나 그림과 글씨 모두에서 입신의 경지에 들었다는 평가를 받았던 표암 강세황의 서화는 북경 명사들 사이에도 대단히 깊은 인상을 남겼다. 앞서 연암과 노이점이 여러 차례 만나 필담을 나눴던 박명도 강세황의 시와 글씨를 보고 "시는 육유(陸游)를 근본으로 삼고 글씨는 왕희지의 풍격을 갖추었다"고 높였다. 청대 최고의 서예가로 이름 높았던 유용(劉墉, 1719~1804)과 옹방강도 "타고난 골격이 활짝 열렸다(天骨開張)"는 말로 그의 서화를 높이 평가했다. 한편 이휘지의 『유능위야첩』에는 박명 특유의 단정한 해서(楷書) 글씨가 남아 있다. 박명의 정확한 생몰 연대는 알려져 있지 않지만 그 또한 천수연에 참석할 만큼의 노령이었다.

한편 강세황은 앞서 말했듯이 별도로 장정한 「어제천수연시」 인본 양옆에 작은 글씨로 빼곡하게 제법 긴 사연을 남겼다. 이제 그 내용을 살펴보겠다. 먼저 왼편에 적힌 글부터 보자.

갑진년(1784)은 황제가 등극한 지 50년이 되는 해다. 천수연을 거행하려고 우리나라에 칙서를 보내 나이 70세 이상으로 사신을 선발해 연회에 참석하게 했다. 내가 이해 10월에 명을 받아 부사로 연경에 갔는데 동지사를 겸하였다. 이듬해 을사년(1785) 정월에 연회에 참석하니 하례를 올리는 시로 7언율시 한 수를 짓게 하였다. 상으로 하사한 것은 직접 쓴 어제시(御製詩) 인본과 비단, 수장(壽杖), 즉 지팡이, 여의(如意), 종이와 먹과 붓, 벼루 등이었다. 돌아와 그 시를 표구해서 족자로 만들었다가 정미년(1787) 봄에 도둑맞았지만 나중에 되찾았다. 이를 끝에 적어 후인에게 보인다.

정미년 2월 26일 표옹(豹翁) 강세황이 직접 쓴다. 이때 나이가 75세다.

어제시 인본을 받게 된 경위와 도둑맞았다가 되찾은 사연을 적었다. 그 아래 타원형의 '표옹' 주문인(朱文印)과 백문인(白文印) '강세황인', 다시 주문인 '광지(光之)' 등 세 개의 인장을 나란히 찍었다.

오른쪽에 다시 적은 사연은 더 자세하다.

내가 을사년(1785) 정월에 천수연에 참석했다. 뒤에 정월 보름이 되어 황제의 어가를 따라 원명원(圓明園)에 가서 여러 날 등희(燈戲)를 구경했다. 마칠 즈음해서 산고수장각(山高水長閣)에 입시하라는 명이 있었다. 황제는 첨무(檐廡) 아래 작은 의자에 걸터앉았는데 계단이 몹시 낮았다. 나는 그 앞쪽 지척의 거리에 앉았다. 풍속에 부복하는 예가 없었으므로 그저 고개를 들고 무릎을 꿇었다. 그래서 자세하게 황제의 안색과 면모를 살필 수 있었다. 낯빛은 누렇고, 상처나 점, 사마귀 같은 것은 없었다. 콧수염은 검은 올이 많고, 턱수염은 짧고 올이 적은데 흰 것이 반이 넘었다. 50~60세 남짓으로밖에 보이지 않았다. 늘 미소를 띠고 있었다. 몸에는 소매가 좁은 담비 갖옷을 곁에 입었고, 머리에는 초만모(貂滿帽)를 쓰고 있었다. 자주 가래를 뱉었는데 모시는 신하가 타호(唾壺)를 가지고 좌우에 서 있다가 받았다. 몇 마디 한 뒤에 따라오게 하더니 경풍원(慶豐苑)으로 갔다―경풍원은 별원의 이름이다. 밤이 이슥해서야 돌아왔다.

• 건륭제의 만년 모습을 그린 초상화.

앞의 글을 쓴 다음날 추가로 기록한다. 표옹.

만년 건륭제의 모습을 지근거리에서 관찰한 기록이어서 대단히 흥미롭다. 남아 있는 건륭제 만년의 초상화와 비교해봐도 강세황의 묘사는 매우 사실적이다. 자신의 초상화를 직접 그렸던 화가답게 관찰력이 역시 매섭다.

강세황이 청 황제에게 올린 축하 시편과 화답시

그런데 때마침 표암 강세황의 탄생 300주년 기념 특별전 '표암 강세황—시대를 앞서 간 예술혼'이 국립중앙박물관에서 2013년 6월 25일부터 8월 25일까지 열렸다. 이 특별전에 좀체 실물을 보기 어려웠던 표암의 연행도(燕行圖)와 연행 당시의 서첩 여러 편이 전시되었다. 나는 귀국하자마자 바로 박물관으로 달려가서 실물을 배관하는 기쁨을 누렸다.

강세황은 고령에도 불구하고 북경 체류 기간중에 여러 폭의 그림과 서첩을 따로 남겼다. 이에 관해서는 정은주 선생의『조선시대 사행기록화』(사회평론, 2012)에 아주 상세하게 소개되어 있다. 이때의 사행에서 남긴 강세황의 필첩은 절두산 순교성지 한국천주교순교자박물관에 소장된 30면짜리『수역은파첩壽域恩波帖』과 9폭의 그림을 담은 개인 소장의『영대기관첩瀛臺奇觀帖』, 또 16폭 32면의『사로삼기첩槎路三奇帖』, 그리고 경남대학교박물관 소장의 13폭짜리『금재농한첩金齋弄翰帖』과 영남대학교박물관 소장의 12면짜리『연대농호첩燕臺弄毫帖』 등이 빠짐없이 보존되어 있다.

후지쓰카 지카시는 자신의 저서에서『유능위야첩』에 실린 덕보가 이휘지와 강세황의 시에 차운한 작품을 인용하면서 두 사람이 지은 원시는 아직 발견하지 못했다고 적은 바 있다. 이 두 사람의 원시가『수역은파첩』에 실려 있다. 7, 8면에 이휘지의 시가, 그리고 9, 10면에 강세황의 시가 표암의 친필로 남아 있다. 3면에서 6면까지는 황제의 어필시가 역시 강세황의 글씨로 적혀 있다.

春四壽域物熙熙五紀
光恒福履綏惠澤廣
推千叟宴慶休爭贶萬
年庖充蘉日月垂衣地

禹貢山河集玉時身怨
御香同内服欣聽管籥
頌恩私

正使

朕日金宫敞御莚熙
朝歡慶入新年七旬
遐壽人稀有五紀光恒
史罕傳宇内羣生爭蹈

舞撙前千叟興周旋
小邦賤价躬親覲覲還都
吾君共祝天

副使

• 이휘지와 강세황의 천수연 송축시. 표암 강세황의 글씨다. 한국천주교순교자박물관 소장.

지면의 제약상 두 사람의 시 중 강세황의 것만 옮기면 다음과 같다.

이 좋은 날 황금 궁궐 어연(御筵)이 열리니　　　勝日金宮敞御筵
환한 조정 신년 맞음 기뻐하며 축하한다.　　　熙朝歡慶入新年
칠순까지 오래 사심 인간에 드물거니　　　七旬遐壽人稀有
오십 년간 보위 계심 역사에도 희귀하다.　　　五紀光臨史罕傳
우주 안의 뭇 생령이 다투어 춤을 추고　　　宇內群生爭蹈舞
술잔 앞의 많은 노인 더불어 주선하네.　　　樽前千叟與周旋
작은 나라 천한 사신 몸소 친히 살피시니　　　小邦賤价躬親覿
내 임금께 알리옵고 함께 천수 축원하리.　　　還報吾君共祝天

　축하시라 송축과 축수의 뜻이 넘쳐난다. 시를 본 예부상서 덕보가 차운시를 지어 화답했다. 이 화답시는 반대로 『수역은파첩』에는 없고 『유능위야첩』에 덕보의 친필로 실려 있다.

고희 맞은 성주께서 큰 잔치 내리시니　　　古稀聖主賜華筵
보배롭고 상서로운 오십 년의 복이로다.　　　寶祚祥徵五十年
수연을 크게 펼쳐 원로가 다 모이고　　　壽寓洪延耆叟集
먼 곳 신하 경축하며 옥음을 전하누나.　　　遠臣同慶玉音傳
태평스런 아악은 밝은 때와 어울리고　　　太平雅樂昌期協
쉴새없는 봄바람은 대지 위를 감돈다네.　　　長養春風大地旋
내 이제 원로들의 뒤를 따라가면서　　　愧我追隨諸老後
천추 성전 함께 우러러봄이 부끄럽다.　　　千秋盛典共瞻天

• 예부상서 덕보가 강세황의 천수연시에 차운해서 써준 친필. 한림대학교박물관 소장.

필첩에는 이휘지의 시와 이에 대한 덕보의 차운시도 실려 있다. 이런 자료를 접할 때마다 번번이 느끼는 것이지만 귀한 자료들이 어느 것 하나 소홀히 버려지지 않고 소중하게 간직되어 있다가 한꺼번에 여기저기서 쏟아져나와 이빨 하나 빠지지 않고 한 시절의 기록을 온전하게 복원해내는 광경은 신통하다못해 감격스럽기까지 하다.

한편 오랜 기간 조선 사행과 긴밀한 우의를 다져온 박명은 이번에도 『유능위야첩』의 앞쪽에 천수연 어제시에 대한 자신의 화운작을 세

歲序驚闌嚴雲壓戶伊人過
訪寶墨輝延　豹蕃以海嶠
耆英襄禮而祐湛露　景林
則名邦雋士奉琛而切瞻雲
使館閭前日弄柔翰墨花雄

龍門文愍焦館天涯聲譽　卌秊
身在口湖日下逢迎一旦躬承冠蓋慕
人倫于東國趨接等莽錄麑句于
西齋爰成書後
乾隆四十九年嘉辛月小除日西齋老人博

燦栢吡簪花筆陣縱橫力堪
扶石蓁山中之雅尚栽性情
恨慶世之交馳和君閱歷玉右
丞天橫精妙宜其㜻孚庚開府
詩思清新作斯信矣儻也交愧

明書於洞嶔斟二南圓

• 「금재농한첩」에 실린 박명의 친필 글씨. 경남대학교박물관 소장.

면에 판각해서 인출한 것에 자신의 도장까지 찍어 이휘지와 강세황에게 각각 선물했다. 좀더 뒤쪽에는 1785년 1월 3일에 지은, 정사 이휘지의 시에 대한 화운시가 역시 박명의 친필로 적혀 있다. 『금재농한첩』 뒤에도 강세황의 글씨 끝에 네 면에 걸쳐 박명이 친필로 발문을 쓰고 자신의 인장 6과를 찍어놓았다. 앞서 연암이 박명의 글씨를 조선에서 흔하게 보았다고 한 것은 빈말이 아니었다.

빙희연의 광경

이번 국립중앙박물관 전시에 나온 『영대기관첩』과 『사로삼기첩』은 모두 개인 소장으로 표지에 '노포선조유묵(老圃先祖遺墨)' 지(地)와 인(人)이라는 별지가 붙어 있다. 노포는 이휘지의 호이니 두 개의 서화첩은 강세황이 정사인 이휘지를 위해 그려준 것이다. 『영대기관첩』의 3, 4폭은 펼침면 두 면에 하나의 장면을 이어 그렸다. 영대빙희(瀛臺冰戲)의 모습을 담은 것이다. 간혹 두 그림을 별도의 화폭으로 오해해 앞의 것을 〈영주누각도瀛洲樓閣圖〉로 부르는데 실물을 못 본 데서 온 잘못이다.

가로로 길게 펼쳐진 화면을 보면 북경 태액지 중해(中海)의 정자인 수운사(水雲榭)와 남해의 섬인 영대(瀛臺)를 왼쪽에 그렸다. 우측의 석교는 금오옥동교(金鰲玉蝀橋)이고 그 너머로 백탑(白塔)이 솟았다. 옆에 있는 절은 백탑사다. 반대편에는 춘명루(春明樓)와 영훈정(迎薰亭)을 비롯해 광한루(廣寒樓)와 근정전 등의 건물들이 묘사되었다.

1784년 12월 8일에 북경에 도착한 조선 사행은 12월 21일에 황제의 행차를 수행해 영대에서 군사훈련의 일종인 빙희를 관람했다. 빙희는 신발 밑바닥에 쇠날을 부착한 나무판을 대고 묶어 얼음 위를 지치며 활을 쏘는 행사였다. 겨울에 태액지가 결빙되면 화면에서 보듯 호수 중앙에 홍살문을 세우고 가운데에 홍심(紅心)을 달아 팔기(八旗)의 군사들이 자신의 소속을 나타내는 옷을 색깔별로 입은 채 스케이트를 신고 얼음을 지치며 홍살문의 홍심을 향해 화살을 쏘는 시합을 벌였다.

그 옆에 황제가 타는 난여(鑾輿)와 빙상(冰牀)이 놓여 있다. 황제의 자리에는 아무도 그리지 않았다. 조선에서 임금의 자리는 비워놓고 그리지 않는 원칙을 그대로 따른 것이다. 아래에 둘러서서 구경하는 사람들 중 중간에 서 있는 도포 차림의 사람들이 조선 사행을 표현한 것으로 보인다. 실제로 중국 베이징 고궁박물원 소장 「빙희도권冰戲圖卷」을 보면 이와는 대조적으로 매우 사실적인 장면 묘사가 돋보인다. 강세황의 그림은 디테일을 생략한 문인화풍이다.

그림에 이어 이 장면을 묘사한 세 수의 시가 나란히 실려 있다. 제5면에는 정사 이휘지의 시를 싣고, 제6면에는 강세황 자신의 시를 수록했다. 제7면에는 당시 서장관으로 함께 간 이태영(李泰永)의 시가 적혀 있다.

역시 강세황의 시만 읽기로 한다.

성 가운데 끼고서 선계가 따로 열려   別開仙界夾城中
만경의 유리가 허공처럼 빛난다.   萬頃琉璃瑩若空

• 『영대기관첩』에 실린 〈영대빙희도〉, 1784년, 23.3×54.8cm, 국립중앙박물관 소장.

은하수 물가에서 뗏목을 처음 타자	始許槎乘銀漢渚
광한궁에 다리가 이어짐을 알겠구나.	方知橋接廣寒宮
천 명 장정 모여서 쇠신 신고 내달리며	星馳鉄履千夫集
천자 태운 빙상 너머 한 길이 통해 있네.	龍負凌床一路通
녹미(鹿尾)와 낙차(酪茶) 같은 특별한 맛 흠뻑 보니	鹿尾酪茶霑異味
먼 데 사신 군공(輂工)들과 섞여 있음 부끄럽다.	多慚遠价厠輂工

태액지를 선계에 견주고 얼음 언 수면을 만경유리(萬頃琉璃)에 비겼

다. 광한루로 이어지는 금오옥동교는 오작교에 견주었다. 스케이트를
철리(鐵履), 즉 쇠신으로 표현했다. 시 가운데 '용(龍)'은 황제를 나타
낸다. 귀한 음식 대접을 실컷 받고 기이한 기예를 구경하고 있자니 그
성대함에 스스로 왜소해지는 느낌을 지울 수 없다고 말한 내용이다.

　1785년 천수연에 참여한 진하사행과 관련해 후지쓰카는 자신의 저
서에 상당한 비중을 할애해 길게 설명했다. 그가 그토록 자랑스러워
했던 『유능위야첩』 실물을 이번 글을 통해 처음으로 확인한 것은 작
은 수확이다. 그 밖에 강세황이 연행에서 그린 여러 그림과 글씨를 비

• 베이징 고궁박물원 소장 「빙희도권」에 실린 빙희 장면.

교해 왕래가 있었던 중국인의 명단을 확인하고 그 구체적 내용을 살핀 것도 뜻깊다. 강세황과 이휘지는 공식 사행이라 일정이 바빴고, 워낙 고령이라 이덕무나 박지원처럼 별도의 연행일기를 쓸 여력은 전혀 없었다. 그래도 그가 남긴 여러 필첩들과 화첩들이 당시의 기억들을 복원해준다. 이래서 기록이 중요하다. 나아가 이것들을 보존하고 정리하며, 자료 공개를 통해 학술적으로 공유하는 정신이 이 시기 문예 공화국 복원을 위해 참으로 절실하고 요긴하다.

그럴까, 과연 그럴까?
―후지쓰카와의 운명적 만남과 박제가의 제2차 연행

진전의 『간장문초』에서 만난 박제가

이제 박제가의 두번째 연행 이야기를 시작해야겠다. 1790년의 두 번째 연행에서 1801년의 네번째 연행까지로 이어지는 10년간의 이야 기가 이 책의 마무리에 해당한다. 추사를 중심에 둔 19세기 한중 지 식인의 문화 교류는 그 자체로 또다른 긴 여정이다. 박제가는 앞뒤로 네 차례 연행을 했다. 역관이나 마두배 중에 여러 번 연행을 다녀오는 것은 흔한 일이었지만, 문인으로 중국 지식인과 지속적으로 사적 교 유를 나누며 네 차례나 중국을 다녀온 것은 매우 드문 경우였다. 두 번째 연행에서 돌아오는 길, 서울에 당도하기도 전에 왕명으로 연 거푸 세번째 연행에 나서게 되면서 북경에서 박제가의 명성은 하늘을 찔렀다.

여기서 나는 잠깐 후지쓰카의 이름을 다시 불러내야겠다. 실로 그가 자신의 연구 주제를 청조 고증학, 그중에서도 건륭, 가경 연간 학문 탐구에서 중국과 조선 지식인의 문화 교류 쪽으로 극적인 선회를 하게 된 바탕에는 박제가와의 운명적 만남이 작용했다. 그가 1926년 경성제국대학 교수로 부임할 당시, 일본의 주변 동료들은 조선에 가봤자 500년 주자학의 찌꺼기 같은 학문 외에 달리 무엇이 있겠느냐며, 애초에 그쪽으로는 눈도 돌리지 말고 하던 공부나 열심히 하고 오라고 덕담 아닌 덕담을 했다. 그때 후지쓰카는 속으로 '그럴까, 과연 그럴까?' 하는 의문부호를 품고 조선으로 건너왔다. 이 얘기는 앞서 제7화에서 간략하게 한 적이 있다.

그는 어째서 '과연 그럴까?' 하는 의문을 품었던가. 그 의문의 밑바닥에는 베이징 유리창 서점을 순례하다가 진전(陳鱣, 1753~1817)의 『간장문초簡莊文鈔』 첫머리에서 「정유고략서貞蕤稾略敍」를 보게 된 계기가 있었음을 말하지 않을 수 없다. 『정유고략』은 박제가가 4차 연행 당시 들고 갔던 자신의 간추린 문집 이름이었다. 진전이 이 책의 서문에서 묘사한 박제가에 대한 인상이 후지쓰카에게는 무척 강렬했던 모양이다. 후지쓰카는 당시 『유리창 책방사』의 집필을 염두에 두어 각종 문헌에서 유리창이란 석 자만 나오면 눈이 반짝 떠지던 상황이었다. 그는 우연히 만나게 된 박제가란 이름 석 자에 유독 마음이 끌렸다.

진전의 『간장문초』는 이렇게 시작된다.

가경 6년(1801) 3월 내가 진사로 뽑혀 북경을 구경하다가 조선국 사신 박수기(朴修其) 검서(檢書)를 유리창 서점에서 만났다. 한 번 보았는데도 마치 전부터 서로 알던 것만 같았다. 비록 말이 통하지 않아 각자 붓을 잡고 글로 썼지만 바로 서로의 얘기를 이해했다. 검서는 경전에 두루 통하고 옛것을 널리 알았다. 시문에 능한데다 글씨도 잘 썼다. 글씨를 구하는 사람이 있으면 그 자리에서 자기가 지은 것을 써서 응하곤 했다. 이때 나와 동년의 벗인 가정(嘉定) 사람 기근(旣勤) 전동원(錢東垣)군이 잇달아 도착했다. 전동원은 가학을 능히 이어 저술이 몹시 풍부했다. 검서는 같은 벼슬에 있는 유혜풍과 함께 왔는데, 그 또한 본 것이 풍부하고 들은 것이 많아 대단히 유아(儒雅)한 선비였다. 우리 네 사람은 시문의 기이함을 감상하고 경전의 뜻을 분석하며 필묵을 적셔가며 잠깐 사이에 종이 여러 장을 다 써버렸다. 나는 그의 실력을 알아보려고『일주서逸周書』에 나오는 고대 조선과 관련된 술어인 재자(在子)와 전아(前兒), 혐우(嗛芌)나,『관자管子』의 '문피태복(文皮毞服)', 그리고 『설문해자說文解字』중의 면(鮸), 분(魵), 노(鱸), 구(鰸), 접(鰈), 패(魳), 도(魛), 사(鯋), 역(鱳), 선(鮮), 용(鰫), 옹(鰅) 등의 이름을 되는대로 꼽아보았지만 그 물건에 대한 얘기를 다 마치기도 전에 날이 벌써 뉘엿해졌다. 마침내 흩어져 떠났다가 며칠 뒤에 또 서로 만나니 그는 조선종이와 접부채, 야립(野笠)과 환약을 내게 선물했다. 나는 그 자리에서 시 네 수를 지어 답례하고, 함께『영련비첩楹聯碑帖』과 내가 지은『논어고훈論語古訓』을 선물하니 호저(縞紵)의 풍습에 가까웠다.

진전이 글에서 일면여구(一面如舊)라 한 것은 허투루 한 말이 아닌 것 같다. 말없이 필담으로 진행된 대화에 유명한 학자 전동원과 박제가의 벗 유득공이 함께했다. 진전은 박제가의 근량을 달아볼 심산으로 『일주서』와 『관자』와 『설문해자』에서 까다롭고 골치 아프기로 유명한 구절과 글자만 뽑아서 박제가와 유득공을 도발했다. 하지만 묻는 족족 즉시로 튀어나오는 대답을 듣고 그제야 결코 만만한 상대가 아님을 알아 태도를 고쳐 보았다. 손을 덥석 잡은 그들은 다시 만날 약속을 두고 헤어졌다가 며칠 뒤 재회하여 허물없는 벗이 되었다.

박제가가 북경에서 진전과 만난 것은 2차 연행이 아닌 1801년의 4차 연행 때였다. 진전의 기록을 본 후지쓰카는 박제가가 어떤 사람일지 참으로 궁금했다. 정말 대단하다는 것이 후지쓰카의 첫인상이었다. 이 글 속에 박제가는 본명도 안 나오고 수기(修其)란 자로만 거명되었다. 하지만 후지쓰카는 『예해주진藝海珠塵』이란 책에 수록된 『정유고략』까지 기어코 찾아내 그의 본명이 박제가인 것을 똑똑히 확인해두었다. 하지만 베이징에서 18세기 조선의 지식인에 대한 더이상의 세세한 정보를 구하기는 어려웠다. 그는 큰 궁금증을 품은 채 기억 한편에 그의 이름을 저장해두었다.

옌칭도서관 선본실의 박제가 자료

1926년, 경성제국대학 교수로 부임하면서 후지쓰카는 몇 년 전 유리창 서점에서 문득 만났던 그 이름을 기억해냈다. 그는 "다시 경성 땅을 밟자 홀연 번개처럼 번쩍였던 것이 일찍이 뇌리에 각인되어 있던 박제가라는 이름이었다. 그리고 이제야말로 다년간의 현안을 해결

할 수 있는 매우 좋은 기회라고 생각했다"[1]고 이때의 심경을 또다른 글에서 적고 있다. 그는 함께 강의하던 조선인 노교수에게 박제가란 이름에 대해 묻는 것으로 박제가에 대한 탐색을 시작했다. 처음 듣는 이름이란 대답이 돌아왔다. 어찌 그를 모를 수 있느냐고 후지쓰카는 그에게 짜증 비슷하게 냈다. 그 조선인 교수는 아마 김구경(金究經)이었던 듯하다. 당시까지만 해도 박제가는 조선 학계에서 거의 알려진 적이 없던 이름이었다.

서울에 온 이후 후지쓰카는 베이징에서 그랬던 것처럼 고서점 순례를 계속했다. 앞서 읽은 후지쓰카의 『청조문화 동전의 연구』 서문을 좀더 따라 읽어보자.

어느 날 경성에서 한남서림(翰南書林)을 지나다가 무심코 『사가시四家詩』라는 작은 책자 하나를 집어들고 살펴볼 기회가 있었다. 그런데 생각지도 않게 책머리에서 '박제가'라는 세 글자를 발견하고 놀라고 기쁜 나머지 가만히 그 자리에 서 있을 수조차 없을 정도였다. 오랫동안 머릿속에 새겨져 있던 이름 하나가 갑자기 확 하고 다시 살아났던 것이다. 이어서 조사해보니 그는 이덕무, 유득공, 이서구와 나란히 사가로 칭송되던 신진학자라는 사실을 알게 됐다. 더욱이 그 책에는 청나라 이조원, 반정균이라는 유명한 두 학자의 서문이 들어 있었고 비평도 함께 실려 있었다. 나는 비로소 박제가가 비범한 영재임을 깨닫게 되었다. 동시에 조선 사람과 청나라 유학자들 사이의 학문적 인연이 보통이 아님을 알게 되면서 특별한 흥미를 느꼈다. 그리고 우선 박제가에 관한 자료를 수집하는 데 힘을 기울였다.[2]

드디어 만났다! 그는 속으로 수없이 쾌재를 외쳤다. '과연 그럴까?'의 의문부호가 의미심장하게 풀리는 순간이었다. 그는 바로 박제가 관련 자료의 입수에 총력을 쏟았다. 박제가의 『정유각시집』과 『정유각문집』이 수중에 들어왔다. 『북학의』를 구하고, 특히 아들 박장암이 아버지 박제가가 청나라 학자들과 주고받은 시문과 척독을 묶어 정리한 『호저집縞紵集』까지 잇달아 손에 넣었다. 이 책은 박제가가 중국 문인과 나눈 교유의 폭과 실상을 일목요연하게 기록한 진귀한 자료였다. 나중에는 양주팔괴(揚州八怪)의 한 사람인 나빙(羅聘)이 그려 선물한 박제가의 작은 초상화마저 그의 소유가 되었다. 일련의 자료가 손에 들어오자 그는 마치 박제가의 전모를 눈앞에 펼쳐놓은 듯 살필 수 있게 되었다고 술회했다.

후지쓰카는 한번 시작하면 끝장을 보는 성미였다. 이후 10년간 그는 고심참담 속에 중국과 조선 문인 간의 교류 자료를 수집하기 시작해 서적 1000여 권, 서간과 서화 및 탁본류 1000여 점을 자신의 서재에 수장하기에 이른다. 이 과정에서 박제가의 벗인 이덕무와 유득공, 선배인 홍대용 등의 학자들이 연경에 가서 맺은 찬란한 교유의 장면을 직접 확인하면서 그는 점차 숨이 가빠졌다. 그는 "조선의 학계를 가리켜 송명학 말류 이외에 아무런 학문도 남아 있지 않다고 하면서 청조문화의 동전과 같은 사실을 전혀 인정하려 하지 않았던 논자들의 주장이 마치 외눈박이 눈으로 세상을 보는 것과 같이 부실한 것이라는 사실을 알게 됐다"[3]고 고백하면서 자신의 연구 주제를 급격히 이쪽으로 선회시켜버렸다.

후지쓰카의 글을 읽은 후 먼저 하버드 옌칭도서관 선본실에서 박

• 하버드 옌칭도서관 선본실의 후지쓰카 구장 박제가, 유득공, 이덕무 관련 시문집을 한자리에 모아놓고 촬영했다.

제가 관련 자료만 다시 찾아 따로 모아보았다. 포갑에 든 시문집『정유각집』이 있고,『호저집』이 나왔다.『북학의』는 2종이나 있었다.『정유각집』의 푸른 포갑을 열자 누군가 볼펜으로 쓴 '망한려구장서'란 여섯 글자가 먼저 눈에 들어왔다.

『호저집』은 아예 표지 글씨부터 후지쓰카의 친필이었다.『북학의』는 책 상태가 조금 좋지 않았다. 그 안에 적힌 메모로 보아 이 또한 후지쓰카의 손때가 묻은 책으로 짐작되었다. 앞선 글에서 자신이 수집했다고 말한 박제가 관련 자료 중 나빙이 그린 박제가의 초상화만 종적이 묘연하고 나머지 자료는 모두 옌칭도서관에 들어와 있었다.

이것만이 아니었다. 후지쓰카에게 박제가란 이름 석 자를 각인시켜준, 진전이 펴낸『정유고략』은 처음에 진전이 자신의 벗 오성란(吳

• 하버드 옌칭도서관 선본실에 소장된 『정유각집』 5책. 포갑 중앙 하단에 볼펜으로 누군가 써둔 '망한려 구장서'란 글자가 선명하다.

省蘭)에게 부탁해 판각한 『예해주진』에 수록되었다. 이후 진전은 2책으로 된 단행건상본(單行巾箱本)을 소량 따로 제작했다. 후지쓰카의 저서에 이 단행건상본에 대해 설명한 내용이 있다. 잠깐 인용한다.

> 이 건상본은 문과 시 두 책으로 나뉘어 있고 겉에 '정유고략 간장제(簡莊題)'라고 쓰여 있다. 진전의 서문이 실린 이 책은 좀처럼 구하기 어려운 희귀본이다. 나는 박지원의 손자인 박규수가 가지고 있던 소장본을 지니고 있다.[4]

박규수의 손때 묻은 바로 그 건상본 『정유고략』 또한 후지쓰카의 친필 제첨에 얹혀 하버드 옌칭도서관에 얌전하게 놓여 있었다. 참으

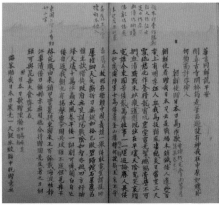

• 후지쓰카 친필 제첨의 「호저집」 표지와 본문 곳곳에 가득한 후지쓰카 친필 메모.

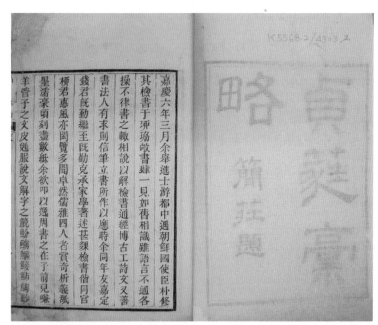

• 박규수가 소장했던 진전의 제첨이 적힌 「정유고략」 첫 면. 오른쪽 면 안쪽에 '정유고략'이란 책 제목이 보이고 조금 작은 글씨로 진전이 '간장제(簡莊題)'라고 썼다. 왼쪽 면은 후지쓰카가 박제가와 처음 만나게 해준 진전의 서문이다.

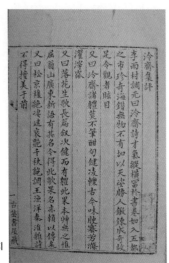

• '고운서옥장'이란 판심이 인쇄된 유득공가 전용 원고지
에 필사된 『영재집』 첫 면. 유득공의 친필로 보인다.

로 신통했다.

뿐만 아니라 후지쓰카가 모은 유득공과 이덕무의 자료도·다 이곳
에 있었다. 유득공의 『영재집冷齋集』은 '고운서옥(古芸書屋)'이란 판심
이 찍힌 원고지에 정사(精寫)한 필사본이었다.

『청비록』 또한 이덕무의 친필본이었다. 하지만 이 책은 외양이 후
지쓰카의 다른 책과 썩 달라 처음엔 후지쓰카와 상관이 없는 줄 알았
다. 뒤에 후지쓰카의 저서를 살펴보니 함께 경성제국대학 교수로 봉
직했던 이마니시 류(今西龍) 교수가 소장했던 『청비록』을 자신이 빌려
보았고, 이 책을 몹시 탐내자 이마니시 류 교수가 자신에게 양도했다
는 내용이 실려 있었다.[5] 찾아보니 덴리(天理) 대학에 소장된 이마니
시 류 교수의 다른 장서 표지와 같았다. 바로 그 책이었다. 그러니까
이 책도 후지쓰카의 것인 셈이다. 나는 이들 책을 죄다 꺼내와서 한자

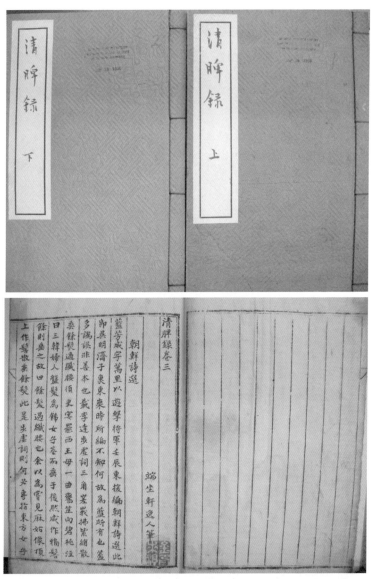

• 이마니시 류 교수가 후지쓰카에게 양도했다고 기록한 이덕무 친필본 「청비록」 표지(위)와 '단좌헌일인 필(端坐軒逸人筆)'이란 필사자의 이름이 적힌 본문(아래). 단좌헌은 이덕무가 한 시기 잠깐 사용했던 별 호다. 이덕무의 친필임을 뜻한다.

리에 쌓아놓고 기념 촬영을 했다. 후지쓰카가 한남서림에서 느꼈던 두근거림을 나도 느꼈다. 이제 나도 간다! 나는 속으로 이렇게 나지 막이 외쳤다.

삼총사의 제2차 연행

이제 박제가의 1790년 제2차 연행에 대해 알아볼 차례다. 5년 전 즉위 50주년을 기념하는 천수연을 열었던 건륭제는 이해 80세 생일을 맞았다. 성대한 생일 축하 행사가 열려 조선에서도 보통 때보다 한 등급 격상된 구성으로 진하(進賀)의 사행단을 꾸렸다. 정사는 황인점(黃仁點), 부사는 서호수(徐浩修), 서장관은 이백형(李百亨)으로 결정되었다.

이 행차에 박제가는 유득공, 이희경(李喜經, 1745~1805?)과 함께 막객(幕客)으로 참여했다. 유득공은 예전에 심양까지만 반쪽 사행을 다녀왔고, 북경은 이번이 초행이었다. 이희경도 두 사람과 마찬가지로 서얼이었다. 그는 1782년과 1786년에 이어 이때가 이미 세번째 연행이었다. 전후로 박제가보다 한 차례 더 많은 다섯 차례나 연행에 올랐다. 이희경의 자는 성위(聖緯) 또는 십삼(十三)이다. 이름이 희경이니 자인 십삼은 십삼경(十三經)에서 취해왔다. 그는 동생 이희명(李喜明)과 함께 초기 연암 그룹의 일원이었다. 연암 그룹의 시문집인 『백탑청연집白塔淸緣集』을 엮었고, 임종시까지 연암의 곁을 떠나지 않고 지켰던 인물이었다. 박제가와 이덕무의 문집 속에도 그의 이름은 자주 등장한다.

박제가는 1778년 이덕무와 함께 첫 연행을 다녀온 이후 12년 만의 중국행이었다. 감회가 남달랐다. 애초에 이덕무와 함께 갈 예정이었으나 그는 아버지의 병환과 본인의 건강 때문에 막바지에 연행을 포기하고 말았다. 유득공이 그 빈자리를 대신했다. 유득공은 유득공대로 모일 때마다 12년 전 심양까지밖에 가지 못한 반쪽짜리 사행으로 벗들에게 놀림받은 것을 만회할 기회였다. 그는 자신이 지은 『이십일도회고시二十一都懷古詩』를 따로 챙겨 행장에 넣었다.

예전엔 시로 자신의 존재감을 드러내려 한 안타깝기만 하던 청춘이었다. 10년 넘게 규장각 검서로 생활한 이들은 어느덧 경륜과 학문의 깊이를 갖춘 중년으로 변해 있었다. 유득공과 이희경 같은 든든한 동행도 있었다. 첫 연행 때 29세였던 박제가는 어느덧 불혹을 넘겼다. 의욕만 앞서던 치기가 많이 가셨다. 연행 직후 펴낸 『북학의』는 그간 많은 논란의 중심에 서 있었다. 입만 열면 중국, 중국 하는 바람에 중국에 환장했다 해서 당벽(唐癖)이니 당괴(唐魁)니 하는 비난도 많이 들었다. 보다 못한 연암이 주의를 주어야 했을 정도였다. 그래도 그는 아랑곳하지 않았다. 주춤거리지 않았다.

12년 만의 연행길은 그래서 더 기대가 컸다. 이들은 심양에서 산해관으로 나가지 않고 곧바로 북쪽 길을 통해 열하로 먼저 갔다. 1790년 5월 27일에 한양을 출발한 그들은 7월 15일에야 열하에 도착할 수 있었다. 연암이 『열하일기』에서 그토록 으스댔던 열하의 풍물을 직접 보게 된 것도 큰 수확이었다. 열하의 축하연을 마치고 원명원을 거쳐 출발한 지 두 달 만인 7월 27일에 조선 사행단은 마침내 북경으로 다시 나왔다. 벅찬 공식적 일정은 이미 다 소화한 상태여서 이제부터는 유리창 거리를 소요하며 옛 벗들과 반갑게 해후할 일만 남은 셈이었다.

세 사람 모두 중국이 초행이 아닌데다 이곳에 대해서도 손금 보듯 환한 터여서 아무 거리낄 것이 없었다. 하지만 반정균, 이조원, 축덕린 등과의 재회는 뜻같이 바로 이뤄지지 않았다. 그들과의 접촉선은 쉽게 가닿지 않았다.

문자당 글씨로 맺은 새 인연

박제가는 유리창 거리의 오류거 서점을 먼저 찾았다. 환갑이 다 된 서점 주인 도정상이 변함없이 그를 반갑게 맞았다. 서점의 책을 들춰보다가 박제가는 근처에 살고 있던 당대의 명류 손성연(孫星衍)의 이야기를 들었다. 그는 1787년 방안(榜眼)으로 급제해 한창 문명을 드날리고 있었다. 비릉칠자(毘陵七子)의 한 사람으로 이름이 높았고, 당대 문단의 원로 원매(袁枚, 1716~1797)는 그를 보기 드문 기재(奇才)라고 칭찬하기까지 했다. 당시 손성연은 오류거 서점과 가까운 유리창 서쪽 거리에 살고 있었다. 집 앞에 큰 나무 한 그루가 있어 북경의 한다하는 인사들이 기이한 골동품을 감상하거나 공부하다가 의문이 풀리지 않으면 으레 그의 집에 모여들어 열띤 토론을 벌이곤 했다.

손성연은 앞서 제24화에서 소개한 바 있던 오류거 서점 주인 도정상의 묘지명을 지었던 바로 그 사람이다. 박제가는 도정상의 안내를 받고 그의 집인 문자당(問字堂)을 방문했던 듯하다. 붙임성 좋은 박제가는 손성연의 집에서 그의 손님들과 단번에 친해졌다. 손성연은 기뻐하며 당각(唐刻) 석경(石經)을 박제가에게 선물했다. 박제가는 귀한 선물의 답례로 '문자당'이란 당액(堂額)을 그 자리에서 써주었다. 그뿐 아니라 수나라 때 최표(崔儦)가 말한 "5000권의 책을 읽지 않고는 이 방에 들어오지 말라(不讀五千卷書, 毋得入此室)"는 구절을 큰 글씨로 써서 손성연에게 선물했다. 주인과 손님들은 박제가의 기운찬 글씨와 글귀에 매료되어 그만 입이 함빡 벌어졌다. 박제가의 글씨 선물은 대번에 유리창 거리의 큰 화제가 되었다. 다음에 볼 시는 오랜 세월이 흐른 뒤인 1811년 남쪽 지방으로 내려간 손성연이 당시의 일을 떠올려 지은 시다.

제목이 상당히 긴데, 귀한 자료라서 다 옮긴다. 「내가 처음에 유리창 다리 서편에 집을 세내어 살았다. 집 앞에 큰 나무가 있어 해내의 인사로 기이한 것을 감상하고 의문을 밝히려는 사람들이라면 모두 그 집을 알았다. 나중에 손공원(孫公園)으로 옮겨 살면서 집을 조금 넓혀 여러 명사들이 모이는 장소가 되었다. 매년 조선 사신이 오면 반드시 문을 두드리며 명함을 넣곤 했다. 박제가가 나를 위해 문자당이라는 현판을 써주었다. 또 최표의 말을 크게 써주었다. 그 말은 이렇다. '5000권의 책을 읽지 않고는 이 방에 들어올 수 없다'予始僦居琉璃廠橋之西, 宅前有大樹, 海內之士, 賞奇析疑者, 咸識其居也. 後移寓孫公園, 小拓室宇, 爲諸名士燕集之地. 每歲朝鮮使臣至, 必款門投刺. 朴卿齊家爲予書問字堂額, 又大書崔儦語, 云不讀五千卷書, 毋得入此室」. 이 시는 손성연의 『야성혈양집冶城絜養集』 권하 장6에 실려 있다.

歸採蘭翻果俯畜羅晨餐夜深去就壇帳病起訝瓊
瑤照巖谷雪花如掌作陽春石隙桃林紅萬簇時三月大
雪桃花滿山琳宮高下香煙生天清地曠山空明黃衣之
僧占名勝白屋無地屯耕氓似聞北臺尤斗絶太古
常留丈深雪我疑此處有仙眞可惜前人無轍迹

書堂問字

予始僦居琉璃廠橋之西宅前有大樹海
內之士賞奇析疑者咸識其居也後移寓
孫公園小拓室宇爲諸名士燕集之地每
使臣至必款門投刺朴卿齊家爲

予書問字堂額又大書崔儦語云不讀五
千卷書毋得入此室

琉璃廠西青廠口壥鬻圖書衒尊卣十丈紅飛過客
塵一株綠認先生柳高冠褒服來扣門登堂畫字口
不言愛才異域且同志豈有文譽雞林傳異書海舶
有時出不似大航留僞帙開成石刻贈殷勤要使薄
海尊經術興來落筆蛟螭翔五千卷室崔儦藏似聞
比歲朝天客猶訪當年問字堂

孔林觀禮

甲寅歲輯古文尙書馬鄭注成企想前哲

• 손성연의 『야성혈양집』에 수록된 박제가 관련 서문과 시.

유리창 서쪽의 푸른 공장 어귀에는	琉璃廠西青廠口
가게에서 책도 팔고 좋은 술도 판다네.	壥鬻圖書衒尊卣
열 길의 붉은 먼지 과객에게 날리지만	十丈紅飛過客塵
한 그루 푸른 버들 선생께서 알아봤지.	一株綠認先生柳
높은 관에 큰 옷 입고 와서 문을 두드리곤	高冠褒服來叩門
당에 올라 글자 쓰며 입으론 말을 않네.	登堂畫字口不言
이역 인재 어여쁜데 품은 뜻도 같고 보니	愛才異域且同志
문장 기림 어이해 계림서만 전하겠나.	豈有文譽鷄林傳
배로 온 기이한 책 이따금 나온대도	異書海舶有時出
큰 배에 가짜 책이 있는 것관 다르다오.	不似大航留僞帙
개성(開成)의 석각을 은근하게 선물함은	開成石刻贈殷勤
조선에서 경술을 높이게 하려 함이라네.	要使薄海尊經術

홍이 일자 붓 휘두르니 교룡이 번드치듯	興來落筆蛟螭翔
최표의 오천권실 장서 애기 써주었지.	五千卷室崔儦藏
듣자니 지난해 조천 온 나그네가	似聞比歲朝天客
여태껏 당년의 문자당을 찾았다지.	猶訪當年問字堂

손성연은 위 시에서 박제가가 버드나무 한 그루가 우뚝 솟은 문자당을 찾아와 필담을 나누던 일, 자신이 석경을 선물하자 박제가가 붓을 들어 문자당 편액과 최표의 글을 써서 답례했던 그때의 기억을 떠올렸다. 또 그로부터 20년이 지난 지금까지도 해마다 오는 조선 사신들이 북경에만 도착하면 문자당이 어디냐고 물으며 자신의 옛 거처를 방문하곤 한다는 최근의 전문을 전했다.

문자당의 편액을 써준 뒤로 박제가의 인기는 하늘을 찔렀다. 가는 곳마다 그를 붙들고 글씨를 청하는 일이 잦았다. 심지어는 유리창 거리에 박제가의 가짜 글씨가 돌아다닐 지경이었다. 이 사정은 박제가가 무려 140수의 연작으로 지은 「연경잡절燕京雜絶」 제137수에 "검서관 정유(貞蕤) 박제가의 글씨가, 유리창에 가짜로 돌아다닌다네(貞蕤檢書, 廠中傳雁本)"라고 한 구절에서 알 수 있다.

당대의 명류 중 한 사람으로 손성연과 절친했던 홍양길(洪亮吉, 1746~1809)은 자신의 『북강시화北江詩話』 권5에서 또 이렇게 적었다. "고려 사신 박제가는 시와 그림에 능했다. 사신으로 들어와 중국의 사대부를 사모하여, 매번 한번 안면을 트면 문득 견회시(見懷詩)를 한 수씩 짓곤 했다. 많게는 50여 수에 이른다. 호사가라 할 만하다(高麗使臣朴齊家, 工詩及畫. 其入貢也, 慕中國士大夫, 每有一面, 輒作見懷詩一章, 多至五十

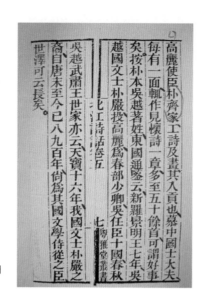

高麗使臣朴齊家工詩及畫其入貢也慕中國士大夫
每有一面輒作見懷詩一章多至五十餘首可謂好事
矣按朴本吳越著姓東國通鑑云新羅景明王七年吳
越國文士朴嚴投高麗爲春部少卿吳任臣十國春秋
吳越武肅王世家亦云天寶十六年我國文士朴嚴之
裔自唐末至今巳八九百年仍爲其國文學侍從之臣
世澤可云長矣。

比工詩語甚工

七傳雅堂叢書

• 박제가에 대해 언급한 홍양길의 「북강시화」 해당 면.

餘首. 可謂好事矣)." 이 말은 제2차 연행 당시 그가 가까이 교유하고 견회시를 써준 중국 문인의 숫자가 50명을 상회했다는 뜻이다. 박제가의 시 한 수쯤 받지 못하고는 당시 예단(藝壇)에 명함도 못 내밀 형국이었다.

가는 인연 오는 인연
―반정균의 뒷모습

구슬퍼 즐겁지가 않았다

사람의 관계는 시간에 따라 변하기 마련이다. 한때 그토록 애틋했던 인연들이 세월 속에 빛이 바래 희미해져가는 광경은 왠지 슬프다. 누구의 잘잘못을 따질 일은 아니었다. 어쩌다보니 그렇게 된 것일 뿐이다.

2차 연행을 준비하면서 박제가는 예전 홍대용에게서 출발해 유금을 거쳐 자신에게로 이어졌던 오랜 벗들과의 재회에 대한 기대가 잔뜩 부풀었다. 이조원과 이정원 형제, 축덕린과 당낙우, 반정균과 철보(鐵保) 등의 이름을 떠올리자 그들의 모습과 그들과 함께했던 시간들이 그 위로 포개졌다.

박제가는 행장 속에 먼저 축덕린의 소조(小照)를 챙겼다. 철보의 글도 새로 받으려고 그가 젊었을 적에 쓴 시를 따로 베껴 간수해 갔다. 12년 전인 1778년 박제가의 요청에 따라 축덕린은 자신의 소조를 박제가에게 선물했다. 그때 축덕린은 자신의 작은 초상화 옆에다 이런 글을 써주었다.

이것은 1774년에 만든 것이다. 왕희지가 「난정서蘭亭序」를 쓴 나이이고, 가의(賈誼)가 「복조부鵩鳥賦」를 지은 해다. 이제 4년이 지났지만 정신과 뼈대가 그런대로 비슷하다. 시간이 없어 표구하지 못했으니 가지고 돌아가 따로 표구를 부탁해보는 것이 어떠한가?

하지만 그림을 들고 조선으로 돌아온 박제가는 초상화를 고이 모셔두기만 했지 표구를 맡기지 않았다. 솜씨가 미덥지 않았기 때문이었다. 이참에 축덕린의 소조를 되가져가 북경에서 여러 벗들의 글을 더 받아 함께 표구해서 귀하게 간직할 작정이었다.

하지만 축덕린은 거처를 옮긴데다 연락이 잘 닿지 않았다. 이조원은 벌써 8년 전인 1782년에 견책을 받아 하옥되었다가 충군(充軍)의 죄를 입었는데 신임 총독의 두둔으로 겨우 보석금을 내고 풀려날 수 있었다. 이듬해인 1783년에 고향인 나강(羅江)으로 완전히 낙향해버리고 말았다. 그 아우 이정원과 겨우 연락이 되었다. 12년 만에 만난 두 사람은 서로 변해버린 얼굴을 한참이나 더듬어 확인했다.

몇 마디 대화 후 가깝던 이들의 근황을 들어 알게 되자 두 사람은 더 말수가 줄었다. 박제가가 축덕린의 소조를 품에서 꺼냈다.

"표구를 맡기기 전에 그림 끝에 그대의 글을 받아 보배로 간직할까 하오."

이정원은 축덕린에게서 공부해 사제의 인연이 있었다. 이정원은 쓸쓸한 표정으로 붓을 들었다.

이것은 우리 선생님이신 축지당(祝芷塘) 선생의 소조다. 1778년에 박 차수군에게 준 것이다. 1790년 박군이 이것을 북경으로 다시 가지고 들어왔다. 표구를 맡기면서 나더러 글을 쓰라고 한다. 지금 선생은 언론의 일로 벼슬을 그만두고 돌아가 바야흐로 동문 밖에서 세 들어 살고 계신다. 이것을 마주하니 구슬퍼져서 문득 즐겁지가 않았다. 그래도 선생의 이 소조를 떠올려보니 1774년에 그린 것이다. 직접 써놓으시기를 왕희지가 「난정서」를 쓴 해이고 가의가 「복조부」를 지은 해라고 했는데, 어찌 미리 예견한 말이 아니겠는가? 이를 적어서 차수에게 준다. 글은 차마 더 써내려가지를 못하겠다. 1790년 8월 그믐, 수업(受業) 이정원이 삼가 발문을 쓴다.

이조원과는 부부라 일컬어지며 축소저란 애칭으로 불리던 축덕린도 세월의 풍파를 못 이긴 채 언사(言事)에 연루되어 벼슬길에서 밀려나 성 밖에 숨어 지내는 상황이었다. 한나라 때 가의는 젊어 장사 땅에 귀양 가 「복조부」를 지었다. 복조는 올빼미다. 중국인들은 올빼미가 집 안에 날아들면 집주인이 죽는다는 속신을 믿었다. 귀양지의 처소에 올빼미가 날아든 것을 보고 자신이 살아 돌아가지 못할 것을 예감한 가의는 「복조부」를 지어 자신의 운명을 한탄했다. 예전 축덕린

• 『호저집』에 수록된 이정원이 쓴 「축지당소조발」. 상단의 붉은 글씨는 후지쓰카의 것이다.

은 어째서 자신의 소조에다 이런 불길한 구절을 써두었던가? 12년 뒤의 앞날을 예견한 것이 아니었는가? 글에서 이정원이 한 말은 이런 뜻이었다. 위 두 글은 모두 『호저집』에 실려 있다.

7월 27일에 북경에 들어온 박제가가 이정원에게서 발문을 받은 날짜가 8월 그믐인 것을 보면 두 사람이 만나는 것도 쉽지가 않았음이 짐작된다. 『호저집』을 보면 박제가는 다시 물어물어 축덕린의 옹색한 거처까지 찾아갔던 모양이다. 하지만 두 사람 사이에 더이상 살가운 대화를 나눌 기력은 없었던 것 같다. 축덕린은 박제가의 요청에 따라 그해 봄 황명으로 심양(瀋陽)을 다녀오면서 지은 근작 13편을 적어주는 것으로 인사를 대신했다. 둘은 시무룩하게 헤어졌다. 10년 전의 환한 표정은 어디에도 없었다.

연암이 유리창 거리에 처음 가자마자 찾아갔다가 못 만났던 당낙우와도 박제가는 잠깐 재회했다. 1778년 1차 연행 때 박제가는 그와 만나 악률을 주제로 한 문답을 수천 언 주고받은 적이 있었다. 1790년에 그를 다시 찾았을 때는 그 또한 곤경을 만나 벼슬길에서 밀려나 후보(候補)의 자격으로 북경에서 근근이 살고 있었다. 당낙우와 만난 박제가는 그때 어렸던 딸은 어찌되었느냐고 물었다. 동향 사람으로 등과한 주근(朱瑾)에게 시집갔노란 대답이 돌아왔다. 그는 4남 4녀의 아버지로 벼슬을 내던지고 낙향할 여력마저 없었다. 삶에 찌든 표정에 피곤이 묻어났다. 예전처럼 하나의 주제를 두고 열띤 토론을 벌이며 스스로의 역량을 뽐내기에는 두 사람 모두 나이가 너무 들어 있었다. 둘은 무심히 앉았다가 편안하게 헤어졌다. 그러고는 다시 찾지 않았다.

누구신지요?

정작 알 수 없는 것은 반정균의 심사와 태도였다. 반정균과의 재회는 참으로 쓸쓸했다. 그는 사람이 확 변해 있었다. 10년 전 박지원이 북경에 가서 반정균을 끝내 못 만난 채 돌아왔을 때부터 느낌이 조금 이상했다. 연암이 누군가? 홍대용의 '절친'이 아닌가. 그는 홍대용이 반정균 등과의 만남을 정리한 『회우록』에 서문을 썼던 장본인이다. 홍대용이 세상을 뜨자 반정균 등에게 부고를 보낸 것도 연암이었다.

그런 연암이 생애 한 번밖에 없는 연행길에서 죽은 벗의 옛 친구를 찾지 않았을 리 없다.

연암은 『열하일기』에서 기회만 되면 중국 선비들에게 반정균을 아느냐고 묻곤 했다. 양매죽사가에서 유세기와 여러 차례 대화를 나눌 때 반정균의 집은 걸어서 5분 거리 안쪽에 있었다. 『열하일기』에는 그와의 만남에 대한 언급이 끝내 한마디도 없다. 연암은 결국 반정균과 만나지 못한 것이 틀림없다. 만나지 못했다는 것은 연암의 의지가 아니라 반정균의 뜻일 터였다. 그는 언제부턴가 외부인과의 접촉을 몹시 꺼리고 있었다.

그간 박제가와 유득공에게도 반정균은 특별한 사람이었다. 『한객건연집』에 서문과 평을 써서 네 사람을 인정했고, 1778년 박제가의 1차 연행 때는 『열상주선집』에 서문을 써주기까지 했다. 유득공에게도 각별한 정을 담은 편지를 보내왔었다. 그는 이처럼 정이 많은 사람이었다.

북경에 도착하자마자 박제가는 반정균의 집을 먼저 찾았다. 그런데 그는 박제가를 만나주지 않았다. 유득공은 당시의 연행을 『열하기행시주熱河紀行詩註』로 묶었다. 그중 「어사 반추루」란 항목 중에 이런 대목이 있다.

이때 박제가가 먼저 그를 방문했다. 반정균은 바야흐로 칩거하면서 손님을 사양하였다. 관음상을 걸어놓고 아침저녁으로 예불을 올렸다. 말이 시사(時事)에 미치면 꺼려 움츠러듦이 몹시 심했다. 8월 13일 태화전(太和殿)의 연례(宴禮) 때 오문(午門) 앞에서 서로 만났다. 자리를 끌어다가 나란히 앉아 담소하며 옛일을 얘기했다. 만주 사람이 와서 살 피자 고려 사람을 처음 만나본 듯한 시늉을 하면서 성을 묻고 이름을 묻는 것이었다. 사실 그는 차가운 사람이 아니었다.

그는 확실히 변해 있었다. 예전 홍대용의 거문고 연주를 듣다 말고 감정에 복받쳐서 흐느껴 울던 감수성 풍부한 그 사람이 아니었다. 박제가가 북경 도착 직후 반정균을 찾아갔지만 그는 만나주지 않았다. 8월 13일 원명원의 태화전에서 열린 건륭제의 팔순 생일잔치에 조정 백관들이 다 모이자 그도 어쩔 수 없이 참석했다. 잔치를 마치고 나오던 반정균을 발견한 두 사람이 그를 붙잡아 처음 해후했다. 그들의 사이는 잠시 옛날 그때로 돌아가는 듯했다. 하지만 만주인이 와서 염탐하는 기색을 보이자 그는 바로 벌떡 일어나 마치 처음 만나는 사람에게 인사를 청하듯 깍듯이 어디서 왔느냐고 묻고 새삼스레 성과 이름을 묻더라는 것이었다. 인용문의 마지막 문장은 그전까지 자신들도 그를 몹시 매정한 사람으로 오해했다는 뜻이다. 반정균은 잔뜩 주눅 들어 무언가를 몹시 두려워하고 있었다.

머쓱하게 헤어진 그들은 다시 만나지 못했다. 이때 박제가가 안타까움을 품고 반정균에게 보낸 편지 한 통이 『호저집』에 남아 있다.

긴 하루가 1년 같군요. 집은 가까운데 사람은 멀기만 해 이따금 거리 사이를 산보하곤 합니다. 감히 아무 때나 찾아뵙지도 못해 대문만 바라보며 머뭇거립니다. 돌아갈 때가 얼마 남지 않았다 생각하니 날마다 천 사람과 만나 뒤섞여 어울려도 단지 이 한 마음만은 끝내 옮길 수

• 박제가가 반정균에게 보낸 편지. 오른쪽 면 넷째 줄부터다.

가 없습니다. 만약 해마다 북경에 오게 된다면 뒷날의 만남이 무궁하겠지만 미래는 아마득하니 누가 다시 알겠습니까? 이것이 제가 사려를 온통 쏟아 현재의 즐거움을 도모하지 않을 수 없는 연유입니다. 지난번 답장이 짧은 것을 보니 이목 때문에 마음속에 담은 말을 하기가 꺼려져 그런 모양입니다. 필묵으로 다 쏟아낼 수 있는 것이 아닌가봅니다. 그리운 마음 아득하기가 늙은 누에가 아직 고치를 짓지 못한 것과 같습니다. 말씀만 계시면 오늘이라도 당장 달려가서 한차례 마음을 남김없이 토해낼 수 있겠습니다.

옥하관(玉河館)에 머물 때 반정균과 다시 만나려고 애쓰며 쓴 안타까운 편지다. 박제가가 여러 차례 연통을 넣었지만 반정균은 아무런 반응이 없었다. 긴 편지를 쓰면 돌아오는 것은 짤막한 몇 줄의 거절 답장뿐이었다. 박제가는 그런 그의 행동이 참 야속하고 서운했다. 한 번만이라도 만나자고 청했다. 하지만 그는 확고한 결심이라도 선 듯 꿈쩍도 하지 않았다.

방종한 소치입니다

　2차 연행에서 박제가와 유득공 두 사람은 이조원의 동생 이정원과 이기원을 두 차례 만났다. 그들은 전과 다름없이 사천회관에 임시로 거처를 정해 머물고 있었다. 박제가 등이 두 사람의 문집을 살펴보니 형님인 이조원이 관직에서 파직당한 일을 얘기할 때면 말에 강개한 기운이 넘쳐흘렀다. 지난번 오문 앞에서 반정균을 잠깐 만났을 때 이조원이 쫓겨난 까닭을 묻자 반정균은 주위를 한번 둘러보고는 짧게 말했다. "그가 방종했기 때문입니다." 그의 말이 워낙 짧고 단호했으므로 두 사람은 한마디도 더 토를 달 수가 없었다.
　청조 치하의 한족(漢族)들은 새장에 갇힌 새나, 올가미에 든 짐승과 같이 불안한 상태였다. 말 한마디에 목숨이 왔다갔다했다. 오늘의 득의가 내일까지 이어질지는 아무도 장담할 수 없었다. 이조원의 파관에 대해 반정균은 방종의 소치라고 냉정하게 잘라 말했다. 자기가 자초한 화라는 얘기다. 사실 이조원은 좋게 말해 활달하고, 깎아 말해 경박한 기운이 없지 않았다. 그는 큰소리치기를 좋아하고 남이 알아주는 것에 크게 우쭐대곤 했다.

2010년 나는 박제가의 『정유각집』을 제자들과 5년간 강독해서 세 권의 책으로 펴낸 적이 있다. 글이 워낙 어려워 큰 고생을 했다. 강독이 시집 부분을 마치고 문집 쪽으로 들어갔다. 먼저 앞쪽에 실린 이조원이 쓴 서문을 읽었다. 이 글은 1778년 이조원이 박제가에게 써준 「명농초고집서明農初稿集序」였다. 한참 읽다가 중간에 도무지 뜻을 알 수 없는 표현이 나왔다. 중국 사이트에서 해당 구절을 검색해보니 이상한 점이 있었다. 놀랍게도 이조원의 글은 당나라 유태(劉蛻)의 「재주도솔사문총명병서梓州兜率寺文冢銘幷序」란 글을 교묘하게 짜깁기한 표절작이었다. 이럴 수가 있는가? 처음에 나는 내 눈을 의심했다. 중간에 박제가에 대해 언급한 한 단락 외에는 유태의 글을 앞뒤로 이리저리 끊고 잇대 줄줄이 엮은 것이었다. 싱크로율이 50퍼센트에 가까웠다.

이 사실을 확인하고 나니 마음이 조금 착잡해졌다. 이조원의 태도는 정말 좋지 않았다. 그도 오늘날 인터넷의 검색엔진이 230년 전 자신의 표절을 잡아내게 될 줄은 차마 생각지 못했을 것이다. 혹시 싫어서 나중에 간행된 이조원의 『동산문집童山文集』에 실린 「명농초고집서」와 대조해보았다. 그러고 나서 한번 더 놀랐다. 이조원은 그 글을 문집에 실으면서 박제가에게 준 초고 중에서 유태의 글을 베낀 부분을 절묘하게 터치해 자기 글로 슬쩍 바꿔놓았던 것이다. 통째로 베낀 부분은 어김없이 손질이 되어 있었다.

내 짐작은 이렇다. 박제가가 자신의 『명농초고』를 놓고 곧 귀국하게 되니 그전에 서문을 받아 돌아갈 수 있으면 좋겠다고 보챘다. 이조

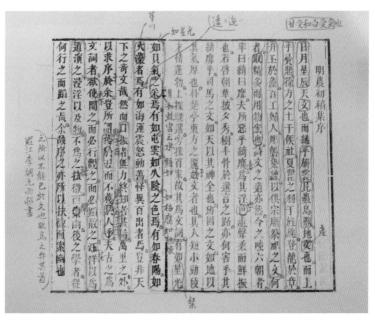

• 『동산문집』에 실린 「명농초고집서」와 『호저집』에 실린 초고의 차이를 대비해보았다. 붉은색으로 쓴 것은 초고와 문집의 차이를 반영했고, 노란색 표시 부분은 유태의 글에서 베껴온 부분이다. 노란색 표시선 안에 붉은 글씨가 집중적으로 나오는 것은 그대로 따온 부분을 만진 흔적이다.

원은 당시 여러 사정으로 차분히 글을 쓸 형편이 되지 못했다. 안 써줄 수는 없고, 차분히 글을 구상할 여유가 없었다. 그는 부득이 예전 사람의 안 알려진 글 한 편을 슬쩍 베껴 중간의 빈칸을 메워 자신의 글로 꾸민 뒤 박제가에게 건네주었다. 주면서도 속으로는 뜨끔했을 것이다. 정작 자신의 문집을 판각할 때는 베낀 대목을 감쪽같이 수선하고 땜질해서 시치미를 딱 뗐다. 『호저집』에 실린 글과 『동산문집』에 실린 글을 대조해보면 그 과정이 훤히 들여다보인다.

반정균이 방종한 소치라고 나무란 것은 이조원의 이런 성품 때문일 터이다. 이조원은 그전에도 상관인 영보(永保)에게 밉보여 '부조(浮操)'의 죄명으로 견책받은 적이 있었다. 부조는 몸가짐이 경박하다는 뜻이다. 그의 대표작 중 하나인 『우촌시화雨邨詩話』만 해도 역대로 이렇게 욕을 많이 먹은 책이 없었다. 자기 말은 별로 없고 남의 얘기를 수두룩하게 베껴먹었다는 비판이 특히 많았다.

당시 반정균의 심사를 헤아려보면 또 이렇다. 가깝던 이조원은 사실 자기 실수도 아닌 일로 견책을 입어 곡절 끝에 아예 낙향을 해버렸고, 축덕린과 당낙우도 말실수 때문에 벼슬에서 밀려났다. 청대의 문자옥(文字獄)은 말 한마디만 잘못하면 그 길로 목숨을 내놓아야 했다. 벼슬길은 늘 아슬아슬한 줄타기와 다름없었다. 자기 잘못이 아니라도 제 목숨과 맞바꾸는 일이 흔했다. 변명은 미처 할 겨를조차 없었다. 원천적으로 구설에 오를 일 자체를 만들지 않는 수밖에 없었다. 덮어놓고 벼슬을 놓자니 가족의 생계가 막막했다. 당시 반정균은 가깝던 벗들이 차례로 사라지고, 나이도 50대로 접어들면서 환해(宦海)에 대한 깊은 혐오에 빠져 있었던 듯하다. 그는 오로지 불법에 귀의함으로써 마음의 평정을 지켰다. 그 밖의 덧없는 인연들에는 아예 무심해지기로 작정을 했던 것이다. 말세의 전전긍긍이 애처롭고 또 안타깝다.

마지막으로 나눈 반정균과의 필담

그럼에도 『호저집』에는 박제가와 반정균이 나눈 필담 한 도막이 남아 있다. 이 필담 이후로 반정균의 이름은 우리 쪽 기록 속에서 다시는 포착되지 않는다. 이 필담은 2차 연행을 마치고 북경을 떠난 박제가가 서울에 도착하기도 전에 왕명으로 3차 연행에 올라 북경에 다시 가면서 이루어졌다. 생각지 않게 박제가가 몇 달 만에 북경에 다시 나타나자 북경의 지식인들이 한번 더 술렁였다. 반정균은 이때에는 어쩌지 못해 박제가에게 한 번 곁을 주었던 모양이다. 음미된 적이 없는 자료여서 여기에 전문을 소개한다. 필담이다보니 거두절미된 점이 있다.

박: 부름을 받았을 때 갑작스레 발탁되었지요(召見時卽驟擢).

반: 은혜로 사랑하심이 몹시 융숭했군요. 직임을 맡기기에 알맞았기 때문일 겝니다(想恩眷甚隆, 亦使職稱故耳).

박: 그릇 군주의 사랑을 입었으나 요행으로 큰 허물을 면했습니다. 장차 무엇으로 보답할지 걱정입니다. 부족한 제 싯귀는 겨와 쭉정이를 걸러내야 할 겝니다. 양봉(兩峰) 나빙(羅聘)을 원망하지 않을 수가 없군요(誤被主眷, 幸免大過, 恐何以答將來也. 拙句簁揚穅秕, 卽不敢不怨兩峯也).

반: 10년 전에 이미 그대의 문집을 읽었습니다. 이서구는 근래 어찌 지냅니까?(十年前已讀大集. 書九近如何).

박: 그는 지금 당상관에 올라 웅부(雄府)에 있습니다. 묘향산에 가 있는데, 단군의 옛 땅입니다. 돌아오는 날이면 틀림없이 예원의 주맹이 될 겝니다(他方陞堂官, 據雄府. 卽妙香山檀君故地, 歸日必主盟藝苑).

반: 선생과 영암 유득공은 아직 관직을 옮기지 못했습니다그려.(與先生同泠菴, 未遷官).

박: 이제 막 번와시(燔瓦寺)의 관리가 되었습니다. 또 『여지승람』을 편찬하느라 비각을 들락거리지요(見方帶燔瓦寺官, 又編輿地勝覽, 出入祕

閣).

반: 홍담헌 선생 집안의 후인은 어떻습니까?(洪湛軒先生家後人何如).

박: 직무가 번다해서 서로 자주 문안할 수가 없습니다. 그의 아들 또한 음률에 통했다고 들었습니다(職事繁, 未能數相問. 聞其子亦通音律云).

반: 선생께서 정사를 담당하는 날에는 능히 발탁할 수 있을는지요?(先生枋政日, 未審能拔擢之否).

박: 그런 자리를 맡게 되는 것은 감히 바랄 수도 없지요. 틈이 나면 남은 얘기를 나눠보겠습니다. 『범아梵雅』가 필요합니다. 처음에 천문을 풀이했고 두번째로 지리를 풀이하고, 조수충어(鳥獸蟲魚) 등을 풀이한 항목이 있습니다. 모두 15편일 겁니다(秉銓固不敢望. 有間不惜齒牙餘論. 要梵雅, 一釋天文, 二釋地理, 有釋鳥獸蟲魚等目, 共十五篇).

반: 『범아』는 아직 못 보았습니다. 아마도 불가에서 읊조린 글인 듯싶군요. 대승(大乘)의 법에는 꼭 도움되는 것이 아니고 『이아爾雅』 같은 종류일 겁니다. 이 책은 도(道)와 무관합니다(梵雅則未見. 想是僧家吟咏文字, 未必與大法有發明也. 如爾雅類, 此書與道無關).

박: 『범아』는 예부(禮部) 마응룡(馬應龍)이 지은 것입니다. 『지북우담』에 나오지요. 선생께서 보셨다면 꼭 이 책을 사려 했습니다만(梵雅是馬禮部應龍所著, 出池北偶談. 先生曾見過, 必要買此書).

반: 이 책을 알지 못합니다. 참으로 행인자우(行人子羽) 격이라 책 찾다가 길 위에서 늙을까 걱정이올시다(未知此書. 眞行人子羽, 才恐老於道路).

박: 선생과 양봉은 모두 부처에 아첨하시니, 오늘 한 자리를 빌려 인과(因果)에 대해 얘기해보는 것은 어떻습니까?(先生與兩峰皆佞佛, 今日借

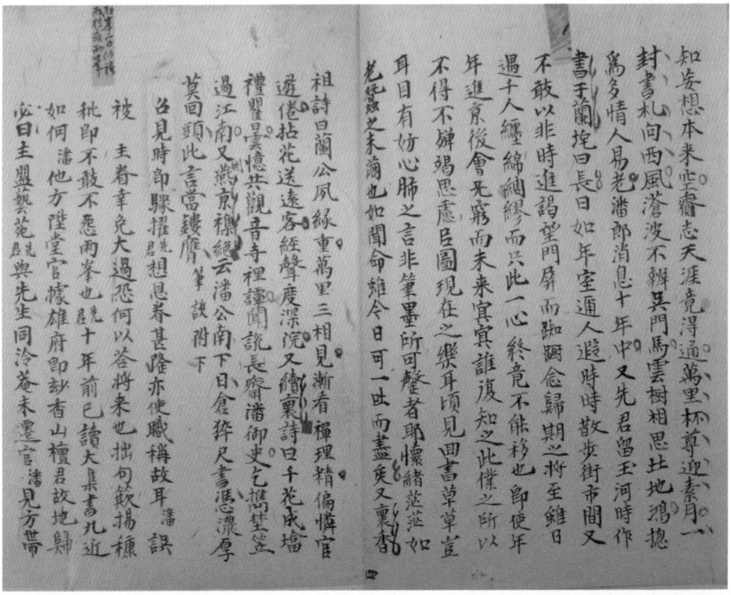

知妄想本來空◯齋志天涯竟得通萬里杯尊迎素月一
封書札向西風滄波不辨吳門馬雲樹相思此地鴻揔
為多情人易老潘郎消息十年中又先君留玉河時作
書于蘭垞曰長日如年室邇人遐時時散步街市間又
不敢以非時進謁望門牖而踟躕愈歸期之將至雖日
過十人纏綿綢繆而只此一心終竟不能移也卽使年
年進京後會無窮而未來冥冥誰復知之此僕之所以
不得不殫竭思慮以圖現在之樂耳頃見回書草草豈
耳目有妨心肺之言非筆墨所可罄者耶懷緖茫茫如
老蠶之未簡也如聞命雖今日可一吐而盡矣又稟
祖詩曰蘭公夙緣重萬里三相見漸看禪理精偏憐宦
遊倦拈花送遠客經聲度深院又續稟詩曰千花成塔
禮瞿曇憶共觀音寺裏譚聞說長齋潘御史乞攜梵笠
過江南又燕京禪絕云潘公南下日倉猝尺書憑心濃厚
莫回頭此言當鏤肝 筆談附下
台見時卽驟擢先君想見眷甚隆亦使職稱故耳 潘 誤
被 主眷幸免大過恐何以荅將來也拙句欽揚種
秋卽不敢不惡兩峯也先君十年前已讀大集書九近
如何 潘 他方陛堂官據雄府卽舒香山檀君故地歸
必曰主盟藝苑先君與先生同泠菴未還官 潘 見方帶

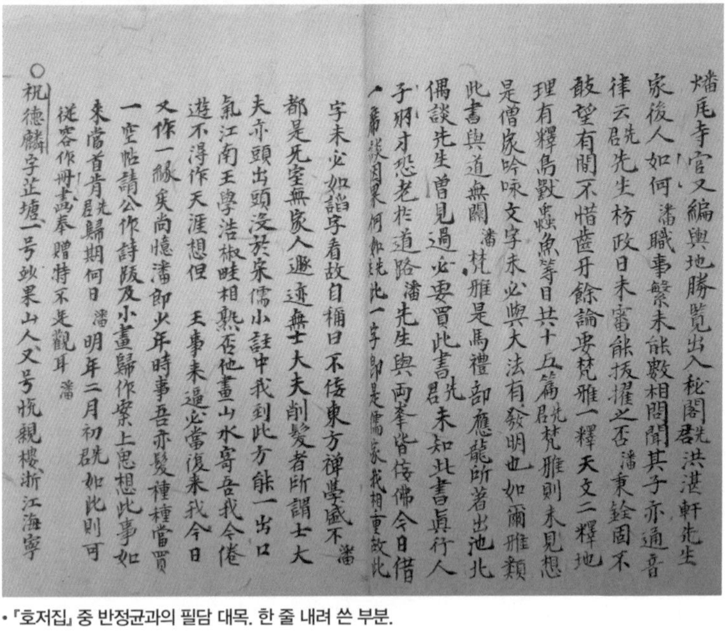

燔尾寺官又編輿地勝覽出入秘閣先君洪湛軒先生
家後人如何 潘 職事繁未能數相問聞其子亦通音
律云先君先生杭政日未審能拔擢之否 潘 東銓固不
敢望有間不惜齒牙餘論要梵雅一釋天文二釋地
理有釋鳥獸蟲魚等目共十五篇先君梵雅則未見想
是僧家吟詠文字未必與大法有發明也如爾雅類
此書與道無關 潘 梵雅是馬禮部應龍所著出池北
偶談先生曾見過必要買此書先君未知此書眞行人
子弼才恐老於道路 潘 先生與兩峯皆佞佛今日借
一篇談因果何如說此一字卽是儒家我相重故此
字未必如謟字看故自稱曰不佞東方禪學盛不 潘
都是死室無家人遯迹無士大夫削髮者所謂士大
夫亦頭出頭沒於衆儒小註中我到此方能一出口
氣江南王學浩椒畦相熟否他畫山水寄吾我今倦
遊不得作天涯想但 王事未遑必當復來我今日
又作一緣實尚憶潘郎少年時事吾亦髮種種當買
一空帖請公作詩跋及小畫歸作案上思想此事如
來當首肯先君歸期何日 潘 明年二月初先君如此則可
從容作冊畫奉贈特不足觀耳 潘
◯杭德麟字芷塘一号硤果山人又号杭親樓浙江海寧

• 『호저집』 중 반정균과의 필담 대목. 한 줄 내려 쓴 부분.

一席, 談因果何如).

반: 말씀하신 아첨한다는 뜻의 영(佞)이란 한 글자는 유가의 아상(我相)이 무겁기 때문에 나온 말입니다. 이 글자는 분명 아양 떤다는 첨(諂) 자로 보는 것만 같지 못합니다. 그래서 자신을 일컬어 불녕(不佞)이라 하는 것이지요. 동방에는 선학(禪學)이 성합니까?(一字卽是儒家我相重故, 此字未必如諂字看. 故自稱曰不佞. 東方禪學盛不).

박: 온통 집도 없고 사람은 자취를 숨겼습니다. 사대부로 삭발하는 사람은 없습니다. 이른바 사대부란 이들은 또한 송유(宋儒)의 소주(小註) 속에 머리를 파묻고 있지요. 저도 이곳에 와서야 능히 겨우 말을 꺼내볼 수 있답니다. 강남의 초휴(椒畦) 왕학호(王學浩)와는 서로 잘 아시는지요. 그가 산수화를 내게 부쳐주었습니다. 내가 지금 여행에 지쳐서 먼 데 하늘가 생각까지는 할 수가 없군요. 다만 나랏일이 급한지라 꼭 다시 오겠습니다. 제가 오늘 또 한 인연을 맺었습니다. 반랑(潘郞)의 소년 적 일이 아직도 생각나는데 나 또한 터럭이 희끗희끗하군요. 마땅히 한 권의 빈 서첩을 사서 공에게 시와 발문 및 작은 그림을 청해 돌아가 책상 위에 두고 그려볼까 합니다. 이 일쯤이야 마땅히 들어주시겠지요(都是无室無家人遯迹. 無士大夫削髮者, 所謂士大夫, 亦頭出頭沒於宋儒小註中. 我到此方, 能一出口氣. 江南王學浩椒畦相熟否. 他畫山水寄吾, 我今倦遊, 不得作天涯想. 但王事來逼, 必當復來. 我今日又作一緣矣. 尚憶潘郞少年時事, 吾亦髮種種. 當買一空帖, 請公作詩跋及小畫, 歸作案上思想. 此事如來當首肯).

반: 며칠에 돌아가십니까?(歸期何日).

박: 내년 2월 초입니다(明年二月初).

반: 그렇다면 여유 있게 그림책을 그려드릴 수 있겠습니다. 다만 볼

만한 것이 못 됩니다(如此則可從容作畵冊奉贈, 特不足觀耳).

조금 마음에 여유가 생긴 듯 대화는 비교적 담담하게 흘렀다. 내년 2월에 돌아간다고 말한 것으로 보아 이 필담의 시점은 1790년 12월 3차 연행 때였다. 반정균은 처음부터 이서구를 좋아했다. 네 사람 중 그만 유일하게 대면하지 못했는데 이상스레 그에게 마음이 끌렸던 것 같다. 당시 이서구는 1790년 3월에 영변부사가 되어 함경도 땅으로 부임했다. 그가 서울로 돌아온 것은 1791년 5월이었다. 그는 또 죽은 벗 홍대용의 후손의 근황을 물었다. 조선에서 서얼이란 신분이 갖는 의미를 중국 지식인들은 이해하지 못했다. 그래서 반정균은 박제가에게 나중에 정사를 담당하게 되면 그의 후손을 발탁하는 것이 어떻겠느냐고 넌지시 물었다.

박제가 화제를 바꿔 그를 기쁘게 하려고 스스로 승려를 자임하던 화가 나빙과 셋이서 불교의 인과설(因果說)을 화제 삼아 하루 대화를 나누는 것이 어떠냐고 제안했다. 반정균은 박제가가 자신을 두고 무심결에 '영불(佞佛)', 즉 부처에게 아첨한다는 표현을 쓰자, 유가의 아상을 벗지 못한 표현이라며 넌지시 말끝을 눌렀다. 끝에서 박제가는 빈 서첩 하나를 반정균에게 건네 돌아가기 전에 시와 서문을 쓰고 그림을 그려줄 것을 청했다. 하지만 박제가는 결국 그 서첩을 돌려받지 못했다. 이 기록을 마지막으로 반정균과 축덕린 등의 기록은 더이상 나타나지 않는다. 그들은 마침내 잊힌 이름이 되고 말았다.

옛 벗들과의 쓸쓸한 작별이 그늘을 드리웠지만, 두번째와 이를 이은 세번째 연행에서 박제가는 생각지 않은 큰 수확을 얻었다. 한 인연이 물러나자 그 자리에 새로운 인연들이 꽉 찼다. 서로들 박제가와 만나 대화하려고 줄을 섰다. 박제가의 인기는 단연 최고였다. 훗날 자신의 제자인 추사 김정희로 이어지는 기윤, 옹방강, 완원 같은 청대 학술계 거목들과의 만남이 이때 모두 한꺼번에 이루어졌다. 이제 차례대로 살펴보겠다.

제
31
화

부처님 손바닥
—『호저집』 속의 메모와 〈노주설안도〉

『호저집』 속의 메모들

후지쓰카 구장본 서목 중『호저집縞紵集』은 특별히 중요한 자료다.
아들 박장암이 아버지 박제가가 전후 네 차례 연행에서 맺은 중국 지
식인과의 교유 관련 자료를 집대성한 것이다. 앞쪽에는 연행별로 교
유록을 정리해 인적 사항을 기록하고, 뒤편에는 이들과 주고받은 서
찰과 시문 및 필담 자료를 꼼꼼하게 정리했다. 박장암이 이를 기록할
당시만 하더라도 이 자료들은 대부분 원본 그대로 집안에 전해졌던
것이 분명하다. 하지만 오늘날 이 책 속에 실린 자료들은 거의가 원본
의 소재를 전혀 알 수 없다. 후지쓰카가 소장했던 두어 종 자료만 소
재가 확인될 뿐이다. 언젠가 뭉텅이로 이 원본 자료들이 쏟아져나올

것을 기대하는 마음이 있다.

'호저(縞紵)'는 무엇인가? 친구 사이에 마음을 담아 주고받는 선물을 뜻한다. 예전 오나라 계찰(季札)이 정(鄭)나라 자산(子産)에게 선물로 호대(縞帶)를 보냈다. 이를 받은 자산은 계찰에게 저의(紵衣)로 답례했다. 호저의 의미가 이 일에서 나왔다. 후지쓰카는 이 책을 손에 넣은

• 한 장 한 장 배접을 해서 다시 제본해 배가 불룩해진 『호저집』.

후 대단히 기뻐했던 것 같다. 그는 종이가 낡아 책의 상태가 좋지 않은 것을 보고, 이를 한 장 한 장 따로 배접해 다시 묶었다. 원래의 여백이 너무 좁아 아래위에 종이를 덧대어서 키를 키웠다. 끈으로 다시 책을 매자 배가 불룩해졌다.

이 책에서 확인되는 중국 지식인은 무려 110명에 달한다. 인물마다 인적 사항을 적고, 박제가가 그들과 만나게 된 경위, 이들과의 사이에 있었던 이야기들을 기술했다. 달랑 한 줄짜리 정보도 있고 몇 면에 걸친 방대한 내용도 보인다. 정보의 분량은 대체적으로 당사자의 학술계 또는 문단에서의 명망과 비례한다. 특별히 중간중간에 실린 필담 자료는 당시 만남의 현장을 생생하게 복원해준다. 이제껏 박제가 관련 연구에서 이들 필담 자료가 거의 활용되지 않은 것은 기이한 일이다.

후지쓰카는 이 책이 갖는 자료적 가치를 한눈에 알아보았다. 다른

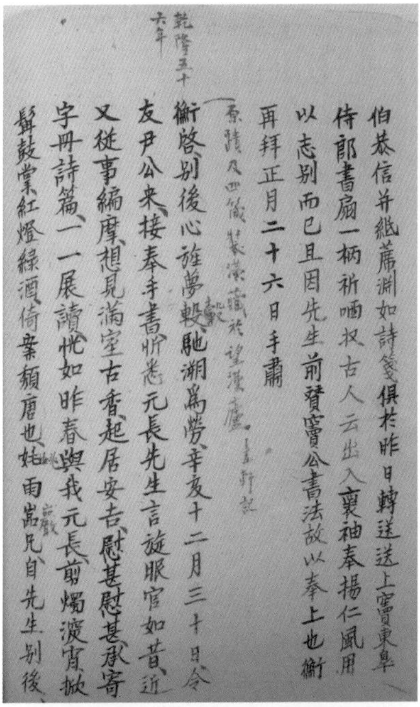

伯恭信并紙蕭淵如詩箋俱於昨日轉送送上賓東皐
侍郎書扇一柄祈哂収古人云出入褱袖奉揚仁風用
以志別而已且因先生前賛實公書法故以奉上也衛
再拜正月二十六日手肅
原蹟及四箋裝潢藏於望漢廬 [illegible]記
乾隆五十六年
衛啓別後心旌夢轂馳溯爲勞辛亥十二月三十日令
友尹公來接奉手書忻悉元長先生言旋服官如昔近
又從事編摩想見滿室古香起居安吉慰甚慰甚承寄
字冊詩篇一一展讀恍如昨春與我元長剪燭渡宵掀
髯鼓掌紅燈綠酒倚案頹唐也姚雨嵩兄自先生別後

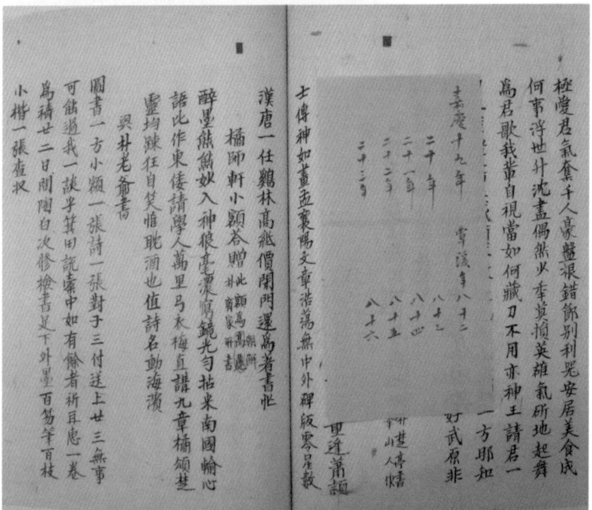

桎慶君氣奪千人豪盤根錯節別利器安居美食成
何事浮世升沈盡偶然必垂莫損英雄氣所地起舞
爲君歌我輩自視當如何藏刀不用亦神王請君一
一方耶知
好武原非
山人情
里逢蕭韻
士傳神如畫孟襄陽文章浩蕩無中外碑版零星散

嘉慶十九年 雪漢年八十二
二十年 八十三
二十一年 八十四
二十二年 八十五
二十三年 八十六

漢唐一任鷄林高紙價開門還爲著書忙
橘師軒小額答贈 [illegible]
醉墨淋漓妙入神狼毫渡寫鏡光匀拈來南國輸心
語此作東倭請學人萬里弓衣梅直譜九章橘頌楚
靈均踈狂自笑惟耽酒也值詩名動海濱
與朴老爺書
圖書一方小額一張詩一張對子三付送上廿三無事
可能過我一談乎箕田說囊中如有餘者祈耳惠一卷
爲禱廿二日閒陶白次修檢書足下外墨百笏筆百枝
小楷一張查収

• 원적이 망한려에 소장되어 있다고 적어둔 후지쓰카의 붉은 글씨 메모와 중간에 끼여 있는 메모지.

어떤 책보다 이 책에 유난히 후지쓰카의 메모와 쪽지가 많이 들어 있다. 또 자신이 원본을 소장했을 경우 그는 '원적은 망한려에 소장되어 있다(原蹟藏於望漢盧)'라고 자랑하듯 붉은 먹으로 표시해놓았다. 그 밖에 중간중간 색지를 네모지게 잘라 붓으로 쓴 메모지가 도처에 꽂혀 있다. 도서관에서 책을 정리할 당시 이런 메모지를 하나도 버리지 않고 소중하게 간직한 것은 참으로 신통한 일이다.

이들 자료를 되풀이해 들춰보다가 내가 부처님 손바다 안의 손오공 같다는 생각을 많이 했다. 후지쓰카의 비망기나 메모지 한 장 한 장은 그 면에 실린 시문과 관련된 보다 구체적인 정보를 더 얻으려면 다시 어느 책을 보아야 하는지 정확하게 지시하고 있었다. 후지쓰카는 이들 자료를 꼼꼼히 매만지고 조사해서 정리하고 메모해두었지만, 워낙 방대한 자료를 취급했기 때문에 이에 대해서는 글 한 줄 남기지 않은 것이 대부분이다. 나는 그의 메모를 따라가면서 그와 나 사이에 묘한 접속이 이루어지는 듯한 비밀스런 느낌을 종종 갖곤 했다.

〈노주설안도〉 관련 메모들

『호저집』의 중간중간에 끼여 있는 후지쓰카의 메모지는 무려 열 장이나 되었다. 이 가운데 세 장이 〈노주설안도蘆洲雪雁圖〉란 그림에 관한 것이었다. 『호저집』 속에도 이 그림에 대한 내용이 두 곳에 걸쳐 실려 있었다. 후지쓰카는 『호저집』에 실린 〈노주설안도〉에 관한 글을 보고 흥미를 느껴 이 그림과 관련된 정보를 보이는 대로 찾아 별지에 적어 책갈피에 끼워놓았던 것이다.

『호저집』에는 옹방강과 나빙이 이 그림을 보고 써준 제시가 실려 있었다. 먼저 옹방강의 「제노주설안도권題蘆洲雪雁圖卷」 두 수를 보자.

구름 그림자 아스라이 해동의 저 끝인데	雲影蒼茫極海東
가을이라 시사(詩思) 일어 허공에 담백하다.	秋生詩思澹空濛
인위(人爲) 아예 없는 자태 뉘 전해 얻었던고	寂無人態誰傳得
요홍 빛에 가까운 석양 그늘뿐이로다.	只有昏陰襯蓼紅
화지사의 늙은 스님 그림으로 참선하니	花之老衲墨參禪
물가의 뜻 헤아려서 먼 하늘과 맞닿았네.	渚意料量接遠天
성 남쪽 조그만 방 떠올려보노라니	記取城南齋十笏
창문 빛에 해태전(海苔箋)을 눈 비비며 마주했지.	牕光對拭海苔箋

〈노주설안도〉는 박제가가 2차 연행 때 중국인의 제발을 받기 위해 들고 간 그림이었다. 한겨울 갈대 물가에 기러기떼의 다양한 포즈를 담았다. 옹방강은 그림과 함께 나빙이 이에 대해 쓴 글을 보고 이 시를 지었다.

옹방강은 이 그림을 조선 사람의 것으로 알았던지 첫 수에서 저 멀리 해동의 가을하늘 풍광이 아스라하다고 적었다. '요홍(蓼紅)'은 여뀌꽃 빛깔에 가까운 붉은 석양빛을 묘사한 것이다. 그림은 갈대 물가에 수많은 기러기떼가 모여 있고 배경 빛깔은 붉은빛의 석양 무렵이었던 듯하다.

제2수의 '화지사의 늙은 스님(花之老衲)'은 글자만으로는 요령부득의 구절이다. 첫번째 메모지는 이 문제를 해결하기 위해 끼워두었다. 메모지의 내용을 보자.

유득공의 『병세집並世集』에 인용된 「정유 검서가 소장한 노주설안도에 제하다. 나양봉은 원나라 사람의 그림이라고 감정했다題貞蕤檢書所藏蘆洲雪雁圖, 羅兩峰定爲元人筆者」란 작품 중 '해태전(海苔箋)'이란 글자 아래 왼쪽의 주에서 '화지사승(花之寺僧)은 나양봉 도인의 별호다'라고 적었다.

즉각 유득공의 『병세집』을 찾아보았다. 옌칭도서관에는 후지쓰카가 자신의 전용 원고지에 베껴 써둔 『병세집』이 있다. 하지만 원본이 국립중앙도서관에 있고 사진 출력이 가능해서 살펴보니 출력 면 94쪽에 후지쓰카의 메모와 똑같은 내용이 어김없이 적혀 있었다. 그러니까 『호저집』에는 없던 주석이 여기에는 달려 있었고, 제목도 한결 맥락이 잘 드러나도록 수정되어 있었던 셈이다. 이를 통해 '화지노납'이 스스로 자신의 호를 화지사(花之寺)의 늙은 중이라고 쓰고 있던 양봉(兩峰) 나빙의 별호였음이 확인되었다. 또 나빙이 이 그림을 보고 대뜸 원나라 때 화가의 그림이라고 감정해준 사실도 알게 된다. 나빙은 양주팔괴(揚州八怪)의 한 사람으로 중국 회화사에서 대단히 중요한 위치를 점하고 있는 화가다. 그는 독실한 불교 신자로 하루는 꿈에 어느 절에 갔는데 그 절 이름이 '화지사'였고 자신은 전생에 그 절의 주지 승이었다는 얘기를 들었다. 이후 그는 '화지사승'을 자신의 별호로 삼

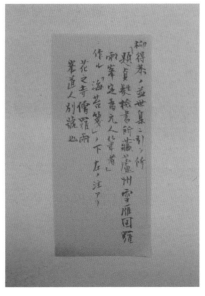

• 유득공의 「병세집」에 적힌 내용을 메모해둔
후지쓰카의 메모지.

았다.

제2수 끝의 '해태전'이란 종이 이름이 눈길을 끈다. 종이를 뜰 때
바다 이끼를 풀어 아롱진 무늬를 만든 특수한 조선산 종이 이름이었
다. 일반적으로 태지(苔紙)라 부른다. 아마도 나빙이 박제가가 가져간
조선산 해태전에 자신의 제시를 옮겨 적었던 듯하다.

이에 다시 『호저집』 하권 권2에 실린 나빙의 시를 찾아보았다. 여
기에는 흥미롭게도 박제가의 아들 박장암의 글이 함께 실려 있었다.
제목은 「건륭 55년(1790) 8월 18일 초비당(苕翡堂) 박검서(朴檢書)가 이
그림 두루마리를 꺼내 제시(題詩)를 구했다. 인하여 절구 세 수를 지어
청에 응하다乾隆五十五年八月十有八日, 苕翡堂朴檢書出此卷索題, 因成三絕句
應敎」였다. 제목 바로 아래 작은 글씨로 적은 박장암의 안설(案說)은

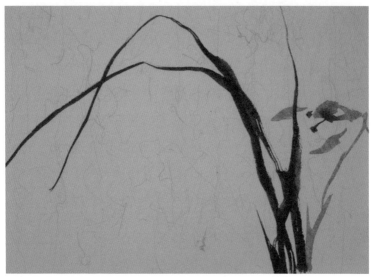

• 바다 이끼를 풀어 뜬 해태전에 그린 난초. 일반적으로는 태지라고 한다. 김정호 그림.

다음과 같다.

　　박장암의 안설: 집에 〈노주백안도蘆洲百雁圖〉가 있는데, 나양봉은 원나라 사람의 필적이라고 감정했다. 아정 이덕무와 영재 유득공이 나란히 각자 시를 지었고 선군께서 이를 베껴 쓰셨다. 평계(苹溪) 왕조가(王肇嘉)가 두루마리 앞 첫머리에 크게 다섯 글자를 썼다. 옹담계 또한 시가 있다. 선군의 시는 연수(練水) 왕도(王燾)가 썼다. 아래에 선군의 짧은 발문이 있다.

　　뜻밖에 이 두루마리 그림의 전모를 상세하게 설명했다. 처음 화축을 펴면 앞쪽에 왕조가가 큰 글씨로 쓴 '노주백안도'란 다섯 글자가 나오고, 그다음에 그림이 펼쳐진다. 이어 나빙과 옹방강의 시가 친필로 적혀 있다. 이를 이어 이덕무와 유득공의 제시를 박제가가 친필로 옮겨 적었다. 박제가의 시도 있는데 이 시는 왕도란 사람이 대신 쓰고, 맨 끝에 박제가가 짧은 발문을 썼다. 이렇게 보면 이 화축이 꽤 긴 길이였음을 알 수 있다. 그림을 두고 친한 벗들의 제발을 받아 길게 잇는 것은 당시 청조 지식인들 사이에 크게 유행하던 풍조였다. 박제가도 조선에서 구한 그림에 중국 명류들의 친필 제시를 받아 하나의 축으로 꾸며 표구하기 위해 이 그림을 북경으로 가져왔던 것이다.

이어 실린 나빙의 시는 이렇다.

흐릿한 작은 도장 누구의 솜씨인가   糢糊小印何人筆
자고 먹고 날며 우는 온갖 모습 다 갖췄네.   宿食飛鳴百雁俱
객창 향해 펼쳐보니 먼 데 생각 일어나   展向客牕生遠思
종이 병풍 대(竹) 책상이 강호에 있는 듯해.   紙屏竹榻在江湖

안문산의 가을 느낌 뉘 능히 그려낼까   雁門秋意誰能寫
별도로 강남땅 추사도(秋思圖)가 있느니.   別有江南秋思圖
물가엔 눈 자국이, 물엔 안개 서렸는데   雪蹟沙汀烟在水
꿈속에선 다만 그저 갈대풀뿐이었지.   夢中元只有菰蘆

원나라 사람 그림 명대와는 달라서   大抵元人異明代
붓이 능히 살아 있어 절로 자태 생겨나네.   筆能鬆活自生姿
어이 다만 맑고 굳셈 기품(奇品)이라 자랑할까   寧惟淸硬誇奇品

아스라이 맘 쓰던 때 보이는 듯하여라.   想見蒼茫用意時

　그림 상단에는 글자를 판독할 수 없는 희미한 도장이 찍혔고, 화면
에는 앞서 '백안도'란 설명에 맞게 자는 놈, 먹는 놈, 나는 놈, 목을 빼
어 우는 놈, 내려앉는 놈 등 갖은 모습의 기러기떼를 세세하게 그렸던
모양이다. 제3수에서는 원나라 사람의 그림으로 비정하는 이유를 설
명했다. 그림의 맑고 굳센 필치로 보더라도 그렇고, 그림을 그릴 당시
의 용의(用意)와 생동하는 붓질로 보아도 원나라 사람의 것이 틀림없
다고 나빙은 감정했다.

이덕무와 유득공의 제시와 세번째 메모

　후지쓰카의 두번째 메모지는 이덕무의 시를 옮겨 적고 있었다. 제
목이 「제호부노주설안도題虎符蘆洲雪雁圖」다. 문집을 찾아보니 『청장
관전서』 권12, 『아정유고』 권4에 수록되었다. 문집에는 메모와는 달
리 두 수가 실려 있었다.

　그림 보다 불볕더위 찬 날씨로 문득 변해   讀畫炎天忽變寒
가없는 갈대와 눈 강가에 가득하다.   無邊蘆雪滿江干
우리들은 모두 다 기심(機心) 잊은 사람이니   我曹都是忘機者
울고 조는 기러기 틈에 섞여서 앉아보세.   雜坐鳴鴻睡雁間

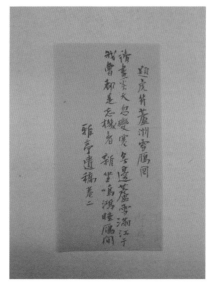

• 이덕무의 『아정유고』의 내용을 옮겨 적은 후 지쓰카의 메모지.

기러기 그림 없은 시는 천추에 의안(疑案)이라	疑案千秋畫雁詩
남에게 보일 적에 뜻 묘사할 사람 없네.	無人意寫見人時
갖은 자태 천연스러움 갖추게만 한다면	如令百態天然具
구라파의 망원경을 어이 잡지 않으리.	盡把歐羅遠鏡窺

삼복더위에 설안도 그림을 구경하노라니 갑자기 춥더란 말로 시상을 열었다. 우리는 모두 기심(機心)이 없으니 지금 이대로 화면 속으로 걸어들어가 기러기들 틈에 섞여 앉아 피서를 하자고 썼다. 제2수에서는 그림을 그린 사람이 누군지 알 수 없어 의안이라고 하고, 하지만 천연스런 자태만큼은 구라파의 망원경을 가지고 세부를 찬찬히 살피고 싶을 정도라고 적었다.

박장암의 글에 유득공이 쓴 시도 있다고 했으므로 『영재집』을 마저 뒤져서 「제노주설안도題蘆洲雪雁圖」 한 수를 다시 찾았다.

안개 강서 만리 마음 마시며 또 쪼니	飮啄烟江萬里心
꿈속에도 갈대 부들 자욱하게 움직인다.	夢中蒲葦動蕭森
평생에 도랑물서 거위 오리만 본 눈이라	平生溝水看鵝鴨
그 뉘라 인간 세상 빼어난 새 있음 알랴.	誰識人間有俊禽

그의 시는 즉경에 가깝다. 가볍게 썼다. 그런데 『호저집』에는 이 그림에 대한 후지쓰카의 메모 한 장이 더 있었다. 신위(申緯, 1769~1845)가 쓴 시에 병서(竝序)를 얹은 내용이다. 먼저 옮겨본다.

어떤 사람이 원나라 사람의 〈노주설안도〉 횡축 두루마리를 팔러 왔다. 따로 〈백안도〉라고도 한다. 날고 울고 자고 먹는 온갖 자태가 구비되어 있다. 필법이 굳세고 살아 있는 것 같으니 참으로 보배로 삼을 만하다. 두루마리 중에는 나양봉과 옹담계 두 분의 제시가 실려 있다. 또 내가 쓴 짧은 발문이 있다. 이 두루마리는 마땅히 내 벽로방(碧蘆舫)에 두어야 할 물건이나 값이 너무 비싸서 갑작스레 구입할 수가 없어 시 한 수만 제한다.

화지사의 노스님과 옹담계 늙은이가	花之老衲覃溪叟
고묵으로 설안도에 참선을 하였구나.	古墨參禪雪雁洲
나 또한 제(題)했지만 오래되어 잊었더니	我亦有題忘已久

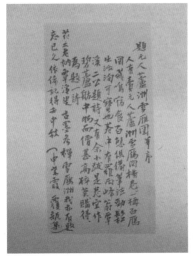

• 신위의 『경수당전고警修堂全藁』의 내용을 옮겨
 적은 후지쓰카의 메모지.

희미하게 임신년 가을임이 생각난다.　　　　　　　　依俙記得壬申秋

　　내용이 흥미롭다. 누군가 신위에게 박제가가 소장했던 그림을 팔
러 왔던 모양이다. 그림 속에 나양봉과 옹담계의 제시가 실려 있고,
자신이 예전에 쓴 소발(小跋)까지 있는 진품이었다. 벽로방(碧蘆舫), 즉
'푸른 갈대배'란 당호를 쓰는 자신에게 걸맞은 그림인데다 스승으로
모신 옹방강의 친필에 자신의 해묵은 인연까지 담긴 두루마리였지만
값이 워낙 고가여서 구입하지는 못하고 그 끝에 다시 시 한 수를 적는
다는 사연이다. 임신년은 1812년이니, 박제가 사망 이후 얼마 안 가
이 그림이 시장에 나왔고, 이미 여러 사람의 손을 타며 돌아다닌 정황
이 포착된다.
　　어쨌거나 후지쓰카의 메모를 쫓아다니다보니 지금은 사라져버린,

하지만 한때 한중 문화 교류의 한 상징이었던 그림 한 폭에 얽힌 사연이 주마등처럼 스쳐지나갔다. 참 희한한 경험이 아닐 수 없었다. 사실 오늘날은 한국고전번역원 DB 사이트에 들어가 '노주설안도'만 검색해도 쉽게 얻을 수 있는 정보지만, 후지쓰카는 그 많은 자료들을 일일이 손으로 한 장씩 넘겨서 찾은 정보를 정성스레 붓으로 옮겨 책갈피에 끼워두었던 것이다. 아마 그는 이 그림의 실물 소재를 탐문하면서, 손에 넣기만 하면 바로 한 편의 논문을 쓰리라 수없이 다짐했을 법하다.

박제가의 발문과 시

어째서 그림의 소유주였던 박제가의 시문은 보이지 않는 걸까? 당연히 있다. 『정유각집』 시집 권3에 「노주설안도가蘆洲雪雁圖歌」가 소서(小序)와 함께 실려 있다.

작자는 모른다. 위에 주문(朱文)으로 된 작은 원형 도장이 찍혔는데, 흐려서 판독할 수가 없다. 네모진 도장은 '호부(虎符)'의 인이다. 어떤 이는 팽곤약(彭鯤躍)이라고 하는데 심사정(沈師正)이 늘 그를 본받았다고 한다.

不知作者. 上有朱文小圓印, 迷不可辨. 方印虎符之印, 或曰彭鯤躍, 沈師正常師之云.

하루는 조생이 책을 팔러 왔길래   曹生一日鬻書來

동자에게 급히 명해 품속을 뒤졌다네.　　　　　　急命童子搜其懷

빛바랜 두루마리 툭 떨어져 놀랐더니　　　　　　壞色一卷驚墮前

크게 웃고 상아 찌를 손수 열어 보여주네.　　　　大笑牙籤手自開

강 하늘 어둑한데 갈대는 꺾이었고　　　　　　　江天冥冥蘆葦折

강 기러기 어지러이 찬 눈 속에 앉는구나.　　　　江雁紛紛落寒雪

앞에는 배도 없고 뒤에는 안개 없어　　　　　　前無舟楫後無烟

사방 둘러 방황하며 근심만 지극해라.　　　　　四顧徊徨政愁絶

사람은 근심겹고 기러긴 기뻐하니　　　　　　　人方愁絶雁方喜

하나하나 날아 울며 물가를 피하잖네.　　　　　一一飛鳴不避水

자갈같이 모였다가 티끌처럼 일어나　　　　　　聚如瓦礫起如塵

어림잡아 강가의 십 리 길에 펼쳤구나.　　　　　約畧江干竟十里

사람이 다가섬을 문득 알아 흩어지니　　　　　分披乍覺影近人

꿱꿱 소리 종이 가득 들리는 듯하여라.　　　　　嗸呷疑聞聲滿紙

기러기 잡아 그리는 이 참으로 멍청이라　　　　捕鴈畫雁眞癡人

하필 가까이 보고서야 그런 줄을 안단 말가.　　何必迫視知其然

종횡으로 백출하여 자태 각각 다르니　　　　　縱橫百出態各殊

그 솜씨 어디에서 끝날지 모르겠네.　　　　　　不知意匠窮何邊

다만 뻗대 제 깃털을 뽐냄만 보고서는　　　但見矯矯尢尢矜毛羽

붓 한 차례 떨구자 형태 이미 갖춰졌지.　　　　筆一落時形已具

자는 놈 움츠리고 쪼는 놈은 목을 펴고　　　　眠者爲縮啄爲伸

느닷없이 울어대며 먹잇감을 물고 오네.　　　　忽漫相呼齊引嗉

흰 바탕을 눈을 삼자 하늘 더욱 검어지고　　　雪爲皓質天更黑

흰 새 아닌 기러기가 날자 외려 하얗구나.　　　雁非白鳥飛還素

가만히 자취 숨겨 그림 속에 들더라도	悄若潛踪入畫圖
큰 소리 쳐 안노(雁奴)를 놀래진 마시게나.	愼勿高聲驚雁奴
가슴에 얽힌 생각 오히려 이 같으니	胸次槎枒有如此
이 그림 그린 사람 혹시 고인(高人) 아닐런가.	此作儻非高人歟
구름으로 집을 삼고 강물로 터전 삼아	雲爲家兮水爲國
봄가을 남북으로 네 맘껏 다니누나.	春北秋南爾自得
염천에 갓 쓴 이여 내 말 좀 들어보소	寄語炎天襆襪子
귀찮아도 눈길 돌려 찬 강 빛을 보시게나.	煩君一眄寒江色

　그림의 소유주답게 막판의 대미를 확실하게 장식했다. 한 폭 그림
의 세부를 마치 눈앞에 펼친 듯 그려 보였다. 박제가의 소서는 앞서
이덕무의 시 제목에 '호부'란 단어가 들어간 연유를 설명해준다. 그림
에 찍힌 도장의 인문(印文)이었다. 이 인장이 팽곤약의 것이라고 말하
는 사람도 있었는데, 팽곤약은 청대의 화가로 기러기 그림에 특별한
장기가 있었다.

　그림을 구득하게 된 경위가 아주 재미있다. 책 팔러 온 조생의 품
속이 두둑한 것을 보고 그 품을 뒤져서 꺼내게 한 그림이 바로 〈노주
설안도〉였다. 책만 팔고 그림은 딴 데 주려다가 박제가에게 붙들려
꼼짝없이 그림을 내놓게 된 사연이다. 품속 그림이 들통나자 조생은
껄껄 웃고는 하는 수 없이 그림을 펼쳐 보였다. 그림은 그길로 박제가
의 소유가 되었다.

　책 팔러 온 조생이 누군가? 그는 실로 책 파는 조신선이란 별명으
로 유명한 전설적인 서쾌(書儈)였다. 추재(秋齋) 조수삼(趙秀三, 1762～

1849)이 「육서조생전鬻書曹生傳」이란 전기를 지었고, 정약용도 「조신
선전曹神仙傳」이란 그의 전기를 남긴 바 있다. 그는 도무지 나이를 알
수 없는 신비로운 인물이었다. 정약용의 아버지가 조생에게서 구입한
『당송팔가문』한 질을 일곱 살 난 아들에게 선물하면서 집에 있는 책
은 모두 그에게서 구입한 것이라고 설명할 때 조생의 나이는 이미 마
흔 남짓으로 보였다. 그후로 40년이 더 지났는데도 그의 모습은 조금
도 늙지 않았다. 다산은 자신이 7, 8세 소년일 때 마흔이 넘어 보이던
그가, 자신이 이미 손자를 본 지 여러 해가 된 지금까지도 변함없는
모습으로 자기집 사랑방을 들락거린다고 놀라워했다. 그의 나이가
100살이 훨씬 넘었다는 사람도 있었으리만치 그는 당시의 살아 있는
전설이었다.[1]

박제가가 한때 소장해서 북경의 명류들에게 글을 받아 함께 표구
했던 〈노주설안도〉는 바로 이 조생에게서 구입한 것이었다. 이 그림
이 지금은 어디에 있는가? 어서 빨리 세상에 출현해서 또하나의 재미
난 이야깃거리를 만들어주었으면 싶다.

이번 글은 『호저집』에 실린 후지쓰카의 메모가 가리키는 방향을 따
라가 얻은 수확에 대해 썼다. 이제 당분간 기윤, 옹방강, 나빙 등으로
이어지는 새로운 만남의 자취들을 잇달아 추적해보겠다.

제
32
화

건륭 지성사의 한복판
─박제가와 기윤

뜻밖의 진객(珍客)

1790년 8월 중순경 조선 사신들이 묵고 있던 옥하관에 큰 소동이 벌어졌다. 문 앞에 수레 한 대가 서더니 고관 복장의 한 사람이 내려섰다. 예부상서(禮部尙書) 기윤(紀昀, 1724~1805)이었다. 그가 누군가? 유득공이 자신의 『열하기행시주』에서 소제목으로 얹은 그대로 '기효람(紀曉嵐) 대종백(大宗伯)'으로 일컬어진 당대 사림의 종장(宗匠)이었다. 1773년 건륭제의 칙명으로 『사고전서』 총편수관을 맡아 10년간 이 일을 진두지휘했던 당대의 가장 명망 높은 학자였다.

조선 사관(使館)의 중국측 관리 책임자는 제독회동사역관(提督會同四譯館) 예부의제사낭중(禮部儀制司郎中) 겸 홍려시소경(鴻臚寺少卿)이라는

• 베이징 기효람 고거 안의 열미초당에 그려진 기윤의 초상화.

긴 공식 직함을 지닌 인물로 당시 관사에 머물고 있었다. 제독은 평소 통관배들 위에 군림하며 자신을 아문(衙門)이라 칭하게 하고 거들먹거려 눈에 뵈는 것 없이 행동했다. 그런 그가 예부상서 기윤의 갑작스런 출현에 저도 모르게 그 앞에 납작 무릎을 꿇고 예예하며 고개조차 못 들고 쩔쩔맸다. 그의 황망한 거조를 보고 사관 전체가 긴장했다. 도대체 얼마나 대단한 사람이기에 저 뻣세던 제독이 저리 구는가?

기윤의 방문 목적을 알고는 사관이 한번 더 술렁거렸다. 67세의 대원로요, 대청제국의 예부상서가 조선 사관까지 직접 찾아와서 만나보겠다고 한 인물이 정사도 부사도 서장관도 아닌 말단의 수행 서기 박제가와 유득공이었기 때문이다. 당시 유리창 서점 거리를 소요하고 있던 두 사람이 해가 다 저문 뒤에 관사로 들어섰을 때 분위기가 보통 때와는 영 달랐다. 수역(首譯)이 와서 큰일이 났었다고 수선을 떤 뒤에야 두 사람은 기윤이 자신들을 만나러 왔다가 헛걸음을 치고 돌아간 사실을 알았다. 기윤은 빨간 종이에 직함과 이름이 적힌 자신의 명함을 남겨두고 갔다. 사람들이 모두 보는 앞에서 예부상서 앞에 무릎을 꿇고 설설 기는 바람에 스타일을 완전히 구긴 제독은 오후 내내 분을 못 이겨 통관배들을 윽박지르며 심술을 부렸다.

수역은 일국의 예부상서가 말단의 서기를 만나러 왔다가 헛걸음한 일이 자칫 다른 문제를 낳게 될까봐 전전긍긍했다. 두 사람의 대답은 뜻밖에 천연스러웠다. "우리가 예부상서에게 오라고 청한 것이 아니잖소? 그가 혼자 온 것이니 또한 어찌하겠는가?" 이날 기윤이 옥하관으로 두 사람을 찾아온 것은 며칠 전의 약속을 지키기 위해서였다. 열하에 머물던 황제는 7월 30일에 원명원에 도착했다. 이날 황제의 어가(御駕)를 영접하기 위해 만조백관과 각국 사신들이 동문 밖에 도열했다. 이 자리에서 박제가와 유득공은 기윤이 시랑(侍郎) 심초(沈初)와 나란히 앉아 각국에서 온 사신들과 기품 있게 담소 나누는 모습을 보았다. 기윤은 특히 조선 사행과 전부터 돈독한 우의가 있었다.

원명원에서의 일정이 끝나고 북경으로 돌아와 8월 초에 박제가가 먼저 기윤을 그의 집으로 찾아갔다. 이때 그는 자신의 『차수집次修集』과 유득공의 『영재집』을 들고 갔던 모양이다. 여도(輿圖)와 표범 가죽도 특별 예물로 준비했다. 하지만 이날 기윤은 먼저 온 손님이 있었고, 다른 일로 바빴던 모양이다. 잠깐 예물을 전달하고 짧은 수인사와 몇 마디 대화만 나눈 채 급하게 물러나왔다. 그 이튿날 기윤은 미안한 마음이 들어 박제가에게 편지를 보냈다. 「이후 선생께而后先生啓」라는 이 편지는 『호저집』에 실려 있다.

어제 맑은 말씀을 나누며 전에 없던 신의를 얻었습니다. 해외에 큰 포부를 지닌 분이 있었군요. 공사 간에 경황이 없어 마음을 터놓고 얘기를 다 나누지 못했습니다. 마땅히 다시 만나 얘기할 날을 기다립니다. 여도는 견문을 넓히기에 족합니다. 이미 잘 받았습니다. 표범 가죽도 받았습니다. 맑은 우의가 은은하여 본시 물리치고 싶지 않았지만 저는 예관(禮官)인데다 직분이 나라에 속한지라 국법상 외번(外藩)의 물건은 하나라도 취할 수가 없습니다. 이 때문에 삼가 돌려보내오니 그리 아시고 혜량하여 살펴주십시오. 이로써 답장 드립니다. 좋은 날을 기다립니다. 이만 줄입니다.
이후(而后) 검서(檢書)께 기윤이 드립니다. 8월 6일 삼가.

기윤이 8월 6일에 박제가에게 편지를 보낸 것을 보면 박제가가 그를 찾은 날은 8월 5일이었다. 지도는 받고 표범 가죽은 돌려보냈다. 처신이 곧고 말에 기품이 있었다. 이때까지만 해도 기윤은 박제가가 두고 간 두 사람의 문집은 읽지 못했던 듯하다.

기윤의 지우(知遇)와 오랜 교유

며칠 뒤 이번에는 유득공이 기윤을 만나러 갔다. 아마 당시 사행이 필요로 한 책의 구입 등으로 기윤의 도움이 필요해서였을 것이다. 유리창 거리에서 도보로도 그다지 멀지 않은 그의 자등서옥(紫藤書屋)은 당시 북경의 문화 사랑방이었다. 보랏빛 등꽃이 피어나면 대문이 온통 화사한 집이었다.

집에 들어서자 기윤은 유득공을 윗자리로 안내하며 빈주(賓主)의 예를 차렸다. 유득공은 자신이 나이도 훨씬 어리고 지위도 낮으니 어른을 움직이게 할 수 없다며 극구 윗자리를 사양했다. 기윤은 예법이 그렇고 나라의 제도도 그러하니 겸양하지 말라며 굳이 상석에 그를 앉혔다. 좌정한 두 사람의 대화가 이어졌다. 이 대화는 유득공의『열

• 베이징 기효람 고거 자등서옥 현판과 고거 내부에 세워진 기윤 상.

하기행시주』에 실려 있다.

 "요금(遼金) 원명(元明)의 역사와 『일통지一統志』를 모두 새로 편찬하신다고 들었습니다. 작업은 끝났는지요?"
 "모두 칙령을 받드는 일이라 중수하는 일은 막 끝났고, 요금원명의 벼슬과 사람, 땅 이름 등은 살펴야 할 것이 워낙 많아 철저하게 고증해서 바로잡느라 즉시 간행하지는 못하고 있지요. 간행이 끝나면 마땅히 받들어 드리겠습니다. 귀국 서경덕의 『화담집花潭集』은 이미 『사고전서』 별집류 중 외국시집 속에 채록되어 들어갔습니다. 사고에 들어간 것은 천년에 한 사람뿐이지요. 박제가가 그대의 『영재집』을 가지고 와서 이미 읽어보았습니다. 타고난 자질이 빼어나 박제가와 더불어 한때의 주유와 제갈량이라 하겠습니다. 어제 『차수집』과 더불어 품평했는데 맛은 서권기(書卷氣)를 머금었고, 말은 성령(性靈)에서 나온 것이어서 지극히 패복하지 않을 수 없습니다. 연일 정사의 업무로 쓸데없이 바쁘기만 해 조금 늦어졌지만 마땅히 사관으로 가서 마음껏 얘기를 나누겠습니다."

 두 사람은 기윤에게 자신들의 시집에 평을 청했다. 또 현재 진행중인 사고전서관의 작업 상황을 탐문했다. 기윤은 박제가와 유득공을 주유와 제갈량에 견주며 그들의 높은 시격을 칭찬했다. 아직 다 읽지 못했으니 모두 읽은 후에 직접 사관으로 찾아가서 자세한 얘기를 나누겠다고 했다. 그러니까 8월 중순경 느닷없는 기윤의 옥하관 방문은 이날의 약속을 지키기 위한 것이었다.

• 기윤이 소장했던 옥정연과 연명의 탁본.

기윤은 방문 소동이 있고 난 며칠 뒤 귀국을 앞둔 박제가와 유득공을 위해 5언율시를 한 수씩 따로 부채에 적어 전별 선물로 전했다. 이렇게 시작된 박제가와 기윤의 만남은 오랜 기간에 걸쳐 긴 사연을 남겼다. 기윤은 이때 박제가에게 「옥정연명玉井硯銘」이 새겨진 벼루 한 방을 선물했던 듯하고 이것은 뒤에 서호수의 소유가 되었다.

기윤은 그후로도 매년 조선 사행 편에 박제가의 안부를 묻곤 했다. 5년 뒤, 1795년 1월 24일 72세의 기윤이 46세의 박제가에게 보낸 시는 이렇다.

박이후 그대에게 문안하노니   為問朴而后

근래에 자취는 어떠하신가?   行蹤近若何

글과 술의 옛 노닒 그리워해도	舊遊憶文酒
먼 길은 풍파로 가로막혔네.	遠道阻風波
구슬피 바라보니 정만 끝없고	悵望情無極
소식 실로 거짓일까 염려스럽네.	傳聞信恐譌
육기(陸機)의 재주는 바다 같거니	陸機才似海
혹시나 재주 많음 걱정이어라.	無乃患才多

아들뻘의 박제가를 향한 기윤의 그리움이 행간에 뭉클하다. 그는 근황을 묻는 한편으로 빼어난 재주를 지닌 박제가에게 서진(西晉)의 시인 육기(陸機, 261~303)처럼 곤고한 운명이 닥치면 어쩌나 하는 염려를 피력했다. 그뿐만이 아니었다. 『호저집』에는 기윤이 박제가를 그리며 지은 또 한 수의 시가 실려 있다. 「이후 선생을 그리며 부침寄襄而后先生」이란 시다.

우연히 만나보곤 즉시 서로 친해지니	偶然相見卽相親
헤어진 후 잠깐 만에 또 몇 번의 봄 지났나.	別後匆匆又幾春
신 거꾸로 신고서 천하사(天下士)를 늘 맞더니	倒屣常迎天下士
시 읊을 젠 해동 사람 가장 생각난다네.	吟詩最憶海東人
관하의 두 곳에서 서찰조차 없는지라	關河兩地無書札
매년 오는 사신의 성과 이름 물어본다.	名姓頻年問使臣
새로 지은 시편에 내 생각을 품었던가	可有新篇裹我未
늙은이의 두 살쩍만 점차 은빛 같고녀.	老夫雙鬢漸如銀

이 시는 다시 몇 년 뒤에 보낸 것으로 보인다. 그리움의 농도가 앞서보다 한층 더 진하다. 당시의 연행에서 박제가가 기윤에게 얼마나 강렬한 인상을 남겼는지 알 수 있다. 이 시의 제목 아래 박제가의 아들 박장암이 쓴 추기(追記)가 있다. 이 사연이 또 진진하다.

기윤 상서가 이 시를 지어 아버님을 사신으로 보내달라는 뜻을 우리 선대왕이신 정조 임금께 청하였다. 상께서 즉각 아버님에게 입시할 것을 명하시고는 직접 이 시를 내려주시는데 천안(天顔)이 환하였다. 모시고 있던 신하들을 돌아보며 이렇게 유시하셨다. "이것으로 볼 때 박제가야말로 나라를 빛낸 인재가 아니겠는가?" 대개 특별한 예우였다. 하지만 논하는 자들이 혹 도리어 책망한 것이라고 여기기도 하니, 어찌 개탄하며 울음을 삼키지 않겠는가?

그러니까 기윤은 이 시를 사신 편에 건네면서 박제가에게 직접 전달하지 말고 임금을 통해 전해달라고 부탁했던 듯하다. 시 속에는 간접적으로 내가 박제가를 이렇게 보고 싶어하니 그를 한 번만 더 사신으로 연경에 파견해주면 고맙겠다는 요청의 뜻이 담겨 있다. 시를 본 정조는 일부러 박제가를 편전에 들게 해서 여러 신하들이 지켜보는 가운데 기윤의 시를 직접 전해주었다. 그러면서 박제가야말로 '화국(華國)의 인재'라고 칭찬했다는 것이다. 전에 없던 요청이요, 응대가 아닐 수 없었다. 기윤이 박제가를 아끼는 마음이 실로 이와 같았다. 하지만 말 만들기 좋아하는 자들은 그것이 실상 칭찬이 아니라 나무람이었다고 타박하기도 했던 듯, 박장암은 이에 대해 깊은 분노를 표

高堂素壁風飈⌇怒濤欲噴還復收八來滿眼堆林

邱菴影坐對傾金甌松川先生君子倚神遊五歲

凌滄洲倩誰手挽生鰌虬獮此古翰墨慶瘤上有月

一兀掛向青梢頭下有泉一泓檣穿白石流泉觳觫

鞚月尤劉玉兔倒影紫鱗游一殼老鶴飛來投蹄

枝不蓄多遲當試問山中童子師在吾我欲從之採

藥南山幽

偶然相見即相親親別後勿勿又奼春勿迎天下士

吟詩最憶海東人關河兩地無書札姓頗年間便臣

可有新篇寄我老夫雙賓新如銀
三軍

附先公次韻 公雖時道次

白鷗何意遲還觀慣遣秋苃集東春佳句目無霜後

僕好音偏向日遊人雲山萬斛新螺干澹海千秋古

雁臣恩夢頹然觀栗夏林前月色爛如銀

　　　乾隆乙卯正月廿四日紀昀寄題詩李七十有

即命先公入侍而
侍宜曰以火鮑亦
他也而熄憲藏成友外為
云軍閣佩藏兒之

縉紳集卷之二

　　　　庚戌辛亥

　　　　　朝鮮　朴長齡音叔　編輯

　　　　　　　　　　　　　紀　昀

貢道趙王會詩囊野使車青妥真海鶴秀語擁天荒歸

國情是監題詩感趙朕他李相憶憲東向望丹霞

附光公次韻

厚遇僧攜館勝御李應東披扇篤以寒陳詩慛正乾

喬心循慕撕瓢篇是最先騋喜我書廂潤歸沽玉井霞

先生神山水有副鉛繩

硯今硯頭山副鉛繩

寄夏而后檢先生之餘黃尚音作此詩心歐娵娵先

生大王
硯余留止上合

縉紳數
之餘

為間朴而后行殿近若何舊道進憶文酒連道阻鳳披恨

望情無極傳聞信悉論陸機才似海燕乃患才多
而后先生啓

非挹清言得未曾有信海外大有人在也公私鹿鹿未

聲欲敘當再上艮晤耳興圖足拒見聞己拜領笑恥皮

武雅誼慇慇懇懇本不欲知然的禮官也職興屬囿拈法不

得取外簧一物是以謹鑒付使人知能謀鑒從此奉復

順候日佳不備上而后檢青侍史紀昀頓首八月六日
敬神

• 후지쓰카 구장본 「호저집」에 실려 있는 기윤이 박제가에게 준 시와 편지. 박장암의 안설은 윗면 좌측 끝에서 아랫면 우측 첫 부분에 걸쳐 적혀 있다.

시했다.

박제가와 유득공은 기윤의 요청이 주효했던 탓인지 1801년에 다시 주자서(朱子書) 선본을 구해오라는 명을 받고 네번째 연행길에 올랐다. 이때도 두 사람은 이미 78세의 노령에 접어든 기윤을 찾아뵙고 서로 뜨겁게 해후했다. 당시에 주고받은 필담도 유득공과 박제가 두 사람의 글 속에 따로 길게 남아 있다. 여기서는 잠깐 아껴두겠다.

종횡무진 활약상

1790년의 사행에서 박제가와 유득공의 활약상은 자못 눈이 부셨다. 앞서 본 손성연의 문자당(問字堂) 방문과 그에게 편액을 써준 일을 계기로 박제가의 가짜 글씨가 유리창에 돌아다닐 정도였다. 그런가 하면 예부상서 기윤은 예고 없이 거처까지 찾아와 사관을 발칵 뒤집어놓았다. 옹방강은 박제가가 가져간 〈노주설안도〉에 제시를 써주었다. 유명한 문인이었던 시랑 왕창(王昶)의 아들 왕조가(王肇嘉)는 만난 적도 없는 박제가의 이름을 사모하여 자신이 직접 박제가의 이름과 호를 새긴 인장 두 개를 인편에 전달하면서 함께 보낸 빈 부채에 박제가의 글씨를 청하기도 했다. 당시 박제가의 인기는 북경 하늘에 높았다.

박제가는 예부우시랑(禮部右侍郎) 철보와 만났을 때 대뜸 그가 어렸을 때 지은 시집 『허한당집虛閑堂集』 이야기를 꺼냈다. 예전 이조원이 했던 철보에 관한 이야기를 기억해두었던 것이다. 조선의 문사가 20년 전에 이미 자신의 어릴 적 문집을 보았다고 하면서 근작을 보여달라고 하니 그 또한 감격하지 않을 수 없었다. 다음은 「조선 사신이 내가 어렸을 때 쓴 허한당 시를 말하므로 느낌이 있어 짓다朝鮮使臣述予童時虛閒堂詩感賦」 두 수 중 제1수다.

어릴 적 지었던 한 권의 시집	一卷童時艸
미친 이름 해동 땅에 떨어졌구나.	狂名落海東
이십 년 전 옛 나와 만나게 되매	廿年逢故我
만리의 떠돌이 삶 멈춘 듯해라.	萬里駐飛蓬
사귐은 먼 데 사람 무겁게 보고	交道遠人重
문장은 약관 시절 웅장한 것을.	文章弱冠雄
석모산방 네 글자를 써주었으니	山房書席帽
주몽에게 부쳤던 일 생각나는가?	憶否寄朱蒙

박제가가 불쑥 내민 자신의 20년 전 민얼굴을 접하게 된 반가움을 솔직하게 썼다. 말은 부끄럽다고 했지만 약관 시절의 문장이 웅장한 법이라고 말한 것을 보면 자부가 상당하다. 시 끝에 철보가 쓴 자주(自注)에 "20년 전 일찍이 귀국 사람을 위해 '석모산방(席帽山房)'이란 네 글자를 써준 적이 있다(廿年前曾爲貴國人, 書席帽山房四字)"라고 한 내용이 보인다. 석모산방이 누군가? 바로 이서구(李書九)다. 20년 전이라고 했지만 1776년 철보가 유금과 만났을 때 그의 부탁으로 써준 글씨로 보인다. 당시 철보는 20대 중반의 젊은이였고, 『한객건연집』을 통해 이미 박제가와 유득공 두 사람의 존재를 알고 있었다. 하지만 1778년 1차 연행 때는 만남이 이뤄지지 않았다가 이번 참에 오래 바

라던 만남을 비로소 이루었던 것이다.

사실 철보는 박제가보다도 두 살이나 아래였다. 박제가가 일부러 그의 20대 시절 시를 기억해두었다가 만나자마자 그 이야기부터 꺼낸 것은 연행에 앞서 얼마나 큰 의욕으로 하나하나 꼼꼼히 만남을 준비했는지 잘 보여주는 대목이다. 더욱이 철보는 한족이 아닌 만주 정황기(正黃旗)에 속한 몽고인이었다. 그는 예전부터 명필로도 이름이 높아 박제가는 부사 서호수를 위해 그로부터 '견일정학산(見一亭鶴山)'이란 다섯 글자를 받아주기도 했다. 『호저집』에는 철보가 박제가에게 보낸 편지와 각종 선물의 물목이 실려 있다.

당시 사관이었던 옥하관의 서쪽에는 담장 하나 사이로 서상관(庶常館)이 있었다. 해마다 전시(殿試)가 치러지면 합격자 중 우수한 사람을 선발해서 서길사(庶吉士)로 삼고 더 집중적인 공부를 시켰다. 이들이 숙식하며 공부하던 학관이 바로 서상관이었다. 이들은 모두 미래의 꿈나무였다. 서로 왕래가 용이했고 오가다 만날 기회도 많아 서상관의 서길사들과 조선 사행의 접촉이 비교적 잦았다.

한번은 훗날 추사와 사제의 연을 맺게 되는 완원(阮元, 1764~1849)과 역시 나중에 이부상서에 오르는 유환지(劉環之, ?~1821)가 함께 옥하관 앞을 배회한 일이 있었다. 당시 이들은 지난해 자신들이 서길사로 있을 무렵 알게 된 조선 사행이 혹 다시 왔을까 싶어 옥하관 주변을 서성거리던 중이었다. 아무도 알은척하지 않아 그저 돌아가려는 것을 유득공이 붙들었다. 이렇게 시작된 대화가 이후 추사로 이어지는 기나긴 인연의 물꼬를 텄다.

웅방수(熊方受)와 장상지(蔣祥墀) 같은 인물과의 교유도 서상관을 왕래하면서 이루어졌다. 박제가와 유득공은 심심하면 서상관에 가서 이들과 시에 대한 토론을 벌이곤 했다. 1790년 8월의 어느 날 박제가는 서상관에서 웅방수 등과 어울려 놀고 있었다. 이때 웅방수는 철보와 옹방강, 기윤까지 합석해서 다투어 시를 건네는 바람에 장가(長歌)까지 짓게 되었다. 박제가의 요청에 따라 예전에 지은 구작 몇 편을 써주기도 했다. 옹방강과 기윤 같은 원로와 철보와 웅방수 같은 쟁쟁한 별들이 박제가 등과 한자리에 어울려 앉아 시를 주거니 받거니 하는 광경은 생각만 해도 마음이 설렌다. 역대의 사행 중에서도 이 같은 성회(盛會)는 달리 유례를 찾기 어려울 정도다.

게를 삶아 먹으며 놀다

또 한번은 웅방수와 장상지 외에 장문도(張問陶, 1764~1814)와 석온옥(石韞玉)이 박제가 등을 서상관으로 초대해서 게 요리를 먹으며 시를 짓고 노닌 일도 있었다. 이중 장문도는 사천의 3대 천재 중 한 사람이자 촉중(蜀中)의 으뜸가는 시인으로 손꼽히던 촉망받는 인재였다. 대원로 원매(袁枚)가 진작 그를 인정했다 해서 젊어서부터 이미 시명이 높았다. 박제가는 자신보다 10여 세나 어린 사람들과 스스럼없이 잘 어울렸다. 이날 좌중에는 조선 진사 남덕신(南德新)과 이희경(李喜京)도 합석했다.

이들은 안주로 푸짐하게 나온 게를 소재로 각종 전거를 활용한 시를 지으며 즐겁게 놀았다. 남덕신은 게를 좋아해서 그 앞에 먹어치운

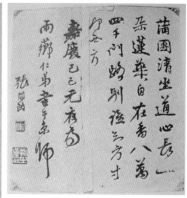

• 장문도의 초상화와 그의 글씨.

게딱지가 수북했다. 이희경의 식성도 만만치 않았다. 정작 박제가 자신은 게에 썩 취미가 없었던지 다리나 몇 개 집어서 먹는 시늉만 하고 말았다. 박제가는 장난기가 동해서 게를 소재로 시 한 수를 짓고는 장문도에게 글을 써서 보여주었다. 그 글이 이렇다.

남덕신이 오늘 해원(蟹元)이 되고 이희경은 방안(螃眼)인데, 나는 문득 팔고(八股)의 바깥에 있다.

해(蟹)나 방(螃)은 모두 게를 뜻하는 한자다. '해원'은 게 먹기에서 1등을 했다는 뜻이지만, 과거 시험에 장원급제하는 것을 일컫는 표현이기도 하다. '방안'은 차석 합격자를 지칭하는 말이다. '팔고'는 여덟 개의 넓적다리란 뜻이니 게의 다리가 여덟 개인 것을 말하나, 동시에 청대 과거 시험의 문체 이름이기도 하다. 팔고의 밖에 있다는 말은 등외, 즉 낙제했다는 뜻이다. 게의 다리는 그나마 먹을 게 있는 집게발 두 개를 제외하면 여덟 개가 남는다. 그나마 집게발도 안 먹고 아무 먹을 게 없는 작은 것만 깨작거리다 말았다는 뜻이다. 남덕신이 제일 많이 먹었고, 이희경이 그다음, 자신은 거의 먹지 않아 낙제점을 받았다는 말을 이렇게 재치 있게 표현했다. 박제가의 놀라운 순발력에 장문도가 박장대소를 하며 뒤집어졌다. 깔깔대며 웃고 스스럼없이 마음을 나누던 그날의 술자리 풍경이 지금 내 눈앞에도 아련하다. 이때 지은 박제가의 게 시도 『정유각집』에 실려 있지만 지면 관계상 소개를 생략한다.

『호저집』에는 1790년의 2, 3차 연행에서 박제가가 만나 교유한 중국 문사의 명단이 실려 있는데 그 수가 무려 93명이나 된다. 이 가운데 기윤, 공협(龔協), 최경칭(崔景偁), 정종(程樅)과는 서로 나눈 필담이 남아 있다. 그 면면은 앞서 본 기윤, 옹방강 외에도 팽원서(彭元瑞), 오성흠(吳省欽), 나빙, 이병수(伊秉綬), 손성연, 홍양길, 강덕량(江德量), 육비지(陸費墀), 오조(吳照), 증욱(曾燠), 소진함(邵晉涵), 고종태(顧宗泰) 등 건륭 시기 학단과 예단의 기라성 같은 쟁쟁한 이름들이 망라되어 있다. 이들 중에는 한족만이 아니라 만주족과 몽고족을 포함해 완안괴륜(完顔魁倫), 풍신은덕(豐紳殷德), 주이갱액(朱爾賡額), 회회왕자(回回王子) 같은 이름들이 보인다. 심지어 안남(安南) 사람인 도금종(陶金鍾)과 반휘익(潘輝益), 무휘진(武輝瑨) 같은 인물도 거론되었다.

이렇듯 1790년의 잇단 두 차례 연행에서 박제가의 교유 폭은 건륭
지성사의 한복판을 관통하는 놀라운 것이었다. 정조가 박제가를 사신
으로 한번 더 보내달라는 뜻으로 보낸 기윤의 시를 대전에서 신하들
에게 보여주며 "박제가야말로 나라를 빛낸 인재가 아니겠는가?"라고
한 것은 결코 그저 치레로 한 말이 아니었다.
　　박제가와 유명한 화가 나빙의 교유는 그의 그림과 얽힌 긴 이야기
가 있어 앞으로 두어 차례에 걸쳐 따로 살펴보겠다.

귀신을 보는 남자

─나빙의 〈귀취도권〉에 남은 박제가의 글씨

손님 쟁탈전

1790년 연행 당시 박제가와 유득공의 인기는 실로 대단했다. 한 사람을 알게 되면 그를 통해 다른 만남이 주선되어 만남이 새로운 만남을 잇달아 불렀다. 북경의 인사들은 두 사람과 연을 맺어보려고 앞다퉈 애를 썼다. 오조(吳照, 1755~1811)는 옹방강이 그를 발탁하자 인재를 얻었다고 온 나라 사람이 칭송했다는 인물이다. 시에 능했고 대나무를 잘 그려 사람들이 그를 두고 '강서묵죽(江西墨竹)'이라 불렀다. 나빙(羅聘, 1733~1799)을 통해 박제가와 유득공의 이름을 알게 된 그는 안면도 없던 처지에서 자신의 대표 저술인 『설문편방고說文偏旁考』 두 권을 선물했다. 이를 계기로 이들은 서로 인사를 통하게 되었다. 이에 박제가와 유득공이 오조의 거처로 찾아갔다. 오조는 두 사람을 반갑게 맞아 함께 시문을 짓고 대나무 그림을 그려주었다.

오조는 그전에 나빙 부자에게 〈석호어은도石湖漁隱圖〉를 그려달라고 부탁해 받은 것이 있었다. 오조가 이번에는 박제가에게 대뜸 그 그림 앞쪽에 큰 글씨로 제목을 써줄 것을 부탁했다. 박제가의 글씨는 이렇게 찾는 사람이 많았다. 스승인 옹방강이 뒤에 박제가가 쓴 글씨를 보았다. 크게 놀란 옹방강이 오조에게 편지를 보냈다. "유생이 물정을 모르는구나. 성세(聖世)에 어찌 은거라 하는가?" 오조는 그제야 정신이 번쩍 들어서 박제가에게 〈석호과경도石湖課耕圖〉라고 고쳐 써달라고 다시 부탁했다. 어은(漁隱)이라 하면 세상을 피해 숨어 산다는 뜻이 되어 현 체제에 대한 부정의 뜻이 담긴다. 과경(課耕)은 공부하며 농사짓는다는 뜻이라 문제가 없다. 박제가는 글씨를 다시 써주면서 그림에 시까지 얹어주었다. 유득공의 『열하기행시주』와 박장암의 『호저집』에 소개된 이 일화는 당시 박제가의 글씨 인기 외에도 이민족의 지배 아래 살아가는 한족 지식인의 전전긍긍을 실감케 하는 흥미로운 일화다.

나빙! 나는 그의 이름을 오래 아끼며 매만져왔다. 그와 박제가, 유득공의 만남은 제법 긴 사연이 있다. 이들은 꽤 여러 번 만났다. 두 사람이 나빙의 거처를 먼저 찾아갔다. 그는 1790년 6월에 역시 화가였던 둘째 아들 윤찬(允纘)과 함께 막 상경하여 유리창 근처의 관음각(觀音閣)이란 사찰에 방 하나를 얻어 그림을 팔며 근근이 생계를 꾸려가고 있었다. 첫 만남은 8월 초쯤 이루어졌던 듯하다. 이후 두 사람의 일정이 바빴던 탓에 만남이 한동안 뜸해지자 나빙은 두 사람에게 왜

• 베이징 유리창 근처 관음각과 퇴락한 내부 풍경. 저 낡은 문 안쪽에 나빙 부자가 살고 있었을 것만 같다.

자신을 찾아오지 않느냐고 서운한 감정을 담아 편지와 시를 써 보내기까지 했다. 8월 18일에 두 사람이 그를 다시 찾았다. 이때 박제가는 앞서 본 〈노주설안도〉를 가져가서 나빙에게 보였다. 나빙은 이를 원나라 때 그림이라고 감정해준 후 그림에 대해 시를 써주었다. 당시 박제가가 41세, 유득공은 43세, 나빙이 58세였다. 나이 차가 상당했다. 하지만 이들은 만나자 마자 금세 의기가 투합했다.

이런 일도 있었다. 둘이 나빙의 처소를 찾아 한창 담소하는 중에 장도악(張道渥, 1757~1829)이 찾아왔다. 그 또한 양주 출신으로 시와 그림에 능한 선비였다. 역시 두 사람에게 친밀감을 느끼게 된 장도악은 부채에 시를 써서 선물을 하고는 밖에 나가 함께 술을 한잔하는 것이 어떠냐고 제의했다. 그러자 나빙이 어째서 남의 손님을 빼앗아 가느냐고 화를 벌컥 냈다. 성질 급한 장도악이 지지 않고 맞받아 성을 내는 바람에 둘 사이에 큰 싸움이 벌어졌다. 난감해진 두 사람이 그들의 말다툼을 뜯어말렸다. 결국 유득공이 나빙과 남고 박제가가 장도악을 따라 나서는 것으로 겨우 상황을 수습할 수 있었다. 이런저런 과정을 통해 두 사람에 대한 소문은 유리창 거리에 빠르게 퍼져나갔다.

귀신을 보는 남자

나빙은 호가 양봉(兩峰)으로 강도(江都) 광릉(廣陵) 사람이었다. 그는 양주의 천녕문(天寧門) 안쪽 미타항(彌陀巷)에 집이 있었다. 집에는 '주초시림(朱草詩林)'이란 편액을 내걸었다. 앞서 소개했듯 한번은 꿈속에서 화지사(花之寺)란 절에 갔는데 자신이 전생에 이곳의 주지 스님이었다는 말을 들었다. 이후 그는 자신의 호를 화지사승으로 고쳤다. 그의 눈동자는 푸른색이었다. 흥미롭게도 박제가는 본인의 소조(小照)에

• 1780년 48세 때 그린 나빙의 초상화. 그린 사람이 누구인지는 분명치 않다.

붙인 찬에서 자신의 눈동자가 초록색이라고 말한 바 있다. 벽안의 나빙과 녹동(綠瞳)의 박제가는 왠지 걸맞은 짝이었다. 나빙은 평소 자기가 귀신을 능히 볼 수 있다고 말하곤 했다.

나빙이 젊은 시절 초산(焦山)에서 독서하며 지낼 때 일이다. 하루는 엄청나게 큰 귀신이 눈에 보였다. 키가 하도 커서 길이로 가늠할 수 없을 정도였다. 귀신은 오른손 손톱으로 머리카락을 잡고 괴로운 표정을 짓고 있었다. 얼굴은 항아리 같고 입에서는 피를 뿜고 있었다. 머리카락이 하도 길어 제 키와 비슷했다. 왼쪽 팔뚝은 산 절반에 가닿

왔고, 두 발이 강의 양쪽에 걸쳐 놓여 있었다. 전신이 온통 초록색이었는데, 시커먼 안개 속에 보였다, 안 보였다 했다. 이 일이 있고 난 뒤로 그의 눈에 귀신이 자주 출몰했다. 이후 나빙은 문득 신선이나 부처를 잘 그릴 수 있게 되었다. 그는 자신의 대표작인 〈귀취도권鬼趣圖卷〉 안에 이 초록 귀신의 모습을 생생하게 그려놓았다. 이 이야기는 『호저집』에 나온다.

유교(俞蛟)의 『몽엄잡저夢广雜著』 중 「독화한평讀畫閒評」조 「나양봉전羅兩峰傳」에 이런 얘기가 실려 있다.

일찍이 스스로 말했다.

"백주 대낮에도 능히 귀신이나 도깨비를 볼 수가 있다. 내 집이나 도시에서도 쉴새없이 끊이지 않고 왕래한다. 부귀한 사람을 만나면 담장 벽을 따라 설설 기며 가다가, 가난하고 천한 사람과 만나면 어깨를 툭툭 치거나 발을 밟으며 갖가지로 야유한다."

양봉이 이 속에서 느낀 바가 있어 그 정상을 그림으로 그려 표구해 긴 두루마리를 만들고는 이름을 〈귀취도〉라고 했다. 화폭 중에 장편의 제영(題詠)이 여러 장이었는데 모두 해내(海內)에 이름이 알려진 인사들이었다.

귀신도 부귀한 사람을 무서워하고 빈천한 사람은 얕잡아 본다고 했다. 서글프다. 그는 자신이 직접 본 귀신들의 다양한 모습을 여덟 폭의 〈귀취도권〉 족자에 담았다. 그가 그린 귀신 그림은 단번에 북경의 명류들에게 화제가 되었다. 그때까지 귀신을 그린 화가가 거의 없

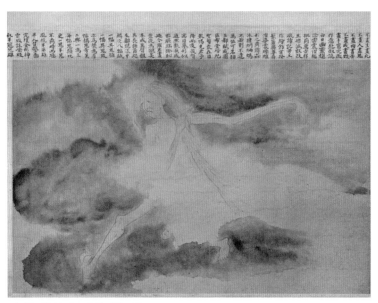

• 〈귀취도권〉 중 제5도 푸른 귀신 그림.

였다. 더욱이 그의 그림은 제 눈으로 본 귀신의 실제 모습이라고 했
다. 다들 다투어 이 그림에 제발을 썼다. 길게 이어진 〈귀취도권〉에는
무려 100여 명의 제발이 붙었다. 여기에는 당대 최고 명류들이 모두
망라되어 있었다. 제발한 인원이 늘어날수록 그림의 성가(聲價)도 점
점 높아졌다.

　〈귀취도권〉이 궁금해서 옌칭도서관의 홀리스 클래식으로 검색해보
았다. 뜻밖에도 1970년 주룽(九龍) 개발고분유한공사(開發股份有限公司)
에서 영인한 『나빙귀취도권』이 소장되어 있었다. 39×53센티미터의
큰 크기로 71장의 낱장에 긴 두루마리의 글씨와 그림을 하나하나 나
누어 복제한 것이었다. 목록에는 표제에 '남해곽씨진장(南海霍氏珍藏)'

이라 적혀 있다고 나왔다. 그런데 막상 도서관을 아무리 뒤져도 이 자료가 보이지 않았다. 사서에게 특별히 부탁했지만 찾을 수가 없다는 대답이 돌아왔다. 다시 목록을 검색하니 하버드 대학교 미술사 전문 도서관인 파인 아트 도서관에 한 질이 더 있었다. 그곳에 가서 물었다. 거기서도 못 찾겠다고 했다. 분명히 있다고 다시 찾아봐달라고 했더니 한참 만에 엄청나게 큰 포트폴리오 자료를 들고 나왔다. 특별 사이즈여서 별도로 보관해둔 것을 일반 서가에서 찾는 바람에 나오지 않았던 사정이었다. 관외 대출이 안 되는 자료였으므로 도서관 열람석 큰 테이블 하나를 온통 차지한 채 의자 위에 올라서서 진땀을 흘리며 전체를 촬영했다. 뒤늦게 옌칭도서관에서도 이 자료를 찾았다는 연락이 왔다. 가서 보니 파인 아트 도서관 것은 거의 손때를 타지 않은 새것이었고, 옌칭 것은 바깥 포갑이 다 해어져 너덜너덜할 정도로 낡은 것이었다. 어쨌거나 이 귀한 자료가 이곳 하버드에 두 질이나 보관되어 있었다.

다채로운 모습의 귀신들

〈귀취도권〉에는 모두 여덟 폭의 귀신 그림이 담겨 있었다. 장문도 (張問陶)의 『선산시초船山詩草』 권11에 「나양봉의 귀취도에 장난삼아 제하다戲題羅兩峰鬼趣圖」란 글이 있다. 그는 이 글에서 〈귀취도권〉에 실린 여덟 폭의 그림을 하나하나 친절하게 설명하고, 각 그림마다 시를 한 수씩 지었다. 책에 보이는 그의 설명은 이렇다.

제1도: 검은 기운이 두 귀신을 에워싼 가운데 희미하게 얼굴이 보인다. 어깨 아래로는 분간이 잘 안 된다.

제2도: 한 귀신은 뾰족한 머리통에 맨발로 낡은 옷 짧은 바지를 입고 손을 앞으로 내밀며 걸어가고 있다. 다른 한 귀신은 뾰족한 턱에 비쩍 마른 체구로 두 손으로 배를 문지르며 갓끈 달린 모자를 쓰고 그 뒤를 따라가는데 둘은 마치 주종 관계처럼 보인다.

제3도: 붉은 옷을 입은 미인이 왼편으로 긴소매를 드리우고 오른 소매는 남자의 팔뚝에 걸쳤다. 남자는 난초 꽃을 손에 들고 아양을 떠는데 그윽한 정을 담아 연정이 애처롭다. 함께 차가운 안개 속을 걸어간다. 높은 모자에 흰옷 입은 귀신이 우산을 들고 부채를 흔들며 이를 전송한다.

제4도: 땅딸보 귀신이 지팡이를 짚고 섰다. 머리통의 크기가 몸뚱이만하다. 붉은 옷을 입은 작은 귀신은 곱사등이인데 손과 머리를 잔뜩 움츠려 그 오른편에서 그릇을 받들고 있다.

제5도: 장신으로 산발했는데 몸이 온통 초록색이다. 매의 눈매로 입에 피를 흘리며 안개 속을 날아간다. 이는 양봉이 초산에서 직접 본 것으로 물에 사는 이매이지 귀신은 아니다.

제6도: 세 귀신을 그렸다. 한 귀신은 머리통이 언덕만하고 얼굴은 오종종하다. 몸뚱이가 거의 머리통과 같다. 두 손을 아래도 드리워 기어서 두 귀신을 쫓아간다. 한 귀신은 초록색에 머리칼이 성글고, 키처럼 생긴 큰 손을 선 채로 폈다. 한 귀신은 머리가 호두알 같다. 위가 뾰족하고 아래쪽은 통통하다. 손을 모은 채 돌아보는데 모두 놀라 도망가는 모습이다.

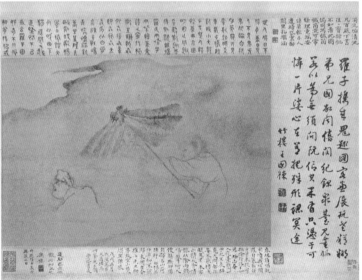

• 〈귀취도권〉 중 연애하는 남녀 귀신을 그린 제3도(위)와 우산을 쓰고 가는 귀신을 그린 제7도(아래).

제7도: 운무가 자욱한데 반 토막의 귀신이 망가진 모자를 뒤집어쓴 채 앞으로 간다. 한 귀신은 우산 그늘에 들었고, 한 귀신은 비를 피하는 모습으로 모두 반신뿐이다. 우산 위쪽에 다시 은은하게 귀신의 얼굴이 보인다.

제8도: 푸른 숲 누런 풀더미 가운데 검은 바위 무더기가 있다. 해골 둘이 감춰져 모두 사람처럼 서 있다. 하나는 바위에 기대 바깥쪽을 향했고, 하나는 바위를 짚고 안쪽을 향했다. 대개 남녀다.

이 가운데 제5도는 앞서 나빙 자신이 직접 보았다는 엄청나게 큰 초록 귀신이다. 제3도는 귀신들 사이에도 남녀의 애정이 있음을 보여주고, 다른 그림들은 귀신 간에도 상호 위계가 있으며 생김새 또한 저마다 다르다는 점을 알려준다.

또 장보령(蔣寶齡)의 『묵림금화墨林今話』 권4에는 "녹성(鹿城) 사람 왕초옹(王椒翁)이 내게 '그는 나면서부터 기이한 자질이 있고 두 눈동자가 푸른색이어서, 백주에도 능히 귀신과 이매를 볼 수가 있었다. 나중에는 자못 스스로 이를 미워하여 법술로써 제압하자 다시는 보이지 않았다고 하더라'는 얘기를 해주었다"는 대목이 보인다.

이래저래 나빙의 귀신 그림은 장안에 화제를 몰고 와서 이 그림을 보지 않은 사람이 거의 없을 정도였다. 그리고 그림을 보고 나서는 너나 할 것 없이 그림에 대해 한마디씩 남기는 것을 잊지 않았다. 덕분에 나빙의 명성은 더욱 높아졌다. 그래서 어떤 이는 그가 귀신을 본다는 말이 공연히 제 그림 값을 높이려는 허튼수작이라고 비꼬는 경우마저 있었다.

〈귀취도권〉에 남은 박제가의 친필

『호저집』에 박제가가 이 〈귀취도권〉에 썼다는 시가 남아 있는 것을 보면 박제가의 글씨도 도서관에서 촬영한 〈귀취도권〉 내용 속에 포함되어 있을 것이 분명했다. 하나하나 살펴보니 과연 박제가의 글씨가 들어 있었다. 그것도 한 군데가 아니라 두 곳에 적혀 있었다. 전체 도판 71장 중 제17면에 실려 있었다. 처음 것은 9월 삭일(朔日), 즉 9월 1일에 쓴 글씨였다.

건륭 경술년(1790) 9월 초하루, 조선 이문원(摛文院) 검서(撿書) 박제가와 동료관(仝僚官) 유득공이 삼가 보다.
乾隆庚戌九月朔日, 朝鮮摛文院撿書朴齊家仝僚官柳得恭恭觀.

단정한 해서로 또박또박 썼다. 글 끝에 박제가의 자인 '차수(次修)'란 주문인(朱文印)이 찍혀 있어 글씨를 쓴 사람이 유득공이 아닌 박제가임을 알려준다. 나빙은 한 사람에게 제발(題跋)을 청해 받으면 이를 잇대어 붙여 장첩을 해두었다. 그리고 각 종이의 여백에도 그후에 이 작품을 보게 된 사람의 제발이나 관기(觀記)를 촘촘히 적게 했다. 박제가의 이 글씨 바로 옆에 당대 예원의 종장이었던 수원(隨園) 원매(袁枚)의 제발이 나란히 실려 있다. 그 아래쪽에는 원매의 것이 아닌 다른 사람의 인장 6과가 찍혀 있는데, 감상한 사람이 그 증표로 찍은 것이다.

이어 같은 면의 원매 글씨 앞쪽 '방담(放膽)'이라고 찍힌 두인(頭印) 바로 아래 세 줄로 쓴 박제가의 시가 한 수 더 적혀 있다. 내용은 이렇다.

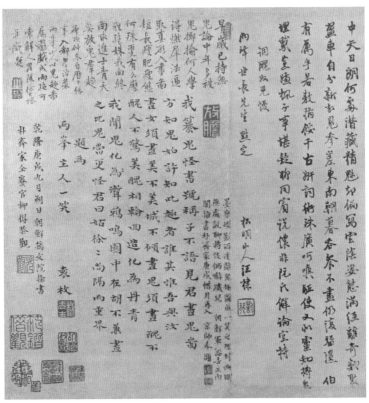

• 〈귀취도권〉 중 박제가의 글씨가 실린 부분. 왼쪽 끝 부분의 작은 글씨 두 줄과 중앙의 작은 글씨 세 줄
이 박제가의 것이다. 왼쪽은 1790년 9월 1일에 썼고, 가운데 것은 3차 연행 때인 1790년 12월에 썼다.

등 그림자 먹 자국이 둘 다 모두 희미한데	墨痕燈影兩迷離
귀취도를 완성하곤 한바탕 웃는다네.	鬼趣圖成一笑之
저승 이치 대해서는 말할 데가 없는지라	理到幽明無處說
애오라지 솜씨 뽐내 어린애들 놀래켰지.	聊將伎倆嚇纖兒

조선 군기시정(軍器寺正) 내각 검서 박제가가 경술년 섣달에 다시 연경에 들어와 삼가 제하다.

朝鮮軍器寺正內閣撿書朴齊家, 庚戌蠟月再入京師, 奉贈.

글로 보아 1790년 12월, 2차에 이은 3차 연행 때 다시 나빙의 처소에 들러 추기한 내용이다. 앞서 단지 서명만 했던 것이 성에·차지 않았던 듯하다. 그런데 시의 내용이 조금 묘하다. 유명(幽明)의 이치란 이승과 저승의 이치다. 즉, 귀신의 세계에 대해서는 아무도 모르므로 마음껏 그림 솜씨를 뽐내 아이들이나 겁주었다고 말했다. 뉘앙스로 보아 귀신을 직접 본다는 것은 그저 해보는 희떠운 얘기요, 기실은 그림 솜씨를 뽐내자는 것 아니냐고 찔러 말한 내용이다. 그 아래 '제(齊)'와 '가(家)'를 한 자씩 새긴 주문인이 두 방 찍혀 있다.

과연 법식선(法式善)의 『오문시화(梧門詩話)』에는 박제가의 이 시를 옮겨 적고 "그 풍유한 것이 깊다"고 적은 내용이 있었다. 법식선의 『오문시화』는 박제가, 유득공과 관련된 기록이 유난히 많은

• 〈귀취도권〉에 쓴 박제가의 제시 부분.

책이다. 법식선 또한 조선 사행과 빈번한 접촉을 가졌던 인물이다. 그 또한 나빙의 처소에서 〈귀취도권〉에 쓴 박제가의 시를 보고 메모해두

었다가 자신의 시화에 활용했던 것이다.

그뿐 아니라 박제가의 3차 연행 당시 종사관으로 동행했던 백경현(白景鉉)의 『연행록』 권2, 12월 15일 자 기사에도 박제가와 함께 나빙을 찾아가 〈귀취도권〉을 감상한 기록이 보인다.

나빙은 호가 양봉으로 문장 하는 선비다. 박제가가 일찍이 그와 사귐을 맺었다. 매번 그 재주를 칭찬하면서 나와 함께 그를 찾아가자고 했다. 내가 익경(翼卿)과 함께 따라갔다. 나빙을 만나니 은근하게 맞아들여 술로 정성껏 접대했다. 박제가가 책상 위에 있던 시서(詩書) 두루마리 한 축을 뽑더니 내게 보여주는데 제목을 〈귀취도〉라 했다. 내가 펼쳐서 보니 수묵으로 희미하게 귀신의 형상을 그렸고, 아래에는 서문과 시가 있었다. 내가 박제가에게 물었다. "누가 그린 것이오?" 박제가가 나빙을 가리키며 말했다. "그림과 글씨 모두 나빙의 솜씨에서 나온 것이라오." 내가 말했다. "형상도 없고 소리도 없는 것을 두고 귀신이라 하는데, 간혹 영특함을 드러낸다는 말이 옛 책 속에 여기저기 나오더군요. 귀신의 형상이란 없다가도 있는 것이어서 일정함이 없고 기대어 포착할 수도 없소. 이는 고인이 하지 못한 일이로구려. 나빙의 재주는 고인이 도달한 바깥으로 벗어났다고 할 만하오." 나빙은 예예하고 겸양하였다. 내가 〈귀취도〉를 살펴보니 아래와 옆에 당대의 명류들이 화운하여 제영한 것이 많이 보였다. 박제가의 시문 또한 그 가운데 있었다. 나빙이 나더러도 제할 것을 청했는데 나는 글을 못한다며 사양하였다.

나빙의 거처에 가서 거리낌없이 〈귀취도권〉을 쑥 뽑아 보여주는 박제가의 태도에는 약간 으스대는 기미마저 느껴진다. 백경현이 그림을 보았을 때 이미 박제가의 제시가 적혀 있었다고 한 것으로 보아, 박제가는 그 며칠 전에 혼자 나빙의 거처에 들러 이 시를 썼던 것이 분명하다. 그러고는 그와의 친분을 과시하고 자신의 제시를 보여주고 싶어서 동료 두 사람을 데리고 다시 나빙을 찾아갔던 것이다.

한편 남는 궁금증이 있다. 나빙은 정말로 귀신을 볼 수 있었던 걸까? 이 호기심은 전혀 엉뚱한 곳에서 큰 실망으로 바뀌고 말았다. 하버드 옌칭연구소에 비지팅 펠로로 함께 와 있던 미술사 전공의 유재빈씨가 내가 나빙의 〈귀취도〉에 흥미를 갖고 자료를 찾는 것을 보고는 2013년 봄에 뉴욕에서 열린 미술사학회에 참석하고 돌아오는 길에 뉴욕 메트로폴리탄 박물관에서 *Eccentric Visions: The Worlds of LUO PING* 이란 방대한 나빙의 도록을 사가지고 와 내게 선물했다. 2009년 4월 9일부터 7월 12일까지 취리히의 리트베르크 박물관(Museum Rietberg)에서 열린 나빙 특별전과 2009년 10월 6일부터 2010년 1월 10일까지 메트로폴리탄 박물관에서 열린 큰 규모의 나빙 특별전에 맞춰 간행한 호화판 도록으로, 나빙 연구자인 킴 칼손과 앨프리다 머크, 그리고 미켈레 마테이니가 함께 엮은 방대한 책이었다.

이 책의 182쪽에 내가 파인 아트 도서관에서 낱장으로 촬영한 두루마리의 펼침면 사진이 길게 실려 있었다. 다음 면에는 이와 비슷한 또다른 〈귀취도〉 두루마리도 수록되어 있었다. 이 밖에도 나는 베이징의 중국미술관에 소장된 같은 크기의 낱장으로 된 〈귀취도〉를 다른 책에서 본 적이 있다. 나빙은 여러 벌의 〈귀취도〉를 남겼던 것이다.

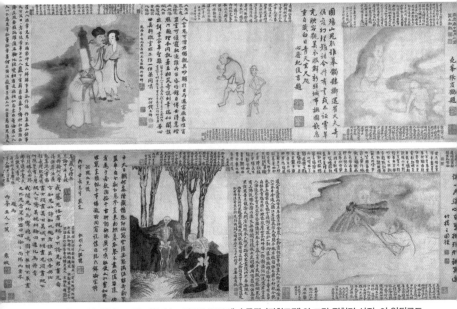

• *Eccentric Visions: The Worlds of LUO PING*에 수록된 〈귀취도권〉의 그림 펼침면 사진. 이 앞뒤로도 수십 면에 걸친 제발이 이어져 있다. 옌칭도서관의 영인본은 이 두루마리를 부분부분 잘라 모두 거장에 담았다.

그런데 같은 책 195쪽에 실린, 1543년에 안드레아스 베살리우스 (Andreas Vesalius, 1514~1564)가 그린 인체 해골 목판화를 보고는 나는 그만 실소하고 말았다. 그림 속 해골의 포즈가 나빙의 〈귀취도권〉 제8도의 해골 모양과 완전히 똑같았던 것이다. 그러니까 나빙은 서양 선교사를 통해 들어온 *De Humani Corporis Fabrica*(*On the Fabric of the Human Body*)란 책에 실린 이 해골 그림을 숲속 풍경 속에 슬쩍 베껴 포치해놓았던 것이었다. 이 책은 1605년 프랑크푸르트에서 간행되었고, 스위스 출신의 예수회 신부 요한 슈레크(Johann Schreck, 1576~1630)

가 마카오로 파송되면서 가져와 중국에 알려진 책이었다.

　이렇게 볼 때 앞서 본 유명의 이치를 설명할 길이 없는지라 멋대로 그려서 어린아이를 놀랬다는 박제가의 시는 정작 나빙의 의표를 콕 찌른 정확한 평가였던 셈이다. 앞 글에서 이조원이 당나라 때 문인의 글을 대거 표절하고 짜깁기해서 박제가 글의 서문을 지어준 일을 말한 적이 있다. 나빙이 제 눈으로 보고 그렸다고 한 귀신 그림 중 하나가 실제로는 서양의 인체 그림에서 슬쩍 취해온 것이었다는 사실도 이와 비슷한 경우에 해당한다. 이조원은 제 문집에 실을 때 표절의 흔

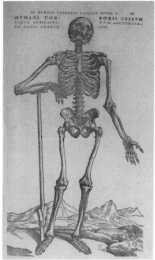

• 나빙의 〈귀취도권〉 제8도의 해골 그림(위)과 *De Humani Corporis Fabrica(On the Fabric of the Human Body)*에 실린 해골 그림(아래). 둘의 포즈가 꼭 같다.

적을 대폭 지웠고, 나빙 또한 누가 알랴 싶었겠지만 200년이 더 지나 자신의 속임수가 이렇게 들통날 줄이야 두 사람 모두 짐작하지 못했으리라. 나는 가만히 고소를 금할 수 없었다.

제
34
화

삼천 리 밖의 사람
―나빙이 그려준 박제가의 초상화

나빙과 유득공의 우정

1790년 8월, 나빙의 거처를 뻔질나게 드나들던 박제가와 유득공의 발걸음이 여러 날째 뜸했다. 8월 13일에 열린 황제의 만수절 행사에 참석하랴, 그때 만난 기윤을 방문하랴 바빴던 것이다. 나빙은 여러 날을 기다려도 두 사람이 오지 않자 혹 이들이 자신을 다시 찾지 않고 바로 귀국해버릴까봐 걱정이 되었다. 이에 나빙은 8월 18일 두 사람을 위해 작은 화폭에 각각의 소조(小照)와 매화 그림을 담아 선물했다.

이중 박제가에게 그려준 것은 남았고, 유득공의 것은 행방을 알 수 없다. 그림에 적힌 시만 유득공이 엮은 『병세집』과 『열하기행시주』에 남았다. 유득공에게 그려준 절지매(折枝梅) 그림 곁에 나빙이 적은 시는 이렇다.

역로 매화 그림자를 거꾸로 드리우니	驛路梅花影倒垂
이별의 애틋한 정 그리움이 매달린 듯.	離情別緖繫相思
근래 들어 오랜 벗이 나와 아예 소원하매	故人近日全疏我
손에 든 이 가지를 누구에게 줄거나.	持一枝兒贈與誰

화면에는 아래로 드리운 매화 가지를 그렸다. 시의 뜻이 이렇다. "이제 곧 떠나면 다시는 만나보지 못할 터라 역로의 매화 가지 하나로 그대와의 작별 선물에 갈음하려 하오. 이 속에 그대를 향한 나의 그리움을 담았으니 눌러두고 보았으면 싶소. 하지만 요사이 그대가 내게 무슨 서운한 일이라도 있는 겐지 아예 나를 외면하고 거들떠보지도 않으니 이 한 가지를 손에 들고서 줄까 말까 망설이고 있다오." 살짝 삐쳐 서운한 마음과 어서 빨리 들러주지 않겠느냐는 조급함이 묻어 있다.

먼 산의 실루엣을 그린 그림도 한 장 함께 도착했다. 그 곁에는 또 이렇게 썼다.

| 옛날엔 내 눈앞에 | 昔年眼底 |
| 오늘은 꿈속에만. | 今日夢中 |

얼핏 보기에 예전엔 고향 산이 내 눈앞에 있었는데 이제는 멀리 떠나와 꿈속에서만 그린다는 뜻으로 읽힌다. 하지만 이 먼 산은 고향 산

이 아니라 갑자기 멀어진 듯한 유득공과 박제가를 두고 한 말이었다. 전에는 눈앞에서 서로 만나 다정하게 지내더니, 이제는 꿈속에서나 만나는 사람이 되었다는 의미였다. 이래도 나를 찾아주지 않겠느냐는 귀여운 협박성의 선물이었다. 두 사람에 대한 나빙의 정은 이토록 간절하고 애틋했다.

이때 나빙은 유득공의 초상화를 함께 그려 주었다. 작달막하고 다부진 박제가와 달리 유득공은 키가 크고 야윈 체격이었다. 나빙은 유득공의 초상화 옆에 다음 세 수의 시를 적었다.

『이십일도회고시』를 읊조려보노라면	懷古詩吟廿一都
털썩하니 키 큰 그대 가장 사랑스럽네.	長身落落最憐渠
맑게 여윈 달관(達官)을 무엇에 견주려나	達官淸瘦將何擬
하늘 위로 높이 나는 학도 그만 못하리.	天上高飛鶴不如

책을 펴면 마치도 아황주(鵝黃酒)에 취한 듯	卷開如中鵝黃酒
정에 젖음 압록강과 한가지로 깊도다.	情洽同深鴨綠江
이별 마음 변화하여 그대 척후 되고파도	願化離心爲斥堠
천릿길에 전송하며 짝 이루지 못하네.	送君千里不成雙

겨우 만나 헤어지매 마음만 하릴없다	纔逢欲別意遲遲
내세에나 다시 만날 기약 혹시 있을런가.	後會他生或有期
잔월에 새벽바람 흩어지기 쉬우니	殘月曉風容易散
유기경(柳耆卿)과 함께한 시간 많지 않았네.	柳耆卿對不多時

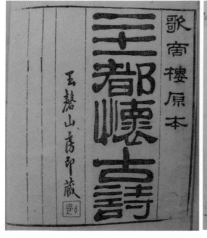

• 하버드 옌칭도서관에 소장된, 중국에서 간행한 2종의 『이십일도회고시』.

　거의 연애편지 수준이다. 그전에 유득공은 자신의 저작인 『이십일
도회고시』를 나빙에게 보여준 일이 있었다. 나빙은 이후 유득공을 볼
때마다 자기에게 그 책을 한 부 줄 것을 간청하곤 했다. 친구 포정박
(鮑廷博, 1728~1814)이 지금 『지부족재총서知不足齋叢書』를 간행하는 중
인데 자신에게 한 부를 주면 반드시 거기에 포함시켜 간행케 하겠노
라며 졸랐다. 유득공은 자신이 가져온 그 책을 이미 며칠 전 기윤에게
선물한 상태였으므로 그의 요청을 들어주지 못했다. 이 『지부족재총
서』는 훗날 무려 600여 종의 희귀본 도서를 망라해 간행한 대단히 유
명한 저술이다.

　첫 수에서 나빙은 유득공의 『이십일도회고시』를 거론한 뒤 유득공
의 훤칠하고 청수한 자태를 하늘을 높이 나는 학에 견줘 칭찬했다. 제
2수에서는 유득공의 시를 노란빛이 감도는 아황주의 술맛에, 깊은 정

• 나빙이 그린 난초 그림. 옆에 두 갈래로 올라간 난극이 보인다.

을 압록강의 깊이에 비기고, 이렇게 헤어지느니 차라리 척후라도 되어서 함께하고 싶은 마음을 얘기했다. 제3수에서 말한 유기경은 송대의 저명한 시인 유영(柳永, 987~1053)이다. 둘의 성씨가 같았으므로 그를 유영에 견주어 시격과 아울러 높인 것이다.

유득공은 감격해서 답례로 「소정방평백제탑비문蘇定方平百濟塔碑文」과 「유인원기공비문劉仁願紀功碑文」의 탁본을 나빙에게 선물했다. 나빙은 펄쩍 뛰며 기뻐했다. 나빙은 다시 즉석에서 유득공을 위해 난을 쳤다. 난초 잎사귀를 속도감 있게 그린 그는 난초에 꽃을 피우는 대신 웬일인지 난극(蘭棘)을 그려넣었다. 난극은 난초, 정확하게 말하면 혜초(蕙草)의 꽃이 지고 난 대궁을 말한다. 한 대에서 한 송이가 피면 난초요, 여러 송이가 피면 혜초다. 보통은 구분 없이 난초라 한다. 난극은 꽃대궁에서 꽃 진 자리가 가시처럼 삐죽삐죽 솟은 것이다. 그는 붓을 내려놓고 난초 가시를 가리키며 말했다. "그대와 헤어진 뒤엔 눈에 온통 이것뿐일 터이니 어찌한단 말이오." 유득공이 달래며 말했다. "대강남북(大江南北)에 복사꽃, 오얏꽃이 어이 없으리까?" 나빙은 고개를 절레절레 저으며 대답했다. "없어요(沒有). 없어요."

　선문답처럼 여운이 길게 남는 이 장면의 의미는 이렇다. 나빙은 꽃 대신 꽃이 다 지고 난 대만을 그려 유득공이 떠나고 나면 자신의 심정이 마치 꽃 진 난초 대궁을 보는 것처럼 허전할 것이라고 말했다. 그러자 유득공은 "난초꽃이 지고 나면 복사꽃, 오얏꽃이 잇달아 흐드러지게 피어날 터인데, 이 넓은 천지에 마음 나눌 좋은 벗이 없을 것을 염려하십니까? 너무 상심치 마십시오"라고 대답했다. 하지만 나빙은 "그대를 대신할 꽃은 어디에도 없지요"라며 쓸쓸히 고개를 내저은 사연이다.

『치지회수첩』의 출현

　2013년 7월 귀국 후 안대회 교수에게서 새로 펴낸 박제가의 『북학의』 교주본을 선물로 받았다. 예전 자신이 펴낸 책을 전면 개정해서 꼼꼼히 정리한 완결판이었다. 이 책의 앞쪽 화보에 박제가의 초상화를 실어두었는데 그 아래 『치지회수첩置之懷袖帖』에 이 그림이 실려 있다는 설명이 보였다. 나빙이 유득공과 함께 박제가에게 따로 선사했던 이 그림은 1928년 후지쓰카의 손에 들어갔다. 이후 내내 망한 려에 소장되었다가 미군의 도쿄 공습 때 불타버린 것으로 알려져온 터였다. 당시 후지쓰카가 촬영해둔 흑백사진만 남아 있다고 알고 있었다.

『치지회수첩』이라니 이게 무슨 말인가? 나는 깜짝 놀라 바로 안교수에게 전화를 걸었다. 정리하느라 애썼다는 인사를 마치기 무섭게 『치지회수첩』이 무슨 영문이냐고 물었다. 전화 너머로 빙그레 웃는 표정이 느껴졌다. 그이의 말인즉슨 불타 없어진 줄로만 알았던 이 그림이 몇 년 전 일본의 어느 전시회에 홀연 나타났다는 것이었다. 자신도 인터넷상에서만 사진을 보았고 너무 작은 사이즈여서 그 사진을 책에다 실을 수는 없었다고 알려주었다.

그 즉시 두루 알아보니 정은주 선생의 책 『조선시대 사행기록화』 438쪽에 처음 소개된 내용이었다. 이 책은 진작에 정선생이 보내주어 지니고 있었음에도 지난해 책을 받은 바로 다음날 출국하는 바람에 그 내용을 미처 살펴보지 못했던 터였다. 책 속에 그 『치지회수첩』의 사진이 실려 있었다. 그것도 컬러로. 등잔 밑은 늘 어두운 법이다. 다시 정은주 선생에게 전화를 넣었다. 그녀는 정말 성실하고 막강한 연구자다. 우리는 이전에도 서로의 자료를 기꺼이 주고받은 적이 있었다. 그녀가 바로 자신의 책에 실린 사진 파일을 전송해왔다. 자기도 논문을 쓰다 말고 인터넷 서핑을 하던 중 우연하게 중국 사이트에서 이 그림을 발견하게 되었노라고 경위를 알려주었다.

나는 답례로 그녀의 책 속에서 소재를 알 수 없다고 써놓은 한림대학교박물관 소장 『유능위야첩』 사진 파일을 보내주었다. 자료는 공유할 때 가치가 있다. 하지만 그녀가 보내준 『치지회수첩』 사진 파일은 사이즈가 너무 작아서 확대하면 바로 세부가 뭉개지고 말았다. 이 사진과 중국 인터넷 사이트에서 다시 찾은 또다른 사진에 이병수(伊秉綬, 1754~1815)와 공협(龔協), 왕단광(汪端光, 1748~1826) 등의 친필 작품이 함께 실려 있었다.

단정한 예서로 쓴 '치지회수'란 제목은 명필로 유명한 이병수의 글씨다. 그 아래에 '묵경(墨卿)'이란 이름이 보인다. 그는 뒤에 추사의 예서에 큰 영향을 미쳤던 서예가요, 학자였다. '치지회수'란 말은 원래 곽무천(郭茂倩)의 『악부시집樂府詩集』 중 상사곡(相思曲)의 하나인 「서주곡西洲曲」에 "연꽃 놓아 품속에 품어두노니, 연꽃 심지 온통 모두 붉었었다네(置蓮懷袖中, 蓮心徹底紅)"라는 구절에서 따온 것으로 상사(相思)의 의미를 담고 있다. 하지만 파일 사이즈가 너무 작아 시문의 글자를 읽을 수 없어 판독하려면 무슨 수를 써서든 세부를 보아야만 했다.

다시 중국통인 공화랑의 공문영 이사에게 청을 넣었다. 2001년 1월 18일 일본 겐신 서도회(謙愼書道會)에서 전시와 함께 펴낸 『중국서화명품전(청초중기)』 도록을 구해달라고 부탁했다. 12년 전 전시의 도록이어서 구할 수 있을지는 의문이었다. 지난 2013년 10월 16일 곡절 끝에 일본 겐신 서도회의 2001년 도록이 공이사의 주선으로 마침내 내 손에 들어왔다. 하지만 애석하게도 도록에는 박제가의 초상화가 실려 있지 않았다. 대신 이병수의 제시(題詩)만 「나빙매화인물도책발羅聘梅花人物圖冊跋」이란 제목으로 세 면에 걸쳐 실려 있었다. 끝내 제대로 된 컬러본 박제가 초상화를 얻지 못한 것이 못내 아쉬웠다.

중국 쪽 사정을 더 알아보다 지난 2013년 3월 박현규 교수가 「조선

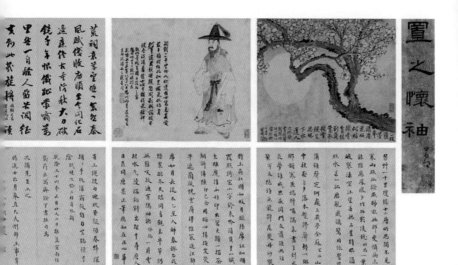

• 중국 인터넷 경매 사이트에 소개된 『치지회수첩』. 제첨은 청대 명필 이병수가 썼다.

박제가·유득공과 청 화가 나빙의 화연畫緣」이란 논문을 발표한 사실을 뒤늦게 알았다. 그에 따르면 이 그림은 2006년 11월 22일 중국 가디언 국제 경매 유한공사(嘉德國際拍賣有限公司) 주최 경매에 출품되어 인민폐 22만 위안에 낙찰되었고, 2010년 7월 6일 저장 항저우에서 열린 절상(浙商) 2010년 춘계 예술품 박매회에 다시 출품되었다고 한다. 마땅히 우리에게 돌아왔어야 할 박제가의 초상화가 '나빙매화인물도'란 어정쩡한 제목으로 중국에 넘어간 것이 안타깝고 아쉬웠다.

다행히 경매공사 사이트에 『치지회수첩』의 내용을 옮겨 적어 소개해둔 것이 남아 있었다. 내용을 대조해보니 공협과 이병수의 시, 그리고 왕단광의 제시가 실려 있었다. 또 이 모든 시들은 동시에 『호저집』에 온전하게 초록되어, 전체 첩의 내용을 파악하기에 아무 문제가 없었다. 『호저집』의 해당 항목 아래에는 후지쓰카가 예의 그 빨간색 먹으로 쓴 '원본은 망한려에 소장되어 있다(原蹟藏於望漢廬)'란 자랑에 찬 글씨가 예외 없이 적혀 있었다.

그런데 『치지회수첩』의 맨 마지막 면에서 나는 뜻밖에 놀라운 내용을 보았다. 추사 김정희가 쓴 친필 글씨와 인장이 찍혀 있었던 것이다. 이것은 일본에서 어렵사리 구해온 도록에만 판독이 가능한 크기로 인쇄되어 있었다. 그 내용을 읽어보았다.

섭동경이 편지를 부쳐왔는데 묵경 이병수는 병자년(1816)에 도산으로 돌아갔다고 했다. 함께 이병수가 쓴 예서 대련(對聯)을 보내왔다. 묵장(墨莊) 이정원(李鼎元)을 위해 쓴 것이었다. 이병수는 일찍이 박제가를 위해 관음상을 새긴 먹을 선물한 일이 있었는데 나의 소유가 되었다가 또 청풍오백간(清風五百間)에게로 돌아갔다. 척인(慽人)이 적다.

葉東卿寄書云: "墨卿已于丙子年歸道山." 幷寄墨卿隸對, 卽寫爲李墨莊者也. 墨卿嘗贈貞蕤觀音象墨, 爲余有, 又歸淸風五百間. 慽人記.

글 끝에 '추사심정(秋史審定)'이란 추사 감상 주문인이 또렷하게 찍혀 있었다. 섭동경이 추사에게 이병수의 사망 사실을 알리고, 그가 이정원에게 써주었던 예서 대련을 추사에게 선물로 보내온 일을 적은 내용이다. 또한 이병수는 박제가에게 연행 당시 관음상 모양으로 만든 먹을 선물했고, 그 먹은 뒤에 추사의 손에 들어갔다가, 다시 청풍오백간이란 사람의 소유가 되었다고 적었다. 청풍오백간은 누군고 하니 바로 신위(申緯)다. 옹방강이 신위를 위해 지어준 시 속에 그의 인

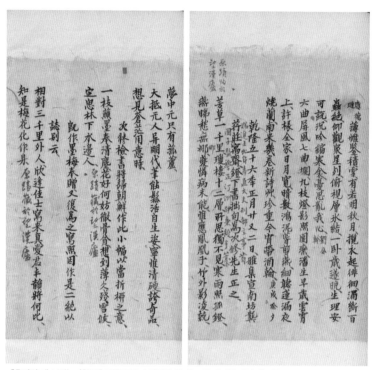

• 『호저집』에 보이는 '원본은 망한려에 소장되어 있다'고 쓴 후지쓰카의 메모들.

품과 예술의 해맑은 운치를 기린 청풍오백간이란 구절이 있었으므로, 신위는 아예 이것을 자신의 당호로 삼았었다.

어쨌거나 『치지회수첩』 끝에 추기된 추사의 친필 글씨를 통해 이 그림과 글씨가 한때 추사의 손을 거쳐 돌고 돌아 후지쓰카의 손에 들어갔던 사연이 짐작되었다. 경매공사 사이트에서는 추사가 누구인지 몰랐고, 초상화의 주인공인 박제가의 이름도 몰라 도록에는 그저 매화인물도란 어정쩡한 명칭으로 유통되고 있었다. 이 귀한 그림을 중국에 놓쳤다고 생각하니 한마디로 입맛이 썼다.

葉東卿寄畫竺里慕妮己於丙子年一覲道山并寄墨卿摹歐如鴈為李墨莊書也墨卿嘗贈貞敎觀音為墨為余有文賜清風五百間楊人記

寒雨眠孤螢燕帥花無那愛憐病未能惟應鳳凰子竹外粘凌亂晴眠思一葉破寒漾空江望蓋無占星詩眼溢照水多么孤磨亂飛鷗鷺目徐瞥挥

芳艸千里瓊樓十二層昭思獨不見

蒲鐘屑定何處三載夢金蘇室山中秋發勺夕落木聲得聲靜心琳邺韻塞重蟪鮮鳴隔集書乍到尨爽夢難成思家同門友蕭隊共遊蘗齊友隱約魚龍拂尾與丹砂寒

對玉羅紅園如瞰月臨瑤席紅似明霞照鎔宏字鈴來吟慎負主藏去瞳魔像不妨印出驚夾譜一幅茶烟訴佛惟印色盒用晦心媂拽炎半邊蘭歠恍雲屏伴惟最近江都

屏如月長送太乙星人醉春醉玉哉緑案排冬夾眼同看觀来卓仍無髭咲敩逍遙隔袖艷燈陽一片雲視水气凌瑞鎔剝玉把千尋磨人自逞同磨墨正筆應知在正心華

次脩先生正之賜進士出身奉直大夫州部主事官國子監學正汀州伊秉綬手篆

省玉繩授句廻秋聲銀熘卷怖深朝々手板催霜鼓難日芸臨便寸陰試硯次梧立軸音外韻筑隆五十六年正月廿二日雅集宣南坊龔荇莊寫齋證下書拙司為

나빙이 그려준 매화도와 박제가의 초상화

이제 『치지회수첩』의 주인공인 나빙의 매화도와 박제가 초상화를 감상할 차례다. 매화도는 이른바 '여(女)' 자 모양으로 교차된 매화 등걸이 우측 하단에서 좌측 상단으로 기울었고 그 위쪽에 온통 매화꽃을 피워놓았다. 우측 하단에 '강남춘(江南春)'이란 백문 한장인(閒章印)이 찍혀 있다. 그리고 화면 하단에 나빙이 두 줄로 시 한 수를 써놓았다. 시의 내용이 이렇다.

먹물 적셔 한 가지 그려 그대에게 받드노니	一枝蘸墨奉淸塵
뼈저린 가난이야 꽃 좋다면 상관없네.	花好何妨徹骨貧
얼음 녹고 잔설 남은 그때를 생각자면	想到薄冰殘雪候
숲 아래 물가 사람 틀림없이 그리우리.	定思林下水邊人

2구의 '철골빈(徹骨貧)'은 뼈에 저미는 가난을 말한다. 먹물을 붓에 적셔 매화 한 가지를 그려 그대에게 선물한다. 지금은 이렇게 꽃이 활짝 피었지만 봄이 깊어 얼음 녹고 잔설이 희끗한 시절이 오면 나는 숲 아래 물가 꽃 다 진 매화나무 아래서 틀림없이 너를 그리며 안타까워할 것이라는 의미다. 그러고는 그 끝에 "박차수 검서가 장차 조선으로 돌아가므로 이 작은 그림을 그려서 작별의 뜻으로 삼는다(次修檢書將歸朝鮮, 作此小幅, 以當折柳之意) 나빙(羅聘)"이라고 적고, '양봉(兩峰)'이란 백문인을 찍었다.

둘째 면에는 박제가의 초상화를 그렸다. 역시 컬러판을 구할 수 없

罷聘書　次意折柳　書將作　朝鮮作　次修檢　遠人　下水　思　候定　殘雪　骨到氷薄　貪想　微姑　妍姑　花奉塵　清奉墨　蘸一枝

• 나빙의 매화도와 제시. 후지쓰카가 찍은 유리 건판 사진. 과천시 추사박물관 소장.

어 후지쓰카가 당년에 촬영해둔 사진을 싣는다.

화면 속의 박제가는 무관 차림으로 측면을 응시한 모습이다. 오른손에는 쥘부채를 들어 왼쪽 가슴에 폈다. 전립(戰笠) 위에는 공작 깃털이 매달려 있다. 박제가는 일찍이 자신의 「소전小傳」에서 스스로의 용모를 "물소 이마에 칼 같은 눈썹, 초록빛 눈동자에 흰 귀를 지녔다"고 썼는데 그 말 그대로의 모습이다. 앙바텨 다부진 체격이다. 그의 키는 아마 160센티미터쯤이 아니었을까 싶다.

나빙은 박제가의 초상화 곁에 다시 두 수의 시를 남겼다. 시는 이렇다.

• 나빙이 그린 박제가의 초상화 유리 건판 사진과 상반신 부분. 과천시 추사박물관 소장.

삼천 리 밖의 사람 서로 마주하여서	相對三千里外人
좋은 선비 만남 기뻐 그 모습을 그려보네.	欣逢佳士寫來真
그대의 미쁜 운치 무엇에다 비할거나	愛君丰韵將何比
매화 변해 그대가 되었음을 알겠네.	知是梅花化作身
어인 일 그댈 만나 문득 친해졌더니	何事逢君便與親
날 떠난단 말 들으니 그 얘기 시고 맵다.	忽聞別我話酸辛
이제부턴 가사(佳士) 봐도 그저 담담하리니	從今淡漠看佳士
이별 정이 마음을 슬프게 하기 때문일세.	唯有離情最愴神

앞서는 유득공을 하늘 높이 나는 학에 견주더니, 박제가에 대해서는 매화의 환생이란 말로 그 맑고 서늘한 운치를 기렸다. 떠난다는 말에 마음이 시고 매워 앞으로는 멋진 선비를 만나도 정을 주지 않고 데면데면하게 대하겠다고 했다. 이별 정에 마음이 일렁이는 것이 괴로워서다. 그 곁에 "먼저 묵매를 그려주고 나서 또다시 그를 위해 소조를 그렸다. 인하여 이 절구 두 수를 지어 작별을 기념한다. 건륭 55년(1790) 8월 18일, 양주의 양봉도인이 그리다. 당시에 나그네로 북경 유리창의 관음각에 머물렀다(既作墨梅奉贈, 又復爲之寫照, 因作是二絕以志別云. 乾隆五十五年八月十八日, 揚州兩峰道人. 時客京師琉璃廠之觀音閣)"고 썼다. 이어 '나빙사인(羅聘私印)'과 '양봉(兩峰)'이라 새긴 낙관을 찍었다. 좌측 하단에 또 원형의 '장락미앙(長樂未央)'이란 인문의 주문인이 찍혀 있다.

이 그림은 나빙이 남긴 여러 인물화 중에서도 단연 이채를 발하는 작품이었다. 유득공의 초상화와 세트로 남았더라면 금상첨화였을 법하다. 곡절 끝에 실물로 남은 이 그림은 이제는 이름 모를 중국 수장가의 소유가 되어 언제 다시 세상에 나올지 알 수 없는 물건이 되고 말았다.

공협의 거처에서 열린 전별연

자신의 소조와 매화 그림을 가지고 귀국했던 박제가는 짐을 풀 시간도 없이 중도에 3차 연행에 올라 그해 12월 다시 북경으로 돌아왔다. 이때 그는 나빙의 그림을 되가져왔다. 북경의 벗들에게 제시(題詩)를 받아 장황(裝潢)을 하기 위해서였다. 앞서 나빙이 새봄이면 너를 더욱 그리게 될 것이라고 쓴 시를 주었는데, 박제가는 새봄이 오기도 전에 북경에 다시 나타났던 셈이다. 그간 소문으로만 박제가의 명성을 들었던 사람들이 이번 기회마저 놓칠 수는 없다며 그를 연신 초대했다.

이때 나빙은 박제가와 두 차례 더 만났다. 1791년 1월 중순경 박제가가 그를 찾았을 때 나빙이 하필 몸이 아파 자리에 누워 있는 바람에 만날 수가 없었다. 아들 나윤찬(羅允纘)은 만남이 불발된 것을 못내 애석해하는 부친을 대신해서 박제가에게 편지를 보냈다.

어제 아버님께서 우연히 몸이 조금 불편하셨습니다. 밤 들어서는 벌써 다 나았지요. 생각해주심을 입으매 한없는 마음을 품습니다. 17일에는 아버님께서 집에 계시면서 삼가 오셔서 온종일 얘기 나누기를 기다리실 것입니다. 거절하지 않으시면 기쁘겠습니다. 19일에 다시 저희

집에 오셔서 공삼(龔三) 선생을 기다리시면 될 것입니다. 이렇게 말씀 드립니다. 편히 지내십시오. 이만 줄입니다. 연당(練塘) 돈수. 오공(吳公)의 처소에서 토산물 4종을 부쳐 보냈습니다. 점검하셔서 거두어주시기 바랍니다. 이만 줄입니다.

박제가에게 1월 17일에 다시 와달라고 청한 편지다. 박제가가 공협과의 만남 주선을 부탁했던 듯 19일에 다시 오면 만날 수 있으리라고 알려주었다. 이때 오성흠(吳省欽)은 따로 토산품 4종을 나빙 편에 박제가에게 선물하기도 했다.

이후 마침내 박제가를 만나게 된 공협은 1월 22일에 의남방(宜南坊)에 있던 자신의 거처로 박제가를 초대했다. 이 자리에는 이병수와 왕단광 등이 함께 참석했다. 박제가는 나빙이 그려준 묵매와 자신의 소조를 꺼내 보여주며 그들에게 시를 써줄 것을 청했다. 이에 이병수와 왕단광, 그리고 공협 등이 시를 써서 『치지회수첩』의 장첩을 이룰 수 있게 되었던 것이다. 이들이 이때 지어준 시는 지면의 제약으로 소개하지 않는다.

귀국 하루 전날 나빙을 찾은 박제가는 다시 빈 부채를 꺼내 그림과 시를 청했고, 나빙은 마다하지 않고 부채에 그림을 그린 뒤 그 여백에 시를 써주었다. 나빙은 작별 후에도 박제가에게 미진한 정을 담아 시를 보냈다. 『호저집』에 「그리움을 담아 가르침을 구함奉襄求教」이란 제목으로 실려 있다.

그대와는 두 차례 만났었는데　　　　　　　　　　　　　　兩度與君逢

생각하니 이젠 이미 떠나갔겠네.	思之今已去
도로가 긴 것은 유감 아니나	不恨道路長
그대 급히 나를 떠남 안타까워라.	恨君別我遽
얼핏 든 잠 문득 그대 만나보고서	假寐忽見君
허둥지둥 그대와 얘기 나눴지.	蒼茫與君語
모르겠다 그대의 꿈속에서는	未知君夢中
나를 만나보았던가 못 만났던가.	遇我還未遇

참 간절한 마음을 담았다. 그저 으레 하는 빈말이 아닌 가슴에서 우러난 진정이었다. 박제가 또한 귀국 후에도 사행 인편을 통해 나빙에게 청심환과 일본 먹 등을 선물하며 안부를 묻는 등 둘 사이에는 정다운 교제가 계속되었다.

이로부터 10년 뒤인 1801년에 박제가가 마지막 4차 연행의 소임을 받고 북경에 다시 왔을 때 나빙은 이태 전 고향으로 내려가 세상을 뜬 뒤였다. 1798년 8월 증욱(曾燠)의 도움으로 양주로 어렵사리 돌아간 나빙은 이듬해인 1799년 7월 3일 67세의 나이로 죽었다. 박제가는 북경에 와서야 나빙의 사망 소식을 들었다. 그는 나빙의 위패를 따로 마련해 그를 위해 제사를 지내주었다. 강남 인사들도 소문을 듣고 이 제사에 참석했다. 박제가가 제사에서 구슬피 곡하는 모습을 본 그들은 그 우정의 깊이에 감동해서 서로 말했다. "정말 정이 많은 사람이로군!" 그 자리에 있던 한 손님이 장난삼아 말했다. "그대가 동국에 있을 때도 돈을 내 벗을 제사 지내준 적이 있었소?" 박제가가 대답했다. "인생에서는 지기(知己)가 가장 중하오. 돈을 내고 안 내고는 논할 바가 아니지요." 말한 사람이 그만 머쓱해졌다.『호저집』에 실려 있는 이야기다.

박제가와 나빙의 우정은 지기의 사귐이었다. 그는 인생의 가장 중요한 가치를 벗에다 두었다. 과장과 허세 없이 진심에서 우러난 마음가짐이 앞에도 뒤에도 볼 수 없는 대단한 교유의 스펙트럼을 가능하게 했다. 18세기 한중 지식인이 이룩한 문예공화국에서 박제가는 당당한 주인공의 한 사람이었다.

말할 수 없는 기쁨을 준 그림
―박제가가 그렸다는 〈연평초령의모도〉에 대하여

〈연평초령의모도〉 배관기(拜觀記)

박제가의 그림에 얽힌 이야기를 한번 더 해야겠다. 2008년 과천문
화원에서 펴낸 『추사자료의 귀향』에 후지쓰카 지카시가 쓴 「청선淸鮮
문화교류연구의 동기 및 그 과정」이란 글이 실려 있다. 후지쓰카는
강연의 부제를 '박제가와 나'라고 했다. 1935년 7월 30일에 한문강습
회에서 개최한 강연 내용을 옮겨 적고 보완해서 정리한 글이다.

이날의 강연에서 후지쓰카는 자신이 어째서 청조 학술을 연구하다
가 조선과 청조 학인 간의 문화 교류 연구에 뛰어들게 되었는지 그 동
기와 경로를 자세하게 설명했다. 특별히 자신과 박제가의 인연을 상
세하게 얘기했다. 하나는 베이징 유리창 서점에서 진전의 『간장문초』

를 읽다가 그 책에 실린 「정유고략서」란 글을 통해 박제가와 만난 인연과, 이후 경성제국대학 교수로 부임하면서 그에 관한 각종 자료를 입수하게 된 사연이다. 다른 하나는 박제가 직접 그림을 그리고 제발까지 쓴 〈연평초령의모도延平齠齡依母圖〉란 화폭이 자신의 수중으로 들어오게 된 경과를 설명한 내용이었다.

후지쓰카의 설명에 따르면 박제가 그린 후 제발까지 썼다는 이 그림은 훗날 중국으로 흘러들어가 유전되다가 상하이를 통해 일본으로 건너가 도쿄의 골동상을 거쳐 마침내 그의 수중에 들어갔다. 내 귀가 쫑긋해지는 것이 당연했다. 인터넷에서 그림에 관한 정보를 검색하자 1998년 8월 14일 자 연합뉴스 기사가 떴다. 유엔 대사를 지낸 한표욱(韓豹頊) 유엔한국협회 고문(당시 82세)이 외교관으로 활동할 당시 공관에 늘 걸어놓았던 이 그림을 국립중앙박물관에 기증했다는 기사였다. 크기가 가로 35.5, 세로 146.7센티미터로, 청초 대만을 거점으로 명나라 복원운동을 주도한 무장 정성공(鄭成功, 1624~1662)의 대여섯 살 적 모습을 담고 있다고 했다. 초령(齠齡)은 젖니를 갈 나이를 말한다.

전에도 신문 기사나 연구서의 한 귀퉁이를 차지한 이 그림을 두어 번 본 적이 있었다. 그때마다 막연히 박제가 정말 이 그림을 그렸을까 하는 의구심이 들었다. 하지만 후지쓰카가 자신의 글에서 이 그림의 수장 경위를 확신에 가득차 설명하고 있었고, 거기에 실려 있다는 박제가의 제발과 초순(焦循, 1763~1820)의 글에 대한 설명도 대단히 구체적이어서 의심이 끼어들 여지가 없었다.

글에 따르면 후지쓰카는 1934년 8월 말 당시 11년 만에 베이징 여행을 떠났다. 여행 출발 전날 마침 경성에 와 있던 미술사학자 세키노

• 〈연평초령의모도〉, 국립중앙박물관 소장.

다다시(關野貞, 1867~1935) 박사가 후지쓰카의 집으로 〈세한도〉를 구경하러 왔다가 지나가는 말로 도쿄에서 박제가란 조선 사람이 그린 그림을 보았다고 귀띔해주었다. 이 청천벽력 같은 소식에 놀란 후지쓰카는 그림의 내용을 캐묻고, 최근 상하이에서 입수된 이 그림을 도쿄의 강도(江壽)라는 골동상이 현재 보관하고 있다는 소식을 접했다. 이 튿날 아침 세키노 박사가 가져온 사진을 보게 된 후지쓰카는 그림을 본 소감과 이때의 심경을 이렇게 언급했다.

나는 감격한 채 한 번 보고는 경심동백(驚心動魄)하여 결국에는 손이 흔들리고 발을 밟는 것도 모를 정도였다. 서양풍인 가옥의 2층에 정성공 후쿠마쓰가 검을 내리고 개를 품고는 허리를 굽히고 옆으로 서 있고, 어머니 다가와(田川) 씨가 뜰 앞에서 토끼를 품고 의자에 허리를 걸쳤다. 어머니의 단아하고 수려한 용모, 후쿠마쓰의 힘이 넘치는 기백이 과연 잘 그려졌고 배경인 바위, 후지산의 모습, 그 위에 고운 색채가 있어 마치 광중(廣重)한 그림을 보는 듯했다. 그리고 박제가는 찬(贊)을 쓰고 있는데 그것에 따르면 정지룡(鄭芝龍)은 일본으로 건너와 일본의 여인을 맞이하여 성공을 낳았다. 그후 지룡은 본국으로 돌아갔다. 때마침 우리 조선인 최씨가 일본으로 건너와 성공 모자를 위해 그림을 그렸다. 최씨는 그 초고를 가지고 조선으로 돌아왔지만 최씨 사후 그 초고가 우리 스승(생각건대 박지원)의 손에 들어왔다. 자신은 이제 그 초고를 임모(臨摹)하였다. 운운. 그리고 〈연평초령의모도〉라고 제(題)를 지었다. 연평이란 정성공이 훗날 연평왕으로 봉해진 데 따른 이름으로 성공인 것이다. 필법이 군세어 사진으로 본 것만으로도 놀랄 만하고 영광이었다. 게다가 윗부분에는 따로 종이에 쓴 초순이라는 위대한 학자의 찬이 있다. 초순은 완원(阮元)의 친우로서 그의 집안 여동생을 아내로 맞이하였다. 그 완원은 청조 최고의 학자로 완당이 가장 존경하는 은인이다. 초순의 처는 들던 대로 현명한 부인으로 자신의 비녀와 진주를 전당물로 넣고 남편의 구서(購書)를 도왔다고 전해진다. 그러나 그 찬을 읽어보면 완원의 아들 복(福)이 북경에서 이 박제가의 그림을 손에 넣어 향리인 양주로 가지고 돌아왔고 초순에게 보여서 찬을 써 받았다는 것을 알 수 있다. 초순은 한편으로 정성공을 기리고 다른 한편으로는 성공이 죽은 후 청나라 조정의 관대한 태도를 기렸으며 마지막으로는 필자의 화재(畫才)를 간절히 상찬하였다. 나는 완전히 감탄하고 말았고 세키노 박사에게 간절히 부탁을 드렸다.

후지쓰카는 이후 세키노 박사의 주선으로 곡절 끝에 마침내 이 그림을 손에 넣었다. 그림을 처음 펼쳤을 때의 감격에 대해서는 "드디어 그것을 손에 넣자 나의 기쁨은 이루 말할 수 없었다. 다만 상상에 맡길 뿐이다"라고 썼다. 그러고는 이야말로 국제적 명화이니 진기함이 흡사 종합예술 그 자체가 아닐 수 없다고 극찬했다.

그림 속 박제가의 글씨

나는 어쨌거나 이 그림을 내 눈으로 직접 보아야 정확한 판단을 내릴 수 있겠다고 생각했다. 구할 수 있는 도판 사이즈로는 그림의 디테일은 물론 그림에 얹힌 글씨조차 판독할 수가 없었다. 2013년 9월 말 국립중앙박물관에 이 그림의 열람을 신청하여 허락의 절차를 밟고, 10월 21일에 사진작가 김춘호 선생과 함께 그곳에 가서 그림을 직접 보고 세부를 촬영해왔다. 일부 표면 박락(剝落)이 진행되고 있어 열람 허락을 두고 내부 논의가 있었다면서 담당 학예사가 걸개 위에 족자를 걸고는 조심스레 천천히 펼쳤다. 펴기 전 족자의 머리를 보니 '박제가 연평초령의모도'란 글씨가 선명했다. 마침내 〈연평초령의모도〉의 전체 실물이 눈앞에 온전하게 펼쳐졌다. 나는 빨려들어가듯이 화면 속에 내 눈을 고정했다. 어려운 기회라 함께 열람을 신청한 다른 병풍 그림을 김춘호 선생이 촬영하는 동안 나는 이 그림 앞에 아예 의자를 가져다놓고 앉아서 꼼꼼히 살펴보았다. 노트를 들고 와서 그림과 화면 위에 적힌 두 편의 제발을 옮겨 적기 시작했다. 그리고 직접 그림을 본 소감을 적어나갔다. 현장의 느낌은 순간순간이 중요하기 때문에 그때 포착해두지 않으면 금세 모호해지고 만다. 당시 수첩에 내가 적은 메모는 이러했다.

  상단에 11행으로 된 초순의 제발이 있고, 그림 좌측 상단에 '연평초령의모도'란 제목 옆에 5행의 글이 있다. 그 끝에 '박제가수기사지(朴齊家修其寫誌)'라고 썼다. 화면에는 서양식 2층 건물을 그렸고, 2층에는 더벅머리 아이가 복슬강아지를 안고 화면 중앙의 괴석 쪽을 바라보고 있다. 아래층에는 붉은 난간이 보인다. 건물은 서양식의 대리석 건물이다. 화면 하단에는 높게 트레머리를 올린 부인이 붉은 저고리를 입고 어린 흰 강아지를 안아 어르며 앞쪽을 응시한다. 후지쓰카는 그녀가 안고 있는 짐승을 토끼로 보았다. 내가 보니 꼬리와 귀가 토끼는 아니다. 그녀의 옆에는 해당화와 영지가 든 꽃바구니가 놓여 있다. 그림의 세부는 생각했던 것보다 섬세하지 않다. 전반적으로 서양화풍의 그림이고 원근법이 잘 구현되었다. 박제가의 글씨라고 한 부분의 필체는 박제가의 친필인지 여부를 확신하기 어렵다. 글씨가 보통의 박제가 필치에 비해 대단히 거칠다. 혹 다른 사람이 박제가의 이름으로 대신 써넣은 것이 아닌가 싶다. 적혀 있는 내용도 자못 모호하고 불분명하다. 그림도 디테일을 보니 솜씨가 떨어진다. 비록 그렇다고는 해도 그림은 박제가 그려낼 수 있는 수준이 아니다. 전문 직업화가의 솜씨다.

내 첫 느낌은 그림은 훌륭하고 사연은 진진한데 역시 박제가의 솜씨는 아니라는 것이었다. 생각이 복잡해지기 시작했다.

이 글을 쓰기 직전 인터넷을 검색하다가 불과 열흘 전인 2013년 10월 25일에 김현영이 쓴 『통신사, 동아시아를 잇다』란 책이 한국학중앙연구원 출판부에서 막 간행되었고, 이 책의 4부에 '〈연평초령의 모도〉, 동아시아를 이해하다'란 내용이 실린 것을 알았다. 즉시 주문해서 이튿날 받아 보았다. 뜻밖에 이 그림의 상세한 도판이 실려 있다. 그는 후지쓰카와 마찬가지로 그림 속 박제가의 글씨와 상단의 제발에 대해 아무 의심을 품지 않았다. "그림의 소재도 그림이 탄생하게 되는 과정도 국제적이며 그림이 유전되는 경위도 국제적"이라고 쓰고 그림의 의미와 가치에 대해 아주 꼼꼼하게 살핀 내용이었다. 묘한 우연이 아닌가? 내가 국립중앙박물관에 가서 이 그림을 열람할 때만 해도 이 책은 출간되지 않았는데, 그 며칠 사이에 책이 나온 것

延年鬒齡依母圖

明李郑芝龍为日本贅婿生子成功芝龍旣已成功
依母尚屋日本吾國崔氏以藝術游扶桑曾为之寫
真尚穚蹜々崔氏主人葯存吾師家仿㇏之其球
衣端坐者芝龍妻日本宗女也被髮幼童珮刀游戲
者成功也

朴齊家修其寫誌

- 〈연평초령의모도〉 좌측 상단에
  적힌 박제가의 글 부분.

이다.

과연 그럴까? 직접 보니 화면 상단 여백에 적힌 글씨는 박제가의 것으로 보기에는 아무래도 눈에 설었다. 한눈에도 필체가 졸렬했다. 줄도 삐뚤삐뚤 맞지 않았다. 박제가가 직접 썼다면 있을 수 없는 일이다. 후지쓰카는 앞서 본 글에서 "나는 지금까지 한 번도 박제가가 자필로 쓴 것을 본 적이 없다. 하물며 그림 등은 생각조차 할 수 없었던 것이다. 또한 조선의 많은 지인들을 방문했지만 누구도 본 적은 없다고 했다"고 적었다. 후지쓰카가 다른 비교 대상을 보지 못한 상태였다면 그럴 수 있다. 하지만 나는 그간 박제가의 친필 글씨를 여럿 보았고, 이 글씨들은 일정한 균질성이 있었다. 하지만 화폭 속의 글씨는 전혀 그렇지 않았다. 저런 수준의 글씨라면 북경의 내로라하는 문인들이 박제가의 글씨를 받겠다고 다투어 줄을 서는 일은 애초에 없었을 것이다. 앞서 본 〈귀취도권〉 속의 박제가 글씨와 비교해봐도 금세 가늠할 수 있는 일이었다. 나는 잠깐 판단을 중지하고, 글의 내용을 먼저 검토해보기로 했다.

박제가의 글은 화면 좌측 상단 여백에 세로 5행으로 적혀 있고, 제목인 '연평초령의모도(延平齠齡依母圖)'란 일곱 자는 더 크게 따로 썼다. 내용은 이렇다.

명나라 말엽 정지룡(1604~1661)이 일본에서 장가들어 아들 성공을 낳았다. 지룡이 고향으로 돌아오자 성공은 어머니에 의지해 일본에 머물러 살았다. 우리나라 최씨가 예술로 일본에서 노닐다가 일찍이 이를 위해 진영을 그리고 초고를 남겨 돌아왔다. 이제 최씨는 사람이 없고 초고가 내 선생님 댁에 남아 있는지라 이를 본떠 그렸다. 붉은 옷을 입고 단정하게 앉은 사람은 정지룡의 처인 일본인 종녀다. 칼을 차고 놀고 있는 머리를 풀어 헤친 어린아이가 성공이다. 박제가 수기가 그리고 적는다.

明季鄭芝龍爲日本贅壻, 生子成功. 芝龍歸里, 成功依母, 留屁日本. 吾國崔氏以藝術游扶桑, 曾爲之寫眞, 留稿歸. 今崔氏無人, 藁存吾師家, 仿臨之. 其緋衣端坐者, 芝龍妻日本宗女也. 被髮幼童, 珮刀游戲者成功也. 朴齊家修其寫誌.

명말 정지룡이 일본에서 장가들어 아들 성공을 낳았다. 정지룡은 바로 중국으로 왔고 정성공은 일곱 살까지 일본에 머물며 어머니 품에서 자랐다. '오국최씨(吾國崔氏)', 즉 최씨 성을 가진 조선 화가가 일본에 갔다가 모자의 그림을 그려가지고 왔다. 그런데 그 원고가 스승의 집에 남아 있어 자신이 이를 베껴 그렸다는 내용이다. 그러고는 화면을 설명했다.

'오국최씨'에 대해 김현영은 1748년 무진통신사의 일원으로 일본에 다녀온 일이 있는 최북(崔北)을 지목했다. 당시 최북이 일본에서 정성공 모자의 그림을 보고 임모하여 왔거나, 스스로 상상하여 그렸을 것으로 보았다. 혹은 당시 정성공의 이야기로 가부키 무대에 올려져 인기를 끌었던 〈고쿠센야 갓센國姓爺合戰〉의 무대나 포스터로 그려진 우키요에를 보고 그렸을 가능성을 타진했다. 또 글 속에 나오는 스승이 박지원 혹은 유금 두 사람 중 하나일 것으로 추정했다. 한편 이 그림이 본격적인 원근법을 적용한 서양화풍이고 우리의 전통 화풍과 전혀 다른 것임을 두고 미술사학자 이용희 선생이 나빙이 박제가와 함

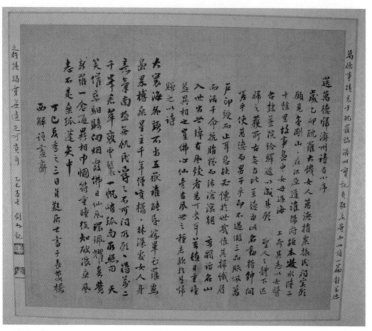

• 박제가 친필 〈제주도로 돌아가는 만덕을 전송하며〉.

께 그렸을 것이라고 주장한 적이 있음도 새롭게 알았다.

　모두 흥미로운 관점이지만 이러한 논의에는 극복해야 할 부분이 한두 가지가 아니다. 첫째, 무엇보다 이 그림은 서양화풍에 전혀 익숙지 않은 최북 같은 조선의 화원이 그릴 수 있는 그림이 아니다. 정원의 괴석과 수목의 그림은 오히려 중국풍에 가깝다. 2층 난간에서 개를 어르며 놀고 있는 정성공의 눈길은 집 뒤편 괴석 너머로 보이는 흰눈에 덮인 산을 향하고 있다. 설채(設彩)나 구도, 서양풍의 건물 양식 등은 최북이 소화할 수 있는 화풍과는 거리가 멀다. 게다가 이 그림은 최북이 직접 그린 그림을 보고 박제가가 임모한 것이라고 했다. 박제

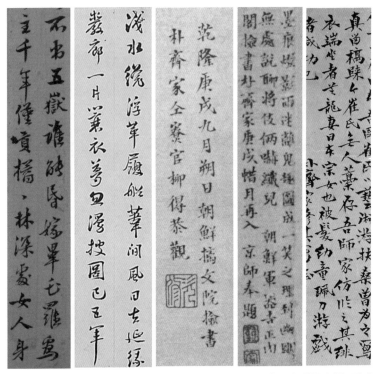

• 5종의 박제가 필적 비교. 맨 오른쪽의 날카롭고 벙벙한 〈연평초령의모도〉 속의 필획은 〈귀취도권〉에
실린 두 해서체 글씨나 여타 박제가의 아무지고 차진 행서체 글씨와 언뜻 비교해봐도 확연히 구분된다.

가는 전문 화가가 아니다. 현재 그의 그림으로 전해지는 몇 폭도 사실
그의 그림으로 보기 어렵다는 것이 내 생각이다. 그림 위에 글씨만 썼
을 가능성이 높다. 설령 그가 그 그림들을 그렸다 해도 이 그림까지
임모했다고 보기에는 옷의 주름이나 나뭇잎, 개의 표정과 바구니에
담긴 꽃까지 디테일이 전문 화가의 솜씨지 결단코 문인 화가가 작정
한다고 해서 베껴 그릴 수 있는 수준이 아니었다.

둘째, 글씨가 박제가의 다른 것과 수준차가 확연하다. 나빙의 〈귀

취도권〉에 두 군데 남아 있는 박제가의 글씨는 다른 시점에 쓰인 것임에도 모두 고르고 동일하다. 앞쪽의 「제주도로 돌아가는 만덕을 전송하며送萬德歸濟州詩序」나 앞서 26화에서 소개한 바 있던 또다른 박제가의 글씨도 모두 필체가 고른데 그림 속의 글씨는 획이 들뜬 채 한쪽으로 쏠려 있고 낱글자의 결구도 친필임이 분명한 다른 글씨처럼 야물지가 않다. 박제가가 직접 그린 그림이라면 글씨를 이렇게 낙관도 없이 무성의하게 날려서 쓸 리가 없다.

셋째, 내용 면으로도 미심한 점이 한둘이 아니다. 박제가는 박지원이나 유금을 '오사(吾師)'로 지칭한 적이 없다. 박지원만은 스승뻘의 선배로 예우했다. 또 박지원이 이 그림을 소장하고 있었다면 이토록 상징적이고 뜻깊은 그림에 대해 글로 남기지 않았을 리가 없다. 박지원은 중국에서 당시 여러 사람이 들여온 가짜임에 분명한 〈청명상하도〉에조차 네 편의 다른 글을 남기고 있을 만큼 그림에 관심이 많았던 사람이다. 『열하일기』 속에도 「열상화보洌上畫譜」란 글을 따로 남겼을 정도다. 설령 박지원이 이 그림에 대해 언급하지 않았다손 치더라도 연암 그룹 누군가의 글에는 이 그림과 관련된 기록이 남아 있어야 옳다. 그런데 전혀 찾아볼 수가 없다.

초순이 쓴 그림의 제기(題記)

한편 그림 상단에는 청대의 대유 초순이 지은 글이 11행에 걸쳐 적혀 있다. 그림의 유전 과정과 의미를 살핀 내용이다. 이 글만으로도

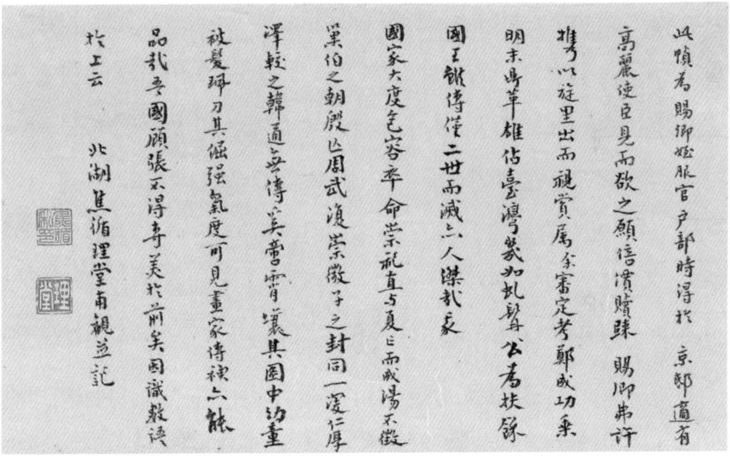

此幀為賜卿姪服官戶部時得於 京邸適有
高麗使臣見而欲之願倍價購 賜卿弗許
携以旋里出而視賞屬余審定考鄭成功乘
明末鼎革雄佔臺灣幾如虬髯公為扶餘
國王雖傳僅二世而滅亦人傑哉我
國家大度包容卒命崇祀直與夏亡而成湯不徵
巢伯之朝殷亡周武復崇微子之封同一深仁厚
澤較之韓通立傳奚啻霄壤其圖中所畫
披髮珥刀其倔強氣度可見畫家傳神亦能
品哉吾國顧張不得專美於前矣因識數語
於上云　北湖焦循理堂甫觀並記

• 〈연평초령의모도〉 상단에 적힌 초순의 제기. 인장과 글씨체가 모두 초순의 것이 아니다.

그림의 가치는 대단해진다. 우선 읽어본다.

이 족자는 사경(賜卿) 조카가 호부(戶部)의 관직에 복무하고 있을 때 북경의 집에서 얻은 것이다. 마침 고려의 사신이 보고서 갖고자 하여 값을 두 배로 해서라도 구입해가기를 원했다. 사경은 허락지 않고 이를 지닌 채 고향으로 돌아와 꺼내 보여주며 감상하게 하고는 나더러 심정해달라고 부탁했다. 찾아보니 정성공은 명나라 말엽 혁명의 때를 타서 대만을 웅대하게 점거하였으니, 거의 규염공이 부여의 국왕이 된 것보다 더했다. 비록 2대만 겨우 전하고서 멸망하였지만 또한 인걸이었다. 우리 국가에서 크게 포용함을 베풀어 마침내 높여서 제사 지낼 것을 명하였다. 이는 바로 하나라가 망했을 때 탕왕이 소백(巢伯)의 조공을 구하지 않고, 은나라가 망하자 주나라 무왕이 미자(微子)의 봉함을 다시 높여준 것과 꼭 같다. 깊은 어짊과 두터운 은택은 한통(韓通)이 아무 전함이 없는 것에 견준다면 어찌 하늘과 땅 차이가 아니겠는가? 그림 속의 어린아이는 머리를 풀고 칼을 찼으니 그 굳센 기상을 볼 수가 있다. 화가가 그림을 그린 것이 또한 능히 솜씨가 있다. 우리나라의 고개지(顧愷之)와 장승요(張僧繇)도 앞쪽에서 아름다움을 오로지 함을 얻지는 못할 것이다. 인하여 위에다 몇 마디 말을 기록한다. 북호 초순 이당이 보고 또 적는다.

此幀爲賜卿姪服官戶部時, 得於京邸. 適有高麗使臣, 見而欲之, 願倍價贖歸. 賜卿弗許, 携以旋里, 出而視賞, 屬余審定. 考鄭成功乘明末鼎革, 雄佔臺灣, 幾加虯髥公爲扶餘國王. 雖傳僅二世而滅, 亦人傑哉. 我國家大度包容, 卒命崇祀, 直與夏亡, 而成湯不黜巢伯之朝, 殷亡周武復崇微子之封同一. 深仁厚澤, 較之韓通無傳, 奚啻霄壤. 其圖中幼童, 被髮珮刀, 其倔强氣度可見. 畫家傳神, 亦能品哉. 吾國顧張不得專美於前矣. 因識數語於上云. 北湖焦循理堂甫觀並記.

초순은 자가 이당(理堂) 또는 이당(里堂)이니 완원의 가까운 벗이다. 그가 완원 집안의 여인을 취해 아내로 삼은 것은 후지쓰카가 이미 말한 바 있다. 사경(賜卿)은 완원의 셋째 아들 완복(阮福, 1801~1875)의 자다. 초순의 입장에서 완사경을 처조카뻘로 보아 이렇게 호명할 수 있다.

그런데 이 또한 막상 내용을 검토해보면 요령부득인 곳이 한둘이 아니다. 첫째, 앞뒤로 연대가 도저히 안 맞는다. 초순은 1820년에 양주에서 세상을 떴다. 완복은 1801년생으로 이때 고작 19세였다. 초순이 세상을 뜨기 직전에 이 글을 지었다 해도 19세 소년이 호부의 관직에 복무하다가 이 그림을 구해 고향으로 내려오는 이치란 있을 수 없다. 이 점만 따져도 윗글은 앞뒤가 안 맞는 모순에 봉착한다. 참고로 박제가는 완복이 태어나던 해인 1801년에 마지막 제4차 연행길에 올랐다.

둘째, 이 그림이 박제가가 그린 것이라면 원래 조선에 있어야 옳다. 그림이 중국으로 건너가 완복의 손에 넘어가게 된 경위 설명이 전혀 없다. 오히려 이를 본 고려 사신이 값을 두 배로 쳐줄 테니 자기에게 넘기라고 했다는 말은 맥락이 없어 동떨어지게 들린다. 박제가가 이 그림을 중국에서 누군가에게 선물했다면 박제가의 기록에 남지 않았을 리 없다. 박제가는 자신이 중국의 벗들에게 선물한 물품에 대해 모두 분명한 기록을 남겼다. 게다가 박제가가 그린 그림을 중국인 완복이 소유하게 된 것을 보고 갑자기 조선 사신이 자기에게 두 배 값에 되팔라고 했다는 것도 조리에 닿지 않는다.

셋째, 정성공은 항청복명(抗淸復明)의 상징적 존재다. 대만을 점거해 오랜 세월 청으로 하여금 해안 봉쇄 정책을 지속하게 만든 저항의 아이콘이다. 그런 그를 문자옥(文字獄)이 두려워 말 한마디조차 벌벌 떨던 한족 지식인들이 그림으로 그려놓고 감상하는 것은 대단히 무모한 일이다. 조선의 사행들이 남방의 반란 소식을 지나가는 말로 묻기만 해도 필담하던 종이를 찢어 입에 넣고 삼켜버리던 그들이었다. 앞서 보았듯 제자 오조가 '어은(漁隱)'이란 말을 썼다가 옹방강이 이 태평한 성세에 무슨 망발이냐고 펄쩍 뛰며 '과경(課耕)'으로 고치라 했던 예도 있다. 당시 청조 치하 한족들의 삶은 전전긍긍 여리박빙(如履薄氷) 그 자체였다. 그런 그들이 굳이 정성공 같은 예민한 소재를 그림으로 그려 위험을 자초했을 리 없다.

• 정성공의 초상화(왼쪽)와 타이완 각지에 세워진 정성공의 동상(오른쪽).

넷째, 작품에 찍힌 초순의 인장이 알려진 것과 전혀 다르고 성명과 자호의 음양이 반대로 되어 있다. 각법도 다른 것에 비해 손색이 있다. 그리고 무엇보다 초순의 필체가 알려진 그의 다른 글씨와 차이가 크다. 그림 위에 쓴 글씨는 한눈에도 필획이 대단히 졸렬한데, 과천시가 소장한, 후지쓰카가 직접 찍은 사진으로 남은 초순의 또다른 친필 글씨는 이와 달리 결구가 야무지고 필획에 탄력이 있다. 이렇듯 이 그림과 글은 부정합의 지점이 많다. 특히나 초순의 이 글은 다른 사람이 그의 이름을 빌려 짓고 쓴 것이 분명하다.

한 가지 더 남는 문제는 작품 하단에 찍힌 '심수용이 동치 기원 후에 얻은 것(沈樹鏞同治紀元後所得)'이란 글을 새긴 소장인이다. 심수용(沈

• 〈연평초령의모도〉에 찍힌 초순의 인장(왼쪽)과 『중국장서가인 감中國藏書家印鑑』(상하이서점 출판사, 1997) 140쪽에 실린 초순의 인장(오른쪽).

• 후지쓰카가 촬영한 초순의 다른 친필(과천시 추사박물관 소장, 왼쪽)과 〈연평초령의모도〉에 적힌 초순 글씨(가운데). 운필의 숙련도나 짜임새에 현격한 차이가 있다.

• 조지겸 원각(왼쪽)과 〈연평초령의모도〉에 찍힌 모각(오른쪽) 비교.

樹鏞, 1832~1873)은 자가 정재(鄭齋)요, 호는 균초(均初)니 강소(江蘇) 남회(南匯) 사람이다. 동치(同治) 원년은 1862년이다. 그렇다면 이 그림이 심수용의 손에 들어간 것은 1862년 이후 그가 사망한 1873년 이전의 일이 된다. 후지쓰카는 이 그림의 소장자를 서수용(徐樹鏞)이라 특정했지만 심수용의 오독이다. 그는 청말의 수장가로 적계(績溪)의 호주(胡澍), 인화(仁和)의 위석회(魏錫會), 회계(會稽)의 조지겸(趙之謙)과 나란히 강남 사대가로 불린 한 사람이다. 여기 찍힌 '심수용동치기원후소득(沈樹鏞同治紀元後所得)'이란 장서인은 그의 널리 알려진 소장인 가운데 하나다. 심수용의 인장은 대부분 청말의 전각가인 조지겸이 파준 것으로 유명하다. 이 인장 또한 조지겸의 각으로 남아 있다. 하지만 실제 이 작품에 찍힌 소장인은 조지겸의 원각을 거의 비슷하게 베낀 모각, 즉 가짜다. 위 두 작품의 각법과 선면의 질을 살펴보면 금세 판단할 수 있다.

의문투성이의 결말

이 그림이 무슨 연유로 북경 시장에 흘러나왔고, 어떤 경로로 완복의 손에 들어갔는가? 굳이 이 그림을 팔라고 졸랐다는 고려 사신은 또 누구인가? 산 값의 두 배를 줄 테니 자신에게 양도하라고 운운한 것은 완복이 이 그림을 구한 직후의 일이었을 텐데, 초순의 몰년은 애초에 이 같은 서사 자체를 원천적으로 부정한다. 게다가 그림 속 박제가의 글과 그림 밖 초순의 글은 서로 모순을 일으키며 파열음을 낸다. 결국 그림에 얹힌 두 글은 제법 그럴싸한 정황과 그림의 파란만장한 사연을 강화하지만 정합점이 없는 셈이다.

그러다 우연히 2007년 과천문화원에서 펴낸 후지쓰카 기증 추사자료전 도록 『추사와 한중교류』를 보다가 후지쓰카가 구장했던 완원의 연보인 『뇌당암주제자기雷塘盦主弟子記』란 책 표지를 보게 되었다. 추사의 제자 이상적이 소장했던 이 책의 겉표지에는 이상적이 1854년에 직접 쓴 "내가 완사경(阮賜卿)과 작별한 지가 거의 24년이나 되었다"로 시작되는 글이 적혀 있었다. 순간 내 두 눈이 휘둥그레졌다. 여기서 또 사경이란 이름과 만나게 될 줄이야. 나는 기다릴 수가 없어 이튿날 바로 추사박물관으로 가서 실물을 확인하고 촬영을 해왔다. 이 글로 보아 완복과 이상적은 1830년 또는 1831년에 만난 적이 있었다. 그렇다면 앞서 초순의 글에 적힌 고려 사신을 이상적으로 추정해볼 수 있는 단초가 되는데, 정작 이 글을 쓴 초순은 그 10년 전에 세상을 뜬 상태였다는 것이 문제다.

항청복명의 아이콘이었던 정성공은 당시 조선의 북벌(北伐) 이데올

• 이상적 구장, 후지쓰카 소장본 「뇌당암주제
자기」 표지에 적힌 이상적의 제기. 첫 줄에
완사경이란 이름이 보인다. 과천시 추사박
물관 소장.

로기와 만나 상당한 시너지를 일으킬 수 있는 소재였다. 게다가 서양
화풍의 이 같은 그림을 최북이 일본에서 그려 돌아온 것이 사실이라
면 우리 쪽에서도 무성한 얘기를 만들어냈을 법하다. 이것을 본 박제
가가 제 솜씨로 이 정도 그림을 그려냈을 경우 본인이 가만있었다 해
도 이덕무 등에 의해 담론화되지 않았을 리가 없다. 이 그림이 중국에
건너갔다면 박제가가 직접 선물했던 것일 텐데 이런 내용도 아무데서
고 찾기 어렵다. 우리 쪽 기록에서조차 이 그림과 관련된 얘기는 아예
찾아볼 수가 없다.

장황해진 논의를 정리하면 이렇다. 박제가가 그림을 그리고 글씨
를 썼다는 〈연평초령의모도〉는 박제가의 그림이 아니다. 글씨는 더구

나 그의 것일 리 없다. 또 초순이 쓴 제발도 가짜다. 다른 사람이 대신 만들어 쓴 글이다. 처가 쪽으로 조카뻘 되는 완사경이 벼슬을 그만두고 고향에 내려와 그림을 보여줄 수 있었던 시점에 초순은 이미 이 세상 사람이 아니었다. 즉 1820년에 57세로 세상을 뜬 초순이 이해 고작 19세밖에 안 된 완복을 위해 이 같은 글을 쓸 수는 없었다. 마지막으로 하단에 찍힌 심수용의 인장도 가짜다. 누가 그렸는지 알 길이 없는 그림 외에 나머지는 다 가짜다.

앞서 북경에서 박제가의 인기가 치솟자 그의 가짜 글씨가 유리창에 돌아다녔다는 말을 한 적이 있다. 혹 이 그림이 그런 정황을 반영한 것으로 볼 수는 없을까? 그래도 문제는 남는다. '오국최씨' 운운한 대목이 아무래도 걸린다. 일본에 간 최씨라면 최북밖에는 없고, 중국 사람이 그림 값을 올리려고 이 가짜 글을 박제가의 이름에 얹어 만들어넣었다 해도 외국인인 그가 최북의 존재까지 염두에 넣었을 가능성은 없을 터이기 때문이다. 적어도 상단의 글을 쓴 사람이 완원과 초순, 그리고 완복의 관계를 알고 있었던 것만큼은 분명하다. 하지만 연대의 앞뒤를 살피는 것에 소홀했던 것은 돌이킬 수 없는 실수였다.

실제로 몇 해 전 나는 한 알려진 수집가가 자신이 베이징 유리창 거리에서 20여 년 전에 직접 구입해왔다고 하는 박제가의 글씨 실물을 본 적이 있다. 끝에는 '초정(楚亭)'과 '박제가인(朴齊家印)'이란 인장까지 선명했다. 다른 사람이 쓴 글씨 끝에 박제가의 도장만 새로 파서 찍은 가짜였다. 그분이 워낙 진품으로 알고 있어 차마 사진까지 공개하지는 못하겠다. 이로 보아 유리창에 박제가의 가짜 글씨가 돌아다녔다는 이야기는 실제 꾸며낸 것이 아닌 줄을 알 수 있겠다.

가짜를 만드는 것은 진짜로 속여 큰 이익을 얻자고 하는 행위이다. 실제로 이 그림은 조선인 박제가의 이름을 걸고 중국 강남 지역을 떠돌다가 1934년 직전에 상하이의 서화 시장에 매물로 나왔다. 이것을 강도란 일본인 골동상이 구입해 도쿄로 돌아왔고, 이를 다시 후지쓰카가 손에 넣었다. 이것을 한표욱 유엔 대사가 재입수해 외교관 시절 내내 공관에 걸어놓았고, 동아시아 우호의 역사를 증빙하는 물건으로 애호를 받았다. 현재는 국립중앙박물관에 소장되어 더이상 주인이 바뀔 일이 없어졌다. 이러한 유전 과정만 보더라도 이 그림이 상당히 국제적인 배경을 지녔음은 분명하다. 하지만 애석하게도 가짜다.

어쨌거나 후지쓰카는 〈연평초령의모도〉를 손에 넣음으로써 그 이전 10년간 모았던 700통이 넘는 청조 명언(名彦)의 수찰과 수천 권에 달하는 시문 및 기타 서책에 관한 연구에 더욱 분발하여 청선 문화 교류사의 골격을 잡아나가는 데 가일층 매진하게 되었다. 진위 여부를 떠나 이 그림이 후지쓰카에게 자신의 연구 주제에 대한 몰입도를 높여주는 극적 계기를 마련해준 것만은 분명하다. 그림에 관한 얘기를 하다보니 생각 외로 글이 길어졌다.

제36화

닫히는 한 시대, 열리는 또 한 시대
―박제가의 제4차 연행과 죽음

기윤과의 재회

1801년 1월 28일, 박제가는 주자서(朱子書)를 구매해오라는 왕명을 받고 사은사(謝恩使)를 따라 생애 마지막이 될 네번째 연행길에 올랐다. 이때도 유득공이 동행했다. 10년 만이었다. 1778년 29세의 젊은 나이로 이덕무와 함께했던 1차 연행, 12년 뒤인 1790년 2차 연행 때 박제가의 나이는 41세였다. 3차 연행은 2차 연행을 마치고 귀국하던 도중에 한번 더 명을 받아 잇달아 다녀왔다. 이 4차 연행 당시 박제가는 어느덧 52세 초로의 나이였다.

1792년에 문체반정으로 한바탕 소동이 일었고, 그해 부여현감으로 내려간 박제가는 상처(喪妻)했다. 중국의 벗들은 이 소식을 듣고 박제가를 위로하는 편지와 시를 잇달아 보내왔다. 이듬해 근무 태만의 명목으로 부여현감에서 파직되었다가 1794년에 검서관에 복직되었다. 이어 다시 파직 주청이 있었고, 1799년에는 영평현령에 부임해 1년 반가량 머물렀다. 그가 알량한 벼슬길에서 부침을 거듭하는 동안 형제같이 지냈던 이덕무가 1793년에 53세를 일기로 세상을 떴다. 유금은 그보다 훨씬 앞선 1788년에 돌아오지 못할 길을 떠났다. 자신을 그토록 아껴주었던 국왕 정조도 반년 전에 갑작스레 서거한 뒤였다. 어느 것 하나 예전 같지 않았다.

두 사람은 북경에 도착한 이튿날 바로 기윤의 집을 찾아갔다. 기윤은 이미 78세의 노령이었다. 그는 박속처럼 환하게 웃으며 두 사람을 맞았다. 이때의 필담이 『호저집』과 유득공의 『연대재유록』에 남아 있다. 각자 자기 중심으로 필담을 정리하다보니 한자리에서 나눈 대화임에도 기록에 상당한 차이가 생겼다.

두 사람의 입국 사실을 들어 알고 있던 기윤은 기뻐하며 자신의 서재로 두 사람을 맞이했다. 차가 나오고 반가운 인사가 오갔다. 살아생전 다시 못 볼 줄 알았던 박제가 등과 마주앉은 기윤은 무량한 감개를 굳이 감추지 않았다. 두 사람은 금번의 사행이 주자서를 수집해오라는 왕명을 수행키 위함이란 사실을 밝히고 늘 그랬던 것처럼 기윤에게 도움을 청했다. 또 왕무굉(王懋竑)의 『백전잡저白田雜著』등의 구입 가능 여부를 차례로 물었다.

급한 용무에 대한 문의를 마치자 박제가와 유득공은 옛 친구들의 근황을 차례로 묻기 시작했다. 유구(琉球) 사신으로 갔던 이정원(李鼎元)은 이미 복귀해 중서사인(中書舍人)의 지위에 있었다. 이조원의 근

• 하버드 옌칭도서관에 소장된 후지쓰카 구장본 『왕백전전집』 서근제.

황을 묻자 고향에서 기생과 함께 노래로 노닐며 산수를 즐기고 시화도 몇 권 지으며 득의로운 세월을 보내고 있다는 대답이 돌아왔다. 옹방강과 손성연의 근황을 재차 묻고, 지난번 연행 때 자주 만나 인상 깊었던 젊은이인 손형(孫衡)의 소식을 궁금해했다. 기윤은 귀찮은 내색 없이 하나하나 친절하게 대답해주었다. 그의 입을 통해 북경 학계의 근황이 일목요연하게 눈에 들어왔다.

　기윤은 고령이었음에도 안경을 쓰지 않은 채 필담에 임해 파리 대가리만한 작은 글자를 능히 썼다. 날이 몹시 더웠다. 의자에 앉아 대화할 때 코끝에 땀방울이 송송 맺힐 정도였다. 박제가는 무더위 속에 고령의 노인과 길게 대화하는 것이 송구했다. 오래 앉아 계시기가 불편할 테니 물러나 아들이나 손자와 대화하며 대를 이어 우의를 맺겠다고 말했다. 기윤은 모두 못난 것들[豚犬]이라 대현(大賢)을 모시기에 부족할 것이라며 자신과의 대화를 이어갔다. 기윤은 골초였다. 종일 담뱃대를 손에서 놓지 않았다. 담뱃대의 크기가 웬만한 작은 종만했다. 조선 담배를 특히 좋아한다는 말을 들었던지라 두 사람은 선물로 관서(關西) 지방에서 나는 최고급 향연(香烟)을 따로 챙겨 가는 것을 잊지 않았다.

나는 혹시나 싶어 필담에 보인 왕무굉의 『백전잡저』를 옌칭도서관의 홀리스 클래식에서 검색해보았다. 『백전잡저』를 포함한 『왕백전전집』이 통째로 있었다. 빌려보니 어김없이 후지쓰카의 낯익은 글씨가 표지 제첨에 쓰여 있었다. 이렇게 해서 나는 다시 한 질의 책을 목록에 추가했다.

다시 열린 오류거 사랑방

이후 두 사람은 곧장 유리창 거리로 달려갔다. 그들이 오류거 서점의 문을 밀고 들어섰을 때 자신들을 반갑게 맞아줄 줄 알았던 서점 주인 도정상은 없었다. 그는 이미 네 해 전 불귀의 객이 된 뒤였다. 대신 아들 도온휘(陶蘊輝)가 반갑게 두 사람을 맞이했다. 이후 오류거 서점은 박제가, 유득공 두 사람을 만나기 위해 몰려든 청조의 문인들로 연일 북적댔다. 때마침 과거가 얼마 남지 않아 전국 각지에서 몰려온 거인(擧人)들로 부산하던 유리창 거리에 아연 특별한 생기가 돌았다.

『호저집』에는 당시 새롭게 만난 사람들의 시문이 모두 실려 있다. 황성(黃成)은 "신유년(1801) 4월, 예부 시험에 응시하려고 북경에 머물다가 조선의 박수옹(朴修翁) 선생을 오류거 가운데서 만났다"고 적었다. 그와 나눈 필담에서 박제가는 나빙과의 지난 교유를 말하다가 목이 멨다. "10년 전에는 그래도 머리털이 검고 젊었었소. 경술년(1790)에 이곳에 한 번 들렀다가 뒤늦게 나양봉이 내 소조(小照)를 그렸다는 말을 들었지요. 내가 그를 위해 분향을 하였소. 내가 스물아홉 살의 수재로 처음 이곳에 들어왔지요. 이때만 해도 아직 젊어 수염도 없었소. 41세 때 다시 들어와 양봉에게 들렀더랬소. 지금에 와서 옛날과 견줘보니 흘러가버린 강물을 바라보는 감회가 있구려." 이것이 당시 박제가의 솔직한 심정이었다.

하지만 새롭게 만나게 된 젊은 벗들과의 접촉이 빈번해지면서 두 사람은 지난날의 감개에 젖어 있을 틈조차 없었다. 하문도(夏文燾)도 "유리창 서점을 지나다가 조선의 검서 박수기 선생을 알게 되었다"고 했고, 성학도(盛學度)는 "내가 북경에 들어왔다가 조선 사신 박제가와 유득공 두 사람을 오류거 서점에서 만났다. 시에 능하고 글씨를 잘 썼다. 날 위해 글 한 폭을 지어주었는데 글자가 춤추며 나는 듯해 조금의 속된 기운도 없었다. 이튿날 다시 백의선원(白衣禪院)에서 만나 종일 필담하였다"고 적었다. 오류거 서점은 북경 체류 기간 내내 두 사람의 아지트나 다름없었다.

황비열(黃丕烈)은 또 이렇게 썼다. "나는 오류거 주인과는 막역한 친구 사이다. 북경에 와서 책을 볼 때면 으레 이 서점에 오곤 했다. 이때 박정유, 유혜풍 두 분을 만나 기이한 것을 감상하고 의심나는 것을 묻곤 했다. 참으로 이번 북경 걸음에 해외의 군자와 사귀게 되었음을 깨달았다."

그는 잇달아 박제가와 유득공에게 7언 40구에 달하는 장시를 지어 헌정했다. 후지쓰카가 자신의 저서에서 소개한 바 있지만, 여기서 한 차례 다시 읽어보지 않을 수 없다. 당대 청조 학인들의 박제가에 대한 가장 솔직한 인상이 담겨 있는 까닭이다.

가경 6년 신유년에	嘉慶六年歲辛酉
관리 수레 따라 내가 북쪽으로 왔다네.	我隨計車適北走
도성이라 자욱한 바람 먼지 가운데서	京都滾滾風塵中
홀연 기인 박공과 유공을 만났다네.	忽遇奇人朴與柳
의관이며 모습이 중화와는 다르더니	衣冠狀貌殊中華
말하기를 조선 사신 아무개라 하는구나.	云是朝鮮使臣某
두 분은 본래부터 그 나라의 호걸로서	二公本是彼國豪
하늘 내린 재주가 참으로 풍부했네.	天畀才華眞富有
박공은 문사로서 과거에 자취 펴니	朴公發跡由詞科
일만 언의 대책문을 그 누가 짝하리오.	策對萬言孰與偶
엮어 묶은 원고는 『정유고략』이라 하여	一編槀略號貞蕤
가없는 큰 작품이 첫머리에 우뚝하다.	洋洋大篇冠諸首
더욱이 천성이 중화 풍모 사모하여	況其天性慕華風
명공과 거유들이 모두 즐겨 벗삼았지.	名公鉅儒皆樂友
책 속엔 회인시(懷人詩)가 끝도 없이 실려 있어	卷中不盡懷人詩
사모의 맘 환하게 오래도록 전하려네.	熙熙慕思要以久
내가 와서 사귐 맺음 너무 늦어 애석하나	我來訂交恨已遲
마음 나눠 알아주매 뜻이 홀로 두터워라.	傾盖相知意獨厚

내게 준 필첩에 이문(摛文)이란 글자 뵈니   贈我楑帖見摛文
먹을 적셔 붓 휘둘러 쉴새없이 쓰는구나.   濡墨揮毫不停手
내 그림에 제목 써서 제서도(祭書圖)라 하였으니   題我畫圖爲祭書
일에 맞게 글을 엮어 술술 말이 나오는 듯.   屬詞比事方脫口
천하의 문장이라 그 사람 예 있으니   海內文章信有人
이와 같은 동쪽 사람 어이 뒤에 둔단 말가.   如此東人肯居後
유공의 시 솜씨는 너무 맑고 새로워서   柳公詩筆劇淸新
글자마다 구슬 같아 구차한 구석 없네.   一字一珠却不苟
장편을 진작에 부채에서 보았는데   長篇曾向扇頭窺
큰 문장 아로새겨 기운이 헌걸찼지.   篆刻鴻章氣赳赳
듣자니 귀국 날짜 이미 정해졌다 하니   側聞歸國已有期
몇 상자의 기이한 책 말에 실어 내달리리.   數簏奇書驅馬負
유리창 서점에 사람들 많다 해도   琉璃書肆人肩摩
누굴 향해 책에 관해 한번씩 물어보나.   誰向嬭嬛時一扣
하안의 『논어집해』 세상에 드물거니   何晏論語世所稀
동국에서 전해오다 지금은 잃었다네.   東國舊傳今失守
서긍의 『고려도경』 집에 여태 있다 하나   徐兢圖經家尙藏
부본을 안 가져와 내 직분만 안타깝다.   副本未携我職咎
진실로 책 아끼는 그 마음은 똑같아서   區區愛書心正同
천금을 아끼잖코 못난 내 책 사들였지.   不惜千金買弊帚
덕과 공을 함께 세움 예부터 어렵거니   德功之立古云難
그대 함께 그 말이 썩지 않길 기약하리.   與子相期言不朽

유리창 오류거 서점에서 서로 만나 박제가의 문집 『정유고략』을 펼쳐보며 느낀 감회와 그가 지은 50수가 넘는 「회인시」 연작을 읽은 소회를 적었다. 당시 이문원(摛文院) 검서(撿書)의 직분이었던 박제가가 자신의 그림에 '제서도' 제목 글씨를 기세 좋게 써준 일도 감사했다. 황비열은 해마다 자신의 서재에서 책에 대한 감사의 뜻을 담아 그 속에 담긴 고인을 제사 지내는 의식을 치르곤 했는데, 박제가가 이를 두고 '제서(祭書)', 즉 책 제사란 명칭을 붙여주면서 글씨를 써주었던 듯하다. 이제 박제가가 떠나고 나면 유리창 서점에서 책에 대해 함께 토론할 사람이 누구겠느냐고 안타까워했다. 유득공에 대해서는 특별히 시의 청신함을 높이 평가했다.

『호저집』과 『연대재유록』 등에 남아 있는 왕복 시문 자료와 필담을 보면 어떻게든 박제가 등과 교분을 맺어보려고 오류거 서점 앞에 진을 치고 있던 청조 사인들의 모습이 생생하게 떠오른다.

진전과의 회면과 『정유고략』

박제가의 4차 연행에서 가장 뜻깊은 만남은 세 살 아래인 진전(陳鱣, 1753~1817)과의 회동이었다. 자가 중어(仲魚), 호는 관향(管香)이라 했고, 당호는 간장(簡莊)이었다. 완원의 고제(高弟)로 훈고학에 조예가 있었다. 오류거 서점에서 박제가, 유득공과 처음 인사를 나눈 그는 그 자리에 동석했던 전기근(錢旣勤)과 함께 필담을 나누기 시작했다. 이들은 『일주서逸周書』를 비롯해 『설문해자說文解字』 속의 난삽한 구절과 난해한 글자를 잇달아 질문하면서 두 사람의 근량을 달아보았다. 아무리 어려운 질문을 던져도 두 사람의 대답에는 거침이 없었다. 훈고의 공부라면 어지간히 자신이 있었던 이들도 두 사람의 식견에 그만 감복하고 말았다.

이들이 첫 만남에서부터 서로에게 이끌려간 모습은 유득공이 정리한 『연대재유록』의 기록 속에 너무도 생생하다.

진전과 나눈 문답은 대부분 중국어를 썼고, 간혹 필담 초고가 있었다. 가로세로로 마구 써서 모호해서 분간할 수가 없었지만 대략 위와 같다. 기효람이 '근래의 풍기는 『이아爾雅』와 『설문說文』 일파를 따른다'고 했는데, 진전이야말로 그중의 대표 격이었다. 내 대답이 간혹 자기 뜻에 맞으면 크게 기뻐하며 날마다 오류거에서 만나기로 약속하자고 했다. 내가 말했다. "공이 먼 데 사람과 즐겨 어울리면 남들이 괴이하게 여길까 걱정이오." 진전은 크게 웃으며 말했다. "끄떡없어요. 우리는 모두 동이(東夷)예요. 내이(萊夷)와 회이(淮夷), 서이(徐夷)가 다 옛날의 동이랍니다." 그는 내 갓과 당건(唐巾)과 학창의(鶴氅衣)를 빌려 입더니 대문을 닫아걸었다. 신을 끌고 천천히 걸으며 말했다. "야! 신난다." 천초(川楚) 지역 비적의 난리에 대해서도 진전은 감추지 않았다. 좌중에 다른 사람이 없을 때는 이렇게 써서 보여주었다. "천하가 장차 크게 어지러워질 겝니다." 내가 말했다. "나야 해외 사람이니 나한테야 무슨 상관이 있겠소." 진전이 말했다. "절강성이 어지러우면 귀국은 어찌됩니까?" 내가 말했다. "그렇다면 큰일이지요. 우리와는 바다 하나를 사이에 두고 있을 뿐이니까요. 절강성에도 변고가 있습니까?" 진전이 말

* 하버드 옌칭도서관에 소장된 진전의 『간장철문
簡莊綴文』권두에 실린 진전의 초상화.

했다. "지난해 해구(海寇)가 준동하여 무대(撫臺)이신 완공(阮公)께서 격
파하셨지요. 하지만 이제껏 바다가 평정되지 않아서 각처의 해방(海防)
이 몹시도 엄하답니다."

진전은 외국인과 나눠서는 안 될 금기의 대화까지도 거리낌이 없
었으리만치 두 사람 앞에 자신의 마음을 활짝 열어 보였다. 첫 만남부
터 서로에게 매료된 이들은 며칠 후 오류거 서점에서 다시 만났다. 박
제가는 진전에게 조선에서 지녀온 열 장의 조선산 운전지(雲箋紙)와
접부채, 갓과 청심환 등을 선물했다. 지난번 진전이 조선의 갓과 의복
을 빌려 입고 기뻐했던 일을 염두에 둔 선물이었다. 진전은 그 자리에
서「조전비曹全碑」의 글자를 집자해 "먹과 환약 소인(騷人)에게 선물로

주시니, 장보관(章甫冠)에 띠를 두른 유자의 풍모일세(隆樂金粟騷人供, 章甫縉紳儒者風)"란 구절을 조합해 화답했다. 각각의 선물에 대해서도 즉석에서 별도의 시를 한 수씩 지었다. 박제가는 그 솜씨를 보고 다시 한번 뛸 듯이 기뻐했다. 진전은 또 자신의 저서인『논어고훈論語古訓』을 증정하며 각별한 예를 표했다.

그러자 이번에는 박제가가 자신의『정유고략』을 꺼내 진전에게 서문을 청했다. 진전은 박제가의 사람됨과 문장의 깊이에 매료되어 기꺼이 서문을 썼다. 뿐만 아니라 두 해 뒤인 1803년에는 벗 오성란(吳省蘭)이 엮어 펴낸『예해주진藝海珠塵』에 자신의 서문과 함께『정유고략』를 수록게 했다. 진전은 이와는 별도로 이 책만 따로 떼어 고급한 건상본(巾箱本)으로 단독 출판까지 해주었다. 후지쓰카는 훗날 시와 문 두 책으로 나뉜 이 희귀본『정유고략』건상본을 수중에 넣었다. 그 책은 박지원의 손자인 박규수가 소장했던 것이었다. 이 또한 현재 옌칭 도서관에 소장되어 있다.

『호저집』에도 당시의 필담이 남아 있다. 잠시 읽어본다.

진: 각하와 함께 얘기를 나누니 옛날의 어진 대부를 뵌 듯합니다.

박: 못난 사람이라 진실로 더불어 큰 논의를 듣기에 부족합니다. 다만 옛날을 좋아하고 어진 이를 사모하는 것만큼은 남만 못하지 않다고 스스로 말하곤 하지요.

진: 장차 귀국에 돌아가신 뒤에 제 천한 이름이 때때로 얘기된다면 큰 다행이겠습니다.

박: 선생은 장차 구주에 으뜸이 되실 터인데 어찌 역외(域外)의 이름

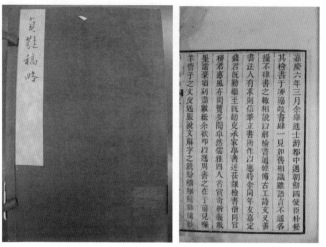

• 옌칭도서관 소장 박규수 가장본 『정유고략』 건상본. 후지쓰카의 제첨 글씨(왼쪽)와 첫 면(오른쪽).

을 기다린단 말입니까?

진: 어찌 감히요. 감당치 못하겠습니다.

박: 무릇 학문은 피모(皮毛)에 그침을 가장 꺼립니다. 비록 작은 도리나 말단의 기예라도 반드시 진심으로 고독한 조예를 닦아야 합니다. 근래에는 거죽만의 학문이 또한 많더군요. 의리를 공부하지 않고 그저 훈고만 따지곤 하니 속인이 배척하는 것이 실로 까닭이 있습니다.

진: 각하의 학문은 송유(宋儒)를 바탕으로 삼아, 시도 송체에 가깝습니다.

박: 학문에 연원이 없고 보니 시 또한 허공을 천착하는 격이지요.

(중략)

진: 제가 날마다 공을 만나 뵙는 것을 통쾌하게 생각하는데 다만 헤어진 뒤에는 어찌 정을 나눌지 걱정입니다.

박: 선생은 나에 비해 아직 몇 살 적다고는 해도 또한 노인입니다. 헤어진 뒤에 몇 해나 더 살지 모르겠지만, 허공에서 그려보느니 차라리 한없는 근심을 털어버리고 눈앞의 술 한 잔을 기울이는 것만 못할 겝니다.

진: 북경에 귀하께서 서로 알고 지내는 분이 또한 많을 터인데 손성연과 홍양길 같은 분은 어떤 분입니까?

박: 홍양길과 손성연 등은 가장 어렵습니다.

진: 홍양길은 대궐 앞에 엎드려 상소하였으니 썩지 않을 이름을 얻기에 충분합니다.

박: 이곳에서 교유를 나눈 것이 자못 많지만, 전할 만한 사람은 아주 적습니다. 모르겠지만 이 세상에 아직도 우뚝이 스스로 선 사람이 있을까요?

진: 첨사(詹事) 전신미(錢辛楣)는 마침내 노영광(魯靈光)과 같을 겝니다. 평생 서책을 벗으로 삼아 목숨처럼 여기고, 물 위에 뜬 빛이나 스쳐지나가는 그림자 같은 구절 따위는 짓지 않았습니다. 이 시는 사귐의 정을 드러내 글자마다 진솔하여 좋고 나쁨을 헤아리지 않았습니다.

박: 천연으로 아로새겨 꾸밈을 제거했군요.

진: 제 소조에 제목을 써주셔서 한 글자마다 구슬 하나로 삼게 해주신다면 감사하고 또 감사하겠습니다. 청컨대 서폭 위에 바로 써주십시오. 제가 술잔을 갖추어 전별연으로 모시려 합니다. 떠나는 날짜가 언제쯤인지요?

박: 전별에 술잔을 갖출 필요는 없습니다. 손님과 주인이 차분하게 차와 죽을 마시면 됩니다.

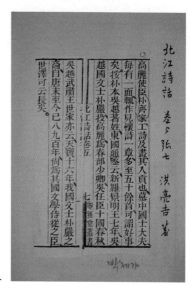

北江詩話 卷五張七 洪亮吉著

○高麗使臣朴齊家工詩及書眞入貢也慕中國士大夫每有一面輒作見懷詩一章多至五十餘首可謂好事矣按朴本吳越著姓東國通隆云新羅景明王七年吳越國文士朴嚴投高麗爲春部少卿吳任臣十國春秋吳越武肅王世家亦云天寶十六年我國文士朴嚴之裔曰唐末至今已八九百年倘爲其國文學侍從之臣世澤可云長矣。北江詩話卷五 七瑞推堂叢書

박제가

• 홍양길의 「북강시화」에 수록된 박제가 관련 항목.

진: 기효람 선생은 어느 날 뵈었습니까?

박: 노인께서 병이 많으신데다 너무 바쁘셔서 한번 찾아뵙고는 아직 만나지 못했습니다.

진: 지으신 「회인시」는 왕어양(王漁洋)을 능가할 겁니다. 저수량(褚遂良)은 인품이 먼저 높았으니 서법이 어찌 훌륭하지 않을 수 있겠습니까?

대화 속에 상대를 진심으로 존중하고 경애하는 마음이 느껴진다. 진전이 두 해 뒤 박제가의 『정유고략』을 중국에서 판각해 출판까지 한 것만 보더라도 박제가에 대한 그의 경모의 정이 어떠했는지 분명히 알 수 있다.

박제가가 문집에 전(傳)까지 남겼던 홍양길은 자신의 『북강시화北江詩話』에서 이렇게 썼다. "고려 사신 박제가는 시와 그림에 능하다. 그가 중국에 사신 와서는 중국의 사대부를 사모하여, 매양 한 차례 대면하게 되면 문득 견회시(見懷詩)를 한 수씩 짓곤 해서 많게는 50여 수에 이르렀으니 호사가라 할 만하다." 박제가는 이렇게 한 수 한 수 모은 시를 합쳐 「회인시」 연작을 남겼다. 진전 또한 필담의 끝 대목에서 박제가의 「회인시」 연작을 높이 평가했다. 처음으로 「회인시」 연작을 남긴 왕어양의 작품보다 나을 뿐 아니라, 직접 써준 글씨가 당나라 때 명필 저수량이 그랬던 것처럼 인품에서 우러난 훌륭한 것임을 대단히 보았다.

이상한 선물 목록

박제가 등이 연행 때마다 준비해간 선물은 조금 희한한 것이 많았다. 이들은 당대 청조 문인들의 이국 취향과 호기(好奇) 취미를 너무도 잘 알고 있었다. 1777년 당시 이덕무는 『한객건연집』에 써준 반정균의 서문과 평을 받고 쓴 답장에서 부친이 10여 년 전 두만강변에서 구해온 숙신노(肅愼弩), 즉 숙신의 화살촉을 선물한 일을 적었다. 또 1790년 연행 때 박제가는 임진왜란 때 일인이 놓고 간 일본도를 구해가서 장문도(張問陶)에게 선물했다. 장문도는 생각지 못한 일본도 선물을 받고 장편의 「일본도가日本刀歌」를 남긴 바 있고, 증욱(曾燠) 역시 장시 한 수를 남겨 비분강개의 뜻을 피력했다.

1790년 두번째 연행 당시 박제가는 또 나빙에게 갓을 선물했었다. 1792년 1월에 나빙이 보내온 편지에 따르면 반정균이 남쪽으로 내려갈 때 이때 선물한 갓을 썼다고 한다. 까까머리에게 선물한 갓은 미묘한 뉘앙스를 풍긴다. 반정균은 외부와의 접촉도 아예 끊고 예불만 하면서 그토록 전전긍긍하며 지냈음에도 박제가가 북경을 떠났던 그해에 변고를 만나 낙향했다. 쓸쓸한 남행길에서 그는 내내 박제가의 갓을 쓰고 있었다. 이것이 또 묘한 여운을 남긴다. 반정균은 당시 북경을 떠나며 박제가에게 보내는 편지 한 통을 급히 써서 남겼다. 그중에 "대략 농후한 곳에는 머물지 마십시오(大約濃厚處莫留連)"란 구절이 있었다. 박제가는 그의 이 한마디를 오래 잊지 못했다.

4차 연행 당시에도 박제가는 앞서 본 것처럼 가져간 여벌의 갓을 진전에게 선물했다. 오건이 쓴 『배경루시화속편拜經樓詩話續編』 중에 그 사정을 알려주는 글이 나온다.

조선에서 나는 대립(臺笠), 즉 삿갓은 대개 대수초(臺須草)로 만든다. 색깔과 빛깔이 옻칠한 것처럼 윤택이 난다. 가늘기가 마치 실과 같아 가볍고도 시원하며 정밀하고 교묘하다. 중국에서는 능히 모방할 수 있는 것이 아니다. 예전에 공사(貢使) 박정유가 지니고서 북경에 와서 하나를 중어 진전에게 주었다. 중어가 내게 건네주었고, 내가 다시 진소현(秦小峴) 방백(方伯)에게 주었다. (중략) 정유는 이름이 제가다. 내각장서(內閣掌書)로 사행에 뽑혔다. 시서에 능하고 진당(晉唐)의 필법을 익혔다. 저서에 『정유고』가 있는데, 중어가 그를 위해 도문(都門)에서 판각했다. 스스로 신라 왕손의 후예라고 했다.

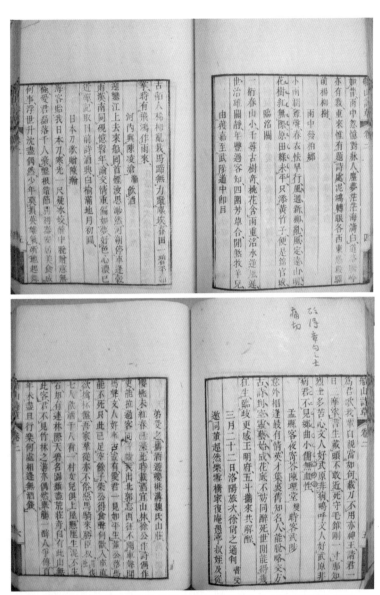

• 하버드 옌칭도서관에 소장된 장문도의 시집 『장선산시초張船山詩抄』에 수록된 「일본도가」 부분.

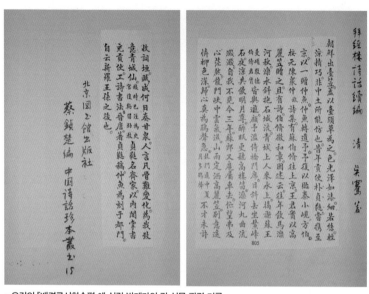

• 오건의 『배경루시화속편』에 실린 박제가의 갓 선물 관련 기록.

　박제가는 북경에 갈 때마다 대단한 환영을 받았다. 네 차례 모두 예외가 없었다. 하지만 6월 11일 연행을 마치고 귀국한 박제가를 기다린 것은 잔혹한 형벌이었다. 그해 9월 한양성의 동문과 남문에 대비 김씨와 심환지(沈煥之)를 비방하는 벽보가 나붙었다. 박제가는 이 사건에 연루되어 구속되었고, 9월 15일 모진 형장(刑杖)을 받았다. 그는 끝까지 연루 사실을 승복하지 않았다. 엉망이 된 몸으로 함경도 종성(鍾城) 땅에 유배된 그는 여러 차례 석방 명령에도 불구하고 풀려나지 못한 채 이후 3년 넘는 세월을 변방의 유배지에서 보내야만 했다. 그리고 1805년 돌아온 지 얼마 되지 않은 4월 25일에 파란 많은 한 생애를 경기도 광주의 엄현(崦峴)에 누였다.

그의 죽음은 다음번 사행에 의해 북경에 비로소 알려졌다. 이정원은 애타게 곡을 하며 그의 죽음을 애도했다. 「곡초정哭楚亭」이란 시가 남아 있다.

인일(人日)에 동쪽 보며 고인을 곡하느니	人日東望哭故人
하늘가 이로조차 소식마저 끊겼구나.	天涯從此斷鴻鱗
동오가 요절한 뒤 『태현경太玄經』을 뉘 지으랴	童烏夭後玄誰與
안타깝다 상호(桑戶)여 꿈이 이미 참인 것을.	桑戶嗟來夢已眞
기이한 글 홀로 남아 귀신조차 흐느끼니	空有奇文神鬼泣
청렴한 관리 자손 가난함이 가장 불쌍하다.	最憐廉吏子孫貧
정문의 고제로서 가법을 전했거니	程門高弟傳家法
또다시 삼생에 끝없는 인연 맺으리라.	又結三生未了因

이정원은 우연히 옹방강의 집에 들렀다가 그곳에서 만난 조선 사행에게서 박제가의 서거 소식을 접했다. 그는 슬픔을 못 이긴 채 집으로 돌아왔다. 1월 7일 인일을 맞아 예전 박제가가 나빙을 위해 그랬던 것처럼 위패를 베풀어놓고 곡을 하며 제사를 지내주었다. 그러고는 이 시를 지어 조선 사행에게 건네주며 박제가의 무덤 앞에서 불살라줄 것을 요청했다. 끝의 두 구절은 그의 자식들과 다시 긴 인연을 맺어나가겠다는 다짐이었다. 『호저집』에는 그의 소망대로 박제가의 아들 박장암이 감격해서 보낸 편지에 답장한 이정원의 서신과 박장암의 답신이 남아 있다. 이 글에서 이를 하나하나 소개하지 못하는 것은 무척 애석한 일이다.

1791년 박제가가 나빙에게 선물한 갓을 쓰고 반정균이 낙향할 때 한 시대의 문이 스르르 닫혔다. 1801년 진전이 오류거 서점의 안 뜰에서 박제가의 갓을 빌려 쓰고 기뻐하며 서성일 때 한 시대의 문이 다시 열렸다. 박제가가 네 차례의 연행에서 쌓았던 인맥은 8년 뒤인 1809년 10월 동지사의 부사로 연행길에 오른 아버지 김노경(金魯敬)을 수행한 24세의 청년 김정희(金正喜)에게 고스란히 인계되었다. 이렇게 해서 18세기가 마감되고 19세기 문예공화국의 화려한 서막이 열렸다.

벽에 걸린 종이
─후지쓰카 아키나오의 추사 관련 자료 기증기

겹쳐 포개지는 풍경

2008년 과천문화원에서 펴낸 『추사 자료의 귀향』이란 책은 후지쓰카 지카시의 아들 후지쓰카 아키나오(藤塚明直, 1912~2006)가 부친의 자료를 과천시에 기증하게 된 경위와 기증 자료 목록을 정리한 책이다. 책 속에는 지카시의 가족사진과 아키나오의 여러 사진이 실려 있다. 그중 한 장의 사진이 유독 내 시선을 끌었다. 그가 서재에 앉은 모습이었다. 책상 위에는 먼저 세상을 뜬 아내의 작은 영정 사진이 화가였던 그녀가 그린 인도 소녀 그림 액자 앞에 놓여 있었다. 그 위에는 옹방강의 친필 글씨를 영인한 종이와 비석의 탁본 한 장이 표구되지 않은 상태로 붙어 있었다.

• 후지쓰카 지카시의 가족사진(위)과 서재에 앉은 아키나오(아래). 과천시 추사박물관 소장.

정작 내 눈길을 끈 것은 화면 오른쪽 아키나오 씨의 뒤편 벽에 세로로 내려 붙인 긴 종이들이었다. 확대경을 들이대자 후지쓰카 도모시게(藤塚知成), 후지쓰카 히로코(藤塚寬子: 제수), 다카하시 이사오(高橋惠: 여동생) 등의 이름과 그들의 사망 일자가 적혀 있었다. 그는 70대와 80대에 먼저 세상을 뜬 형제와 제수의 기일을 벽에 붙여놓고 그들의 명복을 빌며 날짜를 잊지 않으려 했던 듯하다. 이 한 장의 사진은 자식이 없었던 후지쓰카 아키나오의 쓸쓸한 만년과 한 집안의 맏이로서의 의무감을 떠올리게 했고, 부친의 자료를 전격적으로 과천시에 기증하기로 한 그의 결심과 맞물려 내게 많은 생각을 불러일으켰다.

한편 이 책을 읽다가 나는 후지쓰카 부자의 행동에서 한 가지 흥미로운 공통점을 발견하였다. 아버지 후지쓰카 지카시가 손재형에게 〈세한도〉를 넘기던 풍경과 그 아들 아키나오가 과천시에 부친의 일괄 자료를 기증하던 광경의 유사성이었다.

나는 앞서 제1화와 제7화에서 손재형이 태평양전쟁 말기에 연일 미군의 폭격이 계속되던 도쿄까지 찾아가 후지쓰카에게서 〈세한도〉를 되찾아온 이야기를 잠깐 언급한 적이 있다. 그때 아껴두겠다고 한 이야기를 여기서 살펴볼까 한다. 손재형은 앞서도 얘기했듯 조선에서 후지쓰카가 추사 관련 자료를 구입할 때 상당한 도움을 주었던 인물 중 한 사람이었다. 그가 일본에 가서 후지쓰카에게서 〈세한도〉를 받아 돌아오는 이야기는 말 그대로 한 편의 드라마다. 전후 사정은 해남 문화계와 차계를 대표하는 인물이었던 김봉호 선생이 1994년에 펴낸 『만나고 싶다 그 사람을』(서울출판, 1994)이란 책 속에 비교적 소상하게 기록되어 있다. 그가 만나고 싶다고 한 그 사람은 바로 추사 김정희였다. 나는 생전의 김봉호 선생을 소설가 이청준 선생의 소개로 두어 차례 직접 만나 얘기를 나누었던 인연이 있다. 그때도 좌석의 화제는 추사와 초의의 우정이었던 것으로 기억한다.

손재형은 국전 운영위원장, 예술원 부원장, 홍익대학 교수, 국회의원 등 화려한 이력의 소유자로, 진도의 유복한 가문에서 태어나 서화 골동의 수장으로 유명했다. 이 책 100쪽에 김봉호 선생이 손재형의 수차례 전언을 정리해서 쓴 〈세한도〉를 양도받은 경위가 나온다.

나는 경성제국대학 교수 등총 박사가 가지고 있는 〈세한도〉를 되찾는 것이 유일한 소망이었다. 그가 양보만 한다면 나의 소장품 중의 무엇과도 바꿀 수 있겠고, 금액으로 나온다면 부르는 대로 주리라 다짐하고 있었다. 하나 그 말을 선뜻 못했던 것은 그가 워낙 완당에게 심취한 학자였기 때문이었다. 그런데 그 등총은 그들의 패망 전인 1943년 10월에 일본으로 떠나버렸다. 앞이 캄캄했다. 사랑하는 자식을 잃은 것 같았다. 글씨도 써지지 않고 책을 읽어도 머리에 들어오지 않았다. 나는 그 이듬해에 거금 3000엔을 전대에 차고 부산에서 일본 시모노세키로 가는 연락선 경복환을 탔다. 미국의 B29 폭격기와 잠수함이 언제 나타날지 모르기 때문에 출항 시간도 알리지 않던 때였다. 현해탄을 무사히 건너는 일은 성공률이 반반인 전쟁 말기였다. 평범한 생각으로는 그림 한 장 때문에 목숨과 거금 3000엔을 수장할지도 모를 도박을 왜 하느냐였다. 설령 현해탄을 무사히 건너간다고 하더라도 도쿄는 연일의 폭격으로 거의 잿더미가 되어 있지 않느냐였다.

나는 기어코 도쿄에 도착했다. 등총은 우에노 구 망한려에 있었다.

"어쩐 일이오. 소전 선생!"

"예, 박사님을 뵈러 왔소이다."

첫날은 수인사만 나누고 근처의 여관으로 돌아왔다. 그후 1주일을 매일 찾아갔다. 나의 소행을 이상하게 여긴 등총이 먼저 말했다.

"뭘 달라는 것입니까?"

"〈세한도〉를 돌려주십사고 왔습니다."

병석에 누웠던 그가 벌떡 일어나 앉아 나를 쏘아봤다.

"나는 내가 소장하고 있는 수많은 작품들을 어떤 경우 송두리째 내 놓을 수는 있어도 〈세한도〉만은 내내 간직할 것입니다. 이제 전쟁도 막바지에 접어들었고 폭격도 차츰 무차별로 나오니 어서 조선으로 돌아가십시오."

나는 묵묵부답이었다. 그가 〈세한도〉를 양보할 기미는 조금도 보이지 않았다. 하지만 나는 폭격도 아랑곳 않고 90일 동안을 하루도 빠지지 않고 문안만 되풀이했다. 90일째 되는 날 그는 아들을 불러, 나와 나란히 앉혀놓고 말했다.

"내가 죽거든 손재형 선생께 〈세한도〉를 내어드려라."

서로 지칠 대로 지쳤다. 그리고 더는 폭격을 견딜 수가 없었다. 등총 일가가 산속으로 피난을 가겠다 했다. 피난처까지 따라갈 수는 없는 일, 나는 만사를 포기했다.

'물각유주(物各有主)라!'

허전한 마음으로 작별의 뜻을 전화로 알렸다. 한데 사정이 달라졌다.

"소전, 내가 졌소. 지금 곧 오시오"

하잖은가. 그는 비단으로 싼 〈세한도〉 두루마리를 마치 3대 독자를 출정 보내는 비통한 얼굴로 내놓았다. 내가 간직했던 3000엔을 내밀었다. 그가 말했다.

"내가 〈세한도〉를 다시 조선으로 보내는 것은 첫째 소전이 조선의 문화재를 사랑하는 성심에 감탄함이며, 둘째로는 그대가 이것을 오래오래 간직하리라 믿기 때문입니다. 내가 돈을 받고 〈세한도〉를 내놓는다면 지하의 완당 선생이 나를 뭘로 치부하겠소? 더구나 우리는 그분을 사숙하는 동문 아닙니까?"

나는 할 말을 잃었다. 하나 뭔가 답례를 해야 했다. 그래서 곧 청부업자를 시켜서 그 댁 정원에 콘크리트 지하실을 지어 그의 망한려에 있는 수많은 소장품을 옮겨주고 귀국하였다.

전쟁 막바지의 무차별 폭격 공세 속에서 90일간 농성하며 끈질기게 졸라댄 손재형의 끈기와 정성이 무엇보다 대단했다. 이에 감동한 후지쓰카가 돈을 받고 이 그림을 내놓는다면 지하의 완당 선생에게 부끄럽지 않겠느냐며 한 푼 받지 않고 선뜻 〈세한도〉를 내놓는 장면에서는 전율까지 느껴졌다.

아키나오의 기증 장면

2005년 3월 과천시는 2006년 11월로 예정된 추사 김정희 서거 150주년 국제학술대회를 준비하고 있었다. 당시 최종수 과천문화원장은 해외의 추사 연구자를 섭외하던 중 후지쓰카 지카시의 아들 아키나오가 생존해 있음을 알게 되었다. 그래서 그를 국제학술대회에 일본측 대표로 초청하고, 후지쓰카의 박사학위 논문인 『청조문화 동전의 연구』 한국어판 출판을 협의하고자 했다.

어렵사리 연락이 닿아 여러 차례 전화와 서신 왕래 끝에 2005년 12월 11일 과천문화원장 최종수와 김영복 추사연구회 운영위원, 김규선 사무국장, 통역 김채식 등이 94세의 아키나오를 도쿄 네리마 구의 자택으로 찾아갔다. 그의 방 벽에는 추사의 〈세한도〉 복제본이 걸려 있었다. 원본은 손재형에게 기증했고, 후지쓰카가 생전에 원본과 똑같이 만든 100부 한정본 중 하나가 그의 방을 지키고 있었다. 이 자리에서 이들은 아키나오 옹에게 국제학술대회 참석과 발표를 부탁했고, 아키나오는 고령이라 참석은 어렵지만 논문은 작성해서 보내주겠다고 약속했다. 또 부친의 유업을 이어 한국에서 추사 관련 연구가 더 활발하게 이뤄지기를 희망했다.

방문 이전 여러 차례의 접촉 과정에서 아키나오는 일관되게 부친의 수집 자료가 폭격 때 모두 소실되었고, 현재 자신이 보관중인 것은 더이상 없다고 얘기했다. 때문에 방문단은 후지쓰카가 소장했던 자료에 대해서는 특별한 기대를 걸지 않고 있던 터였다. 이때 최종수 등이 도쿄 대폭격 때 소실된 자료에 대한 아쉬움과 부친이 손재형에게 〈세한도〉를 주어 보전될 수 있게 한 것이 천행이란 얘기를 건넸다. 또 방문단은 미리 준비해간 과천문화원이 그간 간행한 추사 관련 전시도록과 추사 간찰집 자료, 각종 연구 논문집 등을 증정했다. 이야기를 나누던 중 이들은 아키나오의 자택에 상당한 추사 관련 자료가 여전히 보관되어 있음을 알게 되었다. 이에 진지하게 소장 자료를 보여줄 것을 요청했지만, 아키나오는 마지못해 한두 개 보여주는 시늉만 하고는 별것이 없다며 더이상 보여주려 하지 않았다.

이튿날 이른 아침 아키나오는 방문단의 숙소로 전화를 걸어 최종수 원장을 찾았다. 그는 최원장에게 혼자서만 한번 더 집으로 와줄 것을 요청했다. 심상치 않은 느낌이었다. 그를 맞이한 아키나오는 집에 소장된 상당히 많은 책과 앨범을 보여주었다. 그러고는 자신이 보관해온 선친의 추사 관련 자료를 과천문화원에 일괄 기증하겠다는 놀라운 말을 꺼냈다. 그는 간밤 강연 부탁을 위해 일본까지 자신을 찾아온 최종수 원장 일행의 진정성 있는 태도와 이들이 놓고 간 여러 권의 추사 관련 연구 자료집을 살펴보면서 밤사이에 어려운 결단을 내린 듯했다.

그 이전 도쿄 대학에서도 그에게 자료 정리와 기증을 꾸준하게 요청했다. 하지만 아키나오는 일본의 대학교에 기증하면 이들 자료가 도서관 먼지에 싸인 채 제대로 활용되지 않을 것을 걱정했다. 조카에게 물려주는 것도 그녀가 완당에 대해 아무것도 모르므로 소용이 없다고 여겼다. 죽음은 코앞에 다가와 있는데 선친 자료의 거취를 결정하는 일은 자신이 살아 있을 때 마무리지어야만 했다.

이날의 결정은 어찌 보면 충동적인 측면도 없지 않았다. 그는 애초에 한국인에게 이 자료를 넘기려고 간직해온 것이 아니었다. 그는 아내가 곁을 떠난 후 자식도 없이 혼자 보관해온 엄청난 자료를 이러지도 저러지도 못해 조바심을 내고 있던 터였다. 바로 그즈음에 정성스런 뜻으로 멀리 이국에서 자신을 찾아온 이들에게 아키나오는 어떤 운명의 손길 같은 것을 느꼈던 듯하다. 그는 밤새 이들이 두고 간 책을 뒤적이며 부친의 학문을 기리는 국제학술대회를 개최하고, 그간 추사 관련 자료집을 꾸준히 발간해온 과천문화원의 열의에 감복하다가 문득 선친이 〈세한도〉를 손재형에게 넘기던 그날 아침의 풍경을 떠올렸던 것 같다. 이날 아침의 광경은 손재형이 90일간의 농성에도 불구하고 자신이 죽으면 〈세한도〉를 넘기라고 얘기하는 것에 실망해 귀국 인사 전화를 했을 때, 후지쓰카 지카시가 돌연 심경의 변화를 일으켜 아무 조건을 달지 않고 〈세한도〉를 양도하던 그 장면과 방불했다.

이제 나도 죽을 수 있다

어찌되었건 후지쓰카 지카시의 결단으로 뒤에 1974년 12월 31일자로 국보 제180호에 지정된 〈세한도〉가 한국으로 돌아왔다. 이를 이은 후지쓰카 아키나오의 용단에 힘입어 2006년 1월 추사 관련 유묵 자료와 청조와 조선의 학술 교류를 훌륭하게 입증할 수많은 문집 자료들이 한국으로 마저 건너올 수 있었다.

그는 이 자료가 과천문화원에 들어가서 추사 연구가 더욱 활발해진다면 돌아가신 부친께서도 기뻐할 것이라고 말했다. 그는 자료가 잘 보관되는 것보다 살아 있는 유산으로서 많은 연구자들의 연구에 활용되기를 희망했다. 어떤 사례를 해야 하느냐는 조심스런 물음에는 자신은 연금을 받고 있으니 그런 걱정은 말라고 했다. 그는 아버지 후지쓰카 지카시가 〈세한도〉를 건넬 때 그랬던 것처럼 자료의 기증에

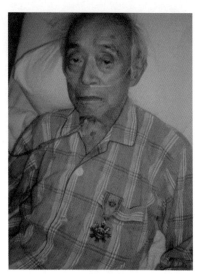

• 훈장을 가슴에 단 아키나오 옹의 모습. 과천시
  추사박물관 소장.

아무 조건도 내세우지 않았을 뿐 아니라, 막상 기증에 즈음해서는 오히려 200만 엔을 쾌척해서 부친의 책을 번역하는 비용에 보태달라고 부탁했다. 이날 이후 과천문화원과 후지쓰카 아키나오 사이에 오간 수많은 편지와 기증 과정에 대한 설명은 『추사 자료의 귀향』 속에 자세하게 기술되었다.

2006년 5월 18일은 한국 정부가 후지쓰카 아키나오에게 대한민국 국민훈장 목련장을 수여하던 날이었다. 하지만 그는 산소호흡기에 의지해야 할 만큼 건강이 악화되었고, 앉아 있기조차 어려운 상태였다. 결국 훈장 수여식에는 조카 가즈코 여사가 대신 참석했고, 저녁에 자택에 누워 있는 그에게 훈장이 전달되었다. 그는 가슴에 달린 훈장을 바라보며 활짝 웃었다. 약해진 폐 때문에 말하고 숨쉬는 것을 힘들어하던 그는 얼마 뒤 있을 추사학술대회 논문 발표를 걱정했다. 다음날 발표 논문 낭독을 녹화하기로 하고 일행이 일어서자, 그는 영혼이 방 안에서 주위를 맴돌며 점점 멀어져간다면서 지금 당장 낭독 장면을 녹화하겠다고 했다.

그는 주변의 부축을 받아 겨우 비스듬히 몸을 일으켜 간단한 인사 말과 논문 첫머리만 낭독하기로 하고 녹화를 시작했다. 그는 마지막 남은 한 줌의 힘까지 끌어모아 발표문 전체를 낭독하고는 기진해서 급격한 호흡곤란과 기침으로 몹시 고통스러워했다. 이튿날 다시 찾은 문화원 관계자에게 그가 말했다. "살아가는 것이 힘들지는 않지만 이 제는 그만 죽어서 편안해지고 싶다. 내가 이제껏 살아올 수 있었던 것 은 아버지의 뜻이 이루어질 때까지 살아야만 했기 때문이었다. 자료 기증 약속 이후 삶의 마지막 시간들을 보람되고 즐겁게 보낼 수 있어 참 행복했다. 한국의 지인들이 자주 찾아주고 따뜻하게 대하는 것을 보면서 한국에 아직 유교사상이 살아 있음을 느낄 수 있었다. 지금도 한국에서 추사학 연구가 활발히 진행되고 있다는 사실을 직접 확인해 자료 기증에 더욱 큰 보람을 느낀다." 그리고 2006년 7월 4일에 그는 향년 95세를 일기로 세상을 떠났다. 그의 낭독 장면은 그해 11월 과천 에서 열린 국제학술대회장에서 상영되어 장내를 숙연하게 만들었다.

『추사 자료의 귀향』 보고서는 그의 죽음을 전한 글을 이렇게 맺었다.

'시사여귀(視死如歸)'란 죽음을 자기집에 돌아가는 것처럼 가볍게 여 기고 살아서는 꿋꿋하게 절의를 지켜 이름을 더럽히지 않는 것을 중히 여긴다는 뜻이다. 후지쓰카 아키나오는 평생 유학을 공부한 학자답게 선친의 뜻에 따라 한국의 귀중한 역사적 유물을 다시 한국으로 되돌리고 명예롭게 그 삶을 마무리한 진정한 '시사여귀'의 정신을 우리에게 보여주었다. 그의 고귀한 정신은 한국인의 마음속에서 생명력을 잃지 않고 영원히 빛나게 될 것이다.

소년 시절을 서울에서 보냈던 그는 아버지의 서재 창문 너머로 삐죽하게 솟은 북한산 거치봉의 봉우리며, 석양 무렵 엷은 분홍색으로 빛나던 화강암면의 빛깔을 평생 잊지 못했다. 그는 지금의 경희궁에 위치한 경성공립중학교에 입학했고, 1930년 중학교 졸업 후 학업을 위해 일본으로 귀국해 가족과 떨어져 홀로 하숙 생활을 하면서 서울을 그리워했다.

1935년 고등학교 졸업 후 도쿄 대학 중국철학과에 진학했고, 아버지의 영향으로 청조 고증학과 청과 조선 및 일본의 문화 교류 연구에 지속적인 관심을 가졌다. 대학 졸업 후 중교등학교에서 교편을 잡아 1976년 정년퇴임을 맞았고, 이후로는 대학에서 한문 강사로 재직하면서 노년을 보냈다. 그 오랜 기간 그는 한국과는 별다른 접촉이 없었다. 그러다가 2005년 11월, 과천문화원 관계자의 방문으로 기적 같은 자료 기증이 이루어졌다. 아버지 후지쓰카 지카시는 베이징 유리창에서 박제가라는 이름 석 자와 만나 청과 조선의 문화 접촉 연구로 급격히 견인되었다. 아키나오를 생애의 마지막 순간에 찾아가 진심을 통해 그의 기증 결심을 이끌어낸 것은 과천문화원 관계자들의 정성이었다. 이 모든 일은 우연이 아닌, 미리 예정된 필연일 것만 같다.

부끄러운 기억

한일 관계는 최근 들어 최악의 일로를 달리고 있다. 각자 제 말만 하고 제 길을 간다. 아키나오는 기증을 위한 접촉 기간 내내 실익 우선의 저의(底意)가 난무하는 정치 외교적 교류는 한때의 유행처럼 지나가는 세속적 교류일 뿐이며, 자료 기증을 계기로 일본과 한국 사이에 고차원적 문화 교류가 지속되어야 한다고 누누이 강조했다.

그는 청나라 완원과 옹방강 등이 조선의 박제가와 김정희에게 깊은 영향을 주면서 동아시아 경학 연구에 거대한 새 흐름을 형성했고, 선친 후지쓰카 지카시는 김정희의 경학과 청조 학인들과의 폭넓은 교류를 밝힘으로써 동아시아 경학상 그 학적 전통의 전모를 밝혔다고 보았다. 그리고 자신의 자료 기증으로 한국에서 동아시아를 아우르는 경학의 학문 교류가 꾸준히 지속될 수 있기를 기원했다.

그는 이번 자료 기증을 통한 일본과 한국의 교류야말로 '세속을 초월한 고도의 교류'라는 점을 분명히 했다. 야스쿠니 신사 참배 문제 등으로 한일 양국이 자주 정치 외교적 갈등을 빚는 근래의 상황을 해결할 최선의 방안은 바로 '문화 교류'뿐이라고 강조했다. 한일 양국 간의 활발한 문화 교류를 통해 서로 간의 신뢰를 나누는 것, 그것이 지난 역사 안에서 얽힌 문제의 실타래를 푸는 방안이라고 말했다.

그는 평생 이순신을 존경하고 숭배했다. 이순신에 관한 글도 여러 편 썼다. 러일전쟁을 승리로 이끈 일본의 해군 제독 도고 헤이하치로(東鄕平八郎, 1847~1934)에 관해 그가 들려준 이야기는 대단히 인상적이다. "평화가 찾아온 에도시대 이후 일본인들은 이순신 장군을 열심히 연구했습니다. 도고는 이순신을 스승이라고 했지요. 예전엔 적이었던 사람을 스승으로 받든 것입니다. 이거야말로 '고등한 교류'입니다. 일본인이 높이 평가받을 만한 부분이지요."

그의 견해에 따르면 1854년 개항 이후 일본은 번후제에서 단번에 중앙집권제로 전환하고, 이후 서구의 문물, 제도, 기술, 학문, 사상을 배워 근대국가에 돌입했다. 이후 진행된 군사제도의 정비 과정에서는 영국을 모범으로 한 해군과 함대가 조성되고, 이후 군함, 대포, 포탄 등의 구입과 유학생 파견이 이루어졌다. 한편 일본 해군은 해전에 있어 최고의 제독이었던 이순신의 '학익진(鶴翼陣)'을 철저히 연구했다. 이후 쓰시마 해전에서 러시아 발틱 함대 전멸의 단서가 된 '정자형(丁字形) 전법'은 바로 여기서 배운 전술이었다. 도고 제독은 이에 그치지 않고 이순신을 더 깊이 배워, 이순신이 일본과의 해전에서 큰 공을 세웠음에도 반대파의 무고로 백의종군했던 일에 깊은 존경을 품었다. 도고는 이순신의 이러한 삶의 자세까지 배우고 몸에 익혀 언제나 태연자약해서 마치 '머리에 신경이 제거된 것은 아닌지' 의심될 정도였다고 한다. 이렇게 본다면 이순신은 일본의 적이 아니라 일본의 선생이 아니냐는 것이다. 그는 이순신을 배운 도고에게서 고등한 문화 교류의 모범 사례를 찾았다.

나는 여기서 부끄러운 얘기 하나를 꺼내야겠다. 앞에서 인용했던 김봉호 선생의 『만나고 싶다 그 사람을』의 끝에 이런 사족 하나가 붙어 있다.

예술작품은 시대적 사회적 산물이며 그것이 일단 작가에 의하여 생산되면 인류 공유의 자산이 되는 것이어서 그걸 누가 소장했거나 크게 상관할 바는 아니다. 하지만 손재형씨의 경우, 그토록 애지중지한 〈세한도〉를 한때의 정치욕으로 인하여 타인의 품으로 넘겨버린 사실은 세인으로 하여금 옷깃을 여미게 하는 대목이라 하겠다.

제주의 유배지에서 제자가 보내온 책을 받고 추사가 〈세한도〉를 그리던 배경은 아름다웠고, 청조의 지식인들이 다투어 제발을 쓰던 광경은 황홀하고 아련했다. 손재형이 폭격의 와중에 도쿄까지 후지쓰카를 찾아가 90일간 매일 〈세한도〉를 돌려달라며 조르던 성심(誠心)은 성심(聖心)이었다. 그 정성에 감복해 돈을 받고 건넨다면 지하의 완당 선생께 부끄럽지 않겠느냐며 한 푼도 받지 않고 〈세한도〉를 넘기던 후지쓰카의 마음은 거룩했다. 당시 후지쓰카의 말을 한번 더 인용한다.

"내가 〈세한도〉를 다시 조선으로 보내는 것은 첫째 소전이 조선의 문화재를 사랑하는 성심에 감탄함이며, 둘째로는 그대가 이것을 오래오래 간직하리라 믿기 때문입니다. 내가 돈을 받고 〈세한도〉를 내놓는다면 지하의 완당 선생이 나를 뭘로 치부하겠소? 더구나 우리는 그분을 사숙하는 동문 아닙니까?"

하지만 손재형은 그 〈세한도〉를 오래 간직하지 못했다. 국회의원 선거에 출마했다가 막판에 선거 자금이 달리자 이 그림을 맡기고 돈을 빌렸고, 그 돈을 갚지 못해 그림은 다른 사람의 소유가 되었다. 참담하고 부끄럽다. 〈세한도〉는 이 마지막 이야기가 없어야 했다. 아키나오도 〈세한도〉의 주인이 바뀐 사연을 들어 알고 있었을 것이다. 그런데도 그는 부친의 나머지 자료를 한국에 모두 기증하고 세상을 떴다. 그가 말한 고등하고 고차원적인 문화 교류는 그가 건네준 산더미 같은 자료와 함께 우리에게 공이 넘어왔다. 이번에는 결코 그런 부끄러운 이야기를 더 보태서는 안 된다는 것이 내 생각이다.

제
38
화

흩어진 구슬 꿰기
─추카이밍 아카이브 열람기와 후지쓰카 구장서 목록

후지쓰카 구장서의 형태적 특징

후지쓰카의 손때 묻은 책들은 어떤 경로로 하버드 대학교 옌칭도서관에 들어오게 되었을까? 지난 2012년 9월 14일 도서관에서 『철교전집』과 『절강향시주권』을 처음 찾은 이래 나는 후지쓰카 구장본 도서를 발견할 때마다 해당 책자에 대한 해제를 적어나갔다. 어떤 책은 처음엔 후지쓰카의 것이 아니라고 여겨 밀쳐두었다가 장서의 특징이 차츰 파악되면서 뒤늦게 편입되기도 했다.

선본실 카트에 잔뜩 담겼던 책들은 해제 작성 후에야 제자리로 돌아갈 수 있었다. 한동안 작업을 해서 카트가 홀쭉해지면 선본실로 들어가 다른 책들로 채워두고 다시 검토를 시작하곤 했다. 자를 가지고 책의 크기를 재고, 서지사항과 입고 날짜, 분류번호와 형태 서지 등을 꼼꼼히 정리해나갔다.

이 과정에서 후지쓰카 구장서의 형태적 특징들이 어느 정도 눈에 들어왔다. 몇 가지로 정리하면 다음과 같다. 첫째, 노란색과 붉은색 두 종류의 제첨지에 후지쓰카 특유의 필체로 표제가 적혀 있다. 둘째, 본문 중에 쐐기 모양의 부호로 누락된 글자를 채워넣거나 잘못된 글자 위에 붉은 점을 찍고 그 옆에 주묵(朱墨)으로 고친 글자를 써넣는 독특한 교정 및 수정 표시가 있거나, 본문 상단에 참고 메모 등이 적혀 있다. 셋째, 중간중간 원고지나 이면지를 네모지게 잘라 본문과 관련된 정보를 적은 메모지가 끼여 있다. 넷째, 책발에 활자체 붓글씨로 책 제목을 써둔 서근제(書根題)가 있다. 다섯째, 책의 포갑이나 각 권의 표지 뒷면에 '일본출판무역주식회사(Japan Publications Trading Co. Ltd)' 스티커가 종종 붙어 있다. 여섯째, 책이 도서관에 입고된 시기가 1950년대로 한정된다.

표지 제첨에 후지쓰카의 친필이 있을 경우는 재론의 여지가 없다. 하지만 때로 이 글씨가 없는 것도 있으므로 이 경우는 그다음의 여러 특징들을 고려해야 한다. 후지쓰카는 다른 장서가들과 달리 자신의 소장서에 장서인을 거의 찍지 않았다. 책 전체를 통틀어 후지쓰카의 장서인이 찍힌 책은 두 권뿐이었다. 『사칙록使勅錄』에 찍힌 '등총장서(藤塚藏書)'와 귀국 후 스캔 받아온 책의 인장을 검토하다가 뒤늦게 추가로 발견한 『옹씨가사략기翁氏家事略記』에 찍힌 '망한려(望漢廬)'가 그 것이다. 그가 자신의 책에 별도의 장서인을 찍지 않은 이유는 분명치 않다. 생각건대 장서가 완성 단계에 이르렀을 때 특별한 문고의 이름

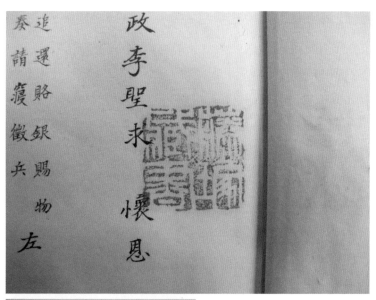

政孝聖永懷恩

追還略銀賜物　左
奏請襄徵兵

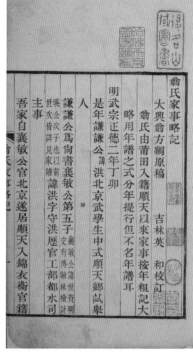

翁氏家事略記

大興翁方綱原稿

吉林英　和校訂

翁氏由莆田入籍順天以來家事按年粗記大
略用年譜之式分年提行但不名年譜耳

明武宗正德二年丁卯

是年謙謙公諱洪北京武學生中式順天鄉試舉
人

謙謙公為尙書襄敏公第五子

世次皆詳見家譜諱洪字守洪歷官工部都水司

主事

吾家自襄敏公官北京遂居順天入錦衣衞官籍

• 등총장서인(위), 망한려인(아래). 맨 아래쪽 인은 추사의 제자 '이상적'의 인장이고 그 위는 이마니시 류(今西龍)의 장서인, 그리고 그 위 세번째가 후지쓰카의 '망한려' 인장이다. 책 주인의 이동 경로를 잘 보여준다.

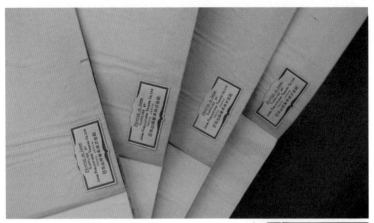

• 후지쓰카 장서의 일정한 위치에 붙은 일본출판무역주식회사
스티커.

을 지어 한꺼번에 찍으려 했거나, 조부대에 흩어진 집안의 문고로 확
대하려 했던 듯하다.

한편 책의 포갑과 각 권의 겉표지 뒷면에 붙어 있던 일본출판무역
주식회사 스티커가 내 흥미를 끌었다. 나중에 후지쓰카 장서를 한자
리에 모아 촬영할 때 이 스티커가 붙은 책만 따로 모아보니 그 수량이
적지 않았다. 옌칭도서관 선본실 고서 중에는 후지쓰카 장서가 아닌

데도 이 스티커가 붙은 책이 의외로 많았다. 대부분 1950년대에 일본을 통해 수입된 중국서들이었다. 이 스티커가 붙은 책은 후지쓰카 구장서의 충분조건이지 필요조건은 아닌 셈이다. 옌칭도서관에서 펴낸 도서관 소장 한국본 고서 목록 해제집을 보니 이 스티커의 의미를 오해해 일본출판무역주식회사에서 출판한 책이라고 엉뚱한 설명을 하고 있어 웃음이 나왔다. 나는 이 스티커가 붙게 된 맥락이 궁금해져서 앞뒤 사정을 더 깊이 알아봐야겠다고 생각했다.

추카이밍 아카이브 열람기

앞서 제9화에서 언급했지만 처음 후지쓰카 컬렉션을 발견한 나는 흥분해서 그 경로의 추적을 위해 1950년대 초반 옌칭도서관의 고서 구입 방식과 과정을 문의했다. 그때만 해도 구입 당시부터 후지쓰카 컬렉션이 별도로 일괄 구입되어 이곳에 들어왔을 거라고 짐작했다. 중국도서부의 사서장인 마샤오허 선생은 대답 대신 내게 옌칭도서관 초대 관장 추카이밍(裘開明) 선생의 연보를 건네주었다. 이 책에 혹시 네가 찾는 대답이 있을지 모르겠다는 말과 함께. 『추카이밍 연보』는 중국 학자가 중국어로 정리한 1012쪽에 달하는 방대한 책자였다. 앞쪽 해제를 보니 '추카이밍 아카이브'에 관한 얘기가 나왔다. 이 아카이브 자료를 바탕으로 방대한 연보를 작성한 것이었다.

나는 즉시 추카이밍 아카이브의 열람을 신청했다. 마선생은 내게 먼저 아카이브 박스에 담긴 내용 목록을 출력해서 건네주었다. 놀랍

• 초대 옌칭도서관장 추카이밍 선생이 자료를 열람하던 생전 모습.

게도 당시의 도서 구입 내역을 포함해 도서관 운영 전반에 걸친 오리
지널 자료들이 고스란히 보관되어 있었다. 이것을 꼼꼼히 분석하면
후지쓰카의 자료가 이곳에 소장된 경위도 확인할 수 있을 터였다. 아
카이브는 수십 개의 박스 속에 보관되어 있었는데, 1950년대의 내용
은 그중 앞쪽 몇 개 박스에 집중되어 있어, 이것만 봐도 당시의 정황
을 알 수 있겠다 싶었다.

　며칠 뒤 제임스 청 옌칭도서관장을 방문해서 인사를 하고 아카이
브 열람을 허가해주어서 감사하다는 인사를 했더니 책장을 열어『추
카이밍 연보』새 책 한 권을 내게 선물해주었다. 그이의 중국 이름은
정중원(鄭炯文)이다. 나중에 식사 자리에서 그는 너와 나는 성씨가 같
다며 친근함을 표시했다.

　2012년 9월 21일 오후에 나는 추카이밍 아카이브의 첫번째 박스를
열람했다. 60~70년 전의 기록들이 창백하게 숨어 있다가 햇볕 속으

로 달려나왔다. 한 장 한 장 사진을 찍었다. 하지만 기대했던 후지쓰카의 도서 목록은 쉽게 나오지 않았다.

1953년 5월 13일에 일본 도쿄의 분큐도(文求堂, Bunkyudo company)에서 보낸 카탈로그 44번 목록에는 『용감수경龍龕手鏡』(15달러), 『신제영대의상지新製靈臺儀賞志』(175달러, 엄청난 가격이다), 『강희영년역법康熙永年曆法』(45달러) 등 모두 열여덟 개 상자에 든 12권 92책을 291달러에 팔면서 나머지 우편료 등을 합쳐서 326달러를 청구한 내용이 있었다. 책 이름 앞에 44, 78, 87, 195 등의 번호가 건너뛰며 붙어 있는 것으로 보아, 분큐도에서 보낸 카탈로그를 보고 도서관에서 선별해 주문하는 방식으로 서적 구입이 이루어졌음을 알 수 있다.

박스 속에는 생각지 못한 기록들도 있었다. 우선 1950년대 중반 통문관에서 보낸 주문장과 홍콩에서 보낸 조선본 고서 주문장이 있었다. 한국은행이 보낸 지불 증명서도 있었는데, 당시 외환 정책상 개인이 외화를 송금하거나 수금할 수 없었기 때문일 터였다. 당시 일본이나 홍콩에서 보낸 주문장이 인쇄된 종이에 체계를 갖춰 적혀 있고, 편지도 영문으로 작성된 데 반해, 우리의 주문장은 누런 갱지에 펜으로 칸도 없이 우리말로 적어내려간 것이어서 형식을 갖춘 거래라 말하기조차 민망한 수준이었다.

분큐도에서 보낸 한 카탈로그에는 1953년 4월 2일 일자가 찍혀 있었다. 여기에는 『택리지』와 『아희요람兒戱要覽』 『인견집憐見集』 『담헌서湛軒書』 『연암속집燕巖續集』 『소재집䉥齋集』 『의전시문고宜田詩文稿』 등 조선본 고서가 포함되어 있었다. 이중 『인견집』이 13.89달러로 가장 비쌌다. 당시에 필사본의 값을 더 높이 쳐준 사정으로 짐작되었다.

편지 중에는 이선근 박사가 1954년 4월 6일에 쓴, 서두수(徐斗銖) 선생을 통해 하버드에 자신의 책을 보내게 되어 영광이라는 내용도 보인다. 받은 날짜는 그해 4월 21일로 찍혀 있다. 이선근 박사는 자신의 사인 옆에 '하성학인(霞城學人)'이란 주문인을 찍었다. 그가 보낸 책은 『한국독립운동사』와 『화랑도연구』 『건국이념과 학생』 등 3종 3책이었다. 당시 하버드와의 연락을 주고받는 일에 서두수 박사가 역할을 했던 듯 그의 이름이 자주 보인다. 1954년 6월 24일에 린로카쿠 서점琳琅閣書店, Rinrokaku Bookstore)에서 보낸 카탈로그가 있다. 이 카탈로그 목록에 『자하시집』(1000엔), 『정유고략』(2000엔), 『담예록藝談錄』(3800엔) 등의 서명이 나온다. 이중 『정유고략』은 앞서 본 대로 후지쓰카가 손에 넣었던 박규수 소장본 바로 그 책이었다.

그다음 파일은 'Korean Accessions 1955~1956'이다. 이중 도쿄도(東京都) 지요다 구(千代區) 간다진보 정(神田神保町) 2-7을 주소로 가진 유한회사 야마모토 서점(山本書店)에서 보낸 주문장이 흥미롭다. 1955년 8월 27일에 받았다고 적혀 있다. 야마모토 서점의 대표 이름은 야마모토 게이타로(山本敬太朗)이다. 경학에 관한 책 외에 지리에 관한 책이 눈에 띄고, 『도로연혁』 『연사록』 『향명관북유록』 『관서고적지』 『학암수록』 『독사수필』 『계해수록』 『남정기』 등의 책이 500엔에서 3500엔 정도의 금액에 팔렸다.

또 한 가지 'Bunkyudo company Invoices 1952~1953' 파일이 첫번째 박스 중에서 흥미로운 내용을 담고 있다. 편지 내용을 보면 그때그때 미리 카탈로그를 보내고 그중에서 책을 체크해서 구입한 것을 알 수 있다. 기대했던 파일은 'Korean Books 1954~1955'와 'Korean

Books 1958~1959'였다. 앞쪽에 통문관 이겸로 선생이 습자지에 펜으로 써 보낸 주문장이 있다. 이 습자지 절반에 죽 써내려간 목록은 원래 문집 종이를 가로로 눕혀서 목록으로 쓴 것이다. 고서는 그다지 많지가 않다. 이 시기 한국책의 상당수가 홍콩의 아폴로 사(Apollo Book Company, 智源書局)와 동방서점을 통해 옌칭으로 수출되고 있는 점도 흥미롭다. 아카이브 기록을 통해 볼 때 당시 한국 서적의 수입 방식과 종수는 기존에 알려진 것과 상당한 차이가 있었다. 별도의 연구가 필요할 것 같은 생각이 들었다. 『아몽휘어我夢彙語』는 린로카쿠 서점에서 1957년에 수입되었다.

2012년 10월 9일에 두번째 박스를 꺼내왔다. 앞쪽의 'Academia Sinica, Nanking' 파일을 여니 일본 오사카 이즈미야 사(The Izumiya Co.)에서 1958년 5월 5일에 보낸 편지가 나왔다. 한국의 『증보문헌비고』전질을 구했으니 구입하겠느냐고 의사를 묻는 내용이다. 뒷면에 사진이 붙어 있는데, '농상공학교○과지장(農商工學校○課之章)'이라고 소장인이 찍혀 있다. 당시 한국 고서가 어떤 경로로 이곳에 들어오고 있었는지 보여준다.

'Publication of Japanese Book Catalog' 파일에는 일본 이와나미 서점(岩波書店)에서 만들어 보낸 'Specifications for the Japanese Book Catalog Format'이란 문서가 끼여 있었다. 서지사항을 표시하는 규례 등에 대해 규정한 내용이다. 영문에 일문이 함께 첨부되었다.

목록 중 가장 기대했던 것은 'Japan Publications Trading Co. Ltd' 파일이었다. 앞서 본 여러 책에 이 스티커가 붙어 있었기 때문이다. 막상 열어보니 주문장이나 구체적인 서목은 하나도 없고, 책 발송과 관련해 보낸 편지뿐이었다. 눈에 띄는 대로 편지가 오간 날짜만 기록 해두었다. 1952년 3월 20일을 시작으로 1956년 11월 20일까지 19통 의 편지를 보냈다.

분큐도 도서 목록과 일본출판무역주식회사 스티커

당시 옌칭도서관은 왜 일본을 통해 중국 고서를 구입했을까? 1949년 중국의 공산화 이후 미국과 중국이 단교하면서 중국 서적을 본토에서 구입할 수 없게 되었기 때문이다. 당시 중공이 먼저 미국과의 교통을 차단했고, 미국은 미국대로 공산주의 국가의 출판물 반입을 금지하는 조처를 취했다. 당시 일본은 패전 이후 경제 사정이 대단히 열악했으 므로 생존을 위한 쌀과 맞바꾸기 위해 수장가들은 자신의 소장서를 헐값에 처분하지 않을 수 없는 형편이었다. 이때 쏟아져나온 장서가 의 서적 가운데 중국 고서들이 미국으로 대량 수입되었다.

아카이브 박스 안에는 당시 일본 서적판매상이 옌칭도서관에 보낸 각종 도서 목록들이 그대로 보존되어 있었다. 대부분의 목록 위에 어 지러운 표시가 남아 있었다. 당시의 사서들이 도서 구입을 위해 직접 마크한 것들이다. 그러고 나면 어김없이 이 책들에 대한 주문장이 나 왔다. 나는 이 도서 목록들을 오랜 시간을 들여 한 장 한 장 남김없이 촬영했다. 각각의 목록마다 책의 가격과 기본적인 서지 정보가 적혀 있었다. 분큐도, 린로카쿠와 같은 서점 이름이 반복해서 나왔다.

분큐도 서점의 목록은 10여 책이 남아 있었다. 책마다 '문구당당본

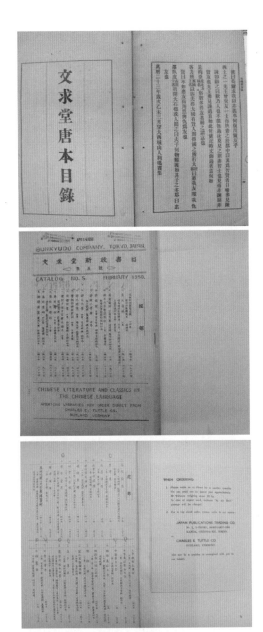

· 분큐도 서점에서 보낸 3종 도서 목록.

목록(文求堂唐本目錄)' 또는 '문구당신수서목(文求堂新收書目)' 등으로 표제가 달렸다. '문구당신수서목'이 가장 많았다. 수백 종의 서목과 책값이 경사자집(經史子集)으로 분류되어 나열되어 있었다. 당시 일본 전역에서 거둬들인 고서를 수합해 목록으로 만들어 구매선에 이를 보내고 상대가 구매 의사를 밝힐 경우 주문장을 써서 납품하는 방식으로 거래가 이루어졌다. '문구당전관서목(文求堂展觀書目)'이란 제목의 목록이 따로 한 권 있었다. 이는 1954년 3월 15일과 16일 양일간 분큐도 서점 주최로 도쿄고서회관(東京古書會館)에서 열린 고서 판매를 위한 전시회 카탈로그였다.

이 시기 일본을 통해 미국에 수입된 책 속에 흔히 붙어 있는 일본출판무역주식회사 명의의 스티커는 어찌된 것일까? 아카이브 박스 속에는 옌칭도서관에서 미국 세관측에 보낸 편지도 남아 있었다. 세관은 일본에서 수입된 책을 검열하다가 이 책들이 모두 적성 국가인 중국 것임을 확인하고 통관을 불허했던 모양이다. 이에 도서관측이 이미 전쟁 전인 20세기 초 이전에 일본에 수입된 책들이며, 중국에 관한 연구를 위해 이 자료의 구입이 반드시 필요하므로 예외적으로 허락해줄 것을 탄원한 내용이었다.

내 판단으로는 일본출판무역주식회사 명의의 이 스티커는 이후 미국 세관과 옌칭도서관 사이의 합의에 따라 붙인 것으로 보인다. 미국 세관은 이 스티커가 붙은 책에 한해 중국 서적이라도 수입을 허락해주었고, 따라서 이 시기에 일본을 통해 수입된 중국 고서에는 대부분 이 스티커가 붙어 있다. 실제로 '문구당신수서목' 속표지에 주문처로 일본출판무역주식회사 주소가 적혀 있는 것으로 볼 때 이 회사는 미

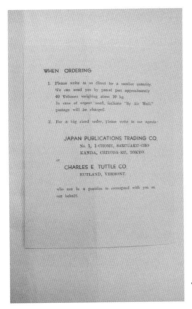

• 도서 목록에 첨부된 일본출판무역회사로 주문해달
라는 내용이 적힌 글.

국에 수출하는 일을 전담한 에이전시였던 것으로 보인다.

당시 일본을 통해 수입된 중국 서적들 중에는 희귀본이 많았다. 또한 중간 수집상들이 필사본이나 소장가의 장서인이 찍힌 책, 또는 책속에 많은 메모가 들어 있는 수택본(手澤本)의 값을 더 높이 쳐주었던 듯, 이 스티커가 붙은 책 중에 희귀본이 특별히 많다.

책이 입고된 시기는 각 권의 표지 상단에 스탬프로 날짜가 찍혀 있어 확인이 어렵지 않았다. 다만 후지쓰카 구장본은 짙은 청색 표지가 특별히 많았는데, 청색 표지 위에 파란색 잉크 스탬프를 덧찍어서 육안으로는 도저히 구별할 수가 없었다. 카메라의 플래시를 터뜨려서 보아야 겨우 희미하게 날짜를 판독할 수 있었다.

일본출판무역주식회사의 스티
커가 붙은 책은 관외 대출이 가능
한 개가식 서가에서도 종종 발견
되었다. 때로는 운좋게 후지쓰카
의 친필 표제가 붙은 책이 꽂혀
있는 걸 보기도 했다. 중국서의
경우 고서가 워낙 많았으므로 청
나라 도광(道光) 연간(1821~1850)
이후의 책은 아예 고서로 분류하
지 않아 이 시기 책들은 일반 개
가식 서가나 보존 서고에 분류되

• 책의 입고 일자가 스탬프로 찍혀 있는 표지.

어 있었다. 앞서 추사와 관련이 있던 중국 문집 자료들이 대부분 선
본실에 들어가지 못한 것도 이러한 이유 때문이었다.

아무튼 나는 『추카이밍 연보』와 추카이밍 아카이브를 교차 대조해
가며 1950년대 일본을 통해 들어온 중국 서적의 유통 경로를 희미하
게나마 추적해낼 수 있었다.

후지쓰카 구장서는 어떻게 들어왔을까?

특별히 이들 목록에서 내가 찾아낸 후지쓰카 구장서의 서목들을
애써 확인해보았지만 현재 남은 수서 목록 속에서는 하나하나 이름을
찾기가 어려웠다. 작심하고 나머지 수십 개 박스를 마저 다 뒤지기에

는 살펴야 할 급한 일들이 너무 많았으므로 나는 목록을 통해 관련 있는 시기 중심으로만 아카이브 박스를 살피고 작업을 중단할 수밖에 없었다.

엔칭도서관에 들어온 후지쓰카 구장서는 내가 찾은 것만 50종에 육박했다. 책 수로는 200책이 훌쩍 넘었다. 국내서의 경우는 대부분 홍대용, 박제가, 이덕무, 유득공 등 북학파 것이 많았고, 개중에는 희귀본과 친필본이 적지 않았다. 중국 책의 경우도 여러 판본 중 특별히 조선과 연관 있는 내용이 실린 판본이거나, 중국 내에서도 구할 수 없는 유일 필사본도 포함되어 있었다. 유일본의 경우는 후지쓰카 자신이 전용 원고지에 필사해둔 것들이었다.

이들 책은 어떻게 시장에 흘러나왔을까? 후지쓰카는 1948년에 지병으로 세상을 떴다. 엔칭도서관에 소장된 책의 서지사항을 한 권 한 권 정리해보니, 책이 입고된 시기는 가장 빠른 것이 1951년 5월 11일이고, 1953년과 1956년에 집중적으로 많이 들어왔다. 그러니까 이 책이 시장에 흘러나온 것은 후지쓰카 사후의 일이다. 판매한 책도 친필 필사본과 유일본 등 비교적 값을 후하게 쳐주었을 희귀본이 많고, 책 속에 후지쓰카의 친필 메모와 메모지도 많이 들어 있어 책의 가치를 판단할 만한 위치에 있는 사람에 의해 추려져 시장에 나온 것으로 보였다. 당시 이 책을 판 사람은 누구일까? 후지쓰카의 맏아들 후지쓰카 아키나오였을 것이다.

과천문화원에서 펴낸 후지쓰카 관련 책자에는 후지쓰카 아키나오를 두고 "퇴직 후 넉넉지 않은 생활이면서도 부친의 자료가 조선의 고도의 정신이 담긴 문화재라는 긍지와 나름대로의 사명감을 가지고 하나도 팔지 않았다"는 언급과, "전쟁의 와중에 일본 전체가 점점 어려워졌고, 후지쓰카 집안도 마찬가지여서 값나가는 자료부터 차례로 팔 수밖에 없었다고 한다"는 언급이 엇갈린다. 아마 둘 다 사실일 것이다.

엔칭도서관으로 팔려온 후지쓰카의 구장본은 패전 직후 생계를 위해 후지쓰카 아키나오가 어쩔 수 없이 팔았던 책들의 일부로 보인다. 그중에서도 가장 가치가 높은 책들이 하버드로 왔다. 뿐만 아니라 후지쓰카 아키나오는 평생에 걸쳐 부친이 수집했던 귀한 자료들을 조금씩 지속적으로 처분했던 듯하다. 미군의 폭격으로 전소된 대동문화학원에 있던 자료는 주로 중국의 문집들이었고, 손재형이 파주고 간 방공호에 보관된 자료들은 후지쓰카가 정말로 아꼈던 문집 일부와 『논어』 관련 책자, 그리고 수많은 청과 조선 명류들의 친필 편지 및 서화였다. 정말 값나가는 귀한 자료들은 대부분 집에 있었다. 이 친필 서화 중 상당수가 바깥으로 흘러나와 여러 곳에 흩어졌다.

지금은 중국인 소장가의 손에 들어가버린, 나빙이 그린 박제가의 초상화가 실린 『치지회수첩』을 비롯해 재일사학자 이원식 선생이 긴 시간에 걸쳐 수집한 소장품 속에 들어 있는 5종의 후지쓰카 구장 서첩, 그 밖에 국내와 일본에서 실물이 확인된 강세황 구장 건륭어필 외에도 알려진 것들이 적지 않다. 어찌 아는가? 이들 자료가 후지쓰카 지카시의 저서 『청조문화 동전의 연구』에 사진으로 실려 있거나 자신이 소장하고 있다고 분명하게 밝혀둔 자료들이기 때문이다. 이들 자료는 후지쓰카 아키나오를 통해 오랜 기간에 걸쳐 조금씩 처분된 것이다.

앞서 후지쓰카 아키나오의 서재 사진과 기증기의 전후사연을 훑어보면서 나는 그가 생애의 마지막 순간에 자신이 소장했던 나머지 자료들을 모두 과천시에 기증키로 한 결단의 밑바닥에는 평생 선친의 자료를 고이 간수하지 못하고 생활을 위해 조금씩 계속 내다 팔아야만 했던 자신에 대한 죄책감도 얼마간 있었으리란 생각을 했다. 나는 그가 삶의 마지막 순간에 행했던 거룩한 결단에 토를 달 생각이 추호도 없다. 이 사실로 인해 그의 기증이 빛바랠 일도 아니다. 어차피 생활이란 피부에 와닿는 문제이고, 본인 아닌 제3자가 이성으로 이해할 수 있는 부분은 아니지 않은가?

어쨌거나 나는 날마다 선본실을 들락거리면서 후지쓰카 구장본 도서의 크기를 자로 재고 날짜를 확인하고 형태 서지의 특징을 하나하나 기록했다. 이렇게 해서 완성된 「옌칭도서관 소장 후지쓰카 구장본 도서 목록」을 출력해서 출국 닷새 전인 2013년 7월 11일에 옌칭도서관의 강미경 선생에게 건넸다. 나는 그녀에게 홀리스 클래식 목록상에 이 책이 원래 후지쓰카 컬렉션의 일부였음을 밝혀줄 것을 요청했다. 귀국 후 한 달쯤 지나 강미경 선생의 이메일을 받았다. 내가 주고 간 서책의 해제 부분에 "Library's copy: originally part of the Fujitsuka Chikashi (藤塚鄰) collection"이란 부기를 모두 달았다는 전갈이었다. 홀리스 클래식에 접속해서 후지쓰카의 이름을 검색하자 전에는 몇 개 되지 않던 항목이 어느덧 56개로 늘어나 있었다. 하나하나 검색할 때마다 원래 이 책은 후지쓰카 지카시 컬렉션의 일부였다는 언급이 보였다. 이제 누구나 하버드 옌칭도서관에 소장된 후지쓰카 지카시의 구장 서목을 이 검색만으로 확인할 수 있게 된 것이다.

2013년 10월 20일, 옌칭도서관의 제임스 청 관장과 강미경 선생이 한국을 방문해서 나를 찾았다. 두 분을 초대해 함께 식사를 했다. 나는 두 분에게 이 이야기를 하면서 강선생의 노고에 감사를 표했다. 내 생각에 하버드 옌칭도서관에 소장된 후지쓰카 지카시의 구장서는 현재까지 확인한 것보다 훨씬 더 많을 것이 틀림없다. 적어도 현재 찾은 50종의 네 배쯤은 되리라는 짐작이다. 다만 이것들은 현재 기계장치로 작동되는 수백만 권의 책들이 보관된 보존 서고 속에 들어 있다. 하나하나 서목을 보고 확인해서 대출하는 방식으로 확인하는 수밖에 다른 방법이 없다. 내가 작성해둔 1차 목록을 바탕으로 차츰차츰 하나씩 목록을 추가해나갈 수 있기를 기대한다. 그간 찾은 장서의 목록과 해제는 별도의 논문으로 발표하겠다.

옌칭도서관에서 찾은 후지쓰카 컬렉션을 통해 18세기 한중 지식인이 이룩한 문예공화국의 은성(殷盛)했던 자취를 찾는 나의 짧지 않은 여정은 여기서 일단락해야겠다. 19세기의 자료는 18세기보다 훨씬 더 복잡하고 풍부하다. 이것을 정리하는 것은 전연 별개의 작업이다. 18세기가 우정의 교류였다면 19세기는 학술의 교류가 본격화된다. 접촉 단위도 커지고 논의의 폭도 훨씬 넓다.

기억의 흔적
—〈겸가당아집도〉의 출현

〈겸가당아집도〉의 돌연한 출현

지난 2013년 9월 초 진재교, 김문경 교수 등이 번역해 출간한 『18세기 일본 지식인 조선을 엿보다—평우록萍遇錄』(성균관대학교출판부, 2013)이란 책을 받고 깜짝 놀랐다. 놀랍게도 책 속에 〈겸가당아집도兼葭堂雅集圖〉가 수록되어 있었던 것이다. 『평우록』은 일본 교토 쇼코쿠 사(相國寺) 승려 다이텐(大典, 1719~1801)이 1763년 계미통신사에 참여했던 조선 문사들과 나눈 필담을 기록한 필담창화집이다. 제목 그대로 부평초 같은 만남의 기록이다. 책의 부록 격으로 〈겸가당아집도〉 전체가 책 중간에 펼침면으로 실려 있었다.

나는 너무 놀라 탄성을 질렀다. 곧이어 일면 어이가 없어졌다. 실제 지난 몇 년간 이 그림의 소재에 대해 국립중앙박물관 쪽에 문의한 것이 서너 번이었지만 번번이 그런 그림은 없다는 대답만 들었던 터였다. 내가 이 그림이 국립중앙박물관에 있으리라 확신했던 것은 후지쓰카가 『청조문화 동전의 연구』에 "〈겐카아집도〉는 지금 총독부 박물관에 소장돼 있다"고 분명히 적어놓았기 때문이었다. 2013년 4월 23일 이 책의 여백에 나는 "총독부 박물관에 소장되었다면 지금은 국립중앙박물관에 있는 것이 분명하다. 후지쓰카는 이 그림을 본 듯하다. 이 구절을 읽고 몇 차례 국립중앙박물관에 이 그림의 소재 파악을 요청했으나 오리무중의 대답만 듣고 있다. 그림 원본을 찾는다면 한일 문화 교류사의 멋진 자료 하나를 되찾게 되는 셈이다"라고 적어놓았다. 그런 그림이 내 앞에 느닷없이 나타난 것이다. 소장처는 내 예상대로 국립중앙박물관이었다. 어찌된 셈인지 확인해보니 '겸가(兼葭)'란 두 글자가 벽자(僻字)여서 유물 목록상에 '○○'으로 처리되는 바람에 생긴 착오였다. 더 적극적으로 나서지 못했던 내 태도를 반성했다.

이 그림은 1764년 통신사로 간 성대중(成大中, 1732~1809)의 요청에 따라 당호가 겸가당(兼葭堂)인 오사카의 상인 목홍공(木弘恭), 즉 기무라 겐카도(木村兼葭堂)가 직접 그림을 그리고 그의 동인들이 시를 지어 축으로 꾸며 선물한 것이었다. 그는 소장한 서적만 3만 권에 달하고, 날마다 손님을 초대해 시문을 창화하며 풍류의 문회(文會)를 이끈 문화 패트론이었다. 성대중은 객관으로 찾아온 이들 일행과 두 차례 만나 대번에 서로에게 마음이 이끌렸다. 그들의 모임에 대해 얘기를 듣고는 모임의 장면을 그림으로 그려 그림 속 사람들이 각자 시를 한 수

• 국립중앙박물관 소장 〈겸가당아집도〉 전폭. 오사카의 상인 기무라 겐카도와 그의 동인들이 조선통신사 서기 성대중에게 선물한 그림과 글씨다.

씩 지어준다면 그림을 지니고 돌아가 만리에 서로를 그리는 안면(顏面)으로 삼겠다고 했다.

〈겸가당아집도〉에는 겸가당의 모습과 동인들의 모임 장면이 담겨 있다. 겸가당은 오사카 나니와(浪華) 강가 갈대숲 사이에 자리를 잡고 있었다. 화면에는 집이 갈대숲이 둘리어 있고 멀리 돛단배도 두 척이 보인다. 그림 뒤편으로 합리(合離), 복상수(福尙修), 갈장(葛張), 강원봉(罡元鳳), 정왕(淨王), 목홍공, 편유(片猷) 등의 시와 축상(竺常)의 후서(後序)가 차례로 실려 있다. 그림 속에 등장하는 인물들이다.

성대중이 이 그림을 지니고 돌아와 들려준 이들 동인의 이야기는 당시 조선 문인들에게 신선한 문화적 충격을 안겨주기에 충분했다. 일본 문인들의 문아(文雅)한 교양과 시문 창작 수준에 먼저 놀랐고, 3만 권에 달하는 장서와 구김살이 조금도 없는 그들의 활달한 태도에 깊은 인상을 받았다. 이들은 일본이 한문 교양 면에서도 더이상 얕잡아 볼 수 없을 만큼 수준이 높다는 인식을 조선에 확실하게 심어주었다. 당시 이들은 성대중과 원중거(元仲擧), 남옥(南玉) 등 조선 사행들을 위해 자신들이 직접 새긴 인장을 여럿 선물했을 뿐 아니라 나중에 이를 엮어 『동화인보東華印譜』란 이름으로 펴내기까지 했다.

1764년의 통신사행들은 나가사키 개항 이후 엄청난 양의 중국 서적들이 아무런 제한 없이 수입되고 서양과의 통상을 통해 하루가 다르게 변화해가는 일본 지식 사회의 새로운 분위기에 망연한 느낌을 받았다. 늘 젠체하고 거들먹대며 문화만큼은 너희보다 위에 있다던 최소한의 자부마저 얼마간 무색해졌음을 느꼈다.

• 기무라 겐카도가 그린 〈겸가당아집도〉.

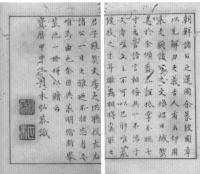

• 『동화인보』와 기무라 겐카도가 성대중 등에게 새겨준 인장 실물. 아마가
사키 시(尼崎市) 교육위원회 소장.

일본인들의 접빈 태도부터 이전과는 느낌이 많이 달랐다. 예전에
는 사행들의 글씨 한 폭이라도 받아보겠다고 밤이면 사관(使館)에 줄
을 서곤 했다. 심지어는 하인배들이 되지도 않는 낙서를 써주어도 감

• 일본화가 하나부사 잇초(英一蝶, 1652~1724)
가 그린 〈마상휘호도 馬上揮毫圖〉, 개인 소장.

지덕지했다. 그러던 것이 이젠 전에 없이 얕잡아 보고 심지어 경멸하
는 태도마저 보이는 것이었다. 일본의 젊은 학인들은 예상 질문 목록
과 답변 목록까지 만들어 조선 사행과의 필담에 임하는 의욕을 보였
다. 개중 일부 경박한 무리는 경전의 난삽한 부분이나 대답하기 까다
로운 질문 거리를 미리 준비해 사행들에게 망신을 주려 하기도 했다.
조선 사행들이 이들과의 대화를 점차 꺼리게 되었을 정도였다.

겐카도 그룹과 연암 그룹의 만남

이덕무는 성대중이 가져왔다는 〈겸가당아집도〉에 대한 소문을 듣고 성대중에게 이런 편지를 보냈다.

수레를 모시고 따라갔던 일은 평안하셨는지요? 〈겸가당도蒹葭堂圖〉와 〈일백단팔도一百單八圖〉를 두 분 영공(令公)께서 저더러 빌려와 한 번 보게 해달라고 하시는군요. 천하의 보배를 마땅히 알아보는 사람과 함께 감상하는 것 또한 천고에 멋진 일입니다. 빌려주심이 어떠신지요. 잠깐 보고 즉시 받들어 돌려드리겠습니다.

서두의 수레 운운한 대목에서 성대중이 일본에서 돌아온 직후에 보낸 편지임을 알 수 있다. 〈일백단팔도〉는 무슨 그림인지 알려진 바 없다. 편지 속의 두 분 영공 가운데 한 사람은 박지원이었던 것이 분명하다. 『열하일기』 「동란섭필銅蘭涉筆」에 기무라 겐카도에 대해 언급한 대목이 보인다.

이 그림을 빌려 보고 난 이덕무는 〈겸가당아집도〉에 수록된 시문 전체를 자신의 『이목구심서』에 옮겨 적고, 『청비록』 권1에 「겸가당」이란 항목을 따로 두어 겐카도 그룹을 소개하는 데 열을 올렸다. 기록 끝에 이덕무는 다음과 같은 소감을 남겼다.

아! 조선은 습속이 편협하고 비루한데다 꺼리는 것이 많다. 문명의 교화는 오래되었다 할 만하나 풍류의 문아(文雅)함은 도리어 일본만 못하다. 든 것도 없이 스스로 젠체하며 다른 나라를 업신여겨 모욕하니 내가 몹시 슬퍼한다. 원중거의 다음과 같은 말은 참으로 훌륭하다. "일본에는 예전부터 총명하고 영특한 사람이 많다. 심간(心肝)을 기울여 속마음을 환히 드러내곤 한다. 시문과 필담도 모두 귀하게 여길 만하니 버려서는 안 된다. 우리나라 사람은 오랑캐로 보아 이를 소홀히 여기고 매번 대충 보고는 잘못되었다고 헐뜯거나 좋아한다." 내가 이 말에 느낀 바가 있어 다른 나라의 글을 얻으면 정성스레 마음 맞는 벗처럼 아끼지 않음이 없었다.

1763년의 통신사행을 계기로 조선 지식인이 일본을 보는 눈은 확실히 달라졌다. 그들은 결코 얕잡아 볼 수 없을 정도의 학문 수준과 창작 능력, 게다가 왕성하고 활발한 지적 욕구와 예술 품격을 지니고 있었다. 두려움을 느낄 정도였다.

홍대용이 북경으로 떠난 것은 1765년 10월이었다. 홍대용 또한 출국 전에 성대중 등이 일본에 가서 그곳의 문사들과 천애지기의 우정을 쌓고 온 일에 깊은 인상을 받았다. 그는 일본인들의 증별 시문을 원중거가 두 권으로 엮어 묶은 『일동조아日東藻雅』란 책에 발문을 썼다. 그는 이 책에 실린 여러 사람의 이름을 하나하나 나열한 후 이들의 풍치(風致)가 우리나라뿐 아니라 중국에서도 쉽게 얻을 수 있는 게 아니며, 게다가 이들은 작정하고 선발한 인재가 아니라 우연히 만났던 사람들이라고 감탄했다. 그는 한발 더 나아가 우리나라 사람이 일본에 가서 정학(正學)을 밝히고 사설(邪說)을 꺾겠다며 망령되이 성명(性命)을 말하고 제멋대로 불로(佛老)를 배척하며 허세를 부리는 것은

• 1803년 다니 분초(谷文晁)가 그린 기무라 겐카도 초상화. 오사카 교육위원회 소장.

우리 학문에 아무 보탬이 안 될 뿐 아니라 급선무도 아니라고 잘라 말했다. 저들을 배우자는 말을 돌려서 한 것이다. 홍대용이 그 이듬해 북경에 가서 엄성, 육비, 반정균 등과의 만남에 그토록 갈급했던 데에는 성대중, 원중거 등과 겐카도 그룹의 만남에서 자극을 받은 지점이 분명히 있다.

한편 겐카도 그룹은 성대중에게 선물한 〈겸가당아집도〉로 인해 자신들의 존재가 조선 지식인 사회에 널리 알려지고 중국에까지 전파될 줄은 생각지도 못했을 것이다. 이들의 존재를 세상에 알린 것은 이들과 직접 교유한 당사자였던 성대중이나 원중거 등이 아닌 연암 그룹이었다. 연암 그룹과 가까웠던 원중거는 일본에 다녀온 후 자신이 엮은 『일동조아』 두 책을 이들에게 보여주었다. 이서구가 이 가운데 67수를 가려 뽑아 『청령국시선蜻蛉國詩選』이란 제목을 달았다. 유득공은 이 시집에 서문을 썼다. 뿐만 아니라 그는 이 가운데 몇 수를 뽑아 『건연외집巾衍外集』에 수록했고, 뒤에 『병세집』을 엮으면서 역시 일본 항목을 따로 마련해 동시대 문인으로 그들을 나란히 세웠다. 박제가는 자신의 「장난삼아 왕어양의 세모회인시를 본떠 짓다戱倣王漁洋歲暮懷人」 60수 연작 끝 부분에 만난 적도 없는 이들 5인의 이름으로 각각 한 수씩 시를 지었다. 그리고 이덕무가 『청비록』에 소개한 「겸가당」 항목은 이조원이 엮어 펴낸 『속함해』에 수록되어 중국에 이들의 존재를 알리는 데 기여했다.

이 일을 계기로 조선 지식인의 일본에 대한 관심이 부쩍 높아졌다. 이덕무는 가보지도 않고 『청령국지蜻蛉國志』를 엮었다. 청령은 잠자리인데 일본의 영토가 잠자리 모양이라 해서 붙은 이름이다. 일본 입문서의 성격이 짙다. 원중거가 『화국지和國志』를 엮고, 질세라 성대중은 『일본록』을 펴냈다. 현재 실물은 남아 있지 않지만 이서구도 일본 풍물지인 『하이국지遐夷國志』를 지었던 것으로 알려져 있다. 확실히 이 시기에 불어닥친 일본 알기 열풍은 전에 없던 특별한 현상이었다. 그 중심에 기무라 겐카도가 있었다.

겐카도 그룹은 2년 뒤 부산 왜관을 통해 성대중과 원중거 등에게 안부를 묻고 지속적인 교류를 청하는 편지를 보내와 조야(朝野)를 한번 더 놀라게 했다. 전에 없던 개방적이고 활달한 태도에 모두 당황했다. 한편 일본인과의 사적 교유를 삐딱하게 바라보던 주변을 의식한 나머지 성대중 등은 이들의 편지에 답장조차 하지 못했다. 아쉬운 대목이다.

성대중은 자신이 간직했던 〈겸가당아집도〉 첫머리에 친필로 다음

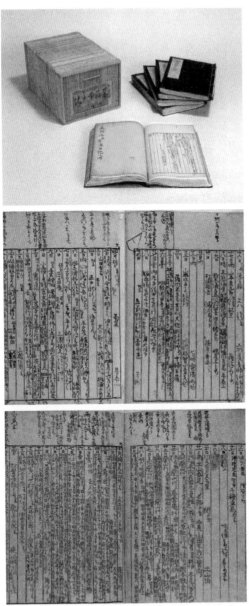

• 「겐카도 일기」. 일기에는 9만 명에 달하는 방문자 명단이 날짜별로 적혀 있다. 오사카 역사박물관 소장.

의 시 한 수만을 남겼을 뿐이다.

등나무 종이 위로 백호광(白毫光)이 쏟아지니	藤箋倒射白毫光
만릿길 가져와도 특별한 향기 있네.	萬里携歸別有香
맑게 걸린 가을달이 그림배에 깃들였고	清月秋懸藏畫舫
봄 가득 따스한 꽃 책방에 쌓여 있다.	暖花春滿蓄書房
세 해가 지나서 먼 데서 소식 오니	鴻魚信息經三歲
서리 이슬 강호 땅은 아득한 저편일세.	霜露江湖渺一方
반 폭의 그림이야 어디나 있겠지만	半幅縹緗隨處在
해산(海山)에서 거문고 넣을 주머니를 만들고저.	海山今擬製琴囊

"사신이 돌아온 지 2년 만에 아집 중의 사람들이 편지를 보내 문안하였다"고 시 끝에 적혀 있다. 〈겸가당아집도〉를 펼치기만 하면 일본제 등전지(藤箋紙)에 적힌 시문에서 환한 빛이 쏟아져나오고 밝은 달 뜬 가을과 꽃 난만한 나니와 강변 겸가당의 풍경이 떠오른다는 사연이다. 매년 여러 차례 사행이 오간 중국과 달리 일본은 고작 십수 년에 한 번씩, 임란 이후 통틀어 열두 차례밖에 통신사를 보내지 못해 사적 교유의 통로가 꽉 막혀 있었다.

또다른 만남들

1763년의 계미통신사 이후 마지막 통신사는 그로부터 무려 48년 뒤인 1811년에야 이루어졌다. 그나마 일본 본토도 아닌 쓰시마까지만 다녀왔다. 이른바 역지빙례(易地聘禮) 형식으로 이루어진 이 사행에서도 조선의 지식인과 일본 문사 사이에서는 활발한 교류가 이어졌다. 이들은 더욱 적극적인 자세로 상대를 배우려 애썼다.

2013년 11월 29일, 서울대학교 규장각에서 긴조가쿠인(金城學院)대학의 다카하시 히로미(高橋博巳) 교수를 초청해 강연이 열렸다. 그는 이 책의 제목이기도 한 '문예공화국'이란 용어를 동아시아에 적용해 볼 것을 처음 제안했던 학자다. 이날 나는 그의 토론자로 참석했다. 그의 강연 제목은 '이현상(李顯相)과 구사바 하이센(草場珮川)—최후의 통신사와 최후의 유자(儒者)'였다.

강연에 앞서 나는 〈겸가당아집도〉의 도판이 수록된 진재교, 김문경 교수 등의 번역서 『평우록』 번역서 한 권을 그에게 선물했다. 내가 아무 말 않고 〈겸가당아집도〉를 펴 보이자 그의 눈이 아주 동그래졌다. 그는 이 그림이 실물로 남아 있을 줄은 정말 상상도 못했다면서 이번 걸음에 이 그림을 보게 된 것만으로도 무척 큰 보람이 있다고 감격해했다. 이날 그는 일본의 기무라 겐카도 현창회(顯彰會) 소식지까지 가져와 나눠준 터였다. 막상 일본에는 겸가당을 직접 그린 그림이 남아 있지 않은데 이제 자신이 이 자료를 일본에 가져가 소개하면 모두 정말 기뻐할 것이라며 좋아했다.

다카하시 교수가 이날 소개한 이현상은 1811년 마지막 통신사의 제술관이었고, 구사바 하이센(1787~1867)은 스승인 고가 세이리(古賀精里, 1750~1817)를 수행했던 화가요, 시인이었다. 이날 그가 소개한 자료들은 대단히 인상적이고 흥미로웠다. 이현상은 화가이기도 했던 구사바 하이센의 그림을 선물로 받고 답례로 자신이 직접 새긴 인장을 선물했다. 그러면서 그는 '일편심정(一片心情) 영이불망(永以不忘)', 즉 이 한 조각 마음을 영원히 잊지 말자는 뜻이라고 말했다. 그가 자신이 새긴 인장을 선물하는 장면에서 나는 48년 전 기무라 겐카도가 성대중과 원중거 등에게 자신이 직접 판 인장을 선물하던 모습을 떠올렸다. 그때는 일본인의 인장이 조선에 건네졌고 이번에는 조선인이 새긴 인장이 일본에 남았다.

『대례여조對禮餘藻』란 책에 이때 제술관 이현상이 구사바 하이센에게 선물한 인장의 실인이 찍혀 있다. 돌의 아래위 면에 각각 '통신제술(通信製述)' '천하사유우연자위가(天下事唯偶然者爲佳)'라고 새겼다. 앞의 것은 통신사의 제술관이었던 자신의 신분을 밝힌 것이고 뒤의 것은 '천하의 일은 다만 우연한 것이 아름답다'는 내용이었다. 왕희지(王羲之)의 '우연욕서(偶然欲書)'에서 따온 표현으로 걸작은 작위가 아닌 우연한 흥취에서 이루어진다는 의미다. 다카하시 교수는 구사바 하이센이 이 도장을 받고 감격했고, 이후 자신의 득의작에는 반드시 뒤쪽 인장을 찍었다며 그의 그림에 찍힌 인장의 실물 사진을 보여주었다.

또 그는 사가현립박물관(佐賀縣立博物館)에 보관된, 이현상이 구사바 하이센에게 보낸 선면(扇面) 글씨를 사진으로 소개했다. 자신이 직접 현립박물관의 미처 정리되지 않은 문서 더미를 뒤져서 찍어온 사진인데 내용은 아직 자세히 보지 않아 잘 모르겠다고 했다. 발표가 끝난 뒤 나는 그에게 선면 사진을 보내줄 것을 요청했다. 그날 밤 전송되어 온 사진을 확대해 내용을 읽어보니 부채에 빼곡하게 작은 글씨로 적

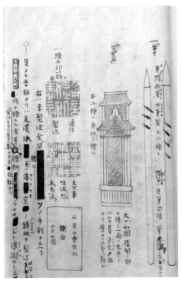

• 『대례여조』에 실린 이현상이 구사바 하이센에게 준 인장(왼쪽)과 구사바 하이센이 그린 〈설중죽도雪中竹圖〉. 그림 왼쪽 화가의 인장 아래쪽에 찍힌 큰 인장이 이현상이 선물한 것이다.

은 글은 이현상이 구사바에게 보낸 편지였다. 나는 즉시 이 글을 탈초해 공책에 옮겨 적었다. 서로에게 이끌려 단번에 오랜 벗처럼 가까워진 둘의 만남을 기뻐하고, 자신이 만난 여러 사람들은 모두 일본의 유학자 고가 세이리의 제자였는데 이들의 빼어난 역량과 인품을 보니 그 스승이 어떠한지 알겠노라고 감탄한 내용이었다. 재지(才識)가 높을 뿐 아니라 잠깐 만났는데도 마치 지란실(芝蘭室)에 앉아 있는 것처럼 향기로워 이제껏 한 번도 만나보지 못한 지심(知心)의 벗과 조우한 듯했다는 내용이 꾸밈없이 토로되어 있었다.

다카하시 교수는 이 밖에도 이현상이 구사바에게 준 친필 글씨 사진을 몇 장 더 보내주었다. 지금까지 한 번도 소개된 적이 없는 자료들이

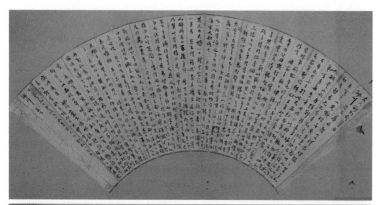

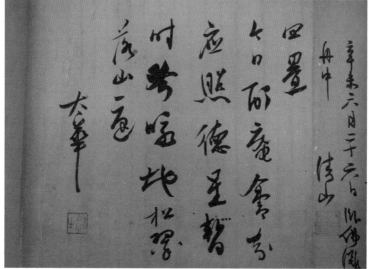

• 이현상이 구사바를 위해 선면에 써준 편지(위)와 이현상이 구사바에게 써준 시고(아래). 화면 우측에 김
선신의 글씨도 보인다. 사가현립박물관 소장, 사진은 다카하시 히로미 교수 제공.

었다. 이때 함께 수행한 통신사의 일행에는 김선신(金善臣, 1775~1846)이
있었다. 그는 일본 학술계의 동향과 각종 자료를 추사에게 전해 일본
학에 대한 추사의 깊은 이해를 도왔던 인물로, 후지쓰카의 『청조문화

동전의 연구』에는 이에 관한 내용이 여러 장에 걸쳐 자세하게 실려 있다. 결국 이 자락마저 후지쓰카 지카시에게 가닿는 것이 신기했다. 이에 대한 본격적인 탐구는 부득이 훗날을 기약한다.

다시 이어지는 베세토 문화 벨트의 꿈

한편 「1811년 신미통신사행과 조일 문화 교류」로 성균관대학교에서 박사학위를 받은 신로사씨는 내게 고가 세이리와 구사바 하이센 등이 통신사행과의 만남을 위해 꼼꼼히 준비했던 『의문의답擬問擬答』이란 자료를 보내주었다. 책을 보니 사제 간에 예상 질문 목록을 작성하고 답변을 적은 내용이었다. 그네들의 관심처와 조선인의 궁금증이 이 문답 목록에 고스란히 담겨 있었다. 나는 그녀에게 내가 옌칭도서관 선본실에서 촬영해온 각종 통신사 관련 자료 일체를 카피해주었다. 우리는 자료를 맞교환하면서 서로 한층 업그레이드되는 느낌을 공유했다.

나는 다카하시 교수가 보내준 자료를 검토하면서 아직도 연구자의 손을 타지 않은 처녀지가 많다고 생각했다. 갈 길은 멀고 할 일은 까마득하게 많다. 조선과 중국의 문화 교류가 한 축이라면 다른 한 축에는 조선과 일본의 문화 접촉이 있다. 겐카도 그룹의 존재는 성대중과 원중거 등을 통해 조선에 알려졌다. 〈겸가당아집도〉와 그 동인들의 시문은 이덕무의 『청비록』이 중국에서 출판됨으로써 중국에까지 널리 소개되었다. 이를 계기로 조선 지식인 사회에는 일본 알기 열풍이

불었다. 『청령국지』『화국지』『일본록』『하이국지』 같은 일본 입문서들이 연암 그룹을 중심으로 한꺼번에 쏟아져나왔다. 유득공은 『병세집』에 이들의 시문을 나란히 수록했다. 한 번 만나보지도 못한 이들을 그리며 박제가는 「회인시」 연작에 이들을 포함시켰다. 이것이 홍대용의 북경행을 자극했고 엄성 등과의 천애지기의 우정으로 이어졌다.

처음에는 나비의 작은 날갯짓에 불과했던 것이 차츰차츰 파급되면서 새로운 큰 바람으로 확산되는 과정은 경이롭다. 동아시아적 관점에서 이 시기 지식인의 문화 접촉을 들여다보면 전에는 보이지 않던 맥락이 인드라망으로 교직된 복잡하고도 미묘한 움직임을 견인하고 있음을 알게 된다. 사적이고 사소해 보이는 만남이 다른 문인 집단을 불러들이고 거기서 받은 자극이 다시 국경을 넘어 새로운 만남을 이끌었다. 이는 더 나아가 동시대를 함께 살고 있다는 병세의식으로 확장되었다.

19세기로 접어들며 고가 세이리의 유학 관련 저술을 앞에 놓고 추사 김정희는 감탄을 거듭했다. 다산 정약용은 일본 학자들의 유학 연구 성과에 놀란 나머지 이제 일본은 무(武)를 버려 문(文)이 이토록 성하니 마음을 놓아도 되겠다고 섣불리 낙관했을 정도였다. 그의 경학 관련 저술에도 일본 학자들의 견해가 자주 인용되었다. 하찮은 섬 오랑캐가 배워야 할 학문적 상대로 승격되었다. '다호비(多胡碑)' 같은 일본 고대 금석문의 탁본이 조선을 통해 중국 학계로 건네져서 놀라운 반응을 불러온 것은 그다지 놀랄 일도 못 되었다.

이제껏 나는 후지쓰카 지카시의 컬렉션을 매개로 18세기 한중 지식인의 문화 교류를 추적해왔다. 그 끝자락에서 홀연 내 앞에 나타난

〈겸가당아집도〉와 앞서 살핀 〈연평초령의모도〉는 한중만이 아닌 한일 간, 나아가 한중일 사이의 문화 접촉으로 시야를 확대해야 한다는 분명한 메시지를 던져주었다. 갈 길이 아직도 먼 것이다.

베이징과 서울과 도쿄를 잇는 베세토(BESETO) 문화 벨트는 18, 19세기 당시에 이미 가동되고 있었다. 한중일의 지식인들은 앞서 후지쓰카 아키나오가 말했던 '고등한 문화 교류'의 마당으로 나아가고 있었다. 그때나 지금이나 그 발목을 붙드는 것은 저급한 수준의 정치 외교적 갈등이다. 그 질긴 올무를 풀려면 고등한 문화 교류의 장을 지금보다 한층 더 확산하는 수밖에 없지 싶다. 다카하시 교수는 귀국 후 다음해에 〈겸가당아집도〉를 직접 보기 위해 기무라 겐카도 현창회 관계자와 함께 국립중앙박물관을 방문하고 싶다는 뜻을 전해왔다. 나는 그의 안내를 받아 이현상의 선면 편지 등이 정리되지 않은 채로 쌓여 있다는 일본의 사가현립박물관을 찾고 싶다.

미완의 꿈, 문예공화국
─에필로그

제
40
화

후손 찾기

　1805년 박제가가 세상을 뜨고 네 해 뒤인 1809년 10월에 추사 김정희가 부친 김노경의 자제군관 자격으로 꿈에 그리던 연행에 올랐다. 24세의 피 끓는 청춘이었다. 북경의 지식인들은 1801년 박제가가 마지막 사행을 다녀간 이후 근 10년 만에 김정희를 통해 박제가의 체취를 맡았다. 박제가의 그늘 덕분에 김정희는 단번에 북경 지식인들의 주목을 받았다. 곡절은 있었지만 77세의 옹방강이 그와의 면담을 허락했고, 김정희를 만난 옹방강은 단번에 손자뻘인 조선의 청년에게 매료되었다. 이 한 차례의 만남이 또 19세기 한중 문예공화국의 단초를 여는 길고 긴 인연의 한 출발점이 되었다. 추사로부터 시작되는 기나긴 여정은 그 자체로 장강대하여서 애초부터 이 책의 범위에는 포함되어 있지 않았다.

1826년 병술년에는 홍대용의 손자 홍양후(洪良厚, 1800~1879)가 외숙인 동지사 부사 신재식(申在植, 1770~1843)의 자제군관이 되어 연행길에 올랐다. 조부인 홍대용이 1766년 북경에 가서 엄성과 반정균, 육비 등 항주 선비들과 만나 교유를 맺은 해도 똑같은 병술년이었다. 어느덧 한 갑자가 돌아 있었다. 그는 이 연행에서 할아버지의 친구였던 세 사람의 후손을 찾아보리라 작심했다. 하지만 넓은 북경 천지에서 이들 후손의 자취를 찾기란 종로에서 김서방 찾기처럼 막막했다. 그는 만나는 사람마다 조부와 항주 선비의 교유에 대해 아는 이를 묻고 다녔다.

그러다가 우범(雨帆) 이백형(李伯衡)을 통해 건정동 고사를 안다는 항주 선비 우령(藕舲) 허내갱(許乃賡)을 소개받았다. 하지만 귀국이 임박해 서로 만나지는 못한 채 황황하게 편지 몇 통을 써서 항주의 세 사람 후손에게 보내줄 것을 부탁하고 그저 돌아왔다. 당시 홍양후가 허내갱에게 보낸 편지는 한글본 『을병연행록』의 끝에 실려 있다. 전후 사정 부분은 빼고 당시의 심경을 적은 일부분만 현대어로 옮겨보면 다음과 같다.

알지 못하겠군요. 언제나 이 편지가 도달할 것이며 어느 때나 회답을 얻을 것인지. 또한 세상에 있는 군자가 이 세 분 선생의 어진 아들일지 어진 손자일지도 알 수가 없습니다. 아들일 것 같으면 마땅히 나를 조카로 부를 것이요, 손자라면 내가 또한 아우나 형이라고 불러 선대에 좋아하시던 것을 잇는다면 사라지지 아니하신 선인의 영령이 반드시 하늘에서 아름답게 여기실 것입니다. 돌아보매 감개무량하고 다행한 일이 아니겠습니까?

허내갱은 홍양후에게 보낸 답장에서 "항주에 부쳐달라고 부탁하신 편지는 엄선생의 후손이 북경에서 비교적 가까운 안주(安州) 땅에 벼슬 살러 와 있는 것을 알아 즉시 부쳤다"고 하고 나머지 두 통은 반정균과 육비의 후손에게 부치려 한다고 적었다. 하지만 그다음 편지에서는 엄성의 손자가 바로 답장하겠다 해놓고 갑작스레 어머니가 돌아가시는 바람에 벼슬을 놓고 고향으로 돌아가 연락이 끊기고 만 형편임을 알려왔다. 다만 이때 반정균의 손자가 과거 시험을 보기 위해 북경에 온지라 그를 만나 전후 이야기를 전하고 답장을 보내는 사연을 적었다.

반정균의 손자 반공수(潘恭壽)가 보낸 답장은 처음 편지를 남긴 시점에서 6년이 지난 1832년 봄에야 홍양후에게 배달되었다. 반공수의 답신은 『을병연행록』과 『연항시독』에 남아 있다. 잠깐 읽어본다.

1831년 겨울 예부(禮部)의 시험에 응시코자 북경으로 올라와 세숙(世叔) 허우령과 만나 얘기하다가 직접 쓴 편지 세 통을 보게 되었고 아울러 두터운 뜻을 들었습니다. 그제야 1827년에 보낸 글은 철교 연조(年祖)의 후인이 가져간 것을 알아 다시 받들어 읽지 못했습니다. 엎드려 생각건대 그대의 선조께서 육비, 엄성 두 분 선생 및 제 선조와 서로 사귀신 것이 이제와 60년이 넘었습니다. 그대께서 소식이 아득히

• 홍대용의 손자 홍양후가 반정균의 손자 반공수에게 보낸 답장. 숭실대 기독교박물관 소장.

끊긴 나머지에 멀리 아득한 바다를 사이에 둔 곳에서 오히려 선대의 우호를 다시금 그리워하여 이리저리 애를 써서 찾아 효성스런 생각을 넓히고 옛 자취를 도탑게 하시니 그 진지한 정성이 어찌 이리도 깊으신지요. 감격하고 감격합니다.

이후 홍양후는 반공수에게 다시 답장을 보냈다. 이때 반공수는 과거에 급제하지 못했던 모양이어서 다시 항주로 내려간 그와 더 긴 사연의 왕래로 이어질 수는 없었다. 하지만 60년 전 조부 대의 우정을 그 손자 대에서 다시 이어 서신으로 왕복한 이 사연은 18세기 한중 문예공화국의 일대 가화(佳話)가 아닐 수 없다. 이때 보내온 반공수의 편지 원찰은 현재 숭실대 기독교박물관에 소장되어 있다. 원본을 직접 열람하지 못한 것을 아쉽게 생각한다.

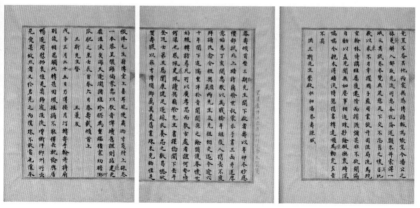

• 옌칭도서관 소장, 후지쓰카 구장 「연항시독』에 수록된 반공수가 홍양후에게 보낸 편지.

기록이 있었다

수많은 사람들이 같은 연행길을 떠났지만, 기록으로 남기지 않으면 안 간 것과 같다. 이조원, 반정균 등과 활발한 교유를 나누고 큰 성과를 거두어 돌아왔던 유금은 자신의 연행에 대해 직접 남긴 글 한 줄이 없다. 그가 교유했던 중국인이 유금에게 준 편지첩만 『동화필화집』이란 이름으로 남았다. 이마저 없었다면 그가 중국에 다녀온 사실조차 그 누구의 관심도 끌지 못했을 것이다. 유금은 제대로 된 문집을 남기지 않았다. 근년에 발견된 그의 초고는 연행 이전의 시문을 어지러이 적어둔 것뿐이다.

그는 18세기 한중 문인 교류사에서 뚜렷한 위치를 가졌음에도 기록으로 남긴 것이 없어 제 대접을 못 받는다. 하지만 이러한 기록을 아무나 남기는 것은 아니다. 박지원의 『열하일기』는 고통스런 메모와 귀국 이후 몇 년에 걸친 고심이 곁들여져서야 비로소 한 부의 책으로 묶일 수 있었다. 타고난 근면과 성실에 반짝이는 재기와 통찰 없이는 애초에 기록 자체가 불가능하다. 이희경도 박제가와 함께 북경을 다녀왔고, 『설수외사雪岫外史』란 저작을 남겼다. 다만 이 책은 북경에서 있었던 각종 만남이나 대화의 기록이 아니다. 이 책만으로는 동선 파악이 안 된다. 전후로 그가 다섯 차례나 북경을 다녀왔음에도 문예공화국에서 공민권을 얻지 못한 이유가 여기에 있다.

설령 기록으로 남긴다 해도 투식을 못 벗어난 상투적 일기는 쓰나 마나다. 실제 저마다 앞다퉈 500편이 넘는 연행 기록을 남겼다. 당시는 연행이 그토록 자랑할 만한 일이었다. 하지만 그 내용은 대부분 그게 그거라 큰 가치가 없다. 내가 만나고 내 눈으로 보고 내가 느꼈던 나만의 기록일 때 의미가 있다. 많은 수의 연행록은 이 글은 저 글을 베끼고, 저 글은 또다른 이 글을 베꼈다. 제 말은 없고 남의 말만 넘쳐난다. 이런 기록은 주변의 촌사람들을 놀랠 수는 있었겠지만 지금에 와서 보면 짜깁기요, 앵무새 소리일 뿐이다.

그런 의미에서 홍대용이 남긴 『담헌연기』 『을병연행록』 『항전척독』 등 다양한 형태의 기록들은 18세기 문예공화국의 진정한 출범을 알리는 뜻깊은 출발점이었다. 이것이 천애지기(天涯知己)의 열풍을 불러왔다. 우연한 조우에 이은 평범한 만남에 그칠 수도 있었던 일이 이들 기록을 통해 생생히 되살아나 많은 사람에게 꿈을 심었다. 유금이 북경으로 건너가 끊어질 뻔한 만남의 가닥을 다시 잇고, 이덕무와 박제가가 이를 이어 새로운 만남의 장을 구축함으로써 이제 한중 문인들의 문예공화국은 반석 위에 올랐다. 박제가는 그 뜨거운 마음을

『북학의』에 쏟아부었고, 이덕무는 『입연기』에 새겨넣었다. 박지원이 이를 이어 『열하일기』란 불후의 명편을 탄생시켰다. 이후 박제가, 유득공이 그 바통을 다시 이어 『난양록』과 『연대재유록』 등으로 전에 못 본 성황을 연출했다. 박제가의 아들 박장암이 정리한 『호저집』은 문예공화국의 양측 구성원을 재구하는 데 없어서는 안 될 소중한 기록이다. 이 밖에 저쪽에서 건너온 각종 편지와 글씨 등이 도처에 산재한다. 이런 기록들을 토대로 이 책이 씌었다.

홍대용과 박제가! 이 두 사람이야말로 18세기 한중 지식인의 문예공화국을 이끈 선봉장들이다. 이들이 상대했던 문인들은 그저 길 가다 우연히 만난 그만그만한 인물이 아니요, 이조원, 기윤, 완원, 옹방강, 나빙 같은 당대 1급의 학자요, 문인이며 화가였다. 양측은 이후 그룹으로 만났다. 한 사람을 통해 그의 벗들이 저쪽에 안내되었고, 저쪽도 한번 만난 벗의 벗을 마음을 열어 환영했다. 우정이 우정을 낳고 만남이 만남으로 파급되는 이 시절의 광경은 아름답다못해 눈물겹다. 얼굴을 못 봐도 글이 오가니 지난날의 상우천고(尚友千古)는 동시대적 천애지기로 변했다. 수직적 시간 개념이 무너지고 수평적 공간 개념이 싹텄다. 이를 통해 쌍방의 학문과 지식이 시원스레 오갔다. 서책을 따라 관심사가 넘나들고 질문과 대답이 활발했다.

소통은 결코 일방적이지 않았다. 주는 것을 받기만 하지 않았고 이편의 사유도 함께 건너갔다. 대화의 과정에서 중국 문사들은 조선 지식인의 매력에 깊이 빠졌다. 박제가를 에워싸고 그의 글씨 한 장이라도 받으려고 줄을 선 모습들, '제까짓 게' 하며 어려운 질문만 골라 근량을 달아보다가 어느덧 크게 놀라 자세를 바꾸던 사람들에게서 바뀐

시대의 풍경을 보았다. 직접 눈으로 보고 귀로 들은 것 외에 또 이들을 통해 들어온 책과 그 속에 담긴 생각들이 조선을 차츰 바꿔나갔다. 우물 안 개구리가 우물 밖으로 걸어나오고, 눈 위에 덧씌었던 각질이 벗겨져나갔다. 여기서 북벌(北伐)의 강고한 아성이 무너지고 북학(北學)의 기치가 높이 솟았다.

동서남북의 색목으로 갈려 싸우고 사농공상의 신분으로 나눠 차별하던 세상에 살다가 드넓은 만주벌 앞에 선 연암은 이곳이야말로 한바탕 시원스레 통곡할 만한 곳이로구나 하고 툭 터진 흉금을 얘기했다. 서얼의 굴레에 붙들려 절망 속을 헤매던 박제가, 이덕무, 유득공 등은 애초에 그런 차별을 알지 못한 채 능력대로 대접하는 중국 인사들의 허물없는 태도에 처음엔 한없이 감격했고, 나중에는 점차 당당해졌다. 이 자신감이 조선에 돌아와서도 주눅들지 않는 배짱과 맷집을 키워주었다. 그래도 조선 사회에서 그들은 무리에 끼지 못한 고독한 스라소니들이었다.

기록이 있었기에 이미 자취 없이 사라진 문예공화국의 복원을 꿈꿀 수 있었다. 서로 간에 오간 편지 하나, 메모 한 장도 버려지지 않고 그대로 남아 있었다. 필담을 적은 종이를 들면 당시의 장면이 동영상처럼 돌아갔다. 나달나달해진 편지 한 장에는 안타깝고 그립고 설레는 마음들이 생생하게 묻어 있었다.

접점에서 새로 시작되는 이야기

19세기 초 추사 김정희의 대단한 활약은 박제가의 인망과 인맥 없이는 애초에 불가능한 일이었다. 그를 동심원으로 동생 김명희, 벗 신위, 권돈인에게서 제자 그룹인 이상적, 조희룡 등으로 확산되는 접속의 흐름은 그 규모나 양과 질에서 18세기의 몇 배에 달한다. 이것 또한 언젠가는 한차례 털어서 정리해야 할 작업이다.

홍양후의 연행 당시 부사 신재식이 남긴 『국호필화菊壺筆話』나 『청심첩淸心帖』은 그 심도와 규모 면에서 한층 인상적이다. 19세기 한중 문인의 교유는 앞선 18세기 때보다 한층 업그레이드되었다. 집단 대 집단 간의 모양새가 공고해졌다. 학술적 접촉과 교유가 긴밀해져, 조선은 중국과 일본을 잇는 중간 역할까지 맡게 되었다. 조선의 탁본이 수없이 중국으로 건너갔다. 다호비 같은 일본 고비의 탁본도 조선을 통해 중국으로 건네졌다. 추사는 일본 학계에도 네트워크가 있었다. 고가 세이리 같은 학자에 대해 추사는 깊은 경의를 표했다. 예전 같으면 어림없을 일이 일어났다. 동아시아에는 전에 없던 학문적 르네상스의 기운이 자옥했다.

이제 길게 달려온 숨가쁜 여정을 마무리지어야 할 때가 왔다. 지난 1년간 나는 매주 전쟁터의 장수처럼 비장하게 살았다. 잠시도 긴장을 늦출 수 없었다. 한 꼭지의 원고를 쓰고 나면 탈진해서 그다음 원고에 대한 생각이 하얗게 지워졌다. 겨우 정신을 수습해서 자료를 펼치면 1주일 전까지만 해도 미처 몰랐던 정보들이 차례로 나란히 내 앞에 열을 지어 섰다. 이런 경험은 나 스스로 생각해도 참 신통해서 접신 상태에 이른 것이 아닌가 하는 착각마저 종종 들 정도였다.

한편 그 많은 자료들을 찾아 들추고 정리하는 과정에서 18세기 한
중 지식인, 나아가 동아시아 지식인들이 꿈꾸었던 문예공화국이 생각
보다 규모가 웅장하고 깊이와 너비에 지속성을 갖춘 대단한 지적 커
뮤니티였음을 깨닫고 감개가 무량했다. 그저 호기심에서 스쳐 조우한
일과성 만남이 아니었다. 한 사람과 한 사람의 만남은 곧이어 자신들
이 속한 그룹들과의 만남으로 확산되었고, 비록 한 차례 상면 이후 대
부분 다시는 얼굴을 볼 수 없었음에도 이들은 죽을 때까지, 아니 그
후배와 자식과 손자 대까지도 교유를 이어나갔다. 하나의 만남이 다
른 만남을 호출하고, 이 만남들이 하나의 대형을 이루어 보다 큰 커뮤
니티를 향해 나아가는 광경은 장관이라는 말로밖에는 설명하기 어려
웠다.

아직도 할 말은 아주 많지만 여기서 다 할 수는 없다. 길은 길게 이
어진다. 중간에 막혀 묻힌 길은 덤불을 걷어 새 길을 내야 한다. 다행
히 우리에겐 풍성하고 넉넉한 기록들이 아직 남아 있다. 책을 쓰는 내
내 느낀 것이지만 자료는 없는 것이 아니라 우리가 보지 못한 것일 뿐
이다. 있는 자료도 밑줄을 그어가며 꼼꼼히 읽어야 비로소 존재하게
된다. 그저 보고 대충 보아서는 의미가 맺힐 리 없다. 흔들어 보고 견
주어 보고 샅샅이 보아야 행간에 서려 있던 맥락들이 슬그머니 먼지
를 털고 나온다. 내 것만 봐서는 안 되고 상대방의 것도 더 꼼꼼히 살
펴야 한다. 그러자면 나의 학문하는 자세를 더 매섭게 벼려서 가다듬
어야겠다. 이 작업을 출발 삼아 나는 이제 동아시아 지식인의 너른 소
통을 꿈꾼다.

문화는 선이다

후지쓰카 지카시!

끝으로 한번 더 그의 이름을 불러야겠다. 나는 지난 1년간 일거수일투족을 그와 함께했다. 이제 어지간히 그를 알 것도 같다. 이 글을 쓰기 시작한 후 만난 일본의 학자들은 대체로 그를 학자라기보다는 수장가로 취급하는 느낌이었다. '대단한 학자는 아니다. 네가 그를 만나 감동하는 기분은 알겠지만 그 정도라면 일본에 수없이 많다.' 그런 분위기였다. 그들의 말이 틀린 것은 아닐 것이다. 하지만 의미는 바라보는 지점에 따라 달라진다. 지난 1년간 그의 흔적을 찾아 헤매면서 나는 늘 부끄러웠고 자주 주눅들었다. 그는 내게 머리로 하는 공부, 가슴으로 하는 공부 말고 몸으로 하는 공부의 중요성을 되새기게 했다.

사실 그는 찾아놓기만 하고 제대로 된 연구를 보여주지는 못했다. '이런저런 자료가 이렇게 있다.' 그의 연구는 여기까지였다. 그런데 그가 그 중요한 자료들을 우리 앞에 내밀어놓고 갔는데 이제껏 그에 대한 학술적 음미와 진전된 논의는 충분치 못했다. 조선에서 10여 년 교수 생활을 하는 사이에 그는 일본 학계에서는 잊힌 이름이 되고 말았다. 그를 길잡이로 내세워 한중이 만나고 한일이 만나 후지쓰카 아키나오가 소망했던 '고등한 문화 교류'를 이뤄내는 일은 결국 우리가 할 수 밖에 없는 것이다.

그러지 않으면 중일 간에 댜오위댜오 분쟁이 나면 중국 편을 들다가 이어도 문제에서는 분개하고, 독도 논쟁에서는 일본과 싸우고, 쿠릴 열도 문제는 러시아가 이겼으면 하는 모순된 감정들이 언제고 되풀이될 것이다. 위안부, 신사 참배 등 싸울 일은 많고 화합할 일은 적다. 동해가 옳으니 일본해가 옳으니 하며 어느 나라 지도가 더 오래되었는지로 다투는 일도 어린애 장난 같다. 북한 문제가 심각해지면 중국이 어찌 나올지는 불 보듯 뻔하다. 서해는 늘 일촉즉발의 위기감이 감돈다.

문화는 선(線)이다. 한 울타리 안의 사람들이 찍은 점들이 모여 선이 된다. 그 선이 일제히 한 방향을 가리킬 때 선은 비로소 방향성을 갖는다. 이쪽으로 달려가던 선과 저편에서 내닫던 선이 교차하며 접점이 생긴다. 접점에서 일어난 작은 스파크가 새로운 면을 만들어낸다. 달리기만 하던 선에 비로소 그라운드가 만들어진 것이다. 그 운동장 위로 수많은 점들이 쏟아져나와 심판의 휘슬에 따라 한바탕 시합을 벌인다. 이들의 용광로 같은 열기와 이들이 쏘아올리는 광채가 평면의 공간을 다시 입체로 바꾼다. 이것이 내가 생각하는 소박한 문예공화국의 꿈이다. 내가 할 일은 과거에 분명히 있었지만 지금은 사라졌거나 희미해져버린 옛 공화국의 자취를 찾아 복원하는 작업이다. 갈 길은 아직도 멀고 할 일은 너무도 많다. 혼자 할 수 있는 일도 아니다.

19세기 문예공화국은 이제껏 살펴본 것보다 한층 더 드라마틱한 내용과 실적물이 산적해 있다. 18세기 문예공화국이 우정과 친교의 장이었다면, 19세기는 학술과 문화의 장으로 펼쳐졌다. 그들은 대국의 지식인 앞에서 조금도 주눅들지 않고 당당했다. 스스로 자랑스러웠다. 동아시아의 학술은 이 같은 접촉을 통해 한층 달뜬 상태가 되었다. 일방적인 리드도 없었고, 상대를 얕잡아 보는 마음도 없었다. 상호 존숭의 정신이 작동되고 있었다. 이것이 서로에게 원원의 결과를 낳았다.

모처럼 열린 이런 소통의 장은 19세기 말 동아시아가 서구와 일본의 제국주의적 탐욕 속에 피 흘리는 각축장으로 변하면서 변질되고 왜곡되었다. 신뢰는 무너지고 존중과 배려의 정신도 사라졌다. 그것이 다시 100년 넘게 이제껏 지속되어왔다. 희미한 옛 기억을 더듬어 그 가능성을 꿈꾸며 새로운 지적 커뮤니티, 언어의 장벽을 넘어선 문예공화국의 장대한 꿈을 되살려보고 싶다.

제1화

1   과천문화원 편, 『후지츠카 기증자료 목록집』 2, 과천문화원, 2009, 327쪽.

제5화

1   과천문화원 편, 『후지츠카의 추사연구자료』, 과천문화원, 2008, 261쪽.

제6화

1   과천문화원 편, 『후지츠카의 추사연구자료』, 과천문화원, 2008, 250쪽.

2   같은 책, 252~253쪽.

3   같은 책, 262쪽.

4   과천문화원 편, 『추사글씨 귀향전』, 과천문화원, 2006, 162쪽.

제7화

1   관련 내용은 다이라 시게미치(平重道), 「藤塚氏의 家系」, 과천문화원 편, 『후지츠카 기증
    자료 목록집』 2, 과천문화원, 2009, 318~321쪽에 자세하다.

2   후지쓰카 지카시, 「청선淸鮮문화교류연구의 동기 및 그 과정─박제가와 나」, 과천문화원
    편, 『추사 자료의 귀향』, 과천문화원, 2008, 53쪽.

3   후지쓰카 아키나오, 「한글번역본에 드리는 감사의 글」, 같은 책, 202쪽.

4   후지쓰카 아키나오, 「핫토리 우노키치服部字之吉 선생과 아버지 등총린藤塚鄰」, 과천문화
    원 편, 『후지츠카 기증자료 목록집』 2, 과천문화원, 2009, 326쪽.

5   후지쓰카 지카시, 『추사 김정희 연구─청조문화 동전의 연구 한글완역본』, 윤철규 외 옮
    김, 과천문화원, 2009, 17쪽.

제12화

1   유송령에 대한 주요 논문은 다음과 같다.

    周萍萍, 「中歐文化交流的使者劉松齡」, 『多元宗敎文化視野下的中外文化史』, 103~107쪽.

鞠德源, 「淸欽天監監正劉松齡―紀念南斯拉夫天文學家劉松齡逝世二百一十周年」, 『故宮博物院院刊』, 1985. 1, 53~62쪽.

高王凌, 「劉松齡筆下的乾隆十三年」, 『淸史硏究』 2008년 8월 제3기, 93~100쪽.

高王凌, 「劉松齡熱在中國」(인터넷 블로그 자료).

韓永福 編, 「耶蘇會傳敎士劉松齡檔案史料」, 『歷史檔案』, 中國第一歷史檔案館, 2011.

제15화

1   후지쓰카 지카시, 『추사 김정희 연구―청조문화 동전의 연구 한글완역본』, 윤철규 외 옮김, 과천문화원, 2010, 49쪽.

제16화

1   鄧健行 編, 『乾淨衕筆談·淸脾錄』, 上海古籍出版社, 2010.

2   박현규, 「청 이조원과 조선 이덕무의 『청비록』」, 『한문학연구』 제13집, 계명한문학회, 1998, 153~169쪽 및 「조선 유금·서호수와 청조 이조원과의 교유 시문」, 『한국한시연구』 제7호, 한국한시학회, 1999, 375~394쪽, 그리고 「조선 사가시 『한객건연집』과 청 이조원 『우촌시화』와의 원문 수록 관계」, 『서지학보』 제21집, 서지학회, 1998, 137~155쪽을 참조할 것.

3   후지쓰카 지카시, 『추사 김정희 연구―청조문화 동전의 연구 한글완역본』, 윤철규 외 옮김, 과천문화원, 2010, 49쪽.

제22화

1   정민, 「18, 19세기 조선 지식인의 병세의식」, 『한국문화』 제54집, 서울대 규장각한국학연구원, 2011, 183~204쪽 참조.

제29화

1   후지쓰카 지카시, 「청선문화교류연구의 동기 및 그 과정―박제가와 나」, 『추사 자료의 귀향』, 과천문화원, 2008, 53쪽. 이 글은 1935년 7월 30일 한문강습회에서 마지막으로 시도한 강연의 필록을 보정한 것이다.

2   후지쓰카 지카시, 『추사 김정희 연구―청조문화 동전의 연구 한글완역본』, 윤철규 외 옮김, 과천문화원, 2009, 16쪽.

3   같은 책, 17쪽.

4   같은 책, 79쪽.

5   같은 책, 88쪽.

제31화

1   서쾌 조생의 이야기는 안대회 교수의 『벽광나치오』(휴머니스트, 2011)의 네번째 장 「세
     상의 책은 모두 내 것이니라: 책장수 조신선」에 상세하게 소개되어 있다.

우리시대의 명강의 006

18세기 한중 지식인의 문예공화국

하버드 옌칭도서관에서 만난 후지쓰카 컬렉션

© 정민 2014

1판 1쇄 2014년 5월 23일
1판 2쇄 2016년 9월 9일

지은이 정민 | 펴낸이 염현숙
기획 강명효 | 책임편집 오경철 | 편집 류기일 | 독자모니터 황치영
디자인 엄자영 이주영 | 저작권 한문숙 박혜연 김지영
마케팅 정민호 이연실 정현민 김도윤 양서연 | 홍보 김희숙 김상만 이천희
제작 강신은 김동욱 임현식 | 제작처 영신사

펴낸곳 (주)문학동네
출판등록 1993년 10월 22일 제406-2003-000045호
주소 10881 경기도 파주시 회동길 210
전자우편 editor@munhak.com | 대표전화 031)955-8888 | 팩스 031)955-8855
문의전화 031)955-1933(마케팅), 031)955-2645(편집)
문학동네카페 http://cafe.naver.com/mhdn | 트위터@munhakdongne

ISBN 978-89-546-2464-0 04900
      978-89-546-1726-0 (세트)

* 이 책의 판권은 지은이와 문학동네에 있습니다.
* 이 책 내용의 전부 또는 일부를 재사용하려면 반드시 양측의 서면 동의를 받아야 합니다.
* 이 도서의 국립중앙도서관 출판시도서목록(CIP)은 서지정보유통지원시스템 홈페이지(http://seogi.nl.go.kr)와 국가자료공동목록시스템(http://www.nl.go.kr/kolisnet)에서 이용하실 수 있습니다. (CIP제어번호: CIP2014011689)

www.munhak.com